# LA EXPLOTACIÓN DE MOLUSCOS Y OTROS RECURSOS LITORALES EN LA REGIÓN CANTÁBRICA DURANTE EL PLEISTOCENO FINAL Y EL HOLOCENO INICIAL

## *THE EXPLOITATION OF MOLLUSCS AND OTHER LITTORAL RESOURCES IN THE CANTABRIAN REGION DURING THE LATE PLEISTOCENE AND THE EARLY HOLOCENE*

F. Igor Gutiérrez Zugasti

UC
UNIVERSIDAD
DE CANTABRIA

Gutiérrez Zugasti, Fernando Igor.
La explotación de moluscos y otros recursos litorales en la región cantábrica durante el pleistoceno final y el holoceno inicial = The exploitation of mollusc and other littoral resources in the cantabrian region during the late pleistocene and the early holocene / F. Igor Gutiérrez Zugasti. -- Santander : PUbliCan, Ediciones de la Universidad de Cantabria, 2009.

D.L. S. 1694-2009
ISBN 978-84-86116-10-1

Moluscos Fósiles-- España (Norte)
Mesolítico-- España (Norte)

903.28(261.28)"633"
594:551.791/4(261.28)



*Diseño de cubierta:* emeaov



ISBN: 978-84-86116-10-1
D. L.: S. 1694-2009

Impreso en España-*Printed in Spain*
Imprime: Imprenta Kadmos

A Laura y a mis padres

*...pero menos razonable resulta el escepticismo de los que interpretan la presencia de los mariscos como restos de merienda de modernos señoritos de la calle. Las lapas aún se buscan para comerlas, pero casi únicamente por las clases más pobres de la sociedad, poco aficionadas a excursiones. Un dato folklórico es el de que la especie Patella vulgata dicen que se cría en la parte alta de las peñas y producida por meada de cuervo, dando a entender con esto que es una especie más despreciada...*

José Miguel de Barandiarán,
Exploraciones prehistóricas en la Cueva
de Ermittia (en Deva, Guipúzcoa), 1928

# AGRADECIMIENTOS

En primer lugar, agradecer a Manuel R. González Morales el haber dirigido la tesis que ha dado lugar a este trabajo, así como la confianza depositada en mí durante estos años. Espero que este sea solo el principio de una larga colaboración profesional.

Agradecer a la Universidad de Cantabria la concesión de una beca predoctoral, sin la que este trabajo no habría visto la luz tan fácilmente y al Instituto Internacional de Investigaciones Prehistóricas de Cantabria (IIIPC) y el Departamento de Ciencias Históricas las facilidades prestadas para su realización. También a la Consejería de Cultura, Turismo y Deporte del Gobierno de Cantabria por financiar la parte final de este trabajo, que además se ha beneficiado de la participación en dos proyectos de investigación: "Biomonitorización del estado de conservación de los ecosistemas fluviales de Cantabria: Efectos del cambio climático y la alteración antrópica", financiado por la Fundación Marcelino Botín y "Creación de un GIS integral para la prehistoria de la Cuenca del Asón y Costa Oriental de Cantabria", financiado por el Ministerio de Educación y Ciencia (Proyecto HUM 2006-13729).

Igualmente, agradecer especialmente a Jesús Emilio González Urquijo y Cesar González Sainz (IIIPC) su buena disposición a ayudarme en todo lo que estaba en su mano. Vuestros comentarios, ideas y sugerencias me han sido de mucho valor. Lawrence G. Straus (University of New Mexico) y Miguel Ángel Fano (Universidad de Deusto) han leído partes de este trabajo, aportando sus comentarios y sugerencias (y el primero de ellos también material gráfico), por lo que les estoy enormemente agradecido.

También he de agradecer a los directores de las excavaciones de los yacimientos analizados en este trabajo, su ayuda y sus comentarios: Federico Bernaldo de Quirós, Ramón Bohígas, M. R. González Morales, J. E. González Urquijo, Carmen Gutiérrez Sáez, Juan J. Ibáñez Estévez, J. C. López Quintana, Emilio Muñoz Fernández y Lydia Zapata.

Muchos otros colegas de la disciplina arqueológica me han ayudado o apoyado de una u otra manera a lo largo de estos años, por lo que me gustaría expresarles mi agradecimiento: Pablo Arias (IIIPC), Esteban Álvarez Fernández (IIIPC), Ángel Astorki (Tanea), Juan A. Barceló (Universidad Autónoma de Barcelona), Iván Briz (CSIC), Yolanda Díaz Casado (Tanea), Ermengol Gassiot Ballbé (Universidad Autónoma de Barcelona), Juan Carlos López Quintana (Agiri Arkeologia), David Lubell (University of Waterloo), José Ramos Muñoz (Universidad de Cádiz), Greg Campbell, Benito Madariaga y Ruth Moreno. Durante mis estancias en la Universidad de York (UK) muchos compañeros me prestaron una inestimable ayuda, entre ellos me gustaría agradecer a Nicky Milner, Eva Laurie, Geoff Bailey, Kevin Walsh, Enrico Capellini y Penny Spikins. Igualmente, en mi paso por el MNHN de París, he de agradecer a Anne Tresset y Pierre Lozouet todas las facilidades prestadas, y muy especialmente a Catherine Dupont (Université de Rennes), siempre dispuesta a echar una mano.

Dado el contenido en biología marina de esta investigación, en ocasiones he necesitado la ayuda de expertos en la materia. Así agradezco a Emilio Rolán, no solo su ayuda con la identificación de las especies marinas más dudosas, sino también su disposición a echar una mano siempre que se lo he pedido. También me gustaría agradecer a Ana Isabel Puente, Benjamín Gómez, Kepa Altonaga y Carlos Prieto (Universidad del País

Vasco) su ayuda con la identificación de algunos gasterópodos terrestres. Igualmente, agradecer a Nuria Anadón (Universidad de Oviedo) y M. R. Álvarez Halcón sus comentarios.

También un buen número de geólogos me han aconsejado durante todos estos años en diferentes cuestiones de su disciplina, por lo que me siento agradecido: Alejandro Cearreta, Rubén Higuera, Javier Elorza (Universidad del País Vasco), Sixto R. Fernández López (Universidad Complutense de Madrid), José Eugenio Ortiz (ETSI de Minas Madrid), Eneko Iriarte (Universidad de Cantabria), Bernd Schöne (University of Mainz) y Donna Surge (University of North Carolina).

Para la consulta de algunos de los materiales arqueológicos incluidos en este análisis ha sido necesario visitar a menudo el Museo de Prehistoria y Arqueología de Cantabria, al que agradezco todas las facilidades prestadas, especialmente por parte de su director Pedro A. Fernández Vega y de Raúl Gutiérrez. Igualmente, agradecer a Carmen de las Heras y Alfredo Prada, del Museo y Centro de Investigación de Altamira, el haberme facilitado amablemente, no solo el acceso a los materiales del Museo, sino también su ayuda en todo lo que fue necesario. Por último, también me gustaría agradecer a María Teresa Aparicio, Oscar Soriano y José Templado, del Museo Nacional de Ciencias Naturales, su ayuda durante mi paso por el Museo.

Debo agradecer al Centro Oceanográfico de Santander (Instituto Español de Oceanografía) las facilidades que me han dado para el acceso a su biblioteca y otros datos; y a la Sociedad Cultural INSUB (Donostia) por poner a mi disposición sus fondos y su tiempo. También quiero agradecer al Servicio de Actividades Pesqueras de la Consejería de Ganadería, Agricultura y Pesca del Gobierno de Cantabria y al Servicio de Ordenación Pesquera de la Consejería de Medio Rural y Pesca del Principado de Asturias, las facilidades prestadas para realizar diversas recolecciones de moluscos durante estos años.

Un agradecimiento muy especial va dirigido a mis compañeros y amigos David Cuenca y Alejandro García Moreno, que me han prestado una ayuda inestimable en la realización de esta tesis y su apoyo incondicional. No es suficiente un simple agradecimiento para expresar mi gratitud hacia ellos. También muchos de mis compañeros de doctorado y excavaciones me han echado una mano, de una u otra manera, a lo largo de estos años, por lo que me gustaría expresarles mi gratitud: Jorge Caro, Pia Spry-Marqués, Joseba Ríos, Ana Belén Marín, John Risseto, Yuichi Nakazawa, Elisabeth Stone, Zaira Marcos, Sara Díez Getino, Ramiro Madrazo, Jesús Tapia, Cristina García-Moncó, Aixa San Emeterio, Merche Angulo, Miriam Cubas y muchos más que no puedo nombrar porque la lista sería interminable. Vosotros ya sabéis quienes sois.

Por último, y quizás lo más importante, agradecer a mi familia y amigos la paciencia que han tenido durante todo este tiempo y el apoyo que me han brindado, especialmente a mis padres y hermanas. Una mención especial merece la familia Munguía Hoyo, que ha participado activamente en algunas cuestiones relacionadas con la elaboración de este trabajo. Por último, no existen palabras de agradecimiento suficientes para la persona más importante en la realización de este trabajo, Laura Hoyo Arce, que con su apoyo diario, comprensión y ayuda activa ha hecho posible su finalización.

# INTRODUCCIÓN

El estudio de las poblaciones costeras prehistóricas y su relación con la explotación y consumo de moluscos es una de las líneas de investigación con mayor tradición en la región cantábrica desde los inicios del siglo XX. Sin embargo, hasta el momento la investigación de los moluscos propiamente dichos, ha carecido de un tratamiento extenso a nivel regional y siempre se ha visto relegada a un segundo plano en relación a otras líneas de investigación de mayor "peso" en la región. Este escaso tratamiento de los moluscos, está probablemente relacionado con el carácter secundario que se ha concedido generalmente a estos organismos dentro de las dietas de los cazadores recolectores. No obstante, en los últimos 20 años, el desarrollo de la disciplina arqueomalacológica en la región cantábrica, ha supuesto un claro avance con respecto a la investigación anterior, si bien es cierto que no se han llevado a cabo trabajos de síntesis que aglutinen la información disponible, con el objetivo de trazar la evolución de esta actividad dentro de las estrategias de subsistencia de las poblaciones humanas.

Así, con el objetivo de paliar esta carencia, en este trabajo se presenta un análisis de la explotación de moluscos en la región cantábrica durante el Pleistoceno final y el Holoceno inicial, concretamente entre el 15600 y el 5700 cal BP. A pesar de que en la actualidad son tres las perspectivas desde las que se puede estudiar la explotación de moluscos (alimento, útil y ornamento), este trabajo se centra en la función alimenticia, aunque también se harán algunas referencias a las otras dos funciones. La elección del espacio ha estado condicionada no sólo por la uniformidad geográfica de la región cantábrica como unidad diferenciada, sino también por la distribución geográfica de los asentamientos con moluscos dentro de la mima. En relación con este último factor, el límite Oeste de esta investigación ha sido situado en el río Nalón (Asturias), debido a la inexistencia de este tipo de depósitos en zonas más occidentales. El límite Este se sitúa en el río Bidasoa (País Vasco), frontera natural entre los países de España y Francia. El marco cronológico comprende varios períodos cronoculturales (Magdaleniense Superior-Final, Aziliense, Mesolítico y Neolítico), que van a permitir analizar la evolución de la explotación de moluscos durante la transición entre las economías de caza-recolección y las basadas en la agricultura y la ganadería. Para ello se han analizado los repertorios malacológicos de diversos yacimientos de la región y se ha realizado un vaciado bibliográfico de la información concerniente a otros yacimientos con moluscos estudiados a lo largo del siglo XX y los comienzos del XXI. A continuación se resume brevemente la organización y el contenido de la obra.

En el Capítulo 1 se realiza un repaso, ordenado cronológicamente, a la historia de las investigaciones y los diferentes marcos teóricos en los que se engloban dichas investigaciones. Así, por una parte, se señalan las principales características teóricas de la investigación en general, y por otra, se hace hincapié en el desarrollo de la investigación arqueomalacológica en concreto. Para ello se han recogido las aportaciones de los principales autores que han trabajado en la región, principalmente bajo los marcos teóricos histórico-cultural y procesualista, aunque en los últimos años algunos trabajos se han realizado desde el Materialismo Histórico. Por último, algunos debates han cobrado mayor importancia a lo largo de los años o bien continúan vigentes en la actualidad, por lo que se les ha dedicado un apartado especial al final del desarrollo cronológico.

A partir de la información contenida en el capítulo previo, en el Capítulo 2 se explicitan brevemente los objetivos generales de la investigación, el posicionamiento teórico del autor y algunos de los planteamientos e hipótesis más destacados.

El Capítulo 3 está dedicado a la contextualización de la investigación, tanto desde el punto de vista espacial como cronológico. En él se describen brevemente las características físicas de la región cantábrica y las cuestiones relacionadas con la cronología de los períodos estudiados.

El Capítulo 4 trata de describir brevemente el marco climático y ambiental en el que se desenvuelven los cazadores-recolectores durante el período de estudio. Por una parte, se describen las características principales del clima a escala global, y por otra se intenta una breve aproximación al clima de la región cantábrica, contrastando ambos tipos de indicadores (globales y regionales) y describiendo la evolución de la vegetación y de la línea de costa. Asimismo, se realiza una breve crítica sobre el valor de los moluscos como indicadores climáticos.

En el Capítulo 5 se detalla la metodología utilizada en los análisis arqueomalacológicos llevados a cabo en esta investigación. En primer lugar se realiza una crítica de las muestras utilizadas en este trabajo. A continuación se desarrolla un apartado relativo a las cuestiones tafonómicas, describiendo los principales procesos tafonómicos identificados en concheros de la región cantábrica, así como los agentes tafonómicos y los grupos tafonómicos. Por otra parte, se describe la metodología de análisis, no solo de moluscos, sino también de otros recursos litorales, como equinodermos (erizos de mar) y crustáceos (percebes y cangrejos). Estas metodologías se componen de identificación anatómica y taxonómica, descripción de las categorías de fragmentación, estimadores de abundancias (NR, NMI y peso), cuestiones biométricas, determinación de edades e índice de fragmentación. Por último, se trata el desarrollo metodológico encaminado a la obtención de información, en cuestiones como las frecuencias absolutas y relativas (se trata de determinar cuáles son más apropiadas para la interpretación), las zonas de recolección (establecimiento a partir de la información biométrica) y la estacionalidad (análisis de líneas de crecimiento).

En el Capítulo 6 se aplica la metodología descrita en el capítulo anterior, a los repertorios malacológicos de varios yacimientos de la región, entre los que se encuentran La Llana y Mazaculos II en Asturias, La Pila, La Fragua, La Chora, La Trecha y Arenillas en Cantabria, y Santimamiñe y Kobaederra en el País Vasco. En cada yacimiento, se dedica un apartado a la localización y descripción, otro al análisis arqueomalacológico propiamente dicho y por último se discuten las principales cuestiones y se establecen conclusiones.

El Capítulo 7 contiene la síntesis de las evidencias y la discusión de las mismas en relación con las hipótesis y planteamientos señaladas en los capítulos 1 y 2. En primer lugar, se sintetiza la información relativa a la explotación de moluscos por períodos y se establecen las principales conclusiones referidas a la representación de especies, las zonas, las técnicas y las épocas de recolección. A continuación se discuten las causas principales de los cambios a lo largo del tiempo en la explotación de moluscos y otros recursos litorales. En este apartado se incluyen cuestiones relativas a la evolución de las estrategias de recolección, los patrones de asentamiento, las variaciones en la línea de costa, los procesos de sobreexplotación, la importancia de los moluscos en relación con otros recursos y la existencia o no de procesos de intensificación en la explotación. En el siguiente apartado se tratan las cuestiones relacionadas con el abastecimiento, utilización y consumo de los moluscos, atendiendo principalmente a las técnicas de recolección, la utilización de moluscos como herramientas y las formas de procesado y consumo. Por último, se incluye un breve apartado dedicado a los aspectos sociales de la explotación de moluscos especialmente en lo referente a la división del trabajo, el papel de los moluscos ornamentales y la relación entre los moluscos y el ritual funerario.

Finalmente, el Capítulo 8 contiene las conclusiones generales de la investigación y tras él se cita la bibliografía. Asimismo se han incluido tres apéndices, el primero con información relativa a la fauna de moluscos de la región cantábrica, concretamente de los taxones que han aparecido en los yacimientos analizados. En ella se describen dichos taxones, se señalan las zonas en las que habitan, su distribución geográfica actual y algunas referencias bibliográficas. En este apéndice también se han incluido tablas resumen con toda la información referente a la abundancia de los moluscos en los yacimientos arqueológicos de la región. En el segundo apéndice se recogen los resultados de algunos de los análisis estadísticos realizados. Por último, el tercer apéndice incluye la introducción y las conclusiones del trabajo en lengua inglesa.

# CAPÍTULO 1. LA EXPLOTACIÓN DE MOLUSCOS EN LA PREHISTORIA CANTÁBRICA: MARCO HISTÓRICO-TEÓRICO

En este capítulo se resumen las principales aportaciones teóricas, no solo en lo relativo a la explotación de moluscos, sino también en lo relacionado con la explotación del litoral y los patrones de asentamiento. La relación existente entre los concheros y determinados períodos cronológicos, como el Mesolítico, ha provocado que la mayor parte de las aportaciones al estudio de la explotación del litoral provengan de investigaciones sobre ese período, algo que inevitablemente se verá reflejado en estas páginas. Asimismo, en este trabajo sólo se incluyen los yacimientos que cronológicamente se sitúan dentro del período de estudio y que han presentado testimonios de explotación de moluscos, aunque eventualmente se hará referencia a algún yacimiento que no cumple estos requisitos.

Se ha pretendido seguir una línea cronológica para el desarrollo de este capítulo dedicado a la historia de las investigaciones y los marcos teóricos que han influido la investigación en cada época. No obstante, en primer lugar es necesario realizar un repaso del concepto de *conchero* y sus posibles significados, por lo que se ha incluido un apartado especial al comienzo del capítulo. Por otra parte, algunos debates se han revelado a lo largo de este trabajo como fundamentales, por lo que se ha considerado conveniente dedicarles un apartado exclusivo al final del desarrollo cronológico.

## 1.1 El concepto de conchero

El primer problema con el que nos encontramos al iniciar una investigación relacionada con acumulaciones de conchas en yacimientos arqueológicos es claramente conceptual. Así, las preguntas que surgen son ¿qué es un conchero? ¿cómo lo definimos? ¿existen diferentes tipos de concheros? Las respuestas a estas preguntas han sido muy variadas e incluso el nombre adoptado en cada lengua puede estar traduciendo diferentes realidades. Así, parece que los nombres más habituales han sido y son, *shell midden* (inglés), *amas coquillier* para moluscos marinos y *escargotiéres* para caracoles terrestres (francés), *conchero* (español) y *concheiro* (portugués). El termino *shell midden* ha sido probablemente el más utilizado en el ámbito anglosajón, sin embargo, no ha permanecido exento de criticas (Claassen, 1998:11) que han propiciado la utilización de otros términos como *shell-bearing*. Otro término asociado a las acumulaciones de moluscos y empleado habitualmente es el de *Køkkenmødding*, pero su significado (desechos de cocina) no alude ni a las conchas ni a su acumulación, por lo que ha sido desechado como término adecuado para designar esta clase de yacimientos (Chenorkian, 1988a:31). En la región cantábrica el debate sobre estos conceptos ha sido escaso hasta el momento, pero no ha sido así en otras zonas del mundo, en las que se han propuesto diferentes definiciones y clasificaciones atendiendo a factores y punto de vista diversos, como se observa a continuación.

Así, en el ámbito anglosajón (McManamon, 1984 & Widmer, 1989 en Claassen, 1991a:252) estas clasificaciones se han establecido a partir de las actividades realizadas en el yacimiento y la importancia de la explotación de moluscos dentro de éstas. Así, McManamon (1984) clasifica las acumulaciones de conchas en cuatro tipos:

1) desecho principal, actividades limitadas

2) desecho principal, amplio rango de actividades
3) desecho secundario, conchero
4) desecho secundario, basurero general

Widmer (1989), por su parte, presenta una clasificación muy similar que puede ser fácilmente relacionada con la anterior, excepto en la definición nº 4 de ambas clasificaciones, que difiere significativamente:

1) *Shell midden site*: conchas depositadas de forma secundaria tras su consumición, sin otras actividades evidentes en el sitio.
2) *Shell midden*: discretos lentejones o depósitos exclusivos de conchas
3) *Shell-bearing midden site*: sitio compuesto de desechos secundarios con muchas clases de restos, incluyendo conchas, y generados por un amplio rango de actividades.
4) *Shell-bearing habitation site*: principalmente desechos de conchas incluidos en una matriz utilizada para necesidades arquitectónicas. Las conchas podrían haber servido o no como alimento.

Otros autores han propuesto definiciones más sencillas en relación con la visibilidad de las conchas dentro del depósito, así Waselkov (1987:95) define un conchero como "*un depósito cultural cuyo principal elemento constitutivo visible son las conchas*".

Por otra parte, Andersen (1993:61), en su estudio del conchero danés de Bjørnsholm, propone una clasificación de los yacimientos costeros (sean *køkkenmøddinger* o no) de carácter geográfico, es decir, establece diferencias dependiendo de su ubicación respecto a la costa, si bien esta clasificación está más relacionada con los patrones de asentamiento que con la formación de los concheros. Así, distingue cinco tipos de asentamientos: 1) en playas expuestas, 2) en cabos orientados al sur, cerca de la abertura de los fiordos, 3) como el anterior pero en la parte central del fiordo, 4) en la desembocadura de los ríos y 5) en islas, bien en el fiordo o en zonas más abiertas.

En Francia dos investigadores han propuesto nuevas formas de clasificar los concheros desde un punto de vista morfológico. Así, Chenorkian (1988a:31-32) propone la utilización del término ***milieu*** *coquillier* en lugar de los más habituales ***amas*** *coquillier* y ***niveau*** *coquillier*. Las diferencias entre estos dos últimos términos provienen principalmente de su morfología y ambos conformarían dos expresiones espaciales del *milieu coquillier*, que debe ser definido no solo por sus características morfológicas, sino también por sus características económicas y arqueológicas. Igualmente, a partir de sus excavaciones en Songon Dagbé (Costa de Marfil) (Chenorkian, 1988b) desarrolla una clasificación de los depósitos de conchas, atendiendo a las características de las acumulaciones y distinguiendo entre depósitos de primer orden, de segundo orden, de tercer orden y de cuarto orden.

Dupont (2003:62-63; 2006), por su parte, propone otra clasificación basada en el modo de depósito, la morfología del conjunto y el volumen del conchero, distinguiendo entre -*amas coquillier*-, -*dépôt coquillier*- y -*lit coquillier*-. Mientras -*amas coquillier*- y -*depôt coquillier*- aluden a grandes acumulaciones de conchas y sus diferencias dependen del volumen de la acumulación (mayor en el *amas*), -*lit coquillier*- se refiere a acumulaciones de conchas en estratos horizontales.

Sin embargo, en la región cantábrica, las aportaciones a este debate se reducen a meras definiciones del término conchero, y la única clasificación de los tipos de depósito llevada a cabo ha sido la diferenciación entre conchero suelto (integrado en el sedimento) (Fig. 1.1) y conchero cementado (generalmente restos adheridos a las paredes y techos de las cavidades) (Fig. 1.2). A esta situación ha contribuido otra característica propia de los concheros cantábricos, como es su casi exclusiva ubicación en cuevas (generalmente en la zona de la boca) y abrigos, en contraposición a lo que ocurre en otras zonas del mundo, en las que abundan las acumulaciones de conchas en depósitos al aire libre, y que por tanto presentan una mayor variabilidad en cuanto a morfologías. A continuación se presentan algunas de las propuestas conceptuales para el término conchero en la región cantábrica.

Ya en los inicios del siglo XX, Vega del Sella intenta definir de forma muy general lo que es un conchero: "*Hemos adoptado el nombre de concheros para significar unos amontonamientos de conchas de mariscos que sirvieron de alimentación al hombre cuaternario*" (Vega del Sella, 1923:8-9), y cita a Aquilino Padrón como el primero en utilizar el término al tratar de residuos de esta clase en Las Palmas (Boletín de la Sociedad Geográfica, Madrid, 1877). La comparación con los *køkkenmøddinger* daneses es inmediata. Por otra parte, Vega del Sella va a documentar las diferencias entre los concheros que presentan una estratificación sedimentaria y los cementados, aportando una explicación del proceso de formación de estos últimos (Vega del Sella, 1923:27).

Carballo (1924:135-136), siguiendo a Vilanova, denomina a los concheros (con la idea de *køkkenmøddinger* en la cabeza) con el término "paraderos", a los que define como yacimientos al aire libre o en la entrada de las cuevas, que se reconocen por ser montículos artificiales, formados con desperdicios de cocina, cenizas, restos de moluscos, toscos utensilios de pedernal, vestigios de carbón, industria ósea, picos y en ocasiones cerámica. En sus publicaciones este autor utiliza ambos términos indistintamente (Carballo, 1926:11).

En los años 70, Gómez Tabanera (1973:133) utiliza la misma definición que Carballo, mientras Clark (1976:39), por su parte, vuelve a conceder importancia a la presencia de las conchas y denomina conchero a "*escombreras artificiales compuestas de una gran cantidad de fragmentos de huesos diversos y desperdicios, siempre llenos, como su nombre indica, de numerosas conchas*" pudiendo encontrarse cementadas o entre el sedimento.

González Morales (1982:193) lo define de similar manera como el "*...amontonamiento de restos de conchas de moluscos marinos, huesos, material lítico y óseo y otros elementos...*". Sin embargo, diferencia entre estas acumulaciones, que denomina concheros propiamente dichos, y los niveles en cueva con gran abundancia de moluscos pero con una estructura que, según él, no permite denominarlos concheros (González Morales, 1982:196). Por tanto, para este autor, el concepto de conchero no guarda solo relación con la cantidad de conchas acumuladas, sino también con la morfología de la acumulación.

En los últimos años dos autores (Arias, 1996; Fano, 1998) han introducido algunos comentarios más amplios sobre estas cuestiones conceptuales en sus trabajos, pero sin tratarlas en profundidad.

Así, Arias (1996:407), siguiendo la definición propuesta por Muckle califica los concheros como "*depósitos de origen antrópico en los que las conchas constituyen el tipo de residuo más abundante*". Así, los concheros asturienses sí podrían incluirse en esta definición, pero alude, al igual que González Morales, a la existencia de otras acumulaciones de conchas, generalmente incluidas en una matriz sedimentaria, y mezcladas con otros restos arqueológicos, a las que quizás no sea pertinente calificar como concheros. Para este tipo de acumulaciones propone la utilización del término "*depósito rico en moluscos*". Esta diferenciación entre acumulaciones casi exclusivas de conchas y acumulaciones de conchas junto a otros materiales arqueológicos (fauna de mamíferos, industrias líticas, restos de hogares...) es la que define los depósitos de conchas de la región cantábrica y la que introduce problemas, tanto a la hora de valorar la importancia de este tipo de recursos en las estrategias de subsistencia en relación al resto de materiales, como al interpretar las causas que producen esas diferentes acumulaciones.

Finalmente, Fano (1998:73-74) por su parte, identifica los concheros asturienses con las definiciones propuestas por otros autores (Borja Barrera *et al.*, 1994:340; Chenorkian, 1990:133; Vega del Sella, 1923:8; Waselkov, 1987:95). Sin embargo, introduce una novedad al incidir en que lo que llega a nosotros es probablemente solo una parte del material realmente depositado, lo que supone un sesgo para nuestra capacidad de interpretación.

Así, a tenor de la información disponible es posible clasificar los concheros desde dos perspectivas:

1) a partir de la morfología de las acumulaciones (al estilo de los autores franceses Chenorkian y Dupont), que podríamos clasificar en grandes acumulaciones al estilo de los concheros asturienses y menores acumulaciones incluidas en una matriz sedimentaria, como ocurre en yacimientos como El Perro o La Fragua. Esta clasificación quizás pueda proporcionar información espacial sobre las zonas de ocupación dentro de un yacimiento o sobre la intensidad de la recolección, sin embargo, por el momento falta mucho trabajo metodológico sobre este particular. En el caso del Cantábrico, esta cuestión se ve agravada por el caso de los concheros cementados, que son el único indicio que se conserva de los grandes concheros de la región. Así, debido a su grado de erosión, no aportan gran información ni es posible conocer su morfología exacta, aunque parece que gran parte de ellos llegaron a colmatar las bocas de las cuevas, por lo que parecen ser el reflejo de una recolección de cierta intensidad. No obstante, las recientes excavaciones en la cueva del El Toral III, con restos de conchero cementado a más de dos metros del suelo actual y de conchero propiamente dicho de 1 m de potencia, han permitido confirmar que la presencia de conchas cementadas no significa siempre que el yacimiento haya sido totalmente erosionado. Por otra parte, es necesario remarcar la posible existencia de concheros al aire libre en la región cantábrica, que bien han sido desmantelados por efecto de la erosión o bien no han sido hallados debido a las características de la región en cuanto a vegetación edáfica y arbórea. Hasta el momento el único ejemplo en el Cantábrico parece ser el conchero de Tina 6 (Asturias), lo que es un claro indicio de la existencia de este tipo de depósitos. Un pequeño estrato carbonoso que contiene algunos moluscos ha sido identificado en la playa de Oyambre (Cantabria), aunque la falta de asignación cronológica impide su adscripción a algún momento de la Prehistoria. Algo similar ocurre con un conchero al aire libre identificado por Vega del

Sella (1921:13-14) en la localidad de Galizano (Cantabria), hoy en día desaparecido, por lo que no hay información sobre el mismo.

*Fig. 1.1: Conchero integrado en el sedimento en El Perro (Cantabria) (Foto: M. R. Gónzález Morales)*

*Fig. 1.2: Conchero cementado en las paredes de El Toral III (Asturias)*

2) a partir de la importancia de los moluscos en relación a otros recursos y a las actividades realizadas en el yacimiento (al estilo de los autores anglosajones Widmer y McManamon), si bien esta opción proporciona, en la mayor parte de los casos, una información que podríamos considerar relativa hasta que se establezcan los parámetros de comparación adecuados entre los diferentes tipos de recursos y actividades. En este sentido, Bailey (1978) estableció la equivalencia entre la cantidad de carne que proporciona un ciervo y la que es posible obtener del género *Patella* y otros moluscos, con la que se podría comparar la importancia de cada recurso en la dieta. Sin embargo, esta es una de las pocas aproximaciones de este tipo hasta el momento, y es a todas luces, insuficiente. Más significativo parece el método utilizado por Ortea (1986), que traza las ratios concha/hueso en la secuencia de La Riera. En este caso, la comparación es pertinente e incluso necesaria, pero también parece insuficiente al no tener en cuenta otros recursos como los vegetales o el pescado. El único caso en el que no existiría este problema es el de los posibles asentamientos para el consumo *in situ*, en las zonas de recogida o en lugares muy próximos, y en los que, al ser el consumo de moluscos la única actividad realizada, sólo aparecerían los restos de los moluscos y de los hogares en los que se cocinaron.

Por tanto, las definiciones del término conchero pueden ser abordadas desde diferentes puntos de vista, y si bien la morfología del conchero puede jugar un papel importante a la hora de su clasificación, parece que su relación con las actividades realizadas en el yacimiento puede aportar información más valiosa para el objetivo que realmente interesa, que no es otro que la reconstrucción de las estrategias de subsistencia de los grupos de cazadores-recolectores. No obstante, solo cuando se establezcan los parámetros de comparación adecuados entre los diversos recursos se estará en disposición de valorar la importancia de los moluscos y se podrá obtener una definición y clasificación más precisa de los depósitos de conchas.

## 1.2 Los primeros concheros y la Historia Cultural: desde finales del siglo XIX a los años 30 del siglo XX

### 1.2.1 *Historia de las investigaciones*

Desde bien temprano se va a producir en la región cantábrica, el hallazgo de acumulaciones de moluscos que van a ser identificadas como producto de las actividades de subsistencia del ser humano prehistórico. Así, en Cantabria encontramos la primera cita del hallazgo de un conchero por Calderón y Arana en la cueva de Oreña (Cualventi) en 1877. Poco después, Sanz de Sautuola (1880) descubrirá acumulaciones del mismo tipo en Altamira y la Venta del Cuco. Estos hallazgos son rápidamente puestos en relación con los *køkkenmøddinger* daneses e identificados como desechos de la alimentación de los grupos humanos prehistóricos. El mismo proceso va a tener lugar en Asturias con el descubrimiento del conchero de la Cuevona de Ribadesella, por Justo del Castillo y Quintana (Campo del Castillo, 1896). A los miembros de la nobleza que realizan estos primeros hallazgos muy pronto se unirán otros investigadores por parte de la Iglesia. Así, durante esta primera época se produce el gran debate entre evolucionismo y creacionismo, que va a desembocar en un control, por parte de la Iglesia, de las actividades arqueológicas, como demuestra la gran cantidad de clérigos que trabajarán en este campo a partir de 1900 (González Morales & Estévez, 2007:33). Por tanto, estos primeros hallazgos y el surgimiento de la investigación de la explotación costera, se enmarcan en un contexto de debate entre los partidarios de ambas teorías.

Sin embargo, durante el siglo XIX, surge en Europa, una nueva corriente teórica, derivada de las ideas nacionalistas, que se extenderá por la Península Ibérica durante la primera mitad del siglo XX. Con el final de la I Guerra Mundial se va a producir una gran crisis intelectual, además de económica que provoca que, tanto la ciencia en general, como el evolucionismo en particular caigan en descrédito, lo que favorece la expansión de las ideas de la Escuela Histórico-Cultural.

"*El enfoque **Histórico Cultural** ha sido la corriente teórico-metodológica predominante durante gran parte del siglo XX en Europa. Esencialmente se basa en el análisis de la cultura material, sus cambios, el establecimiento de secuencias culturales (cronología) a partir de objetos representativos (fósiles guía), su lugar de origen, sus rutas de difusión, la delimitación de áreas o círculos culturales y las influencias tecnológicas. Los materiales se convierten en el objetivo único de estudio como fin en sí mismo, ya que según esta corriente son ellos los que explican la historia*" (Caro, 2006).

Por tanto, los primeros pasos de la investigación sobre las acumulaciones de moluscos en yacimientos del Cantábrico se dieron bajo la influencia del paradigma normativo y la Historia Cultural predominantes en la época. Gassiot (2000:24) ha señalado las principales características de esta escuela teórica en cuanto a la investigación de la explotación del litoral. Ya se ha citado la creación de secuencias cronológicas como uno de los objetivos principales de la investigación de la época. En relación con este objetivo se encuentra la utilización de fósiles directores, como herramienta para la atribución cultural de los niveles arqueológicos (por ejemplo, el caso del pico asturiense). También se ocupan de otros aspectos teóricos, como la discontinuidad Paleolítico-Neolítico y la introducción de nuevos conceptos como Mesolítico o Epipaleolítico. Es destacable la diferente visión con la que los investigadores se acercan a estos períodos, especialmente el Epipaleolítico, visto como una degeneración en comparación con el esplendor del Paleolítico superior (Carballo, 1924:140-141, 1926:37-38; Jordá, 1976:111-112; Vega del Sella, 1923:7), algo que se analizará en detalle más adelante. Asimismo se trata de individualizar grupos culturales y establecer el origen de las culturas (bien autóctono bien por difusión-migración) (Jordá, 1958:14). Por último, es destacable la escasa atención que esta corriente teórica presta a las actividades económicas.

En cuanto a la investigación arqueológica en esta época en la región cantábrica, a los eruditos locales, como el Padre Sierra o Alcalde del Río, se van a unir una serie de investigadores procedentes de otros países, y juntos van a dinamizar la investigación arqueológica en la región. Comienza así una larga tradición de investigadores extranjeros trabajando en el Cantábrico, dominada en estos primeros momentos por la escuela francesa (Straus & Clark, 1978:292), a través del Instituto de Paleontología Humana de París, creado por el Príncipe Alberto I de Mónaco. Entre estos investigadores extranjeros destacan las primeras aportaciones en cuestiones de arqueozoología de Harlé (1908), especialmente con los materiales de Altamira y Aitzbitarte IV. Este investigador, a pesar de dedicarse fundamentalmente al análisis de faunas de mamíferos, también realiza algunos comentarios sobre las faunas de moluscos. Así, cita la presencia de *Patella vulgata* en Aitzbitarte IV, si bien en 1902, de Reparaz (1902) ya había citado la presencia de lapas en esta cavidad, aludiendo incluso a su carácter alimenticio y ornamental.

En los primeros años del siglo XX, y como parte de sus trabajos en el estuario del Asón, el Padre Lorenzo Sierra va a identificar un conchero en la cueva de La Doncella, principalmente compuesto de especies de estuario (ostras y mejillones), que va a poner en relación con la proximidad de la cavidad a la marisma. Asimismo, cita también la presencia de un conchero cementado de *Helix* (Sierra, 1913). Unos años más tarde, Breuil y Obermaier (1912) van a documentar sendos concheros de *Helix* en El Valle y El Castillo, proponiendo su adscripción al Aziliense. A partir de estos hallazgos comienza un debate que perdura hasta nuestros días relacionado con el carácter antrópico o natural de las acumulaciones de caracoles terrestres en yacimientos arqueológicos.

En esos mismos años, se van a producir también los primeros hallazgos en la región cantábrica de un instrumento relacionado, según parece, con la explotación del litoral: el denominado pico asturiense o pico marisquero. En 1910, Breuil, en su visita a Mazaculos y Balmori, además de documentar la presencia de abundantes moluscos en ambas cavidades, encuentra en superficie algunos de estos instrumentos (Alcalde del Río *et al.*, 1911:82-83). Sin embargo, Carballo (1924) va a reivindicar su condición de primer descubridor del mencionado instrumento, al hallarlo en 1908 en la playa de Ciriego (Santander). Años más tarde, González Morales (1982:16) va a restar importancia a esta reivindicación al aludir al carácter atípico del pico documentado por Carballo.

En este marco, y a partir de sus trabajos en yacimientos litorales de la zona asturiana, cobra importancia la figura del Conde de la Vega del Sella. A pesar de ser uno de los pioneros de la arqueología cantábrica, controla muy bien todas las cuestiones relacionadas con la excavación y lleva a cabo sus proyectos de forma muy científica para la época. Así, utiliza la inducción basada en la repetición sistemática de observaciones y la confirmación de las hipótesis en el registro estratigráfico (González Morales, 1982:29). Se hace preguntas antes de iniciar las excavaciones y el planteamiento de las mismas se lleva a cabo en relación a esas preguntas. Sin duda, debe enmarcarse dentro de la corriente Histórico Cultural, ya que su preocupación principal era la búsqueda de relaciones estratigráficas, especialmente sobre la cronología del Asturiense y su relación con el Paleolítico y el Neolítico. Así, en sus obras encontramos ejemplos de secuencia estratigráfica y utilización de fósiles directores (Vega del Sella, 1923:47) o del difusionismo como explicación, al hablar de la evolución de la ocupación y las industrias en Cueto La Mina y La Riera (Vega del Sella, 1930:98-99). Igualmente, trata la cuestión del *hiatus* entre el Paleolítico y el Neolítico, para la que propone una ruptura entre el Aziliense y el Asturiense y entre el Asturiense y el Neolítico (Vega del Sella, 1921:163-164; 1930:96-97). Esta visión desembocará principalmente en un casi nulo tratamiento de la relación entre el Asturiense y el Neolítico.

Las investigaciones de Vega del Sella sobre cuestiones relacionadas con la explotación del litoral van a promover el debate entre los investigadores de la época, pero exclusivamente en lo relacionado con la cronología del Asturiense. Así, Bosch-Gimpera (1922) alude a este período como una industria neolítica, aunque posteriormente (1947) revisa su postura y adopta la de Vega del Sella. Igualmente J. F. Menéndez (1927) sitúa el Asturiense en el Neolítico a partir de sus estudios en la Sierra Plana de la Borbolla, pero el propio Vega del Sella (1927) lo rebatirá.

También merece la pena destacar la labor desarrollada por Hugo Obermaier en estos primeros momentos de la investigación, que centrará sus trabajos principalmente en Cantabria, interviniendo en muchas cavidades de la región, entre las que destacan El Castillo y el Valle. Exhibe la misma tendencia teórica y forma de trabajo que Vega del Sella, pero mezclando el evolucionismo lamarckiano con el difusionismo (Caro, 2006:27). En la primera edición de *El Hombre Fósil* (1916) ya cita los hallazgos de Vega del Sella y habla de Asturiense, siendo el primero que propone el término para designar a dicha cultura. En la segunda edición (1925) recogerá otras citas de Asturiense en Cataluña y Galicia, algo que será revisado posteriormente por otros autores (Clark, 1976; González Morales, 1982). Obermaier establece la secuencia cronológica del Paleolítico y el Mesolítico en el Cantábrico siguiendo las líneas de la aceptada cronología francesa (Straus & Clark, 1978:293). Sin embargo, a pesar de excavar en múltiples yacimientos con evidencias de explotación del medio marino, no se dedica a estudiar la explotación del litoral en detalle, como hizo Vega del Sella.

Otro investigador cántabro que va a trabajar sobre el Asturiense, es el Padre Carballo, cuya excavación en el Molino de Gasparín supuso la primera información sobre las prácticas funerarias del período. A partir de la información disponible y de sus intervenciones en yacimientos de Cantabria y Asturias, va a publicar varios trabajos en los que se aprecian claramente la mayor parte de las ideas del paradigma normativo. Entre ellas merece la pena destacar sus críticas al Asturiense, debido a su escasa entidad como para considerarlo una cultura. Asimismo, promueve una visión degenerativa de este período:

"*...en un estado ya decrépito de cultura y reducidos por este aislamiento a la vida mísera de pescadores, menos aún, dice un escritor, de simples comedores de mariscos.*" (Carballo, 1924:141).

Así, al amparo del paradigma normativo y en consonancia con las ideas de la época Carballo va a exponer claramente la teoría de la degeneración, que seguirá manteniendo 30 años después (1957:148-149). Su tratamiento de esta cuestión es un buen ejemplo de unas ideas casi generalizadas en la época. Así, el Magdaleniense (llamado por él Altamiriense) es una época de esplendor, mientras que ya el Aziliense es un momento de degeneración (arpones planos y no circulares e industria lítica de formas geométricas): "*Acaso la presencia de industria aciliense en nuestras cavernas, signifique el último reducto de las tribus altamirenses, las que al ver invadido su territorio por nuevas y más poderosas gentes, permanecían fieles a sus tradiciones...*" (Carballo, 1922:95). Así, argumenta que el Aziliense en el Cantábrico es todavía Paleolítico, y que la cultura no se transformó ni evolucionó, solo degeneró. Así, el Aziliense sería el comienzo de esa degeneración y el Asturiense (llamado por él Cuerquense) la culminación. La vehemencia de sus afirmaciones no deja dudas sobre sus convicciones: "*Creo que este período prehistórico marca el mayor descenso de la cultura sufrida por la humanidad en Europa...*" (1926:37; 1957:148). Y lo justifica ya que las poblaciones del Cantábrico se han mantenido incomunicadas, cuando la comunicación con otras gentes es el motor del progreso (1926:38, 1957:148):

"*Las tribus cuerquenses de la costa cantábrica, aquí aisladas e incomunicadas con el resto de la Península Ibérica, decayeron en su cultura hasta quedar reducidos a míseros pescadores de mariscos.*" (1926:38).

En el País Vasco, Aranzadi y Barandiarán (Aranzadi & Barandiarán, 1928, 1935; Aranzadi *et al.*, 1931) van a excavar diversos yacimientos que contienen moluscos, como Lumentxa, El Polvorín, Ermittia o Santimamiñe, cuyos datos se convertirían en información de referencia sobre la explotación del litoral en la zona oriental del Cantábrico durante décadas. Sus presupuestos teóricos son estrictamente Histórico-Culturales y en sus publicaciones se echa de menos un mayor desarrollo interpretativo.

Este panorama de gran actividad y debate en las investigaciones prehistóricas, no solo de la región sino de toda la Península Ibérica, se va a ver truncado con el estallido de la Guerra Civil española, que provoca la paralización de las actividades investigadoras, especialmente de las excavaciones, en las décadas de los 30 y los 40 (Fano, 1996:52).

### 1.2.2 *La investigación arqueomalacológica*

En estos primeros momentos del siglo XX, los hallazgos de material malacológico en yacimientos arqueológicos se traducen en la realización de los primeros análisis arqueomalacológicos. Si bien en los primeros años del siglo se hacen algunas menciones a la presencia de moluscos en yacimientos arqueológicos, la primera publicación en la que se dedica un apartado a los moluscos es la monografía de las excavaciones de Cueto de La Mina (Vega del Sella, 1916). En ella, Vega del Sella, realiza un excelente trabajo perfilando muchas de las explicaciones que se mantienen vigentes hoy en día.

En primer lugar, se puede destacar que ya distingue entre moluscos alimenticios y ornamentales. Por otra parte, ayudado por el biólogo Joaquín González Hidalgo, presenta las especies identificadas agrupadas por niveles, pero solamente aporta información cuantitativa de carácter relativo (abundante, presente, escaso). Igualmente no presenta datos apoyando sus comentarios sobre el descenso en los tamaños de *Patella* a lo largo del tiempo, aunque por sus palabras parece entenderse que los datos proceden de un análisis biométrico basado en medidas reales y no en meras observaciones. Este estudio le servirá para proponer dos hipótesis explicativas complementarias que se van a mantener hasta nuestros días para explicar este fenómeno: por una parte alude al cambio en las condiciones de la costa y por otro a la existencia de una densa población que ejercería una fuerte presión sobre el recurso. Por tanto, parece que en los últimos 100 años poco se ha avanzado sobre este asunto, ya que hoy en día seguimos aludiendo a los cambios medioambientales y al incremento demográfico que genera la sobreexplotación, para explicar este fenómeno. No obstante, quizás su teoría más conocida es la que se basa en la utilización de los moluscos como indicadores climáticos. En ella, utiliza las preferencias climáticas de dos especies, *Littorina littorea* y *Trochus lineatus* (sin.: *Osilinus lineatus*), para identificar la cronología de los depósitos y las características climáticas de los períodos. Por tanto, desde este punto de vista, los moluscos pueden ser considerados como fósiles-guía en la construcción de la secuencia cultural regional que se estaba llevando a cabo en esos momentos. Vega del Sella continuará esta línea de trabajo en sus posteriores proyectos, incluyendo otras dos cuestiones no resueltas hoy en día como son la funcionalidad del pico asturiense (para recolectar lapas, según Vega del Sella) y las formas de preparación de los moluscos (Vega del Sella, 1921:164-165). Igualmente, inaugura el debate sobre los patrones de asentamiento, al realizar algunas reflexiones sobre la situación costera de los yacimientos asturienses y la escasa ocupación del territorio interior. Todas estas cuestiones las va a desarrollar en su obra de 1923, primera síntesis que vio la luz sobre el Asturiense. Otras cuestiones más concretas, tanto sobre las teorías de Vega del Sella como sobre el Asturiense, han sido debatidas en extenso en otros trabajos (Fano, 1998, 2007; González Morales, 1982), por lo que no serán tratadas aquí.

*Fig. 1.3: El Conde de la Vega del Sella en Mazaculos II en 1915 (Foto: Familia del Conde de la Vega del Sella)*

Por tanto, los trabajos de Vega del Sella supusieron un prometedor comienzo en el estudio de los concheros en el Cantábrico, tanto desde el punto de vista práctico (metodología de excavación) como teórico (no sólo trata de recopilar datos y crear una secuencia cultural, sino que intenta explicar diversas cuestiones sobre las formas de vida). Lo cierto es que a pesar de su incipiente metodología de análisis, desgraciadamente pasarán bastantes años hasta que se vuelvan a realizar interpretaciones de tanta calidad como las de Vega del Sella, por lo que no es extraño que algunas de sus teorías continúen hoy vigentes en los estudios sobre la explotación del litoral.

Las intervenciones de Breuil, Obermaier y Wernert en la región Cantábrica, también van a contribuir al avance en el estudio de los moluscos. Así, van a contar con P. H, Fischer, para el análisis de los moluscos de algunos yacimientos como El Castillo, El Valle y Hornos de La Peña (Fischer, 1922, 1923-1924). Fischer sigue la línea de Vega del Sella al presentar las especies por niveles o al identificar ejemplares ornamentales junto a los alimenticios. Además, compara los resultados de su análisis biométrico con los de Cueto de la Mina y como novedad se documentan los primeros concheros de caracoles terrestres (*Cepaea nemoralis*) en El Castillo y El Valle. Asimismo Breuil y Obermaier van a publicar datos sobre los moluscos de algunos yacimientos cantábricos como Morín, Balmori, Cueto de la Mina, Peña de Candamo y Altamira.

En la zona oriental de la región cantábrica serán los propios J. M. de Barandiarán y T. Aranzadi, con la ayuda de E. Eguren, los encargados de estudiar el material malacológico extraído de sus intervenciones arqueológicas, fundamentalmente en yacimientos del País Vasco como Santimamiñe, Ermittia, Polvorín, Atxurra y Lumentxa. Así,

Eguren analiza los moluscos de Ermittia (Aranzadi & Barandiarán, 1928) pero de forma muy somera y sin valorar su importancia en la economía. La tradición antropológica e incluso etnográfica, de estos autores se advierte en sus descripciones del material malacológico, haciendo referencias a leyendas sobre el mismo, o a las diferentes nomenclaturas por localidades. En general, los análisis se reducen a descripciones de las especies presentes en el yacimiento, aludiendo a las profundidades en que fueron encontradas, sin cuantificaciones ni explicaciones. Sin embargo, en el análisis de los moluscos de Santimamiñe ya realizan una detallada identificación del material y un recuento del NE (número de elementos) de las especies más abundantes.

### 1.3 Los años 40 y 50 del siglo XX: retomando las investigaciones

#### 1.3.1 *Historia de las investigaciones*

Tras la II Guerra Mundial se vuelve a pensar que el progreso es beneficioso y la ciencia vuelve a cobrar importancia. Así, a partir de ese momento los antropólogos norteamericanos van a encabezar una nueva corriente teórica, en la que la cultura es un sistema dentro del ecosistema y el sistema es adaptativo, incluyendo una dinámica de evolución.

Si bien tras la Guerra Civil española, la década de los años 40 pasa casi desapercibida en términos de investigación, a partir de los años 50, se va a producir la introducción en la Península Ibérica de la nueva corriente teórica que influirá de manera decisiva en las interpretaciones de las generaciones posteriores. Autores como Jordá, García Guinea, Barandiarán o González Echegaray van a ser los primeros en recibir estas influencias, que progresivamente irán calando en las investigaciones prehistóricas de la Península Ibérica. Esto no quiere decir que estos autores sean propiamente procesualistas, al contrario, continúan realizando sus trabajos desde una perspectiva Histórico-Cultural, pero lentamente algunos de ellos irán haciendo suyos los presupuestos de la nueva corriente teórica. Un ejemplo paradigmático de la fuerte influencia Histórico Cultural en los autores de la época es el estudio de Jordá sobre La Lloseta (1958:12-14), en el que hablando de la fabricación de utillajes dice "*estas diferencias que nos señalan los resultados técnicos nos permiten estudiar las distintas etapas culturales, puesto que toda cultura tiene su técnica propia que sirve para identificarla y distinguirla de las demás…*". Pero más adelante sostiene que "*La investigación de los materiales hallados quedaría resuelta con un estudio tipológico y morfológico de los mismos y su adjudicación a una determinada etapa cultural del Magdaleniense. Pero hemos creído que la excavación de la cueva no terminaba ahí y que los problemas que la misma nos había suscitado debían de resolverse, o por lo menos intentarlo, dentro de módulos históricos.*" Con ello aporta cierta visión innovadora y deja entrever la intención de llevar a cabo explicaciones de corte histórico. Sin embargo, no se tienen en cuenta las explicaciones sobre los modos de vida de las sociedades magdalenienses. Igualmente son muy claras sus referencias al difusionismo como explicación "*… hemos empezado por considerar a qué momento corresponde la penetración de los elementos culturales magdalenienses…*" o "*Hemos trazado mapas culturales por etapas y señalado las distintas regiones culturales*". Así continúa en estas páginas introductorias que son un ejemplo magnifico de las ideas histórico-culturales predominantes aún en la época.

En cuanto a la explotación del litoral, el primer gran debate lo protagonizan el propio Jordá (1959) y su colaborador Llopis, en Asturias, al revisar la cronología del Asturiense propuesta por Vega del Sella y aceptada por sus contemporáneos. Así, Jordá propondrá la adscripción del Asturiense a momentos del Paleolítico Inferior, basándose en criterios geológicos que implicaban el arrasamiento de los niveles asturienses debido a la acción hidrológica, con la posterior acumulación de los estratos del Paleolítico Superior y del Aziliense (Jordá, 1958:26; 1959). De ahí que en la mayoría de los yacimientos solo quedaran restos de los concheros asturienses adheridos al techo y las paredes de las cavidades. La teoría de Jordá estaba apoyada en su colaboración con el geólogo N. Llopis Lladó, quien todavía defenderá esta hipótesis en los años 70. Asimismo Llopis (1953 en Jordá, 1954:178-179) sostiene que los concheros asturienses de Posada de Llanes son "*el producto de posibles acarreos del vecino río Calabres, que fue rellenando y taponando las cuevas con los restos asturienses acumulados en las orillas del río*". Otros autores (Crusafont, 1963) van más allá proponiendo el origen del Asturiense en la Pebble Culture africana, y por tanto, afirmando una mayor antigüedad que el Achelense. La teoría de Jordá tendrá bastante éxito durante los años sesenta, si bien será refutada a finales de la década con la llegada a España de investigadores extranjeros, sobre todo a través de las aportaciones de G. A. Clark.

En Cantabria, a principios de los años 50 las actividades arqueológicas se reactivan y se producen diversos trabajos, como los desarrollados por Carballo en El Castillo, Martínez Santaolalla en El Pendo, V. Calderón de la Vara y V. Andérez en La Meaza y Santián o los de González Echegaray y Janssens en El Juyo, que intentaban asentar más firmemente las ideas de Carballo sobre el origen de la cultura aziliense en el Cantábrico (González Sainz & González Morales, 1986:31). En estos momentos juegan un importante papel en el descubrimiento de nuevos yacimientos el equipo de camineros de la Diputación, dirigidos por A. García Lorenzo, que identificarán numerosos yacimientos con conchero a través de la prospección y la realización de sondeos.

En el País Vasco, J. M. Barandiarán continúa con sus investigaciones, en las que como novedad se aprecia la introducción de algunas reflexiones en torno a la influencia del clima como causa de los cambios que se producen en los patrones de explotación. También considera que la actividad principal durante el Aziliense es la caza, y que el consumo de moluscos es mayor ya durante este período que en períodos precedentes. Igualmente propone que durante el Mesolítico, la recolección de moluscos aseguraba la alimentación en los momentos en que escaseaba la caza (Barandiarán, 1953:258-265). Entre sus intervenciones de esta época son especialmente interesantes las llevadas a cabo en Bolinkoba (Barandiarán, 1950) y Urtiaga (Aranzadi & Barandiarán, 1948; Barandiarán, 1947; Barandiarán & Elosegui, 1955; Barandiarán, 1960a), con niveles que contenían moluscos, pero cuyo análisis se reduce a un listado de las especies aparecidas.

### 1.3.2 *La investigación arqueomalacológica*

En cuanto al análisis de los conjuntos malacológicos recuperados en las décadas centrales del siglo XX, la escasez de intervenciones producto de la guerra civil y los primeros años de posguerra, ha provocado que la producción de información arqueomalacológica sea casi inexistente. Así, se sigue la tónica del período anterior, sin especialistas en la materia y con un tratamiento muy somero de este tipo de restos.

En la zona asturiana, Jordá además de llevar a cabo trabajos de excavación también realiza algunos análisis del material malacológico recuperado en diversos yacimientos, como Bricia y La Lloseta (Jordá, 1954, 1958), aunque limitándose únicamente a la identificación. De la misma forma, E. Fraga (1958) incluye referencias a los moluscos arqueológicos en su catálogo bibliográfico de la fauna cuaternaria asturiana.

En el País Vasco, algunos conjuntos malacológicos fueron estudiados por Barandiarán, como los procedentes de sus excavaciones en Urtiaga. Igualmente, Maluquer de Motes estudió los de Berroberría (en Navarra) y Bolinkoba, mientras Nolte hizo lo propio con el nivel Calcolítico/Bronce de Atxuri (Moreno, 1995b:354).

## 1.4 Los años 60 y 70: la introducción del Procesualismo

### 1.4.1 *Historia de las investigaciones*

A partir de los años 60, son los investigadores norteamericanos los que van a ocupar el lugar que los franceses ostentaron en la primera mitad del siglo XX, y van a comenzar diversos proyectos de investigación en el Cantábrico. De la mano de las ideas procesualistas, la escuela norteamericana va a "revolucionar" el estudio de la prehistoria tanto en el norte de la Península Ibérica como en otras zonas.

El origen de este interés americano por la investigación en el norte de España tiene dos fundamentos, por una parte uno teórico, el análisis de la variabilidad intercultural, y otro político, ya que la entrada de investigadores americanos fue una especie de "contrapartida" a las ayudas que el gobierno americano otorgó al régimen de Franco (González Morales & Estévez, 2007:36).

Freeman, con sus excavaciones junto a González Echegaray en Morín (1966-1969) se va a convertir en el introductor de las ideas funcionalistas en España. Los nuevos planteamientos, no solo están centrados en la búsqueda de secuencias culturales, sino también en explicar las formas de vida de los cazadores-recolectores a partir de la introducción de métodos científicos y la colaboración de distintas disciplinas. Esto va a suponer un amplio desarrollo de todas las disciplinas de la Arqueología, y por tanto de la investigación arqueomalacológica, a través del establecimiento de nuevos marcos teóricos, nuevos métodos de análisis y la colaboración con especialistas procedentes del mundo de la biología marina principalmente.

La introducción, desde finales de los años 60, de nuevas técnicas como las dataciones radiocarbónicas, va a suponer un paso adelante en el establecimiento de cronologías para el Paleolítico y los períodos posteriores. Un ejemplo de la utilidad de los nuevos métodos es su aportación al debate sobre la cronología del Asturiense. Será G. A. Clark quien demuestre definitivamente el carácter post-pleistoceno de los concheros asturienses, basándose en las fechas obtenidas a partir de análisis de Carbono 14 realizados sobre muestras procedentes de sus sondeos y excavaciones, en diversos yacimientos de la zona oriental asturiana. Así, establece la cronología del Asturiense entre el 8900 y el 7000 BP (Clark, 1976:271), dejando claro, por tanto, su carácter post-pleistoceno y rebatiendo las teorías de Jordá. Además, a partir de sus intervenciones en La Riera, Balmori, El Cierro, La Lloseta, Les Pedroses, Liencres, Cuartamentero... establece las características propias del Asturiense, confirmando las conclusiones que Vega del Sella había extraído en sus trabajos años atrás.

El primer objetivo de Clark es, por tanto, coincidente con uno de los objetivos básicos de la corriente Histórico-Cultural, como es el establecimiento de la situación cronológica del Asturiense. Sin embargo, rompe con la tradición Histórico-Cultural de establecimiento de secuencias culturales a partir de fósiles guía al explicitar que "*las características morfológicas de una industria nunca deben tomarse por sí solas como un criterio para la atribución de esa industria a una posición cronológica*" (1975:368). Sin embargo, él mismo acabará utilizando las diferencias en la composición de los conjuntos malacológicos, para asignar al Paleolítico superior o al Mesolítico los diferentes niveles de conchero.

A pesar de esta ligera contradicción, en su obra es posible encontrar pinceladas que reflejan las ideas procesualistas, que se harán más evidentes en sus trabajos a partir de los años 80. Así, en la siguiente frase, refiriéndose al Asturiense, se pueden observar claramente algunas de las ideas introducidas por la nueva corriente teórica, como las de cambio lento y adaptación: "*la visión general es de un largo establecimiento y una adaptación con éxito, basados en un extremadamente restringido cuadro de recursos terrestres y marinos*" (Clark, 1972:18).

*Fig. 1.4: G. A. Clark en Balmori en 1972 (Foto: L. G. Straus)*

Otros puntos de ruptura con la corriente anterior son el desarrollo metodológico y la interpretación. Así, sus análisis van más allá, ya que a partir de nuevas metodologías intenta reconstruir los modelos de subsistencia de los grupos humanos del Asturiense, analizando la importancia de los diferentes recursos. Para ello realiza un análisis de las evidencias líticas y faunísticas presentes en los yacimientos asturienses de la región (Clark, 1976). Mientras su análisis de las industrias líticas no aporta apenas información, ya que está sesgado por la inclusión en el análisis del yacimiento al aire libre, y de cronología desconocida, de Liencres, sus análisis de las faunas, tanto de mamíferos como malacológicas, aportaron una información muy valiosa para el establecimiento de los patrones de explotación de los grupos asturienses. Así, estableció que la caza estaba centrada fundamentalmente en el ciervo y que la recolección de moluscos se había enfocado principalmente hacia el género *Patella* y *Osilinus lineatus*. Igualmente, ya se preocupa por establecer las fluctuaciones climáticas sugeridas por Vega del Sella a partir de los datos disponibles (Clark, 1972:18) y por realizar reconstrucciones paleoambientales (Clark, 1975:364-367). A este respecto, confirma la teoría de Vega del Sella sobre los cambios en la presencia de diversos moluscos en el paso del Pleistoceno al Holoceno, como entre *Littorina littorea* y *Osilinus lineatus* o entre la variedad *maior* de *Patella vulgata* y otras variedades de esta especie que comienzan a ser más abundantes con la mejora climática. Sin embargo, a pesar de estos avances sus trabajos carecen de contenido histórico, concediendo escasa importancia a la variable temporal (González Morales, 1991:208).

Bailey (1973), al igual que Clark, va a realizar algunos de los primeros trabajos sobre los concheros asturienses bajo una perspectiva procesualista. Sin embargo, Bailey representa la introducción en España de los presupuestos de la Escuela Paleoeconómica de Cambridge (encabezada por E. Higgs), mientras Clark representa la vertiente funcionalista americana. Así, el autor británico va a implantar en la región el desarrollo del "*site catchement analisis*", lo que va a desembocar en una amplia preocupación por el establecimiento de patrones de asentamiento en las décadas posteriores. A este interés responde el que en las siguientes páginas se haga hincapié en lo que otros autores han argumentado sobre la ocupación del territorio. Así, la nota presentada por Bailey al Congreso Nacional de Arqueología de 1971 ejerció una enorme influencia en las generaciones posteriores y abrió la puerta a un amplio debate sobre la ocupación del territorio por los grupos de cazadores-recolectores que se asentaron en la región.

En este estudio (Bailey, 1973), mediante procedimientos predominantemente inductivos (Gassiot, 2000:91) intenta buscar una explicación al fenómeno de los concheros asturienses, centrándose en analizar sobre todo las cuestiones de asentamiento y economía. En estos momentos, Bailey plantea los problemas de investigación que rodean al Asturiense: la cuestión de su distribución geográfica (por qué se localiza solo en una zona tan concreta y no en las adyacentes – hoy se ha demostrado que sí hay concheros en zonas adyacentes, al menos hacia el oriente-); la cuestión cronológica, solventada posteriormente por las investigaciones de Clark; la importancia de los moluscos en relación con los recursos animales y vegetales, debate que permanece en la actualidad; la estacionalidad de la ocupación de los concheros, en contra de la economía cerrada litoral y una ocupación a lo largo de todo el año de los concheros, propone, basándose en paralelos etnográficos, un posible uso estacional de los mismos; la baja productividad del mar Cantábrico en cuestión de moluscos, Bailey utiliza este argumento para destacar el carácter secundario de los moluscos en la dieta; y la ubicación de los asentamientos, situados en una zona estratégica, entre el mar y la montaña, que permite explotar el litoral y las zonas interiores.

Así, en contra de la economía litoral cerrada, Bailey (1973:78) aboga por una economía móvil, explotando lugares complementarios. En este modelo, las conchas se recogerían sólo en los momentos en que los ciervos estaban disponibles en las áreas costeras, concretamente al final del invierno y comienzo de la primavera, cuando los recursos animales y vegetales eran escasos. De la misma forma, los asentamientos son elegidos ya que se localizan en zonas adecuadas para la explotación del ciervo y para la movilidad costa-interior, mientras su situación de cercanía al mar era un hecho meramente incidental.

Si la aportación de Bailey fue fundamental para la implantación de las nuevas corrientes teóricas en la región, no lo son menos las aportaciones que vendrán en años posteriores. Así, el ejemplo que mejor muestra la vocación interdisciplinar del procesualismo en su aplicación al Cantábrico es sin duda el proyecto paleoecológico de La Riera (Clark & Straus, 1977, 1983; Straus & Clark, 1978, 1986; Straus *et al*., 1981). En él se puede apreciar la importancia concedida, tanto a nuevas técnicas de excavación y análisis como a las cuestiones medioambientales. Según los autores (Clark & Straus, 1977:354; Straus & Clark, 1978:298-300; 1986:3) los objetivos principales del proyecto se resumían en cuatro hipótesis que reflejan muy bien las preocupaciones de la nueva corriente teórica: 1) examinar la relación entre selección de biotopos y cambios climáticos 2) determinar si la ocupación del yacimiento era estacional o continuada a lo largo del año 3) determinar si existe relación entre los desechos líticos y faunísticos con el objetivo de definir las actividades características de este tipo de yacimientos (es decir, diferenciar entre campamentos base y campamentos especializados) 4) buscar la presencia de cambios adaptativos a lo largo de la secuencia y determinar su correlación con las secuencias culturales/estratigráficas clásicas de la prehistoria cantábrica.

Aunque Clark en sus estudios previos (1976) ya utiliza información de diferente carácter y procedencia, como la sedimentología o las dataciones de radiocarbono, es el proyecto de La Riera el primero que cuenta con un profundo análisis integrado tanto de los materiales recuperados en la excavación como de su contexto con un marcado carácter interdisciplinar (sedimentología, palinología, lítica, fauna de mamíferos, moluscos, radiocarbono...). Esta vocación se va a plasmar en el que durante muchos años ha sido el análisis de faunas de moluscos más detallado de la prehistoria cantábrica, realizado por Ortea (1986).

Especialmente importante es también la intervención de Fernández Tresguerres (1980) en la cueva de Los Azules, en la que se constata la presencia de moluscos en niveles azilienses, contribuyendo a un mejor conocimiento de la explotación de moluscos en ese período. Si bien la excavación de este yacimiento comenzó a mediados de los años 70, ésta se prolongará hasta nuestros días, por lo que se ha convertido en un yacimiento clave para el entendimiento del Aziliense en la región cantábrica. Asimismo son importantes las excavaciones que M. Hoyos lleva a cabo en la cueva de La Paloma (Hoyos, 1980) y el inicio de las de S. Corchón en Las Caldas (1990) que se extenderán hasta el siglo XXI.

En Cantabria, en 1962 se crea el Seminario de Prehistoria y Arqueología Sautuola, que va a dinamizar la investigación prehistórica, a través de excavaciones y publicaciones. En esta época se van a llevar a cabo diversas intervenciones en yacimientos con niveles del MSF y el Aziliense que van a aportar información al conocimiento de la explotación del litoral en el final del Paleolítico. Así, son importantes los trabajos de González Echegaray, especialmente significativos en La Chora (González Echegaray *et al*., 1963), El Otero (González Echegaray *et al*., 1966), Rascaño (González Echegaray & Barandiarán, 1981) y Morín (González Echegaray & Freeman, 1971, 1973) y los de García Guinea y Moure en Tito Bustillo (García Guinea, 1975; Moure & Cano, 1979) y en El Linar (Moure & Gutiérrez Cuevas, 1971).

*Fig. 1.5: G. A. Clark y B. D. Stafford excavando en La Riera, campaña de 1976 (Foto: L. G. Straus)*

En la zona oriental del Cantábrico, J. M de Barandiarán continúa con sus trabajos en el País Vasco, interviniendo en una serie de yacimientos con evidencias de explotación del litoral, como Lumentxa (Barandiarán, 1965b, 1966), Urtiaga (Barandiarán, 1960a), Aitzbitarte IV (Barandiarán, 1961a, 1963a, 1963b, 1964, 1965a), Abbitaga (Barandiarán, 1969), Goikolau (Barandiarán, 1962c) y Santimamiñe (Barandiarán, 1961b, 1962b, 1963c). Por su parte, J. M. Apellániz excava en los yacimientos de El Tarrerón (1971), en el interior, y Kobeaga II (1975), en la costa, ambos conteniendo niveles con moluscos, hecho que amplía los conocimientos en las relaciones costa-interior del Mesolítico en esta parte del Cantábrico. Sin embargo, las interpretaciones realizadas a partir de los datos extraídos de estos yacimientos son escasas y aún de corte normativo. Igualmente, en esta época se excava en Arenaza (Apellániz & Altuna, 1975), Marizulo (Laborde *et al.*, 1966) y Berroberría (Barandiarán, 1979).

### 1.4.2 *La investigación arqueomalacológica*

Al amparo de la nueva corriente teórica comienzan a aparecer los primeros especialistas en arqueomalacología. El más destacado y prolífico va a ser B. Madariaga, que va a trabajar principalmente en Cantabria y Asturias, y puede ser considerado el primer arqueomalacólogo de la región cantábrica, por lo que nos extenderemos en el análisis de su obra científica.

Así, en sus trabajos parece observarse una clara evolución hacia la realización de análisis más detallados. Su primer estudio, el análisis conjunto de la fauna marina y terrestre de La Chora (1963) supone un salto cualitativo con respecto a los trabajos desarrollados hasta el momento en el campo de la arqueomalacología. Por lo pronto, los moluscos ya no son vistos exclusivamente como fósiles guía o indicadores climáticos (que también), sino que se enmarcan dentro de las estrategias de subsistencia de los grupos humanos. Aparece así el interés por este recurso como un elemento más del sistema económico, y por tanto el interés por su estudio detallado. Para Madariaga (1963:53) es indispensable precisar tres cuestiones para estudiar el régimen alimenticio de una población: determinar cómo se realiza la recolección, cómo se consume el recurso y cuál es la composición y el valor nutritivo del mismo. Sin embargo, a pesar de estos avances el método utilizado en sus primeros análisis todavía es relativamente impreciso, y así, tanto en el estudio de La Chora (1963) como en el de El Otero (1966), no agrupa las especies por niveles lo que ha imposibilitado la posterior utilización de esos datos para la comparación con otros yacimientos.

En su artículo de 1964, *El mar y el hombre prehistórico*, realiza algunas reflexiones que auguran el camino que seguirá en años posteriores. En él, trata cuestiones novedosas relacionadas con los instrumentos utilizados para la pesca y el marisqueo, el transporte de los recursos, las representaciones de especies marinas en cuevas o la funcionalidad de los moluscos y su valor nutritivo. Así, por primera vez los moluscos son considerados como útiles domésticos, al proponerse su utilización como recipientes para mezclar pinturas. Desde un plano más especulativo propone la posible utilización de conchas como objetos apropiados para realizar grabados en madera. Sin embargo, como sustento de sus teorías utiliza más la lógica y el sentido común, que datos extraídos de análisis detallados, lo que resta fuerza a sus interpretaciones.

Por su formación en biología, Madariaga (1967) es el primero que va a realizar un análisis exhaustivo del género *Patella* desde el punto de vista biológico y bromatológico, relacionando estas características con la explotación de moluscos en la Prehistoria. En este trabajo pone de manifiesto algunas de las cuestiones que ya había tratado en sus trabajos anteriores, pero también introduce algunas novedades en relación a las características biométricas, ecológicas y bromatológicas.

Es en estos momentos cuando comienza su interés por la funcionalidad de los picos asturienses, desarrollando experimentaciones muy básicas para establecer su capacidad en la recolección de lapas y contrastar o desechar la hipótesis propuesta por Vega del

Sella. Esta cuestión está presente desde sus primeros trabajos (Madariaga, 1963, 1966 y 1968), en los que a partir de experimentaciones basadas en extraer lapas con diferentes instrumentos, concluye que a pesar de que el pico funciona para realizar esta función, un buen número de ellas se rompen en el proceso de extracción. Esto, unido a que otros instrumentos (cantos marinos, instrumentos de sílex y huesos) también arrojan resultados satisfactorios en la recolección de lapas, le lleva a pensar que la función del pico asturiense pudiera ser otra. Así, en los 70 (Madariaga, 1975a:94 y 1976:446) vuelve sobre este asunto, incluyendo las espátulas y cinceles como posibles instrumentos marisqueros complementarios del pico asturiense. Según sus estimaciones, este último serviría no solo para la recolección de lapas, sino también para el procesado de los erizos de mar. Sin embargo, sus experimentaciones son excesivamente simples y no tienen en cuenta muchas de las variables presentes en el proceso de recolección. En cuanto al transporte, también lleva a cabo experimentaciones con ejemplares actuales de diferentes especies para establecer los tiempos de desecación (Madariaga, 1975a:92).

La influencia del procesualismo se aprecia, no solo en su preocupación por las cuestiones económicas o la funcionalidad del pico asturiense, sino también en comentarios cercanos a la *Optimal Foraging Theory*: "*Es indudable que existe una ley de prioridad o preferencia alimentaria que hace que el hombre elija, cuando puede, aquellos productos más apetecibles y nutritivos*" (Madariaga, 1976:442).

Igualmente, va a sostener la hipótesis de sobreexplotación de los recursos malacológicos atendiendo al descenso en los tamaños que se observa a lo largo del tiempo y a la intensificación de la recolección que se produce durante el Mesolítico con respecto a los períodos anteriores. La causa esgrimida para estos dos procesos es el incremento demográfico (Madariaga, 1976:444-445; 1994:132). De la misma forma, cree que la sociedad asturiense es fundamentalmente recolectora y la caza se utiliza como complemento. La recolección se llevó a cabo durante una gran parte del año, especialmente en verano. Incluso propone una división del trabajo, entre hombres cazadores, y mujeres y niños mariscadores basándose en el pequeño tamaños de los picos asturienses. Estas teorías pueden encontrarse asimismo en otras de sus publicaciones de esta época (Madariaga, 1975a).

A partir de los años 70 sus posiciones teóricas e interpretaciones continúan siendo similares, pero sus análisis de las malacofaunas de Tito Bustillo, El Pendo y El Juyo (Madariaga, 1975a, 1975b, 1980; Madariaga & Fernández Pato, 1985) son bastante más detallados. Así, en estas publicaciones explicita la metodología utilizada, que ya incluye cuantificaciones, análisis de zonas de recolección, biometría, análisis de moluscos ornamentales e incluso aproximaciones a la cuestión estacional. Sin embargo, como ejemplo cabe destacar su tratamiento de la biometría en El Juyo (1985), para cuyo análisis utiliza tratamientos estadísticos sin explicar cuál es el objetivo de su utilización, ni las conclusiones extraídas de su aplicación. En los últimos años de los 70 y principios de los 80 se ocupa de analizar los moluscos procedentes de excavaciones de yacimientos como Morín (Madariaga, 1971, 1978) y Rascaño, este último junto a J. Álvarez (Álvarez & Madariaga, 1981).

En cuanto a los patrones de ocupación del territorio propone que el sistema de asentamientos se estructuraba en campamentos secundarios, cercanos a la costa, utilizados para el control de las bajamares, la explotación de recursos litorales y su almacenamiento. Y por otra parte, campamentos principales, situados más al interior, y a los que se transportaban posteriormente los moluscos recolectados (Madariaga, 1975a:93).

En 1994, en un artículo de síntesis sobre la fauna malacológica del Paleolítico cantábrico, continúa sosteniendo las mismas teorías. Por tanto, introduce el interés por cuestiones muy novedosas en relación con la economía del litoral. Así, en su obra se aprecia la influencia de las ideas procesualistas, como en la utilización de fuentes etnográficas, la preocupación por la funcionalidad de instrumental y moluscos, o su afán por encontrar teorías explicativas de las formas de vida. Sin embargo, a pesar de esta apariencia procesual, en la mayor parte de los casos se trata más de reflexiones a partir del sentido común que de hipótesis contrastadas a partir de datos concretos.

Clark, por su parte, también se va a encargar de analizar las faunas de moluscos procedentes de sus excavaciones, para lo cual en ocasiones contará con la ayuda del propio Madariaga. Así, desde los inicios de su investigación sobre el Asturiense, Clark (1972:18-19) hace hincapié en la necesidad de contar con datos cuantitativos y precisos. Esta vocación le va a llevar a realizar cuantificaciones de los moluscos, si bien a partir de una metodología relativamente sencilla. De igual manera, alude a la información que se puede obtener si los recursos marinos se analizan desde una perspectiva actualista. Así, en su investigación propone que a partir de datos procedentes de poblaciones animales actuales, se pueden reconstruir la economía y el medio ambiente del Asturiense (Clark, 1972:22). Esto se puede observar en la fauna marina con un análisis de la ecología de las diferentes especies (Clark, 1976:225). Sin embargo, a pesar de estas apreciaciones teóricas sobre las posibilidades de los moluscos, no llevará a cabo su aplicación práctica.

En estos años, Barandiarán continúa con sus trabajos en la zona oriental del Cantábrico. Al igual que hizo en algunos de sus trabajos anteriores, también en algunas de sus excavaciones de los años 60 cuantifica los moluscos por niveles, como por ejemplo en las de Atxeta (Barandiarán, 1960b, 1960c) (aunque solo aparecen en los niveles de la Edad del Bronce) y Urtiaga (Barandiarán, 1960a; Barandiarán & Elosegui, 1955), pero sin especificar la metodología empleada. Sin embargo, en Aitzbitarte IV (Barandiarán, 1961a, 1963a, 1963b; 1964; 1965a) y Lumentxa (Barandiarán, 1965b, 1966), el tratamiento sigue siendo muy básico, realizando simplemente cuantificaciones relativas (presente, escaso, abundante) y sin apenas realizar interpretaciones.

Otro investigador que va a realizar algunos análisis de moluscos procedentes de yacimientos del País Vasco es Jesús Altuna, que se dedica a la arqueozoología en general, y fundamentalmente al análisis de faunas de mamíferos, pero que en ocasiones incluye en sus trabajos el análisis de moluscos. Así, va a realizar los análisis de Aitzbitarte IV, Marizulo y Txotxinkoba (Altuna, 1972), aunque únicamente se limita a citar las especies presentes en estos yacimientos, sin aportar cuantificaciones ni interpretaciones.

## 1.5 Los años 80 y 90 del siglo XX: la consolidación del Procesualismo

### 1.5.1 *Historia de las investigaciones*

A partir de los años 80, aparece una nueva generación de investigadores españoles, claramente influenciados por las ideas procesualistas, lo que supone un cambio con respecto a los presupuestos teóricos de las generaciones anteriores. Sin embargo, estos investigadores, al contrario de lo que sucedía con los norteamericanos, van a recuperar la preocupación por la perspectiva histórica, lo que permitirá la apertura de nuevos debates como el que surgirá en torno a la neolitización de la región cantábrica. Igualmente, en los últimos años del siglo comienzan a aparecer planteamientos teóricos desarrollados a partir del Materialismo Histórico, que llega a la región merced al contacto con investigadores afines a dicha corriente (Bate, 1989, 1992; Estévez & Vila, 1995). En el campo de la arqueomalacología, es a partir de los años 90 cuando comienzan a aparecer verdaderos especialistas, siguiendo la línea abierta por Madariaga.

Entre los investigadores que inician esta tendencia procesual encontramos a González Morales, que comienza sus trabajos relacionados con la explotación del litoral a finales de los años 70, con la excavación del conchero de Mazaculos II (González Morales *et al.*, 1980), mientras en los años 80 interviene en el conchero asturiense de La Llana y en el yacimiento magdaleniense de El Espinoso (González Morales, 1995b). Posteriormente centrará sus trabajos de campo en la zona oriental de Cantabria, a través de sus excavaciones en El Perro (González Morales & Díaz Casado, 1992, 2000), La Fragua (González Morales, 2000) y La Trecha (González Morales *et al.*, 2002). En este sentido, es destacable su aportación al conocimiento de la explotación del litoral en una zona de la que poco se sabía hasta el momento.

En 1982 va a publicarse la tesis de este autor, una síntesis del Asturiense, siguiendo la línea que inició Clark a mediados de los 70, en la que se observa claramente la influencia que el funcionalismo y el procesualismo ejercieron en sus investigaciones. A partir de la recopilación de la información existente para el Asturiense en cuanto al medio ambiente, la fauna, los asentamientos, las industrias lítica y ósea, y las manifestaciones funerarias intenta caracterizar los patrones de asentamiento y subsistencia. En cuanto a los patrones de asentamiento, propone para el Asturiense una ocupación exclusivamente costera, en la que el hábitat se habría mantenido estable a lo largo de todo el año explotando recursos complementarios, con las estrategias de subsistencia centradas en el ciervo en invierno y en los moluscos y los recursos del bosque en verano. En contra de la hipótesis estacional sostenida por Bailey (1973) aduce la falta de evidencias de estacionalidad, por lo que califica ese modelo como aplicable al Paleolítico Superior, cuando existía una mayor especialización y dependencia de la caza del ciervo y no al Asturiense, en el que la ausencia estacional del ciervo podía ser compensada con recursos complementarios (González Morales, 1982:203).

Si bien Clark ya había dejado claro cuales eran las especies de moluscos más explotadas, González Morales (1982:77) va a llamar la atención sobre otros aspectos relevantes de la explotación de moluscos, como el ritmo de la sustitución *Littorina littorea-Osilinus lineatus*, los cambios en las variedades de *Patella vulgata*, el inicio de la recolección de *Patella intermedia* o la explotación creciente de zonas litorales abiertas.

También merece la pena destacar las ideas que sostiene este autor en torno a la relación del Asturiense con el período precedente y con el posterior, ejemplo del interés del autor por la variable temporal en sus estudios. Así, el Asturiense proviene sin ninguna duda del Aziliense, con el que comparte más rasgos de los que los separan. Sin embargo, la relación con el posterior período Neolítico se fragua a partir de la llegada de poblaciones foráneas que traen consigo la ganadería y ocuparon las zonas interiores (1982:205-208). Tras estos comienzos bajo la influencia de la Nueva Arqueología, González Morales (1991) va a ser el primero en proponer explícitamente el materialismo como marco para explicar los cambios en la transición Paleolítico-Neolítico en el Cantábrico.

Un buen número de yacimientos relacionados con la explotación del litoral van a ser excavados por P. Arias en estos años. Así, sus intervenciones en Los Canes, Arangas, Poza l'Egua, La Garma o el programa de sondeos en concheros asturianos van a suponer una importante ampliación de la información disponible sobre el Mesolítico y el Neolítico en la región. En sus estudios sobre la neolitización de la región cantábrica, Arias va a tratar ampliamente sobre el Asturiense y sus patrones de explotación y asentamiento. Así, establece (Arias, 1991b:148; 1992a:173; 1992b:277; 1997b:63) que la economía durante el Mesolítico es de amplio espectro, es decir, muy diversificada, lo que aseguraría un aprovisionamiento continuo y abundante, sin riesgo de sobreexplotación ni carencias graves. En cuanto a los patrones de asentamiento, va a proponer (Arias, 1991a:318; 1997:63-64b) para el Asturiense un modelo de ocupación jerarquizada de yacimientos de diversos tipos, situados en la plataforma litoral, desde los que se explotaba la diversidad de biotopos existentes. Estos yacimientos serían permanentes o semipermanentes, pero también existirían asentamientos temporales destinados a la realización de actividades especializadas, como la pesca, el marisqueo o la caza. Lo mismo ocurriría con los yacimientos mesolíticos de la zona oriental de la región, que también se localizan en zonas propicias para llevar a cabo una economía de amplio espectro. Sin embargo, durante el Neolítico (Arias, 1991a:322, 1999:99) se produciría una ocupación generalizada de las áreas de montaña, aunque los yacimientos en cueva siguen una pauta muy similar a los del Mesolítico, con predominio de los asentamientos en zonas costeras. Además, se produciría un cambio en las estrategias de subsistencia, sustituyendo la economía de amplio espectro por una economía de producción. Esto se reflejaría, por ejemplo, en la drástica reducción del número de concheros (Arias *et al.*, 1999:554).

En los últimos años, Fano (1996, 1998), también desde presupuestos cercanos al Procesualismo, se ha dedicado al estudio del Mesolítico en la zona asturiana, tratando de manera específica algunos aspectos de los patrones de asentamiento, como la insolación. A partir de sus datos, propone un hábitat estable en la costa a lo largo del año, en lugares cercanos al litoral desde los que se explotarían recursos complementarios, aunque en ocasiones pudo ser necesaria la ocupación de zonas más interiores para la realización de actividades cinegéticas. Así, sus trabajos están enfocados hacia cuestiones relacionadas con la ocupación del territorio, utilizando, entre otras, la información etnográfica y arqueológica disponible sobre moluscos, para llevar a cabo este propósito.

Aparte de los trabajos de campo desarrollados por González Morales en la zona oriental de Cantabria, en esta región destacan dos intervenciones cuyo análisis arqueomalacológico será presentado en este trabajo. Por una parte, los trabajos de Bernaldo de Quirós y Gutiérrez Sáez en La Pila (Bernaldo de Quirós *et al.*, 1992, 2000), yacimiento con niveles del MSF, Aziliense y Holoceno, ricos en conchas, y por otra, al covacho de Arenillas, conchero del VII milenio cal BP excavado por Bohígas y Muñoz (2002). A pesar de la escasez de restos malacológicos hallados, también merece la pena destacar la reciente re-excavación de El Valle (García-Gelabert & Talavera, 2004).

Durante este período se ha venido excavando en el País Vasco un yacimiento fundamental para entender la transición MSF-Aziliense-Mesolítico en el Cantábrico, especialmente en lo relacionado con la explotación de moluscos y los cambios en las especies *Littorina littorea* y *Osilinus lineatus*. Se trata del yacimiento de Santa Catalina, que ha proporcionado evidencias de ocupación durante el MSF y el Aziliense (con fechas muy tardías), pero que por desgracia aún no ha visto publicados sus estudios, a excepción de algunos escasos comentarios (Berganza, en prensa). Otros yacimientos excavados en esta época y que aportan importante información malacológica, especialmente sobre el MSF y el Aziliense son Ekain (Altuna & Merino, 1984), Erralla (Altuna *et al.*, 1985), Laminak II (Berganza & Arribas, 1994), Anton Koba (Armendáriz, 1997) y Berroberría (Barandiarán, 1990 y 1993-1994). De la misma forma, ha sido básica la información que ha proporcionado la excavación de la cueva de Kobaederra (Zapata *et al.*, 1997) en relación al debate sobre la transición al Neolítico en la región cantábrica. En este yacimiento se han documentado diversos niveles estratigráficos, de cronologías similares a los de la vecina Santimamiñe, y al igual que ésta, con conchas de especies propias de fondos arenoso-fangosos. También el cercano yacimiento de Kobeaga II fue objeto de una intervención a finales de la década (López Quintana, 2000) aportando importante información sobre el final del Mesolítico y los inicios del Neolítico en la zona. Por último, en el caso de Antoliñako koba (Aguirre *et al.*, 2000), los restos malacológicos eran escasos y no hay información detallada.

### 1.5.2 *La investigación arqueomalacológica*

Bajo la estela de los trabajos de Madariaga, que en los años 80 publica su análisis más detallado, correspondiente a los moluscos de El Juyo (Madariaga & Fernández Pato, 1985), comienzan a aparecer otros especialistas en arqueomalacología, algunos de los cuales van a realizar aportaciones realmente importantes para la disciplina, si bien es cierto que su dedicación no será tan continuada, ni su obra tan prolífica como la del biólogo cántabro. Por otra parte, los investigadores anglosajones trabajando en el Cantábrico van a introducir una serie de técnicas de análisis encaminadas a la obtención de información sobre estacionalidad, lo que abre una nueva fuente de información al estudio de la explotación de moluscos.

El primer gran trabajo de análisis de un conjunto de malacofaunas corresponde probablemente al realizado por Ortea para el proyecto de La Riera (1986). Si bien sus trabajos en Mazaculos II (González Morales *et al.*, 1980; Llera & Ortea, 1979) quedaron inconclusos, su análisis de La Riera ha supuesto una referencia en el ámbito cantábrico hasta la actualidad. No solo establece cuantificaciones a partir de un número mínimo de individuos sino que además se preocupa por identificar las zonas en las que se ha llevado a cabo la recolección o por realizar un análisis biométrico y del peso de las especies arqueológicas más abundantes, para compararlo con los tamaños que presentan esas mismas especies en la actualidad. Asimismo, concede gran importancia al análisis diacrónico de la explotación, e intenta evaluar la importancia de los moluscos en las dietas de los cazadores-recolectores a lo largo de la secuencia de La Riera, calculando las proporciones de concha y hueso de cada nivel. Estas cuestiones suponen una novedad en el ámbito de la arqueomalacología y pronto se van a generalizar en el campo metodológico de este tipo de análisis.

Así, en la misma línea se puede situar el trabajo de Leoz y Labadia (1984) sobre la malacología marina de Ekain, que además de número de individuos, zonas de recolección y biometría, incluye un análisis espacial de la posición de los restos malacológicos en el yacimiento y diversos cálculos estadísticos. Es relativamente novedoso su tratamiento de los restos, teniendo en cuenta, aunque de forma muy simple, el grado de fragmentación de los mismos. Muy similares son también el análisis de Altuna (1985) sobre los moluscos de Erralla y el de Imaz (1994) sobre Laminak II. La contribución a la disciplina arqueomalacológica de la región de esta última autora se completa con una revisión de los moluscos de Urtiaga y Ermittia (inédito), una breve síntesis sobre los moluscos en los yacimientos del País Vasco (Imaz, 1990) y su colaboración en el análisis de la malacofauna de Los Canes (Arias & Pérez, 1992:98) que no llegó a concluir. Es destacable también la aportación de Borja (1990) que analizó los moluscos de la cueva de Amalda citando las especies presentes y aportando el número de restos (NR) de cada una. Los materiales de la intervención de López Quintana en el yacimiento de Kobeaga II, fueron analizados por él mismo con la ayuda del zoólogo A. Galarza (López Quintana, 2000:151). Si bien la identificación se llevó a cabo de forma muy somera, al menos se realizó un recuento del material que permite contar con algunos datos. Para no ser especialistas en la materia su tratamiento del material (se especifica la metodología de cuantificación, se realizan comentarios sobre las zonas de recolección y se incide en el pequeño tamaño de las lapas) es bastante aceptable. Sin embargo, a mediados de la década de los 80 se siguen realizando análisis que son ciertamente deudores de las metodologías propias de los años 50-60, como es el caso de El Piélago I y II (Vega de la Torre, 1985) cuyo nivel de detalle es muy escaso.

A finales de los años 80, Moreno comienza a desarrollar sus trabajos en el ámbito de la arqueomalacología con el análisis de la malacofauna de Tito Bustillo (Moreno, 1986; Moreno & Morales, 1987). Si bien estos primeros análisis ya cuentan con cierta precisión, son claramente herederos de la metodología desarrollada por Madariaga en los últimos años. Por el contrario, su tesis doctoral (Moreno, 1994) supone el avance metodológico más importante de la disciplina que se ha producido hasta el momento en la Península Ibérica. Así, establece las pautas para la identificación anatómica y taxonómica, desarrolla un método de cuantificación basado en categorías de fragmentación que permite una mayor precisión en el cálculo del NMI, analiza la relación entre los estimadores de abundancias y contempla la existencia de grupos tafonómicos. Por otra parte, confecciona un catálogo con toda la información sobre la presencia de malacofauna en los yacimientos de la Península Ibérica que ha supuesto una síntesis de gran utilidad (Moreno, 1995a, 1995b) para la investigación posterior. Entre los análisis más destacados que lleva a cabo en la región cantábrica encontramos los de El Perro y Pico Ramos (1995c). A partir de la información procedente del catálogo y la de estos yacimientos, realiza el primer intento de síntesis y caracterización de la explotación de moluscos para la región cantábrica en el paso del Pleistoceno final al Holoceno (Moreno, 1994:287-296). Su conclusión es que hacia el 10000 BP se produce un cambio en los conjuntos de malacofaunas explotados, aunque los patrones de selección no son tan diferentes. Las causas de estos cambios habría que buscarlas en la ampliación de las zonas de recolección producto de la intensificación en la explotación.

Igualmente importante es la aportación de Craighead en su tesis doctoral sobre las implicaciones paleoconómicas y paleoambientales de los moluscos en el yacimiento de La Riera (Bailey & Craighead, 2003, 2004; Craighead, 1995). A partir de diversos análisis realizados sobre la especie *Patella vulgata*, intenta establecer las zonas de recolección teniendo en cuenta los datos biométricos, las temperaturas de la superficie del mar a través del análisis de las proporciones de aragonito/calcita, y las épocas de recogida a partir de análisis de las líneas de crecimiento y de isótopos estables del oxígeno. Para ello utiliza muestras modernas de *Patella vulgata* que sirven para interpretar los resultados de los análisis de los ejemplares arqueológicos procedentes de la secuencia de La Riera. Entre sus conclusiones merece la pena destacar, que al igual que Moreno, señala la existencia de cambios en la explotación del litoral con la llegada del Holoceno, aunque a diferencia de aquella, éste achaca los cambios a las nuevas condiciones climáticas, mientras por otra parte, constata la escasa importancia de los moluscos en relación a otros recursos a lo largo de la secuencia.

Si Craighead utilizó las líneas de crecimiento de *Patella vulgata* para establecer las épocas de recogida, N. Milner (Zapata *et al.*, 2007) hizo lo propio con el análisis de las líneas de crecimiento de las charnelas de *Ostrea edulis* en el yacimiento de Pico Ramos, con el mismo objetivo de obtener información estacional. Igualmente utiliza una muestra moderna para comparar con las arqueológicas.

Sin embargo, fueron las técnicas de análisis isotópico las primeras que se utilizaron para obtener datos de carácter estacional. Así, Deith (1983; Deith & Shackleton, 1986) realizó análisis de isótopos de oxígeno sobre conchas de *Osilinus lineatus* procedentes de los yacimientos asturienses de La Riera, La Llana, Mazaculos y El Penicial, que supusieron la primera información de tipo estacional obtenida a partir de este recurso en la región. Esto supuso un enriquecimiento de la información disponible para evaluar los patrones de asentamiento que se reflejaría en la investigación posterior.

A raíz de la excavación de urgencia del covacho de Arenillas a principios de los años 90, J. F. Arozamena realizó un análisis del material malacológico (Bohígas *et al.*, en prensa), pero desde una perspectiva muy similar a la de los análisis propios de los años 70. Así, la identificación y la cuantificación son relativamente imprecisas, mientras es destacable el tratamiento otorgado a las zonas de recolección. Debido al interés que exhibe este yacimiento y con el objetivo de facilitar la comparación con otros yacimientos incluidos en este trabajo, en el apartado correspondiente se presentará una revisión detallada de la fauna malacológica del covacho de Arenillas.

A pesar de no contener análisis arqueomalacológicos propiamente dichos, merece la pena destacar la síntesis, o mejor dicho recopilación, de los concheros de Cantabria llevada a cabo por Muñoz (1997), en la que recoge todos los concheros identificados hasta ese momento en la región. Se trata de un trabajo de corte normativo, en el que no se intenta explicar el fenómeno de los concheros, sino únicamente presentar una serie de datos sobre los mismos. A pesar de ser un trabajo de gran utilidad para el estudio de la explotación de moluscos, la escasa fiabilidad de las atribuciones cronológicas de los diferentes yacimientos, generalmente realizadas a partir de hallazgos superficiales y no de excavaciones sistemáticas, y la falta de información detallada sobre los moluscos presentes en cada yacimiento, lo convierten en un catálogo de yacimientos con conchero.

## 1.6 La introducción del Materialismo Histórico en la región cantábrica

A partir de los años 90 una nueva corriente teórica comienza a ganar adeptos en la región cantábrica, si bien por el momento su desarrollo ha sido muy escaso. Se trata del Materialismo Histórico, que en el Cantábrico aparece de la mano de González Morales (1991; ver también González Morales & Fano, 2005) a partir del contacto con otros investigadores, especialmente catalanes (Estévez & Vila, 1995) y latinoamericanos (Bate, 1989, 1992). En los últimos años, Arias va a exhibir también cierta influencia del paradigma materialista en sus estudios.

Desde esta perspectiva se intentan desarrollar nuevos instrumentos conceptuales. Así, cobra importancia el análisis de aspectos como la articulación de los procesos de trabajo, la distribución y consumo, dentro y fuera de las unidades de ocupación, las relaciones de producción o las relaciones sociales de reproducción. Para la consecución de estos objetivos es de vital importancia la investigación etnoarqueológica (Estévez & Vila, 1999:225; 2006:344).

El trabajo básico para el entendimiento de esta posición teórica en la región cantábrica es el desarrollado por E. Gassiot (2000) en su tesis doctoral. En ella realiza un repaso crítico a los diferentes paradigmas que han guiado la investigación de la explotación del litoral a nivel general, exponiendo además los ejemplos concretos de la costa noroeste norteamericana y de la región cantábrica. Por otra parte, a partir del Materialismo Histórico propone un modelo de explicación para las sociedades de cazadores-recolectores que explotan el litoral, que posteriormente comparará con los datos procedentes de ambas regiones. Así, los datos analizados para la región cantábrica durante el final del Pleistoceno y los inicios del Holoceno, reflejan un cambio desde unas actividades cinegéticas polarizadas en torno a herbívoros de tamaño relativamente grande (ciervo y cabra) a una diversificación que favorece la explotación de recursos de menor tamaño y valor como los moluscos. Paralelamente se produce una reducción del valor de los medios de trabajo circulantes, como las industrias líticas, en beneficio de medios de trabajo fijos, como las trampas. A pesar de reconocer la falta de argumentos sólidos, apoya la hipótesis de un incremento demográfico. Por tanto, en el caso de la región cantábrica los resultados de sus análisis parecen apoyar la tesis propuesta por el autor para este tipo de sociedades que explotan el litoral. Sin embargo, a pesar del planteamiento y de la terminología de corte marxista, las conclusiones a las que llega este autor son las mismas que ya propusieron otros autores bajo el enfoque teórico procesualista.

A pesar de suponer un avance en el proceso analítico de la investigación, esta corriente no ha tenido gran éxito por el momento entre los investigadores de la región cantábrica, aunque se puede considerar que se encuentra en un estadio inicial de su desarrollo (Caro, 2006) y quien sabe si en el futuro adquirirá la difusión y aceptación que hoy en día tiene el Procesualismo.

## 1.7 El siglo XXI

### 1.7.1 *Historia de las investigaciones*

Los marcos teóricos que van a predominar en los inicios del siglo XXI son prácticamente los mismos que estaban vigentes durante los años 80 y 90 del siglo anterior. Así, la influencia del Procesualismo continúa dominando la esfera científica de la arqueología a pesar de la pervivencia (aún hoy en día) del paradigma normativo (revestido en muchos casos de un leve manto procesualista) en algunas investigaciones y de la ligera expansión de otras corrientes como el Materialismo Histórico, que por el momento no ha tenido gran aceptación ni difusión.

Así, a pesar de que los debates continúan siendo los mismos que en la década anterior (Arias & Fano, 2003; Arias *et al.*, 2005; González Morales *et al.*, 1999; Fano, 2007), con el nuevo siglo llegan nuevas preocupaciones y nuevas técnicas de análisis, cuya utilización está comenzando a aportar información muy valiosa que puede contribuir a la resolución de esos debates. Entre las técnicas más interesantes contribuir a la resolución de esos debates. Entre las técnicas más interesantes se encuentran las desarrolladas para la obtención de información sobre paleodietas. En la región cantábrica los estudios de P. Arias (Arias, 2006; Arias & Fano, 2005) a este respecto han proporcionado datos muy interesantes sobre la composición de las dietas de los cazadores-recolectores, especialmente durante el Mesolítico y el Neolítico.

Por otra parte, la excavación de nuevos yacimientos continúa aportando evidencias de explotación del litoral durante la transición Pleistoceno-Holoceno, tanto en yacimientos costeros como interiores. Así, las intervenciones en El Mirón (Straus & González Morales, 2005), El Horno (Fano, 2005) o Antoliñako koba (Aguirre *et al.*, 2000) están aportando datos de gran importancia para la explotación de moluscos, especialmente durante el Tardiglaciar. Por otra parte, las excavaciones de Linatzeta (Tapia *et al.*, 2008), El Toral III y El Mazo (Asturias) aportan nueva información sobre el Mesolítico en la región, mientras las recientes intervenciones en Santimamiñe están proporcionando nuevos datos sobre la secuencia comprendida entre el Magdaleniense y el Neolítico. En los últimos años también han visto la luz diversas síntesis, relacionadas principalmente con el Asturiense o el Mesolítico de la región cantábrica en general (Clark, 2000, 2004; Fano, 2006, 2007; Fano & González Morales, 2004; González Morales & Fano, 2005; Straus, 2008) aunque en ocasiones se han presentado propuestas de mayor desarrollo cronológico (González Morales *et al.*, 1999) o de carácter más local (Ruiz Cobo, 2003; Ruiz Cobo *et al.*, 2007; Straus *et al.*, 2002a, 2002b).

### 1.7.2 *La investigación arqueomalacológica*

En cuanto a los análisis arqueomalacológicos, hasta el momento la evolución es muy similar a la de los marcos teóricos. En este caso, la influencia metodológica que supuso la tesis de Moreno se aprecia en los trabajos desarrollados en los últimos años (Álvarez Fernández, 2007, 2009, en prensa; Aparicio, 2001, 2003, 2004; Arias *et al.*, 2007b; Gutiérrez Zugasti, 2005, 2006a, 2006b, 2009; Vázquez & Rosales en Arias, 2002) si bien con algunas mejoras concretas y diferencias en el grado de interpretación por parte de cada autor. Así, aparte de la identificación y cuantificación se generalizan los análisis biométricos y de zonas de recolección, habituales ya durante los 80 y 90, pero ahora más sistematizados.

Si bien la tesis doctoral de Álvarez Fernández (2006) versó exclusivamente sobre elementos de adorno-colgante entre los que se incluían las conchas de moluscos, en los últimos años este autor se ha encargado de analizar, desde una perspectiva económica, los moluscos procedentes de diversos yacimientos excavados en los últimos años en Asturias y Cantabria, como Poza l´Egua (Arias *et al.*, 2007b) La Garma A y Galería Inferior (Álvarez Fernández, 2007a, en prensa), Altamira (Álvarez Fernández, 2009) o los yacimientos incluidos en el programa de sondeos en concheros asturienses llevado a cabo por Arias *et al.* (2007a). A partir de la metodología de Moreno, lleva a cabo el análisis del material, haciendo hincapié en el registro biométrico, pero sin incluir propuestas explicativas. Otros yacimientos estudiados en la actualidad por este investigador pero de los que aún no se cuenta con resultados son Los Gitanos y Arangas.

*Fig. 1.6: Excavaciones recientes en Santimamiñe (Foto: J. C. López Quintana)*

Por nuestra parte, en los últimos años y en el mismo marco geográfico, hemos realizado los análisis arqueomalacológicos de las cuevas de La Fragua, La Trecha y La Llana (Gutiérrez Zugasti, 2005, 2006, 2009). En ellos se utiliza la metodología de Moreno (1994) con algunas modificaciones para la cuantificación, y se analizan detalladamente las zonas de recolección y las técnicas de marisqueo. A partir de estos análisis se trató de perfilar las características básicas de la explotación de moluscos y explicar los cambios observados en la misma, en la cuenca baja de los ríos Asón y Agüera (Cantabria). Estos análisis han sido revisados de cara a su inclusión en este trabajo, aportando una mayor información.

Vázquez y Rosales (Arias, 2002) han trabajado con el material malacológico procedente de la cueva de Los Canes, cuyo estudio fue empezado por Imaz y acabado por ellos. Igualmente han llevado a cabo el análisis del material procedente de las excavaciones en el yacimiento vasco de Santa Catalina (Berganza *et al.*, en prensa). Sin embargo, al no estar publicados, por el momento es imposible evaluar estos trabajos.

En estos momentos también se introduce una novedad en la disciplina arqueomalacológica, como es la aparición de los primeros análisis de malacofauna terrestre. Si bien existe algún escaso precedente (Barandiarán & Madariaga, 1989), van a ser los trabajos de Mª. T. Aparicio (2001, 2003, 2004), en el marco del proyecto de investigación de la Prehistoria Reciente de Matienzo (Ruiz Cobo & Smith, 2001, 2003), incluyendo las cavidades de Cofresnedo, Cubío Redondo y la Sima del Diente, los primeros análisis específicos de este tipo de organismos. A partir de estos trabajos se comienza a valorar la presencia de estos moluscos en los depósitos de conchero de manera más detallada en el marco de los análisis arqueomalacológicos (Gutiérrez Zugasti, 2005, 2006a, 2009). El manejo de nuevas metodologías y el tratamiento específico de este tipo de restos ha permitido una aproximación más precisa al complejo debate sobre el origen de este tipo de moluscos, bien antrópico bien natural, en los yacimientos arqueológicos de la región.

En el País Vasco, recientemente se han excavado algunos yacimientos que contenían moluscos, aunque en contextos muy diferentes. Así, en J3 (Iriarte *et al.*, 2005a) se ha documentado un interesante contexto funerario incluido en un conchero mesolítico, pero por el momento no hay datos de la fauna malacológica. Por otra parte, en los últimos años se ha venido desarrollando una revisión del depósito estratigráfico de Santimamiñe (López Quintana & Guenaga, 2007), con la realización de nuevas excavaciones que han proporcionado información sobre la explotación del litoral. Los datos sobre la malacofauna procedente de las intervenciones en este último yacimiento están incluidos en este trabajo. También recientemente, las intervenciones realizadas en Linatzeta (Tapia *et al.*, en prensa) han puesto de manifiesto la existencia de moluscos en el yacimiento. Así, mientras Álvarez Fernández se ha ocupado de analizar el conjunto de moluscos marinos, Gutiérrez Zugasti ha hecho lo propio con los terrestres.

## 1.8 Algunos debates en relación con las estrategias de subsistencia

### 1.8.1 *Intensificación de la explotación de moluscos en el paso del Pleistoceno al Holoceno: incremento demográfico vs cambio climático*

Uno de los grandes debates de los últimos años, no solo en lo referente a la explotación de moluscos sino también en cuanto a las estrategias de subsistencia en general, es el de la diversificación e intensificación de la explotación de recursos en el paso del Pleistoceno al Holoceno. En general, todos los investigadores trabajando en la región coinciden en hablar de la existencia de procesos de diversificación e intensificación, sin embargo, existen diferencias en cuanto al inicio y las causas propuestos para este proceso.

Va a ser Straus el que inaugure el debate al sostener la existencia, durante el Paleolítico superior, de una tendencia al aumento en la explotación de moluscos que coincide con una diversificación y sofisticación en la explotación de fauna terrestre, explicada por un incremento demográfico. Por tanto, propone que se da una intensificación en la explotación de recursos litorales debido al incremento demográfico que crea una situación de presión sobre los recursos terrestres (Straus, 1979:319-321).

Posteriormente, tras sus trabajos en La Riera junto a Clark, propondrá un modelo más detallado basado en la intensificación en la explotación de recursos, no solo malacológicos, a lo largo del Paleolítico superior y el Mesolítico, que implicó especialización y diversificación. Mientras la especialización fue un proceso evidenciado principalmente durante el Solutrense y el comienzo del Magdaleniense, la diversificación se evidencia ya durante el Solutrense abarcando el final del Paleolítico y el Mesolítico. Sin embargo, la diversificación parece que se amplía a partir del Magdaleniense Superior, tanto en los recursos litorales, con una ampliación del espectro consumido, incluyendo crustáceos, equinodermos y peces, como en faunas de mamíferos y aves. Por tanto, durante el Solutrense los recursos animales de montaña y estuario comienzan a ser sistemáticamente explotados. Más tarde, durante el Magdaleniense Superior Final los recursos del litoral abierto se añaden al espectro comenzando una tendencia que culminará durante el Asturiense. Estos autores no encuentran una relación sistemática entre los cambios en los recursos explotados y los cambios climáticos, salvo una mayor aparición de corzo y jabalí y el descenso en las cantidades de *Littorina littorea* durante el Holoceno (Straus, 1992:129; Straus y Clark, 1986:353-355). Esta postura es aún mantenida por Clark (2004:210) en los últimos años.

Igualmente, González Morales (1982:203; 1995a:73-74) establece la existencia de un proceso general de intensificación y diversificación durante el Asturiense en comparación con momentos anteriores. Pero también habla de una intensificación concreta en la explotación de moluscos ya durante el Aziliense.

Por su parte, González Sainz & González Morales (1986:190) sostienen que la intensificación en la explotación de moluscos se da a partir del Tardiglaciar. Así, se produciría una creciente diversificación durante el Aziliense y el Mesolítico, al igual que ya ocurría en el MSF y este proceso de intensificación se reflejaría en los notables incrementos de la recolección de moluscos y la actividad pesquera. En la misma línea destacan el aumento en la aparición de recursos costeros en el Aziliense con respecto al Magdaleniense. Igualmente, no creen que los cambios que se producen entre el Tardiglaciar y los inicios del Holoceno, sean debidos a la mejora en las condiciones climáticas (González Sainz & González Morales, 1986:264-267).

Asimismo, González Sainz, en posteriores trabajos (González Sainz, 1989; 1995; González Sainz & González Urquijo, 2007) mantiene una posición similar a la propuesta previamente junto a González Morales. Así, sostiene que la diversificación comienza en el MSF, cuando la especialización alcanza su mayor desarrollo y se agotan las posibilidades de expansión de un sistema basado en ella. Asimismo, mantiene que el cambio de ritmo en el incremento demográfico se da durante el Magdaleniense reciente y los inicios del Aziliense y que este incremento es paralelo a las nuevas estrategias de aprovechamiento económico, por lo que no cree que las oscilaciones ambientales del MSF fueran tan significativas como para influir en los procesos de cambio que se estaban produciendo en las estrategias de subsistencia. En cuanto al aprovechamiento de recursos marinos sostiene que se intensifica durante el Magdaleniense Final y la transición al Aziliense. Sin embargo, durante el MSF la explotación de este recurso todavía no se lleva a cabo de manera intensiva, algo que comienza a producirse durante el Aziliense (González Sainz, 1989:270). Esta intensificación se traduce en lo cualitativo y en lo cuantitativo (tamaños medios menores y aparición de especies de aguas más batidas) (González Sainz, 1995:184).

A partir del análisis de las faunas de mamíferos durante el Paleolítico superior y el Mesolítico, Gassiot (2000:439) concluye que durante el Magdaleniense Inferior y Medio se produce la máxima especialización en torno a un único taxón. A partir de ese momento, se observa un incremento en la participación de otras especies en los conjuntos faunísticos. En cuanto a la explotación del litoral, también constata el incremento en el aprovechamiento de moluscos y peces al final del Paleolítico superior y especialmente durante el Mesolítico.

Craighead (1995) a partir de un análisis basado en los moluscos y principalmente en la especie *Patella vulgata*, pero también de la información disponible para otros recursos, como las faunas de mamíferos, en la secuencia de La Riera, sostiene que la adaptación a los cambios medioambientales fue la causa de los cambios en las estrategias de subsistencia. Esta postura seguirá siendo mantenida posteriormente, al menos en lo referente a la explotación de moluscos (Bailey & Craighead, 2003, 2004).

En los últimos años González Morales *et al.* (1999:69-70) continúan manteniendo que el gran número de yacimientos en cueva costeros y las grandes acumulaciones de moluscos durante el Asturiense son un signo de intensificación en la ocupación de este tipo de hábitat (1999:70).

Fernández-Tresguerres (2007:315) en sus estudios sobre el Aziliense cantábrico también habla de intensificación de la explotación de moluscos, no sólo entre el Magdaleniense y el Mesolítico, sino también dentro del Aziliense como sucede en Los Azules y Ekain. Fernández-Tresguerres (2007:327) acepta que la diversificación se inicie en el Solutrense como propone Straus, pero señala que se acentúa a medida que el tiempo transcurre.

Por tanto, la mayor parte de los autores coinciden en señalar el Paleolítico superior como el momento en el que se comienza a intensificar la explotación de moluscos. Sin embargo, Arias (1992a:165) sostiene que la especialización en la explotación de moluscos de los grupos asturienses y algunos contextos vascos, como Santimamiñe, no ha sido demostrada hasta el momento. Así, según este autor (Arias 1991b:148-149; 1992b:280; 1997b:69) la intensificación en la explotación de algunos recursos, entre ellos los moluscos, se da en el Neolítico, al expandirse el marisqueo a zonas más batidas que en épocas anteriores con el consiguiente aumento en la explotación de especies de zonas muy expuestas (y teóricamente menos rentables) como *Pollicipes pollicipes*, *Patella ulyssiponensis* y *Patella rustica*. Igualmente, sostiene que la introducción de la explotación de caracoles terrestres dentro de las estrategias de subsistencia es otro indicador de esta intensificación. Las causas de esta intensificación habría que buscarlas en el incremento demográfico que se produce con la llegada del Neolítico. Estos argumentos son también esgrimidos por Ruiz Cobo (2003:263) para explicar el fenómeno de la intensificación. Sin embargo, en trabajos posteriores Arias propone el fin de la economía diversificada precisamente con la llegada del Neolítico y la introducción de las economías de producción agrícola y ganadera, argumentando la escasa presencia de concheros (Arias *et al.*, 1999:554), lo que parece contradecirse con la teoría previamente propuesta de intensificación de la explotación.

Por tanto, a pesar de que todos los autores parecen estar de acuerdo en la existencia de un proceso de intensificación en el aprovechamiento de recursos, no hay consenso especialmente a la hora de establecer el inicio de esos procesos de diversificación e intensificación. En cuanto a las causas que provocan estos cambios parece que existe mayor homogeneidad, y así, excepto Bailey y Craighead, que sostienen que la influencia de los cambios medioambientales fue decisiva para el establecimiento de las nuevas estrategias, el resto de autores coinciden en asignar al incremento demográfico el papel de causa desencadenante de los cambios.

### 1.8.2 *La explotación de moluscos como degeneración cultural*

Otra idea cuya evolución merece la pena valorar desde el punto de vista teórico es la que presupone que la explotación intensiva de ciertos recursos, como los moluscos, supuso una decadencia en las estrategias de subsistencia y en la cultura de los grupos humanos. Si bien estas ideas son propias del paradigma normativo y se expresan de forma habitual durante la primera parte del siglo XX, no solo en la región cantábrica sino también en otras partes del mundo (Rozoy, 1978:1304-1305), nos ha parecido adecuado hacer un breve repaso de la valoración que desde otros marcos teóricos se ha llevado a cabo respecto al aumento en la explotación de moluscos.

Ya se ha comentado más arriba como Carballo (1924:136) cita el Cuerquense (Asturiense) como una civilización en decadencia, siendo la pesca su principal ocupación y los moluscos su principal alimento. Prueba de ese atraso y miseria sería que en estos yacimientos no aparece industria que denote progreso, ni tampoco manifestaciones artísticas (Carballo, 1924:140).

En la misma línea J. M de Barandiarán (1979:111) argumenta que el cambio climático hace que escaseen los medios de subsistencia comunes hasta entonces, y el ser humano tiene que adaptarse a las nuevas condiciones de vida, alimentándose pobremente de las especies que no emigraron con el cambio climático y de moluscos, sobre todo en las zonas costeras. Esto determina la decadencia de la industria y la desaparición del arte magdaleniense.

Esta idea se encuentra recogida también en la obra de Madariaga (1968:20), que al hablar del pico asturiense dice que aparece en una época de penuria alimenticia y perdura hasta un momento de gran apogeo del marisqueo. En años posteriores (Madariaga, 1976:441) continúa manteniendo esta postura al calificar a los moluscos como alimentos coyunturales, utilizados en momentos de penuria económica.

En estos tres ejemplos, por tanto, la valoración de la explotación de moluscos está influenciada por las ideas de la Historia-Cultural, que considera a los moluscos como un recurso pobre, cuya explotación intensiva refleja la decadencia cultural de esas poblaciones.

Sin embargo, la llegada de los investigadores funcionalistas norteamericanos va a introducir novedades en la forma de interpretar el supuesto aumento en la explotación de moluscos que se produce durante el Mesolítico. Así, estos autores no contemplan la degeneración dentro de la idea de progreso, y por ello intentan explicar el Asturiense argumentando que es solo una especialidad económica concreta de base estacional, y que tiene que haber otros yacimientos conectados con la tradición del Paleolítico superior (que suponen que son yacimientos al aire libre que no se conservan o los yacimientos azilienses localizados en zonas de interior). Para ellos el cambio cultural Paleolítico superior-Mesolítico en el Cantábrico es muy brusco y no encaja con la teoría evolucionista. Así, la idea de que yacimientos utilizados desde siempre para muchas actividades ahora sólo se usan de forma estacional para el marisqueo, no encaja en su esquema, y por esta razón creen que los campamentos base deberían estar en otra parte. Por tanto, la visión de los moluscos ya no es la de una degeneración sino la de un recurso complementario.

A pesar de las influencias procesualistas, en sus comienzos González Morales (1982:190) se va a desmarcar de la interpretación funcionalista y considera que el medio biótico en el que se desarrolla el Asturiense es muy rico, por lo que el Mesolítico no puede ser visto en términos de penuria y degeneración. Igualmente, en su opinión (1982:201) la reducción en número y variedad de las industrias líticas durante el Asturiense no significa un empobrecimiento, sino una adaptación precisa a unas nuevas estrategias de explotación del medio, no tan centradas en la caza.

Por tanto, el supuesto aumento en la explotación de moluscos, especialmente durante el Mesolítico, ha sido visto desde dos puntos de vista. Por una parte, desde el paradigma normativo se entiende en términos de degeneración cultural en relación al esplendor del Paleolítico superior, y por otra, desde el paradigma procesualista, como recurso complementario, de importancia variable dependiendo de cada momento, cuyo aumento habría sido producido por cambios en las estrategias de subsistencia, relacionados con una mayor densidad poblacional.

### 1.8.3 *Los patrones de asentamiento: la ocupación del interior y la complementariedad funcional*

Será con la introducción del Procesualismo cuando se comenzarán a generalizar los estudios sobre los patrones de asentamiento. La introducción de esta preocupación en la investigación cantábrica va a fomentar el surgimiento, no solo de los primeros análisis del territorio, sino también de un profundo debate sobre la relación entre el Aziliense y el Asturiense.

Los primeros análisis del territorio se refieren al Asturiense, cuya peculiaridad se centra en estos momentos en la inexistencia de yacimientos en el interior, en contraste con lo que sucedía en períodos anteriores. González Morales (1982:191) pone de relieve la concentración de yacimientos asturienses en la costa oriental asturiana y en la occidental de Cantabria. A este respecto, considera la topografía de la zona y la climatología (entre otras causas) como claves para el entendimiento de esa concentración. De esta forma, la zona costera sería mucho más ventajosa en términos económicos y mucho más accesible, por lo que no habría sido necesaria la ocupación del interior.

Sin embargo, algunos autores no van a aceptar este modelo de ocupación exclusivamente costera, tan diferente del existente en el Paleolítico Superior, por lo que recurrirán a la hipótesis conocida como de la complementariedad funcional. Así, tratando de solucionar ese "problema" de vacío de las zonas interiores, Straus (1979:317-318) propone la contemporaneidad del Aziliense y el Asturiense como variantes de un sistema adaptativo regional multi-componente integrado, ya que las fechas radiocarbónicas disponibles en aquellos momentos se solapaban al tener en cuenta dos desviaciones estándar. Asimismo, los dos tipos de yacimientos exhiben características diferentes, propias de funciones diferentes dentro del sistema, por tanto, los yacimientos con industrias tipo aziliense podrían representar funcionalmente la continuación de la caza como actividad de subsistencia, mientras los concheros asturienses podrían representar la culminación de la tendencia hacia la diversificación que comenzó en el Solutrense. Para apoyar esta hipótesis, critica la secuencia estratigráfica sostenida hasta el momento, diciendo que está construida solo a partir de los datos de La Riera y que esos datos pueden leerse de otra manera, ya que por ejemplo durante el Aziliense hay un 8% de *Osilinus lineatus*, que es una especie propia del Asturiense. En ese mismo sentido, considera que los datos sobre la posición estratigráfica de ambas "facies" en otros yacimientos no son fiables (Cueto La Mina, Balmori, El Río, El Pendo, La Meaza). Sostiene el mismo argumento en sus publicaciones posteriores (Clark & Straus, 1983; Straus & Clark, 1986; Straus, 1992:227), en las que expone de forma más desarrollada los argumentos de su hipótesis de complementariedad funcional.

*Fig. 1.7: L. G. Straus, G. A. Clark, L. Freeman y J. González Echegaray durante las excavaciones de La Riera (Foto: L. G. Straus)*

De la misma forma, Clark, a pesar de haber sostenido en un primer momento (Clark, 1971, 1972, 1975, 1976) la diferenciación estratigráfica y cultural entre el Aziliense y el Asturiense propuesta por Vega del Sella (1930:92-94), va a apoyar posteriormente las tesis de Straus sobre la complementariedad funcional de ambos tipos de yacimiento (Clark, 1989, 1995; Clark & Straus, 1983; Straus &Clark, 1986). Sin embargo, a pesar de su afán por diferenciar las características de ambas "facies", el único argumento relativamente fuerte de la propuesta (tanto de Clark como de Straus) es el posible solapamiento de fechas, algo que también será refutado posteriormente.

Así, la reacción ante esta hipótesis viene de la mano de González Morales (1989; 1991:210; 1995a:66; 1996:382; 1999b) que con una mayor cantidad de dataciones radiocarbónicas para los períodos implicados en la discusión, demuestra lo forzado de las interpretaciones de Clark y Straus sobre el solapamiento de ambos períodos, y la escasa fuerza de este argumento. Igualmente, a partir de la posición estratigráfica de ambos períodos en yacimientos excavados en los últimos años (El Perro, La Fragua, La Pila), de los datos sobre las industrias, la distribución de los asentamientos y las características de la explotación de moluscos, deja clara la poca consistencia de la hipótesis de la complementariedad funcional, hecho que finalmente será aceptado por Straus (Straus & González Morales, 2003a:359). Sin embargo, a pesar de las nuevas evidencias, Clark (1995, 2004:209-210) continuará apoyando la complementariedad funcional.

*Fig. 1.8: M. R. González Morales excavando en La Riera durante la campaña de 1976 (Foto: L. G. Straus)*

Por tanto, y a tenor de los datos más recientes (González Morales *et al.*, 1999:70) las zonas costeras han sido preferentemente ocupadas durante el Mesolítico en la región cantábrica, en detrimento de las zonas interiores que jugaron un papel importante en períodos anteriores como el Aziliense o el Magdaleniense Superior Final y también en períodos posteriores como el Neolítico. Sin embargo, a pesar de esta menor importancia del interior durante el Mesolítico, en los últimos años se ha ido desechando la idea de una ocupación exclusiva del litoral, a raíz del hallazgo de algunos yacimientos interiores (Arias, 1999; González Morales, 1999b; Straus & González Morales, 2003a), como Los Canes, Arangas o El Mirón entre otros. En la misma línea, Fano (1996:57; 1998:26-27) establece que a pesar de que la mayor parte de los yacimientos asturienses se sitúan a una altura sobre el nivel del mar de 50-100 m., la aparición de yacimientos en zonas altas, junto a algunas dificultades añadidas, como la prospección en zonas de montaña, hacen desechar la idea de una ocupación exclusivamente litoral.

### 1.8.4 *La transición al Neolítico: el VII milenio cal BP*

El último gran debate se refiere a la transición al Neolítico y la adopción de las economías de producción en la región cantábrica. La primera cuestión que surge ante este debate es la propia definición de Neolítico, no del término en sí, que parece claro que hace años que quedó desfasado (al hacer alusión a la piedra pulida como indicador cultural del período) a pesar de su generalizada utilización, sino de las características que lo definen. Parece claro que los diversos autores implicados en este debate tienen un concepto muy similar de la característica principal de este período, es decir, la producción de alimentos a partir de la agricultura y la ganadería. Sin embargo, a pesar de ello es muy habitual la utilización de otros factores, especialmente industriales (aparición de cerámica, industrias líticas con retoque en doble bisel...) para hablar de Neolítico.

La utilización de estos otros factores sirvió en los primeros momentos del debate para establecer la existencia de un Neolítico premegalítico (Arias, 1991, 1997a; Arias *et al.*, 1999, 2000a), situado en la primera mitad del VII milenio cal BP. Sin embargo, otros autores (González Morales, 1992, 1996, 1999b) tomaron la definición estricta de Neolítico para probar que no existía ese Neolítico premegalítico, basándose en el hecho de que la agricultura y la ganadería no aparecen hasta la llegada de los primeros megalitos a la región en la segunda parte del VII milenio (si no se tiene en cuenta la fecha del dolmen de Larrarte). No obstante, es evidente que algo ocurrió durante la primera mitad del VII milenio cal BP ya que las poblaciones de cazadores-recolectores comienzan a presentar algunas novedades tecnológicas con respecto al período anterior. Así, Fano (1998:31, 2000), va a adoptar una postura más prudente en este debate al proponer que los pobladores de la región en la primera mitad del VII milenio eran cazadores-recolectores portadores de cerámica. Según este autor, estaba claro que algo había cambiado con la introducción de la cerámica, pero ello no significaba que el Neolítico estuviera establecido en la región, ya que en esos momentos no había evidencias de agricultura y ganadería, por lo que propuso considerar esa primera parte del VII milenio cal BP como una fase de transición. En los últimos años y a tenor de las evidencias de domesticación y agricultura procedentes de yacimientos como El Mirón (Peña-Chocarro *et al.*, 2005), Los Gitanos (Ontañón, 2005, 2008), Arenaza (Arias & Altuna, 1999), Kobaederra (Zapata *et al.*, 1997) y Herriko Barra (Iriarte *et al.*, 2005b), tanto Arias como Fano (Arias & Fano, 2003:154; Fano, 2007:347) van a reforzar la hipótesis de que el proceso de neolitización comenzó en la primera parte del VII milenio cal BP y es claramente anterior al desarrollo del Megalitismo en la región.

Otro punto de desencuentro en este debate es el relativo al origen de los cambios que se producen, cuyas posiciones se reducen básicamente a dos. Por una parte, Arias (1991a:273-277), a partir fundamentalmente de las industrias, establece que el primer Neolítico se configura como un conjunto de unidades culturales mesolíticas que no pierden lo esencial de su sistema cultural, a pesar de la introducción de algunos rasgos novedosos como la cerámica. También establece que el origen de las novedades técnicas hay que buscarlo en el valle del Ebro y se daría a través de contactos ocasionales entre poblaciones (Arias, 1997b:66, 1997a:366). La introducción de los megalitos sería una segunda etapa del Neolítico cantábrico, y a pesar de reflejar alguna influencia exterior, en general puede considerarse como un proceso propio de los grupos indígenas, debido principalmente a la similitud en la cultura material y la cronología, con el megalitismo de las zonas más próximas (Arias, 1997b:68-69; Arias *et al.*, 2005:758). Igualmente, este autor ha señalado diversas semejanzas entre la tradición funeraria del Mesolítico y del Neolítico, lo que refuerza su hipótesis de continuidad y autoctonismo para el Neolítico cantábrico (Arias & Fano, 2003). Por tanto, para Arias los procesos de neolitización de la región cantábrica se caracterizan por el fundamental peso de la tradición mesolítica local.

Por otra parte, González Morales (1992, 1996, 1999c) propone que los cambios llegan de fuera, argumentando que la presencia de cerámica en concheros, como ocurre con los de la cultura Ertebølle, puede ser simplemente un indicio de contactos o intercambios, sin que se produzca una transformación del sistema productivo (González Morales, 1999:200). Así, los cambios reales en el sistema económico se producirían en paralelo a la llegada del megalitismo a la región, traído por gentes que ocuparían las zonas interiores (más propicias para el desarrollo de las economías de producción), mientras los cazadores-recolectores indígenas continuarían ocupando las zonas costeras y marisqueando. Este tipo de convivencia y contacto ha sido documentado en otras zonas de Europa, como en Holanda, Alemania, Dinamarca y otras zonas de la fachada Atlántica (Dupont, 2003:37; 2006). El propio Arias (1997b:62) propone esta convivencia en la cercana fachada Atlántica francesa, pero no acepta este modelo para el Cantábrico. Por otra parte, los contactos mesolíticos-neolíticos también se relacionan con la situación de los yacimientos. Por ejemplo, algunos proponen que las áreas costeras son propicias para este tipo de contactos, debido a la lentitud de la neolitización de esas zonas, (Dupont, 2003:38; 2006), apoyando la propuesta de González Morales para el Cantábrico.

Por tanto, el debate sobre este punto sigue abierto y habrá que esperar a los próximos años, cuando se cuente con un mayor volumen de información, tanto de los momentos finales del Mesolítico como del Neolítico en sí, para poder avanzar en la presente cuestión.

# CAPÍTULO 2. OBJETIVOS, PLANTEAMIENTOS E HIPÓTESIS

## 2.1 Objetivos generales de la investigación

El análisis de la historia de las investigaciones y de los marcos teóricos ha permitido observar cuales son las fuentes disponibles para la realización de este trabajo y las hipótesis planteadas a lo largo del tiempo, tanto a nivel general como sobre la explotación de moluscos en concreto. Esta información ha resultado básica para plantear los objetivos de nuestra investigación.

Desde un punto de vista general, el objetivo de esta investigación es el de contribuir al conocimiento de las sociedades de cazadores-recolectores que habitaron la región cantábrica entre el 15600 y el 5700 cal BP, no sólo en cuanto a la economía sino también a la cuestión social, si bien este último punto entraña mayores dificultades debido a la escasez de información.

Desde un punto de vista más concreto, se pretende trazar la evolución que sufre la explotación de moluscos dentro de las estrategias de subsistencia de las poblaciones humanas en el período de estudio. A partir de la documentación previa, se ha planteado un estado de la cuestión en la investigación del aprovechamiento de recursos malacológicos, metodológico y cuando ha sido posible teórico, que ha puesto de manifiesto la existencia de diversas preguntas sin resolver o incluso sin plantear. El objetivo es, por tanto, responder a las cuestiones existentes y plantear las que no han sido tenidas en cuenta hasta el momento.

Desde un punto de vista teórico, ante la imposibilidad de abarcar los tres ámbitos de estudio que actualmente se desarrollan para los moluscos en arqueomalacología (alimentación, ornamento, útil), este trabajo se ha centrado fundamentalmente en la función alimenticia, aunque sin ignorar las otras dos a la hora de la interpretación. Si bien los ornamentos proporcionan escasa información económica, sí permiten un mayor conocimiento de los aspectos sociales y simbólicos. En el caso de los útiles, su casi completa ausencia hasta la fecha en los conjuntos malacológicos cantábricos, hace que sea difícil su valoración dentro de la organización económica de los grupos de cazadores recolectores. Sin embargo, a partir de las escasas evidencias disponibles se intentará explicar cual es el papel que cumplen dentro del marco económico y social.

En el plano metodológico, la evaluación de la documentación previa puso de manifiesto la existencia de posibilidades de mejora, por lo que uno de los primeros objetivos que se estableció fue el enriquecimiento del aparato metodológico de análisis arqueomalacológicos y de otros recursos litorales como crustáceos o equinodermos. Así, en el caso de los moluscos, se llevó a cabo una revisión crítica de la metodología desarrollada por Moreno (1994) con el objetivo de mejorar los diferentes procesos implicados en la misma. En lo referente a otros organismos marinos habituales en los concheros, como los erizos de mar, los percebes y los cangrejos, y ante la inexistencia de metodologías de análisis, se desarrollaron nuevos métodos que permitieran el análisis, especialmente el cuantitativo.

El segundo objetivo planteado ha sido la obtención de datos a partir del análisis de diversos repertorios de moluscos procedentes de yacimientos arqueológicos utilizando la metodología desarrollada, al ser consistente y adecuada a las preguntas que se trata de responder. Al igual que en el caso del material, la documentación previa dejó entrever la posibilidad de introducir mejoras metodológicas en el análisis de los datos.

El siguiente objetivo, de carácter más teórico, es valorar el papel de los moluscos dentro de la economía a partir de los datos obtenidos. Así, se trata de establecer los patrones de explotación de moluscos, sus similitudes y diferencias, y valorar tanto la perspectiva sincrónica como la diacrónica. Para ello, en cada yacimiento se ha llevado a cabo el análisis individualizado de las principales especies explotadas, zonas de recolección, técnicas de recolección, biometría y estacionalidad. A partir de esta información se ha pretendido explicar el papel de la explotación de moluscos dentro de las estrategias de subsistencia de los grupos humanos en la región cantábrica y responder a las preguntas que plantearemos a continuación.

Como objetivo complementario, se ha intentado una aproximación al clima y al medio ambiente, tratando de aclarar de qué forma las variaciones climáticas pueden afectar a los moluscos y cómo influyen en su utilización como recurso alimenticio. También se ha tratado de establecer la pertinencia de utilizar los moluscos como indicadores climáticos. Asimismo, se intentará valorar la importancia real del ascenso del nivel marino y su impacto en el medio ambiente de cada período. Generalmente, en los estudios sobre la explotación del litoral se explicita el problema del ascenso marino en relación a la distribución y localización de yacimientos, pero luego no se tiene en cuenta a la hora de la interpretación. Ante la dificultad que entraña el cumplimiento de este objetivo, únicamente se pretende aportar un modelo que pueda servir principalmente para incentivar la investigación en esta dirección.

## 2.2 Planteamientos e hipótesis

La posición mantenida por el autor en esta investigación es claramente materialista. Por otra parte, la influencia del Procesualismo está muy presente en esta investigación, debido al contexto en el que se ha formado el autor. La llegada de investigadores norteamericanos a la región a partir de los años 60 permitió la introducción de la corriente teórica procesualista, que a partir de los años 90 se convirtió en el referente teórico de la mayor parte de los investigadores trabajando en la región, a pesar de que aún en la actualidad siguen produciéndose trabajos muy cercanos a la escuela Histórico-Cultural. La aportación del Procesualismo puede observarse, no solo en la importancia que se ha concedido al método científico, sino también en la preocupación por las cuestiones medioambientales o en la constante búsqueda de explicaciones. La influencia que el Materialismo Histórico ha ejercido en la investigación arqueológica en la región cantábrica también puede observarse en la preocupación mantenida en este trabajo por las formas de producción y consumo.

Así, a partir de estos presupuestos teóricos se ha tratado de explicar y dar respuesta a una serie de cuestiones más concretas sobre la explotación de moluscos. Algunas de ellas han sido formuladas como hipótesis. A continuación se presentan algunos planteamientos previos y las hipótesis más destacadas que se trata de contrastar o refutar, si bien estas serán más ampliamente desarrolladas en el momento de su tratamiento, en el Capítulo 7.

La primera pregunta que interesa responder está relacionada con los patrones de representación de especies y las zonas de recolección. A partir de la documentación previa se han establecido los patrones propuestos para cada uno de los períodos cronológicos implicados en la investigación, y a través de la información procedente de nuestros análisis se tratará de verificarlos o rechazarlos.

En los últimos años el momento en que se produce la inversión en las cantidades de *Littorina littorea* por *Osilinus lineatus* entre los conjuntos malacológicos pleistocenos y holocenos parece haber sido concretado a partir de las fechas de El Perro (González Morales, 1992:189; 1995:67; González Morales *et al.*, 1999:65). A partir de la información previa disponible y las aportaciones realizadas en este trabajo se intenta confirmar o rechazar el momento del cambio y las causas propuestas.

En la misma línea la introducción de otros taxones, como el género *Patella* o las especies propias de fondos blandos, durante el Holoceno ha sido objeto de discusión. Las hipótesis mantenidas hasta el momento achacan este proceso, por una parte a cambios en las condiciones climáticas, y por otra a cambios en las estrategias de subsistencia. A partir de la información disponible se pretende verificar o rechazar dichas hipótesis.

Uno de los debates más tradicionales, no sólo en el Cantábrico sino en medio mundo, es el del carácter atribuido a los caracoles terrestres aparecidos en yacimientos arqueológicos. Se tratará de establecer el carácter antrópico o intrusivo de estos gasterópodos en cada uno de los yacimientos analizados y valorar la importancia de este recurso dentro de las estrategias de subsistencia de los grupos humanos.

En ocasiones el tamaño de algunas especies, especialmente del género *Patella*, ha sido utilizado para hablar de la existencia o no de una selección de tamaños por parte de las poblaciones recolectoras. A partir de muestreos actuales en los que se ha llevado a cabo diversos tipos de selección, se intenta establecer si las poblaciones prehistóricas seleccionaban los tamaños de los recursos malacológicos que explotaban.

Ya se ha visto, en el capítulo dedicado al marco histórico-teórico, la importancia concedida en la investigación de la región a los patrones de asentamiento y a la duración de las ocupaciones. En relación con esta cuestión se han propuesto dos modelos para la explotación de moluscos, por una parte recolección a lo largo de todo el año, y por otra recolección estacional. A partir de los datos disponibles y los aportados en este trabajo se tratará de valorar la pertinencia de estos modelos.

Por otra parte, diversos autores han propuesto la hipótesis de la sobreexplotación para explicar el descenso en los tamaños de algunas especies a lo largo del tiempo. A partir de la información biométrica de muestras actuales y arqueológicas se trata de verificar o refutar la hipótesis de la sobreexplotación.

Una de las ideas de carácter teórico más extendidas en la Historia de la investigación prehistórica en el Cantábrico, es la existencia de un proceso de intensificación producido entre el Pleistoceno final y el Holoceno inicial. Como hemos visto más arriba, el inicio y el ritmo de este proceso ha sido objeto de debate en los últimos años (González Sainz, 1989; González Urquijo & González Sainz, 2007; Straus, 1992; Straus & Clark, 1986). A partir del establecimiento de las características propias de un proceso de intensificación en la explotación de moluscos se intenta contrastar o rechazar la hipótesis de la intensificación y establecer su momento de inicio.

Debido a la falta de datos para plantear y contestar hipótesis, en otras cuestiones nos hemos visto obligados a realizar simplemente una revisión crítica de los datos y realizar algunas reflexiones al respecto. Así, por ejemplo ocurre con algunas cuestiones relativas a la explotación de los moluscos y por supuesto, con los aspectos sociales.

# CAPÍTULO 3. EL MARCO ESPACIAL Y CRONOLÓGICO

## 3.1 El medio físico: la región cantábrica

La delimitación geográfica de la zona de estudio se circunscribe a la denominada región cantábrica, localizada en el Norte de la Península Ibérica (Fig. 3.1). Esta zona comprende las Comunidades Autónomas españolas del País Vasco, Cantabria, Asturias y la Provincia gallega de Lugo, sin embargo, en este estudio, el límite Oeste viene marcado por el río Nalón, por lo que la zona gallega no será tenida en cuenta, fundamentalmente debido a la práctica inexistencia de evidencias de explotación del litoral. Hacia el Este el límite se ha establecido en el río Bidasoa, mientras que algunas zonas de Navarra también han sido tenidas en cuenta en determinadas partes de esta investigación. La distancia entre el Nalón y el Bidasoa es de aproximadamente 350 km, mientras la superficie completa de la región abarca unos 14000 km$^2$.

Los límites Norte y Sur están establecidos por el Mar Cantábrico y la Cordillera Cantábrica respectivamente, separados entre 30 y 50 km. dependiendo de la zona. Se trata de una región muy accidentada, que se puede dividir en tres zonas, la marina, los valles interiores y la alta montaña. La zona montañosa comprende diferentes alturas, generalmente entre 2000 y 1500 m., aunque hacia el Este son menores. Las mayores altitudes se alcanzan en la zona de Picos de Europa, rondando los 2700 m.

Por otra parte, las características litológicas y geológicas de la región están marcadas por una amplia karstificación del medio, que provoca la existencia de una alta frecuencia de cuevas y abrigos rocosos susceptibles de ser ocupados por los grupos de cazadores-recolectores. Este aspecto tiene importantes consecuencias, tanto en los patrones de ocupación del medio durante la Prehistoria como en la visibilidad de los yacimientos de cara a la investigación actual.

En la actualidad el clima de la región es Oceánico, caracterizado por las suaves temperaturas (con escasa amplitud térmica entre veranos e inviernos) y las precipitaciones abundantes, centradas en la estación invernal. Así, la temperatura media anual se sitúa en 13-14º C y las precipitaciones medias son de aproximadamente 1800 l/m$^2$.

Una descripción detallada de las características del medio en la región cantábrica se puede consultar en González Sainz & González Morales (1986) o en el reciente trabajo de J. C. García Codrón (2007).

## 3.2 La distribución de los asentamientos

La figura 3.2 muestra la localización de los asentamientos incluidos en esta investigación. Así, la distribución de los yacimientos se puede dividir en cuatro zonas. Por un parte, los yacimientos situados más al Occidente, en la cuenca del río Nalón (Asturias); otro grupo lo forman una gran cantidad de yacimientos asturienses localizados en la zona costera, alrededor de la localidad asturiana de Llanes; un tercer grupo formado por los asentamientos localizados en Cantabria, que se dividen, con cierto equilibrio entre costeros e interiores; y por último, el grupo de yacimientos en el País Vasco, que se agrupan de forma similar a los de Cantabria. No obstante, es evidente que diversos sesgos, como el ascenso del nivel marino y la visibilidad arqueológica, pueden estar jugando un papel importante en la percepción que tenemos de la distribución de asentamientos.

## 3.3 El marco cronológico: del MSF al Neolítico

El marco cronológico seleccionado para la realización de esta investigación abarca entre el 15600 cal BP (13000 BP) y el 5700 cal BP (5000 BP), incluyendo los períodos Magadaleniense Superior y Final (abreviado MSF en este trabajo), Aziliense, Mesolítico y Neolítico (al menos en su primera parte).

El inicio del Madaleniense Superior ha sido establecido recientemente (González Sainz & González Urquijo, 2007:279-280) hacia el 16300-16100 cal BP (13300-13200 BP) mientras el cambio al Magdaleniense Final parece darse hacia el 15000-14800 cal BP (12600-12500 BP). El final del período y el paso al Aziliense se situaría entre el 13700-13400 cal BP (11800-11500 BP). Así, el Aziliense (Fernández Tresguerres, 2007:312) se desarrollaría entre estas fechas y el 10700 cal BP (9500 BP). Por su parte el Mesolítico (Fano, 2007:347) se extendería hasta el 6800 cal BP (6000 BP). La cuestión sobre el final del Mesolítico y el inicio del Neolítico ha sido ampliamente discutida sin que hasta el momento se haya logrado un consenso al respecto. Entre el 6800 cal BP (6000 BP) y el 6300 cal BP (5500 BP) se mantienen los patrones típicos del Mesolítico pero con la ocasional introducción de tecnologías y recursos considerados neolíticos, por lo que puede ser considerada una fase de transición. Sin embargo, entre el 6300 cal BP (5500 BP) y el 5700 cal BP (5000 cal BP) las características propias del Neolítico (domesticación, agricultura, megalitismo) ya están relativamente consolidadas.

González Sainz & González Urquijo (2007) han señalado las diferencias temporales que introduce la calibración con respecto a las dataciones convencionales durante el MSF. Así, este periodo en cronología convencional BP, abarca unos 1500 años, mientras la calibración (a 1 $\sigma$) lo amplia a 3000. Durante el Aziliense, esta ampliación supone que el período se ha desarrollado durante 600 años más que en cronología BP, mientras que durante el Mesolítico serían 400 años más. El único período que apenas se ve influenciado por esta cuestión es el Neolítico inicial, que solo aumenta en 100 años.

La Tabla 3.1 muestra un resumen de las fechas de radiocarbono que existen para la región cantábrica en los períodos de estudio. La calibración de las fechas de radiocarbono se ha llevado a cabo con el programa Calpal 2007 (download version) (Weninger *et al.*, 2008), utilizando la curva de calibración Calpal 2007 Hulu (Weninger & Joris, 2007). Las fechas procedentes de conchas no han sido calibradas por los problemas que ya ha señalado Fano (2007:351) respecto al establecimiento del efecto reservorio en el Cantábrico. Así, hasta el momento, en la región cantábrica solo se cuenta con dos valores, relativamente dispares, para el $\Delta R$. Por una parte, un valor de 220 años procedente de La Garma A (Cantabria) (Mestres & Arias, 2006), y por otra, un valor de 85 años procedente de Colomba (Asturias) (Arias *et al.*, 2007a). La explicación a estas diferencias podría estar relacionada con el entorno oceanográfico de cada zona. Sin embargo, hasta que no se cuente con más datos sobre esta cuestión, se ha preferido no calibrar las fechas procedentes de moluscos. Por otra parte, en los últimos años se han realizado dataciones por Racemización de Aminoácidos en diversos concheros, principalmente asturienses, de la región (Ortíz *et al.*, 2009), cuyos resultados se recogen en la Tabla 3.2. A pesar de la alta desviación estándar que presenta este método, las dataciones obtenidas son muy coherentes con la asignación cultural de los estratos de los que proceden las muestras, salvo algunas excepciones.

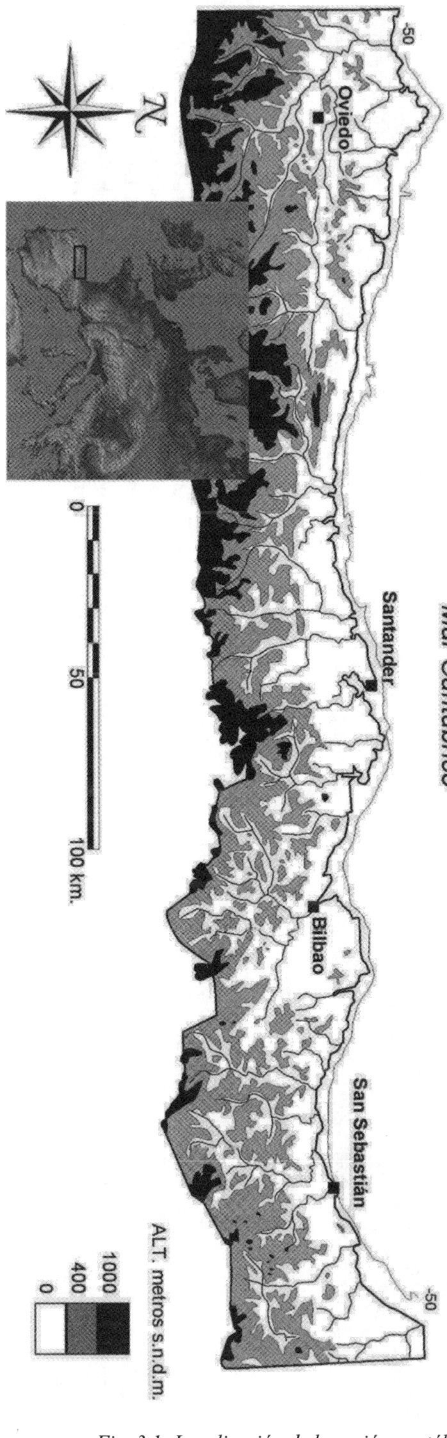


*Fig. 3.1: Localización de la región cantábrica*

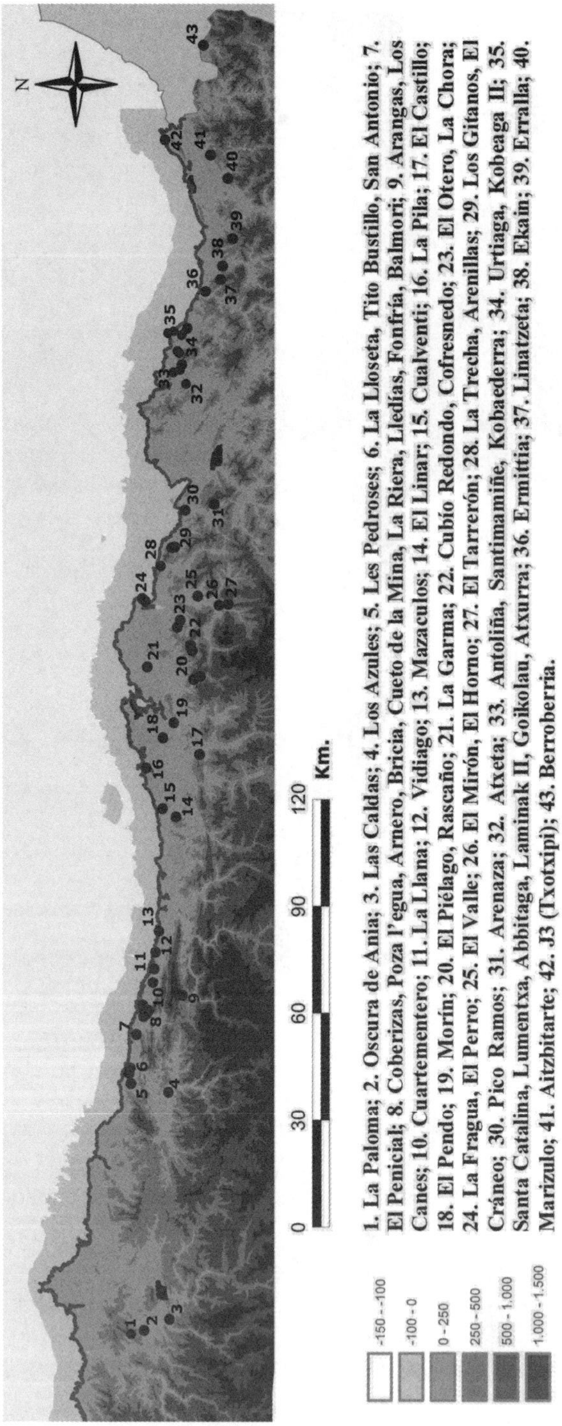


*Fig. 3.2: Distribución de yacimientos con moluscos a lo largo de la región cantábrica.*

| Yacimiento | Región | Muestra | BP | sd | Cal BP 1σ | sd | Adscripción | Material | Ref. Lab. | Método | Bibliografía |
|---|---|---|---|---|---|---|---|---|---|---|---|
| **La Garma B** | Cantabria | Estrato C | 4567 | 402 | | | Calcolítico | Cerámica | MAD-566 | TL | Arias *et al*., 2000 |
| **La Lloseta** | Asturias | Toma de muestras B | 4594 | 680 | 5150 | 840 | Neolítico? | Carbón | GaK-2551 | C14 | Clark, 1976:235 |
| **El Mirón** | Cantabria | Cabaña/I3/8.1/13 | 4680 | 60 | 5440 | 90 | Neolítico? | Carbón | GX-22131 | C14 AMS | Straus & González Morales, 2003b |
| **La Garma B** | Cantabria | Estrato Costra | 4794 | 1178 | | | | Carbonato | MAD-562 | TL | Arias *et al*., 2000 |
| **El Mirón** | Cantabria | Trin./O6/302?/Pit98a | 4910 | 80 | 5670 | 80 | Neolítico? | Carbón | GX-28211 | C14 | Straus & González Morales, 2003b |
| **Herriko Barra** | País Vasco | Estéril | 4920 | 100 | 5700 | 120 | Neolítico | Madera | I-15349 | C14 | Mariezkurrena, 1990 |
| **Arenaza** | País Vasco | IC1 | 4965 | 195 | 5710 | 210 | Neolítico | | I-8630 | C14 | Arias & Altuna, 1999:163 |
| **Mazaculos II** | Asturias | Nivel A2 | 5050 | 120 | 5800 | 120 | Neolítico | Carbón | GaK-15221 | C14 | González Morales, 1995:71 |
| **Los Gitanos** | Cantabria | A3 | 5150 | 100 | 5910 | 140 | Neolítico | Carbón | UBAR-521 | C14 | Ontañón, 2000:280 |
| **El Mirón** | Cantabria | Cabaña/J2/9/8 | 5170 | 170 | 5950 | 200 | Neolítico | Carbón | GX-22128 | C14 | Straus & González Morales, 2003b |
| **Kobaederra** | País Vasco | Nivel II parte inferior | 5200 | 110 | 5980 | 160 | Neolítico | Carbón | UBAR-472 | C14 | Zapata *et al*., 1997:55 |
| **El Mirón** | Cantabria | Cabaña/H4/9/22 | 5280 | 40 | 6080 | 80 | Neolítico | Carbón | GX-24461 | C14 AMS | Straus & González Morales, 2003b |
| **Marizulo** | País Vasco | I | 5285 | 65 | 6080 | 90 | Neolítico | Hueso | GrN-5992 | C14 | Altuna, 1972 |
| **El Mirón** | Cantabria | Cabaña/I4/9.6/22 | 5250 | 150 | 6020 | 180 | Neolítico | Carbón | GX-24462 | Cxent | Straus & González Morales, 2003b |
| **La Garma B** | Cantabria | Estrato Costra | 5334 | 564 | | | | Carbonato | MAD-567 | TL | Arias *et al*., 2000 |
| **Pico Ramos** | País Vasco | 4 | 5370 | 40 | 6160 | 90 | Neolítico | Cereal | AA-29110 | C14 AMS | Moreno, 1995c |
| **Kobaederra** | País Vasco | IV | 5375 | 90 | 6150 | 110 | Neolítico | Cereal | AA-29110 | C14 AMS? | Zapata, 2002 |
| **La Trecha** | Cantabria | Zona2/Conchero | 5430 | 70 | 6200 | 90 | Neolítico | Carbonato | URU-0050 | C14 | González Morales *et al*., 2002 |
| **Boheriza** | País Vasco | Túmulo | 5500 | 100 | 6290 | 100 | Neolítico | Carbón | Ua-3228 | C14 | Fano, 2007 |
| **El Mirón** | Cantabria | Trin./L5/303/13 | 5500 | 90 | 6300 | 90 | Neolítico | Carbón | GX-25854 | C14 | Straus & González Morales, 2003b |
| **El Mirón** | Cantabria | Trin./L5/303.1/14 | 5520 | 70 | 6330 | 70 | Neolítico | Carbón | GX-25855 | C14 | Straus & González Morales, 2003b |
| **La Garma B** | Cantabria | Estrato Costra | 5525 | 568 | | | | Carbonato | MAD-438 | TL | Arias *et al*., 2000 |
| **El Mirón** | Cantabria | 303.3 | 5550 | 40 | 6350 | 40 | Neolítico | Cereal | GX-30910 | C14 AMS | Peña Chocarro *et al*., 2005 |
| **El Mirón** | Cantabria | Cabaña/I3/10/19 | 5570 | 50 | 6360 | 50 | Neolítico | Carbón | GX-23414 | C14 AMS | Straus & González Morales, 2003b |
| **Arenillas** | Cantabria | Conchero | 5580 | 80 | 6380 | 70 | Neolítico? | Carbón | GrN-19596 | C14 | Bohigas & Muñoz, 2002 |
| **La Trecha** | Cantabria | Zona2/Conchero | 5600 | 310 | 6410 | 360 | Neolítico? | Carbón | URU-0051 | C14 | González Morales *et al*., 2002 |
| **Cuevas del Mar III** | Asturias | | 5610 | 100 | | | Neolítico? | Concha | UBAR-794 | C14 | Fano, 2007:349 |
| **Kobaederra** | País Vasco | Nivel IV | 5630 | 100 | 6440 | 110 | Neolítico | Carbón | UBAR-470 | C14 | Fano, 2007:349 |
| **Los Gitanos** | Cantabria | A2 | 5669 | 541 | | | Neolítico | Cerámica | MAD-654 | TL | Ontañón, 2000:280 |
| **La Garma A** | Cantabria | Estrato 1 | 5687 | 796 | | | | Carbonato | MAD-648 | TL | Arias *et al*., 2000 |
| **El Mirón** | Cantabria | Cabaña/I3/10/19 | 5690 | 50 | 6490 | 60 | Neolítico | Carbón | GX-23413 | C14 AMS | Straus & González Morales, 2003b |
| **Herriko Barra** | País Vasco | Nivel D | 5730 | 110 | 6540 | 120 | Neolítico? | Materia vegetal | I-15350 | C14 | Mariezkurrena, 1990 |
| **La Garma B** | Cantabria | Estrato Costra | 5748 | 513 | | | | Carbonato | MAD-563 | TL | Arias *et al*., 2000 |
| **Arenaza** | País Vasco | IC2 | 5755 | 65 | 6560 | 80 | Neolítico | Diente | OxA-7156 | C14 AMS | Arias & Altuna, 1999:165 |
| **Les Pedroses** | Asturias | Toma de muestras | 5760 | 180 | 6590 | 200 | Neolítico? | Carbón | GaK-2547 | C14 | Clark, 1976:235 |
| **Los Gitanos** | Cantabria | A3 | 5771 | 499 | | | Neolítico | Cerámica | MAD-656 | TL | Ontañón, 2000:280 |
| **El Tarrerón** | Cantabria | Nivel III | 5780 | 120 | 6590 | 130 | Mesolítico? | Carbón | I-4030 | C14 | Apellániz, 1971 |
| **Cubío Redondo** | Cantabria | Niveles 3-6 | 5780 | 50 | 6580 | 60 | Mesolítico? | Carbón | Beta-106049 | C14 AMS | Ruiz Cobo & Smith, 2003 |
| **El Mirón** | Cantabria | Trin./L5/303.3/16 | 5790 | 90 | 6600 | 100 | Neolítico | Carbón | GX-25856 | Cxent | Straus & González Morales, 2003b |
| **Herriko Barra** | País Vasco | D | 5800 | 110 | 6610 | 130 | | Materia vegetal | I-15351 | C14 | Mariezkurrena, 1990 |

| Yacimiento | Región | Muestra | BP | sd | Cal BP 1σ | sd | Adscripción | Material | Ref. Lab. | Método | Bibliografía |
|---|---|---|---|---|---|---|---|---|---|---|---|
| **Herriko Barra** | País Vasco | B | 5810 | 170 | 6650 | 200 | | Materia vegetal | | C14 | Iriarte *et al*., 2005b |
| **Kobaederra** | País Vasco | III | 5820 | 240 | 6670 | 270 | Neolítico | Carbón | UBAR-471 | C14 | Zapata *et al*., 1997 |
| **Los Gitanos** | Cantabria | A4 | 5834 | 566 | | | | Carbonato | MAD-860 | TL | Ontañón, 2000:280 |
| **Pico Ramos** | País Vasco | 4 | 5860 | 65 | 6670 | 80 | Mesolítico? | Carbón | Ua-3051 | C14 | Moreno, 1995c |
| **Los Canes** | Asturias | 7 | 5865 | 70 | 6680 | 90 | Neolítico? | Carbón | AA-5788 | C14 AMS | Arias, 2002 |
| **Los Gitanos** | Cantabria | A3 | 5945 | 55 | 6780 | 70 | Neolítico? | Hueso | AA-29113 | C14 AMS | Ontañón, 2000:280 |
| **Herriko Barra** | País Vasco | C | 5960 | 95 | 6810 | 120 | Neolítico? | Hueso | Ua-4821 | C14 AMS | Iriarte *et al*., 2005b |
| **Herriko Barra** | País Vasco | C | 6010 | 90 | 6870 | 120 | Neolítico? | Hueso | Ua-4820 | C14 AMS | Iriarte *et al*., 2005b |
| **Marizulo** | País Vasco | II-sup | 6035 | 100 | 6910 | 140 | Neolítico? | Hueso | Ua-4819 | C14 AMS | Alday & Mujika, 1999 |
| **Arenaza** | Asturias | IC2 | 6040 | 75 | 6900 | 100 | Neolítico? | Hueso | OxA-7157 | C14 AMS | Arias & Altuna, 1999:165 |
| **Pico Ramos** | País Vasco | 4 | 6040 | 90 | | | Mesolítico? | Concha | | | Moreno, 1995c |
| **Linatzeta** | País Vasco | Hogar Galería | 6110 | 30 | 7020 | 80 | Mesolítico? | Carbón | KIA-30181 | C14 AMS | Tapia *et al*., en prensa |
| **Los Canes** | Asturias | 6-I | 6160 | 55 | 7070 | 80 | Mesolítico | Hueso humano | OxA-7148 | C14 AMS | Arias, 2002 |
| **La Trecha** | Cantabria | Zona2/Conchero | 6240 | 100 | | | Mesolítico | Concha | URU-0039 | C14 | González Morales *et al*., 2002 |
| **Los Canes** | Asturias | 6-I | 6265 | 75 | 7160 | 100 | Mesolítico | Hueso humano | AA-5294 | C14 AMS | Arias, 2002 |
| **La Chora** | Cantabria | Conchero Interior | 6360 | 80 | 7300 | 90 | Mesolítico | Carbón | GrN-20961 | C14 | Yudego, 1995 |
| **Marizulo** | País Vasco | I-base | 6425 | 85 | 7350 | 70 | Mesolítico | Hueso | Ua-10272 | C14 AMS | Alday & Mujika, 1999 |
| **Arenillas** | Asturias | conchero | 6455 | 60 | | | Mesolítico | Concha | UBAR-775 | C14 | Fano, 2007 |
| **El Truchiro** | Cantabria | conchero | 6470 | 70 | 7380 | 60 | Mesolítico | Hueso | TO-10912 | C14 AMS | Arias & Álvarez, 2004 |
| **La Riera** | Asturias | 29 top | 6500 | 200 | 7370 | 190 | Mesolítico | Carbón | Gak-3046 | C14 | Straus y Clark, 1986:21 |
| **Cubío Redondo** | Cantabria | Niveles 3-6 | 6630 | 50 | 7520 | 50 | Mesolítico | Hueso | Beta-106050 | C14 AMS | Ruiz Cobo & Smith, 2003 |
| **La Fragua** | Cantabria | A4/1Sup | 6650 | 120 | 7540 | 90 | Mesolítico | Carbón | GrN-20963 | C14 | González Morales, 2000 |
| **Pareko Landa** | País Vasco | Is-Smk | 6650 | 130 | 7540 | 100 | Mesolítico | Carbón | GrN-22429 | C14 | Fano, 2007 |
| **La Garma A** | Cantabria | Estrato 1 | 6721 | 493 | | | Neolítico | Cerámica | MAD-647 | TL | Arias *et al*., 2000 |
| **Cueva del Mar** | Asturias | conchero-sup | 6725 | 52 | 7590 | 50 | Mesolítico | Carbón | AA-45576 | C14 AMS | Fano, 2007 |
| **Los Canes** | Asturias | 6-II | 6770 | 65 | 7630 | 50 | Mesolítico | Hueso humano | AA-5296 | C14 AMS | Arias, 2002 |
| **Bricia** | Asturias | A | 6800 | 160 | 7680 | 140 | Mesolítico | Carbón | GaK-2908 | C14 | Clark, 1976 |
| **Linatzeta** | País Vasco | Hogar 4D/5D | 6810 | 30 | 7650 | 30 | Mesolítico | Carbón | KIA-34976 | C14 AMS | Tapia *et al*., en prensa |
| **Marizulo** | País Vasco | IV | 6820 | 150 | 7690 | 140 | Mesolítico | Hueso | I-16190 | C14 | Fano, 2007 |
| **Cueva del Mar** | Cantabria | conchero medio | 6825 | 41 | 7660 | 40 | Mesolítico | Carbón | AA-45573 | C14 AMS | Fano, 2007 |
| **Sierra Plana** | Asturias | Paleosuelo | 6830 | 55 | 7670 | 50 | Mesolítico | Carbón | OxA-6916 | C14 AMS | Arias *et al*., 1999b |
| **Pico Ramos** | País Vasco | 4 | 6840 | 75 | 7700 | 70 | Mesolítico | Hueso | | C14 ¿? | Moreno, 1995c |
| **Cofresnedo** | Cantabria | V0 | 6845 | 45 | 7680 | 50 | Mesolítico | Hueso | GrA-20146 | C14 AMS | Ruiz Cobo & Smith, 2003 |
| **La Fragua** | Cantabria | A4/1Med | 6860 | 60 | 7710 | 60 | Mesolítico | Carbón | GrN-20964 | C14 | González Morales, 2000 |
| **Los Canes** | Asturias | 6-II | 6860 | 65 | 7710 | 70 | Mesolítico | Hueso humano | AA-5295 | C14 AMS | Arias, 2002 |
| **La Garma A** | Cantabria | Estrato 2 | 6870 | 50 | 7720 | 60 | Mesolítico | Hueso | OxA-7150 | C14 AMS | Arias *et al*., 2000 |
| **La Garma A** | Cantabria | Estrato 2 | 6920 | 50 | 7760 | 60 | Mesolítico | Hueso | OxA-6889 | C14 AMS | Arias *et al*., 2000 |
| **Los Canes** | Asturias | 6-III | 6930 | 95 | 7780 | 100 | Mesolítico | Hueso humano | AA-6071 | C14 AMS | Arias, 2002 |
| **Urratxa** | País Vasco | nivel fértil | 6940 | 75 | 7790 | 80 | Mesolítico | Hueso | Ua-11434 | C14 AMS | Fano, 2007 |
| **Kobeaga II** | País Vasco | | 6945 | 65 | 7790 | 70 | Mesolítico | Hueso | Ua-4286 | C14 AMS | Fano, 2007 |
| **Urratxa** | País Vasco | nivel fértil | 6955 | 80 | 7800 | 90 | Mesolítico | Hueso | Ua-11435 | C14 AMS | Fano, 2007 |
| **Cueva del Mar** | Cantabria | conchero aisl. | 7013 | 42 | 7860 | 60 | Mesolítico | Carbón | AA-45572 | C14 AMS | Fano, 2007 |

| Yacimiento | Región | Muestra | BP | sd | Cal BP 1σ | sd | Adscripción | Material | Ref. Lab. | Método | Bibliografía |
|---|---|---|---|---|---|---|---|---|---|---|---|
| **Colomba** | Asturias | conchero | 7020 | 90 | 7840 | 90 | Mesolítico | Carbón | UBAR-833 | C14 | Fano, 2007 |
| **Los Canes** | Asturias | 6-II | 7025 | 80 | 7850 | 80 | Mesolítico | Hueso humano | AA-11744 | C14 AMS | Arias, 2002 |
| **Mazaculos II** | Asturias | A3 | 7030 | 120 | 7850 | 110 | Mesolítico | Carbón | GaK-15222 | C14 | González Morales, 1995:71 |
| **El Toralete** | Asturias | conchero | 7060 | 80 | | | Mesolítico | Concha | UBAR-777 | C14 | Fano, 2007 |
| **Pendueles** | Asturias | conchero | 7080 | 80 | | | Mesolítico | Concha | UBAR-793 | C14 | Fano, 2007 |
| **Colomba** | Asturias | conchero | 7090 | 60 | 7920 | 60 | Mesolítico | Hueso | TO-10223 | C14 AMS | Fano, 2007 |
| **Coberizas** | Asturias | 1B (Sondeo) | 7100 | 170 | 7940 | 170 | Mesolítico | Carbón | GaK-2907 | C14 | Clark, 1976:235 |
| **Arangas** | Asturias | E2 | 7150 | 470 | 8030 | 460 | Mesolítico | Carbón | UBAR-465 | C14 | Arias *et al*., 1999b |
| **La Garma B** | Cantabria | | 7165 | 65 | 8000 | 60 | Mesolítico | Hueso Humano | OxA-7300 | C14 AMS | Arias *et al*. 2000b |
| **Cueva del Mar** | Cantabria | conchero-base | 7225 | 44 | 8060 | 70 | Mesolítico | Carbón | AA-45575 | C14 AMS | Fano, 2007 |
| **Mazaculos II** | Asturias | 1.1 | 7280 | 220 | 8110 | 210 | Mesolítico | Carbón | GaK-8162 | C14 | González Morales, 1995:71 |
| **Linatzeta** | País Vasco | Ent. infantil | 7315 | 35 | 8110 | 50 | Mesolítico | Hueso humano | KIA-33193 | C14 AMS | Tapia *et al*., en prensa |
| **Colomba** | Asturias | conchero | 7450 | 120 | | | Mesolítico | Concha | UBAR-795 | C14 | Fano, 2007 |
| **La Trecha** | Cantabria | Zona4/CC6/1 | 7500 | 70 | | | Mesolítico | Concha | URU-0038 | C14 | González Morales *et al*., 2002 |
| **Pareko Landa** | País Vasco | I-Smk (hogar Smk-h2) | 7510 | 100 | 8310 | 90 | Mesolítico | Carbón | GrN-24782 | C14 | Fano, 2007 |
| **La Fragua** | Cantabria | A4/1Inf | 7530 | 70 | 8320 | 80 | Mesolítico | Carbón | GrN-20665 | C14 | González Morales, 2000 |
| **Covajorno** | Asturias | conchero | 7540 | 100 | | | Mesolítico | Concha | UBAR-773 | C14 | Fano, 2007 |
| **Sierra Plana** | Asturias | 1C | 7550 | 190 | 8370 | 190 | Mesolítico | Carbón | UGRA-209 | C14 | Fano, 2007 |
| **Colomba** | Asturias | conchero | 7570 | 140 | | | Mesolítico | Concha | UBAR-782 | C14 | Fano, 2007 |
| **Covajorno** | Asturias | conchero | 7580 | 60 | | | Mesolítico | Concha | UBAR-774 | C14 | Fano, 2007 |
| **El Toralete** | Asturias | conchero | 7680 | 50 | | | Mesolítico | Concha | UBAR-776 | C14 | Fano, 2007 |
| **La Garma A** | Cantabria | Estrato 2 | 7685 | 65 | 8490 | 60 | Mesolítico | Hueso | OxA-7284 | C14 AMS | Arias *et al*., 2000 |
| **Cuetu la Hoz** | Asturias | conchero | 7690 | 130 | | | Mesolítico | Concha | UBAR-792 | C14 | Fano, 2007 |
| **Kobeaga II** | País Vasco | Amck-h | 7690 | 270 | 8580 | 330 | Mesolítico | Carbón | GrN-24780 | C14 | López Quintana, 2000 |
| **El Águila** | Asturias | conchero | 7705 | 50 | | | Mesolítico | Concha | UBAR-795 | C14 | Fano, 2007 |
| **La Garma A** | Cantabria | Estrato 2 | 7710 | 90 | 8510 | 80 | Mesolítico | Hueso | Oxa-7495 | C14 AMS | Arias *et al*., 2000 |
| **J3** | País Vasco | conchero | 7780 | 130 | | | Mesolítico | Concha | GrN-28008 | C14 AMS | Iriarte *et al*., 2005a |
| **El Espertín** | León | nivel fértil | 7790 | 120 | 8650 | 180 | Mesolítico | Hueso | | C14 ¿? | Fano, 2007 |
| **El Toralete** | Asturias | conchero | 7890 | 80 | | | Mesolítico | Concha | UBAR-780 | C14 | Fano, 2007 |
| **La Garma A** | Cantabria | 2 | 7985 | 65 | | | Mesolítico | Concha | UBAR-658 | C14 | Mestres & Arias, 2006 |
| **Arangas** | Asturias | 2B | 8025 | 80 | 8880 | 130 | Mesolítico | Hueso | OxA-7160 | C14 AMS | Arias *et al*., 1999b |
| **La Garma A** | Cantabria | 2 | 8165 | 65 | | | Mesolítico | Concha | UBAR-656 | C14 | Mestres & Arias, 2006 |
| **La Garma A** | Cantabria | 2 | 8175 | 65 | | | Mesolítico | Concha | UBAR-657 | C14 | Mestres & Arias, 2006 |
| **J3** | País Vasco | conchero | 8190 | 100 | 9180 | 140 | Mesolítico | Carbón | GrN-27984 | C14 AMS | Iriarte *et al*., 2005a |
| **Arangas** | Asturias | 3 | 8195 | 60 | 9160 | 100 | Mesolítico | Hueso | OxA-7149 | C14 AMS | Arias *et al*., 1999b |
| **Arangas** | Asturias | 4 | 8280 | 55 | 9280 | 110 | Mesolítico | Carbón | OxA-6888 | C14 AMS | Arias *et al*., 1999b |
| **La Garma A** | Cantabria | 2 | 8295 | 65 | | | Mesolítico | Concha | UBAR-655 | C14 | Mestres & Arias, 2006 |
| **Arangas** | Asturias | 3 | 8300 | 50 | 9310 | 100 | Mesolítico | Carbón | OxA-6887 | C14 AMS | Arias *et al*., 1999b |
| **J3** | País Vasco | conchero | 8300 | 50 | 9310 | 100 | Mesolítico | Hueso | GrA-23733 | C14 AMS | Iriarte *et al*., 2005a |
| **Alloru** | Asturias | conchero | 8360 | 70 | | | Mesolítico | Concha | UBAR-781 | C14 | Fano, 2007 |
| **El Mirón** | Cantabria | Cabaña/J4/10.1/34 | 8380 | 175 | 9320 | 190 | Mesolítico | Carbón | GX-24463 | Cxent | Straus & González Morales, 2003b |

| Yacimiento | Región | Muestra | BP | sd | Cal BP 1σ | sd | Adscripción | Material | Ref. Lab. | Método | Bibliografía |
|---|---|---|---|---|---|---|---|---|---|---|---|
| **Ilso de Hayas** | Cantabria | Sondeo IH-3 | 8440 | 130 | 9400 | 140 | Mesolítico | Carbón | GrN-21231 | C14 | Fano, 2007 |
| **La Garma A** | Cantabria | Estrato 1 | 8448 | 1987 | | | Mesolítico | Carbonato | MAD-646 | TL | Arias *et al*., 2000 |
| **Tito Bustillo** | Asturias | Enterramiento | 8470 | 50 | 9490 | 40 | Mesolítico | Diente | Beta-197042 | C14 | Fano, 2007 |
| **Berroberría** | Navarra | B | 8470 | 80 | 9460 | 70 | Mesolítico | Hueso | GrN-16619 | C14 | Barandiarán, 1990 |
| **Berroberría** | Navarra | C | 8510 | 90 | 9500 | 70 | Mesolítico | Hueso | GrN-16618 | C14 | Barandiarán, 1990 |
| **Poza l'Egua** | Asturias | 2 | 8550 | 80 | 9550 | 70 | Mesolítico | Hueso | TO-10222 | C14 AMS | Arias & Fano, 2003 |
| **Berroberría** | Navarra | B | 8580 | 80 | 9590 | 80 | Mesolítico | Hueso | GrN-18422 | C14 | Fano, 2007 |
| **Berroberría** | Navarra | B | 8580 | 80 | 9590 | 80 | Mesolítico | Hueso | GrN-18423 | C14 | Fano, 2007 |
| **Berroberría** | Navarra | C | 8630 | 70 | 9630 | 80 | Mesolítico | Hueso | GrN-18426 | C14 | Fano, 2007 |
| **La Calvera** | Cantabria | | 8640 | 50 | 9620 | 60 | Mesolítico | Carbón | GrA-6994 | C14 AMS | Fano, 2007 |
| **El Penicial** | Asturias | Sondeo | 8650 | 180 | 9760 | 240 | Mesolítico | Carbón | GaK-2906 | C14 | Clark, 1976:235 |
| **El Mirón** | Cantabria | Cabaña/I4/10.1/28 | 8700 | 40 | 9660 | 70 | Mesolítico | Carbón | GX-25852 | C14 AMS | Straus & González Morales, 2003b |
| **La Riera** | Asturias | B (Sondeo) N29 | 8650 | 300 | 9720 | 380 | Mesolítico | Carbón | Gak-2909 | C14 | Straus y Clark, 1986:21 |
| **Berroberría** | Navarra | B | 8800 | 80 | 9890 | 180 | Mesolítico | Hueso | GrN-18424 | C14 | Fano, 2007 |
| **Berroberría** | Navarra | C | 8860 | 100 | 9940 | 180 | Mesolítico | Hueso | GrN-18425 | C14 | Fano, 2007 |
| **La Calvera** | Cantabria | 4 | 8950 | 50 | 10070 | 110 | Mesolítico | Carbón | GrA-6999 | C14 AMS | Fano, 2007 |
| **Morín** | Cantabria | 27 | 9000 | 150 | 10080 | 230 | Mesolítico | | I-5150 | C14 | González Morales, 1982 |
| **La Garma A** | Cantabria | Estrato 1 | 9165 | 1088 | | | | Carbonato | MAD-436 | TL | Arias *et al*., 2000 |
| **Santa Catalina** | País Vasco | Nivel I | 9180 | 110 | 10390 | 120 | Aziliense | | | C14 ¿? | Berganza *et al*., 2007 |
| **La Riera** | Asturias | 28 | 9230 | 90 | | | Aziliense | Concha | Q-2933 | C14 | Craighead, 1995:374 |
| **El Perro** | Cantabria | N1.3 | 9260 | 110 | 10450 | 140 | Mesolítico | Carbón | GrN-18116 | C14 | González Morales & Díaz, 1992 |
| **Oscura de Ania** | Asturias | Nivel IIA | 9280 | 230 | 10560 | 320 | Aziliense | | Ly-2938 | C14 | Soto Barreiros, 2003:77 |
| **Mazaculos II** | Asturias | Nivel 3.3 | 9290 | 440 | 10560 | 610 | Asturiense | Carbón | Gak-6884 | C14 | González Morales *et al*., 1980 |
| **Los Azules I** | Asturias | Nivel 3/a | 9430 | 120 | 10760 | 230 | Aziliense | Hueso | CSIC-216 | C14 | Fernández Tresguerres, 1980 |
| **Ekain** | País Vasco | Nivel IV | 9460 | 185 | 10770 | 280 | Aziliense | Hueso | I-9239 | C14 | Altuna, 1984 |
| **Santa Catalina** | País Vasco | Nivel I | 9510 | 270 | 10820 | 360 | Aziliense | | | C14 ¿? | Berganza *et al*., 2007 |
| **Los Azules I** | Asturias | Nivel 3/d | 9540 | 120 | 10880 | 190 | Aziliense | Hueso | CSIC-260 | C14 | Fernández Tresguerres, 1980 |
| **Ekain** | País Vasco | Nivel II | 9540 | 210 | 10850 | 280 | Aziliense | Hueso | I-11666 | C14 | Altuna, 1984 |
| **El Mirón** | Cantabria | Cabaña/I4/10.1/29 | 9550 | 50 | 10910 | 140 | Mesolítico | Carbón | GX-24464 | C14 AMS | Straus & González Morales, 2003b |
| **La Fragua** | Cantabria | A4/N3 | 9600 | 140 | 10930 | 200 | Aziliense? | Carbón | GrN-20966 | C14 | González Morales, 2000 |
| **Arenaza** | País Vasco | IID | 9600 | 180 | 10920 | 240 | Aziliense | ? | CSIC-173 | C14 | Arias & Altuna, 1999:163 |
| **Santa Catalina** | País Vasco | Nivel I | 9760 | 65 | 11170 | 70 | Aziliense | | | C14 ¿? | Berganza *et al*., 2007 |
| **El Valle** | Cantabria | Nivel superficial-E1 | 10120 | 280 | 11820 | 480 | Aziliense | Carbón | GX-24639 | C14 | García Gelabert & Talavera, 2004 |
| **Berroberría** | Navarra | D superior | 10160 | 410 | 11820 | 600 | Aziliense | ? | BM-2371 | C14 | Mariezkurrena, 1990 |
| **El Perro** | Cantabria | N2a/b | 10160 | 110 | 11790 | 250 | Aziliense | Carbón | GrN-18115 | C14 | González Morales & Díaz, 2000 |
| **El Mirón** | Cantabria | Trinchera/P6/305/9 | 10270 | 50 | 12030 | 130 | Aziliense | Hueso | GX-24467 | C14 AMS | Straus & González Morales, 2003b |
| **El Piélago II** | Cantabria | Nivel 1 | 10280 | 120 | 12100 | 280 | Aziliense | Hueso | OxA-953 | C14 AMS | Soto Barreiros, 2003:233 |
| **Urtiaga** | Guipúzcoa | parte alta Nivel D | 10280 | 190 | | | Aziliense | Concha | CSIC-64 | C14 | Altuna, 1972:171 |
| **La Lluera I** | Asturias | H8/H9 sc:2,3,5,6/N1 | 10280 | 230 | 12020 | 430 | Aziliense | Hueso | Ly-2938 | C14 | Soto Barreiros, 2003:79 |
| **Arenaza** | País Vasco | III | 10300 | 180 | 12080 | 360 | Aziliense | ? | CSIC-174 | C14 | Arias & Altuna, 1999:163 |

| Yacimiento | Región | Muestra | BP | sd | Cal BP 1σ | sd | Adscripción | Material | Ref. Lab. | Método | Bibliografía |
|---|---|---|---|---|---|---|---|---|---|---|---|
| **El Castillo** | Cantabria | Nivel 6-parte superior | 10310 | 120 | 12150 | 280 | Aziliense | Asta | OxA-970 | C14 AMS | Soto Barreiros, 2003:188 |
| **La Riera** | Asturias | Nivel 23 | 10340 | 560 | 11950 | 730 | MSF | Hueso | Ly-1646 | C14 | Straus & Clark, 1986:21 |
| **Laminak II** | País Vasco | Nivel I | 10380 | 140 | 12250 | 260 | Aziliense | Hueso | Ua-2361 | C14 AMS | Berganza & Arribas, 1994 |
| **El Mirón** | Cantabria | Pendiente interior | 10390 | 50 | 12330 | 160 | Aziliense | Carbón | GX-27521c | C14 AMS | Straus & González Morales, 2003b |
| **El Cierro** | Asturias | Toma de muestras | 10400 | 505 | 12030 | 670 | Aziliense/MSF | Carbón | GaK-2548 | C14 | Clark, 1976:235 |
| **Los Azules I** | Asturias | Nivel 3/e1 | 10480 | 210 | 12290 | 320 | Aziliense | Hueso | BM-1875R | C14 | Fernández Tresguerres, 2007 |
| **Rascaño** | Cantabria | Nivel 1.3 | 10486 | 90 | 12410 | 180 | Aziliense | Hueso | BM-1449 | C14 | González Echegaray *et al*., 1981:213 |
| **Los Azules I** | Asturias | Nivel 3/c.s. | 10510 | 130 | 12410 | 210 | Aziliense | Hueso | BM-1879R | C14 | Soto Barreiros, 2003:101 |
| **Santa Catalina** | País Vasco | Nivel I | 10530 | 150 | 12410 | 230 | Aziliense | | | | Berganza *et al*., 2007 |
| **Rascaño** | Cantabria | Nivel 1.2 | 10558 | 244 | 12350 | 340 | Aziliense | Hueso | BM-1448 | C14 | González Echegaray *et al*., 1981:213 |
| **La Riera** | Asturias | 27up | 10630 | 120 | 12540 | 160 | Aziliense | Hueso | BM-1494 | C14 | Straus & Clark, 1986:21 |
| **El Piélago II** | Cantabria | Nivel 4 | 10710 | 100 | 12690 | 70 | Aziliense | Hueso | OxA-954 | C14 | Soto Barreiros, 2003:241 |
| **El Mirón** | Cantabria | Pendiente interior | 10740 | 40 | 12730 | 30 | Aziliense | Diente | GX-27521a | C14 AMS | Straus & González Morales, 2003b |
| **El Pendo** | Cantabria | Nivel II | 10800 | 200 | 12730 | 220 | MSF | Asta | OxA-952 | C14 AMS | Soto Barreiros, 2003:211 |
| **Los Azules I** | Asturias | Nivel 3/e2 | 10880 | 210 | 12840 | 180 | Aziliense | Hueso | BM-1876R | C14 | Soto Barreiros, 2003:101 |
| **La Riera** | Asturias | Nivel 24 | 10890 | 430 | 12670 | 540 | MSF | Carbón | Gak-6982 | C14 | Straus & Clark, 1986:21 |
| **Los Azules I** | Asturias | Nivel 3f | 10910 | 290 | 12800 | 320 | Aziliense | Hueso | BM-1878R | C14 | Soto Barreiros, 2003:101 |
| **La Garma A** | Cantabria | Estrato 2/3 | 11002 | 1106 | 12920 | 1580 | | Carbonato | MAD-644 | TL | Arias *et al*., 2000 |
| **El Valle** | Cantabria | Nivel III/1-E-4 | 11040 | 150 | 12960 | 140 | Aziliense | Carbón | GX-23798 | C14 | Gelabert & Talavera, 2004 |
| **El Valle** | Cantabria | Nivel III/3-E3-D4-E4 | 11050 | 150 | 12970 | 140 | Aziliense | Carbón | GX-23799 | C14 | Gelabert & Talavera, 2004 |
| **El Valle** | Cantabria | Nivel II/2-A1-A2 | 11130 | 170 | 13040 | 170 | Aziliense | Carbón | GX-24638 | C14 | Gelabert & Talavera, 2004 |
| **Santa Catalina** | País Vasco | Nivel II | 11155 | 80 | 13070 | 110 | MSF | | | | Berganza *et al*., 2007 |
| **Cualventi** | Cantabria | 1a.4 | 11270 | 150 | 13170 | 150 | MSF | Carbón | GrN-13774 | C14 | García Guinea, 2000 |
| **Los Azules I** | Asturias | Nivel 3/e3 | 11320 | 360 | 13250 | 350 | Aziliense/MSF | Hueso | BM-1877R | C14 | Fernández Tresguerres, 2007 |
| **La Riera** | Asturias | 27low | 11390 | 70 | | | Aziliense | Concha | Q-2935 | C14 | Craighead, 1995:374 |
| **Santa Catalina** | País Vasco | Nivel II | 11460 | 420 | 13460 | 470 | MSF | | | | Berganza *et al*., 2007 |
| **La Garma A** | Cantabria | Estrato 5 | 11470 | 150 | 13370 | 150 | MSF | Arpón | OxA-8720 | C14 AMS | Arias *et al*., 2000 |
| **Berroberría** | Navarra | D inferior | 11600 | 130 | 13490 | 130 | MSF | Azagaya | OxA-978 | C14 AMS | Mariezkurrena, 1990 |
| **Oscura de Ania** | Asturias | Nivel IIIA | 11600 | | 13490 | 160 | MSF | Carbón vegetal | Gif-5106 | C14 | Soto Barreiros, 2003:77 |
| **Cueto La Mina** | Asturias | Nivel B | 11630 | 120 | 13520 | 140 | MSF | Asta | OxA-969 | C14 AMS | Soto Barreiros, 2003:123 |
| **La Garma A** | Cantabria | Estrato 2/3 | 11636 | 5565 | | | | Carbonato | MAD-643 | TL | Arias *et al*., 2000 |
| **Cueto La Mina** | Asturias | Nivel B | 11650 | 190 | 13540 | 200 | MSF | Asta | OxA-996 | C14 AMS | Soto Barreiros, 2003:123 |
| **El Mirón** | Cantabria | Trinchera/P6/306/11 | 11650 | 50 | 13530 | 70 | Aziliense/MSF | Hueso | GX-24468 | C14 AMS | Straus & González Morales, 2003b |
| **Laminak II** | País Vasco | Nivel II | 11700 | 140 | 13580 | 150 | MSF | Hueso | Ua-2362 | C14 AMS | Berganza & Arribas, 1994 |
| **Anton Koba** | País Vasco | Nivel VIII | 11700 | 180 | 13590 | 190 | Aziliense | Hueso | I-17479 | C14 | Soto Barreiros, 2003:265 |
| **La Pila** | Cantabria | III.3 | 11710 | 120 | 13590 | 140 | Aziliense | Hueso | Gif-8148 | C14 | Soto Barreiros, 2003:171 |
| **El Mirón** | Cantabria | Cabaña/I3/11.1/25 | 11720 | 140 | 13600 | 150 | Aziliense/MSF | Carbón | GX-23391 | C14 | Straus & González Morales, 2003b |
| **Berroberría** | Navarra | Magd. Final | 11750 | 300 | 13790 | 410 | MSF | ? | BM-2370 | C14 | Mariezkurrena, 1990 |
| **Los Canes** | Asturias | 3B | 11795 | 84 | 13690 | 80 | MSF | Hueso | | C14 AMS | Arias, 2002 |
| **Anton Koba** | País Vasco | Nivel VIII | 11800 | 330 | 13900 | 490 | Aziliense | Hueso | I-16236 | C14 | Soto Barreiros, 2003:255 |
| **La Riera** | Asturias | 26 | 11850 | 85 | | | Aziliense/MSF | Concha | Q-2925 | C14 | Craighead, 1995:374 |
| **La Riera** | Asturias | 24 | 11880 | 75 | | | MSF | Concha | Q-2926 | C14 | Craighead, 1995:374 |

| Yacimiento | Región | Muestra | BP | sd | Cal BP 1σ | sd | Adscripción | Material | Ref. Lab. | Método | Bibliografía |
|---|---|---|---|---|---|---|---|---|---|---|---|
| **Berroberría** | Navarra | D inferior | 11900 | 130 | 13810 | 150 | MSF | cincel retocador | OxA-949 | C14 AMS | Mariezkurrena, 1990 |
| **El Mirón** | Cantabria | Corral/T8/102.1/3 | 11950 | 70 | 13840 | 90 | Aziliense/MSF | Hueso | GX-23417 | C14 AMS | Straus & González Morales, 2003b |
| **La Paloma** | Asturias | Nivel 4 | 11990 | 140 | 14000 | 240 | Aziliense/MSF | Asta | OxA-951 | C14 AMS | Soto Barreiros, 2003:74 |
| **Ekain** | País Vasco | Nivel VI | 12050 | 250 | 14190 | 410 | MSF | Hueso | I-9240 | C14 | Altuna, 1984 |
| **La Garma A** | Cantabria | Nivel O | 12070 | 100 | 14100 | 230 | MSF | Hueso | OxA-7203 | C14 AMS | Álvarez Fernández, en prensa |
| **El Perro** | Cantabria | N2c | 12140 | 180 | 14260 | 340 | MSF | Carbón | GrN-20962 | C14 | González Morales & Díaz, 2000 |
| **La Pila** | Cantabria | Nivel IV.2 | 12160 | 130 | 14270 | 280 | MSF | Hueso | Gif-8147 | C14 | Soto Barreiros, 2003:171 |
| **La Garma A** | Cantabria | Contacto Nivel N-L | 12241 | 68 | 14340 | 230 | MSF | Carbón | AA-45560 | | Álvarez Fernández, en prensa |
| **Rascaño** | Cantabria | Nivel 2.1 | 12282 | 164 | 14430 | 340 | MSF | Hueso | BM -1450 | C14 | González Echegaray *et al*., 1981:213 |
| **La Riera** | Asturias | 27low | 12270 | 400 | 14530 | 620 | MSF | Hueso | UCR-1275D | C14 | Straus & Clark, 1986:21 |
| **Erralla** | País Vasco | Nivel III-base | 12310 | 190 | 14480 | 380 | MSF | Hueso | I-13439 | C14 | Altuna, 1985 |
| **Santa Catalina** | País Vasco | Nivel III | 12345 | 85 | 14520 | 240 | MSF | | | C14 ¿? | Berganza *et al*., 2007 |
| **El Mirón** | Cantabria | Trinchera/308/16 | 12350 | 180 | 14540 | 380 | MSF | Carbón | GX-28210 | Cxent | Straus & González Morales, 2003b |
| **La Riera** | Asturias | Nivel 20 | 12360 | 670 | 14850 | 1040 | MSF | Hueso | Ly-1645 | C14 | Straus & Clark, 1986:21 |
| **El Castillo** | Cantabria | Nivel 6-parte inferior | 12390 | 130 | 14600 | 320 | MSF | Asta | OxA-972 | C14 AMS | Soto Barreiros, 2003:188 |
| **La Garma A** | Cantabria | Nivel N | 12420 | 180 | 14650 | 390 | MSF | Hueso | AA-45558 | C14 ¿? | Álvarez Fernández, en prensa |
| **Santa Catalina** | País Vasco | Nivel III | 12425 | 90 | 14700 | 230 | MSF | | | C14 ¿? | Berganza *et al*., 2007 |
| **La Garma A** | Cantabria | Nivel N | 12427 | 62 | 14760 | 140 | MSF | Carbón | AA-45578 | C14 ¿? | Álvarez Fernández, en prensa |
| **El Pendo** | Cantabria | Nivel II | 12470 | 170 | 14740 | 370 | MSF | Asta | OxA-995 | C14 AMS | Soto Barreiros, 2003:211 |
| **La Paloma** | Asturias | Nivel 4/2 | 12500 | 140 | 14840 | 300 | MSF | Asta | OxA-950 | C14 AMS | Soto Barreiros, 2003:73 |
| **Ermittia** | País Vasco | III | 12525 | 115 | 14940 | 210 | MSF | Hueso | Ua-4517 | C14 AMS | Soto Barreiros, 2003:430 |
| **La Pila** | Cantabria | IV.4 | 12580 | 190 | 14940 | 340 | MSF | Hueso | GifA-90033 | C14 AMS | Soto Barreiros, 2003:171 |
| **Las Caldas** | Asturias | Nivel II | 12590 | 120 | 15040 | 200 | MSF | Hueso | Ua-10194 | C14 AMS | Corchón, 2007 |
| **Las Caldas** | Asturias | Nivel I | 12595 | 125 | 15050 | 210 | MSF | Hueso | Ua-10193 | C14 AMS | Corchón, 2007 |
| **La Riera** | Asturias | Nivel 23 | 12620 | 300 | 14970 | 550 | MSF | Hueso | UCR-1274D | C14 | Straus & Clark, 1986:21 |
| **Santa Catalina** | País Vasco | Nivel II | 12700 | 600 | 15260 | 1030 | MSF | | | C14 ¿? | Berganza *et al*., 2007 |
| **La Paloma** | Asturias | Nivel 4 | 12750 | 130 | 15250 | 190 | MSF | Asta | OxA-975 | C14 AMS | Soto Barreiros, 2003:73 |
| **Tito Bustillo** | Asturias | Subnivel 1b/XIIC | 12850 | 90 | 15410 | 110 | MSF | Hueso | OxA-6259 | C14 AMS | Soto Barreiros, 2003:113 |
| **La Paloma** | Asturias | Nivel 4 | 12860 | 130 | 15420 | 170 | MSF | Asta | OxA-973 | C14 AMS | Soto Barreiros, 2003:73 |
| **Tito Bustillo** | Asturias | Area de Decoración | 12890 | 530 | 15510 | 930 | MSF | Hueso | Ly-3476 | C14 | Soto Barreiros, 2003:113 |
| **Rascaño** | Cantabria | Nivel 2.3 | 12896 | 137 | 15550 | 250 | MSF | Hueso | BM-1451 | C14 | González Echegaray *et al*., 1981:213 |
| **La Fragua** | Cantabria | B6/4 | 12960 | 50 | 15530 | 60 | MSF | Carbón | GrN-29440 | C14 | González Morales, 2000 |
| **Las Caldas** | Asturias | Nivel II/H2 | 12960 | 190 | 15800 | 440 | MSF | Hueso | Ua-10192 | C14 AMS | Corchón, 2007 |
| **El Mirón** | Cantabria | Cabaña/J2/12/12 | 12970 | 70 | 15550 | 80 | MSF | Hueso | GX-22132 | C14 AMS | Straus & González Morales, 2003b |
| **Los Canes** | Asturias | 2C | 13009 | 105 | 15820 | 300 | MSF | Carbón | AA-18020 | C14 AMS | Arias, 2002:73 |
| **El Pendo** | Cantabria | Nivel II | 13050 | 150 | 15930 | 370 | MSF | Asta | OxA-976 | C14 AMS | Soto Barreiros, 2003:430 |
| **Ermittia** | País Vasco | III | 13035 | 95 | 15850 | 300 | MSF | AMS | Ua-4520 | C14 | Soto Barreiros, 2003:427 |
| **La Riera** | Asturias | 21/23 | 13200 | 110 | | | MSF | Concha | Q-2932 | C14 | Craighead, 1995:374 |

| Yacimiento | Nivel | Fecha BP | D/LAsp | std | Muestra | N |
|---|---|---|---|---|---|---|
| **Muestra moderna** | | 0 | 0.037 | 0,006 | Moderna | 3 |
| **El Juyo** | Nivel 11 | 15,808 ± 1,065 | 0.361 | 0,009 | JY11-1 | 4 |
| **El Juyo** | Nivel 8 | 14,454 ± 304 | 0.351 | 0,003 | JY8-1 | 3 |
| **Altamira** | Nivel 2 | 16,076 ± 2,455 | 0.367 | 0,024 | ATM2-1 | 6 |
| **Barra** | Conchero | 7,121 ± 964 | 0.255 | 0.015 | BAR-1 | 6 |
| **Barra** | Conchero | 6,979 ± 1,539 | 0.252 | 0.023 | BAR-2 | 5 |
| **Tina 6** | Conchero | 16,317 ± 1,317 | 0.370 | 0.013 | TN6-1 | 5 |
| **La Cabrera** | Conchero | 5,806 ± 779 | 0.234 | 0.013 | LCB-1 | 5 |
| **La Cabrera** | Conchero | 9,795 ± 1,494 | 0.293 | 0.021 | LCB-2 | 5 |
| **Las Madalenas** | Conchero | 6,399 ± 563 | 0.244 | 0.009 | LMD-1 | 5 |
| **Las Madalenas** | Conchero | 6,373 ± 1,190 | 0.241 | 0.019 | LMD-2 | 5 |
| **Las Madalenas** | Conchero | 6,474 ± 765 | 0.245 | 0.012 | LMD-3 | 5 |
| **Las Madalenas** | Conchero | 8,666 ± 1,138 | 0.279 | 0.017 | LMD-4 | 5 |
| **Santa Marina** | Conchero | 7,945 ± 776 | 0.268 | 0.012 | STM-1 | 5 |
| **Entecueva** | Conchero | 10,036 ± 1,489 | 0.297 | 0,02 | ENT-1 | 5 |
| **Juan de Covera** | Conchero | 10,174 ± 1,753 | 0.298 | 0,022 | JDC-1 | 6 |
| **Juan de Covera** | Nivel negro | 13,466 ± 2,365 | 0.339 | 0,027 | JDC-2 | 5 |
| **Cordoveganes** | Conchero | 5,333 ± 194 | 0.226 | 0,003 | CDV-1 | 5 |
| **Cueto Molino** | Conchero | 7,552 ± 1,178 | 0.262 | 0,018 | CML-1 | 5 |
| **Andrín** | Conchero | 9,736 ± 1,077 | 0.293 | 0,014 | AND-1 | 6 |
| **Águila** | Conchero | 8,046 ± 1,412 | 0.269 | 0,02 | AGU-1 | 5 |
| **Sonrasa** | Conchero | 7,263 ± 782 | 0.259 | 0,012 | SON-1 | 6 |
| **Horadada** | Conchero | 7,929 ± 424 | 0.268 | 0.006 | HOR-1 | 5 |
| **Peña** | Conchero | 6,820 ± 1,065 | 0.250 | 0,017 | PEÑ-1 | 5 |
| **Ciernes** | Estrato 20 cm | 14,868 ± 1,068 | 0.355 | 0,011 | CIE-1 | 5 |
| **Toral** | Conchero | 7,601 ± 2,491 | 0.260 | 0.034 | TOR-1 | 5 |
| **Collamosa** | Conchero | 7,638 ± 726 | 0.264 | 0,011 | COL-1 | 5 |
| **Colmenera** | Conchero | 7,009 ± 614 | 0.255 | 0.010 | CLM-1 | 4 |
| **Covajorno** | Conchero | 7,440 ± 955 | 0.263 | 0.014 | COV-1 | 5 |
| **El Quintanal** | Conchero | 5,750 ± 1,209 | 0.232 | 0.021 | EQI-1 | 5 |
| **Fonfría** | Conchero | 5,462 ± 493 | 0.228 | 0.008 | FON-1 | 5 |
| **Fonfría** | Conchero | 7,592 ± 1,350 | 0.260 | 0.020 | FON-2 | 4 |
| **Fonfría** | Nivel D | 10,219 ± 979 | 0.299 | 0.021 | FON-3 | 6 |
| **Los Menores** | Conchero | 6,711 ± 1,448 | 0.247 | 0.026 | LMR-1 | 5 |
| **Mary** | Conchero | 8,572 ± 1,030 | 0.277 | 0.014 | MRY-1 | 5 |
| **Quintana** | Conchero | 7,063 ± 1,858 | 0.253 | 0.030 | QUT-1 | 5 |
| **La Riera** | Conchero | 7,516 ± 588 | 0.260 | 0.009 | RIE-1 | 5 |
| **Bricia** | Conchero | 8,862 ± 1,403 | 0.281 | 0.020 | BRI-1 | 5 |
| **Bricia** | Nivel A | 7,095 ± 481 | 0.256 | 0.008 | BRI-2 | 5 |
| **Bricia** | Nivel C | 11,773 ± 1,949 | 0.319 | 0.023 | BRI-3 | 5 |
| **Coberizas** | Conchero Corte B | 6,799 ± 573 | 0.255 | 0.008 | COB-1 | 6 |
| **Cámara** | Conchero | 7,878 ± 2,485 | 0.263 | 0,036 | CAM-1 | 5 |
| **Llamorey** | Conchero | 8,329 ± 947 | 0.274 | 0.013 | LMY-1 | 5 |
| **El Penicial** | Conchero | 7,972 ± 885 | 0.269 | 0.013 | PEN-1 | 5 |
| **El Penicial** | Estrato 20 cm | 14,183 ± 1,678 | 0.347 | 0.019 | PEN-2 | 5 |
| **Cuetu la Hoz** | Conchero | 9,101 ± 1,141 | 0.284 | 0.015 | CLZ-1 | 5 |
| **La Lloseta** | Conchero (muestra C) | 11,256 ± 2,027 | 0.312 | 0.024 | LLO-1 | 6 |
| **La Lloseta** | Lecho sobre nivel B | 14,293 ± 1,395 | 0.349 | 0.015 | LLO-2 | 6 |
| **La Lloseta** | Nivel B (muestra A) | 15,565 ± 1,523 | 0.362 | 0.016 | LLO-3 | 5 |
| **La Lloseta** | Nivel C | 15,423 ± 1,140 | 0.361 | 0.012 | LLO-4 | 5 |
| **Ceñil** | Conchero | 8,921 ± 1,105 | 0.288 | 0.015 | CÑL-1 | 5 |
| **Les Pedroses** | Conchero | 6,465 ± 928 | 0.254 | 0.015 | LPD-1 | 5 |
| **Les Pedroses** | Estrato 20 cm | 15,779 ± 1,179 | 0.365 | 0.012 | LPD-2 | 5 |
| **Molino** | Conchero | 6,611 ± 1,093 | 0.247 | 0.017 | MOL-1 | 5 |
| **Carmona** | Conchero | 9,885 ± 1,094 | 0.295 | 0.014 | CAR-1 | 5 |

*Tabla 3.2: Dataciones por AAR para la región cantábrica (Fuente: Ortiz et al., 2009)*

# CAPÍTULO 4. CLIMA Y MEDIO AMBIENTE DURANTE EL PLEISTOCENO FINAL Y EL HOLOCENO INICIAL EN LA REGIÓN CANTÁBRICA

## 4.1 El clima del Tardiglacial y el Holoceno a escala global

El desarrollo de los métodos físico-químicos aplicados a la paleoclimatología, fundamentalmente el estudio de los isótopos del oxígeno ($\delta^{18}O$ y $\delta^{16}O$) contenidos en el agua marina, ha permitido establecer una cronología de alta precisión, a partir de las fluctuaciones en el contenido de dichos isótopos en los mantos de hielo y los depósitos marinos, que permiten diferenciar entre fases frías y otras más templadas.

Así pues, los datos arrojados por el sondeo GISP2 (Grootes *et al.*, 1993), efectuado en el hielo de Groenlandia, muestran un brusco calentamiento de la temperatura media del Atlántico en torno al 14.700 cal BP, lo que marca el comienzo del periodo denominado *Interestadio del Tardiglaciar.* Esta fase templada, que en sus inicios presenta temperaturas similares a los comienzos del Holoceno, termina con un fuerte descenso de las temperaturas, producido hacía el 13.000 cal BP, momento en que comienza la última pulsación fría, el *Dryas Reciente.* El final de la glaciación viene marcado por un rápido aumento de las temperaturas a partir del 11.600 cal BP, entrando así en el Holoceno (Mayewski *et al.*, 1996).

Por otro lado, la sucesión de fases frías también queda atestiguada por la identificación, en 1988, de una serie de episodios de suelta masiva de *icebergs* al océano Atlántico, denominados *eventos Heinrich.* La fusión de estos grandes bloques de hielo, procedentes de los casquetes polares, aportaba una enorme cantidad de agua fría y dulce, provocando cambios significativos en la circulación de las corrientes oceánicas, y alterando la temperatura del agua marina (Rivera Arrizabalaga, 2004). Las últimas pulsaciones del final del Würm (*Dryas Antiguo* y *Dryas Reciente*) coinciden plenamente con dos de estos eventos (*Heinrich 1* y *Younger Dryas*).

Sin embargo, tanto los análisis isotópicos (Grootes *et al.*, 1993) como los polínicos (Joris & Álvarez Fernández, 2002) muestran también toda una serie de fluctuaciones dentro de cada fase, lo que obliga a desechar la idea de periodos climáticos estáticos y homogéneos; sería más apropiado considerar el clima en cada fase como una *tendencia*, inestable y cambiante, en las que se alternarían momentos fríos con otros más templados, y viceversa. En este sentido, a partir de los datos del GRIP, se han trazado una serie de eventos climáticos dentro de los períodos considerados en nuestra explicación (Björk *et al.*, 1998). Así, se han identificado dos episodios estadiales: GS-1 y GS-2, asimilables al Dryas reciente y antiguo respectivamente, y un episodio interestadial, el GI-1, que se corresponde con el Interestadio del Tardiglaciar y que se divide en una sucesión de episodios menores de diferente carácter (1a-1e). De la misma forma, la variabilidad climática del Holoceno ha sido puesta de manifiesto en diferentes trabajos en los últimos años, tanto en el Atlántico como en el Mediterráneo (Mayewski *et al.*, 2004; Jalut *et al.*, 2000). A lo largo de la primera parte de este período se han identificado tres episodios principales de enfriamiento, la Oscilación del Preboreal (Björck *et al.*, 1997), el evento 9.3k (Rassmussen *et al.*, 2007) y el evento 8.2k (Von Grafenstein *et al.*, 1998). Sin embargo, a pesar de estas fluctuaciones, el Holoceno puede considerarse un período climático estable, en comparación con los anteriores.

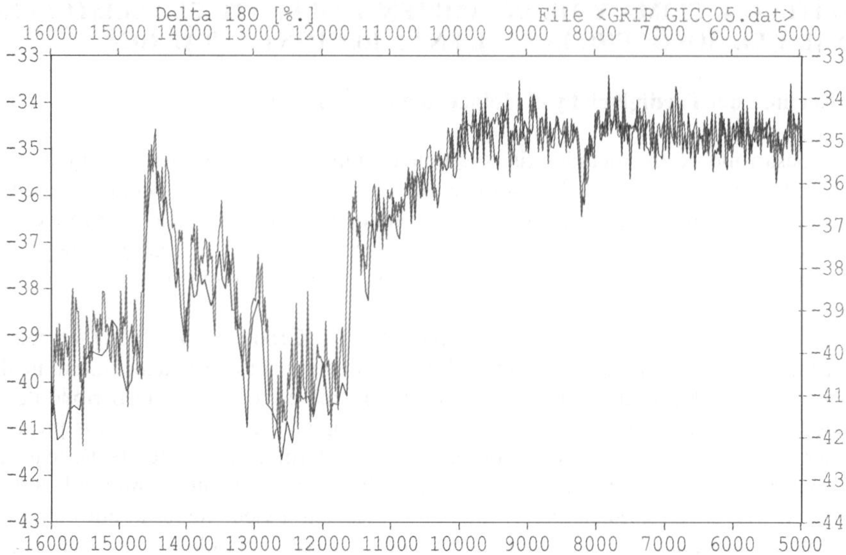


*Fig. 4.1: Evolución climática entre el 16000 y el 5000 cal BP a partir de análisis de isótopos de oxígeno de columnas de hielo en Groenlandia (GISP2 y GRIP). Fuente: Weninger & Joris, 2007*

Sin embargo, este tipo de indicadores hacen referencia únicamente a condiciones climáticas a una escala global. La influencia de esas condiciones globales en la climatología continental es evidente, pero las condiciones ambientales concretas de un área determinada están también condicionadas por factores locales (topografía, humedad relativa, precipitaciones, etc.), lo que hace necesario el análisis de otros indicadores locales para acercarnos al entorno de una región específica. A partir de la revisión de Rivera Arrizabalaga (2004), en este trabajo se utilizarán los datos climáticos y cronológicos procedentes del GISP2 (Fig. 4.1), matizados por la información regional cuando sea necesario.

## 4.2 Clima y medio ambiente durante el Tardiglaciar y el Holoceno en la región cantábrica

Para analizar los aspectos climáticos y medioambientales en la región cantábrica contamos con diversas fuentes de datos, entre las que destacan la palinología (fundamentalmente a partir de turberas, ya que se considera que introducen menos sesgos en los resultados que los datos obtenidos en yacimientos arqueológicos), la antracología, la sedimentología (especialmente a partir de los trabajos de Hoyos (1995)), las reconstrucciones de la línea de costa (a nivel global, de la costa atlántica francesa y del Cantábrico) y las preferencias climáticas de la fauna (mamíferos, micromamíferos, moluscos). En primer lugar se valorará el encaje entre los datos procedentes de los análisis de isótopos de los sondeos GISP2 y GRIP con algunos indicadores locales, en los pocos casos en que puede llevarse a cabo esta valoración. Por otra parte, se revisarán diversos modelos de la evolución de la vegetación a lo largo del período de estudio. Por último, se revisará la información disponible sobre las variaciones de la línea de costa y se propondrá un modelo para la región cantábrica.

### 4.2.1 *La evolución del clima en la región cantábrica: indicadores globales vs indicadores regionales*

Una de las referencias en cuestiones medioambientales en la región cantábrica es la secuencia climática establecida por Hoyos (1995) para el Tardiglaciar, a partir del análisis sedimentológico de diversos yacimientos cantábricos, y su comparación con la secuencia polínica. En ella se describen una serie de fases sedimento-climatológicas que, para la parte que interesa aquí, muestran condiciones frescas y húmedas durante el final del Dryas antiguo (Cantábrico VI); frías con diferencia en la humedad en la primera parte del Interestadio del Tardiglaciar (Cantábrico VII) y frescas y húmedas en la segunda parte (Cantábrico VIII); y poco frías y con variaciones en la humedad para el Dryas reciente (Cantábrico IX). A pesar de que a primera vista, esta secuencia pudiera parecer en ocasiones contradictoria con los datos de los sondeos GISP2 y GRIP o con los datos procedentes del polen en Centroeuropa, y de los sesgos que puede estar introduciendo el establecimiento de secuencias climáticas a partir de datos contenidos en contextos tan especiales como las cuevas, González Sainz & González Urquijo (2007) han comparado la información procedente de ambos indicadores, estableciendo un grado de ajuste razonable, tanto en las condiciones climáticas como en la cronología (Fig. 4.2). Por otra parte, una aproximación muy completa al marco paleoambiental del MSF puede encontrarse en el trabajo de estos autores.

De igual forma, la comparación entre las condiciones a partir de indicadores globales y locales (mamíferos, moluscos, polen, macrorrestos vegetales y susceptibilidad magnética) han sido llevadas a cabo en el valle del Asón (García Moreno & Gutiérrez Zugasti, en prensa) entre el 16000 y el 6000 cal BP, reflejando una buena correlación entre ambas, aunque también se aprecian ligeras discrepancias. Así, durante el MSF los datos de susceptibilidad magnética hablan de una fase fría (Dryas antiguo, 16000-14800 cal BP), mientras los análisis malacológico y palinológico muestran condiciones frescas pero con indicios de bonanza climática en algunos casos (probablemente debida al Interestadio del Tardiglaciar, 14800-13000 cal BP). La fauna de mamíferos, por su parte, ya presenta especies de condiciones templadas desde el 16000 cal BP.

En el límite entre MSF y Aziliense, la susceptibilidad magnética refleja, hacia el 13500 cal BP, condiciones templadas propias de los momentos finales del Interestadio del Tardiglaciar, sin embargo, los análisis malacológico y palinológico muestran un carácter más evolutivo en la mejora climática a lo largo del Aziliense (siempre y cuando pensemos que el conjunto malacológico de El Otero corresponde a un Aziliense avanzado). Esta ralentización de la evolución, probablemente es debida a la pulsación fría del Dryas reciente (13000-11500 cal BP), que frena el ritmo de mejora climática iniciado durante el Interestadio del Tardiglaciar. Entre los mamíferos continúan apareciendo las especies de climas templados.

El paso al Mesolítico es bien reflejado por todos los indicadores, que muestran condiciones claramente templadas hacia el 10000 cal BP. Así, el descenso en las cantidades de *Littorina littorea* a partir del 12000-11000 marca el final del Dryas reciente, mientras el aumento de *Osilinus lineatus* a partir del 11000-10500 cal BP, está indicando una aceleración en el ritmo del cambio climático hacia las condiciones más templadas del Holoceno. Este hecho queda corroborado por la desaparición de *Pinus* de la secuencia polínica de El Perro y otros yacimientos costeros (si bien continúa apareciendo en zonas de interior), y por los datos de susceptibilidad magnética para esas fechas (fase templada hacia el 11000 cal BP).

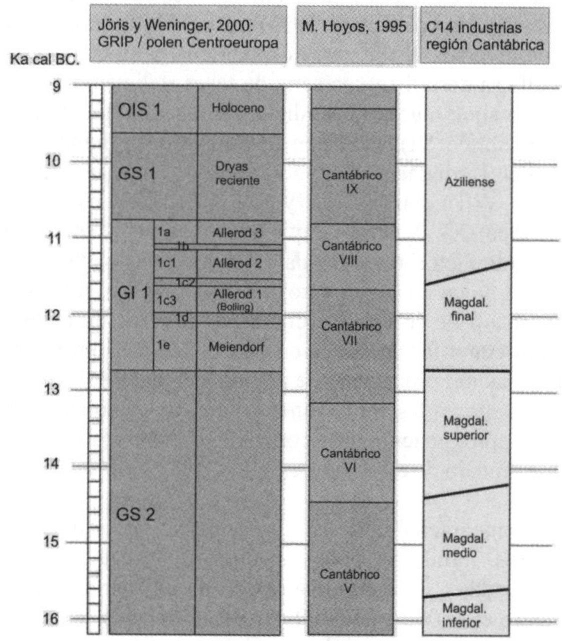


*Fig. 4.2: Comparación cronológica (cal BC) de la secuencia climática del GRIP, los análisis de polen de Centroeuropa, los datos sedimentológicos de Hoyos (1995) y la secuencia cultural del Cantábrico. (Fuente: González Sainz & González Urquijo, 2007:282)*

### 4.2.2 *La evolución de la vegetación*

A partir de los datos obtenidos del análisis de diversas turberas en el Cantábrico, Salas (1993) ha establecido una relación entre las variaciones climáticas y el nivel del mar. Así, una primera etapa abarcaría el período comprendido entre el 12000 y el 7800 cal BP, pasando el paisaje en ese período, de tundra con algunos pinos y abedules, a una cobertera estratificada en pisos bioclimáticos muy similar a la actual, con abundancia de pinares (*P. Sylvestris*). A partir de estos datos se ha estimado que la temperatura media anual debió variar en el intervalo que nos ocupa, desde unos 7 ºC hasta 14,5 ºC. En una segunda etapa, entre el 7800 y el 5700 cal BP, se produce la extensión del encinar cantábrico y la vegetación arbórea alcanza la altitud máxima del Holoceno. La temperatura media anual abarcaría aproximadamente desde 14,5 ºC hasta 17 ºC. Cambios en la vegetación hacia la mitad del período sugieren un ligero descenso de las temperaturas, quizás hasta 16 ºC, volviendo con posterioridad a la situación anterior.

Por su parte, Mary (1992), en sus estudios sobre la evolución del litoral cantábrico durante el Holoceno, también recoge información sobre la vegetación a partir del análisis de turberas fechadas por radiocarbono. Así, la evolución de la vegetación que nos presenta es semejante en el aspecto de mejora climática progresiva a la diseñada por Salas:

• 10.000 ±600 BP (Gif 1892): 30% herbáceas y 70% árboles (predominio de pino pero también está representado el robledal mixto).

• 5.880 ±130 BP (Gif 2635): Predominio del bosque con *Pinus* (10%), *Corylus* (decreciendo de 40 a 20%), *Quercus* (creciendo de 12 a 45%), *Alnus* y *Ulmus* (creciendo de 1 a 5%) y estando presentes *Fagus* y *Carpinus*.

• 5.300 ±120 BP (Gif 2917): Predominio del bosque con *Quercus* (45%), *Betula* (20%), *Corylus* (20%) y *Pinus* (10%), si bien la base del yacimiento ha registrado un desmonte (de carácter antrópico según Mary) como se desprende del predominio de gramíneas y ericáceas.

Otro modelo a partir de análisis palinológicos de turberas es el propuesto por Ramil (1993) en la zona Noroccidental de la Península Ibérica. Una de las zonas por él analizadas, las llamadas Sierras Septentrionales, presenta unas características ambientales que se corresponden muy bien con las zonas en las que se sitúan los yacimientos incluidos en este estudio, por lo que estimamos conveniente tomar en consideración las conclusiones extraídas de su trabajo. Según este autor, durante el Interestadio del Tardiglaciar se producen cambios climáticos que conducirán a la colonización progresiva del paisaje por los elementos arbóreos, si bien existen diferencias en función de las características biogeográficas de cada territorio. Así, mientras en las zonas montañosas el bosque estaría caracterizado por la presencia de coníferas y abedules (con presencia de robledal en las zonas más bajas y protegidas), en las zonas litorales predomina el robledal caducifolio. Posteriormente, durante el final del recrudecimiento climático del Dryas reciente (hacia el 11500 cal BP) se produce "*la sustitución de las formaciones estépicas atlánticas, por un brezal que progresivamente va siendo colonizado por especies arbóreas, donde los porcentajes de Pinus ejercen una clara hegemonía*". Esta colonización se mantiene a principios del Holoceno, con *Pinus* y *Betula* como especies más representativas, pero que pronto serán sustituidas por la expansión de *Quercus* entre el 10700-9500 cal BP y de *Corylus* alrededor del 9500 cal BP. Por tanto, a partir del 9500-7800 cal BP y hasta aproximadamente el 6800 cal BP se va a producir una expansión del bosque "*con densas formaciones cubriendo las laderas y valles, mientras que en las zonas de cumbres y sobre las laderas más escarpadas se desarrollarían formaciones arbustivas y herbáceas*". Así, la proximidad al mar y la escasa altitud del macizo montañoso favorecieron, según Ramil, el desarrollo de masas boscosas fundamentalmente constituidas por *Quercus* caducifolio y *Corylus*, pero con representación dispersa de otras especies como *Alnus*, *Ulmus*, *Sambucus*, *Castanea*... dentro del robledal. Las zonas altas estarían colonizadas por una mezcla entre robledal, *Quercus ilex*, *Betula* y escasos *Pinus*, *Abies*, *Taxus* y *Juniperus*. Un proceso constatado por este autor es la existencia de episodios de deforestación debidos a la acción humana entre el 8900 y el 7800 cal BP, si bien de forma discontinua y con una rápida reforestación. Por último, el óptimo climático se situaría hacia el 6800 cal BP con el predominio de *Quercus* caducifolio, si bien la humedad y termicidad de este período favoreció la expansión de diversos taxones arbóreos y arbustivos (*Tilia*, *Carpinus*, *Fagus*...), ya entre las masas boscosas existentes o colonizando áreas marginales sin vegetación arbórea.

En los últimos años Muñoz Sobrino *et al.* (2005), a partir de los datos polínicos, han detectado la presencia de dos momentos de regresión climática hacia condiciones más frías en los inicios del Holoceno, que podrían ser las manifestaciones regionales de la Oscilación del Preboreal (hacia el 11200 cal BP) e, igualmente, el evento climático 8.2k

(8200 cal BP). Igualmente han identificado una expansión del bosque entre el 8000 y el 7500 cal BP. Sin embargo, también inciden en las diferencias observadas entre zonas geográficas, lo que puede suponer que la evolución no haya sido la misma entre la zona occidental y oriental del Cantábrico. Estas diferencias también han sido puestas de manifiesto en otros trabajos (Ramil Rego *et al.*, 2006).

Por último, García Moreno (2007) ha propuesto un modelo de evolución de la vegetación en el valle del Asón (Cantabria) durante la transición Pleistoceno-Holoceno, estableciendo una sustitución de *Pinus* por *Quercus*, así como un aumento en las masas forestales en la llanura litoral y valles bajos durante el Holoceno, que pudo influir en los cambios en las estrategias de subsistencia de los cazadores-recolectores.

### 4.2.3 *Las variaciones en el nivel del mar: propuesta de un modelo para la región cantábrica*

El cambio en las condiciones climáticas que se produce en el tránsito Pleistoceno-Holoceno va a provocar modificaciones en el nivel del mar y en la situación de la línea de costa. Estas modificaciones no significan que se produzca un ascenso continuo sino que más se trata de oscilaciones, con diversas transgresiones y regresiones, dentro de una tendencia general de ascenso.

Cearreta *et al.* (1992:84) han propuesto, a partir del estudio de antiguas plataformas de abrasión marina y de depósitos típicos de zonas litorales, que la primera pulsación transgresiva en la costa cantábrica, que se correspondería con el máximo flandriense, se daría hacia el 8900-7800 cal BP, mientras de sus análisis de diversos depósitos se deriva que las curvas del nivel del mar para el Cantábrico coincidirían con la tendencia propuesta por Fairbridge (1961) a nivel mundial y por Ters (1973) para la costa atlántica francesa, si bien con las consiguientes diferencias por cuestiones topográficas. Esta tendencia es de progresivo ascenso del nivel del mar pero con momentos regresivos en los que la línea de costa volvería a situarse en cotas más bajas. Diversos autores (ver Pirazzoli, 1991) han trabajado en reconstrucciones de líneas de costa en variados lugares del mundo, obteniendo diferentes resultados. Si se tienen en cuenta los trabajos realizados en la costa atlántica francesa, (aparte del realizado por Ters), se aprecia una tendencia progresiva pero no continuada de ascenso del nivel marino.

En otros trabajos (Salas, 1993) se propone que entre el 12000 y el 7800 cal BP el nivel del mar ascendió desde aproximadamente –50 m hasta –7 m, mientras en una segunda etapa, entre el 7800 y el 5700 cal BP, el nivel del mar ascendió desde –7 m a –4 m. Según este modelo, la transgresión flandriense tuvo lugar con posterioridad al 5000 BP. Por su parte, Mary (1992), establece el momento de transgresión hacia el 6700 cal BP.

Las últimas investigaciones sobre este asunto, algunas de ellas realizadas en el estuario del Asón a partir del análisis de foraminíferos, han visto cómo problemas derivados de su carácter de medioambientes de alta energía, impedían una correcta interpretación (Cearreta & Murray, 1996, 2000). Sin embargo, en otros casos, sí ha sido posible trazar la evolución medioambiental de los estuarios, especialmente en las rías de Bilbao y Gernika (Cearreta *et al.*, 2006; Leorri & Cearreta, 2004; Pascual & Rodríguez Lázaro, 2006). Estos resultados reflejan que el inicio de la formación de los estuarios, como hoy en día los conocemos, tuvo lugar hacia el 8900 cal BP, corroborando la propuesta inicial de Cearreta *et al.* (1992). No obstante, estos trabajos se circunscriben a la parte del Holoceno y no aportan una información concreta sobre la posición de la línea de costa en cada momento. Por otra parte, se han producido otro tipo de aproximaciones a la reconstrucción de la línea de costa en la cuenca baja del río Asón. Así, Marín (2004) ha realizado un cálculo de la cantidad de territorio que es posible recorrer desde la cueva de La Fragua en una y dos horas en cada uno de los momentos de ocupación de la cavidad, simulando la situación de la línea de costa a –60 m durante el Aziliense y a –20 m durante el Mesolítico.

En una aproximación similar, y a partir de los trabajos realizados junto a Alejandro García Moreno, se han establecido, mediante un SIG, las distancias a la costa desde los yacimientos incluidos en este trabajo. La información batimétrica proviene de la aplicación BACO, desarrollada conjuntamente por el Grupo de Ingeniería Oceanográfica y de Costas del Instituto de Hidráulica Ambiental de la Universidad de Cantabria y el Ministerio de Medio Ambiente. Para ello, a partir de la información disponible hemos confeccionado un modelo de modificaciones del nivel del mar desde el 15600 cal BP hasta el 5700 cal BP (Tabla 4.1 y Fig. 4.3). Esta reconstrucción de las modificaciones en la línea de costa ha sido llevada a cabo tanto a partir de datos globales, tomados a escala planetaria (Fairbridge, 1961; Uriarte, 2003), como de datos regionales relativos a la costa atlántica francesa (Ters, 1973). Ya se ha visto como para el Cantábrico existen diversos estudios (Cearreta *et al*., 1992; Cearreta & Murray, 1996, 2000; Leorri & Cearreta, 2004; Mary, 1992; Pascual & Rodríguez, 2006; Salas, 1993), cuyos diferentes resultados ponen de manifiesto la complejidad de este tipo de investigaciones. Sin embargo, parece claro que una tendencia puede ser esgrimida y será la que utilicemos en nuestro modelo. Debido a la escasez de información y a la dificultad para identificar momentos regresivos, la construcción de la curva se ha llevado a cabo como una tendencia continua y progresiva.

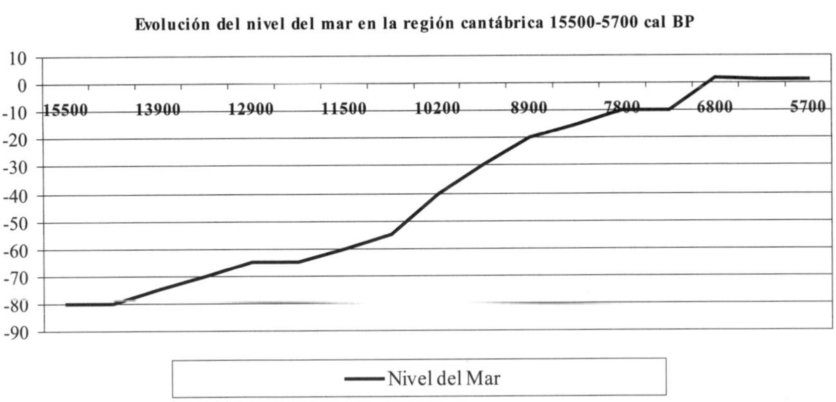


*Fig. 4.3: Evolución de la línea de costa en la región cantábrica entre el 15500 y el 5700 cal BP*

La confección del modelo no está exenta de problemas, no sólo por la escasez y disparidad de información contenida en la bibliografía, sino también porque no se han tenido en cuenta los procesos de elevación de las plataformas que hayan podido producirse, ni la influencia de la acumulación de sedimentos en las desembocaduras, especialmente durante el Holoceno. Así, para el período comprendido entre el 15600 y el 13800 cal BP hay muy poca información y casi toda la existente habla de una cota entre –50 y –80 m. Así, estimamos adecuadas las valoraciones de Uriarte (2003) que lo sitúan en –75 o –80. Para el período 13400-11500 cal BP no hay apenas información, pero al situarse durante el Dryas reciente se podría pensar en una regresión de la línea de costa. Sin embargo, no hay evidencias de que esto haya ocurrido, por lo que hemos decidido establecer la misma cota para todo el período, para así enlazar con la propuesta de Ters de –55 hacia el 10800 cal BP. A partir de este momento, hemos seguido la línea propuesta por este autor hasta aproximadamente el 7400 cal BP. Para la cuestión de la transgresión se ha tenido en cuenta que el proceso de formación de los estuarios actuales comienza hacia el 8900 cal BP y se ha establecido un momento en el que el nivel del mar estaba más alto que en la actualidad, hacia el 6800 cal BP como se evidencia en la turbera de Oyambre y en el yacimiento arqueológico de Herriko Barra. A pesar de todo, el efecto de esta transgresión es leve, por lo que no supone grandes diferencias en el cálculo de distancias. Por esta razón y también a la dificultad para homogeneizar los datos disponibles sobre los cambios en el nivel del mar en la costa cantábrica, hemos asumido un porcentaje de error en nuestros cálculos. Así, se asume un error de ±10 m en la vertical, que se corresponde aproximadamente con 500-1000 m de distancia en la horizontal, dependiendo de la zona. Por tanto, este error asumido no provocaría grandes diferencias en el cálculo de distancias a la línea de costa desde los yacimientos.

| BP | sd | Cal BP | sd | Nivel del Mar |
|---|---|---|---|---|
| 13000 | 1 | 15570 | 30 | –80 |
| 12500 | 1 | 14900 | 60 | –80 |
| 12000 | 1 | 13880 | 60 | –75 |
| 11500 | 1 | 13390 | 50 | –70 |
| 11000 | 1 | 12890 | 50 | –65 |
| 10500 | 1 | 12530 | 80 | –65 |
| 10000 | 1 | 11480 | 100 | –60 |
| 9500 | 1 | 10760 | 40 | –55 |
| 9000 | 1 | 10200 | 20 | –40 |
| 8500 | 1 | 9510 | 20 | –30 |
| 8000 | 1 | 8890 | 80 | –20 |
| 7500 | 1 | 8350 | 20 | –15 |
| 7000 | 1 | 7850 | 30 | –10 |
| 6500 | 1 | 7430 | 20 | –10 |
| 6000 | 1 | 6840 | 30 | 2 |
| 5500 | 1 | 6300 | 20 | 1 |
| 5000 | 1 | 5740 | 20 | 1 |

*Tabla 4.1: Posición de la línea de costa con respecto a la actual durante el final del Pleistoceno y los inicios del Holoceno*

## 4.3 Los moluscos como indicadores climáticos

Los moluscos han sido y son utilizados en arqueología como indicadores climáticos, gracias a las preferencias climáticas que muestran algunos taxones. Este uso como indicadores se basa en la observación de las preferencias climáticas y la distribución geográfica de los diversos taxones en la actualidad. Este tipo de inferencias a partir de las preferencias de los moluscos se deben considerar como una aproximación al clima y al medio ambiente, no como un indicador definitivo, ya que la mayor parte de las especies presentes, al menos en el Cantábrico, soportan una amplia variedad de condiciones climáticas, es decir, son euritermas y en muchas ocasiones también euro-halinas, soportando diversas gradaciones de salinidad. Aún con todo, un análisis coherente de las preferencias climáticas de los taxones presentes en un yacimiento, contrastado con otras fuentes de información de las que dispongamos, puede aportar valiosos datos sobre las condiciones climáticas y medioambientales. Así, los análisis sedimentológicos, isotópicos, palinológicos, de faunas de mamíferos... ayudan a contrastar la información obtenida a partir de las faunas de moluscos.

Generalmente se ha concedido mayor importancia a la reconstrucción paleoambiental a partir de moluscos marinos, si bien los moluscos terrestres también son susceptibles de proporcionar información sobre el clima y el medio ambiente. En algunas zonas del mundo, como en Gran Bretaña, los gasterópodos terrestres han sido y son muy utilizados para realizar reconstrucciones climáticas. Estos pequeños animales, asociados al funcionamiento de los primeros centímetros del suelo nos pueden proporcionar información medioambiental a nivel regional o local, pero también sobre el grado de antropización de ese medio ambiente (André, 1990:492). Uno de los métodos utilizados para obtener datos sobre el clima y el medio ambiente, consiste en realizar grupos basándonos en la distribución geográfica actual de las especies, por lo que cada especie queda encuadrada en un grupo dependiendo de sus preferencias. Estos agrupamientos se pueden comparar con las frecuencias de los taxones presentes en cada grupo y así obtener datos sobre el clima a nivel regional, a partir del conjunto malacológico y su abundancia. Este método puede ser utilizado tanto con moluscos terrestres como marinos. A nivel local, es posible obtener información sobre el hábitat concreto de los moluscos, también mediante el establecimiento de grupos, en este caso correspondientes a los diferentes nichos ecológicos preferidos por los taxones, bien terrestres bien acuáticos. Así, por ejemplo, en el caso de los taxones terrestres, éstos se podrían agrupar en: pantano, xerófilas, de hábitat abierto y de bosque (Sparks, 1980), mientras los marinos se podrían agrupar de diferente manera, dependiendo de sus preferencias en cuanto a substrato, zonación vertical y exposición dentro del litoral. Estos grupos son susceptibles de ampliación o modificación dependiendo de los biotopos existentes en la zona estudiada en cada caso. Otro problema que afecta al análisis paleoambiental de un conjunto de moluscos terrestres es la necesidad de establecer la contemporaneidad o no de todos los taxones presentes en el yacimiento. Los moluscos terrestres están presentes en los yacimientos arqueológicos como elementos intrusivos en la mayoría de los casos, y por tanto el problema reside, primero en identificar si han sido llevados al yacimiento por el ser humano, y segundo en conseguir distinguir si todos los taxones se depositaron como producto de la misma tafocenosis. Ambas cuestiones son complejas y de difícil conclusión, así, el carácter antrópico de la presencia de algunas especies en yacimientos arqueológicos, especialmente *Cepaea nemoralis*, es objeto de debate desde hace tiempo (Guilaine, 1979; André 1979, 1991; Rozoy 1978; Bahn, 1985; Barandiarán & Madariaga, 1989; Moreno & Aparicio, 2001), mientras su carácter contemporáneo o por intrusión posterior (ya que gran parte de los caracoles terrestres se entierran para hibernar, buscar cobijo...), es complicado de identificar.

Es necesario remarcar la necesidad de valorar el conjunto malacológico completo, no sólo en el caso de los moluscos terrestres, sino también en el de los marinos. Tradicionalmente se ha tendido a utilizar unos pocos taxones para este tipo de análisis, dependiendo de su presencia o ausencia se inferían las condiciones medioambientales y climáticas. Este método es válido cuando en el yacimiento se cuenta con la presencia de un taxón que tiene unas preferencias claramente restringidas a un clima o biotopo, pero va perdiendo fiabilidad a medida que el rango climático abarcado se amplía. Por tanto, se debe tomar el conjunto como un todo a la hora de realizar el análisis, para así eliminar los sesgos introducidos al valorar el clima a partir de uno o dos taxones nada más, a partir de taxones cuya presencia es escasa o a partir de taxones euritermos.

Como se verá más extensamente en el Capítulo 7, en la región cantábrica, la inferencia ambiental realizada más a menudo ha consistido en asignar un clima frío y una cronología paleolítica cuando en un estrato aparecía la especie *Littorina littorea*, y un clima templado y cronología post-paleolítica si la especie presente era *Osilinus lineatus* (Vega del Sella, 1916; Madariaga, 1963; Clark, 1972, 1975) Sin embargo, algunos autores (Gómez Tabanera, 1973:128; e incluso Madariaga, 1966:80) propusieron manejar esta afirmación con reservas, debido a que adolecía de cierto simplismo. Esto ha sido confirmado en los últimos años al identificarse ambas especies juntas en diversos yacimientos (Álvarez Fernández, en prensa; Moreno, 1994; Gutiérrez Zugasti, 2005), estableciéndose que lo que cambia es la cantidad en que cada especie aparece representada. Así, se aprecia que *Littorina littorea* predomina durante el Paleolítico superior y el Aziliense, mientras *Osilinus lineatus* es predominante durante el Mesolítico y el Neolítico. Por tanto, una mayor presencia de *Osilinus lineatus* refleja una mejoría en las condiciones climáticas con respecto a los momentos en que predomina *Littorina littorea*, por lo que es posible obtener algún tipo de información sobre las condiciones climáticas y ambientales, aunque es evidente que ambas especies no deben ser utilizadas directamente como fósiles-guía, ni climática ni cronológicamente. Otro aspecto, que refuerza esta teoría sobre la convivencia de ambas especies, es la propia observación llevada a cabo por nosotros mismos en diversas zonas del Cantábrico en la actualidad. Así, hemos encontrado con que si bien *Osilinus lineatus* está presente con mayor abundancia en nuestras costas (aunque muy esquilmada por el marisqueo clandestino), *Littorina littorea* también aparece, aunque en muy escasa cantidad y principalmente en zonas de estuario (cuyas aguas suelen ser ligeramente más frías que las de la costa abierta). Por tanto, está suficientemente probada la coexistencia de ambas especies, tanto en la actualidad como a finales del Pleistoceno e inicios del Holoceno, hecho que matiza su valor como indicadores climáticos directos.

Otros taxones susceptibles de proporcionar información climática son las especies del género *Patella*. Así, las especies identificadas en los yacimientos estudiados (*Patella vulgata, Patella intermedia, Patella ulyssiponensis*) tienen unas preferencias climáticas y ecológicas diferenciadas, y por tanto, su mayor o menor presencia en los yacimientos arqueológicos nos puede aportar información sobre las condiciones climáticas imperantes y sobre los biotopos explotados. Así, *Patella vulgata* es una especie que soporta bien el frío mientras *Patella intermedia* tiene unas preferencias climáticas templadas. Por su parte, las preferencias de *Patella ulyssiponensis* se situarían en un término medio entre las preferencias de las otras dos especies. Otros taxones que aparecen habitualmente en los conjuntos malacológicos de la región cantábrica, y que pueden aportar información de tipo climático, son algunos bivalvos como el género *Mytilus*, *Ostrea edulis*, *Ruditapes decussatus*, *Scrobicularia plana* y *Solen marginatus*. La evolución de todas estas especies a través del período de estudio será tratada en extenso en el Capítulo 7.

Por tanto, la mayor o menor abundancia de estas especies en un estrato aporta indicios sobre el tipo de condiciones que predominaban, pero en ningún momento informa de la existencia de unas condiciones concretas con total seguridad. Igualmente, no es conveniente la utilización de los moluscos como fósil-guía, salvo quizás en casos excepcionales. Sin embargo, la información obtenida del análisis de las faunas de moluscos de un estrato, unida a la obtenida a partir de las analíticas realizadas sobre otros materiales del yacimiento, puede permitir la reconstrucción de las condiciones climáticas con una fiabilidad mucho mayor. Por tanto, no parece apropiada la reconstrucción climática basada únicamente en los moluscos del yacimiento, sino en conjunción con la información proporcionada por otros indicadores, tanto a escala global como regional.

## 4.4 Conclusión

Por tanto, los modelos generales descritos reflejan a grandes rasgos la evolución del clima y el medio ambiente en la zona central y noroccidental del Cantábrico, si bien como hemos visto no coinciden en algunos aspectos concretos. Aún así, en todos los modelos se puede observar una evolución de mejora climática progresiva. Las condiciones frías del Dryas antiguo (15600-14650 cal BP) se ven suavizadas por un aumento de las temperaturas durante el Interestadio del Tardiglaciar (14600-12800 cal BP), si bien durante el Dryas reciente (12900-11600 cal BP) se produce una regresión hacia condiciones más frías. La mejora climática se vuelve a hacer evidente a partir del 11500 cal BP (con la excepción de la Oscilación del Preboreal hacia el 11200 cal BP), aumentando las temperaturas hasta aproximadamente el 10000 cal BP y manteniéndose relativamente estables hasta el 5500 cal BP (en este caso la excepción sería el evento climático frío fechado en el 8200 cal BP, si bien su influencia en la Península Ibérica es todavía muy discutida). Durante este lapso cronológico la vegetación sufre transformaciones, con un progresivo aumento del componente arbóreo y un avance del robledal y especies asociadas, en detrimento de las especies herbáceas y arbustivas. Esta mejora también se traduce en un progresivo ascenso del nivel del mar que invade zonas anteriormente terrestres, modificando sustancialmente el paisaje. Así, este ascenso está introduciendo un sesgo en las interpretaciones sobre las formas de vida prehistóricas, debido a que gran parte de los yacimientos existentes en momentos en que el nivel del mar estaba más bajo, se sitúan hoy en día en las profundidades del Mar Cantábrico, por lo que resulta imposible su estudio, además de que probablemente la mayoría habrán desaparecido totalmente arrasados por dicho ascenso.

# CAPÍTULO 5. ANÁLISIS ARQUEOMALACOLÓGICOS: METODOLOGÍA

## 5.1 Introducción

La utilización de una apropiada metodología en la identificación y clasificación de malacofaunas procedentes de yacimientos arqueológicos es un aspecto fundamental a la hora de realizar un análisis serio de las faunas de moluscos empleadas por el ser humano, tanto como alimento como para otras funciones. A lo largo del desarrollo de la arqueomalacología, los diferentes investigadores han optado por diferentes fórmulas a la hora de valorar los conjuntos, tanto cualitativa como cuantitativamente, lo que dificulta la comparación entre yacimientos. Sin embargo, desde otro punto de vista, esta heterogeneidad ha contribuido a un mayor enriquecimiento del aparato metodológico de la disciplina.

Peores son las perspectivas cuando se observan otro tipo de faunas marinas que forman parte del elenco de recursos litorales explotados por los cazadores recolectores, como los erizos de mar y algunos crustáceos, entre los que destacan los percebes y los cangrejos. Este tipo de faunas han pasado desapercibidas, metodológicamente hablando, en la literatura científica, ya que no se han desarrollado métodos sistemáticos para su identificación y cuantificación hasta los primeros años del siglo XXI. Es cierto que aparecen en escasas cantidades en la mayor parte de los yacimientos, pero aún así es necesaria una valoración precisa de la contribución de estos animales a la dieta de los cazadores recolectores.

En este capítulo, se presentan los diferentes métodos utilizados en esta investigación, que han permitido realizar una sistemática identificación y cuantificación de los restos de los diferentes taxones aparecidos en los yacimientos objeto de estudio.

## 5.2 El material y su representatividad

El estudio del marisqueo en la región Cantábrica durante el periodo comprendido entre el 15600 y el 5700 cal BP, se ha realizado utilizando dos fuentes de datos: 1) Por una parte, los resultados del análisis del material correspondiente a los yacimientos de La Llana (Andrín, Asturias), Mazaculos II (La Franca, Asturias), La Pila (Miengo, Cantabria), La Fragua (Santoña, Cantabria), La Chora (Voto, Cantabria), La Trecha (Islares, Cantabria), Arenillas (Islares, Cantabria), Santimamiñe y Kobaederra (Kortezubi, Vizcaya) y 2) por otra parte, una recopilación bibliográfica de los resultados de diversos estudios de la fauna de moluscos en yacimientos de la región cantábrica. A continuación se analizan los diversos problemas relacionados con las muestras y los datos de ambos tipos utilizados en este trabajo.

### 5.2.1 *Los yacimientos analizados en este trabajo: tamaño de las muestras y representatividad*

En la mayor parte de las ocasiones, los concheros arqueológicos incluyen cantidades ingentes de conchas, por lo que es necesario realizar muestreos que faciliten la labor de análisis. Por ello, en estos casos se debe trabajar con muestras que representen el conjunto global. Esto supone extrapolar las interpretaciones realizadas sobre una parte del material a todo el conjunto de materiales hallados en un yacimiento, por lo que no debe ser considerada una cuestión menor.

La problemática de las muestras y los muestreos a emplear en el estudio de concheros ha estado muy presente desde los inicios de la investigación. Diferentes métodos han sido propuestos sobre la forma en que se deben realizar los muestreos en el yacimiento, durante el proceso de excavación (Claassen, 1991:255 y ss.; Russell *et al.*, 1995:278; Verdún, 2005). Sin embargo, en el caso de esta investigación, al trabajar con yacimientos ya excavados no se ha tenido la posibilidad de tomar decisiones sobre la forma de muestrear el yacimiento y solo se ha contado con materiales depositados en museos o centros de investigación. No obstante, al haber sido excavados en extensión la mayor parte de los yacimientos analizados, se han podido obtener muestras de las zonas más apropiadas, siguiendo la opinión de los excavadores de cada uno de los yacimientos.

Igualmente, el tamaño de la muestra y su representatividad ha sido otro aspecto tratado en la literatura sobre arqueozoología en general (Grayson, 1984) y sobre arqueomalacología en particular (Dupont, 2003: 85). Así, es necesario que las muestras utilizadas sean representativas del total del conjunto analizado para que las interpretaciones efectuadas a partir de ese material sean válidas. La representatividad de una muestra está controlada por la historia tafonómica de la muestra, por las técnicas utilizadas para tomar esa muestra y por las cuestiones de investigación que se le hacen a esa muestra (Lyman, 1994b:5).

Las muestras que se han estudiado proceden de yacimientos que han sido excavados entre finales de los años 70 (Mazaculos II) del siglo XX y el año 2006 (Santimamiñe), utilizando metodologías modernas, no obstante, en ninguno de ellos se han llevado a cabo muestreos específicos del material malacológico durante la excavación. Todos ellos han sido excavados en extensión, excepto La Chora, donde la intervención se redujo a una toma de muestras y Santimamiñe, donde se han excavado 4 cuadros de forma parcial. Al realizarse las excavaciones en extensión, la gran cantidad de material recuperado hacía inviable el análisis completo del material malacológico. Así, se han realizado diversos muestreos teniendo en cuenta las características de cada yacimiento y las indicaciones de los directores de la excavación.

En Mazaculos II, Ortea (González Morales *et al.*, 1980) estudió la malacofauna recuperada en las campañas de excavación de finales de los 70, correspondiente al Sector 1 del yacimiento (abrigo exterior). El análisis del Sector 3 se ha llevado a cabo a partir de una muestra procedente de un cuadro de excavación (Q18, $1m^2$). El mismo tipo de muestreo se ha realizado en La Pila (Cuadro C4).

La Llana, ha sido estudiada tomando muestras correspondientes a 9 sectores (o subcuadros) de excavación (de 33,3 $cm^2$ cada uno), cuyo total equivale también a un cuadro de excavación ($1m^2$). Se analizaron tres sectores, seleccionados aleatoriamente, de cada uno de los tres cuadros elegidos para el muestreo (B2, B3 y C5). En Kobaederra se han analizado cuatro sectores (de 50 $cm^2$) correspondientes a los cuadros de excavación H19 y H20.

En el caso de Arenillas los restos de conchero se hallaban en un camarín subcircular de poco más de un metro de diámetro y se excavaron completamente, por lo que se cuenta con todo el material recuperado.

En el caso de La Fragua únicamente se ha estudiado el material que los excavadores consideraron *in situ,* ya que los niveles azilienses y mesolíticos se encontraban cortados por una zanja, posiblemente correspondiente a un uso funerario de la cueva en fechas posteriores (Marín, 2004). Por tanto, y como medida de precaución, ya que lo más probable es que dichos niveles estén removidos, se ha obviado el estudio de los materiales aparecidos en los sectores cortados por la zanja y en algunos de los adyacentes. La superficie total muestreada es de aproximadamente 1 $m^2$ y se corresponde con parte de los cuadros A4, A5 y A6.

En cuanto a La Trecha, el yacimiento se dividió por los excavadores en cuatro zonas, si bien sólo se han estudiado los materiales de la zona 4, ya que la zona 1 era estéril, la zona 3 había sido removida por furtivos destruyendo gran parte del depósito y la zona 2 presentaba una parte removida y la otra era un conchero cementado (González Morales *et al.*, 2002). El análisis de la zona 2 se limitó a la identificación de especies del conchero cementado, ya que el material contenido en sedimentos se encontraba revuelto, mientras el análisis de la zona 4, realizado con la metodología habitual abarcó los dos cuadros excavados (2x1m), denominados BB6 y CC6.

En Santimamiñe se ha analizado una muestra procedente de un sector de excavación (33,3 $cm^2$) por cada semitalla excavada. Las muestras proceden de los cuadros 17E, 17F y 17G.

Con el objetivo de probar la representatividad de las muestras utilizadas en este estudio, se ha realizado una prueba estadística de $\chi^2$ para comprobar si existen diferencias significativas entre los resultados de un análisis completo del material y una muestra de 1 $m^2$. Para ello se ha utilizado la información relativa al yacimiento de Kobaederra, el único que presentaba datos apropiados para realizar la prueba, ya que existía un análisis previó de todo el material realizado por E. Laurie y N. Milner (University of York). La aplicación del test indica, como era de esperar, que existen diferencias significativas en los niveles I ($chi^2 = 14,301$; $p = 0,026445$), II ($chi^2 = 22,305$; $p = 0,001065$) y IV ($chi^2 = 34,94$; $p < 0,0001$) debido a las diferentes cantidades de los bivalvos marginales, que son superiores a las esperadas en la muestra de 1 $m^2$, probablemente por diferencias en la identificación de los taxones por parte de los analistas. Sólo en el nivel III ($chi^2 = 71,445$; $p < 0,0001$) existen diferencias significativas entre las especies principales, si bien éstas pueden ser fiablemente atribuidas a variaciones espaciales en la acumulación, lo que reduce los sesgos, aunque es necesario tenerlo en cuenta en la interpretación. Por tanto, una muestra de material correspondiente a una superficie de 1 $m^2$ es representat iva del conjunto entero.

Otra cuestión que influye en la representatividad de las muestras es el tamaño de criba utilizado durante las excavaciones. Diversos autores (Claassen, 1998; Dupont, 2003:84; Jenkins, 2006; Muckle, 1994; Quitmyer, 2004) han incidido en la importancia de los tamaños de criba cuando se trabaja con material faunístico y malacológico, ya que la utilización de mallas excesivamente grandes puede infrarrepresentar los taxones de menor tamaño, desvirtuando así la diversidad de especies en los conjuntos y sus proporciones. Así, muestran diversos estudios que tratan de comprobar qué malla de luz es más adecuada para la recuperación de moluscos en yacimientos arqueológicos. Igualmente inciden en el hecho de que los conjuntos solo pueden ser comparados si se ha utilizado el mismo tamaño de criba. A partir de las conclusiones extraídas de estos trabajos se puede considerar que un tamaño de criba de 2 mm es adecuado para una recuperación del material que sea representativa y que permita una fiable interpretación de los datos.

En casi todos los yacimientos incluidos en este trabajo el proceso de cribado durante las excavaciones fue muy similar, por lo que es posible su comparación. En La Fragua, se usó cribado en seco con doble malla (era tierra muy suelta), de 2 y 4 mm., y en las últimas campañas (1994 y 1996) se flotó todo el residuo menor de dos milímetros en el laboratorio de campo tras el cribado en seco. En Mazaculos II, La Llana, La Chora y La Trecha también se cribó en seco con doble malla de 2 y 4 mm durante los trabajos de excavación (González Morales, comunicación personal) al igual que en Kobaederra. En Santimamiñe, la criba en seco se realizó con malla de 2 mm, pero las muestras de nuestro análisis proceden de las muestras utilizadas para flotación, por lo que la malla de criba fue de 0,5 mm (López Quintana, comunicación personal). Sin embargo, de cara a homogeneizar los tamaños utilizados en todos los yacimientos, no se han tenido en cuenta los restos menores de 2 mm. El cribado con mallas de este tamaño, así como el proceso de flotación, han permitido realizar una recuperación exhaustiva de los restos más pequeños de material. Por último, en Arenillas los trabajos de cribado se llevaron a cabo con dos mallas de 5 y 2 mm, lo que ha permitido el hallazgo de especies de muy pequeño tamaño, especialmente en el conjunto de gasterópodos terrestres.

### 5.2.2 *Los datos procedentes de las publicaciones y sus problemas*

A lo largo de la recopilación bibliográfica de los datos procedentes de los diferentes análisis arqueomalacológicos desarrollados en la región cantábrica, se han constatado una serie de cuestiones relacionadas con la calidad de los datos. Por una parte se ha realizado una diferenciación entre datos de alta calidad y de baja calidad, principalmente atendiendo a la existencia o no de métodos de cuantificación. Por otra parte, la comparación entre los datos de alta calidad también presenta una serie de problemas que se detallan a continuación.

En lo que respecta a los análisis arqueomalacológicos de material perteneciente al Magdaleniense Superior Final gran parte de los datos que se poseen no cuentan con asignación cronocultural precisa, como ocurre por ejemplo con Tito Bustillo (Madariaga, 1975a, 1975b; Moreno & Morales, 1987); Balmori (Clark, 1976:122), El Cierro (Clark, 1976:120), Coberizas (Clark & Cartledge, 1973), el nivel 26 de La Riera (Straus & Clark, 1986), La Chora (Madariaga, 1963) y Bolinkoba (Barandiarán, 1950), o solo se citan las especies por falta de estudios detallados, como en Bricia (Jordá, 1954) y Cueto de la Mina (Vega del Sella, 1916) en Asturias; El Castillo (Fischer, 1923-24), El Pendo (Madariaga, 1980), Cualventi (García Guinea, 2000), El Linar (Moure & Gutiérrez Cuevas, 1971), Morín (Madariaga, 1971, 1978), El Piélago I y II (Vega de la Torre, 1985), El Otero (Madariaga, 1966), El Valle (Obermaier, 1925) y Sovilla (González Sainz *et al.*, 1994) en Cantabria; Abbitaga (Barandiarán, 1969, 1971), Aitzbitarte IV (Barandiarán, 1961a, 1963a, 1963b, 1964, 1965a), Ermittia (Aranzadi & Barandiarán, 1928), Lumentxa (Aranzadi & Barandiarán, 1935; Barandiarán, 1965b, 1966), Santa Catalina (Berganza, en prensa), Goikolau (Barandiarán, 1961c, 1962c), Urtiaga (Barandiarán, 1947, 1960a, 1962a; Aranzadi & Barandiarán, 1948; Barandiarán & Elosegui, 1955), Santimamiñe (Aranzadi & Barandiarán, 1935), Antoliñako Koba (Aguirre *et al.*, 2000) o Berroberría (Barandiarán, 1979, 1990) en el País Vasco. A pesar de todo, muchos de estos yacimientos sirven para comparar y aportan información aprovechable, ya que han podido ser adscritos culturalmente a partir de dataciones relativas. Sin embargo, también se cuenta con yacimientos bien fechados por radiocarbono y que presentan datos de calidad relativamente aceptable para el análisis de la explotación de los recursos malacológicos, como los procedentes de La Riera (Ortea, 1986) y Los Canes (Arias, 2002) en Asturias; La Fragua (Gutiérrez Zugasti, 2006a), El Perro (Moreno, 1994), El Mirón (Straus & González Morales, 2005), El Horno (Fano, 2005), Rascaño (Álvarez & Madariaga, 1981) y La Garma A (Álvarez Fernández, 2007, en prensa) en Cantabria; y Erralla (Altuna, 1985) y Laminak II (Imaz, 1994) en el País Vasco.

Al igual que para el MSF la calidad de los análisis arqueomalacológicos disponibles para el Aziliense es muy diversa en los yacimientos disponibles. Por una parte, hay datos de escasa calidad, como ocurre en Los Azules (Fernández-Tresguerres, 1980) en Asturias; Cualventi (García Guinea, 2000), El Castillo (Fischer, 1922, 1923-24), El Pendo (Madariaga, 1980), La Chora (Madariaga, 1963), El Otero (1966), El Valle (Obermaier, 1925), El Piélago I y II (Vega de la Torre, 1985) y Morín (Madariaga, 1971) en Cantabria; y Arenaza (Arias, 1991; Apéllaniz & Altuna, 1975; Arias & Altuna 1999), Atxeta (Barandiarán, 1960b, 1960c), Atxurra (Barandiarán, 1961c), Abbitaga (Barandiarán, 1969, 1971), Ermittia (Aranzadi & Barandiarán, 1928), Santa Catalina (Berganza, en prensa), Lumentxa (Aranzadi & Barandiarán, 1935; Barandiarán, 1965b y 1966), Urtiaga (Barandiarán, 1947; Aranzadi & Barandiarán, 1948; Barandiarán & Elosegui, 1955; Barandiarán, 1960a), Aitzbitarte IV (Barandiarán, 1961a, 1963a, 1963b, 1964, 1965a), Anton Koba (Armendáriz, 1997), Santimamiñe (Aranzadi & Barandiarán, 1935) o Berroberría (Barandiarán, 1979, 1990) en el País Vasco. Entre los yacimientos que presentan un análisis de los recursos litorales con cierto detalle se encuentran Oscura de Ania (Álvarez Fernández, 2006), La Riera (Ortea, 1986) y Los Canes (Arias, 2002) en Asturias; La Fragua (Gutiérrez Zugasti, 2006a) y El Perro (Moreno, 1994) en Cantabria; y Laminak II (Imaz, 1994) y Ekain (Leoz & Labadia, 1984) en el País Vasco.

En cuanto al Mesolítico, a pesar de la gran tradición investigadora en la región sobre este período, lo cierto es que los datos de calidad son bastante escasos. Entre los yacimientos que presentan datos cualitativos encontramos Arangas (Arias & Pérez Suárez, 1992, 1995), Cueto de la Mina, Cuartamentero y Fonfría (Clark, 1976) en Asturias; El Cráneo (Ontañón, 2008) en Cantabria; y Atxeta (de Barandiarán, 1960b, 1960c), Marizulo (Altuna, 1972), Santimamiñe (Aranzadi *et al.*, 1931) y J3 (Iriarte *et al.*, 2005a) en el País Vasco. Por su parte, los datos cuantitativos en Asturias proceden de El Penicial, Coberizas, Balmori, Arnero, La Riera, Bricia, Vidiago, Lledías (Clark, 1976), Mazaculos (González Morales *et al.* 1980, campaña de 1977), La Riera (Ortea, 1986), Los Canes (Arias, 2002), Poza l'Egua (Arias *et al.*, 2007b), así como de algunos concheros asturienses en cueva sondeados recientemente (El Águila, Covajorno, Pendueles, Cuetu la Hoz, Colomba, Cuevas del Mar III, Las Madalenas, El Toralete, Puerto de Vidiago II, Arenillas y El Alloru) (Arias, *et al.*, 2007a). En Cantabria disponemos de análisis detallados para El Perro (Moreno 1995), Cubío Redondo y Cofresnedo (Ruiz Cobo & Smith, 2003), si bien la muestra de éste último yacimiento es muy escasa, mientras entre los yacimientos vascos sólo disponemos de una información de cierto detalle en el caso de Kobeaga II (López Quintana, 2000) y Berroberría (Barandiarán, 1979, 1990).

Para el VII milenio cal BP, contamos con datos escasos o de baja calidad en Los Canes (Arias, 2002) y San Antonio (Clark, 1976) en Asturias; en El Tarrerón (Apellániz, 1971) y Los Gitanos (Ontañón, 2005, 2008) en Cantabria; y en Atxeta (Barandiarán, 1960b, 1960c), Atxurra (Barandiarán, 1961c), Lumentxa (Aranzadi & Barandiarán, 1935; Barandiarán, 1965b, 1966), Marizulo (Altuna, 1972) y Berroberría

(Barandiarán, 1979, 1990) en el País Vasco. Entre los yacimientos que presentan análisis de buena calidad encontramos, Les Pedroses (Clark, 1976) y La Lloseta (Clark, 1976) en Asturias, y Pico Ramos (Moreno, 1995c, Zapata *et al.*, 2007) en el País Vasco.

Sin embargo, incluso entre los conjuntos con datos cuantitativos se observa una gran heterogeneidad en los métodos de clasificación y cuantificación, lo que dificulta la comparación entre yacimientos. Así, por ejemplo, en La Riera sólo se han hallado las frecuencias de las cuatro especies más habituales, mientras el resto de especies, consideradas raras, se presentan separadas del resto y en frecuencias absolutas. En los niveles azilienses la situación es incluso más problemática, ya que en el nivel 27 las frecuencias relativas de las especies principales aparecen desglosadas en tres subniveles (lower, upper, undivided), mientras las frecuencias absolutas de las especies raras se presentan agrupadas en un solo nivel. De la misma forma, las frecuencias absolutas de las especies raras del nivel 28 (Aziliense) aparecen mezcladas con las del nivel 29 (Asturiense).

En Poza l'Egua sólo se han incluido en el cálculo de las frecuencias relativas las especies de moluscos marinos, pero no los crustáceos ni los equinodermos, ni tampoco las especies terrestres, de las que se incluyen en el texto los valores absolutos.

Igualmente, en La Garma A no se tienen en cuenta los caracoles terrestres en los recuentos, lo que redunda en mayores valores de la fauna marina, y lo mismo parece ocurrir en Laminak II, Erralla y Ekain si bien en las publicaciones referentes a estos yacimientos no se especifica la presencia de gasterópodos terrestres entre el material. En otros yacimientos, como Los Canes, ambos tipos de moluscos, marinos y terrestres, son analizados por separado y sólo se aportan las frecuencias absolutas, si bien es cierto que en este yacimiento se presentan datos de la densidad de moluscos por $dm^3$.

Por otra parte, en el programa de sondeos en concheros asturianos (Arias *et al.*, 2007a:109) se presentan los datos malacológicos de una serie de yacimientos, sin embargo, su valor para este análisis está mediatizado por la elección de las zonas en las que se llevaron a cabo los sondeos, ya que se primaron aquellas en las que *Osilinus lineatus* era más abundante, por lo que esta especie está probablemente sobrerrepresentada.

El análisis de Clark (1976) de los moluscos de diversos yacimientos asturienses no es muy preciso, ya que incluye una categoría denominada gasterópodos indeterminados y sólo propone frecuencias absolutas. Asimismo, para dicha categoría, *Paracentrotus lividus* y los gasterópodos terrestres sólo se presenta el número de restos (NR).

En el análisis de Kobeaga II la identificación taxonómica presenta algunos problemas, ya que *Osilinus lineatus* y *Gibbula* sp. han sido incluidos en la misma categoría, todos los bivalvos, salvo *Ostrea* y *Mytilus*, se han clasificado en una sola categoría de no determinados y de igual forma los gasterópodos terrestres aparecen unificados en una categoría.

Por tanto, existe cierta heterogeneidad en la presentación de los datos, pero generalmente afecta en mayor medida a los taxones minoritarios, por lo que en general pueden ser utilizados con fiabilidad.

Otra cuestión importante es la diferencia de volúmenes excavados o muestreados en los diferentes yacimientos. Así, los únicos yacimientos en los que se aportan datos sobre el volumen de sedimento excavado son Los Canes, Poza l'Egua, La Garma A y Santimamiñe, por lo que la información sobre densidad de moluscos en cada nivel no podrá ser utilizada a efectos comparativos. Igualmente, las superficies correspondientes a las muestras analizadas son también muy dispares, y mientras en algunos yacimientos, como La Riera, Mazaculos II (niveles 3, 2 y 1), El Perro, Arenillas y Pico Ramos se presentan los datos de todo el material recuperado, en el resto se ha trabajado con muestras de muy diferente carácter. Ya hemos visto en el apartado anterior cómo la mayor parte de los análisis incluidos en este trabajo han sido realizados a partir de muestras de 1 $m^2$, mientras los datos aportados por Clark (1976) para diversos yacimientos asturienses proceden de sondeos sobre concheros cementados, sin que conozcamos ni el volumen ni la superficie excavados, y lo mismo ocurre con la toma de muestras de La Chora. En La Garma A, las superficies excavadas en los niveles N y O son de aproximadamente 9 $m^2$, extensión similar a la excavada en La Riera y El Perro. Estas diferencias provocan dificultades a la hora de comparar entre niveles, sin embargo, no suponen un impedimento para llevar a cabo dicha tarea, siempre y cuando se tengan en cuenta sus implicaciones a la hora de la interpretación.

### *5.2.3 El material y el protocolo de análisis*

Para el análisis del material se siguió un protocolo que se detalla a continuación. Las faunas de moluscos estaban separadas por cuadro, nivel y sector en casi todos los yacimientos. En los apartados correspondientes al análisis de cada yacimiento se especifican los datos sobre las diferentes unidades de excavación y su nomenclatura.

La primera parte del trabajo se llevó a cabo en el laboratorio, separando los restos de moluscos identificables del residuo cuando fue necesario, y posteriormente lavando, clasificando y contabilizando los restos de moluscos. El material se separó por especies y unidades de excavación, y a continuación cada especie se separó por categorías de fragmentación. Se creó una base de datos para recoger todas las categorías de fragmentación por especies de cada sector, cuadro y nivel de forma ordenada. A partir de dichas categorías de fragmentación se calculó el NR (número de restos) y el NMI (número mínimo de individuos). A la vez que se realizaba el proceso de clasificación, se identificaron los procesos tafonómicos que habían afectado al material.

Todos los individuos de especies comestibles cuyo grado de conservación les hacía susceptibles de ser medidos se incluyeron en el análisis biométrico y además fueron pesados. Estos se midieron con un calibre digital y se pesaron en una balanza analítica con una precisión de 0,1 gr. Igualmente todo el material fue pesado por especies y niveles.

## 5.3 Tafonomía

### 5.3.1 *Introducción*

Por norma general, y a grandes rasgos, la formación de un yacimiento arqueológico presenta una fase de acumulación del material y otra de enterramiento del mismo. Tanto tras la acumulación, como durante el enterramiento y posteriormente, el material puede sufrir diversas modificaciones. El estudio de estos procesos, que afectan al material desde que es acumulado hasta que es analizado tras la excavación, se denomina tafonomía. El concepto tafonomía significa literalmente "leyes del enterramiento" y fue el investigador ruso I. A. Efremov (1940) el primero en proponer el término tafonomía como la disciplina científica que se ocupa del paso de los organismos de la biosfera a la litosfera (Olson, 1980:5). Así, la tafonomía se origina en el marco de la investigación paleontológica y del estudio de los organismos fósiles. A mediados del siglo XX la disciplina se va a ir desarrollando lentamente gracias a la publicación de nuevos trabajos por parte de Efremov, pero es a partir de 1960 cuando los análisis tafonómicos van a experimentar un aumento significativo en cuanto a su realización (para una Historia de la Tafonomía hasta 1976 desde una perspectiva paleontológica, ver Olson, 1980). Es poco antes de la década de los setenta cuando la tafonomía se asocia con la arqueología gracias a la colaboración entre paleontólogos y arqueólogos norteamericanos en proyectos comunes, en los que se necesitaba contar con estudios detallados de los procesos de formación de los yacimientos investigados (Blasco, 1992). Así se va a fraguar una estrecha relación entre ambas disciplinas que llega hasta hoy en día, en que es casi generalizada la realización de análisis tafonómicos en el marco de las investigaciones arqueológicas, así como de muchas otras disciplinas que encuentran utilidad en este tipo de análisis.

En la actualidad en el marco de la Paleontología se acepta generalmente que la tafonomía estudia todos los procesos postmortales, es decir, que no solamente trata los procesos fosildiagenéticos (después del enterramiento), sino también los bioestratinómicos (antes del enterramiento). Fernández López (1999:55) define la tafonomía como "*un subsistema conceptual de la paleontología que aspira a explicar cómo han sido producidos y qué modificaciones han experimentado los restos y/o señales conservados en la litosfera, desde su producción biogénica o tafogénica hasta la actualidad*", así como la formación y modificaciones del registro fósil. Es evidente, por tanto, la utilidad de dicha disciplina para su aplicación al registro arqueológico, con el objetivo de obtener información que permita una más fiable reconstrucción de las sociedades pretéritas a partir de sus restos materiales, restos que, generalmente se encuentran enterrados. Así, en arqueología se puede asimilar la definición de Fernández López, ya que interesan los procesos postmortales, ocurridos tras la muerte del individuo, antes o después del enterramiento, en sentido estricto, es decir, interesa cualquier modificación producida en un taxón desde el momento en que muere, incluyendo por tanto, todas las alteraciones sufridas por cuestiones como la obtención del recurso, su transporte al yacimiento, el procesado para su consumo... A este período, que transcurre desde la muerte de un individuo hasta su análisis en el laboratorio, se le denomina *historia tafonómica* (Lyman, 1994b:3).

Por tanto, la tafonomía se ha convertido en una útil herramienta de análisis de los procesos de formación de los yacimientos arqueológicos, así como de los procesos pre y post-deposito, no sólo los experimentados por el yacimiento a nivel de conjunto, sino también los sufridos por el material individualmente, hasta el punto de acuñarse un término propio para el estudio de la tafonomía en el marco de la arqueología, la "Arqueotafonomía".

Así, la aplicación de la tafonomía a la arqueozoología se realiza en origen sobre faunas de mamíferos (Blasco, 1992; Lyman, 1994b) y se produce con el objetivo de contrastar los agentes responsables de los diferentes procesos y sus patrones de actuación. Blasco (1992:30) propone varias razones que justifican esta asociación entre tafonomía y arqueozoología: los restos de fauna recuperados en los yacimientos son numerosos; generalmente son restos susceptibles de ofrecer información sobre aspectos sociales, rituales y económicos de las comunidades humanas del pasado; pueden ofrecer información paleoambiental o paleoclimática; y con frecuencia los restos de fauna evidencian la actuación biológica sobre ellos (humana, animal o vegetal), además de captar las alteraciones producidas en el medio sedimentario en el que se encuentran. Por tanto, el análisis tafonómico de los restos arqueozoológicos se presenta como una eficiente fuente de información de diversos tipos. Lyman (1994b:3), por su parte, establece la relación entre las definiciones propias del aparato conceptual de la arqueotafonomía, así habla de efectos tafonómicos para referirse al resultado estático de un proceso tafonómico que ha actuado sobre un elemento. Por tanto, el análisis tafonómico implica la identificación y/o medida de los efectos tafonómicos, provocados por los procesos tafonómicos que a su vez fueron provocados por los agentes tafonómicos.

En cuanto a los moluscos en concreto, la utilidad de la tafonomía en su análisis es básicamente la misma que para el resto de arqueofaunas, a pesar de las peculiaridades de los concheros como yacimientos arqueológicos. Así, la información que proporcionan los moluscos es equiparable a la de otras faunas (aunque puede ser cualitativamente diferente), pero además es importante entender los procesos tafonómicos que han afectado a las conchas, tanto a nivel individual como colectivo, ya que así se podrá evaluar la integridad de un resto o depósito, entender la formación y posteriores modificaciones del depósito, reconocer depósitos naturales, valorar la fidelidad de un conjunto en relación a la comunidad de moluscos cercana o estabilizar conchas durante el proceso de conservación posterior a la excavación (Claassen, 1998:53). En última instancia, de lo que se trata es de inferir el comportamiento humano a partir del análisis de las conchas, y dentro de estos procesos analíticos que aportan la información necesaria, se debe incluir el análisis tafonómico.

A continuación se tratan dos aspectos de la tafonomía fundamentales en la realización de análisis arqueomalacológicos. Por una parte, se señalan los procesos tafonómicos que pueden sufrir los moluscos y otros organismos marinos, y que han contribuido al deterioro de los mismos, tanto a nivel individual como del conchero en conjunto; y por otra parte, se presentan los grupos tafonómicos en los que se engloban los diferentes taxones hallados en el yacimiento, atendiendo a las historias tafonómicas seguidas desde el momento de su muerte hasta su recuperación durante la excavación, y sobre todo al papel que cumplen dentro del conchero. Además se analizan los principales agentes tafonómicos capaces de provocar modificaciones en el estado o posición del material.

### 5.3.2 *Procesos tafonómicos*

Todo análisis de los procesos de formación de un yacimiento arqueológico debería comenzar durante la propia excavación o incluso antes, durante la fase de documentación y prospección, ya que es el momento en que la información se puede examinar y documentar de forma más precisa y fiable, antes de que se pierda para siempre. Por desgracia, la mayor parte de las excavaciones antiguas y una parte de las modernas no contemplan este tipo de análisis entre sus actividades de trabajo, hecho que dificulta la interpretación de los yacimientos y, posteriormente, del material a la hora de ser analizado. Aún así, el análisis de los procesos tafonómicos sufridos por el material a partir de la identificación de los efectos tafonómicos producidos en las conchas, proporciona información sobre aspectos relacionados con la formación del yacimiento, las actividades humanas y los procesos pre y post-depósito. Estos procesos pueden afectar al material arqueológico en general y al arqueomalacológico en particular, de forma colectiva o individual. Así, por ejemplo, el estado de conservación de las conchas y la identificación de los procesos que han sufrido, aporta información sobre aspectos anteriores y posteriores, no solo a la acumulación, sino también a la muerte del organismo. Por tanto, se puede diferenciar entre procesos pre-depósito, de depósito y post-depósito.

A continuación se tratan los procesos más comunes que afectan a los yacimientos con conchero y a las propias conchas de los moluscos recolectados por el ser humano. Estos procesos en muchas ocasiones son válidos también para otros tipos de arqueofaunas. Algunos de estos procesos están presentes en los yacimientos estudiados como veremos en el apartado de análisis.

Son diversos los tipos de procesos que pueden sufrir las conchas a nivel individual, y desde una perspectiva arqueológica (Bobrowsky, 1984; Claassen, 1998) se han identificado procesos como incrustación, perforación, fragmentación, abrasión, disolución, conversión química y quemado. Desde una perspectiva paleontológica Zuschin *et al.* (2003:36 y ss) han documentado asimismo una serie de procesos tafonómicos. No obstante, Fernández López (1999, 2000) ha propuesto un mayor número de procesos, enfocados desde la perspectiva del análisis de la tafonomía y la fosilización, pero que son en parte válidos para el análisis tafonómico de conchas de moluscos procedentes de yacimientos arqueológicos. Estos procesos son: biodegradación, carbonificación, encostramiento, relleno sedimentario, formación de concreciones, cementación de cavidades, permineralización, abrasión, sustitución de componentes minerales, bioerosión, disolución, distorsión, reorientación, dispersión, reagrupamiento y remoción. Debido al enfoque paleontológico adoptado para realizar esta clasificación no todos estos procesos tienen una correspondencia exacta en yacimientos arqueológicos, pero con ligeras modificaciones son perfectamente válidos para ayudar en la realización de análisis tafonómicos en arqueomalacología. Otra propuesta de análisis tafonómico en el marco de la arqueología ha sido realizada para el estudio de los concheros de las Islas Canarias (Martín Oval *et al.*, 1996). En ella se especifican las acciones a realizar durante los trabajos de prospección, excavación y laboratorio (generalmente descripciones completas del medio físico, del conchero y de los materiales), así como los agentes y procesos tafonómicos físicos, químicos y biológicos más comunes observables en los concheros canarios.

A partir de estas clasificaciones se propone un breve esquema de los procesos tafonómicos más comunes presentes en los yacimientos con conchero, con el fin de contar con una clasificación homogénea y práctica en el marco de los análisis arqueomalacológicos. Así, los procesos tafonómicos que afectan a las conchas de forma individual son:

*Bioerosión*: Muchos organismos son capaces de erosionar las conchas de los moluscos de diversas formas, siendo las más corrientes la incrustación y la perforación. En ocasiones, los procesos bioerosivos no son procesos tafonómicos propiamente dichos, ya que se producen antes de que el molusco haya muerto e incluso antes de que haya sido recogido por el ser humano (es decir, son procesos pre-depósito y pre-mortales), aunque pueden proporcionar otro tipo de información, como por ejemplo paleoecológica, que puede resultar valiosa en la investigación arqueológica. Por ello, el estudio de las marcas que otros organismos marinos (esponjas, gusanos, briozoos, perforadores...) producen en los moluscos debe ser tenido en cuenta a la hora de realizar un análisis arqueomacológico (Moreno, 1995b:360).

*Incrustación*: en ocasiones los moluscos presentan adheridos o incrustados en las conchas (Fig. 5.1 derecha), individuos de especies acuáticas que habitan en sustratos duros. Son organismos epibiontes que erosionan y, en ocasiones, perforan la concha de los moluscos. La identificación de este proceso puede proporcionar una explicación para la presencia de algunas especies en el conjunto malacológico, como por ejemplo los balanos, serpúlidos e incluso los percebes, que pueden llegar al yacimiento incrustados en las conchas de los moluscos o incluso entre algas. Los organismos incrustantes más habituales adheridos a las conchas son los políquetos y los balanos, y generalmente erosionan la zona de la concha sobre la que se asientan, produciendo unas marcas características que varían dependiendo del organismo. También algunas especies de moluscos dejan marcas de este tipo sobre otros moluscos a los que se suben para ramonear las algas que los recubren. Es necesario identificar este tipo de marcas para no confundirlas con señales derivadas de la actividad humana. Asimismo, la aparición de organismos incrustantes en el interior de las valvas informa de que han sido recogidas muertas.

*Perforación*: es producida generalmente por organismos litófagos que perforan las conchas para obtener calcio o incluso las partes blandas del molusco (Fig. 5.1 izquierda). Es frecuente que perforen también las valvas muertas, lo que permite reconocer si una concha fue recogida viva o muerta, ya que si fue recogida viva no debiera presentar perforaciones de dentro a fuera, que se producen debido a la acción de los perforadores una vez que el organismo ha muerto. Por ejemplo, para que la concha de un bivalvo sea perforada interiormente, el organismo debe estar muerto, ya que de lo contrario y gracias al sistema de cerramiento de las valvas, es casi imposible que el perforador penetre en la cavidad. Pero existen algunos perforadores que lo que buscan es precisamente penetrar en la cavidad en busca de las partes blandas del molusco. En este caso se puede reconocer que la perforación ha sido practicada de afuera hacia dentro por su morfología, si bien en ocasiones pueden surgir dudas sobre el carácter animal o antrópico de la perforación. De la misma forma, en ocasiones las conchas perforadas por estos organismos han sido posteriormente aprovechadas para su utilización como adorno-colgante por los seres humanos (Dupont, 2003: 81). Es muy habitual la erosión por microperforadores, que desgastan la concha al realizar numerosas perforaciones de tamaño mínimo (visibles con lupa), siendo las zonas con mayor tiempo de exposición, es decir, ápices y umbos, las más afectadas. En algunos gasterópodos, como las lapas, se pueden encontrar algunas microperforaciones en la zona interna, concretamente en las partes correspondientes a las últimas fases de crecimiento. Igualmente se pueden encontrar en las áreas bucales de gasterópodos espiralados. Organismos habituales que generan este tipo de bioerosión son los líquenes y las esponjas. Sin embargo, el agente que provoca las perforaciones más interesantes desde el punto de vista arqueológico, es sin lugar a dudas, el ser humano, que modifica las conchas de moluscos para la confección de objetos de adorno-colgante.

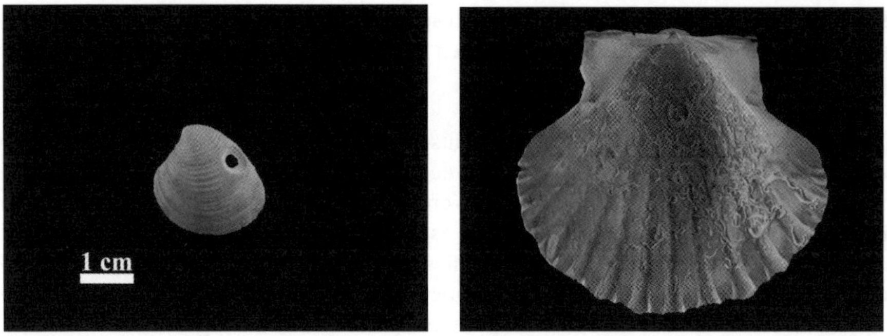


*Fig. 5.1: Ejemplos de perforación por depredador (izquierda) e incrustación por serpúlidos (derecha)*

*Distorsión*: se refiere a cualquier cambio de tamaño, forma, estructura y/o textura de los elementos del depósito arqueológico, debido a la acción de algún esfuerzo mecánico. Los efectos de la distorsión pueden ser continuos, como arrugas y pliegues, o discontinuos, como grietas, fisuras y fracturas (Fernández López, 1999:83). Dentro de la distorsión tafonómica un proceso se da en mayor medida en los yacimientos arqueológicos, la fragmentación.

*Fragmentación*: es probablemente el proceso más común en los yacimientos arqueológicos y consiste en la fracturación de la concha y la separación de los restos fracturados (Fig. 5.2). Son diversas las actividades y procesos que provocan la fragmentación, destacando las de origen antrópico, como la fabricación de instrumentos, el pisoteo o el mismo acto de tirar las conchas, pero también otras de carácter sedimentario, como la compresión de los sedimentos que recubren el depósito de conchas, los hundimientos o los arrastres. Otros agentes como los animales, el viento, el agua, las variaciones de temperatura, la acción gravitatoria o las bioturbaciones también pueden provocar la fragmentación de las conchas. La fragmentación tiene consecuencias negativas para la identificación y cuantificación del material, así como para la valoración del conjunto malacológico, por lo que supone cierta pérdida de información. Así, algunos autores (Dupont, 2003: 82; Moreno, 1994), desde diferentes perspectivas, han creado categorías para reflejar el grado de fragmentación de algunas especies. También el índice de fragmentación ha sido objeto de análisis por parte de algunos autores (Álvarez, 2007; Moreno, 1994:60; Hesse & Prieur, 1999:47) con el objetivo de calibrar dicha fragmentación y realizar comparaciones entre yacimientos o entre unidades espaciales dentro del mismo. También se han llevado a cabo experimentos para calibrar la resistencia a la fragmentación de algunos taxones, como *Mytilus* (Moreno, 1990), con el objetivo de extraer y cuantificar las variables mecánicas que estén determinando la composición del conchero. Muckle (1985 en Claassen, 1991a:267-268) realizó experimentos para valorar la influencia del pisoteo sobre la fragmentación. Zuschin y Stanton (2001) probaron que no hay diferencias en la resistencia entre valvas derechas e izquierdas de un mismo individuo, sino que las diferencias se producen entre especies, y están relacionadas con la estructura de la concha. Asimismo, establecieron los patrones de fragmentación de tres especies (*Anadara ovalis*, *Mercenaria mercenaria* y *Mytilus edulis*) a partir de un punto de carga. Cabral y Natal (2007), por su parte, han establecido la capacidad de resistencia a la compresión y aplastamiento de las diversas especies del género *Patella* en la Europa Atlántica.

*Fig. 5.2: Ejemplo de fragmentación acusada en Santimamiñe*

*Carbonificación*: consiste en el enriquecimiento en carbono de los restos organógenos y no tiene por qué ser producto del quemado del elemento ya que también puede producirse por exposición a condiciones anaeróbicas, sin embargo, los procesos de carbonificación que se documentan generalmente en los yacimientos arqueológicos y concretamente en los concheros, generalmente se han originado tras la exposición al fuego del material malacológico (Fig. 5.3). Es un proceso bastante fácil de reconocer y que puede ser corroborado por la presencia de hogares en el yacimiento. La presencia de material malacológico quemado en los yacimientos arqueológicos puede tener diversos orígenes, como el asado de las conchas en hogares o la realización de estos hogares encima o alrededor de las conchas desechadas. Otras formas de procesado, como la cocción o la preparación al vapor, no provocan carbonificación de la concha, por lo que es complicado identificarlos. Son características y fácilmente reconocibles las marcas derivadas del quemado de las conchas, si bien éstas dependen del taxón y del grado de exposición al fuego. Por ejemplo, una leve exposición de una lapa al fuego, produce una coloración marrón, mientras una intensa exposición desemboca en la típica coloración negruzca. Además, es probable que las líneas perpendiculares al eje longitudinal de la concha que presentan algunas lapas, en su interior, sean producidas por efecto de la termoclastia, es decir, por la exposición o cercanía al fuego de esos individuos, si bien este aspecto debe ser estudiado sistemáticamente para establecer una relación fiable entre las marcas y el proceso de carbonificación. Por otra parte, la exposición al calor (que no tiene por qué ser exposición directa al fuego) de las conchas hace que éstas sean más sensibles a la destrucción (Robins & Stock, 1990:89).

Por tanto, los procesos culturales, especialmente los derivados de la preparación de los moluscos para su consumo, pueden afectar de forma importante a la conservación de las conchas.

*Fig. 5.3: Ejemplares de Patella vulgata con signos de carbonificación*

*Encostramiento*: se produce cuando un elemento es recubierto de ciertos materiales antes de ser enterrado, siendo por tanto, un proceso bioestratinómico. Algunas conchas aparecidas en yacimientos arqueológicos presentan costras superficiales o envolturas calcáreas, debido a la precipitación de carbonatos promovida por la sobresaturación de las aguas y la alcalinización del ambiente externo (Fernández López, 1999:61). Es un proceso bastante común, sobre todo en yacimientos en cueva, que dificulta la identificación de los individuos, ya que sus elementos diagnósticos quedan recubiertos por una costra que impide su correcto análisis anatómico y taxonómico (Fig. 5.4). Aún así, este proceso está informando de un período de circulación de agua cargada de carbonato por el yacimiento antes del enterramiento del material, y un posterior momento de evaporación y consiguiente precipitación del carbonato.

*Cementación*: es un tipo de mineralización que se produce por adición de componentes minerales. El proceso es similar al encostramiento y destacan, la formación de concreciones y la cementación de cavidades. Este procesos están informando sobre la circulación de agua entre el material arqueológico después de su deposición, con la consiguiente precipitación de carbonato cálcico que produce la cementación, si bien hay que ser prudentes ya que algunos tipos de bacterias pueden desarrollar la cementación en la zonas más iluminadas de la cavidades (Fernández López, comunicación personal). La *Concreción*: es un proceso fosildiagenético, es decir, actúa una vez que el elemento ha sido enterrado, aunque es independiente de la fase de enterramiento en que se encuentre dicho elemento. Consiste en la cementación total o parcial de las zonas porosas y grietas que rellenan o engloban al elemento. En cuanto a la *Cementación de cavidades*, la eliminación de las partes blandas de los moluscos u otros componentes provoca que esos huecos sean rellenados, tanto por sedimentos (relleno sedimentario) como por sustancias minerales formadas por precipitación química. Tanto el cemento que rellena estas cavidades, como el que se produce en las concreciones, puede ser carbonático, fosfático, silíceo o ferruginoso (Fernández López, 1999:66-69).

*Fig. 5.4: Encostramiento acusado en ejemplares de Mytilus galloprovincialis de La Llana*

*Permineralización*: es otro tipo de mineralización, producida al igual que la cementación, por adición de componentes minerales. Consiste en el relleno de los huecos y zonas ocupadas previamente por materia orgánica con nuevos componentes minerales. Concretamente, supone el "*relleno de las cavidades intra- e intercelulares o de las estructuras histológicas de los restos organógenos, mediante sustancias minerales, cristalinas o amorfas*". Este proceso puede darse tanto en la fase bioestratinómica como en la fase fosildiagenética (Fernández López, 1999:66). Por lo general, la permineralización es el resultado del agua de escorrentía, cargada de iones disueltos que penetra en el interior de las conchas ocupando el espacio previamente ocupado por la conquiolina. Es habitual que se formen cristales de calcita (en medios alcalinos) y de sílice (en medios ácidos) (Kent, 1988 en Claassen, 1998:61).

*Manchas minerales*: puede ser un proceso bioestratinómico o fosildiagenético y fundamentalmente tiene dos orígenes. Por una parte, se pueden formar de forma natural, principalmente a partir de la precipitación de minerales (como por ejemplo, manganeso o hierro), y por otra parte, pueden tener un origen antrópico, como ocurre por ejemplo con los individuos manchados de ocre, que suele ser aportado al depósito por los seres humanos.

*Abrasión*: se refiere a la eliminación de carbonato cálcico de las conchas por procesos físicos o incluso por bioerosionadores. No se ha incluido esta categoría en el apartado de bioerosión ya que la abrasión también se produce por medio de agentes naturales, si bien puede ser provocada por organismos incrustantes, perforadores, ramoneadores o cangrejos ermitaños. El desgaste de la superficie de las conchas se produce debido al impacto ejercido por partículas sedimentarias que son empujadas por el agua o el viento, al rozamiento con partículas sedimentarias o entre el propio material que compone el conchero, o al rozamiento de las conchas al ser desplazadas (Fig. 5.5). El resultado es una superficie pulida y desgastada, en la que es probable que desaparezca la ornamentación de la concha, con la consiguiente dificultad para la identificación. La abrasión se produce de forma más severa en las zonas prominentes de la concha y su velocidad e intensidad dependen del tamaño de grano de las partículas sedimentarias y del área de la superficie de la concha en relación a su peso (Driscoll & Weltin, 1973). Además, otros factores, como la morfología de las partículas sedimentarias y la microestructura de las conchas, también influyen en la evolución de la abrasión. Así, se puede señalar que las partículas más finas y angulosas pulen más rápidamente que las gruesas y redondeadas, y también que los elementos más esferoidales, con microestructura de grano más fino, más compacta, y con menor cantidad de materia orgánica, son más resistentes a la abrasión que los discoidales, con microestructura de grano grueso y alta porosidad (Fernández López, 1999:76). Otro aspecto destacable es el análisis de la redondez y esfericidad, que permite establecer asociaciones de elementos con una edad e historia tafonómica similar (Claassen, 1998:59). En muchas ocasiones estos parámetros están reflejando desplazamientos del material, y por tanto se puede establecer que cuanto mayor sea la redondez y esfericidad de las conchas, mayor desplazamiento habrán sufrido. Algunos autores (Muller, 1979 en Fernández López, 1999:75) distinguen facetas de desgaste en materiales que son desgastados sólo en una parte de su superficie. Así, se observan tres tipos de facetas de desgaste:

- Facetas de anclaje: formadas cuando el elemento está sujeto al substrato y expuesto a la acción de los agentes abrasivos. Es común que esto ocurra en individuos del género *Patella*, que son desgastados generalmente en las porciones apicales.
- Facetas de rodamiento: se desarrollan en los relieves superficiales más prominentes de elementos sometidos a la abrasión (muy corriente en los umbos de bivalvos). Al aumentar el grado de desgaste, aumenta el perímetro de las facetas, por lo que el frente de desgaste puede avanzar siguiendo las líneas de crecimiento.
- Facetas de deslizamiento: aparecen cuando los restos se deslizan sobre sustratos abrasivos, bien porque organismos biológicos los empujan o por movimientos dentro del depósito en que se encuentran.

Los desgastes producidos por la abrasión permiten interpretar cómo era la energía mecánica del ambiente en que se produjeron, es decir, que pueden proporcionar información sobre el medio ambiente en el que vivían los moluscos recolectados por el ser humano (aunque este análisis conlleva bastantes dificultades), y por tanto, sobre las zonas de captación de los recursos, pero fundamentalmente aportan datos sobre otros aspectos, como la sedimentación del depósito, el desplazamiento del material antes del enterramiento y los procesos postdepósito.

*Sustitución de Componentes Minerales*: las conchas de los moluscos pueden sufrir cambios debidos a sustituciones en su composición química. Los esqueletos de calcita altos en magnesio son químicamente los menos estables, los esqueletos de aragonito son más estables y los esqueletos de calcita baja en magnesio son los más estables ante la conversión (Claassen, 1998:60). Esta sustitución de componentes minerales puede ser por otros componentes de igual composición química, dando lugar a procesos como la *recristalización* o la *inversión*, o por componentes de diferente composición química, dando lugar al *reemplazamiento*. La *recristalización* consiste en cualquier cambio de textura (en la forma, el tamaño y la orientación) de los componentes minerales y ocurre a menudo en suelos alcalinos e incluso en las conchas mientras se secan en el laboratorio. La *inversión mineralógica* consiste en la sustitución de un componente mineral por otro polimorfo de su misma clase, de igual composición química pero de distinta estructura cristalina. Un cambio muy habitual en la composición de las conchas suele ser la sustitución de calcita por aragonito, sin embargo la presencia de algunos iones, como el magnesio, estroncio o bario aumenta la estabilidad de los minerales más solubles, como el aragonito o la calcita magnesiana, inhibiendo los procesos de recristalización e inversión. El *reemplazamiento* se define como la sustitución de un componente mineral por otro de distinta composición química. Son comunes los procesos de calcitización, silicificación o dolomitización (Claassen, 1998:61; Fernández López, 1999:71-72). Es importante tener en cuenta los procesos de conversión química, sobre todo si los objetivos de la investigación incluyen la realización de análisis isotópicos o de las proporciones de aragonito-calcita con el fin de obtener datos de paleotemperaturas (Bailey & Craighead, 2003; Craighead, 1995), ya que los procesos de sustitución de componentes minerales podrían distorsionar los resultados al sustituirse el material original por material más moderno.

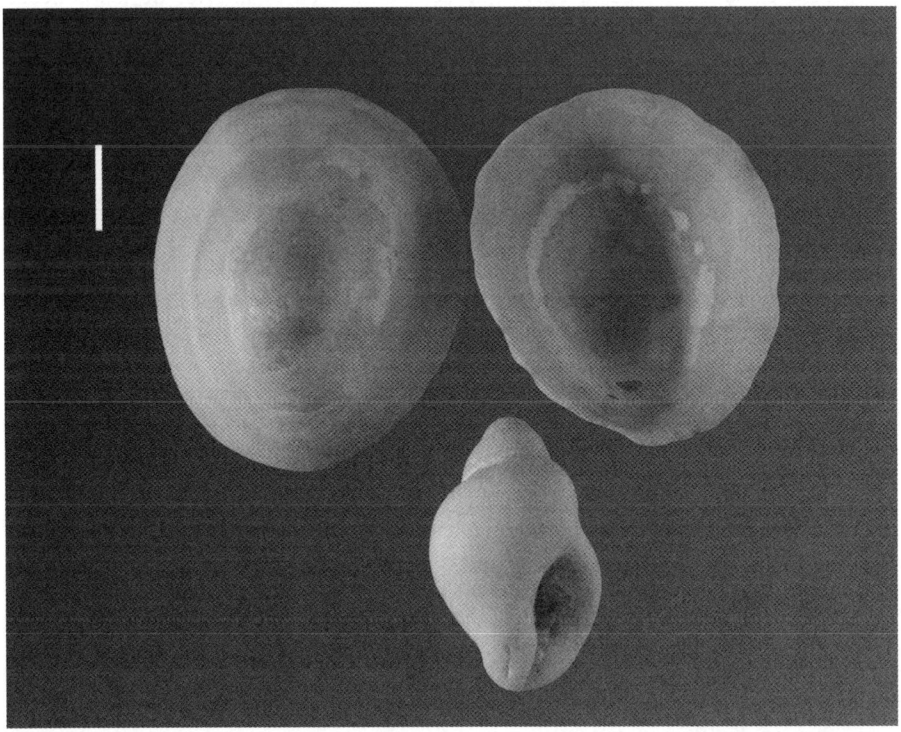

*Fig. 5.5: Ejemplares de Patella vulgata (arriba) y Nucella lapillus (abajo) con evidencias de abrasión marina*

*Disolución química*: se produce cuando el carbonato cálcico u otros componentes minerales de las conchas se disuelven, debido a procesos químicos producidos en el ambiente en que se encuentran depositadas las conchas. A menor tamaño y/o esfericidad, mayor facilidad de disolución. Al ser un ataque superficial, las zonas más delgadas desaparecerán primero dando lugar a formas características dependiendo de los taxones. Algunos efectos de la disolución química sobre las conchas de moluscos son: aparición de superficies corroídas, pérdida de ornamentación, adelgazamiento, desarrollo de aberturas y perforaciones e incluso la destrucción total del elemento (Fernández López, 1999:81). Si se detectan este tipo de daños en las conchas se pueden establecer relativamente algunas condiciones del ambiente en que habitaron o del depósito en que quedaron enterradas, ya que la disolución es más grande con altas salinidades, bajas temperaturas y en áreas de mucha bioturbación (Claassen, 1998:58).

*Relleno sedimentario*: por este proceso las cavidades que presentan las conchas de los moluscos muertos se rellenan de sedimento, bien antes o después del enterramiento. Esto es debido generalmente a la existencia de corrientes hidráulicas aspiradas, además de a la acción gravitatoria, que facilitan el relleno (Fernández López, 1999:63). Es característico en los concheros, el relleno con sedimentos de las conchas de los gasterópodos, que pueden llegar a ser auténticos contenedores de muestras de sedimento de los yacimientos, ya que es difícil eliminar totalmente, durante el proceso de lavado, toda la tierra que se acumuló en el interior de las conchas mientras estuvieron enterradas.

*Biodegradación-Descomposición*: se refiere a la descomposición de la trama proteica de las conchas de moluscos debido a la acción de organismos que actúan como agentes descomponedores (Fernández López, 1999:56). Desde el punto de vista arqueomalacológico, es evidente que las partes blandas de los moluscos no llegan a depositarse con la concha, ya que son el objetivo de la recolección y sirven de alimento al ser humano. Por tanto, la descomposición afecta a la materia orgánica contenida en las partes mineralizadas del molusco, es decir, en la concha. Diversos organismos pueden provocar esta descomposición, afectando a la escultura original de la concha, lo que puede dificultar el proceso de identificación del material malacológico (Fig. 5.6).

Otros procesos afectan al conchero en su totalidad o a un alto número de conchas:

*Cementación*: la cementación es un proceso que se produce sobre conchas individuales, pero que también sobre grupos de conchas. El proceso de formación de cementaciones para grupos de conchas es el mismo que para conchas individuales, sólo que a una escala mayor dentro del yacimiento. *Concheros cementados*: es muy habitual encontrar concheros cuyos materiales han sido unidos entre sí por medio de una cementación natural. Generalmente, en la actualidad se conserva sólo una parte del conchero, a modo de testigo, adherido a alguna de las paredes o al techo de la cueva o abrigo en que se encuentre, dejando constancia de la potencia original de depósito, que posteriormente fue erosionado por la acción de los diferentes agentes erosivos hasta dejarlo como lo vemos hoy en día. Pero no todo el conchero se cementa cuando se dan este tipo de procesos, "*sino que se cementarían aquellas partes en contacto con las paredes y el techo en puntos de abundante aportación de carbonato, o las partes situadas en zona de goteo de estalactitas, o la zona superficial de los concheros recubiertos por coladas estalagmíticas*" (González Morales, 1982:67) quedando suelto el resto del conchero bajo la capa cementada, de ahí que sea fácilmente erosionado por la acción hídrica de la cueva y los agentes naturales.

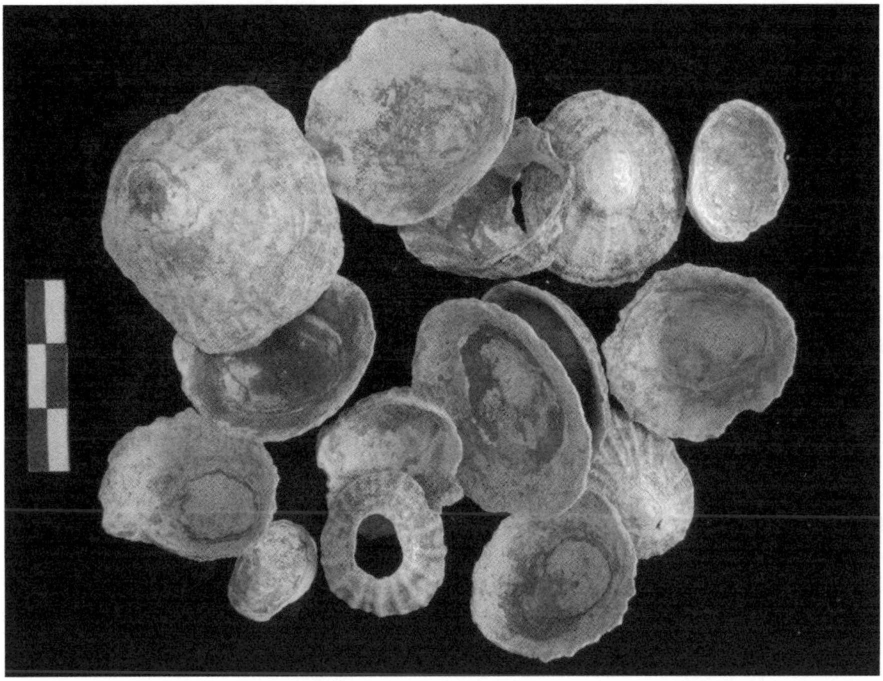

*Fig. 5.6: Ejemplo de biodegradación en individuos de Patella vulgata del nivel III.1 de La Pila*

Los procesos de cementación impiden una completa valoración de los yacimientos (sobre todo si posteriormente han sido erosionados) y además dificultan (cuando no impiden totalmente) la cuantificación, y en ocasiones también la identificación de los taxones presentes, por lo que suponen una pérdida de información importante, si bien es cierto que presentan unas características que permiten que el material se conserve en forma de testigos hasta nuestros días. Una vez más, y como ya se ha comentado más arriba, este proceso informa de la circulación de agua por el yacimiento, con la consiguiente evaporación y precipitación de carbonato que provoca la cementación del material malacológico.

*Desplazamientos*: pueden darse antes del enterramiento (necrocinesis) o después (desplazamiento fosildiagenético). Consisten en el desplazamiento de los elementos desde la posición original que ocupa el material al acumularse hasta otra posición secundaria en que queda depositado hasta ser recuperado, y la causa hay que buscarla en la energía del ambiente sedimentario (agentes físicos o geológicos) o en la actuación de agentes biológicos, no en los propios elementos, si bien sus propiedades condicionan la intensidad y duración del desplazamiento. Estos desplazamientos pueden ser verticales y horizontales, y deben ser identificados y registrados durante el proceso de excavación, con la finalidad de interpretar correctamente el yacimiento. Los diferentes tipos de desplazamientos se han dividido según sus características (Fernández López, 1999:89-99):

*Reorientación*: supone el desplazamiento de los elementos desde su posición original a otra secundaria, es decir, el material cambia de posición (y no sólo de ubicación) en el proceso de desplazamiento. Para interpretar los procesos de reorientación existen tres criterios: la posición de los elementos, su orientación azimutal y la inclinación que presentan. A pesar de que la reorientación implica la reubicación del material a una posición secundaria, un correcto análisis de estos criterios proporciona información sobre aspectos como el grado de turbulencia que provocó el desplazamiento o permite interpretar paleocorrientes de cuencas sedimentarias, aspectos interesantes que aportan datos sobre el medio ambiente del depósito.

*Desarticulación*: hace referencia a la desconexión y separación de los diversos elementos que componen el cuerpo de un animal. Muy habitual en yacimientos con taxones que presentan elementos esqueléticos, como es el caso de la fauna de mamíferos o de la microfauna. También los equinodermos, concretamente los erizos de mar, sufren desarticulación de sus partes tras la muerte, tanto por causas naturales como antrópicas. La desarticulación de valvas de moluscos ha sido en ocasiones uno de los criterios utilizados para establecer el carácter antrópico o natural de un depósito de conchero, así un alto grado de desarticulación era debido a la acción del ser humano, pero nuevas observaciones han demostrado que procesos naturales, como las corrientes de agua de alta energía, y la actividad de animales y plantas, como el carroñeo o la bioturbación, pueden provocar una alta desarticulación de las valvas (Claassen, 1998:74). Por otra parte, la distancia entre dos valvas del mismo individuo puede dar una idea del grado de distorsión que presenta un depósito (Reitz & Wing, 1999:141; Claassen, 1998:87), ya que se supone que se depositaron juntas, y por tanto, a mayor distancia entre valvas, mayor distorsión presenta el depósito.

*Dispersión*: se da cuando los componentes de un individuo o un grupo de individuos son separados y diseminados, cambiando su ubicación y distribución geográfica. Agentes físicos y geológicos fundamentalmente, pero también biológicos, pueden provocar este tipo de desplazamiento en el que el material se redeposita de forma diseminada.

*Reagrupamiento*: El material ha sufrido un desplazamiento que provoca un nuevo agrupamiento del mismo. Se puede obtener información acerca de las corrientes hídricas que provocaron el desplazamiento atendiendo al tipo de agrupamiento que presenta el material, aunque el reagrupamiento también puede ser causado por agentes biológicos. Los distintos tipos de agrupamientos provocados por corrientes hídricas son diferentes según la morfología de las conchas.

*Remoción*: se produce cuando el material ya acumulado es desplazado sobre el substrato. Comprende los procesos de *resedimentación*, cuando el material es desplazado antes del enterramiento, y *reelaboración*, cuando el material es desenterrado y desplazado. Como en el caso anterior, este proceso provoca el desplazamiento del material desde su posición original, con la consiguiente pérdida de información. Asimismo, son diversos los agentes que pueden provocar estos desplazamientos, aunque fundamentalmente suelen ser agentes físicos, biológicos y geológicos.

### 5.3.3 *Agentes tafonómicos*

Aparte de los procesos tafonómicos, es necesario realizar unos breves comentarios acerca de los agentes que provocan la aparición de dichos procesos. Estos agentes tafonómicos pueden ser físicos, biológicos, químicos y geológicos pudiendo provocar alteraciones de diverso tipo en los concheros.

*Agentes Biológicos*: gran cantidad de seres vivos pueden modificar los depósitos arqueológicos removiendo el material contenido en ellos. Tres son los agentes biológicos que pueden provocar dicha modificación, los animales, las plantas y los propios seres humanos. Es importante documentar estos procesos durante la excavación arqueológica, para poder interpretar el yacimiento con un mínimo de fiabilidad.

*Fauna*: animales de diversos tamaños pueden distorsionar los depósitos. Por una parte, animales que excavan túneles en la tierra, bien para obtener alimento bien para construir madrigueras, como gusanos o topos, son uno de los principales agentes de distorsión, ya que en el proceso de excavación de sus túneles pueden remover el material, tanto en vertical como en horizontal, lo que supone una modificación con respecto a la deposición original del material. Además algunos roedores suelen provocar acumulaciones de conchas en sus madrigueras, hecho que puede producir confusión a la hora de interpretar dicha acumulación. Pero también otros animales de mayor tamaño pueden ser agentes de este proceso tafonómico, como los perros y otros animales carroñeros, que remueven los yacimientos en busca de huesos y restos de comida, causando diversos daños en los depósitos. Así, los cánidos, los felinos, las hienas, los reptiles y las aves rapaces son los animales que habitualmente provocan bien acumulaciones (o reacumulaciones) bien alteraciones del material en sí mismo o de su ubicación.

*Plantas*: las plantas, a través de sus raíces fundamentalmente, también pueden provocar movimientos de material de unas zonas a otras del yacimiento o de unos estratos a otros. Tras la fase de abandono del yacimiento y el posterior enterramiento de los restos arqueológicos, se produce la expansión de la vegetación, cuyas raíces van a profundizar en los estratos arqueológicos pudiendo provocar el desplazamiento del material, sobre todo en vertical. Igualmente la presencia de raíces entre las conchas puede provocar procesos de disolución química.

*Humanos*: evidentemente los seres humanos también son un potente distorsionador de yacimientos arqueológicos. Por una parte, el constante pisoteo de las conchas tras la acumulación, puede provocar su enterramiento y desplazamiento vertical hacia abajo, además de su fragmentación. Otra causa importante de modificación es el uso del yacimiento por ocupaciones humanas posteriores, que pueden distorsionar depósitos, debido por ejemplo, a usos funerarios o construcción de estructuras. Una vez enterrado el material, los depósitos de conchero son susceptibles de modificación e incluso destrucción total debido a usos tradicionales, ya que las conchas se han utilizado históricamente como abono, material de construcción, alimento para pollos... Por tanto, sus diversas utilidades han supuesto un atractivo para su empleo por el ser humano. Otro uso tradicional, cuyo impacto sobre los yacimientos es importante, es el estabulamiento, sobre todo de cuevas, para refugiar el ganado. Esto provoca un deterioro de los yacimientos, tanto por el pisoteo de las reses como por la excavación de los depósitos de abono que se producen en la superficie, al acumularse los excrementos de los animales, y que son muy valorados por los habitantes del entorno rural. También la actuación de furtivos, que excavan en los yacimientos en busca de materiales arqueológicos para diversos fines no científicos, es otro importante proceso de distorsión debido a la acción del ser humano, con el consiguiente perjuicio para la completa y correcta interpretación del yacimiento. Por último, no debemos olvidar algunos aspectos propios de la sociedad actual, como son los trabajos agrícolas, la presión urbanística o la construcción de estructuras como carreteras o ferrocarriles, que pueden perturbar los yacimientos arqueológicos en general, pudiendo incluso llegar a su destrucción total.

*Agentes Físicos*: El agente más común y probablemente el que mayores distorsiones provoca es el agua. En los concheros al aire libre el agua de lluvia o el agua del mar pueden provocar la erosión e incluso la destrucción del conchero. Se supone que era habitual la existencia de concheros en zonas hoy en día ocupadas por el mar, producto del ascenso del nivel marino a lo largo del Holoceno. También las transgresiones superiores al nivel del mar actual han podido erosionar e incluso hacer desaparecer concheros. Asimismo, la erosión marina puede desmantelar laderas con la consiguiente destrucción de yacimientos situados en ellas. En los yacimientos en cueva es normal la circulación de agua procedente de las lluvias y filtrada a través de la roca, que puede producir procesos como la cementación, la formación de concreciones o el desplazamiento del material que forma el conchero, así como su erosión y abrasión. Gran parte de los concheros asturienses han sido erosionados después de su acumulación debido a la acción hídrica de las cuevas en un momento de elevada pluviosidad (González Morales, 1982:65) por lo que lo que nos encontramos en la actualidad, es sólo una parte de lo que fue el conchero originalmente. Otros agentes que pueden afectar a los concheros son la humedad, la temperatura, la luz, el viento, el volcanismo y los microseísmos (Martín Oval *et al.*, 1996:187) provocando diversas modificaciones en el material o incluso su desaparición.

*Agentes Químicos*: Es importante tener en cuenta el sedimento en el que está incluido el material malacológico, ya que dependiendo del pH el material puede sufrir un mayor o menor deterioro. El pH de los suelos costeros es alcalino, y por lo tanto no debería afectar a la conservación de las conchas enterradas, que sólo se vuelven muy friables en medios extremadamente ácidos (Sease, 1988 en Martín Oval *et al.*, 1996:187), aunque sólo cuando el número de conchas es escaso, ya que generalmente cuando los concheros son de una entidad apreciable aportan, a través de la disolución de su carbonato cálcico, características más neutras o incluso básicas al sedimento en el que se encuentran, aunque este sea ácido, lo cual convierte al conchero en un factor favorable a la conservación, tanto de las conchas como de otros materiales incluidos en el depósito, como los huesos (Chenorkian, 1990:134-136). Otro factor que puede afectar a la conservación del material, sobre todo óseo, es la acumulación de salitre, que puede provocar grietas, fracturas e incluso la desaparición de la pieza. También la existencia de residuos metálicos o plásticos modernos en los yacimientos puede provocar modificaciones en el material (Martín Oval *et al.*, 1996:187).

*Agentes Geológicos*: La acumulación y sedimentación de materiales arqueológicos se produce bajo determinadas condiciones geológicas, dependiendo de las características del yacimiento. Por tanto, la formación de los yacimientos arqueológicos está estrechamente ligada a las condiciones geológicas de la zona. Pero además, una vez formado el yacimiento, éste se puede ver sometido a diversos procesos post-depósito de carácter geológico. Este es un tema a menudo abordado en los estudios geoarqueológicos (Rapp & Hill, 1998) y no afecta de forma exclusiva a los yacimientos de conchero, sino a todos los yacimientos arqueológicos en general. Algunos de estos procesos (solifluxión, arrastre, gravedad, flotación...) afectan a la posición original de los materiales en el yacimiento, es decir, suponen su desplazamiento, hecho que conlleva la imposibilidad de obtener datos fiables sobre muchos aspectos interesantes para la investigación, cuando no abortan toda posibilidad de obtener la mínima información. Por otra parte, estos procesos aportan información sobre las condiciones ambientales que han afectado al yacimiento.

### 5.3.4 *Grupos tafonómicos*

En 1987 Gautier propuso una serie de grupos tafonómicos a los que poder adscribir los restos faunísticos recuperados en los yacimientos arqueológicos, entendiendo como grupo tafonómico aquel que engloba restos que han seguido historias tafonómicas comparables. En el análisis de faunas de moluscos, los grupos tafonómicos se establecen siguiendo dos criterios fundamentales: por una parte, atendiendo a la causa de la presencia de los taxones en el yacimiento, es decir, cómo han llegado allí, si fueron llevados por el ser humano (alimentarios, modificados, funcionalidad desconocida) o si llegaron por medio de acumulaciones no antrópicas (intrusivos); y por otra parte un criterio funcional, es decir, cada taxón se agrupa dependiendo de la función que cumplió dentro del conjunto malacológico, si se recolectó como alimento, para realizar adornos, útiles o para cualquier otro uso desconocido por nosotros. A estos dos criterios generales, pueden unirse una serie de aspectos que completan las historias tafonómicas y que influyen en la asignación de cada taxón a un grupo tafonómico: el contexto estratigráfico, el estado de preservación, las huellas o trazas sobre los restos, la distribución de las categorías de fragmentación de los restos y el tipo de organismo y sus características biológicas (Moreno, 1994:67). Este agrupamiento permite contar con una estructura, funcional y de composición del conjunto malacológico, que ayuda a ampliar la información sobre los procesos tafonómicos presentes en los yacimientos. De la misma forma, a partir de los taxones presentes, permite contar con una sencilla y rápida representación de la importancia de cada grupo en el conjunto, y también de las características funcionales del yacimiento, ya que a partir del análisis de los grupos tafonómicos se puede obtener información sobre el tipo de ocupación del yacimiento y el tipo de explotación económica practicada, si bien es necesario complementar esta información con la obtenida en el resto de análisis practicados. Pero también pueden surgir problemas a la hora de confeccionar los grupos tafonómicos, como que el material no presente marcas que reflejen su utilización o que las marcas que presente sean provocadas por otro agente diferente del antrópico, por lo que su asignación a uno u otro grupo se vuelve dudosa. En ocasiones es complicado identificar estos problemas y ello puede suponer un sesgo para la interpretación de los grupos tafonómicos.

Estos grupos, originalmente estaban más enfocados al análisis de restos de faunas de mamíferos (Gautier, 1987), y es este el campo en el que más se ha desarrollado la disciplina durante estos últimos años, si bien la puerta estaba abierta para la adaptación de dichos grupos a otros tipos de fauna, como es el caso de los moluscos. Siguiendo a Gautier, Moreno (1994:67) modificó los grupos adaptándolos a las necesidades de los análisis de malacofaunas. No obstante, la asignación de los taxones a uno u otro grupo no es clara en todos los casos y tampoco tiene por qué ser unívoca, pudiendo un resto, por ejemplo, haber sido consumido, y posteriormente modificado y/o utilizado:

1)*Restos alimentarios*, es decir, que en origen han sido llevados al yacimiento por su carácter consumible.

2)*Restos modificados*, bien por el ser humano bien por agentes naturales, pero que han sido utilizados por las poblaciones humanas. En este grupo se incluirían los moluscos utilizados como herramienta y los ornamentales.

3)*Restos de funcionalidad antrópica desconocida*, recogidos por el ser humano (habitualmente cuando ya estaban muertos) y sin señales de consumo, modificación o utilización.

4)*Restos intrusivos*, cuya acumulación no tiene un origen antrópico y pueden haberse depositado al mismo tiempo que el resto del material (penecontemporáneos) o posteriormente a la ocupación del yacimiento. Han sido denominados de diversas formas en la literatura científica (Dupont, 2003:68).

Algunos autores (Jordá Pardo, 1986:165), sin hacerlo explícitamente desde la perspectiva tafonómica, ya habían confeccionado grupos en los que clasificar los taxones de moluscos atendiendo al origen de su presencia en el conchero. Así, Jordá Pardo, en el análisis arqueomalacológico de la Cueva de Nerja, propone cuatro grupos, denominados conjuntos, muy similares a los propuestos por Moreno: conjunto ornamental, conjunto bromatológico, conjunto de elementos residentes en la cueva y conjunto de elementos introducidos en la cueva de forma accidental. Los dos primeros conjuntos tienen un claro paralelo en los grupos de Moreno (restos modificados y restos alimentarios, respectivamente), mientras los otros dos conjuntos se asimilarían a los restos intrusivos, bien de taxones residentes en el interior de la cueva, bien de taxones procedentes del exterior.

Antes de dar por finalizado el apartado de tafonomía es necesario realizar un breve comentario sobre un aspecto importante relacionado con los procesos de mezcla de material, comúnmente conocidos como procesos de *time-averaging*. Se trata de un concepto que proviene de la geología y es conocido en castellano como promedio u homogeneización temporal. Se refiere, desde el punto de vista paleontológico a la mezcla de elementos esqueléticos de poblaciones o comunidades locales que no vivieron a la vez pero que, sin embargo, hallamos juntas en la misma capa. Este hecho se produce debido a diferentes factores que deben ser tenidos en cuenta, ya que alteran la calidad de los datos, por lo que su reconocimiento e interpretación resultan cruciales para una correcta realización de estudios posteriores (Martinell, 1997:139). Desde el punto de vista arqueológico, se puede definir el *time-averaging* como la aparición de materiales de diferentes edades en un mismo estrato arqueológico, pero que no son producto de una acumulación sucesiva en diferentes momentos sin una discontinuidad manifiesta, sino que presentan indicios de mezcla de material. También en este caso son diversos los factores que intervienen en la formación de estos depósitos *time-averaging*, siendo el más común la bioturbación, si bien otros factores implicados en los procesos de formación de concheros pueden contribuir a la mezcla. Algunas características de los concheros los hacen vulnerables a la mezcla post-depósito, como por ejemplo, la porosidad, permeabilidad y alcalinidad, las bajas densidades de artefactos y las altas densidades de conchas, y las altas posibilidades de ser inundado por el aumento del nivel del mar (ya que los concheros suelen situarse en zonas cercanas al mar) (Stein, 1992:1; Claassen, 1998:86). Por tanto, factores biológicos, químicos y sedimentológicos fundamentalmente, pero también otros de tipo físico (meteorológicos, corrientes...) y geológico (procesos post-depósito de carácter geológico) pueden intervenir en estos procesos de mezcla de material que sólo nos puede aportar un promedio temporal del depósito, es decir, que si existen, por ejemplo tres fechas diferentes para un estrato, y se sabe con certeza que ha habido mezcla de materiales, únicamente se podrá obtener como información cronológica el promedio de esas fechas. Por tanto, es fundamental un buen análisis del yacimiento antes y durante la excavación, con la finalidad de detectar este tipo de procesos que, en caso de no ser revelados, pueden conducir a graves errores en las conclusiones extraídas del estudio del depósito.

## 5.4 Metodología de análisis de moluscos

### 5.4.1 *Introducción*

Las cuestiones metodológicas de los análisis arqueomalacológicos han sido escasamente tratadas en la literatura científica, no sólo en el Cantábrico sino a nivel mundial, lo cual ha dado lugar a una gran heterogeneidad en los métodos empleados, tanto para la identificación como para la cuantificación.

Así, en cuanto a la identificación, generalmente se encuentran trabajos incluidos en monografías que contienen amplias descripciones de las especies estudiadas (André, 1979; Buchanan, 1988) mientras que otros, habitualmente artículos en revistas, explican brevemente el proceso de identificación seguido (Campbell & Schmidt, 2001). Sin embargo, una práctica habitual, comprensible en los trabajos de extensión reducida, es no especificar cuales han sido los elementos diagnósticos utilizados para la identificación de especies, ni tampoco las fuentes utilizadas para conseguir dicha identificación (Deith, 1989).

En el caso del cálculo de abundancias, sin embargo, los métodos utilizados también han sido variados y en general poco explicitados en las publicaciones. Así, es necesario destacar la generalizada utilización de dos unidades de medida a la hora de realizar la cuantificación de los concheros. Por una parte, se ha utilizado el recuento de los restos malacológicos (a través, fundamentalmente del NR y del NMI) y por otra el peso de los mismos. La elección y conveniencia de uno u otro método ha sido objeto de discusión por algunos autores (Bailey, 1993; Claassen, 2000; Glassow, 2000; Mason *et al.*, 1998 y 2000) si bien parece que la conclusión extraída del debate se puede resumir en que las preguntas derivadas de la investigación son las que deben condicionar la elección. Así, en ocasiones es habitual utilizar ambos métodos en conjunción dependiendo de las necesidades de la investigación (Campbell & Schmidt, 2001; Dupont, 2003 y 2006; Erlandson *et al.*, 1999; Jenkins, 2006; Klein *et al.*, 2004; Lubell, 1976; Tonner, 2005; Verdún, 2005). Sin embargo, y a pesar de algunas excepciones (Figuti, 1993; Ford, 1992; Meighan, 1980; o los autores de la Escuela de California), que generalmente han trabajado con el peso, el recuento ha tenido más éxito entre los investigadores, si bien también debemos destacar la heterogeneidad en el uso de este tipo de cuantificación. Algunos autores han optado por la utilización del NR (Deith, 1989), mientras que la mayoría, debido a las limitaciones de este estimador, se ha decantado por el uso del NMI (Buchanan, 1988; Campbell & Schmidt, 2001; Dupont, 2003; Erlandson *et al.*, 1999; Jordá Pardo, 1986; Klein *et al.*, 2001; Madariaga, 1975a; Madariaga & Fernández Pato, 1985; Mason *et al.*, 1998; Ortea, 1986; Peacock, 2000; Voigt, 1975; Volman, 1978, entre otros). Esta heterogeneidad en la utilización de los métodos es apreciable también en los diferentes análisis contenidos en Bar-Yosef (2005). Por tanto, la utilización del NMI parece bastante aceptada como cuantificador de malacofaunas a lo largo de todo el mundo. A pesar de ello, este cálculo siempre se ha llevado a cabo a partir de los mismos elementos diagnósticos, es decir, charnelas para bivalvos y ápices para gasterópodos, sin tener en cuenta otros elementos que pueden ser de gran utilidad en la cuantificación.

En la región cantábrica, desde los primeros trabajos de Vega del Sella (1914, 1916, 1923, 1930), si bien se ha llevado a cabo la identificación de malacofaunas, no se ha concedido excesiva importancia a la cuantificación de las mismas. Hasta los años sesenta del siglo XX la cuantificación se basaba en descripciones del tipo abundante, presente o escaso (Madariaga, 1963, 1966). A partir de esos momentos, algunos autores comienzan a especificar el número de ejemplares contabilizados (Madariaga, 1975a:101) y surge así la utilización del NR y el NMI, pero es a partir de los años ochenta cuando se comienza a generalizar el uso de estos estimadores (Leoz & Labadía, 1984; Moreno, 1986; Moreno & Morales, 1987; Ortea, 1986). También en estos momentos, algunos de los autores citados comienzan a desarrollar análisis de tipo biométrico con la aplicación de técnicas estadísticas e incluso estudios del rendimiento alimentario de diversos taxones. Pero será a partir del desarrollo y presentación de la tesis doctoral de Moreno (1994) cuando la metodología de identificación y cuantificación de malacofaunas va a sufrir un cambio notable en cuanto a precisión y fiabilidad. Los trabajos de Moreno (1986, 1994, 1995a, 1995b) supusieron un gigantesco avance al desarrollar una metodología apropiada para la identificación y cuantificación de malacofaunas en contextos arqueológicos, además de sistematizar la información sobre los yacimientos con arqueomalacofaunas de la Península Ibérica, así como los taxones presentes en dichos yacimientos.

A continuación se explica la metodología de análisis arqueomalacológicos que se ha utilizado a lo largo de este trabajo. Como base se han tomado los mencionados trabajos realizados por Ruth Moreno, concretamente su tesis doctoral "*Análisis arqueomalacológicos en la Península Ibérica. Contribución metodológica y biocultural*" (Moreno, 1994), en la que presenta una propuesta para la identificación y cuantificación de malacofaunas en contextos arqueológicos, a partir del establecimiento de categorías de fragmentación basadas en los elementos diagnósticos de las conchas de moluscos. Se trata de una metodología basada principalmente en el recuento de los restos de moluscos, y que ha sido empleada en diversos yacimientos arqueológicos de la Península Ibérica (Álvarez Fernández, 2007, en prensa; Aparicio, 2001, 2003, 2004; Gutiérrez Zugasti, 2005, 2006a, 2009; Moreno, 1994; Moreno & Aparicio, 2001). Se han realizado algunas modificaciones en la metodología original, además de explicar en detalle otros aspectos que parecía adecuado pormenorizar. Igualmente se han desarrollado métodos basados en categorías de fragmentación para el análisis de algunos equinoideos y crustáceos. Asimismo se ha realizado un breve repaso a otras cuestiones como los métodos más apropiados para comparar frecuencias entre unidades de excavación o el índice de fragmentación del material. Finalmente, también se describen los métodos empleados para el análisis estacional y de las zonas de recolección.

### 5.4.2 *Identificación anatómica y taxonómica*

Para realizar la identificación, tanto anatómica como taxonómica, se han utilizado principalmente dos herramientas: las fuentes bibliográficas y las colecciones comparativas (Moreno, 1994:33). En cuanto a las fuentes bibliográficas se han utilizado diversas guías de campo y catálogos de moluscos (Graham, 1971, 1988; Evans, 1972; Fretter & Graham, 1976; Kerney & Cameron, 1979, 1999; Sabelli, 1982; Lindner, 1983; Rolán 1983, 1989 & 1993; Poppe & Goto, 1993a, 1993b; Hayward & Ryland, 1996; Palacios & Vega de La Torre, 1997; Hayward *et al.*, 1998) que describen los diferentes caracteres diagnósticos de cada especie, acompañados de fotografías o dibujos. En algunos casos (por ejemplo: el género *Patella*), no es suficiente consultar estas guías y catálogos para identificar algunos individuos a nivel de especie, debido a la extrema variabilidad morfológica intraespecífica que presentan, por lo que se hace necesaria la utilización de colecciones comparativas. En este caso se consultaron los ejemplares más dudosos en dos colecciones de este tipo: la del Museo Nacional de Ciencias Naturales de Madrid y la del Museo de Historia Natural de París. Asimismo hemos contado con el asesoramiento de diversos especialistas en identificación de moluscos marinos y terrestres. En cuanto a la nomenclatura, para los moluscos marinos se ha utilizado la terminología contenida en la base de datos del CLEMAM (Museo de Historia Natural de París). En el caso de los caracoles terrestres se ha seguido a Kerney & Cameron (1999) y en el de los crustáceos a Ingle (1996).

El proceso de identificación consiste en la asignación anatómica y taxonómica de un resto, y se basa en asumir que los restos muestran suficientes características diagnósticas como para permitir la identificación anatómica y taxonómica (en el mejor de los casos a nivel específico). En el caso de las arqueomalacofaunas este aspecto es especialmente delicado, ya que sólo algunos caracteres morfológicos, y en ocasiones la distribución biogeográfica, son caracteres taxonómicos aplicables a la identificación. De ahí la dificultad que surge en ocasiones a la hora de identificar el material arqueomalacológico ya que dichos caracteres morfológicos con valor para la identificación taxonómica, se reducen generalmente a las características de escultura de la concha, sin poder basarse en otros elementos importantes de cara a la identificación como son las partes blandas del molusco (en cuanto a morfología) o sus características genéticas, ecológicas.... que también son consideradas caracteres taxonómicos con validez para la identificación (Moreno, 1994:12). En primer lugar se debe proceder a la identificación anatómica del molusco con el objetivo de encuadrarlo a nivel de clase (Gastropoda, Bivalvia...). Generalmente el elemento clave para llevar a cabo este objetivo es la concha, si bien existen otras estructuras preservables en contextos arqueológicos, bien de naturaleza córnea o quitinosa (opérculos, rádulas, plumas de calamar) bien de naturaleza calcárea (opérculos, espículas, placas...) que pueden ayudar a la identificación anatómica. Cada grupo de moluscos tiene un número determinado de elementos anatómicos que varían entre uno los monoplacóforos, escafópodos, cefalópodos y algunos gasterópodos, y ocho los poliplacóforos (Moreno, 1994:13).

En los yacimientos analizados en este trabajo únicamente se han identificado dos grupos de moluscos (Fig. 5.7): gasterópodos, que cuentan con dos elementos anatómicos para la identificación, la concha y el opérculo (aunque aparece en muy pocos casos), y bivalvos, que cuentan también con dos elementos, las valvas. En otros yacimientos de la región, además de gasterópodos y bivalvos, se han identificado algunos escafópodos (que presentan un solo elemento anatómico para la identificación, la concha).

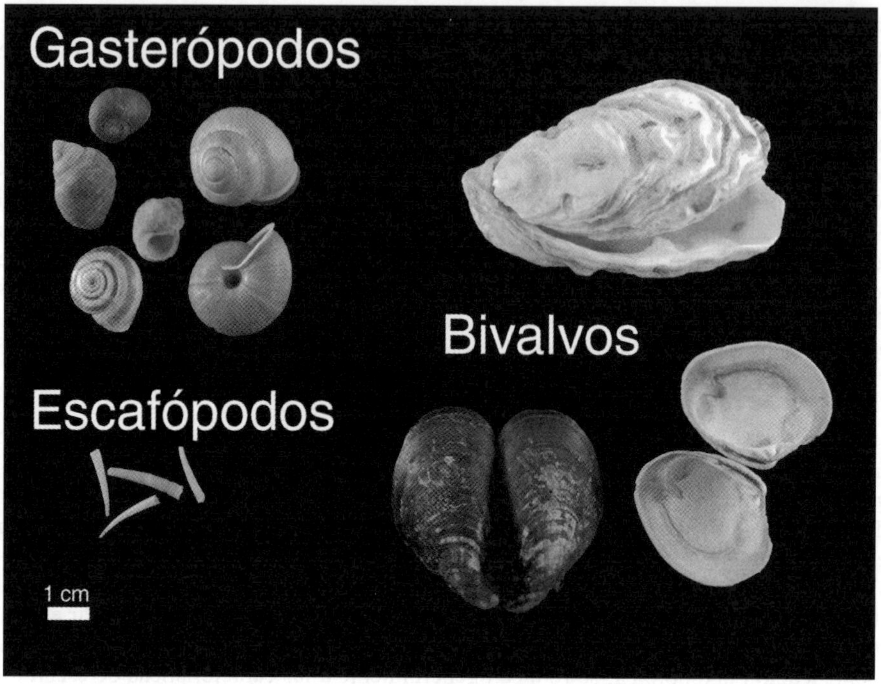


*Fig. 5.7: Elementos anatómicos de las clases de moluscos identificadas en este trabajo*

Una vez realizada la identificación anatómica se debe realizar la identificación taxonómica con el objetivo de encuadrar cada resto en una categoría taxonómica lo más precisa posible, llegando si se puede al nivel de especie. En este punto cada clase de moluscos también tiene unos caracteres taxonómicos utilizados para la identificación. Como se ha dicho más arriba, los yacimientos estudiados sólo han proporcionado dos clases de moluscos: gasterópodos y bivalvos. Los caracteres taxonómicos utilizados para la identificación son los siguientes: para los gasterópodos (Fig. 5.8 izquierda), la forma de la concha, las características del ombligo y la abertura, y las características ornamentales; para los bivalvos (Fig. 5.8 derecha), la forma de la valva, las características de la charnela, el número y disposición de las impresiones musculares, y la ornamentación (Moreno, 1994:16).

Utilizando estos caracteres diagnósticos, en los yacimientos objeto de estudio se ha constatado la presencia de una serie de taxones, la mayoría de los cuales no han supuesto un problema a la hora de la identificación, ya que son especies típicas de la región cantábrica y se encuentran de forma abundante en los yacimientos con conchero de la región. Sin embargo, también se han documentado taxones que presentaban dificultades para su identificación, así como fragmentos imposibles de identificar, generalmente por su pequeño tamaño, debido a la fragmentación o por su grado de deterioro.

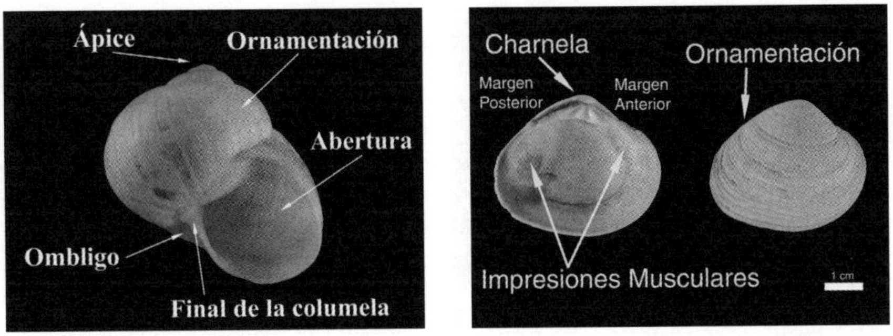


*Fig. 5.8: Caracteres taxonómicos utilizados para la identificación de gasterópodos (izquierda) y bivalvos (derecha)*

Entre esos taxones que han presentado dificultades destaca el género *Patella*. Debido a estas dificultades, algunos autores optan por agrupar todas las especies presentes en los yacimientos analizados en la categoría taxonómica *Patella* sp., sin diferenciar las diversas especies presentes en los conjuntos malacológicos de dichos yacimientos. Actualmente, en el Cantábrico, son cuatro las especies de lapas que han sido identificadas, *Patella vulgata, Patella intermedia, Patella ulyssiponensis* y *Patella rustica* (Palacios & Vega de la Torre, 1997). Para entender la dificultad que entraña su determinación taxonómica es necesario tener en cuenta la gran variabilidad morfológica intraespecífica que presentan, dependiendo principalmente de la zona que habiten dentro del intermareal y del grado de exposición de la costa. Desde principios del siglo XX se han llevado a cabo estudios sobre la relación hábitat-morfología en diversas zonas de la Europa Atlántica (Fischer-Piette, 1948; Orton, 1928). Estos estudios, han puesto de manifiesto que efectivamente esa relación existe y genera una enorme confusión a la hora de la identificación taxonómica cuando se utilizan únicamente los caracteres de la concha (Figs. 5.9, 5.10 y 5.11). Las características morfológicas de la costa o la competitividad entre las especies del género *Patella* son algunas de las causas que explican esa variabilidad ya que determinan la zona de hábitat. Sin embargo, esta variabilidad puede ser controlada en gran medida, a partir de la recolección y estudio de muestras modernas procedentes de hábitat diferentes.

Desafortunadamente, cuando el material se encuentra en estado fósil o subfósil el problema se agudiza, evidentemente, ya que su estado de conservación, generalmente malo, dificulta aún más el proceso de identificación taxonómica. Es asimismo obvio, que para llevar a cabo dicha identificación no podemos contar con las partes blandas del animal (rádula, coloración del pie...) ya que no se conservan, pero con un poco de suerte tendremos a nuestra disposición las características de la concha (coloración externa e interna, forma, altura de la concha, disposición del ápice, abundancia y morfología de las costillas...), que pueden ser suficientes para una correcta identificación de gran parte del material. Asimismo, diversos estudios sobre la taxonomía y la morfología del género *Patella* pueden ser de ayuda para lograr este objetivo (Cabral & Silva, 2003; Christiaens, 1973; Mauro *et al.*, 2003; Paredes, 1991). También se puede salvar este escollo mediante la consulta de colecciones comparativas. Lo que parece claro a partir de los trabajos citados es que se pueden tipificar las morfologías de la concha, y asociarlas a las diferentes especies para así conseguir una fiable identificación taxonómica.

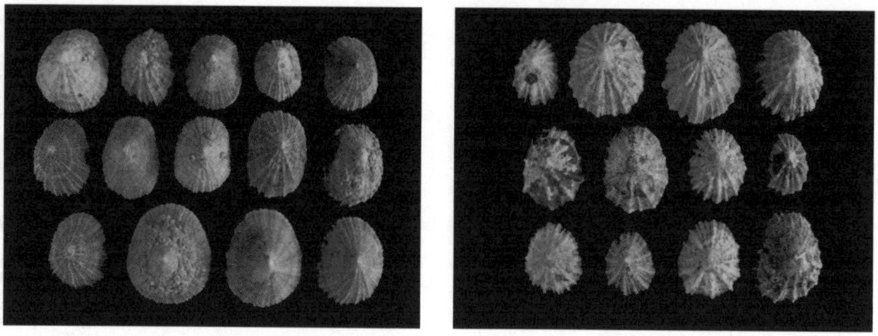

*Fig. 5.9: Ejemplares actuales de Patella vulgata procedentes de las zonas alta (izquierda) y baja (derecha) del intermareal*

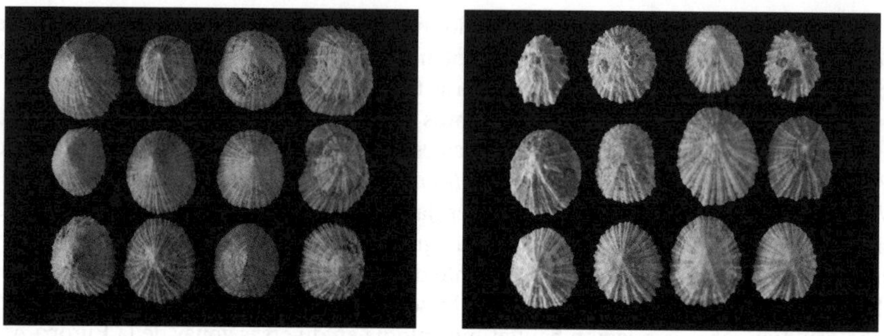

*Fig. 5.10: Ejemplares actuales de Patella intermedia procedentes de las zonas alta (izquierda) y baja (derecha) del intermareal*

Así, en este trabajo, además de separar el género *Patella* por especies, también se ha creado la categoría *Patella* sp. para incluir los ejemplares más deteriorados, que era imposible identificar. Al final del proceso de identificación se ha podido concluir que la mayor parte del material fue identificado correctamente, si bien aproximadamente un 10% del material potencialmente identificable (excluyendo, por tanto, el material clasificado como *Patella* sp. por su grado de deterioro) presentó problemas de identificación. Por tanto, un número no muy alto de lapas ha sido dudosamente adscrito a alguna de las especies, sin que esto produzca grandes alteraciones en las conclusiones extraídas de la presencia de unas u otras especies del género, ya que es una proporción significativamente baja. Esta proporción de lapas dudosamente identificadas es debida principalmente a problemas en la diferenciación de algunos tipos que se adscriben con dificultad a las especies *Patella vulgata* y *Patella intermedia*. Sin embargo, los tipos de *Patella ulyssiponensis*, y sobre todo los de *Patella rustica* (no identificada en los yacimientos que se analizan aquí), no presentan casi problemas ya que cuentan con unas morfologías bastante bien definidas y su variabilidad es menor.

Este aspecto de la identificación específica de las lapas debe ser estudiado en mayor medida, para intentar asignar definitivamente unos tipos morfológicos a una determinada especie y así poder obtener una mayor información, derivada sobre todo, de las preferencias ecológicas (de hábitat, climáticas...) de cada especie. En el plano económico, la clasificación por especies de las lapas puede parecer no tan importante, ya que para este tipo de análisis (recursos explotados, técnicas de marisqueo...) generalmente se ha utilizado el conjunto del género, pero puede ser importante la diferenciación específica para inferir las zonas de captación de los recursos dentro del intermareal o incluso por el distinto grado de aportación nutritiva propio de cada especie. Además, para extraer información medioambiental es más adecuada la clasificación específica, ya que cada especie tiene unas preferencias ecológicas, e incluso climáticas, concretas. Esa información, que será analizada más adelante en los yacimientos estudiados, es la que se ha pretendido extraer con este trabajo de identificación específica del género *Patella*.

*Fig. 5.11: Ejemplares actuales de Patella ulyssiponensis*

Otra problemática habitual en la identificación de moluscos en el Cantábrico es la concerniente al género *Mytilus*. Tradicionalmente la especie citada en los concheros de la región es *Mytilus edulis*, y solo en los últimos años se ha comenzado a identificar la especie *Mytilus galloprovincialis* (Moreno, 1994). La morfología de ambas especies es muy similar, por lo que existen problemas para la identificación cuando solo se dispone de las conchas. Sin embargo, según algunos autores (Seed, 1972), a partir de las características de la charnela y de las impresiones musculares es posible realizar una identificación fiable. El estatus específico del mejillón ha ocupado uno de los grandes debates en la identificación de moluscos en la costa atlántica europea (Gosling, 1984; Lewis & Powell, 1961; Seed, 1992). Así, a partir de las características biométricas y genéticas (Sanjuán *et al.*, 1994) se ha demostrado que existen diferencias entre ambas especies, y que la especie que habita actualmente en toda la Península Ibérica, incluyendo el Cantábrico, es *Mytilus galloprovincialis*. El problema es mayor en la zona de contacto entre ambas especies, que actualmente se encuentra en la ría del Bidasoa (hacia el Norte *edulis*, hacia el Sur, *galloprovincialis*). En esa zona se producen solapamientos en las distribuciones e hibridaciones, por lo que la identificación es más problemática. Esta situación se complica más en lo referente al material arqueológico. Por una parte, durante el Magdaleniense y el Aziliense no hay muchos restos de este género, y cuando aparecen, su estado de fragmentación es tan elevado que sólo contamos con la charnela, que a su vez suele presentar un alto grado deterioro, para su identificación, por lo que a menudo deben ser incluidos en una categoría a nivel genérico. Sin embargo, los restos de *Mytilus* procedentes de niveles mesolíticos presentan unas características bastante claras, por lo cual pueden ser incluidos en la especie *galloprovincialis*.

El caso de las ostras también merece ser comentado, ya que en ocasiones se han identificado en los concheros cantábricos dos especies, *Ostrea edulis* y *Crassostrea angulata* (Bohígas *et al*., 2002; Madariaga, 1963, 1966). Sin embargo, esta última fue introducida en las costas del oeste Atlántico europeo durante el siglo XIX, procedente del Pacífico Oeste (Poutiers, 1998:233). Por tanto, las ostras presentes en el Cantábrico durante la Prehistoria pertenecen sin duda a la especie *Ostrea edulis*. Esta confusión ha sido probablemente provocada por la morfología más alargada de lo normal de algunos ejemplares de esta especie, aunque en general la diferenciación es bastante sencilla.

En ocasiones la determinación taxonómica de algunas especies es tan complicada que se agrupan diferentes morfologías bajo una misma determinación. Esto es lo que ocurre con los complejos *Littorina saxatilis* y *Littorina obtusata*. Bajo la determinación *Littorina saxatilis* se recogen una serie de morfologías que en realidad podrían ser especies diferentes, pero que por sus similitudes se incluyen dentro del mismo taxón específico (Rolán, 1984:111). De la misma forma, bajo la nomenclatura *Littorina obtusata* se han recogido los ejemplares pertenecientes a esta especie y también a *Littorina fabalis* (sin.=*mariae*). Son dos especies muy similares, de difícil diferenciación, si bien algunos autores han propuesto diversas características conquiliares para su identificación (Godwin & Fish, 1977).

La determinación del resto de especies no ha supuesto grandes problemas, salvo quizás por el parecido entre restos de pequeño tamaño de algunas especies de bivalvos como *Pholas dactylus* y *Solen marginatus*, o de gasterópodos como los individuos del género *Gibbula* (también confundibles con fragmentos, sobre todo apicales, de la especie *Osilinus lineatus*). En Kobaederra, la dificultad para diferenciar entre los restos más pequeños de los caracoles terrestres *Cepaea nemoralis*, *Elona quimperiana* y *Retinella incerta* ha hecho necesario el agrupamiento de los restos a nivel de clase Stylommatophora.

Una vez llevada a cabo la identificación, todos los restos dudosos se separaron para un posterior examen más exhaustivo. Al final del proceso de clasificación algunos de estos restos dudosos se tuvieron que considerar como no identificables. En algunos casos, la dificultad de identificación a nivel específico ha supuesto que los restos se agruparan los restos a nivel de género, familia o incluso de clase.

### 5.4.3 *Categorías de fragmentación*

Los restos arqueológicos presentes en un yacimiento contienen gran cantidad de información de diferente tipo (económica, ambiental...). Sin embargo, en muchas ocasiones esa información no está disponible debido al mal estado de conservación de los restos. Cuando se trata con faunas, como en este caso (de moluscos), este hecho puede afectar a la identificación anatómica y taxonómica. El proceso de identificación está, por tanto, mediatizado por el estado de conservación del material, es decir, que los diferentes procesos tafonómicos que han afectado al material desde su acumulación hasta su análisis pueden dificultar la labor de clasificación. Las estructuras calcáreas de los moluscos sufren cierto deterioro durante el período en que permanecen enterradas en el yacimiento, y este deterioro (erosión, pérdida de coloración y de ornamentación...) supone una pérdida de información que, como se ha visto anteriormente, afecta a la capacidad de identificación del taxón, dificultándola.

Según Moreno (1994:41) la fragmentación es el proceso que mayor incidencia tiene sobre la identificación, ya que supone una separación física de los elementos diagnósticos, la combinación de los cuales posibilita una diagnosis fiable. Concretamente la "*fragmentación produce una serie de fragmentos fácilmente tipificables, dado que se repiten sistemáticamente en contextos arqueológicos*", lo que ha permitido el establecimiento de una serie de categorías de fragmentación con el propósito de facilitar el proceso de cuantificación del material malacológico. "*Al retener las distintas categorías diferentes elementos diagnósticos o estar combinados en ellos de la misma forma, también facilitan la sistematización del proceso de identificación*".

Sin embargo, la creación de categorías de fragmentación en análisis arqueomalacológicos no ha sido una práctica muy extendida, salvo algunas excepciones como los casos de Mowat (1994), que estableció tres categorías de fragmentación dependiendo del grado de conservación de la concha o Dupont (2003 y 2006) que creó, desde una perspectiva más tafonómica, diferentes categorías a partir de las características de degradación del material malacológico.

Zuschin *et al.* (2003), por su parte, realizan un repaso por los diferentes patrones de fragmentación utilizados en Paleontología. Así, una concha completa es aquella que conserva más del 90% de su forma original, y en la que se puede tomar al menos la longitud, mientras todo lo demás serían fragmentos (Davies *et al.*, 1990 en Zuschin *et al.*, 2003:35). Además, proponen categorías de fragmentación, dividiendo entre daño reparado y no reparado, a su vez dividen esta última categoría en rasgos diagnósticos y no diagnósticos. Estos últimos pueden ser clasificados en aplastamiento (o trituramiento) severo, implicando grandes partes de la concha, o daño localizado. (Zuschin *et al.*, 2003:59). Estas categorías están basadas en el tipo de fragmentación que producen diferentes procesos tafonómicos, pre y post depósito. Igualmente, Kidwell *et al.* (2001) establecen tres categorías para bivalvos, sin daños (valvas articuladas), poco dañadas (valvas desarticuladas) y muy dañadas (fragmentos pequeños y grandes).

En su tesis doctoral Moreno (1994) expone y describe una serie de categorías de fragmentación utilizadas, tanto para la identificación anatómica y taxonómica, como para el cálculo del NMI. A partir de este trabajo, se ha creado una nueva categoría para gasterópodos y se han matizado algunas de las restantes con el objetivo de eliminar las ambigüedades contenidas en las definiciones originales, y así poder homogeneizar los resultados obtenidos por los diferentes investigadores que utilicen esta metodología. De todas formas, es necesario explicitar que dependiendo de la morfología de la concha estas categorías pueden sufrir ligeras modificaciones. Así, las definiciones de las categorías de bivalvos dadas por nosotros mismos en otra parte (Gutiérrez Zugasti, 2006a) estaban mediatizadas por la necesidad de adaptarlas a la morfología del mejillón, bivalvo predominante del conchero, por lo que son ligeramente diferentes a las expresadas aquí, que se caracterizan por ser más generales, al estilo de las propuestas por Moreno. Por tanto, las categorías de fragmentación utilizadas en los análisis incluidos en este trabajo son las siguientes:

*Bivalvos* (Figs. 5.12 y 5.13)

*Valva Completa (VCOM): resto valvar sin fragmentar (o con alguna pequeña astilladura en el borde), es decir, que conserva todos los elementos diagnósticos y en el que se pueden tomar todas las medidas biométricas.

*Valva Fragmentada (VFRA): resto que muestra algún tipo de rotura (por lo general apreciable) pero mantiene todos los elementos diagnósticos (charnela completa e impresiones musculares). En este tipo de restos se puede tomar alguna de las medidas biométricas. En el caso del mejillón, por su especial morfología alargada la definición es ligeramente diferente, siendo valva fragmentada aquella que muestra algún tipo de rotura pero mantiene la charnela completa y el ligamento (y/o el equivalente en el lado anterior).

*Fragmento Charnelar Completo (FCHC): resto en el que se conserva la charnela completa, pero faltan las impresiones musculares y no se pueden tomar medidas biométricas.

*Fragmento Charnelar Anterior (FCHA) y Fragmento Charnelar Posterior (FCHP): restos valvares en los que se ha producido rotura a través del eje longitudinal de la charnela. Es decir, que se conserva únicamente bien la zona anterior o posterior de la charnela.

*Fragmentos (FTOS): restos sin elementos diagnósticos para la cuantificación.

*Gasterópodos espiralados* (Figs. 5.14 y 5.15)

*Individuo Completo (ICOM): individuo sin fragmentar que contiene todos los elementos diagnósticos.

*Individuo Fragmentado (IFRA): individuo que, a pesar de mostrar algún tipo de rotura, conserva el ápice, la zona bucal (puede tener pequeñas roturas en la misma pero con el labio completo o incluso semicompleto) y, obviamente, el final de la columela o el ombligo intacto.

*Fragmento Apical-Umbilical (FAU): resto que conserva el ápice y el final de la columela (tiene que conservar el comienzo del labio para asegurar que el final de la columela está realmente intacto) o el ombligo, pero no la zona bucal.

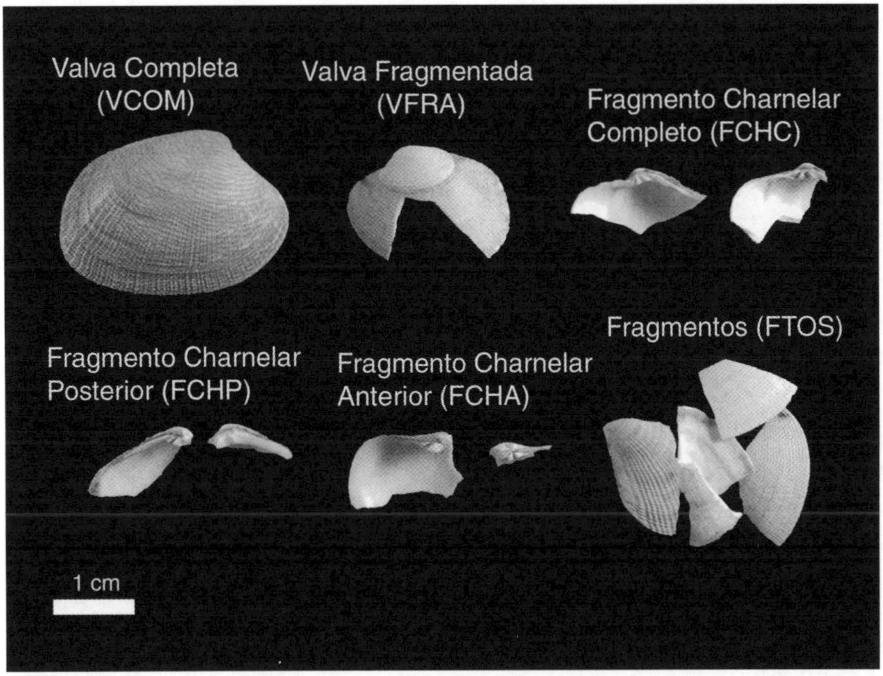


*Fig. 5.12: Categorías de fragmentación para bivalvos (ejemplo: Ruditapes decussatus)*

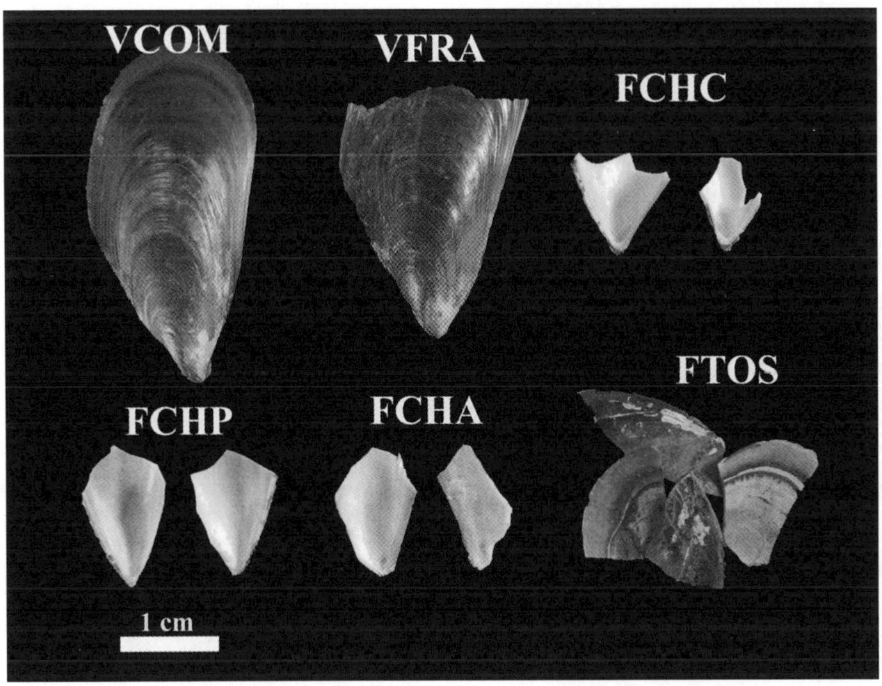


*Fig. 5.13: Categorías de fragmentación para bivalvos (ejemplo: Mytilus galloprovincialis)*

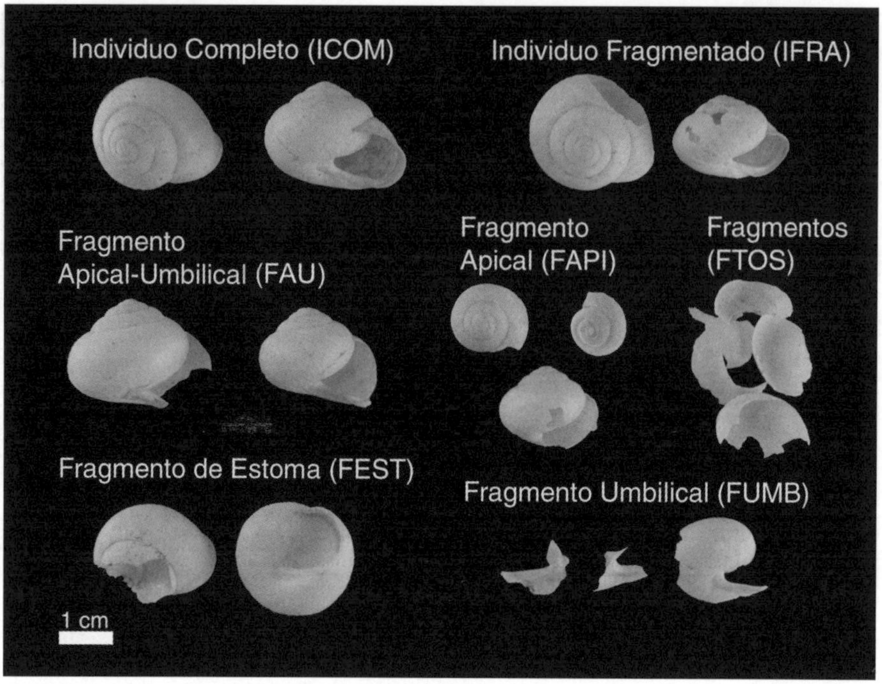


*Fig. 5.14: Categorías de fragmentación para gasterópodos espiralados (ejemplo: Cepaea nemoralis)*

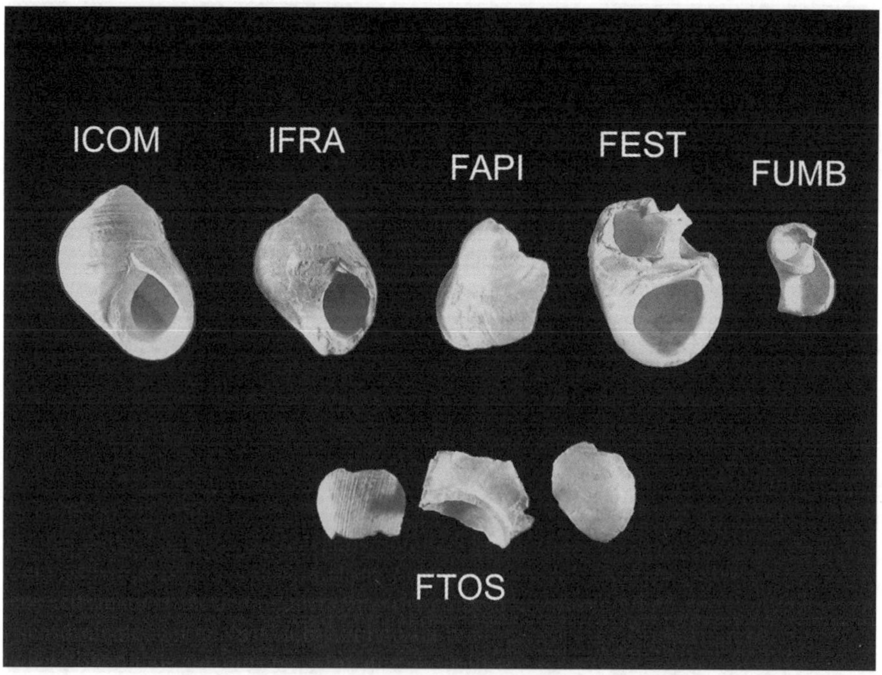


*Fig. 5.15: Categorías de fragmentación para gasterópodos espiralados (ejemplo: Littorina littorea)*

*Fragmento Apical (FAPI): resto en que se conserva el ápice pero no la zona bucal, ni el final de la columela o el ombligo.

*Fragmento de Estoma (FEST): fragmento con la zona bucal completa y el final de la columela o el ombligo intacto, pero que no conserva el ápice.

*Fragmento Umbilical (FUMB): fragmento con el final de la columela intacto o con el ombligo completo, pero sin conservar ni el ápice ni la zona bucal completa (puede conservar una pequeña parte del labio). Esta categoría y la anterior se pueden agrupar como fragmento columelar (FCOL), ya que según Moreno ambas categorías se corresponden con los restos así denominados por algunos autores. De esta forma, dicha categoría puede ser utilizada a efectos comparativos.

*Fragmentos (FTOS): fragmentos sin elementos diagnósticos para la cuantificación.

*Gasterópodos no espiralados* (Fig. 5.16)

Debido a las peculiaridades morfológicas de los gasterópodos no espiralados, este tipo de moluscos no cuenta con las mismas categorías de fragmentación que los espiralados, contando únicamente con ICOM, IFRA, FAPI y FTOS:

*Individuo Completo (ICOM): individuo sin fragmentar que presenta todos los elementos diagnósticos (ápice y borde completo).

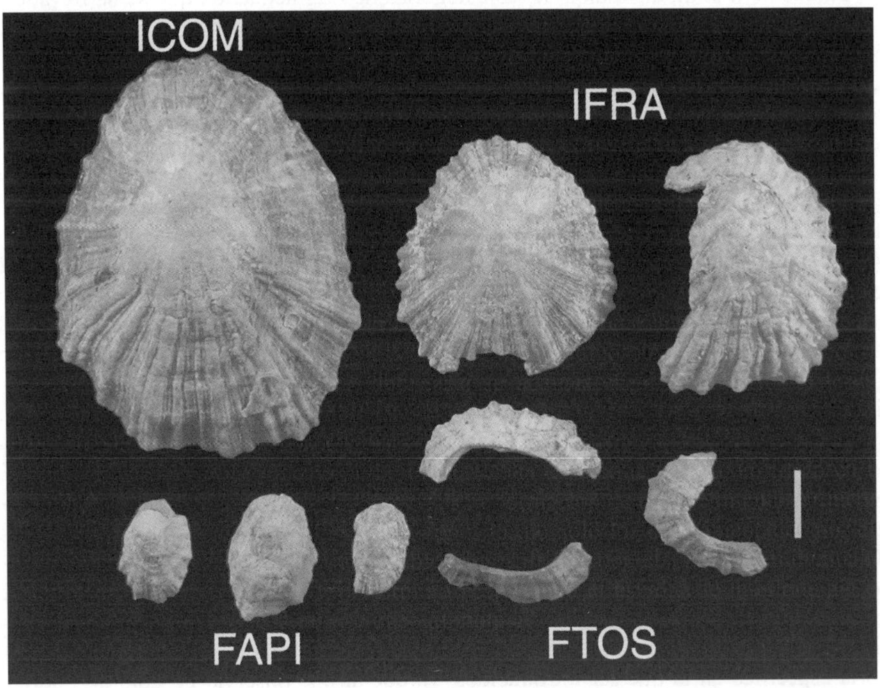


*Fig. 5.16: Categorías de fragmentación para gasterópodos no espiralados (ejemplo: Patella sp.)*

*Individuo Fragmentado (IFRA): resto que presenta algún tipo de rotura pero que conserva el ápice y alguna parte del borde original, por pequeña que sea. Los individuos que únicamente presenten pequeñas roturas y astilladuras en los bordes serán incluidos en esta categoría.

*Fragmento Apical (FAPI): resto que ha perdido completamente el borde original y sólo conserve el ápice.

*Fragmentos (FTOS): fragmentos sin elementos diagnósticos para la cuantificación.

*Escafópodos*

No se han hallado escafópodos en los conjuntos malacológicos analizados, pero un ejemplo de metodología para la cuantificación de estos organismos se puede encontrar en Álvarez Fernández (2006).

Ya se ha comentado previamente que es necesario tener en cuenta la flexibilidad de estas definiciones dependiendo de las características morfológicas que presentan los individuos analizados. Estas categorías proporcionan una base y pueden ser modificadas o complementadas según las necesidades. Este hecho debe ser valorado por cada investigador teniendo en cuenta la parte del mundo en la que trabaja y las peculiaridades de la fauna de moluscos a la que se enfrenta.

En cuanto a la modificación de las categorías de fragmentación que se ha llevado a cabo con respecto a las propuestas por Moreno, más que de modificar podríamos hablar de complementar, ya que se ha añadido una nueva categoría (FAU, dentro de los gasterópodos) que permite afinar el cálculo del NMI además de mejorar la identificación, al contar esta categoría con dos elementos diagnósticos, que además permiten una fiable identificación taxonómica. En la metodología de Moreno los gasterópodos que conservan el ápice y el final de la columela intacto, son básicamente incluidos en la categoría Fragmento Apical (FAPI), ya que para ser considerado Individuo Fragmentado (IFRA) debe tener el labio completo. Dejemos de lado un momento el aspecto de identificación y centrémonos en la cuantificación. Los fragmentos que conservan el ápice y el final de la columela intacto se englobarían dentro de la categoría FAPI al no conservar el labio completo. A nuestro juicio se ha concedido excesiva importancia a la conservación del labio completo, y quizás en materia de identificación juegue un papel importante, ya que en algunas especies es un elemento diagnóstico esencial (por ejemplo: el característico diente en el labio interno de *Osilinus lineatus*), pero en cuanto a la cuantificación nos parece un elemento menor y así, un labio completo, pero aislado del resto de la concha y sin el final de la columela intacto, es considerado como simples FTOS. Por tanto, consideramos elementos diagnósticos de mayor importancia el ápice y el final de la columela intacto. Tienen estos dos elementos los individuos englobados en las categorías ICOM e IFRA. La definición de FAPI de Moreno nos habla de un "*resto donde se conserva el ápice, pero no la zona bucal*", sin especificar si la zona bucal incluye el final de la columela intacto. En el caso de que no lo incluya los ejemplares con esas características (ápice y final de la columela intacto) pero sin labio completo, no tendrían una categoría específica en la que ser introducidos, ya que al no conservar el labio no podrían clasificarse como IFRA. Esto supone un problema, y es que esos individuos entrarían en una categoría (FAPI) que quizás no sea contabilizada si es menor que la suma de FEST y FUMB. Y tanto esos individuos, como FEST y FUMB, conservan el final de la columela intacto, por lo que no pueden ser el mismo individuo y debe contarse cada uno como un individuo. De ahí la creación de la categoría FAU, ya que esos ejemplares, al igual que ICOM e IFRA, también tienen los dos elementos diagnósticos y deben ser contabilizados como un individuo. Otra solución a este problema sería cambiar la definición de IFRA para que incluya individuos con el final de la columela intacto aunque no conserven el labio, pero a la vista de que hay un alto número de individuos que pueden ser incluidos en cada una de esas categorías (IFRA y FAU) (Gutiérrez Zugasti, 2005) se ha optado por crear la nueva categoría FAU en lugar de cambiar la definición de IFRA.

### 5.4.4 *Estimadores de abundancias*

En la actualidad, la cuantificación de los conjuntos faunísticos procedentes de yacimientos arqueológicos es una práctica habitual y necesaria para poder llevar a cabo una valoración precisa de dichos conjuntos. Sin embargo, generalmente, el desarrollo de la cuantificación en arqueozoología se ha enfocado hacia el estudio de faunas de vertebrados, habitualmente mamíferos, prestando una menor atención a la estimación de abundancias de otras faunas representadas en yacimientos arqueológicos. Esto ocurre con los recursos malacológicos, que han sido infravalorados debido al bajo número de elementos anatómicos preservables por individuo, si bien parece obvio que este hecho proporciona una mayor simplicidad al cálculo de abundancias, así como un menor grado de sensibilidad en conchas frente a restos óseos ante determinados factores de sesgo de las abundancias. Aún con todo, esto no significa que no se puedan producir distorsiones en la cuantificación dependiendo de la metodología utilizada (Moreno, 1994:50).

Se ha discutido mucho sobre los estimadores de abundancias en arqueozoología y su utilidad, pero en última instancia estos estimadores son ampliamente aceptados y utilizados. Tres son las unidades de cuenta más extendidas y utilizadas por los investigadores: el número de restos, el número mínimo de individuos y el peso de los restos de cada taxón (Estévez, 1991; Reitz & Wing, 1999). Estos estimadores, enfocados en origen a la cuantificación de faunas de vertebrados, también se utilizan para la estimación de abundancias de malacofaunas.

#### 5.4.4.1 El número de restos (NR)

El NR (número de restos) consiste en una unidad de estimación directa que mide la abundancia de los diferentes taxones representados. Es, por tanto, la unidad básica de cuantificación que debe ser usada en cualquier intento de cuantificar la abundancia de taxones dentro de un conjunto faunístico (Grayson, 1984:17). La operación de cálculo se reduce a contar, simultáneamente al proceso de clasificación, todos los restos individuales de una misma especie que aparecen en el yacimiento. Son innumerables las críticas que ha recibido este estimador, si bien vamos a centrarnos en las que afectan a malacofaunas, que son dos fundamentalmente: por una parte, el NR ignora la diferencia en el número de elementos preservables por taxón, por lo que duplica la abundancia de bivalvos (con dos elementos preservables) con respecto a gasterópodos (un elemento preservable); y por otra, es muy sensible a la fragmentación, a un nivel general ya que la gran fragmentación que presentan generalmente los moluscos lo hace inadecuado como estimador (Moreno, 1994:52) y a un nivel más particular debido a que la diferente dureza de las conchas de las diversas especies hace que las más frágiles estén sobrerrepresentadas. Asimismo, las técnicas de recuperación, como la elección de un determinado tamaño de criba, y los procedimientos de laboratorio, a través de la elección de determinados elementos para la identificación, también pueden sesgar el cálculo del NR (Reitz & Wing, 1999:193).

5.4.4.2 El número mínimo de individuos (NMI)

El estimador de abundancias más utilizado en los últimos años es, sin duda, el número mínimo de individuos (NMI), que es una unidad de estimación indirecta, ya que se calcula a partir del número de restos, consistente en calcular el número mínimo de individuos de cada taxón que están representados en el conjunto de restos aparecidos en un yacimiento. Existen diversas formas de calcular el NMI, según el tipo de fauna que se intenta cuantificar, e incluso dentro de un mismo tipo. En este caso para el cálculo del NMI se han seguido las fórmulas derivadas de las categorías de fragmentación que propuso Moreno (1994:52), si bien con una modificación en el caso de los gasterópodos, la introducción de la categoría FAU, que se creó precisamente con la intención de mejorar el cálculo del NMI.

Así, las fórmulas para el cálculo del NMI serían las siguientes:

Bivalvos: VCOM + VFRA + FCHC + (FCHA o FCHP, lo que sea mayor). Se suman las valvas derechas e izquierdas por separado, tomando como NMI la que sea mayor.

Gasterópodos espiralados: ICOM + IFRA + FAU + [FAPI o (FEST + FUMB), lo que sea mayor].

Gasterópodos no espiralados: ICOM + IFRA + FAPI.

A pesar de ser un estimador ampliamente aceptado en los estudios faunísticos, ha recibido numerosas críticas (varios autores en Reitz & Wing, 1999:195). Aquí únicamente nos vamos a ocupar de los problemas del NMI aplicado al estudio de malacofaunas. Estos problemas se pueden resumir en: 1) varía la importancia de las especies dependiendo del método utilizado y 2) se ve afectado por la distribución espacial de los restos al tener que seleccionarse a priori un nivel de agregación para su cálculo 3) es sensible al tamaño de muestra y 4) infravalora la presencia de cada taxón en un yacimiento (Bailey, 1993; Moreno, 1994:53). En todo caso es el investigador el que minimiza o maximiza el impacto de estos sesgos, al tomar las decisiones.

En relación al método de estimación, la norma habitual suele ser la utilización de los elementos diagnósticos más evidentes, como ápices y umbos. Sin embargo, cuanto más precisa sea la categorización de los restos y más elementos diagnósticos se contemplen, más fiable será el cálculo del NMI. Así, un cálculo del NMI teniendo en cuenta todos los restos produce diferencias significativas en algunas especies con respecto a un cálculo utilizando los elementos habituales.

En cuanto al efecto de la agregación, está demostrado que los valores del NMI varían cuando el material faunístico de un yacimiento es dividido en más pequeños niveles de agregación (Grayson, 1984:29) por lo que es importante decidir cual es el nivel de agregación más adecuado según las características del yacimiento y el material. Estas variaciones en los valores del NMI pueden llegar a ser significativas, sobre todo entre unidades espacialmente extremas del yacimiento (por ejemplo, entre los subcuadros y el yacimiento completo) (Moreno, 1994:57-58). Por una parte, parece más correcto utilizar el nivel estratigráfico como nivel de agregación, en detrimento de cuadros y subcuadros, ya que estas unidades son arbitrarias y no pueden asegurar su independencia unas de otras, es decir, que no podemos estar seguros de que el material hallado en un cuadro sea totalmente independiente del material hallado en el resto de cuadros del yacimiento, al contrario de lo que ocurre tomando los niveles estratigráficos como agregación, ya que se puede establecer su independencia con respecto al resto de niveles estratigráficos del yacimiento. Aún así, Grayson (1984:90) crítica el nivel estratigráfico como nivel de agregación apelando a la inseguridad de las técnicas de excavación actuales a la hora de identificar correctamente las estratigrafías de los yacimientos. El caso expuesto por Grayson puede considerarse como extremo, ya que de lo contrario se invalidarían la mayor parte de los estudios arqueológicos realizados hasta ahora y se imposibilitaría la futura intervención en otros yacimientos hasta contar con unas técnicas arqueológicas totalmente perfectas. Así, en este trabajo se han tomado los niveles arqueológicos como un todo a la hora de realizar el cálculo del NMI. Sin embargo, en ocasiones, puede que por alguna razón sea más razonable o útil utilizar otro nivel de agregación, como los cuadros o los sectores. Por otra parte, cuando en un yacimiento sólo existe un nivel estratigráfico, los valores de éste y del yacimiento como niveles de agregación, se igualan.

#### 5.4.4.3 El peso

El peso ha sido la otra unidad de cuenta utilizada en análisis arqueomalacológicos. Es asimismo una frecuencia absoluta y consiste en pesar todos los restos de una misma especie que aparecen en la unidad de excavación analizada. Asimismo, es adecuado obtener el peso individual de todas las conchas completas o escasamente fragmentadas, que son incluidas en el análisis biométrico. Al igual que los métodos de recuento la utilización del peso también ha recibido críticas (Claassen, 1998:107; Mason, 1998, 2000) ya que las especies con conchas más pesadas aparecen sobrerrepresentadas y los procesos tafonómicos pueden provocar pérdida de material, y por tanto, del peso real. Sin embargo, este método ha sido reivindicado por algunos autores, especialmente los de la escuela de California (Glassow, 2000), como adecuado para responder cuestiones relacionadas con la reconstrucción de las dietas. Bailey (1993), al igual que Glassow, indica que el uso del peso es pertinente para contestar algunas preguntas específicas de la investigación.

### 5.4.5 *Biometría*

También se ha realizado un análisis biométrico de todo el material susceptible de ser medido. Para llevar a cabo este análisis, se pueden tomar diferentes tipos de medidas (Claassen, 1998:109-110; Waselkov, 1987). En este trabajo se ha seguido la siguiente nomenclatura dependiendo del tipo de molusco. Así, para gasterópodos espiralados (tanto marinos como terrestres) se han tomado la Altura (o Longitud) y Anchura (o Diámetro) (Fig. 5.17 derecha). Para bivalvos, Longitud y Altura (Fig. 5.17 izquierda). Para gasterópodos no espiralados se han utilizado Longitud, Anchura y Altura (Fig. 5.18). Habitualmente, los análisis biométricos han sido utilizados sobre todo para sostener hipótesis de sobreexplotación, a partir de diferencias en orden decreciente en los tamaños de las conchas a lo largo del tiempo. Así, en este trabajo, se utilizarán los tamaños medios para la comparación a lo largo del tiempo.

*Fig. 5.17: Medidas biométricas tomadas en bivalvos (izquierda) y gasterópodos espiralados (derecha)*

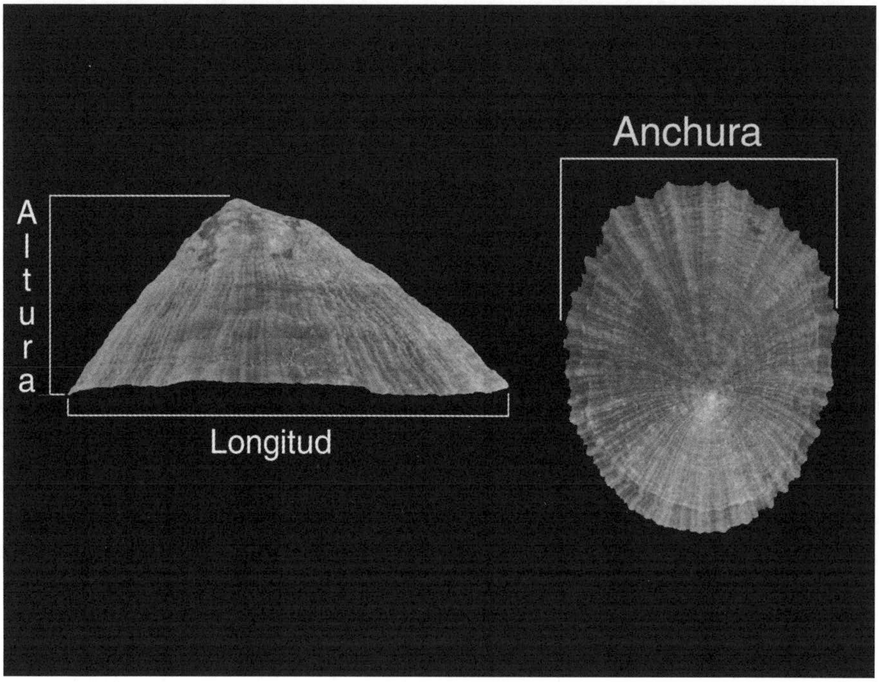


*Fig. 5.18: Medidas biométricas tomadas en gasterópodos no espiralados*

Por otra parte, se han analizado las distribuciones de frecuencias, que se emplearán, tanto para determinar si durante la recolección se produjo algún tipo de selección de tamaños como para confirmar la intensidad de la actividad. Para ello, y a efectos comparativos, se han utilizado muestras modernas de *Patella vulgata* y *Patella intermedia*, unas con selección de los tamaños más grandes y otras sin ningún tipo de selección. La aplicación del test de *Shapiro-Wilk* (Barceló, 2007) indica que las muestras con selección de los tamaños más grandes presentan una distribución que no es ni normal ni log-normal en el caso de *Patella vulgata* y que es log-normal en el caso de *Patella intermedia* (Figs. 5.19 y 5.20), mientras las muestras sin selección de tamaños presentan una distribución normal (Figs. 5.21 y 5.22). También se han utilizado muestras modernas sin selección de tamaños de otras dos especies: *Osilinus lineatus*, que presenta una distribución normal (Fig. 5.23), y *Cepaea nemoralis*, que muestra una distribución no normal debido a la presencia de individuos juveniles (Fig. 5.24). Por tanto, a partir de estos datos, y si se tiene en cuenta el principio de que una población natural presentará una distribución normal (Barceló, en preparación), se puede inferir que cuando las distribuciones sean log-normal o cuando no sean ni normal ni log-normal, se habrá producido algún tipo de selección de los tamaños por parte de las poblaciones humanas. Igualmente, las muestras con selección de tamaños presentan asimetrías positivas marcadas e incluso se podría decir que acusada en el caso de *Patella vulgata*, en contraposición a la escasa asimetría de las muestras sin selección, por lo que este criterio también será tenido en cuenta a la hora de valorar el grado de selección. Asimismo, en el caso de las distribuciones no normales, y de modo exploratorio, se ha aplicado un *Mixture Analysis* bajo la hipótesis de que más de una distribución está provocando la falta de normalidad. En estos casos, en los histogramas aparecen las curvas correspondientes a cada una de las distribuciones.

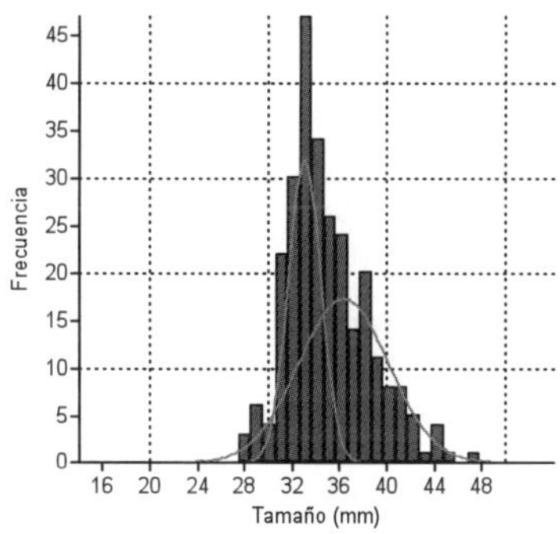


| | |
|---|---|
| N | 269 |
| Min | 27,51 |
| Max | 47,84 |
| Sum | 9407,44 |
| Mean | 34,9719 |
| Std. error | 0,212497 |
| Variance | 12,1467 |
| Stand. dev | 3,48521 |
| Median | 34,18 |
| 25 prcntil | 32,625 |
| 75 prcntil | 37,27 |
| Skewness | 0,770018 |
| Kurtosis | 0,571132 |
| Geom. mean | 34,8054 |
| *Shapiro-Wilk* | |
| W: | 0,9591 |
| *p:* | 6,86E-07 |

*Fig. 5.19: Representación estadística de los tamaños (longitud) de Patella vulgata. Muestra con selección de los tamaños más grandes, playa de Langre (Cantabria), 26-6-2008*

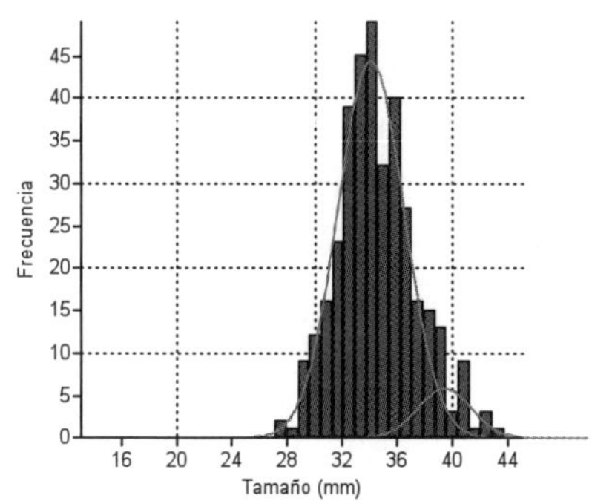


| | |
|---|---|
| N | 356 |
| Min | 27,07 |
| Max | 43,67 |
| Sum | 12283,3 |
| Mean | 34,5037 |
| Std. error | 0,150448 |
| Variance | 8,05789 |
| Stand. dev | 2,83864 |
| Median | 34,315 |
| 25 prcntil | 32,58 |
| 75 prcntil | 36,14 |
| Skewness | 0,332945 |
| Kurtosis | 0,156099 |
| Geom. mean | 34,3884 |
| *Shapiro-Wilk* | |
| W: | 0,9915 |
| *p:* | 0,03925 |

*Fig. 5.20: Representación estadística de los tamaños (longitud) de Patella intermedia. Muestra con selección de los tamaños más grandes, playa de Langre (Cantabria), 26-6-2008*

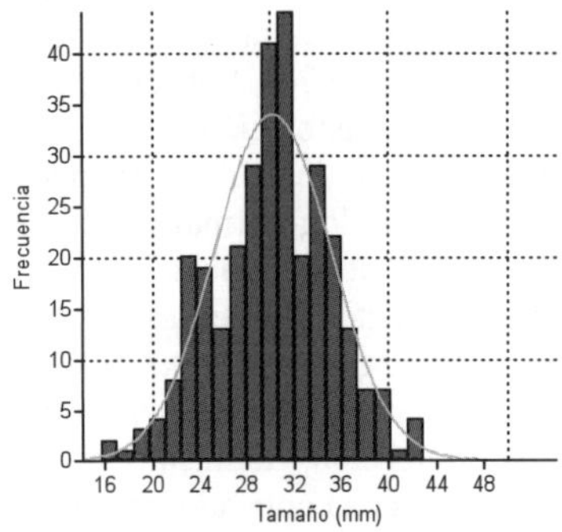


| | |
|---|---|
| N | 308 |
| Min | 15,58 |
| Max | 42,91 |
| Sum | 9283,95 |
| Mean | 30,1427 |
| Std. error | 0,28187 |
| Variance | 24,4708 |
| Stand. dev | 4,9468 |
| Median | 30,495 |
| 25 prcntil | 26,93 |
| 75 prcntil | 33,5825 |
| Skewness | -0,154464 |
| Kurtosis | -0,050924 |
| Geom. mean | 29,7162 |
| *Shapiro-Wilk* | |
| W: | 0,9939 |
| *p:* | 0,256 |

*Fig. 5.21: Representación estadística de los tamaños (longitud) de Patella vulgata. Muestra sin selección de tamaños, playa de La Arena (Cantabria), 1-7-2008.*

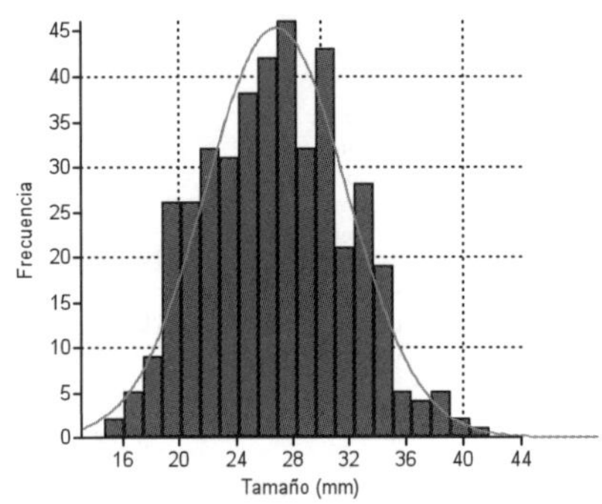


| | |
|---|---|
| N | 417 |
| Min | 14,67 |
| Max | 41,84 |
| Sum | 11180,3 |
| Mean | 26,8113 |
| Std. error | 0,244718 |
| Variance | 24,9729 |
| Stand. dev | 4,99729 |
| Median | 26,81 |
| 25 prcntil | 23,16 |
| 75 prcntil | 30,325 |
| Skewness | 0,120608 |
| Kurtosis | -0,433007 |
| Geom. mean | 26,3369 |
| *Shapiro-Wilk* | |
| W: | 0,9937 |
| *p:* | 0,08168 |

*Fig. 5.22: Representación estadística de los tamaños (longitud) de Patella intermedia. Muestra sin selección de tamaños, playa de La Arena (Cantabria), 1-7-2008.*

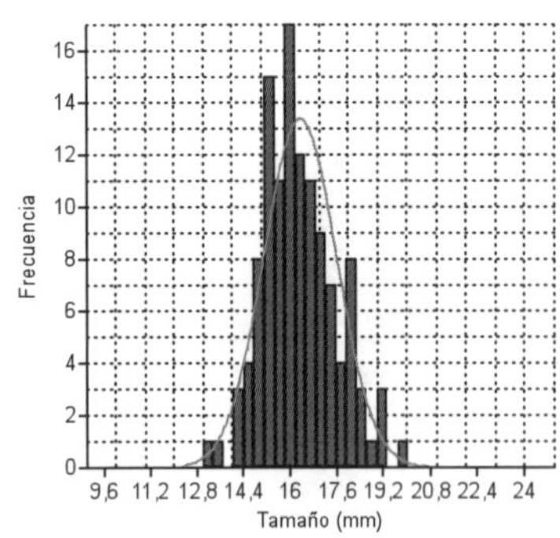


| | |
|---|---|
| N | 119 |
| Min | 12,99 |
| Max | 20,05 |
| Sum | 1943,56 |
| Mean | 16,3324 |
| Std. error | 0,115352 |
| Variance | 1,58342 |
| Stand. dev | 1,25834 |
| Median | 16,15 |
| 25 prcntil | 15,43 |
| 75 prcntil | 17,09 |
| Skewness | 0,377706 |
| Kurtosis | 0,138869 |
| Geom. mean | 16,2849 |
| *Shapiro-Wilk* | |
| W: | 0,9855 |
| *p:* | 0,235 |

*Fig. 5.23: Representación estadística de los tamaños (anchura) de Osilinus lineatus. Muestra sin selección de tamaños, playa de Langre (Cantabria), 3-5-2008.*

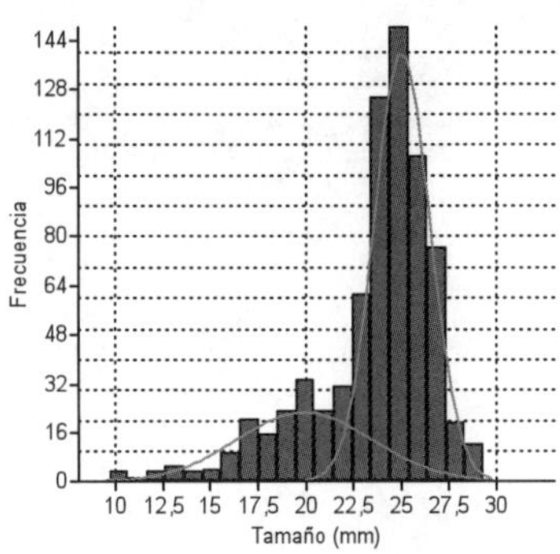


| | |
|---|---|
| N | 720 |
| Min | 9,65 |
| Max | 29,29 |
| Sum | 16975,6 |
| Mean | 23,5772 |
| Std. error | 0,119621 |
| Variance | 10,3025 |
| Stand. dev | 3,20976 |
| Median | 24,39 |
| 25 prcntil | 22,6225 |
| 75 prcntil | 25,6475 |
| Skewness | -1,4039 |
| Kurtosis | 2,20962 |
| Geom. mean | 23,3167 |
| *Shapiro-Wilk* | |
| W: | 0,8863 |
| *p:* | 1,42E-22 |

*Fig. 5.24: Representación estadística de los tamaños (anchura) de Cepaea nemoralis. Muestra sin selección de tamaños, Voto (Cantabria), 11-2008.*

Sin embargo, es necesario un estudio en profundidad de estas cuestiones para determinar el significado real de estos resultados en términos de selección, algo que se llevará a cabo en un futuro próximo. Por el momento, en este trabajo, el tipo de selección se determinará comparando las distribuciones y las medias de las muestras actuales y las de las muestras arqueológicas, y servirá para determinar, no solo el grado de selección sino también el grado de intensidad en la recolección. No obstante, además de comportamientos humanos como la intensificación de la recolección, otro tipo de información puede ser extraída del análisis biométrico, como evidencias de la contribución de los moluscos a la dieta, de cambios ambientales o sobre las zonas en las que se ha llevado a cabo la recolección.

### 5.4.6 *Estructura de edades*

Los análisis biométricos deben ser complementados por un análisis de la estructura de edades de los moluscos, ya que factores medioambientales podrían haber jugado un papel importante en el descenso de tamaños. Así, la edad es independiente de los factores medioambientales y puede corroborar si los descensos se deben a dichos factores o bien a la presión humana sobre el recurso. Para calcular las edades se han tenido en cuenta las líneas de crecimiento que se aprecian en la superficie externa de algunos moluscos, especialmente los del género *Patella*, siguiendo el método propuesto por Bailey & Craighead (2003), distinguiendo entre líneas anuales de parada de crecimiento y otras líneas de distorsión provocadas por otras causas, como el desove o los temporales, y que indican paradas del crecimiento en momentos puntuales. En este trabajo se han utilizado fundamentalmente individuos de la especie *Patella vulgata* y *Patella intermedia*, que presentan una serie de anillos de crecimiento en su superficie, los cuales permiten una aproximación a la edad de los individuos (Fig. 5.25). En el caso de *Osilinus lineatus*, no ha sido posible incluir los datos sobre edades, ya que en latitudes templadas, como el Cantábrico, los anillos de crecimiento anuales no están tan marcados como en latitudes frías, lo que impide una determinación precisa de la edad.

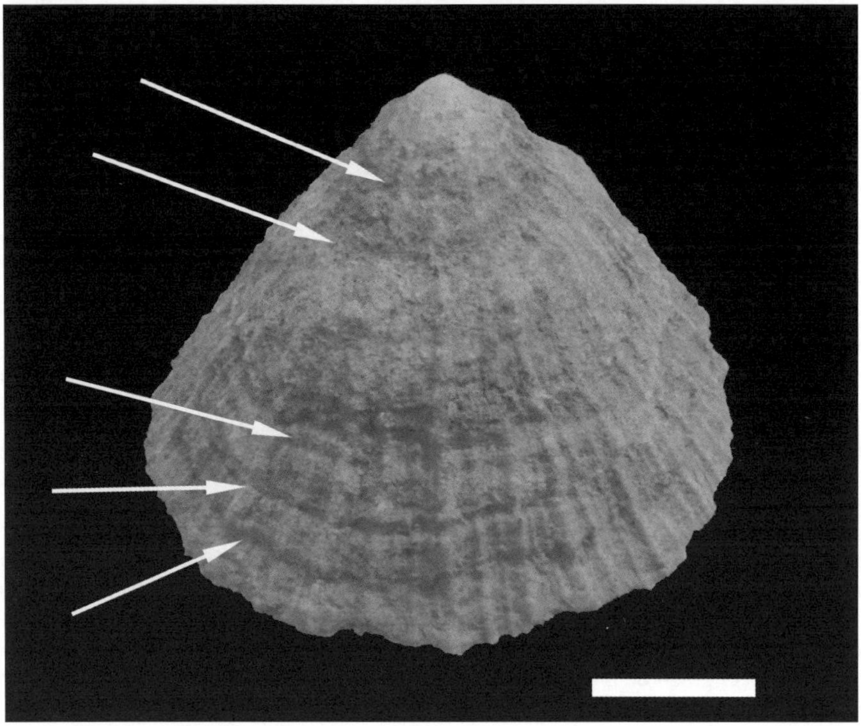

*Fig. 5.25: Anillos de crecimiento en un ejemplar de Patella vulgata de 6 años de edad procedente del nivel 4 de La Fragua*

### 5.4.7 *Índice de fragmentación (IF)*

Un interesante cálculo que se ha llevado a cabo a partir de las categorías de fragmentación es el índice de fragmentación de cada taxón. Este índice permite establecer el grado de fragmentación de los moluscos y comparar entre unidades de excavación e incluso entre yacimientos. Esto, a su vez, ayuda a identificar procesos tafonómicos o valorar la intensidad de la ocupación. Hasta el momento las aproximaciones a esta cuestión se han llevado a cabo a partir del peso o de las relaciones entre NR y NMI (NR/NMI y NMI/NR). Sin embargo, en los últimos tiempos algunos autores han propuesto índices para valorar la fragmentación, teniendo en cuenta otras variables. A continuación se realiza un breve repaso de algunos de los índices utilizados y sus características.

El índice NMI/NR parece funcionar bien salvo por los sesgos indicados por diversos autores en cuanto al cálculo del NMI. Cuando el NR y el NMI son iguales el resultado es siempre 1, por lo que en esas condiciones no valora la fragmentación.

Aplicando el índice NR/NMI o NR/NMI/100 (Álvarez Fernández, 2007, en prensa) los resultados son idénticos a los del indicador anterior, y parecen funcionar relativamente bien. Sin embargo, también está implicado el NMI. Cuando el NR y el NMI son iguales el resultado es siempre 1 o 0,010, por lo que al igual que el indicador anterior, en esas condiciones no valora la fragmentación.

Algunos autores han optado por el análisis comparado de los pesos de los restos, agrupados por tamaños relativos a partir de diferentes dimensiones de la malla de criba (Campbell, 2006; Claassen & Whyte, 1995 en Claassen, 1998:114; Ford, 1992; Voigt, 1975). Sin embargo, debido al diferente tamaño y peso de las conchas de diferentes especies este método puede desvirtuar los patrones de fragmentación. Otro índice basado en el peso, y por tanto con los mismos problemas para su aplicación que el caso anterior, es el utilizado por Jenkins (2006:37) en el análisis de los yacimientos australianos de Seven Mile Creek Mound y Sandstone Point, para lo cual aplica la fórmula, número total de restos partido por el peso total y multiplicado por 100 (NR/Peso x100).

Para calcular un índice que evitara las distorsiones propias, tanto de la utilización del peso, como de un cálculo en el que intervenga el NMI, Moreno (1994:64) propuso la relación entre el número de fragmentos diagnósticos (todas las categorías de fragmentación expuestas en su metodología, excepto los simples fragmentos) y el NR (FDIAG/NR). Sin embargo, este método sitúa todas las categorías al mismo nivel, es decir que valora igual un ICOM que un FUMB por ejemplo, cuando en realidad un FUMB siempre estará reflejando una mayor fragmentación que un ICOM. Cuando solo hay FTOS el índice es 0, y cuando no los hay es 1. Por tanto, en estas condiciones valora la fragmentación, aunque de forma relativamente simple, adscribiendo el material a las categorías fragmentado (0) o no fragmentado (1). Sin embargo, la ausencia de FTOS no quiere decir que el material no esté fragmentado, simplemente que no aparecen fragmentos de esa categoría, por lo que este método no valora bien la fragmentación en ese caso.

Así, para distinguir entre el grado de conservación de las diferentes categorías nos ha parecido adecuado realizar los cálculos conforme a la siguiente fórmula, ICOM+IFRA+FAU/NR para gasterópodos y VCOM+VFRA/NR para bivalvos, estableciendo así una distinción entre las categorías que representan mayor o menor fragmentación. El índice funciona bien, siempre que haya individuos de las categorías que se explicitan en las fórmulas. Por tanto, es un método problemático cuando el material está tan fragmentado que no hay individuos de esas categorías, como ocurre por ejemplo, en el yacimiento de Santimamiñe. Sin embargo, en otros contextos mejor conservados, como el nivel 3 de La Fragua, funciona bastante bien y es más apropiado que el anterior, ya que diferencia entre las categorías que reflejan un estado más completo del material (ICOM, IFRA y FAU; VCOM y VFRA) y las que reflejan una mayor fragmentación (FAPI, FEST y FUMB; FCHC, FCHA y FCHP). Cuando solo hay FAPI, FEST, FUMB, FCHC, FCHA, FCHP o FTOS el índice es 0, y cuando solo hay ICOM, IFRA, FAU, VCOM y VFRA, el índice es 1. Por tanto, en estas condiciones, y al igual que ocurre con el método propuesto por Moreno, valora la fragmentación, aunque de forma relativamente simple, adscribiendo el material a las categorías fragmentado (0) o no fragmentado (1).

Otra forma de calcular el grado de fragmentación fue propuesta por Mowat (1994), que para el análisis de los yacimientos Field Island 2 y 4, en Australia, estableció un índice basado en categorías de fragmentación, utilizando tres, dependiendo del porcentaje de concha conservado, entre el 90 y el 100%, más del 40-50 % y menos del 40%, y lo relacionó con el tamaño de las valvas, concluyendo que el material más moderno estaba más fragmentado y que en algunas zonas las valvas más grandes estaban menos fragmentadas. Este método salva el sesgo que produce el de Moreno, ya que jerarquiza las categorías en cuanto a su estado de conservación.

Verdún (2005:139), en su estudio del yacimiento Tunel VII en Tierra del Fuego, realiza un sencillo cálculo, estableciendo la fragmentación como porcentaje de valvas completas en relación a las fragmentadas.

Álvarez Fernández (2007, en prensa), en el análisis de los niveles gravetienses y magdalenienses de La Garma A, utiliza dos índices de fragmentación. Por una parte, la relación NR/NMI/100, que ya se ha comentado, y por otra, el NR/ICOM/100. Este último funciona relativamente bien siempre que haya ICOM, pero si el material esta mínimamente fragmentado y no hay ICOM no resulta útil, ya que el resultado siempre será 0. Si la única categoría presente es ICOM, el resultado es siempre 1. Aún con todo, presenta resultados diferentes a los que producen los otros dos tipos de métodos (con categorías o con NMI) que se parecen más entre sí que si se comparan con los procedentes de esta otra fórmula.

Por último, teniendo en cuenta la información que se acaba de describir, nos propusimos crear un índice basado en categorías de fragmentación, para así evitar la utilización del peso y del NMI, que sirviera para todas las especies y en el que cualquier tipo de resto pudiera ser valorado en cuanto a su fragmentación. Se trataba de jerarquizar las categorías de fragmentación utilizadas en la metodología aplicada, para que no todas tuvieran la misma importancia, principal sesgo del índice de Moreno (1994), FDIAG/NR. En primer lugar, se barajó la opción de obtener un coeficiente que reflejara el grado medio de conservación de cada categoría de fragmentación, al estilo de los trabajos de Mowat (1994), pero las diferencias morfológicas entre especies provocaba que las categorías de fragmentación produjeran coeficientes con valores diversos, invalidando así la creación de un índice común. Para aplicar este método sería necesario crear un índice individualizado para cada especie en relación a su morfología, lo que impediría la comparación entre especies diferentes, aunque sean de la misma clase. Sin embargo, parece muy útil cuando se trata de reflejar la fragmentación de una sola especie.

Así, se ha optado por la aplicación de un coeficiente de fragmentación fijo para cada una de las categorías, en relación al grado de fragmentación que reflejan (Tabla 5.1). De esta forma las categorías se jerarquizan aplicándoles un coeficiente mayor o menor dependiendo de si esos restos representan una mayor o menor fragmentación. Las categorías de bivalvos y gasterópodos son equivalentes lo que permite su comparación. El coeficiente varía entre 1 (nada fragmentado), que se aplica a los individuos completos y con todos los elementos diagnósticos (VCOM e ICOM) y 0 (muy fragmentado), que se aplica a los fragmentos sin elementos diagnósticos (FTOS). Los individuos escasamente fragmentados y que conservan dos elementos diagnósticos (VFRA, IFRA y FAU) se multiplican por 0,8. Finalmente, para las categorías con un solo elemento diagnóstico y que presentan un apreciable grado de fragmentación (FCHC, FCHA, FCHP, FAPI, FEST y FUMB) se aplican coeficientes de 0,5 y 0,25 dependiendo de su capacidad para reflejar la fragmentación. Se suman todas las categorías después de multiplicarlas por el coeficiente de fragmentación y el resultado se divide por el número de restos. Este índice, además de evitar el uso del NMI, está pensado para reflejar la fragmentación de todos los moluscos cuyos restos encajen en las categorías propuestas, independientemente de su tamaño y peso. Al eliminarse estas dos variables del cálculo del índice, éste se convierte en una potente y fiable herramienta para calibrar la fragmentación.

| **Bivalvos** | VCOM | VFRA | | FCHC | FCHA | FCHP | FTOS |
|---|---|---|---|---|---|---|---|
| Coeficiente | 1 | 0,8 | | 0,5 | 0,25 | 0,25 | 0 |
| **Gasterópodos** | **ICOM** | **IFRA** | FAU | **FAPI** | **FEST** | **FUMB** | **FTOS** |
| Coeficiente | 1 | 0,8 | 0,8 | 0,5 | 0,5 | 0,25 | 0 |

*Tabla 5.1: Coeficiente aplicado a cada categoría para el cálculo del índice de fragmentación*

Es evidente que las diferencias entre especies dentro de una misma unidad estratigráfica pueden guardar relación con la robustez de las mismas. Así, es imposible evitar este problema en el cálculo del índice, salvo que se haga un estudio de la robustez de cada especie y por tanto se haga un índice que establezca relaciones de robustez entre especies. Desafortunadamente, por el momento no se cuenta con información de este tipo para las principales especies (excepto para *Mytilus galloprovincialis* (Moreno, 1990)), por lo que al menos es necesario intentar evitar los problemas del peso y el NMI. Así, es esperable que las relaciones de los índices entre las diferentes especies sea similar en diferentes niveles o yacimientos, excepto en el caso de que hayan intervenido procesos que afecten a determinadas especies o a determinadas zonas del yacimiento.

## 5.5 Metodología de análisis de equinoideos

### 5.5.1 *Introducción*

Generalmente, al analizar las faunas de moluscos presentes entre el material arqueológico depositado en los concheros, aparecen restos de otros tipos de faunas marinas, como pueden ser algunas especies de equinodermos y crustáceos. Entre los más habituales, al menos en los concheros de la región cantábrica, se encuentran los erizos de mar, los percebes y los cangrejos. Si bien a primera vista estos recursos no parece que hayan representado una contribución importante a la dieta de las poblaciones prehistóricas, es necesario precisar cuál ha sido su papel dentro de las estrategias de subsistencia de las comunidades humanas. Sin embargo, a pesar de la existencia de herramientas metodológicas para el análisis de otras clases de fauna marina como los moluscos (Claassen, 1998; Moreno, 1994; Gutiérrez Zugasti, 2005), se ha constatado la falta de trabajos de este tipo referidos a equinodermos o crustáceos, a excepción de los que sobre estas cuestiones ha venido desarrollando Campbell (2006, 2008) en paralelo a los nuestros, produciendo una metodología incluso más refinada que la que se presenta aquí. También son pocos son los trabajos en los que se dedica especial atención al análisis de los equinoideos procedentes de yacimientos arqueológicos (Bejega, 2008; Campbell, 2006, 2008; Campbell & Schmidt, 2001:113; Coutts & Jones, 1974; Ford, 1992:293; García Flores & Moreno, 1994; Gutiérrez Zugasti, 2005, 2006a, 2009; Villalba *et al.*, 2007), ya que lo más normal es que aparezcan únicamente citados como especie representada.

Así, la falta de una metodología sistemática desarrollada para la identificación y cuantificación de este tipo de faunas, que nos pudiera ayudar en el análisis de los equinoideos aparecidos en varios concheros prehistóricos de la región cantábrica, nos movió a elaborar un método para clasificar y contar los ejemplares presentes en yacimientos arqueológicos (Gutiérrez Zugasti, 2005). Tras esta primera aproximación, nos propusimos refinar el método y sistematizarlo mejor, así como ampliarlo a otras especies consideradas marginales, por su escasez, como los percebes y los cangrejos, cuyo desarrollo veremos más adelante.

Es necesario aclarar que estos métodos pueden ser utilizados con cierta flexibilidad, es decir, que dependiendo del tipo de restos que se pretenda analizar, las categorías de fragmentación pueden sufrir ligeras modificaciones, sin que esto perjudique a la fiabilidad de los resultados, ni a su capacidad para ser comparados con los resultados obtenidos por medio de otras categorías de fragmentación similares.

A continuación se desarrolla una propuesta metodológica, especialmente centrada en los aspectos de identificación anatómica y taxonómica, la creación de categorías de fragmentación y la descripción de las fórmulas para llevar a cabo la cuantificación. Asimismo, se describirán brevemente las características básicas del análisis biométrico.

### 5.5.2 *Identificación anatómica y taxonómica*

Algunos equinodermos cuentan con un caparazón rígido, que puede ser esferoidal, aovado, aplanado o en forma de disco y que generalmente está recubierto de espinas (Fig. 5.26 izquierda). Este caparazón está formado por un sistema de diez dobles columnas de placas, con cinco zonas ambulacrales, y cinco zonas interambulacrales. En los erizos regulares, que son el objeto de este estudio, el ano está en la cara dorsal rodeado por cinco grandes placas genitales y cinco placas oculares pequeñas. La boca ventral está rodeada por una membrana endurecida, y dentro se aloja una mandíbula de cinco radios, conocida como la linterna de Aristóteles (Fig. 5.26 derecha). Los erizos pertenecientes a la clase Echinoidea presentan caparazones esferoidales y una linterna de Aristóteles bien desarrollada. En Europa habitan unas diez especies diferentes, la mayoría herbívoros. Este trabajo se centra en los erizos de morfología regular entre los que se encuentran *Echinus sculentus*, *Sphraerechinus granularis*, *Paracentrotus lividus* o *Psammechinus miliaris* entre otros. Sin embargo, existen otras especies con morfologías diferentes como los erizos acorazonados (*Echinocardium cordatum*, *Brissus unicolor*...) y los dólares de arena (*Echinocyamus pusillus*...). Así, para realizar la identificación taxonómica se utilizarán las características morfológicas de la linterna de Aristóteles, del caparazón y de las espinas.

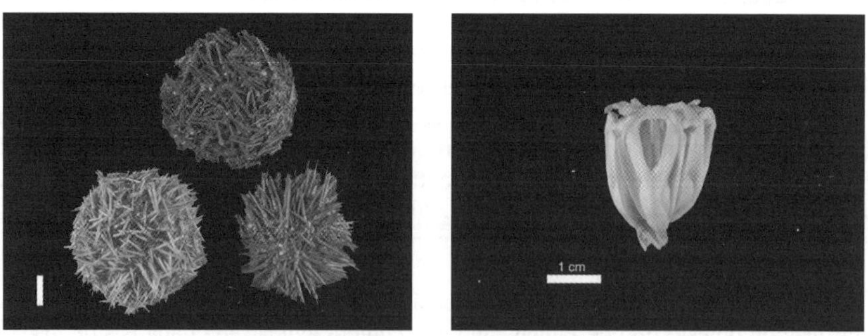


*Fig. 5.26: Partes anatómicas del erizo de mar Paracentrotus lividus: caparazón con espinas (izquierda) y linterna de Aristóteles (derecha)*

Tradicionalmente los erizos de mar han sido identificados en los yacimientos gracias a la recuperación de fragmentos de caparazón y las espinas (radiolas) que le sirven para transportarse y protegerse. Pero los erizos cuentan con otras estructuras calcáreas susceptibles de preservarse en los yacimientos arqueológicos que, o bien han pasado desapercibidas en los yacimientos, o bien han sido erróneamente consideradas como restos de otros taxones. Estas estructuras, como acabamos de ver, son las que corresponden al aparato bucal que presenta el erizo en el peristoma, comúnmente conocido como linterna de Aristóteles, compuesto por los dientes y las estructuras de unión y sujeción de los mismos. Este aparato bucal es común a todos los erizos regulares, si bien cada especie muestra diferencias en la morfología de las diferentes partes anatómicas que componen la linterna. Por tanto, el método que a continuación se propone puede aplicarse a todos los erizos regulares. Sin embargo, entre los erizos irregulares las cosas son diferentes. Por una parte, los erizos acorazonados no poseen linterna, mientras los dólares de arena presentan una linterna similar a los erizos regulares pero más baja y estrecha, sin compases y con las epífisis y las rótulas muy reducidas en tamaño y bastante escondidas. Debido a estas diferencias anatómicas, no es posible utilizar erizos acorazonados para nuestros propósitos ni será posible cuantificarlos con este método en caso de aparición en yacimientos arqueológicos. En cuanto a los dólares de arena, las partes anatómicas utilizables para la cuantificación quedan reducidas casi únicamente a las pirámides y los dientes (que por otra parte son las que más posibilidades tienen de preservarse en los yacimientos arqueológicos), por lo que es posible aplicar el método a pesar de que estos erizos presentan una gran variabilidad morfológica en cuanto a la linterna se refiere (Smith, 2005). Simplemente este hecho habrá de ser tenido en cuenta a la hora de identificar cada parte anatómica.

Así, nos propusimos establecer los patrones de fragmentación de dicho aparato, común a todos los erizos regulares (y como acabamos de ver, también a la mayoría de los irregulares), comparando los restos presentes en los yacimientos con una muestra del aparato bucal de un individuo actual de la especie *Paracentrotus lividus*, ya que generalmente, esta es la especie identificada en los yacimientos del Cantábrico. Presenta un caparazón redondo y ligeramente aplanado, y se caracteriza por sus espinas largas de color verde oscuro o púrpura, y por ocupar cavidades profundas y redondas en la piedra caliza, o en otras rocas blandas que va perforando al crecer. Habita en el intermareal y sublitoral somero, hasta 30 m., en costas rocosas, pero a veces en arenas entre *Zostera*. Es una especie herbívora, apacentándose de esporas de algas alrededor de la cavidad donde vive. En la actualidad se extiende por todo el Mediterráneo, por el Sur hasta las Canarias, Azores y Norte de África, y por el Norte hasta las islas Anglo-normandas y Gran Bretaña (Hayward *et al.*, 1998).

En este proceso se observó la existencia de varios tipos de estructuras (Arnedo, 1985:94; Smith, 2005) que podían permitir una identificación fiable de la especie y la cuantificación precisa del número mínimo de individuos presentes en el yacimiento, siendo esto último algo que no podía hacerse con los restos tradicionalmente identificados de esta especie (caparazón y radiolas). El aparato bucal o linterna del erizo presenta cinco dientes, cada uno con sus correspondientes placas de sujeción (pirámides y epífisis) y cinco estructuras de unión de dichas placas (rótulas). Además, estas estructuras de unión cuentan con sus propias estructuras de sujeción (compases). De esta forma, se obtuvieron diversas formas de calcular el NMI (ver apartado de cálculo del NMI), con los dientes, las pirámides, las epífisis, las rótulas y los compases, ya que estas partes anatómicas se correspondían, en los dos primeros casos (dientes y pirámides), con los patrones de desarticulación de los restos arqueológicos de erizo de mar presentes en diversos yacimientos arqueológicos, como La Fragua (Cantabria) o La Llana (Asturias) (Gutiérrez Zugasti, 2005), mientras las rótulas, las epífisis y los compases fueron identificadas a partir de una muestra de erizos actuales. Además de obtener información cuantitativa, la creación de las categorías de fragmentación ayudó a tipificar los restos y facilitar así el proceso de identificación anatómica y taxonómica.

Conviene destacar que los compases pueden fracturarse a causa de su fragilidad en fragmentos muy pequeños que probablemente no han sido recuperados debido a su escaso tamaño. Lo mismo podría ocurrir con las rótulas y quizás incluso con los dientes, de ahí que la parte anatómica más representada en los yacimientos arqueológicos sean las pirámides, que siempre aparecen desarticuladas.

### 5.5.3 *Categorías de fragmentación*

A continuación se presentan las categorías de fragmentación utilizadas para la clasificación y cuantificación de los restos de erizo de mar presentes en los yacimientos arqueológicos analizados (Fig. 5.27). Con la creación de esta metodología también se pretende establecer unas categorías que proporcionen la base para homogeneizar la clasificación de esta clase de organismos, y asimismo, puedan ser utilizadas por los investigadores que se encuentren con este tipo de restos en sus yacimientos:

*Semipirámide Completa (SPCOM): la linterna de Aristóteles está formada por cinco placas en las que se inserta cada uno de los cinco dientes que presenta un individuo. Estas placas se denominan pirámides, y por lo general aparecen en los yacimientos desarticuladas, dando lugar a dos partes (semipirámides) que denominaremos derecha e izquierda, según se mira la estructura por la zona exterior y con la zona apical hacia abajo.

*Fragmento Apical de Semipirámide (FASP): cuando un fragmento bucal sólo conserva la parte apical, es decir, la más cercana a la salida del diente. Fácilmente reconocible por ser la parte apuntada de la placa. Igual que en la categoría anterior estos fragmentos debemos agruparlos como derechos o izquierdos (semipirámide izquierda y derecha).

*Fragmento Basal de Semipirámide (FBSP): cuando un fragmento bucal sólo conserva la parte opuesta a la apuntada. Deben separarse fragmentos derechos e izquierdos (semipirámide izquierda y derecha).

*Epífisis Completa (ECOM): Las pirámides presentan en su parte superior otras estructuras denominadas epífisis, sobre las que descansa la rótula. Estas estructuras pueden aparecer en los yacimientos separadas de las pirámides y pueden considerase una categoría de fragmentación.

*Rótula Completa (RCOM): Son cinco estructuras que unen las pirámides. Están sujetas por los compases, si bien lo más normal es que se desarticulen.

*Compás Completo (CCOM): se denomina así a las estructuras que se sitúan encima de las rótulas con el objetivo de asegurarlas y mantenerlas fijas en el aparato bucal. Para cumplir su función se ayudan de una membrana que las recubre y las une, tanto entre sí como a las rótulas. Para incluir un resto en esta categoría debe aparecer completo, ya que su fragilidad las hace susceptibles a la fracturación. En el caso de que aparezcan fragmentadas y sea imposible realizar un recuento seguro, cada resto se considerará como simples fragmentos, ya que crear categorías específicas para cada uno de esos restos haría que el procedimiento se volviera excesivamente complicado y la escasa presencia de estas especies, pone en duda la rentabilidad de tal esfuerzo.

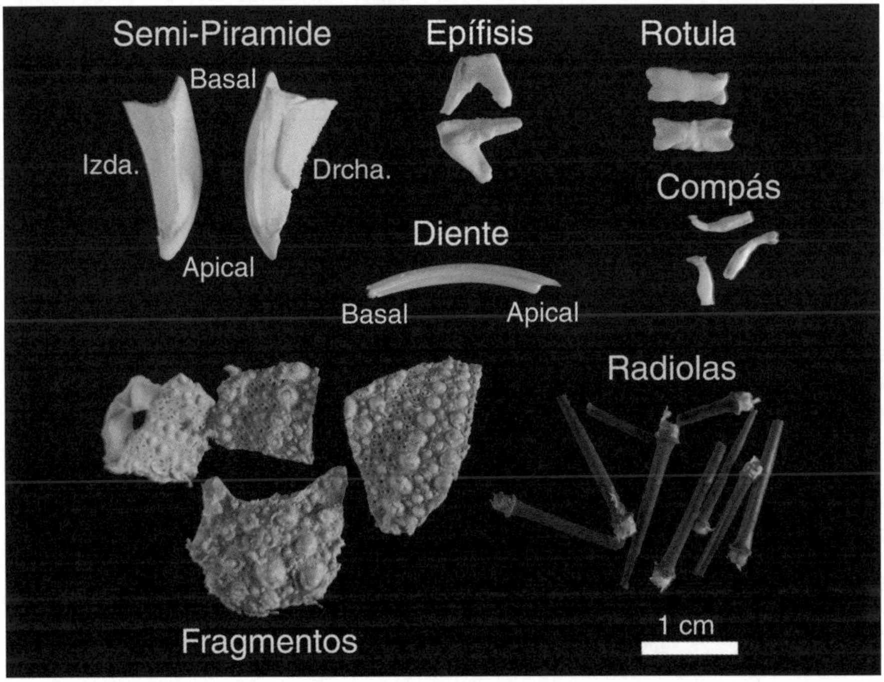


*Fig. 5.27: Elementos taxonómicos y categorás de fragmentación de Paracentrotus lividus*

*Diente Completo (DCOM): diente sin ningún tipo de fractura.

*Fragmento Apical de Diente (FAD): diente que conserva sólo la parte apical, es decir, la parte apuntada que sobresale del caparazón cuando el individuo está vivo.

*Fragmento Basal de Diente (FBD): diente que conserva únicamente la parte proximal del diente, es decir, la parte no apuntada.

*Fragmento Bucal/Caparazón (FBC): en esta categoría se agrupa cualquier fragmento bucal que por alguna causa no pueda ser incluido en ninguna de las otras categorías, además de los fragmentos de caparazón.

*Radiolas (RD): espinas que recubren el caparazón o fragmentos de las mismas.

Por tanto, con la elaboración de estas categorías de fragmentación se pretende afinar y homogeneizar la identificación anatómica y taxonómica, así como la cuantificación de los taxones presentes en los yacimientos arqueológicos.

### 5.5.4 *Estimadores de abundancias (NR, NMI y peso)*

Obviamente el establecimiento del número de restos (NR) no presenta ninguna dificultad, ya que simplemente se trata de contar todos los restos presentes. Este cálculo puede aportar información sobre aspectos como el índice de fragmentación, si bien no es muy fiable para establecer su importancia como recurso, dado el elevado número de restos anatómicos preservables que presenta, algunos muy numerosos como las espinas, y que pueden provocar que se sobrevalore su contribución a la dieta.

Por su parte, para calcular el número mínimo de individuos (NMI) se pueden utilizar diferentes procedimientos dependiendo de los restos con los que se cuente. Así por ejemplo, si se cuenta sólo con restos de las pirámides, lo más probable es que aparezcan desarticuladas dando lugar a semipirámides derechas e izquierdas. Por tanto, primero se deben separar las semipirámides y a continuación aplicar la siguiente fórmula tanto a las derechas como a las izquierdas, tomando finalmente el mayor valor como NMI:

$$\frac{\text{SPCOM} + (\text{FASP o FBSP, lo que sea mayor})}{5}$$

Si por el contrario se cuenta con las epífisis, rótulas o compases, el proceso se simplifica aún más, ya que sólo se deben contar los restos y dividirlos entre cinco:

$$\frac{\text{ECOM}}{5} \qquad \frac{\text{RCOM}}{5} \qquad \frac{\text{CCOM}}{5}$$

Por último, si se identifican restos de dientes deben contarse y aplicar la siguiente fórmula:

$$\frac{\text{DCOM} + (\text{FAD o FBD, lo que sea mayor})}{5}$$

En el caso de contar en el yacimiento con restos de todas las partes del aparato bucal, se realiza el cálculo por separado para cada tipo y el mayor valor se toma como NMI. En cuanto al peso, todos los fragmentos aparecidos en cada unidad de excavación deberán ser pesados.

### 5.5.5 *Biometría*

Importante información puede ser obtenida a partir de los datos biométricos de estas poblaciones marinas. Diversos estudios han demostrado que existe una relación entre el tamaño de la linterna de Aristóteles y el medio ambiente en el que habita el erizo, al comprobarse que erizos que ocupan un hábitat donde el alimento es más escaso desarrollan un aparato masticador más potente y de mayor tamaño (Arnedo & Ibáñez, 1985). De la misma forma, parece que existe una relación entre el tamaño de la linterna de Aristóteles y el diámetro del caparazón (Arnedo, 1985:96). Por tanto, conociendo las medidas de la linterna de Aristóteles se puede realizar una aproximación al tamaño del erizo, que a su vez se puede relacionar con el rendimiento gonadal (Miguez & Catoira, 1990) y también con su importancia como recurso alimenticio. El problema surge al analizar material procedente de yacimientos arqueológicos, ya que en la mayoría de los casos, únicamente contamos con restos muy fragmentarios de la linterna de Aristóteles.

Este hecho supone que en la mayor parte de las ocasiones sólo se pueda realizar el análisis biométrico de una parte del material, generalmente las pirámides, con la consiguiente limitación que impone la obtención de medidas procedentes de un solo elemento anatómico. Así, en este caso se deben tomar la altura y la anchura de la semipirámide. Sin embargo, también es posible tomar la longitud de las rótulas cuando éstas aparecen en los yacimientos.

## 5.6 Metodología de análisis de crustáceos: Clase Cirripedia

De la misma forma que en el caso de los equinoideos, existen diversos crustáceos cuya contribución a la dieta debe ser valorada con cierta precisión. Por tanto, a partir de las observaciones llevadas a cabo durante el análisis del material malacológico de diversos yacimientos arqueológicos en la zona oriental de Cantabria y Asturias, se ha desarrollado un método de cuantificación de algunos crustáceos, como los percebes y los cangrejos.

En el caso de la clase Cirripedia, dos son los taxones más habituales en los yacimientos. Por una parte, el género *Balanus* sp., sin valor alimenticio, pero capaz de proporcionar información ambiental, y por otra, los conocidos percebes, entre los que se incluyen diversas especies, y que han sido recolectados como alimento por el ser humano. Por tanto, a continuación se presenta un método de análisis para percebes, ya que, al igual que ocurre con otros recursos, es necesario valorar su importancia en las dietas prehistóricas, a través de un detallado análisis de los restos encontrados en yacimientos arqueológicos.

### 5.6.1 *Identificación anatómica y taxonómica*

En el caso de los percebes, se vuelve a presentar el problema de la variabilidad morfológica, ya que cada especie presenta un número determinado de placas que varía entre especies, dificultando el desarrollo de un método homogéneo. Sin embargo, a partir del método que aquí se presenta, se pueden modificar las categorías de fragmentación, adecuándolas a las necesidades de cada especie y así poder obtener una cuantificación fiable en todos los casos.

Para el análisis comparativo se utilizó una muestra de un individuo actual de la especie *Pollicipes pollicipes* (Fig. 5.28), ya que esta es la especie presente en los yacimientos del Cantábrico. Su estructura corporal se caracteriza por una serie de placas, cuya tipificación va a servir para una mejor identificación, y sobre todo cuantificación, de los individuos presentes en yacimientos arqueológicos. Esta especie presenta un pedúnculo ancho, correoso, sin placas, constituyendo algo más de la mitad de la longitud total. El capitulum es corto y ancho, con cinco grandes placas hacia su ápice, rodeado basalmente por anillos de placas triangulares sucesivamente más pequeñas, estando las menores a lo largo del borde del pedúnculo. Habita en la zona más baja del intermareal y en el inframareal, sobre rocas y conchas, o sobre grandes caparazones de antifas muertas. Su distribución geográfica abarca las costas atlánticas del Oeste de Europa, desde el golfo de San Malo hasta Gibraltar (Hayward *et al.*, 1998).

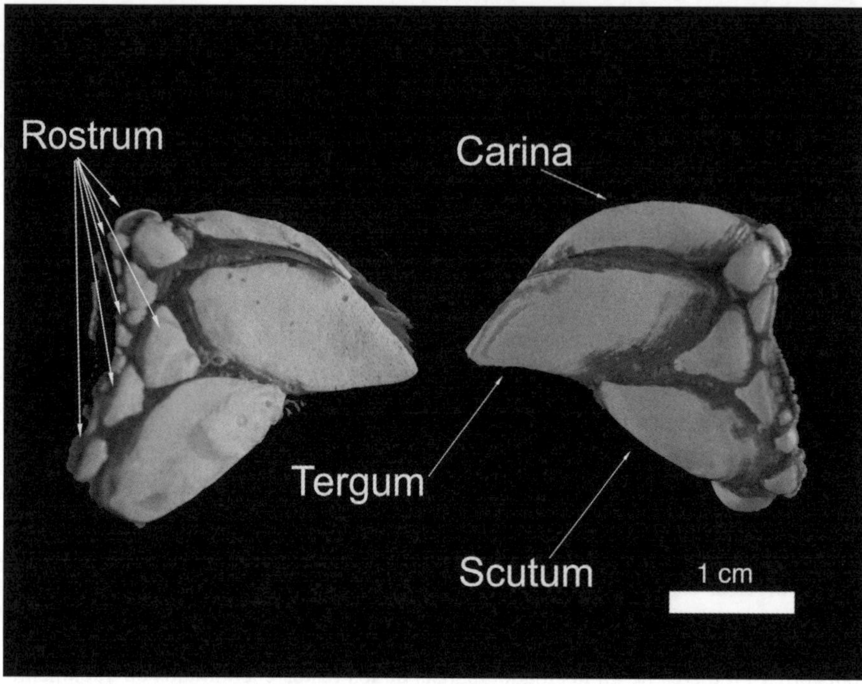


*Fig. 5.28: Elementos anatómicos del percebe Pollicipes pollicipes*

### 5.6.2 *Categorías de fragmentación*

Para que el proceso de cuantificación sea fácilmente aplicable, se ha preferido establecer un método en el que se utilice un número de placas asequible, por lo cual sólo se van a tener en cuenta las placas de mayor tamaño (*Carina*, *Tergum* y *Scutum*), que por otra parte son las que aparecen habitualmente en los yacimientos, ya que las más pequeñas (*Rostrum*) no se recuperan durante el proceso de excavación o no son reconocidas durante los procesos de selección de materiales en el laboratorio. De todas formas, y aunque estas placas de menor tamaño fueran recuperadas, no sería rentable utilizarlas como categorías de fragmentación debido a su elevado número. Por tanto, hemos confeccionado el método de cuantificación a partir de cinco placas, la placa central o *Carina*, y las cuatro laterales (*Tergum* derecho e izquierdo y *Scutum* derecho e izquierdo) (Fig. 5.29). Hay que destacar que este hecho permite analizar con este método otras especies de cirrípedos, como *Lepas anatifera* o *Lepas anserifera*, que también cuentan con cinco placas en su estructura corporal, adaptando la descripción de las categorías a las características morfológicas de estas especies. Así, las categorías de fragmentación para *Pollicipes pollicipes* son las siguientes:

**Carina* Completa (CC): Placa central sin fragmentar. Es alargada y curva, y está situada en la zona más alta del individuo.

*Fragmento Apical de *Carina* (FAC): Parte apuntada de la *Carina.*

*Fragmento Basal de *Carina* (FBC): Parte basal de la *Carina.*

**Tergum* Completo (TC): placa situada entre la *Carina* y el *Scutum*, es alargada y presenta cierta morfología romboidal. Hay que separar entre placas derechas e izquierdas.

*Fragmento Apical de *Tergum* (FAT): Parta apuntada del *Tergum*. Los restos se separan en derechos e izquierdos.

*Fragmento Basal de *Tergum* (FBT): Parte basal del *Tergum*. Los restos se separan en derechos e izquierdos.

**Scutum* Completo (SC): placa de menor tamaño que la anterior, se sitúa en la zona inferior. En *Polliceps polliceps* su morfología recuerda a la de un mejillón de pequeño tamaño. Hay que separar entre placas derechas e izquierdas.

*Fragmento Apical de *Scutum* (FAS): Parte apuntada del *Scutum*. Los restos se separan en derechos e izquierdos.

*Fragmento Basal de *Scutum* (FBS): Parte basal del *Scutum*. Los restos se separan en derechos e izquierdos.

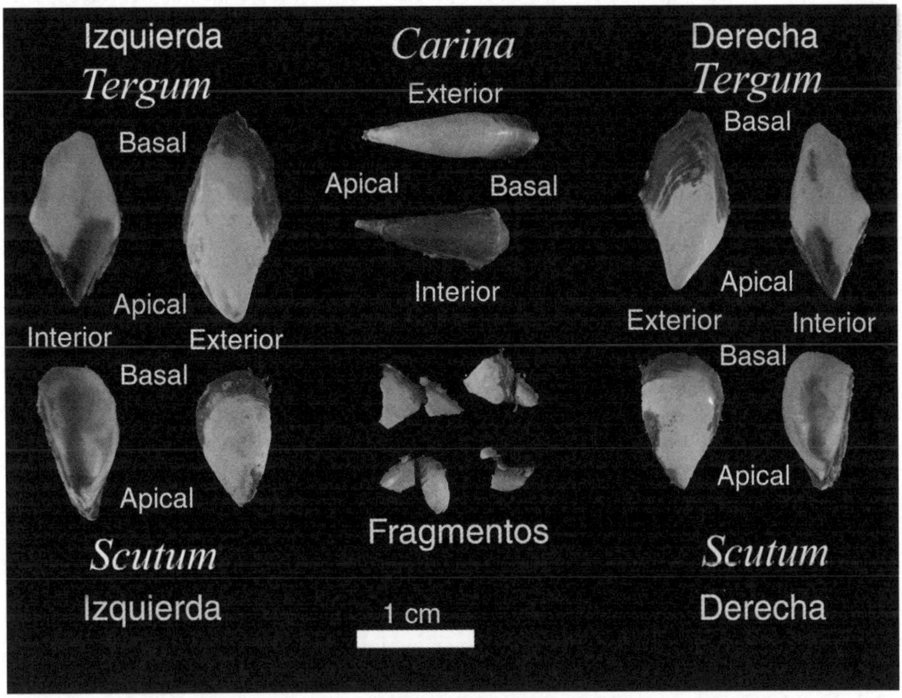


*Fig. 5.29: Elementos taxonómicos y categorías de fragmentación de Pollicipes pollicipes*

*Fragmentos de Placa (FTOS): se consideran fragmentos a cualquiera de las placas de tamaño pequeño que presenta cada individuo (*Rostrum*) y a los fragmentos de *Carina*, *Tergum* y *Scutum* que no puedan ser incluidos en alguna de las otras categorías.

### 5.6.3 *Estimadores de abundancias (NR, NMI y peso)*

Al igual que en el caso de los erizos de mar, el NR se calcula contando todos los restos de percebe aparecidos en una determinada unidad de excavación. De igual forma, es necesario ser prudente con la utilización de este estimador, ya que puede sobrerrepresentar la importancia de los percebes en la dieta, al contar con cinco elementos preservables.

Por tanto, a partir de las categorías de fragmentación expuestas, es posible el cálculo de un NMI, que permite obtener unos resultados más fiables. Así, una vez más, se cuenta con tres formas de calcular el NMI dependiendo del tipo de restos que se hayan conservado:

*Carina*: CC + (FAC o FBC, lo que sea mayor)

*Tergum*: TC + (FAT o FBT, lo que sea mayor)

*Scutum*: SC + (FAS o FBS)

Hay que recordar que en el caso de las placas laterales, los restos se han de separar en derechos e izquierdos. En caso de contar entre el material con los tres tipos de placas, se tomaría como NMI de la unidad analizada el que mayor valor presente. Al igual que ocurre con otros organismos, todos los restos deben ser pesados.

### 5.6.4 *Biometría*

Al igual que en el caso de los erizos es conveniente registrar los datos biométricos de los percebes, bien para detectar cambios en los tamaños a lo largo del tiempo o bien para valorar su rendimiento energético. Así, se tomarán las medidas correspondientes (longitud y anchura) de las placas centrales y laterales que se conserven completas.

## 5.7 Metodología de análisis de crustáceos: Infraorden Brachyura

Otro recurso litoral explotado por las poblaciones prehistóricas es el cangrejo, del que se han recolectado diversas especies. Por ello, es necesario mejorar los procesos de identificación y cuantificación, por lo que se ha desarrollado un método a partir de categorías de fragmentación, para así poder obtener un NMI.

### 5.7.1 *Identificación anatómica y taxonómica*

La infraorden brachyura pertenece al orden de los decápodos, dentro de la clase Crustácea. Es el grupo filogenéticamente más evolucionado y más amplio de los decápodos y reciben el nombre de verdaderos cangrejos o cangrejos propiamente dichos (Debelius, 1999; Falciai, 1995:20; Ingle, 1996, 1997).

El cuerpo de los braquiuros presenta dos estructuras principales, por una parte un caparazón calcáreo, de morfología aplastada, que protege los órganos internos, y por otra cinco pares de patas (pereiópodos) que sirven para desplazarse, alimentarse y defenderse. Los cangrejos pueden habitar en muy diferentes ambientes, desde grandes profundidades hasta las rocas por encima del límite de la marea alta (Falciai, 1995:20).

Son diversas y muy numerosas las especies incluidas en este grupo, entre las que se pueden citar las más comunes, tanto en el litoral como en los yacimientos cantábricos: *Cancer pagurus*, *Xantho incisus*, *Carcinus maenas*, *Liocarcinus sp.*, *Necora puber*... Sin embargo, hasta el momento, este tipo de restos no han sido cuantificados, sino que únicamente se ha señalado su presencia en los yacimientos, por lo que es difícil establecer cual fue su contribución a la dieta de las poblaciones humanas.

En el caso de los cangrejos se cuenta para la identificación con fragmentos diagnósticos muy claros, como son las quelas o pinzas, formadas por los propodios y los dactilopodios, que suelen conservarse en los yacimientos arqueológicos. En ocasiones se cuenta también con otras partes anatómicas como las patas y el caparazón, que pueden ayudar en la identificación taxonómica.

### 5.7.2 *Categorías de fragmentación*

Estos restos van a servir además para realizar el proceso de cuantificación a partir del establecimiento previo de las correspondientes categorías de fragmentación (Fig. 5.30). Pero además, como ya se ha comentado, generalmente también se encuentran otros restos, fundamentalmente de las patas y el caparazón, que serán incluidos como simples fragmentos para no complicar en exceso el proceso de clasificación y cuantificación. De la misma forma, no se tendrán en cuenta para la cuantificación los restos basales de los propodios y dactilopodios, debido a la dificultad que entraña el establecimiento de un límite para diferenciar entre fragmentos apicales y basales, lo cual, además volvería la metodología más compleja.

En el caso de los propodios, estos pueden aparecer completos, es decir, con la palma y el dedo fijo, o bien fragmentados, apareciendo estas partes por separado. En este último caso solo se tendrá en cuenta para la cuantificación el dedo fijo, que debe conservar la parte apical y la mayor parte del dedo. En todos los casos los dactilopodios deben conservar al menos la mitad de su estructura original para permitir una identificación fiable.

Así, sólo se utilizarán para la cuantificación los dactilopodios que conserven la parte apical y un desarrollo considerable del dedo que haga posible dicha identificación. Una vez vistas estas aclaraciones, las categorías de fragmentación quedarían como sigue:

*Dactilopodio derecho (DD): Dedo superior de la quela derecha del cangrejo.

*Dactilopodio izquierdo (DI): Dedo superior de la quela izquierda del cangrejo.

*Propodio derecho (PD): Dedo inferior de la quela derecha del cangrejo.

*Propodio izquierdo (PI): Dedo inferior de la quela izquierda del cangrejo.

*Fragmentos de Pereiópodos y Caparazón (FPC): fragmentos no diagnósticos y no válidos para la cuantificación, pero que en ocasiones pueden utilizarse para la identificación.

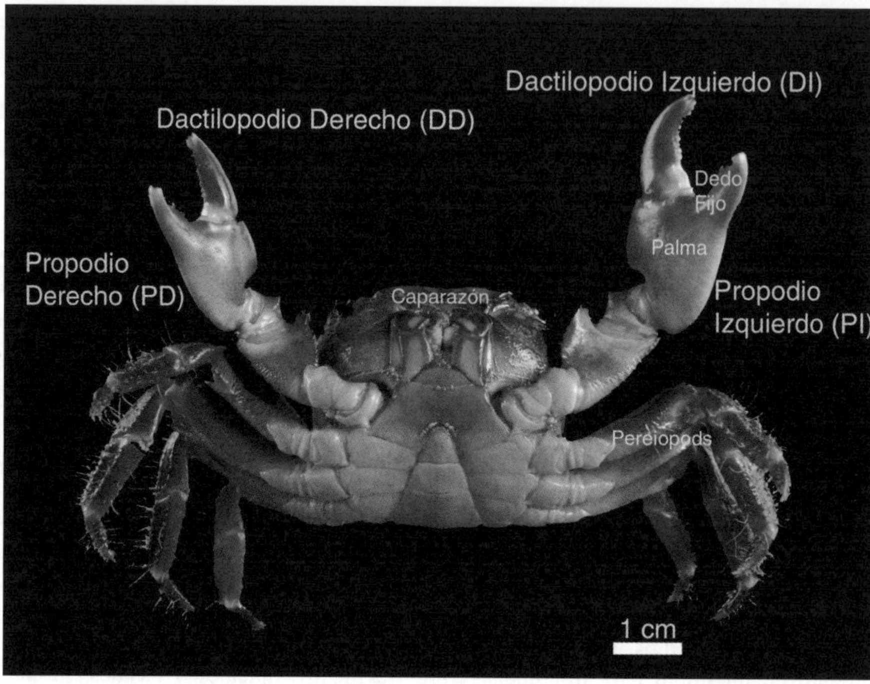


*Fig. 5.30: Elementos anatómicos, taxonómicos y categorías de fragmentación del Orden Brachyura*

### 5.7.3 *Estimadores de abundancias (NR, NMI y peso)*

En el cálculo del NR se pueden aplicar las mismas consideraciones que para erizos de mar y percebes. En cuanto al NMI, en este caso, al no tomar en consideración otras partes anatómicas de los cangrejos, el proceso se simplifica bastante y el NMI se correspondería con el valor de la categoría de fragmentación (DD, DI, PD o PI) más abundante. Todos los restos deben ser pesados para obtener información comparable a la de otros organismos.

### 5.7.4 *Biometría*

Para la toma de datos biométricos sólo se utilizarán dactilopodios y propodios completos, es decir, que estos últimos deben conservar la palma y el dedo fijo. Se tomará la longitud y anchura del dedo en el caso de los dactilopodios, y la longitud y anchura del dedo y de la palma, en el caso de los propodios.

## 5.8 Frecuencias absolutas y relativas

A partir de las frecuencias absolutas obtenidas con el NR, el NMI o el peso, se pueden calcular las frecuencias relativas, que son expresadas en porcentajes. Sin embargo, al igual que las frecuencias absolutas, este estimador también ha recibido numerosas críticas, sobre todo por los sesgos que presenta a la hora de comparar entre unidades de excavación (Claassen, 1998:116 y 2000), en cuanto al tamaño de la muestra (Grayson, 1984:130), en cuanto a la escasa fiabilidad de las asunciones sobre las que se sostiene el método y a su poder de distorsión de los resultados en determinadas ocasiones (Thomas, 1985:134-139). Aún así, la validez de las frecuencias relativas puede ser comprobada a través de diversos métodos estadísticos (Grayson, 1984; Ford, 1992:290), por lo que no debe descartarse su utilización en todos los casos. Si se considera o se demuestra que las frecuencias relativas no son adecuadas a las necesidades planteadas por la investigación, se pueden utilizar las absolutas referidas a alguna variable independiente de las propias conchas, como por ejemplo el volumen de sedimento excavado, calculando de esta forma la densidad de cada especie en las diferentes unidades de excavación (Campbell & Schmidt, 2001; Claassen, 1998, 2000; Lubell, 1976; Tonner, 2005; Verdún, 2005) y evitando así los sesgos producidos por las frecuencias relativas. Sin embargo, las frecuencias absolutas también presentan algunos problemas, por lo que es recomendable el uso de uno u otro tipo de frecuencias dependiendo de las necesidades de la investigación (Claassen, 1998, 2000).

En este trabajo y debido a la imposibilidad de contar con información sobre el volumen de sedimento excavado en todos los yacimientos, utilizaremos las frecuencias absolutas (NMI) y relativas (%NMI) para la comparación de los datos de los distintos yacimientos. Antes de utilizar estos indicadores se realizó una comparativa entre el NMI, el %NMI y el NMI/dm$^3$ (densidad), a partir de los datos de Santimamiñe. Así, NMI y NMI/dm$^3$ produjeron resultados muy similares, mientras el %NMI presentaba cierta tendencia a sobrerrepresentar las unidades estratigráficas con pocos individuos. Por tanto, el %NMI es válido para establecer la importancia de cada especie dentro de una unidad estratigráfica, pero presenta algunos problemas cuando se trata de comparar entre unidades. En este trabajo se utilizará una combinación de los tres indicadores.

### 5.9 Zonas de Recolección

El método utilizado para establecer las zonas en las que ha tenido lugar la recolección está basado en los biotopos habitados por cada especie y en las cantidades que presentan en los concheros. Las zonas de hábitat han sido enfocadas desde tres puntos de vista. Por una parte, en relación al substrato en el que habitan, que puede ser rocoso, arenoso, arenoso/fangoso, fangoso y terrestre. En segundo lugar, desde el punto de vista de su posición en la vertical del litoral (Supramareal, Intermareal –alto, medio y/o bajo- e Inframareal). Y por último, en relación al grado de exposición de la costa, diferenciando entre costas abiertas y estuarios.

En las Tablas 5.2, 5.3, 5.4 y 5.5 se pueden observar las preferencias de hábitat de las diferentes especies identificadas en los yacimientos analizados, desde los tres puntos de vista mencionados. La información sobre el hábitat de los moluscos se ha extraído de diversos trabajos (Hayward *et al.*, 1998; Poppe & Gotto, 1993a, 1993b; Rolán, 1984, 1990, 1993) y ha sido complementada con nuestras observaciones en varios puntos de la costa de Cantabria y Asturias entre 2004 y 2008.

En determinadas ocasiones para obtener información sobre las zonas de recolección se ha utilizado una muestra moderna del género *Patella* procedente de la playa de Langre (Ribamontán al Mar, Cantabria), recogida con el permiso del Servicio de Actividades Pesqueras del Gobierno de Cantabria. La playa de Langre (Ribamontán al Mar, Cantabria) puede considerarse como una zona de costa abierta bastante expuesta, si bien el área en el que se han recogido los moluscos presenta cierto grado de protección. La recolección se llevó a cabo en tres zonas, alta, media (que se dividió en media-alta y media-baja) y baja. Se obtuvieron datos sobre representación y distribución de especies y biometría.

No obstante, antes de entrar a presentar y valorar los métodos utilizados, es necesario matizar algunas cuestiones en relación a las implicaciones que la explotación de unas u otras zonas conllevan. Así, el objetivo principal de la diferenciación entre tipos de costa está relacionado con la obtención de información sobre los patrones de explotación y movilidad, y con la cantidad de energía que es necesario emplear para explotar una u otra zona.

| Especies y Hábitat | COSTA ABIERTA | | | | | ESTUARIO | | | | |
|---|---|---|---|---|---|---|---|---|---|---|
| | Supra mareal | Intermareal | | | Infra mareal | Supra mareal | Intermareal | | | Infra mareal |
| | | Alto | Medio | Bajo | | | Alto | Medio | Bajo | |
| *Anomia ephippium* | | | | ■ | ■ | | | | ■ | ■ |
| *Charonia lampas* | | | | ■ | ■ | | | | | |
| *Gibbula cineraria* | | | | ■ | ■ | | | | ■ | ■ |
| *Gibbula pennanti* | | | ■ | ■ | ■ | | | ■ | ■ | ■ |
| *Gibbula umbilicalis* | | ■ | ■ | | | | ■ | ■ | | |
| *Haliotis tuberculata* | | | | ■ | ■ | | | | | ■ |
| *Hiatella rugosa* | | | | ■ | ■ | | | | | |
| *Lasaea rubra* | | ■ | ■ | | | ■ | ■ | | | |
| *Littorina littorea* | | ■ | ■ | | | | ■ | ■ | | |
| *Littorina obtusata* | | ■ | ■ | | | | | ■ | | |
| *Littorina saxatilis* | ■ | ■ | | | | ■ | ■ | | | |
| *Melarhaphe neritoides* | ■ | ■ | | | | | ■ | | | |
| *Mytilaster minimus* | | ■ | ■ | ■ | | | ■ | ■ | ■ | |
| *Mytilus galloprovincialis* | | | ■ | ■ | | | | ■ | ■ | |
| *Nucella lapillus* | | | ■ | ■ | | | | ■ | ■ | |
| *Ocenebra erinaceus* | | | ■ | ■ | ■ | | ■ | ■ | ■ | ■ |
| *Osilinus lineatus* | | ■ | ■ | | | | | | | |
| *Ostrea edulis* | | | | | | | ■ | ■ | ■ | |
| *Patella vulgata* | | ■ | ■ | | | | ■ | ■ | | |
| *Patella intermedia* | | ■ | ■ | | | | | | | |
| *Patella ulyssiponensis* | | | | ■ | | | | | | |
| *Patella rustica* | | ■ | | | | | | | | |
| *Petricola lithophaga* | | | | ■ | ■ | | | | | |
| *Paracentrotus lividus* | | | | ■ | ■ | | | | | |
| *Pollicipes pollicipes* | | | | ■ | ■ | | | | | |
| *Striarca lactea* | | | | ■ | ■ | | | | | |
| *Tricolia pullus* | | | | ■ | ■ | | | | | |
| *Trivia monacha* | | | | | ■ | | | | | |
| *Trivia arctica* | | | | | ■ | | | | | |

*Tabla 5.2: Zonas de hábitat (zonación y exposición) de los moluscos propios de substrato rocoso*

| Especies y Hábitat | COSTA ABIERTA | | | | | ESTUARIO | | | | |
|---|---|---|---|---|---|---|---|---|---|---|
| | Supra mareal | Intermareal | | | Infra mareal | Supra mareal | Intermareal | | | Infra mareal |
| | | Alto | Medio | Bajo | | | Alto | Medio | Bajo | |
| *Antalis vulgaris* | | | | | | | | | | ■ |
| *Bittium latreillei* | | | | | | | | | ■ | ■ |
| *Bittium reticulatum* | | | ■ | ■ | | | | | ■ | ■ |
| *Callista chione* | | | | | ■ | | | | | |
| *Charonia lampas* | | | | | ■ | | | | | |
| *Mimachlamys varia* | | | | ■ | ■ | | | | | |
| *Donax semistriatus* | | | | | ■ | | | | | ■ |
| *Eastonia rugosa* | | | | | ■ | | | | | ■ |
| *Gibbula cineraria* | | | | | | | | | | ■ |
| *Hydrobia ulvae* | | | | | | | ■ | ■ | ■ | |
| *Lutraria lutraria* | | | | | ■ | | | | | ■ |
| *Nassarius incrassatus* | | ■ | ■ | ■ | ■ | | ■ | ■ | ■ | ■ |
| *Nassarius reticulatus* | | ■ | ■ | ■ | ■ | | ■ | ■ | ■ | ■ |
| *Spisula solida* | | | | | ■ | | | | | |
| *Turritella triplicata* | | | | | | | | | | ■ |

*Tabla 5.3: Zonas de hábitat (zonación y exposición) de los moluscos propios de substrato arenoso*

| Especies y Hábitat | COSTA ABIERTA | | | | | ESTUARIO | | | | |
|---|---|---|---|---|---|---|---|---|---|---|
| | Supra mareal | Intermareal | | | Infra mareal | Supra mareal | Intermareal | | | Infra mareal |
| | | Alto | Medio | Bajo | | | Alto | Medio | Bajo | |
| *Abra alba* | | | | | ■ | | | | | |
| *Cerastoderma edule* | | ■ | ■ | ■ | | | ■ | ■ | ■ | ■ |
| *Hydrobia ulvae* | | | | | | | ■ | | | |
| *Pecten maximus* | | | | | ■ | | | | | ■ |
| *Pholas dactylus* | | | | ■ | ■ | | | | ■ | ■ |
| *Pseudopythina macandrewi* | | | | ■ | ■ | | | | ■ | ■ |
| *Ruditapes decussatus* | | | | | | | ■ | ■ | ■ | |
| *Solen marginatus* | | | | ■ | ■ | | | | ■ | ■ |
| *Spisula subtruncata* | | | | | ■ | | | | ■ | ■ |
| *Venerupis corrugata* | | | | | | | | | ■ | ■ |

*Tabla 5.4: Zonas de hábitat (zonación y exposición) de los moluscos propios de substratos de arena/fango*

| Especies y Hábitat | COSTA ABIERTA | | | | | ESTUARIO | | | | |
|---|---|---|---|---|---|---|---|---|---|---|
| | Supra mareal | Intermareal | | | Infra mareal | Supra mareal | Intermareal | | | Infra mareal |
| | | Alto | Medio | Bajo | | | Alto | Medio | Bajo | |
| *Antalis novemcostata* | | | | | | | | | | ■ |
| *Cerastoderma glaucum* | | | | | | | ■ | ■ | ■ | ■ |
| *Scrobicularia plana* | | | | | | | ■ | ■ | ■ | |
| *Turritella communis* | | | | | | | ■ | ■ | ■ | |

*Tabla 5.5: Zonas de hábitat (zonación y exposición) de los moluscos propios de substratos fangosos*

En el caso del substrato parece que existen diferencias claras entre una explotación del medio rocoso (Fig. 5.31), generalmente más sencilla, a pesar de la necesidad de utilizar instrumental en determinadas ocasiones, y una explotación de los medios de arena y fango (Fig. 5.32), que conlleva un mayor esfuerzo y un buen conocimiento, tanto de las marcas que dejan los moluscos como de las técnicas de extracción. Por otra parte, mucho menor esfuerzo supone la recolección de conchas muertas en medios arenosos como playas.

Si se observan las diferencias en cuanto a la zonación, estas vienen dadas principalmente por el tiempo de emersión al que se ven sometidas las diferentes zonas en cada marea. Así, las zonas altas tienen la ventaja de estar un mayor tiempo emergidas y por tanto, pueden ser más explotadas. Asimismo, la recolección en zonas bajas puede ser más peligrosa, al estar más expuesta al golpeo del oleaje. Por estas razones, una recolección importante en las zonas bajas puede estar reflejando una explotación más intensa del litoral. Sin embargo, las diferencias espaciales entre las zonas altas y bajas no suelen ser apreciables, ya que generalmente no toma más que unos minutos, o incluso segundos, dependiendo del lugar, desplazarse de una a otra zona.

Las mayores diferencias, que debieron influir tanto en los patrones de asentamiento y movilidad como en los de explotación, son las existentes entre los medios explotados, es decir, entre las costas abiertas y los estuarios. Para establecer estas diferencias con cierta precisión es necesario definir ambos biotopos con claridad y establecer el grado de exposición de cada uno, pero la complejidad de los sistemas costeros provoca que esta tarea no sea tan sencilla. Así, las costas abiertas pueden ser muy expuestas o pueden tener zonas abrigadas, algo importante ya que los moluscos también tienen preferencia por unas u otras zonas. Así, los caracolillos *Littorina littorea* y *Osilinus lineatus* pueden habitar costas abiertas, pero no muy expuestas ya que no se fijan con suficiente fuerza a la roca como para aguantar los embates del oleaje.

En el caso de *Patella*, nuestras observaciones en diversos puntos del Cantábrico, señalan que dentro de las costas abiertas *Patella vulgata* aparece escasamente en las zonas muy expuestas y es más abundante en las zonas abrigadas, mientras *Patella intermedia* es abundante en ambas zonas. Por otra parte, las zonas de estuario son muy abrigadas y presentan unas características propias muy diferentes a las de la costa abierta. Además de las diferencias morfológicas entre ambas zonas, que provocan que las estrategias de explotación sean diferentes, son importantes las diferencias en cuanto a la localización geográfica, que debieron influir en la distribución de los asentamientos. Por tanto, a pesar de que algunos métodos muy generales han sido propuestos para acometer esta empresa (Baker & Crothes, 1987; Thomas, 1986), la diferenciación entre costas abiertas y estuarios, y entre zonas expuestas y abrigadas no es tan sencilla en muchos casos debido a la diversidad de situaciones existentes y a la dificultad de establecer límites entre unas y otras zonas. Por esta razón se ha tratado de simplificar las definiciones utilizadas en este trabajo, diferenciando entre costas abiertas, que incluyen bahías abiertas, playas, zonas rocosas y acantilados, en las que se pueden encontrar principalmente zonas expuestas, pero también zonas más abrigadas; y estuarios, que albergan playas, zonas rocosas y de fango en ambientes muy abrigados. Además, a partir de los datos biométricos de la especie *Patella vulgata* se ha podido obtener información relativa al grado de exposición de las costas abiertas en las que se ha llevado a cabo la recolección, como se verá más adelante.

*Fig. 5.31: Zona de substrato rocoso en costa abierta (playa de Amió - Pechón, Cantabria)*

*Fig. 5.32: Zonas de fango en el estuario del Asón (Cantabria). Obsérvese la presencia de mariscadores en el centro de la imagen y de bancos de ostras en la parte inferior derecha*

Para calcular la importancia de la recolección desde cada uno de los puntos de vista mencionados, se han tenido en cuenta las abundancias de cada especie y su zona de hábitat. En el caso del substrato, los cálculos se han realizado a partir del NMI, pero restando el NMI de los taxones intrusivos, que generalmente son la mayor parte de los caracoles terrestres (de hecho, sólo *Cepaea nemoralis* ha sido incluido en el cálculo) y los balanos, y calculando posteriormente las frecuencias relativas para cada zona de recolección. En el caso de la posición vertical de las especies en el litoral y la exposición, la utilización de datos numéricos es más compleja debido a que una misma especie puede habitar en diferentes posiciones en el intermareal o en ambos tipos de costa, abierta y estuario. Sin embargo, a partir de las preferencias de hábitat y el NMI se ha creado un método que ha permitido establecer las zonas de recolección y expresar esta información de manera gráfica. Así, en primer lugar se han separado los diferentes taxones en dos grupos según habiten en la costa abierta o en el estuario. Los taxones que pueden habitar ambas zonas se han añadido a cada una de ellas. A continuación, dentro de cada grupo se ha calculado la zonación. A cada zona del litoral se le han sumado los NMI de las especies que habitan en esas zonas, agrupando los resultados en bivalvos, gasterópodos marinos, crustáceos y equinodermos. Este método no está exento de problemas, ya que el NMI de una especie debe ser añadido en cada una de las zonas en las que puede habitar, lo cual significa que suma en varias columnas. Así, cuantas más zonas habite una especie menor definición proporcionará. Por tanto, las diferencias vienen dadas por las especies que tienen un hábitat muy restringido dentro del litoral. Con respecto al tipo de costa ocurre algo similar, ya que el mayor problema surge cuando las especies principales pueden habitar costas abiertas y estuarios, y por tanto el NMI no permite saber con seguridad qué tipo de costa fue más explotada.

Una serie de especies que suelen aparecer en los concheros de forma mayoritaria o minoritaria, presentan unas características más apropiadas para discriminar entre zonas debido a su hábitat restringido. Entre las más abundantes se encuentran, por ejemplo, las especies del género *Patella*, que presentan características apropiadas para la diferenciación, tanto de la zonación como del tipo de costa y su exposición. La muestra moderna que se ha utilizado (Tabla 5.6) ha mostrado que *Patella vulgata* y *Patella intermedia*, a pesar de que pueden aparecer en cualquier zona del intermareal, predominan en las zonas altas y medias, en proporciones muy similares, mientras *Patella ulyssiponensis* es la especie más abundante en las zonas bajas. Por ello, con el objetivo de destacar las diferencias, las dos primeras especies se considerarán como propias de zonas altas y medias mientras que la última es la que va a reflejar una exclusiva recolección de zonas bajas. Asimismo, *Patella vulgata* es una especie que puede habitar en costas abiertas o en estuarios, sin embargo, *Patella intermedia* y *Patella ulyssiponensis* (así como *Patella rustica*) sólo habitan en costas abiertas. Dentro de las costas abiertas, *Patella vulgata* se ve favorecida en las zonas protegidas y apenas aparece en zonas muy expuestas, en las que suelen predominar *Patella intermedia* y *Patella ulyssiponensis*. Otra especie habitual, *Osilinus lineatus*, según las definiciones habituales, además de zonas abiertas con cierto grado de exposición puede habitar en zonas protegidas como bahías no alejadas del mar abierto, pero no aparece en los estuarios. Así, en este trabajo se ha considerado a esta especie como propia de zonas abiertas. *Littorina obtusata*, a pesar de ser generalmente considerada una especie de zonas abiertas, ha sido hallada en las zonas más externas del estuario del Asón (Playa del Regatón). *Mytilus galloprovincialis* por su parte, puede aparecer en costas abiertas y en estuarios, aunque generalmente es más abundante en estos últimos, en los que suele aparecer asociado a una especie propia de estuarios como

*Ostrea edulis*. Otros bivalvos exclusivos de zonas de estuario son *Ruditapes decussatus* y *Scrobicularia plana*.

| **Playa de Langre (Cantabria)** | **Zona Alta** | **Zona Media** | **Zona Baja** | **Total** |
|---|---|---|---|---|
| *Patella vulgata* | 122 | 143 | 32 | 297 |
| *Patella intermedia* | 115 | 153 | 17 | 285 |
| *Patella ulyssiponensis* | | 8 | 151 | 159 |
| **Total** | **237** | **304** | **200** | **741** |

*Tabla 5.6: Abundancia del género Patella en la playa de Langre (Cantabria) en relación a la zonación vertical*

La presencia minoritaria de otras especies con hábitat restringido puede aportar valiosa información, especialmente en lo relativo a la exposición de las costas frecuentadas por los grupos humanos. Así, especies como *Charonia lampas*, *Hiatella rugosa*, *Petricola lithophaga*, *Striarca lactea*, *Trivia* sp., *Mimachlamys varia*, *Spisula solida*, *Abra alba*, *Pholas dactylus*, el crustáceo *Pollicipes pollicipes* o el equinodermo *Paracentrotus lividus*, reflejan una explotación de la costa abierta, mientras otras especies como *Antalis vulgaris*, *Hydrobia ulvae*, *Turritella* sp. o *Cerastoderma glaucum* dejan entrever que se ha frecuentado la zona de estuario.

Por tanto, el método que se acaba de presentar para establecer las principales zonas de recolección, permite obtener incluso una representación gráfica de los resultados, pero debido a sus características y a la complejidad de los datos que se emplean, se ha buscado la ayuda de otros métodos que permitan una mayor precisión.

Una aportación metodológica importante en relación a las zonas de recolección fue la de Craighead (1995), al crear ecuaciones de regresión basadas en análisis discriminantes para establecer la temperatura del mar (templada o fría), la posición en el intermareal y la exposición, a partir de las variaciones morfológicas de ejemplares actuales de la especie *Patella vulgata* en relación a su zona de hábitat, método que aplicó a los ejemplares arqueológicos de La Riera. Las ecuaciones fueron desarrolladas a partir de los datos biométricos y son las siguientes (Bailey & Craighead, 2003; Craighead, 1995) (corregidas aquí según indicaciones de los propios autores):

*Latitud* = Longitud (0,27) + Altura (0,04) – Anchura (0,157) – 5,394

*Zonación* = Longitud (–0,123) + Altura (0,52) – Anchura (0,191) + 2,289

*Exposición (expuesta o abrigada)* = Longitud (0,142) – Altura (0,06) + Anchura (0,0489) –5,328

*Exposición (zona alta abrigada o estuario)* = Longitud (0,444) – Altura (0,12) – Anchura (0,233) – 7,273

*Exposición (zona baja abrigada o estuario)* = Longitud (–0,545) + Altura (0,463) + Anchura (0,315) + 5,108

Si el resultado de la ecuación de latitud es menor de –0,30 las conchas proceden de un hábitat frío y si es mayor, de zonas más templadas. En cuanto a la zonación vertical, si el resultado es más positivo que –0,25 las conchas proceden de la zona alta del intermareal, y si es más negativo, se asocian a la zona baja. En el caso de la exposición, si el resultado es más positivo que –0,15 se asocia con zonas abrigadas, mientras que si es más negativo, las conchas proceden de zonas expuestas. En el caso de la exposición entre zonas abrigadas y estuarinas, si la ecuación de la zona alta es menor que cero las conchas proceden de zonas estuarinas y si la ecuación de la zona baja es menor que cero, entonces proceden de zonas abrigadas.

Con el objetivo de probar las ecuaciones en ejemplares de *Patella vulgata*, procedentes del Cantábrico y valorar así su utilidad, éstas se aplicaron a la muestra recolectada en Langre.

En el caso de la latitud (Tabla 5.7), los resultados presentan una fuerte anomalía en la asignación del material a su hábitat correcto. En lugar de un claro predominio de las morfologías de latitudes templadas como cabría esperar para una muestra de la costa cantábrica, nos encontramos con un resultado claramente ambiguo, que muestra la existencia de algún problema en la ecuación. Es probable que la causa sea precisamente la diferencia de latitudes entre la muestra utilizada para desarrollar la ecuación (recogida en Gran Bretaña) y la muestra recolectada en el Cantábrico.

| **Latitud Craighead** | **Exposición del Muestreo (Langre). Latitud** |
|---|---|
| | Total |
| **Templado** | 48,1% |
| **Frío** | 51,9% |

*Tabla 5.7: Resultados de la aplicación de la ecuación de latitud de Craighead (1995) a los ejemplares de la muestra actual recogida en Langre (Cantabria)*

En ese caso, si existen diferencias en la morfología dependiendo de la latitud, y si se tiene en cuenta que Craighead realizó su estudio con muestras modernas de diferentes puntos de Gran Bretaña, es probable que las funciones (o al menos la de la latitud) puedan aplicarse únicamente a yacimientos cantábricos del Tardiglaciar, cuando las condiciones climáticas son similares a las actuales en Gran Bretaña, y no a yacimientos mesolíticos, en los que las condiciones son similares a las actuales. A favor de este argumento encontramos los cambios en las variedades de *Patella vulgata* entre el Paleolítico Superior (casi exclusivamente variedad *maior* o *sautuolae*) y el Mesolítico (casi desparición de la variedad *maior* y aparición de una mayor diversidad de variedades). Para intentar confirmar o rechazar esta hipótesis se han aplicado las restantes ecuaciones a la muestra moderna

En cuanto a la zonación y la exposición (Tabla 5.8), para comparar con los datos de Craighead, los resultados también se agruparon en dos zonas, alta (suma de la zona alta y la media-alta) y baja (suma de la zona baja y la media-baja). Así, en cuanto a la zonación vertical, las funciones discriminantes asignaron correctamente casi el 85% de las muestras recolectadas en zona alta a esa zona, mientras que de las recolectadas en la zona baja, las funciones solo asignaron el 54% de las muestras a esa zona. Por tanto, parece que la función discrimina relativamente bien las muestras de zonas altas, pero no ocurre lo mismo con las zonas bajas. Si se observa la zonación desglosada (Tabla 5.9), se aprecia que el problema se encuentra principalmente en la zona media-baja, que produce resultados con proporciones muy similares. Sin embargo, la zona baja vuelve a presentar un buen encaje, ya que coincide en un 75%. Por tanto, es necesario tomar con precaución los datos proporcionados por esta ecuación.

| **Zonación Craighead** | **Zonación del Muestreo (Langre). Ecuaciones** | |
|---|---|---|
| | Zona Alta | Zona Baja |
| **Zona Alta** | 84,8% | 46% |
| **Zona Baja** | 15,2% | 54% |

*Tabla 5.8: Resultados de la aplicación de la ecuación de zonación de Craighead (1995) a los ejemplares de la muestra actual recogida en Langre (Cantabria). Zonas alta y baja*

| **Zonación Craighead** | **Zonación del Muestreo (Langre). Ecuaciones** | | | |
|---|---|---|---|---|
| | Zona Alta | Zona Media-Alta | Zona Media-Baja | Zona Baja |
| **Zona Alta** | 87,7% | 81,3% | 55,9% | 25% |
| **Zona Baja** | 12,3% | 18,7% | 44,1% | 75% |

*Tabla 5.9: Resultados de la aplicación de la ecuación de zonación de Craighead (1995) a los ejemplares de la muestra actual recogida en Langre (Cantabria). Zonas alta, alta-media, media-baja y baja*

Sin embargo, otro método más simple, propuesto también por Craighead, ha proporcionado muy buenos resultados para el cálculo de la zonación vertical. Se trata de las ratios Longitud/Altura (L/H) y Anchura/Altura (A/H). Estas variables parecen estar relacionadas solo con la zonación, por lo que pueden ser utilizadas para diferenciar entre costa alta y baja. Para ello es necesario establecer un valor medio a partir del cual las conchas se adscriben a una u otra zona. Este punto medio ha sido calculado para la muestra moderna de Langre, tomando el valor medio entre las medias de las ratios de zonas altas y bajas. En el caso de las ratios L/H el valor medio resultante fue 2,55, y por tanto, si el valor de la ratio es menor que el valor medio, las conchas proceden de zonas altas y si es mayor, proceden de zonas bajas. El mismo cálculo para las ratios A/H produjo un valor medio de 2,04. Si se observa la Tabla 5.10, parece claro que ambas ratios producen resultados satisfactorios, sin embargo, es la ratio L/H la que produce unos mejores resultados, con un encaje superior al 80% en ambas zonas. Por tanto, este método permite eliminar los problemas que la ecuación presentaba en la asignación de los ejemplares de zonas bajas.

| **Zonación Craighead** | **Zonación del Muestreo (Langre). Ratios** | | | |
|---|---|---|---|---|
| | **Zona Alta** | | **Zona Baja** | |
| | L/H | A/H | L/H | A/H |
| **Zona Alta** | 84,5% | 79,7% | 18% | 19% |
| **Zona Baja** | 15,5% | 20,3% | 82% | 81% |

*Tabla 5.10: Resultados de la aplicación de las ratios L/H y A/H a los ejemplares de la muestra actual recogida en Langre (Cantabria)*

En cuanto a la exposición (Tabla 5.11), las funciones discriminantes asignaron casi el 65% de las muestras a las zonas expuestas, como cabía esperar. Sin embargo, una proporción muy alta, el 35% ha sido asignado a zonas abrigadas, hecho que puede deberse a varias razones. Por una parte, la definición de zonas abrigadas usada por Craighead no debe asociarse con condiciones estuarinas, como veremos más adelante, sino que se refiere a zonas protegidas dentro de costas abiertas. Este podría ser el caso de la zona en la que se han recogido las muestras modernas en la playa de Langre, que presenta un cierto grado de protección con respecto a lo vientos más agresivos, a diferencia de otras zonas de la misma playa. Por tanto, es probable que ese grado de protección sea el que se refleja en el resultado. Además, parece que la exposición no es únicamente dependiente de la energía del medio, sino también de la zonación, como puede observarse en la Tabla 5.12. Es decir, que el grado de exposición crece a medida que la zona es más baja. Las zonas bajas rompen la tendencia, indicando menor exposición, probablemente debido a que la muestra es relativamente pequeña. Así, parece normal que en las zonas altas de las costas expuestas, menos propensas al efecto del oleaje, se puedan desarrollar morfologías propias de zonas abrigadas. Por otra parte, es patente que la variabilidad morfológica derivada del grado de exposición puede producirse en espacios muy próximos. En diferentes recolecciones llevadas a cabo durante el curso de esta investigación se ha podido comprobar cómo en una misma roca se pueden encontrar diferentes morfologías, según la localización y el grado de exposición que presenten al golpeo de las olas. Esto también puede influir en el desarrollo de ejemplares con morfologías propias de zonas más abrigadas. Por tanto, parece que el alto porcentaje de ejemplares asignados a zonas abrigadas puede explicarse por la conjunción de estos factores y no desvirtúa la validez del método.

| **Exposición Craighead** | **Exposición del Muestreo Costa Expuesta (Langre)** |
|---|---|
| | Total |
| **Expuesta** | 64,7% |
| **Abrigada** | 35,3% |

*Tabla 5.11: Resultados de la aplicación de la ecuación de exposición de Craighead (1995) a los ejemplares de la muestra actual recogida en Langre (Cantabria)*

| **Exposición Craighead** | **Zonación del Muestreo Costa Expuesta (Langre)** | | | |
|---|---|---|---|---|
| | Zona Alta | Zona Media-Alta | Zona Media-Baja | Zona Baja |
| **Expuesta** | 48,4% | 69,4% | 91,2% | 59,4% |
| **Abrigada** | 51,6% | 30,6% | 8,8% | 40,6% |

*Tabla 5.12: Resultados de la aplicación de la ecuación de exposición de Craighead (1995) a los ejemplares de la muestra actual recogida en Langre (Cantabria). Desglosados por zonas*

En relación con esta cuestión, Craighead también desarrolló ecuaciones para distinguir los ejemplares procedentes de zonas abrigadas y de zonas estuarinas, en relación a su posición vertical en el intermareal. Sin embargo, la aplicación de estas ecuaciones a la muestra moderna ha proporcionado resultados anormales (Tabla 5.13), ya que como se ha explicado la muestra fue recolectada en una zona relativamente protegida de una playa expuesta, mientras los resultados reflejan una amplia explotación de estuario.

En resumen, parece que las ecuaciones relativas a la zonación y la exposición funcionan relativamente bien, excepto para las zonas bajas en el caso de la zonación. Por su parte, las ratios L/H y A/H predicen la zonación con gran fiabilidad en ambas zonas. Por último, existen graves problemas para la aplicación de las ecuaciones para calcular la latitud y para diferenciar entre zonas abrigadas y estuarinas.

| **Exposición Craighead** | **Zonación del Muestreo (Langre). Exposición protegidas** | |
|---|---|---|
| | Zona Alta | Zona Baja |
| **Protegidas** | 47,2% | 15,6% |
| **Estuario** | 52,8% | 84,4% |

*Tabla 5.13: Resultados de la aplicación de la ecuación de exposición de Craighead (1995) a los ejemplares de la muestra actual recogida en Langre (Cantabria). Zonas protegidas y estuario*

En este trabajo, se utilizarán por tanto, la ecuación referida a la exposición y la ratio L/H para el cálculo de la zonación. No obstante, en nuestro método el intermareal ha sido dividido en tres zonas, alta, media y baja, mientras las ratios L/H (al igual que la ecuación de Craighead para la zonación) proporcionan los datos en solo dos categorías, alta y baja. Así, a efectos de interpretación, las categorías alta y baja de las ratios sobre *Patella vulgata* se corresponden respectivamente con las zonas altas-medias y medias-bajas de nuestro método. Al haber restringido el hábitat de esta especie a las zonas altas y medias en nuestro método, es posible que estemos infravalorando su presencia en las zonas bajas, a pesar de que no suele ser abundante. Por tanto, cuando una de las zonas esté representada en más del 65% los valores de *Patella vulgata* se sumarán a las zonas equivalentes y serán eliminados de la zona restante. Por ejemplo, si el 80% de los individuos proceden de la zona baja, se sumará el NMI tanto a la zona media como a la zona baja de nuestro método, y se eliminará de la zona alta. De esta forma, las representaciones gráficas y las interpretaciones serán mucho más claras y aportarán información más detallada.

## 5.10 Estacionalidad: análisis de líneas de crecimiento en *Ostrea edulis*

A lo largo del siglo XX el estudio de los moluscos como parte de la dieta de las poblaciones humanas durante el Pleistoceno y el Holoceno ha ido evolucionando, si bien a un ritmo menor que el de otros materiales considerados más "relevantes" para el conocimiento de las poblaciones prehistóricas, como por ejemplo las faunas de mamíferos. Sin embargo, en los últimos años del siglo XX y concretamente a partir de los años 80, se generalizaron diversas técnicas aplicadas a los moluscos que pretendían obtener información sobre aspectos como estacionalidad o paleotemperaturas. Entre estas técnicas destacan dos que han sido las más utilizadas: el análisis de isótopos de oxígeno y el análisis de líneas de crecimiento.

En la región cantábrica son escasos los análisis de este tipo que se ha llevado a cabo. La primera aproximación a esta cuestión la llevó a cabo Madariaga (1975a:95-96), al ensayar un método de análisis a partir del crecimiento anual de *Patella vulgata*. Por otra parte, los primeros análisis de isótopos de oxígeno sobre *Osilinus lineatus* y *Patella vulgata* fueron realizados por Deith (1983; Deith & Shackleton, 1986) en diversos yacimientos de la región. Asimismo, Craighead (1995, ver también Bailey & Craighead, 2003) realizó análisis de isótopos y análisis de líneas de crecimiento sobre *Patella vulgata* en La Riera, mientras Milner (Zapata *et al.*, 2007) llevó a cabo el estudio de las líneas de crecimiento de las ostras (*Ostrea edulis*) de Pico Ramos.

Así, con el objetivo de ampliar el espectro de datos sobre estacionalidad, y en colaboración con las Dras. Nicky Milner y Eva Laurie, de la Universidad de York (U.K.), se ha realizado un análisis de las líneas de crecimiento de *Ostrea edulis* procedentes del yacimiento de Kobaederra (País Vasco). El método fue desarrollado por Milner (2000, 2001) y se basa en el crecimiento anual de las conchas de las ostras. Los patrones de crecimiento fueron establecidos a partir de muestras modernas procedentes de tres localidades de Gran Bretaña. Este estudio mostró que las líneas anuales comienzan a desarrollarse a partir de la primavera, el crecimiento continúa a lo largo de los meses templados y comienza a cesar al final del otoño. Este comportamiento produce un patrón anual, que se traduce en la aparición de una línea de crecimiento distintiva al inicio de cada primavera y que puede ser analizado. La validez del método ha sido probada tras su aplicación con éxito en diversos yacimientos mesolíticos y neolíticos de Dinamarca.

Para obtener un reflejo fiel de las líneas de crecimiento se utilizó la técnica de lámina delgada, aplicada a las charnelas de las valvas derechas que mostraban unas características adecuadas para el análisis. Las charnelas fueron cortadas en ángulo recto con una sierra de precisión, a continuación fueron embutidas en resina y los bloques resultantes se pulieron utilizando papel del lija de diferentes grosores. Los bloques fueron pegados a un porta-láminas y se cortaron de nuevo en la sierra de precisión para obtener una lámina de aproximadamente 1 mm de grosor. Por último, las láminas fueron pulidas de nuevo para crear láminas delgadas y fueron analizadas al microscopio a diferentes aumentos (entre x10 y x40) dependiendo del nivel de detalle necesario para leer las líneas de crecimiento.

Con este método, la estimación de la estación de muerte es ligeramente subjetiva, ya que se realiza a ojo, teniendo en cuenta la cantidad de crecimiento entre la última línea anual y el borde de la concha (Fig. 5.33). La heterogeneidad en el crecimiento hace inviable la utilización de medidas para calcular el crecimiento, por lo que la mejor forma es a partir de la adquisición de experiencia trabajando con muestras modernas. Por tanto, debido a la imposibilidad de utilizar datos numéricos derivados de patrones regulares de crecimiento, este método debe ir asociado a un test ciego. Así, para eliminar la subjetividad, dos de los autores realizaron el análisis por una parte, y el tercero lo realizó aparte, con la finalidad de contrastar ambos análisis y su grado de coincidencia. Los resultados (Tabla 5.14) mostraron una gran coincidencia, de más del 80% en todos los niveles, por lo que el método se aceptó como adecuado.

| **Resultados test ciego** | **Nivel I** | **Nivel II** | **Nivel III** | **Nivel IV** | **Total** |
|---|---|---|---|---|---|
| Concordancia Total | 80,8 | 62,1 | 79,2 | 71,1 | 72,7 |
| Concordancia Parcial | 15,4 | 20,7 | 8,3 | 18,4 | 16,2 |
| **Concordancia Estación** | **96,2** | **82,8** | **87,5** | **89,5** | **88,9** |
| Sin Concordancia | 3,8 | 17,2 | 12,5 | 10,5 | 11,1 |
| N= | 26 | 29 | 24 | 38 | 117 |

*Tabla 5.14: Datos de concordancia del test ciego realizado en el análisis de líneas de crecimiento de Ostrea edulis en Kobaederra*
*Leyenda: Concordancia Total = acuerdo total sobre la estación y las líneas anuales. Concordancia Parcial = acuerdo en la estación de muerte pero discrepancias sobre las líneas anuales internas. Concordancia Estación = Concordancia Total + Concordancia Parcial. Sin Concordancia = desacuerdo en la estación de muerte. N = número de muestras*

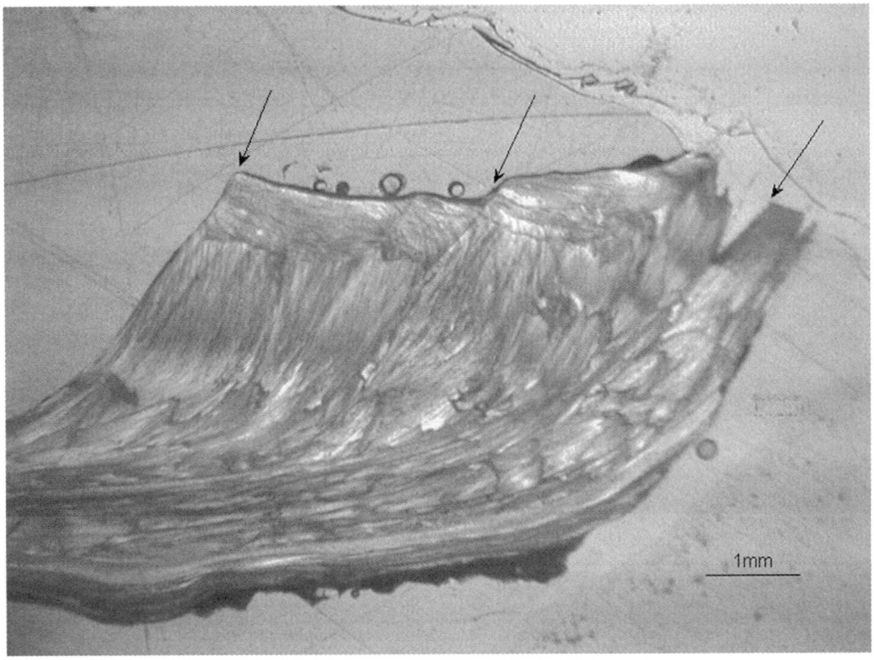


*Fig. 5.33: Lámina delgada de una charnela de Ostrea edulis procedente de Kobaederra que indica recolección en primavera. Las flechas señalan la presencia de líneas anuales*

# CAPÍTULO 6. ANÁLISIS ARQUEOMALACOLÓGICOS EN LA REGIÓN CANTÁBRICA

## 6.1 La Llana (Andrín, Asturias)

### 6.1.1 *El yacimiento: localización y descripción*

La cueva de La Llana se localiza al Sur del camino que desde Andrín conducía a Purón y Puertas de Vidiago, hoy día cortado por la carretera N-634 poco antes del puente sobre el río Purón (Fig. 6.1). Sus coordenadas UTM son UP 61800700, y su altitud de unos 20 m. sobre el nivel del mar. El paisaje en los alrededores de la cueva está fuertemente karstificado con variedad de formas externas, destacando las dolinas, de tamaño considerable. Esta plataforma caliza está delimitada al Norte por la Sierra Plana de Cué, al Sur por la Sierra Plana de Purón, y al Este por la entalladura que forma el río Purón en su curso bajo. Por el Oeste el paisaje se prolonga con caracteres similares por San Roque y La Arquera hasta alcanzar la zona de Parres y Porrúa, donde la complejidad de las formas superficiales del karst es mucho mayor (González Morales, 1995b:67).

*Fig. 6.1: Localización de la cueva de La Llana (Imagen: Mapa Topográfico Nacional Escala 1:25000)*

La cavidad fue descubierta por C. Pérez Suárez y P. Arias Cabal en 1981, detectándose el yacimiento arqueológico en una visita posterior con M. R. González Morales (González Morales, 1995b:74), quien dirigió los trabajos de excavación entre los años 1983 y 1985.

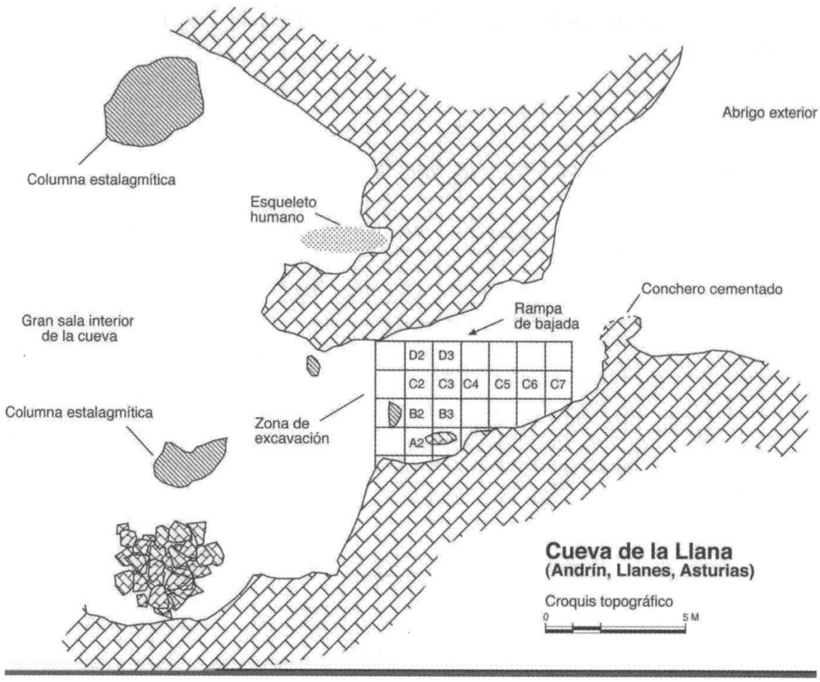


*Fig 6.2: Plano de la cueva de La Llana con las zonas excavadas (Imagen: M. R. González Morales)*

*Fig. 6.3: Entrada Norte (izquierda) y abrigo Sur (derecha) de la cueva de La Llana*

La cueva se sitúa en una dolina y presenta dos bocas, una de gran tamaño con orientación Norte (en la zona de la dolina) y otra hoy casi colmatada, orientada al Sur (Fig. 6.3). El yacimiento se localiza en la zona colmatada de la boca Sur (Fig. 6.2), por lo que se puede asegurar que todo el material fue acumulado como consecuencia de la ocupación de esa parte de la cueva, o mejor dicho del abrigo externo. Los restos de moluscos fueron arrojados a través de la boca Sur de la cueva y rodaron hasta depositarse en la rampa que desciende hacia el interior de la cueva, si bien en las paredes de la boca quedan restos de conchero cementado, por lo que probablemente el conchero fue mayor de lo que hoy se observa.

Así, si bien el conchero se limita a la zona superficial, persiste la incógnita de la existencia de yacimiento en su abrigo exterior, por debajo de la capa de bloques de derrumbe (González Morales, 1995b:77). Sólo una amplia intervención podría proporcionar información al respecto, así como de la existencia de ocupaciones previas del yacimiento.

La excavación en la zona del conchero puso al descubierto dos niveles según González Morales (1995b:74-75) (Fig. 6.4):

- Nivel 1: Se trata de un estrato de escasa potencia compuesto por un conchero parcialmente recubierto de una costra estalagmítica y mezclado con fragmentos calizos.

- Nivel 2: Espeso paquete de arcillas prácticamente estéril desde el punto de vista arqueológico.

Es probable que existan más niveles en el yacimiento ya que los objetivos de la excavación sólo incluían la intervención en los niveles descritos.

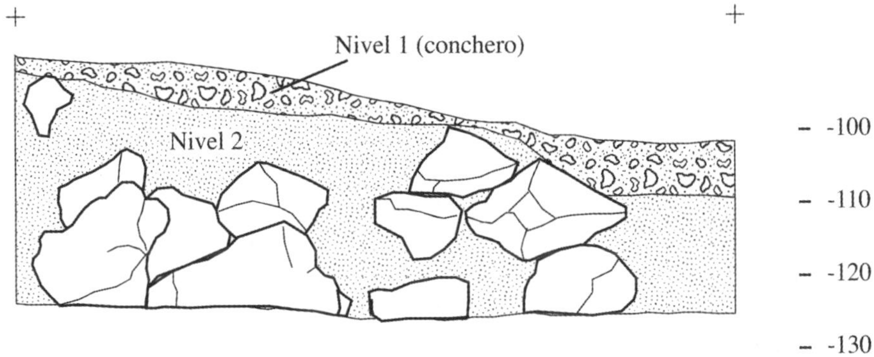


*Fig. 6.4: Estratigrafía de la Cueva de La Llana (Imagen: M. R. González Morales)*

Para la cueva de La Llana no se cuenta con dataciones absolutas por ninguna de las técnicas disponibles, pero de forma relativa se puede asignar una franja temporal al depósito arqueológico, si se tiene en cuenta la aparición de un pico asturiense en la base del conchero. Por su parte, el conjunto malacológico es también muy coherente, en cuanto a su composición, con la adscripción del conchero al período Asturiense. Por tanto, a pesar de no contar con una fecha precisa, se ha podido establecer un lapso temporal definido en el que fue ocupado el yacimiento.

### 6.1.2 Análisis arqueomalacológico conchero Nivel 1

6.1.2.1 Representación de especies

Para el análisis de la malacofauna de la cueva de La Llana se ha tomado aleatoriamente una muestra del conchero correspondiente a nueve subcuadros de excavación. Todos los subcuadros siguen un mismo patrón en cuanto a composición y cantidades, por lo que con su análisis hemos obtenido un reflejo fiable de la totalidad del conchero.

El conchero (Tabla 6.1) está compuesto por 25 taxones, que se corresponden con dos bivalvos, diez gasterópodos marinos, nueve gasterópodos terrestres, tres crustáceos y un equinodermo. Estos taxones se corresponden con restos de tipo alimentario, intrusivo y potencialmente modificables.

El NR es de 15052 y se corresponden con un NMI de 6903 individuos. La especie predominante es el género *Patella* con un 50% del NMI, destacando la mayor abundancia de *Patella vulgata* (10%), sobre *Patella intermedia* (7%). Sin embargo, es necesario tener en cuenta que los procesos tafonómicos han impedido la identificación específica de una buena parte de los individuos del género *Patella* (*Patella* sp., 32%). Asimismo es destacable que *Osilinus lineatus* alcanza el 45% del NMI, por lo que se puede considerar como un recurso muy abundante (Fig. 6.6).

| **Taxones** | **La Llana Nivel 1** | | | | |
|---|---|---|---|---|---|
| **Bivalvos marinos** | **NR** | **%NR** | **NMI** | **%NMI** | **Peso (gr.)** |
| *Mytilus galloprovincialis* | 1143 | **7,593** | 111 | **1,607** | 363 |
| *Striarca lactea* | 1 | **0,006** | 1 | **0,014** | |
| **Total Bivalvos** | **1144** | **7,599** | **112** | **1,621** | **363** |
| **Gasterópodos marinos** | **NR** | **%NR** | **NMI** | **%NMI** | **Peso (gr.)** |
| *Gibbula* sp. | 18 | **0,119** | 18 | **0,260** | 8 |
| *Gibbula umbilicalis* | 1 | **0,006** | 1 | **0,014** | 1 |
| *Haliotis tuberculata* | 2 | **0,013** | 1 | **0,014** | |
| *Nassarius reticulatus* | 1 | **0,006** | 1 | **0,014** | |
| *Nucella lapillus* | 2 | **0,013** | 2 | **0,028** | |
| *Osilinus lineatus* | 4080 | **27,106** | 3063 | **44,372** | 6093 |
| *Patella vulgata* | 696 | **4,623** | 696 | **10,082** | 774 |
| *Patella intermedia* | 489 | **3,248** | 489 | **7,083** | 447 |
| *Patella ulyssiponensis* | 78 | **0,518** | 78 | **1,129** | 127 |
| *Patella* sp. | 5949 | **39,522** | 2243 | **32,493** | 2404 |
| **Total Gasterópodos marinos** | **11316** | **75,174** | **6592** | **95,489** | **9854** |
| **Gasterópodos terrestres** | **NR** | **%NR** | **NMI** | **%NMI** | **Peso (gr.)** |
| *Cepaea nemoralis* | 718 | **4,770** | 81 | **1,173** | 60 |
| *Claussilia bidentata* | 7 | **0,046** | 1 | **0,014** | |
| *Cochlostoma* sp. | 94 | **0,624** | 59 | **0,854** | |
| *Elona quimperiana* | 1 | **0,006** | 1 | **0,014** | |
| *Helicella itala* | 6 | **0,039** | 6 | **0,086** | |
| *Oestophorella buvinieri* | 10 | **0,066** | 6 | **0,086** | |
| *Oxychilus* sp. | 7 | **0,046** | 7 | **0,101** | |
| *Pomatias elegans* | 20 | **0,132** | 11 | **0,159** | |
| *Pyrenaearia cantabrica* | 1 | **0,006** | 1 | **0,014** | |
| **Total Gasterópodos terrestres** | **864** | **5,735** | **173** | **2,501** | **60** |
| **Crustáceos** | **NR** | **%NR** | **NMI** | **%NMI** | **Peso (gr.)** |
| Brachyura sp. | 42 | **0,279** | 6 | **0,086** | 10 |
| *Balanus* sp. | 2 | **0,013** | 1 | **0,014** | |
| *Pollicipes pollicipes* | 43 | **0,285** | 10 | **0,144** | 11 |
| **Equinodermos** | **NR** | **%NR** | **NMI** | **%NMI** | **Peso (gr.)** |
| *Paracentrotus lividus* | 1630 | **10,829** | 9 | **0,130** | 61 |
| **No identificable** | 11 | **0,073** | | | |
| TOTAL | **15052** | **100** | **6903** | **100** | **10359** |

*Tabla 6.1: Abundancia (NR, NMI, peso y frecuencias relativas) de los taxones identificados en el Nivel 1 de La Llana*

El resto de taxones presenta unas cantidades bastante escasas y deben ser considerados, por tanto, como marginales. *Mytilus galloprovincialis*, único bivalvo alimenticio, representa el 1,6% del NMI, siendo por tanto, muy escaso. También *Cepaea nemoralis* sobrepasa el 1% del NMI pero puede que su presencia sea producto de intrusiones, al igual que ocurre con el resto de los gasterópodos terrestres. Asimismo la presencia de crustáceos (cangrejos del Orden Brachyura –Tabla 6.2– y el percebe *Pollicipes pollici-*

*pes* –Fig. 6.5–) y equinodermos (*Paracentrotus lividus*) también puede considerarse como marginal. Por tanto, son los taxones marinos, y concretamente el género *Patella* y *Osilinus lineatus*, los más explotados por los pobladores de La Llana. Asimismo, el hallazgo de un fragmento de anzuelo recto (González Morales, 1995b:75) pone en evidencia la realización de algún tipo de actividad pesquera, confirmando la explotación sistemática del litoral por los grupos humanos que poblaron la cavidad.

| **Crustáceos** | **NR** | **NMI** |
|---|---|---|
| Brachyura sp. | 37 | 3 |
| *Cancer pagurus* | 3 | 1 |
| *Liocarcinus puber* | 1 | 1 |
| *Xantho incisus* | 1 | 1 |
| **Total** | **42** | **6** |

*Tabla 6.2: Crustáceos identificados en el nivel 1 de La Llana*

*Fig. 6.5: Placas del percebe Pollicipes pollicipes procedentes del conchero de La Llana*

### 6.1.2.2 Tafonomía

Una serie de procesos tafonómicos, habituales en este tipo de yacimientos, han sido identificados. Así, las conchas se han visto afectadas en cierta medida por procesos como la bioerosión (generalmente causada por microperforadores marinos), la fragmentación o la carbonificación (principalmente en ejemplares de *Osilinus lineatus* y el género *Patella*). Sin embargo, un proceso que ha afectado al material de forma acusada es el encostramiento. Es un proceso importante, si bien dificulta la identificación del material, ya que la costra no permite la perfecta observación de los rasgos diagnósticos de cada taxón. Aún así, existe una manifiesta desigualdad entre el grado de encostramiento del material, ya que una gran parte aparece recubierto de costras calcáreas, mientras un número menor de individuos mantiene a la vista casi todos los elementos diagnósticos con un grado aceptable de conservación.

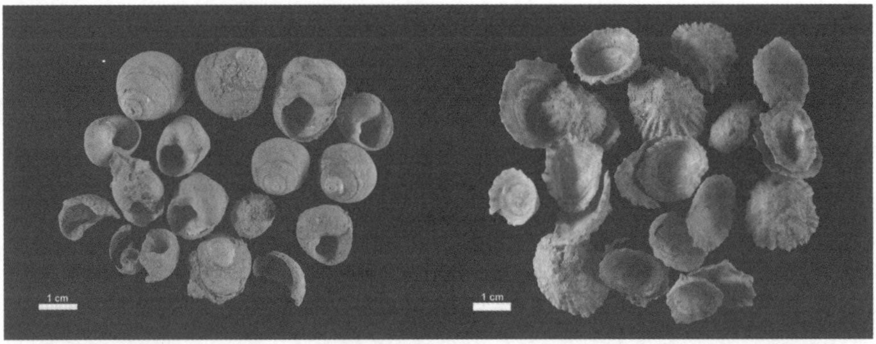


*Fig. 6.6: Ejemplares de Osilinus lineatus (izquierda) y Patella intermedia (derecha) del conchero de La Llana*

En relación con este proceso de encostramiento se encuentra otro que debió afectar a gran parte del material. Se trata de la cementación del conchero, visible en la zona del abrigo Sur. En esta parte del yacimiento se observan moluscos cementados en las paredes, lo que sugiere dos cosas: por una parte, una acumulación de moluscos de mayor tamaño que la identificada hasta el momento, y por otra parte, la actuación de procesos erosivos que han acabado por desmantelar el conchero originalmente depositado.

Así, también se han podido identificar dos procesos relacionados con el desplazamiento de materiales. Por una parte, la desarticulación de las valvas de bivalvos y del aparato bucal de *Paracentrotus lividus*, que aparecen completamente separados. Y por otra parte, la remoción del depósito a causa de procesos post-depósito. Así, la situación del conchero permite pensar que la habitación se realizó en el abrigo de la boca Sur de la cueva, lugar en el que se depositó originalmente el material. Posteriormente, diversos procesos post-deposito habrían erosionado el conchero acumulado, rodando el material a través de la boca y resedimentándose (o incluso podríamos hablar de reagrupamiento) en la rampa de la cueva, lugar de acumulación definitiva. Esta es la hipótesis más plausible ya que la boca Sur de la cueva actuaría a modo de sumidero, recogiendo las aguas de la zona. Esta corriente de agua se habría encargado de arrastrar el material hacia la cueva, mientras que un momento de mejora de las temperaturas favoreciendo la evaporación, habría causado el fuerte encostramiento del material, pero sin llegar a cementarlo. Sin embargo, el agua habría actuado con escasa energía, ya que el material ha sido movido escasos metros desde su supuesta localización primaria en la zona del abrigo Sur. Un hecho que vendría a confirmar este supuesto es la escasa abrasión que presentan las conchas, conservando su angulosidad. La hipótesis del desplazamiento una vez acumulado el depósito está avalada por la aparición de otros materiales como huesos y carbón junto a las conchas de moluscos, lo que demuestra que todo el depósito ha sido arrastrado en conjunto.

En cuanto a los moluscos terrestres aparecen también con restos de encostramiento, por lo que probablemente se trata de intrusiones contemporáneas (o escasamente posteriores) a la acumulación primaria del depósito y se han desplazado con el resto del material. Los elementos intrusivos, representados por los caracoles terrestres, son los más abundantes, seguidos de los taxones alimentarios, mientras el número de los potencialmente modificables es muy escaso.

### 6.1.2.3 Índice de fragmentación

El proceso de resedimentación sufrido por el material podría reflejarse en una alta fragmentación (Fig. 6.7). Sin embargo, el yacimiento en conjunto presenta un índice de fragmentación de 0,400, lo que significa que el material está medianamente fragmentado. Igualmente, los taxones principales, género *Patella* y *Osilinus lineatus*, también presentan un estado de conservación aceptable. Es cierto que el material no ha sufrido un gran desplazamiento desde su posición original, pero quizás la respuesta más probable haya que buscarla en otro proceso tafonómico presente en el yacimiento, el encostramiento. Este proceso ha afectado de manera acusada a gran parte del material, y debido a sus características el efecto que produce sobre el material es en parte beneficioso, ya que al recubrirlo de una costra calcárea, también lo está protegiendo ante otros procesos como la fragmentación. Esa puede ser la causa de que el material esté poco fragmentado a pesar de haber sufrido una resedimentación.

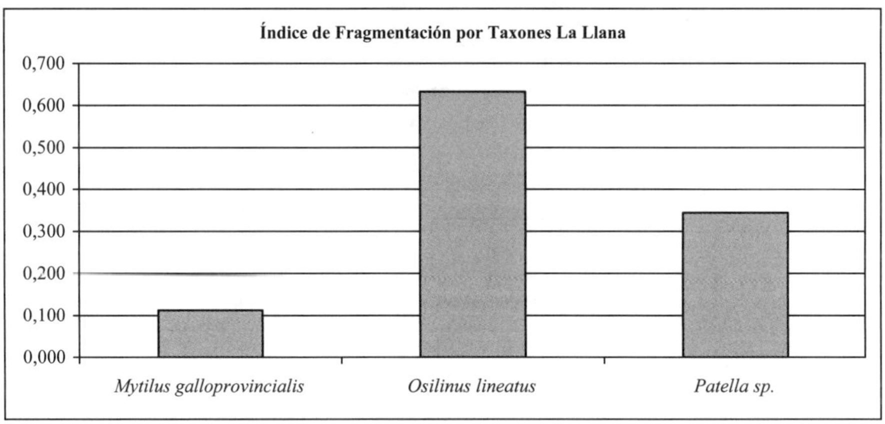


*Fig. 6.7: Índice de fragmentación por taxones en La Llana*

### 6.1.2.4 Zonas de recolección

La explotación de moluscos marinos se ha llevado a cabo en áreas de sustrato duro, es decir, en zonas rocosas. Así lo confirma la presencia de gasterópodos marinos que habitan esas zonas, en especial el género *Patella* y *Osilinus lineatus*, que son los más abundantes en el yacimiento (Fig. 6.8). Es destacable la ausencia de taxones propios de fondos arenosos-fangosos o que habiten exclusivamente en estuarios, por lo que es muy probable que estas zonas no hayan sido explotadas desde La Llana. Así, la recolección se ha llevado a cabo exclusivamente en las zonas rocosas de costas expuestas.

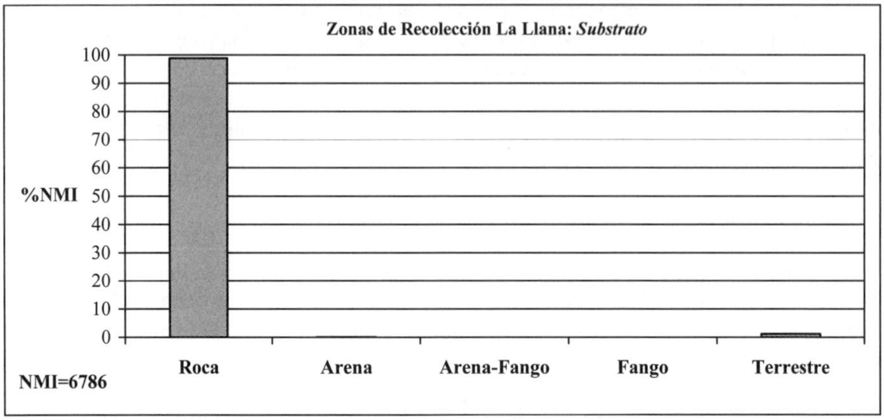


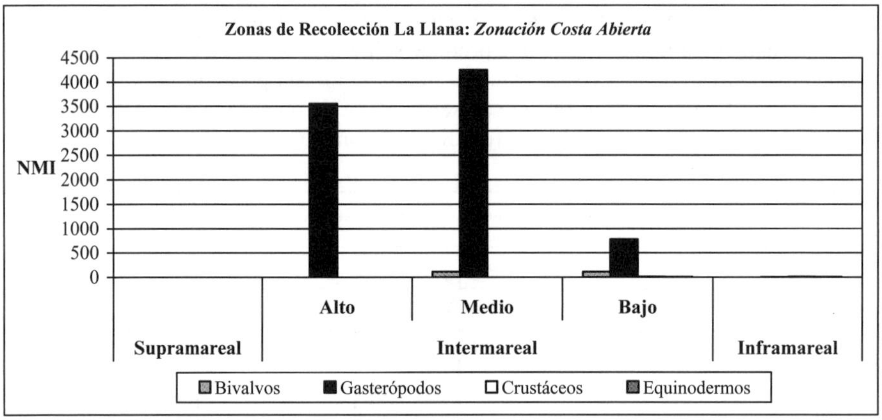


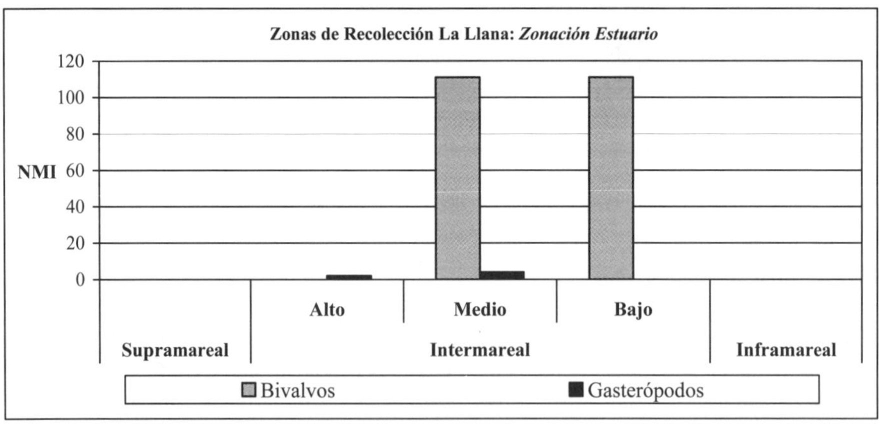


*Fig. 6.8: Zonas de recolección (substrato, zonación y exposición) en La Llana*

Los resultados obtenidos tras la aplicación de la ecuación de exposición de *Patella vulgata* (Tabla 6.3) así lo indican también, ya que el 97% de los individuos fueron recogidos en costas expuestas. Sin embargo, la aparición de especies ubicuas, que pueden habitar en ambos tipos de costa, no permite descartar por completo que se haya llevado a cabo una mínima parte de la recolección en zonas abrigadas e incluso en estuarios. En cuanto a la zonación, todo el intermareal de las costas expuestas parece haber sido explotado, especialmente las zonas altas y medias. Las ratios L/H de *Patella vulgata* indican que se recogieron preferentemente en las zonas medias-bajas.

| ***Patella vulgata* Nivel 1** | | | |
|---|---|---|---|
| **Zonación (L/H)** | | **Exposición (Ecuación)** | |
| **Zona Alta** | **Zona Baja** | **Costa Expuesta** | **Costa Abrigada** |
| 31,5% | 68,5% | 97,6% | 2,4% |

*Tabla 6.3: Zonación y exposición de Patella vulgata en La Llana*

6.1.2.5 Biometría

La aplicación del test de *Shapiro-Wilk* a la los datos biométricos de la anchura de *Osilinus lineatus* indica que la distribución es log-normal reflejando algún tipo de selección de los tamaños. Asimismo, el *Mixture Analysis* indica la posible presencia de dos distribuciones, mientras en el histograma se aprecia la existencia de dos modas (Fig. 6.9). El tamaño medio de los individuos puede considerarse pequeño, aunque similar al de la muestra actual. La existencia de cierta asimetría indica que predominan ligeramente los valores mayores a la media.

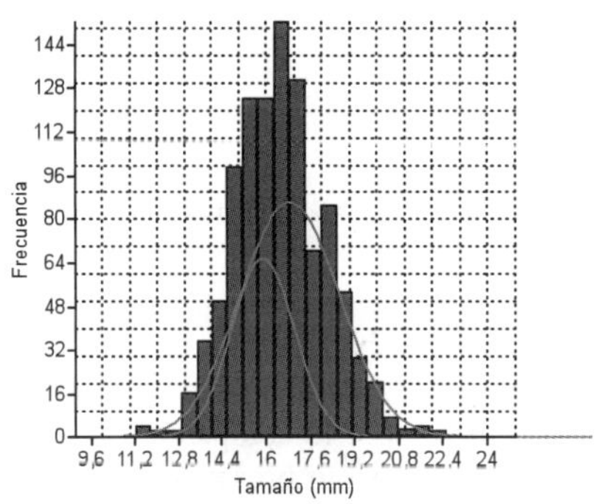


| | |
|---|---|
| N | 1010 |
| Min | 11,2 |
| Max | 22,5 |
| Sum | 16682,8 |
| Mean | 16,5176 |
| Std. error | 0,0523969 |
| Variance | 2,77289 |
| Stand. dev | 1,6652 |
| Median | 16,4 |
| 25 prcntil | 15,4 |
| 75 prcntil | 17,5 |
| Skewness | 0,238899 |
| Kurtosis | 0,242857 |
| Geom. mean | 16,434 |
| *Shapiro-Wilk* | |
| W: | 0,995 |
| *p*: | 0,002093 |

*Fig. 6.9: Representación estadística de los tamaños (anchura) de Osilinus lineatus en La Llana*

En el caso de *Patella vulgata* (Fig. 6.10) la distribución no es normal, pero tampoco log-normal, aunque se acerca mucho. Presenta dos modas y al menos dos distribuciones en su interior. La asimetría es positiva y bastante marcada. El tamaño medio es bastante inferior al de las muestras actuales y la edad media es de 3,2 años. Por otra parte, *Patella intermedia* (Fig. 6.11) presenta una distribución similar, que en este caso es log-normal, pero con cuatro modas y al menos dos distribuciones. Asimismo, la asimetría es positiva y bastante marcada. Los tamaños medios también son claramente inferiores a los de las muestras actuales y la edad media es de 3 años.

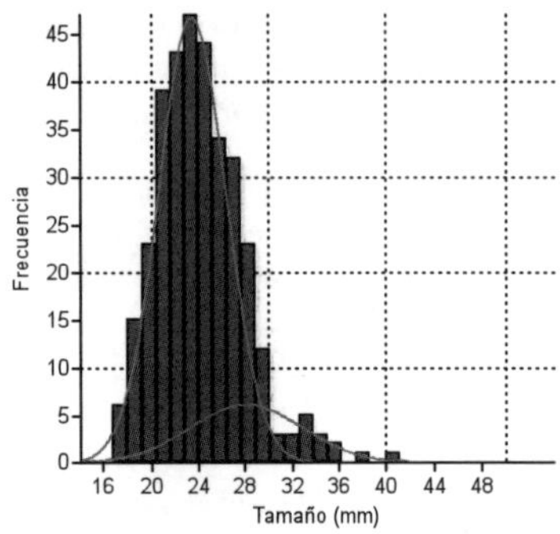


| | |
|---|---|
| N | 336 |
| Min | 16,7 |
| Max | 41,1 |
| Sum | 8147,2 |
| Mean | 24,2476 |
| Std. error | 0,203742 |
| Variance | 13,9476 |
| Stand. dev | 3,73465 |
| Median | 23,9 |
| 25 prcntil | 21,6 |
| 75 prcntil | 26,5 |
| Skewness | 0,872114 |
| Kurtosis | 1,61527 |
| Geom. mean | 23,9756 |
| *Shapiro-Wilk* | |
| W: | 0,9613 |
| *p*: | 9,15E-08 |

*Fig. 6.10: Representación estadística de los tamaños (longitud) de Patella vulgata en La Llana*

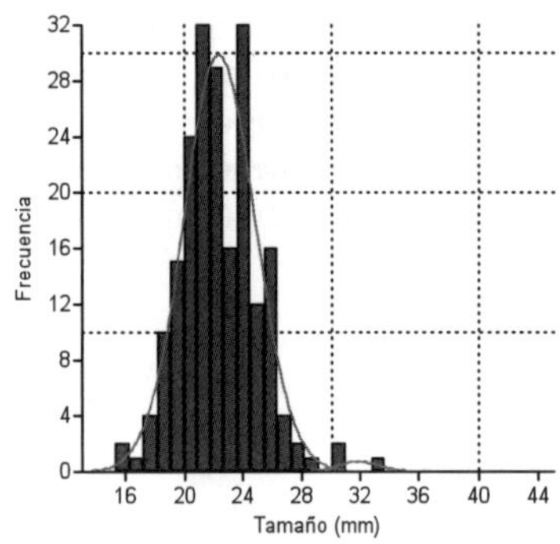


| | |
|---|---|
| N | 203 |
| Min | 15,3 |
| Max | 33,7 |
| Sum | 4555 |
| Mean | 22,4384 |
| Std. error | 0,189084 |
| Variance | 7,25782 |
| Stand. dev | 2,69403 |
| Median | 22,2 |
| 25 prcntil | 20,5 |
| 75 prcntil | 24,2 |
| Skewness | 0,504857 |
| Kurtosis | 1,27765 |
| Geom. mean | 22,2802 |
| *Shapiro-Wilk* | |
| W: | 0,9805 |
| *p*: | 0,006514 |

*Fig. 6.11: Representación estadística de los tamaños (longitud) de Patella intermedia en La Llana*

La falta de normalidad en las distribuciones está probablemente causada por la selección antrópica de los tamaños más grandes, algo que estaría avalado por la asimetría positiva presente en todas las especies y especialmente por la comparación con los histogramas de las muestras actuales. Por otra parte, la posible presencia de más de una distribución en las series analizadas puede deberse bien al propio proceso de selección o bien a una mezcla de individuos procedentes de procesos de recolección y consumo diferenciados en el tiempo. En cualquier caso, los datos disponibles apoyan la primera opción. No obstante, los tamaños medios son realmente pequeños, bastante menores que los de las muestras actuales (incluida la muestra sin selección de tamaños), sobre todo en el género *Patella* y apoyan la hipótesis de una fuerte presión sobre los recursos. Los tamaños de *Osilinus lineatus* son similares a los de las muestras actuales, sin embargo, esta especie está sometida a una fuerte presión en la actualidad, por lo que apoyan también la hipótesis de fuerte presión antrópica. Por tanto, la imagen que se refleja del análisis es la de una recolección intensa en la que priman los tamaños pequeños, pero dentro de los tamaños disponibles se ha procurado recoger los más grandes.

6.1.2.6 Técnicas de recolección

En cuanto a las técnicas utilizadas para realizar el marisqueo, se pueden deducir del tipo de moluscos recolectados. Por una parte, *Osilinus lineatus* es una especie de fácil recolección, sin necesidad de instrumento alguno aparte de las propias manos, aunque para su consumo debe ser ineludiblemente cocida y extraída la carne por medio de una aguja, punzón o similar. De más fácil consumo, pero más difícil recolección es el género *Patella*, que debe ser despegada de las rocas utilizando algún tipo de instrumento. La Llana, por su situación y características puede considerarse un conchero asturiense, no solo por la composición del depósito, sino también por el hallazgo de un pico asturiense típico en la parte inferior del conchero (Fig. 6.12), casi en el contacto con la arcilla del nivel subyacente (González Morales, 1995b:75). La función atribuida tradicionalmente a este instrumento es la de pico marisquero, concretamente para recolectar lapas, si bien algunos autores se cuestionan esta teoría sobre su funcionalidad (Madariaga, 1976; Pérez Pérez, 1999).

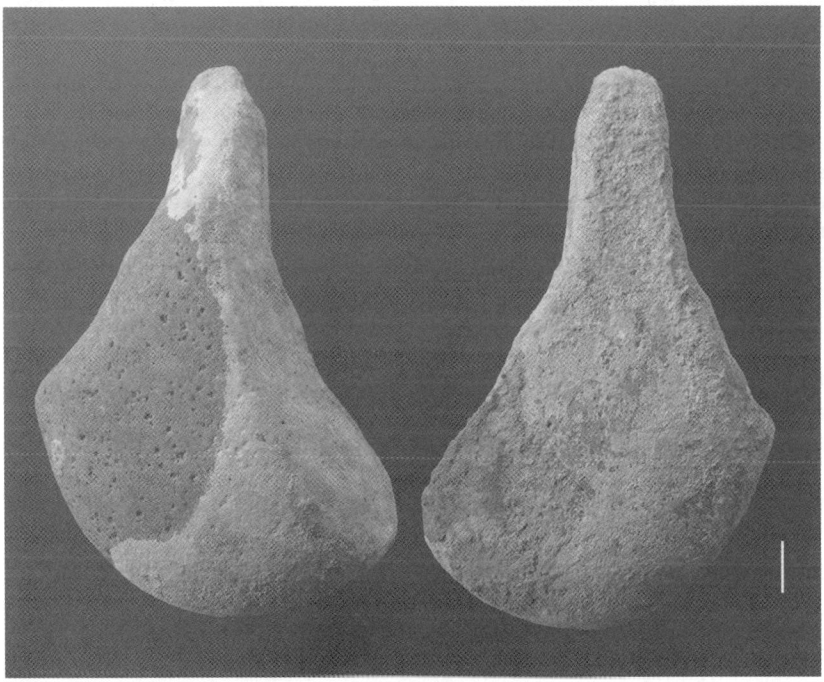

*Fig. 6.12: Pico asturiense procedente de la base del nivel 1 de La Llana*

*Mytilus galloprovincialis* aparece en escaso número, pero es otra especie que necesita ser despegada del sustrato, ya que sus individuos forman ramilletes con un punto de unión común, el biso, que debe ser golpeado con un objeto contundente para poder ser desprendido. Para este cometido, probablemente cualquier canto podría ser utilizado, si bien también se podría realizar la operación con la ayuda del pico asturiense. Entre los gasterópodos terrestres, sólo *Cepaea nemoralis* podría haber sido recogido con finalidad alimenticia, su recolección es sencilla y se lleva a cabo manualmente, por lo que la única dificultad reside en su búsqueda entre la maleza, piedras, praderías... Destaca la presencia en el conchero de diez individuos de la especie *Paracentrotus lividus*, el erizo de mar. Su recolección se realizaría manualmente, bien en charcas con la bajamar, bien buceando en la zona inferior del intermareal. Algunos autores (Madariaga, 1976:449) han propuesto la utilización del pico asturiense no sólo para desprender las lapas sino también con la finalidad de romper el caparazón de los erizos de mar y así extraer las partes blandas alojadas en el interior. El resto de taxones presentes en el yacimiento se habrían recogido manualmente, sin necesidad de ningún instrumento adicional.

### 6.1.3 *Discusión y conclusiones*

El patrón de taxones explotados es el típico de los concheros asturienses, con predominio del género *Patella* y *Osilinus lineatus*, y con una serie de taxones marginales, así como algunos crustáceos y equinodermos. Puede considerarse un patrón especializado ya que los dos taxones principales responden de más del 90% del conjunto. Por otra parte, la recolección se ha llevado a cabo casi exclusivamente en zonas expuestas de la costa abierta. El análisis biométrico indica que se han seleccionado los tamaños más grandes, aunque los reducidos tamaños medios reflejan que la recogida se ha producido de forma intensa.

Por último, se puede concluir que el conchero de La Llana es producto de una ocupación muy parecida a la del resto de concheros asturienses, tanto en composición como en su situación. La zona ocupada durante el Asturiense, es decir, el abrigo Sur, presenta unas excelentes condiciones de habitabilidad, con una buena orientación, mientras su situación, a unos 2 km de la costa, favorece el desplazamiento y la captación de recursos malacológicos. El abrigo sería capaz de albergar a grupos de tamaño considerable, mientras que el depósito, no excesivamente grande, puede estar reflejando un uso esporádico de la cavidad, como también se desprende de los resultados del análisis de isótopos sobre *Osilinus lineatus* (Deith, 1983), que indica una recolección centrada en el invierno.

## 6.2 Cueva de Mazaculos II (La Franca, Asturias)

### 6.2.1 *El Yacimiento: localización y descripción*

La Cueva de Mazaculos II se localiza en un macizo calcáreo en las proximidades del río Cabra, que desemboca en la playa de La Franca (Fig. 6.13). Las coordenadas de la cavidad son x: 372130, y: 4805500 y se encuentra a una altitud de 35 m. sobre el nivel del mar actual.

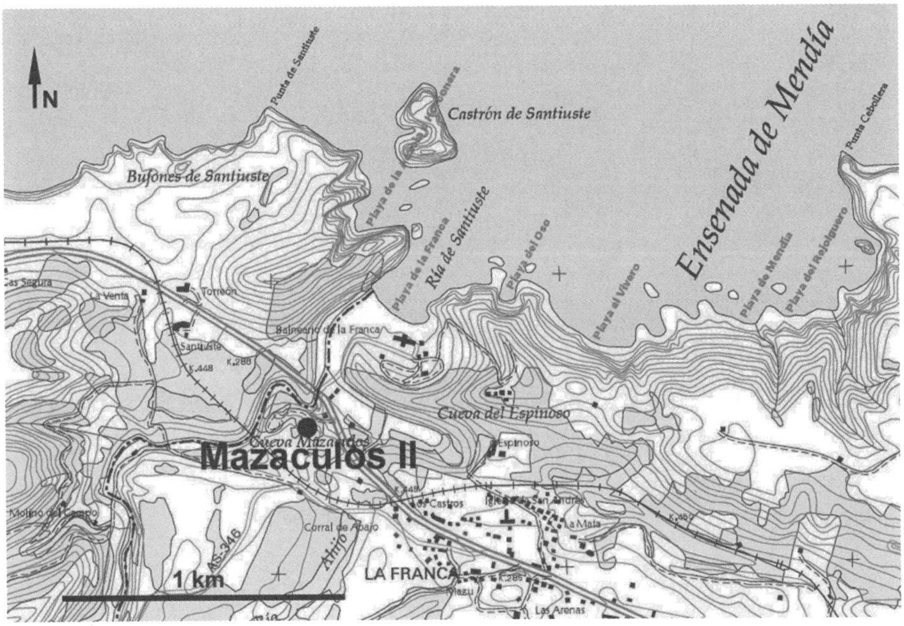


*Fig. 6.13: Localización de la cueva de Mazaculos II (Imagen: Mapa Topográfico Nacional)*

La entrada es un gran abrigo, orientado hacia el NNO (Fig. 6.14). Su distancia al mar en la actualidad es de unos 400 m. La comunicación del abrigo con las salas interiores se realiza a través de una boca de dimensiones reducidas que da paso a una sala de amplias proporciones y techo elevado. Esta sala comunica, a través de un pasaje de techo bajo con una segunda sala situada justo a su lado (Fig. 6.15).

La cueva ha sido objeto de interés desde principios del siglo XX (Alcalde del Río *et al.*, 1911; Clark, 1976; Vega del Sella, 1916, 1923), si bien las primeras intervenciones como parte de un proyecto de investigación no se producirán hasta finales de los años 70 (González Morales *et al.*, 1980). Las tareas de excavación se llevaron a cabo entre 1976 y 1983, centrándose en dos zonas denominadas Sector 1 (conchero del abrigo exterior) y Sector 3 (conchero primera sala interior). Los trabajos pusieron de manifiesto la existencia de varios niveles en ambos sectores, abarcando cronológicamente todo el Mesolítico, pero sin evidencias claras de ocupaciones anteriores, salvo algunos episodios esporádicos (González Morales, 1995b:68 y ss.). Los trabajos en el Sector 3 permitieron además identificar niveles fechados en los inicios del Neolítico, que completaban la secuencia.

*Fig. 6.14: Entrada de la cueva de Mazaculos II*

*Fig. 6.15: Plano de la cueva de Mazaculos II (Imagen: M. R..González Morales)*

La estratigrafía de los Sectores 1 y 3, descrita por el equipo de excavación (González Morales, 1995b) es la siguiente (Fig. 6.16):

Estratigrafía Sector 1

Nivel 0: se trata de estratos revueltos, fruto de la acción de los antiguos excavadores y los furtivos. Se individualizaron cuatro unidades menores que mezclan tierras superficiales y costras estalagmíticas.

Nivel 1: nivel de conchero relativamente homogéneo con variaciones laterales en las características del depósito, en el que se distinguieron tres subniveles, compuestos por dos capas de conchas sueltas con escasa matriz terrosa, intercaladas por una capa de matriz terrosa. Casi estéril en cuanto a otro tipo de materiales.

Nivel 2: nivel de conchero con mayor consistencia terrosa en el que apenas aparecen otro tipo de materiales. La masa de conchas se designó como 2.1 y una capa carbonosa discontinua como 2.2.

Nivel 3: se trata de un nivel de conchas sueltas de textura similar al nivel 1, y que en algunos lugares presentaba una intercalación terrosa (3.2) que separaba la parte superior del nivel (3.1) de la inferior (3.3). En la base del nivel 3 aumentaban de modo considerable los restos líticos, óseos y de hogares, definiendo una zona de habitación que contrastaba con el depósito indiferenciado de la masa del conchero. Esta zona se excavó por superficies o lechos denominados 1, 2 y 3, mientras el fondo del depósito, asentado sobre la arcilla del nivel subyacente se denominó superficie 3-arcilla.

Nivel 4: nivel arcilloso casi estéril, con algunas lapas de tipo pleistoceno en la parte superior del depósito.

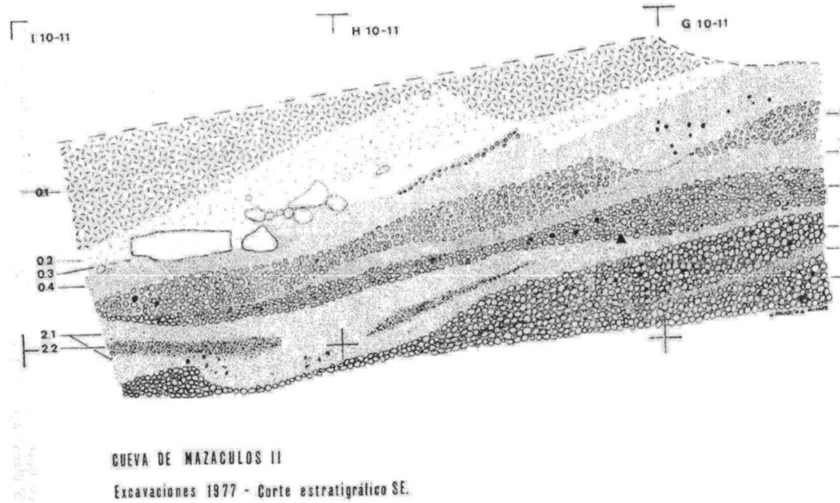


*Fig. 6.16: Estratigrafía del Sector 1 de Mazaculos II (Imagen: M. R. González Morales)*

Estratigrafía Sector 3

Nivel A1: grueso paquete de arcillas removidas que en algunos lugares alcanzaba 1 m de espesor, con inclusión de algunos objetos recientes.

Nivel A2: Nivel de tierras orgánicas, negras, con presencia de conchas y restos óseos y líticos relativamente abundantes. Su parte inferior fue designada en algunos cuadros como A2base, de aspecto terroso, en contacto con los bloques adyacentes. Igualmente, en algunos cuadros se designó como A2+A2base.

Nivel A2fondo: depósito de matriz terrosa que aparecía en algunos cuadros entre los bloques y a veces directamente bajo ellos.

Nivel A3: nivel de tierras relativamente sueltas, mucho más lavado que el nivel A2, con gran abundancia de conchas y restos óseos.

Nivel 4: arcillas compactas de fondo, similares a las del Nivel 4 de la estratigrafía del Sector 1, en el que destaca la presencia de un lentejón carbonoso con lapas y huesos.

Por otra parte, las dataciones radiocarbónicas obtenidas para el yacimiento se presentan en la Tabla 6.4.

| Referencia | Nivel | BP | sd | cal BP | sd | Adscripción | Material | Metódo |
|---|---|---|---|---|---|---|---|---|
| GaK-15221 | A2 | 5050 | 120 | 5800 | 120 | Neolítico | Carbón | C14 |
| GaK-15222 | A3 | 7030 | 120 | 7850 | 110 | Mesolítico | Carbón | C14 |
| GaK-8162 | 1.1 | 7280 | 220 | 8110 | 210 | Mesolítico | Carbón | C14 |
| Gak-6884 | 3.3 | 9290 | 440 | 10560 | 610 | Mesolítico | Carbón | C14 |

*Tabla 6.4: Cronología absoluta (C14) de Mazaculos II*

### 6.2.2 *Análisis Arqueomalacológico Nivel A3*

6.2.2.1 Representación de especies

El nivel A3 (NR: 2558) se compone de 20 taxones, de los cuales cuatro son bivalvos, nueve gasterópodos marinos, cuatro gasterópodos terrestres, dos crustáceos y un equinodermo, correspondiendo a un NMI de 1116 y un peso de 1,4 kg. Así, en este nivel mesolítico el género *Patella* representa el 80% del conchero, seguido de *Osilinus lineatus*, que abarca el 11%. El resto del conjunto está compuesto por especies marginales que aparecen en escasas cantidades. Cabe destacar la relativa abundancia del percebe *Pollicipes pollicipes* (3,1%) y la escasez de bivalvos (1,5%). Entre los gasterópodos, además de los ya citados, aparecen *Gibbula*, *Littorina littorea* y *Littorina obtusata* (Tabla 6.5).

6.2.2.2 Tafonomía

El principal proceso identificado en este nivel es la biodegradación, que ha actuado con cierta intensidad sobre una parte del material, especialmente del género *Patella*. El resto de procesos son habituales en este tipo de depósitos y han afectado al material de forma muy ligera: bioerosión (microperforación), fragmentación (0,337), encostramiento leve y carbonificación leve.

| Taxones | Mazaculos A3 | | | | |
|---|---|---|---|---|---|
| **Bivalvos marinos** | **NR** | **%NR** | **NMI** | **%NMI** | **Peso (gr.)** |
| *Mytilus galloprovincialis* | 132 | **5,16** | 12 | **1,075** | 32 |
| *Ostrea edulis* | 3 | **0,117** | 3 | **0,268** | 1 |
| *Ruditapes decussatus* | 6 | **0,234** | 1 | **0,089** | 4 |
| *Scrobicularia plana* | 1 | **0,039** | 1 | **0,089** | |
| **Total Bivalvos** | **142** | **5,55** | **17** | **1,521** | **37** |
| **Gasterópodos marinos** | **NR** | **%NR** | **NMI** | **%NMI** | **Peso (gr.)** |
| *Gibbula* sp. | 2 | **0,078** | 1 | **0,089** | 1 |
| *Gibbula umbilicalis* | 1 | **0,039** | 1 | **0,089** | 1 |
| *Littorina littorea* | 2 | **0,078** | 1 | **0,089** | 3 |
| *Littorina obtusata* | 1 | **0,039** | 1 | **0,089** | |
| *Osilinus lineatus* | 265 | **10,359** | 128 | **11,469** | 268 |
| *Patella vulgata* | 196 | **7,662** | 196 | **17,562** | 265 |
| *Patella intermedia* | 227 | **8,874** | 227 | **20,34** | 229 |
| *Patella ulyssiponensis* | 75 | **2,931** | 75 | **6,72** | 140 |
| *Patella* sp. | 1345 | **52,58** | 427 | **38,261** | 401 |
| **Total Gasterópodos marinos** | **2114** | **82,64** | **1057** | **94,708** | **1308** |
| **Gasterópodos terrestres** | **NR** | **%NR** | **NMI** | **%NMI** | **Peso (gr.)** |
| *Cepaea nemoralis* | 5 | **0,195** | 1 | **0,089** | 1 |
| Claussiliidae sp. | 1 | **0,039** | 1 | **0,089** | |
| *Cochlostoma* sp. | 2 | **0,078** | 2 | **0,179** | |
| Helicidae sp. | 2 | **0,078** | 1 | **0,089** | |
| **Total Gasterópodos terrestres** | **10** | **0,39** | **5** | **0,446** | **1** |
| **Crustáceos** | **NR** | **%NR** | **NMI** | **%NMI** | **Peso (gr.)** |
| Brachyura sp. | 1 | **0,039** | 1 | **0,089** | 1 |
| *Pollicipes pollicipes* | 172 | **6,724** | 35 | **3,136** | 33 |
| **Equinodermos** | **NR** | **%NR** | **NMI** | **%NMI** | **Peso (gr.)** |
| *Paracentrotus lividus* | 113 | **4,417** | 1 | **0,089** | 4 |
| **No identificable** | **6** | **0,234** | | | |
| TOTAL | **2558** | **99,994** | **1116** | **99,989** | **1384** |

*Tabla 6.5: Abundancia (NR, NMI, peso y frecuencias relativas) de los taxones identificados en el nivel A3 de Mazaculos II*

### 6.2.2.3 Zonas de recolección

El substrato rocoso ha sido casi exclusivamente explotado, ya que solo aparecen dos individuos recogidos en fondos arenosos y/o fangosos. Asimismo, todo el intermareal ha sido frecuentado durante la recolección, con ligero predominio de las zonas altas y medias, si bien las ratios L/H de *Patella vulgata* indican una recogida en zonas medias y bajas. En cuanto a la exposición, la ecuación de Craighead indica que los ejemplares de dicha especie fueron recogidos en costas expuestas. Esto, unido a la diferencia en el NMI y a las preferencias del resto de especies principales por las costas abiertas (*Patella intermedia*, *Patella ulyssiponensis*, *Osilinus lineatus*), permite asegurar con fiabilidad que la recolección se llevó a cabo en este tipo de costas, mientras las zonas de estuario parecen haber sido frecuentadas de forma anecdótica (Fig. 6.17 y Tabla 6.6).

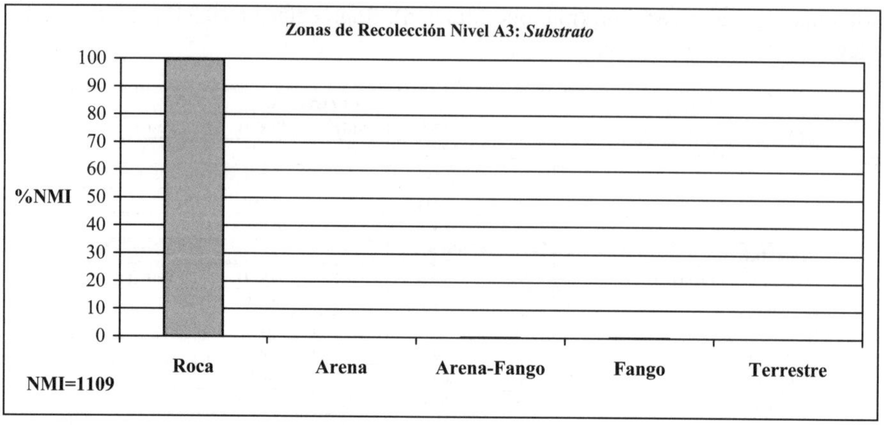


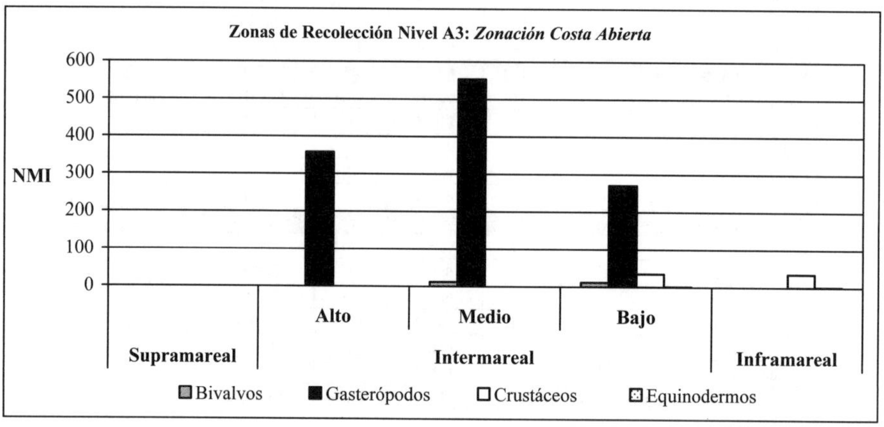


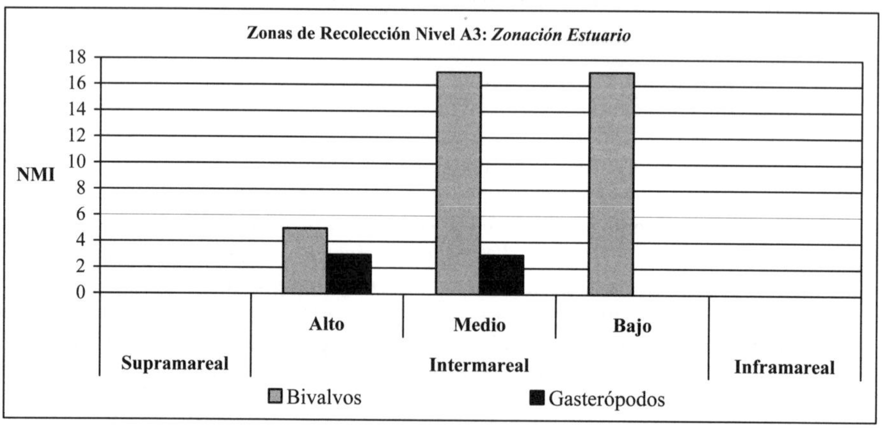


*Fig. 6.17: Zonas de recolección (substrato, zonación y exposición) en el nivel A3 de Mazaculos II*

| ***Patella* vulgata A3 n=106** | | | |
|---|---|---|---|
| **Zonación (L/H)** | | **Exposición (Ecuación)** | |
| **Zona Alta** | **Zona Baja** | **Costa Expuesta** | **Costa Abrigada** |
| 30,2% | 69,8% | 92,5% | 7,5% |

*Tabla 6.6: Zonación y exposición de Patella vulgata en el nivel A3 de Mazaculos II*

### 6.2.2.4 Biometría

El análisis de las distribuciones de frecuencias por clase ha podido llevarse a cabo en las tres especies principales de este nivel, *Osilinus lineatus*, *Patella intermedia* y *Patella vulgata*. En el caso de *Osilinus lineatus* (Fig. 6.18), si bien el tamaño de muestra es relativamente escaso, se ha podido comprobar que aunque la distribución es normal, presenta una asimetría positiva bastante marcada. Por otra parte, el histograma parece reflejar la existencia de diversas modas. Tanto la marcada asimetría como la existencia de varias modas podrían ser debidas al tamaño de muestra. El tamaño medio es incluso menor que el de la muestra actual.

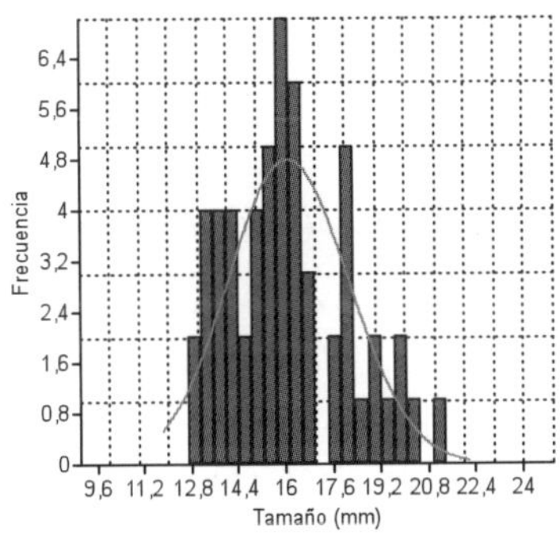


| | |
|---|---|
| N | 56 |
| Min | 12,66 |
| Max | 21,37 |
| Sum | 900,14 |
| Mean | 16,0739 |
| Std. error | 0,274484 |
| Variance | 4,21914 |
| Stand. dev | 2,05405 |
| Median | 15,805 |
| 25 prcntil | 14,21 |
| 75 prcntil | 17,725 |
| Skewness | 0,523281 |
| Kurtosis | -0,33231 |
| Geom. mean | 15,9486 |
| *Shapiro-Wilk* | |
| W: | 0,9624 |
| *p*: | 0,07808 |

*Fig. 6.18: Representación estadística de los tamaños (anchura) de Osilinus lineatus en el nivel A3 de Mazaculos II*

Por su parte, *Patella vulgata* (Fig. 6.19) presenta una distribución que no es ni normal ni log-normal y con una fuerte asimetría positiva, probablemente provocada por la existencia de algunos valores extremos (individuos muy grandes). El histograma refleja la existencia de varias modas y el *Mixture Analysis* ha permitido establecer la hipótesis de la existencia de dos distribuciones en la serie de datos. El tamaño medio es bastante inferior a los de las muestras actuales y la edad media es de 3,4 años. *Patella intermedia* (Fig. 6.20) presenta una distribución que no es normal, pero si log-normal, y con una asimetría positiva bastante marcada. El histograma refleja la presencia de al menos una moda muy marcada y más de una distribución en su interior. Al igual que ocurre con las otras especies, los tamaños medios son menores que los de las muestras actuales, mientras la edad media es de 3 años.

Por tanto, las especies del género *Patella* reflejan algún tipo de selección de tamaños. Si se tiene en cuenta la asimetría positiva y marcada, y se compara el histograma con los de las muestras actuales, se aprecia que se han seleccionado los tamaños más grandes. Si se comparan los tamaños medios con los actuales, aquellos son menores incluso que los de la muestra recogida sin selección, lo que indica una fuerte presión sobre el recurso. En el caso de *Osilinus lineatus*, la normalidad de la distribución puede estar determinada por el escaso tamaño de muestra, mientras la asimetría positiva marcada podría estar indicando que se han seleccionado los tamaños más grandes (o bien es un efecto del reducido tamaño de muestra). Por tanto, lo más probable es que en ambos casos se han seleccionado los tamaños más grandes dentro de los tamaños disponibles, que en general son pequeños, debido probablemente a una recogida intensa de estos recursos durante éste período.

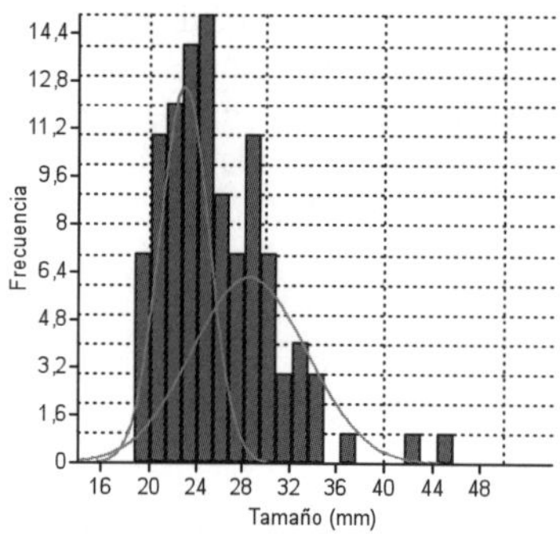


| | |
|---|---|
| N | 106 |
| Min | 18,76 |
| Max | 45,75 |
| Sum | 2744,16 |
| Mean | 25,8883 |
| Std. error | 0,463304 |
| Variance | 22,753 |
| Stand. dev | 4,77001 |
| Median | 25,12 |
| 25 prcntil | 22,47 |
| 75 prcntil | 29,0575 |
| Skewness | 1,25226 |
| Kurtosis | 2,67863 |
| Geom. mean | 25,4933 |
| *Shapiro-Wilk* | |
| W: | 0,9208 |
| *p*: | 8,99E-06 |

*Fig. 6.19: Representación estadística de los tamaños (longitud) de Patella vulgata en el nivel A3 de Mazaculos II*

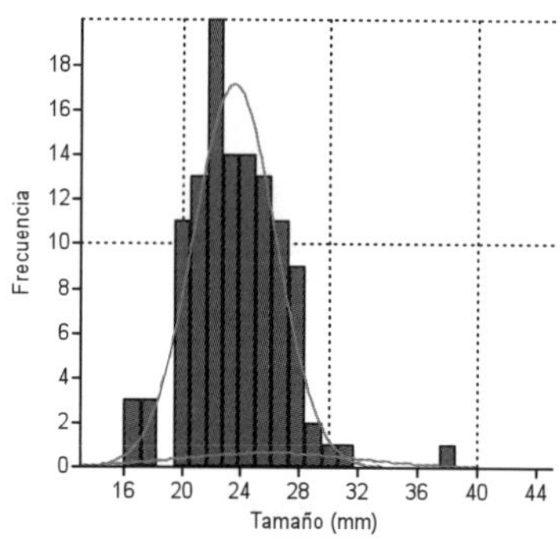


| | |
|---|---|
| N | 116 |
| Min | 15,96 |
| Max | 38,51 |
| Sum | 2743,24 |
| Mean | 23,6486 |
| Std. error | 0,303251 |
| Variance | 10,6675 |
| Stand. dev | 3,26611 |
| Median | 23,46 |
| 25 prcntil | 21,565 |
| 75 prcntil | 25,825 |
| Skewness | 0,682856 |
| Kurtosis | 2,83167 |
| Geom. mean | 23,4301 |
| *Shapiro-Wilk* | |
| W: | 0,9625 |
| *p*: | 0,002503 |

*Fig. 6.20: Representación estadística de los tamaños (longitud) de Patella intermedia en el nivel A3 de Mazaculos II*

### 6.2.3 *Análisis Arqueomalacológico Nivel A2fondo*

6.2.3.1 Representación de especies

Se han identificado 27 taxones, de los cuales seis son bivalvos, 13 gasterópodos marinos, cuatro gasterópodos terrestres, tres crustáceos y un equinodermo. El número de restos (NR) es de 9455, que se corresponden con un número mínimo de 3307 individuos y un peso de 4,2 kg. En el conjunto se encuentran representados taxones de tipo alimentario, modificados e intrusivos (Tabla 6.7).

El género *Patella* es el taxón predominante ya que supone algo más del 75% del NMI total, seguido de *Osilinus lineatus* (14%). Dentro del género *Patella*, las especies *Patella vulgata* y *Patella intermedia* presentan cantidades similares. El tercer taxón representado es, al igual que en el nivel anterior, el percebe *Pollicipes pollicipes* (5%). El resto de taxones aparecen de forma marginal y solo *Mytilus galloprovincialis* supera el 1%. Asimismo se ha identificado un ejemplar de *Nassarius reticulatus* perforado (Fig. 6.21).

| Taxones | Mazaculos A2fondo | | | | |
|---|---|---|---|---|---|
| **Bivalvos marinos** | **NR** | **%NR** | **NMI** | **%NMI** | **Peso (gr.)** |
| *Mytilus galloprovincialis* | 494 | **5,224** | 41 | **1,24** | 102 |
| *Ostrea edulis* | 5 | **0,052** | 2 | **0,06** | 1 |
| *Ruditapes decussatus* | 2 | **0,021** | 1 | **0,03** | 3 |
| *Scrobicularia plana* | 1 | **0,01** | 1 | **0,03** | |
| *Striarca lactea* | 2 | **0,021** | 2 | **0,06** | |
| Veneridae sp. | 5 | **0,052** | 1 | **0,03** | 5 |
| **Total Bivalvos** | **509** | **5,38** | **48** | **1,45** | **111** |
| **Gasterópodos marinos** | **NR** | **%NR** | **NMI** | **%NMI** | **Peso (gr.)** |
| *Charonia lampas* | 3 | **0,03** | 1 | **0,03** | |
| *Gibbula* sp. | 1 | **0,01** | 1 | **0,03** | 1 |
| *Gibbula umbilicalis* | 1 | **0,01** | 1 | **0,03** | 1 |
| *Hydrobia ulvae* | 1 | **0,01** | 1 | **0,03** | |
| *Littorina littorea* | 5 | **0,05** | 3 | **0,09** | 1 |
| *Littorina obtusata* | 1 | **0,01** | 1 | **0,03** | |
| *Nassarius incrassatus* | 1 | **0,01** | 1 | **0,03** | |
| *Nassarius reticulatus* | 1 | **0,01** | 1 | **0,03** | |
| *Osilinus lineatus* | 1030 | **10,89** | 453 | **13,70** | 923 |
| *Patella vulgata* | 555 | **5,87** | 555 | **16,78** | 701 |
| *Patella intermedia* | 524 | **5,54** | 524 | **15,85** | 524 |
| *Patella ulyssiponensis* | 215 | **2,27** | 215 | **6,50** | 348 |
| *Patella* sp. | 5627 | **59,51** | 1319 | **39,89** | 1439 |
| **Total Gasterópodos marinos** | **7961** | **84,23** | **3076** | **93,01** | **3938** |
| **Gasterópodos terrestres** | **NR** | **%NR** | **NMI** | **%NMI** | **Peso (gr.)** |
| *Cepaea nemoralis* | 8 | **0,08** | 1 | **0,03** | 4 |
| *Cochlostoma* sp. | 3 | **0,03** | 3 | **0,09** | |
| Helicidae sp. | 3 | **0,03** | 1 | **0,03** | |
| *Pomatias elegans* | 1 | **0,01** | 1 | **0,03** | |
| **Total Gasterópodos terrestres** | **15** | **0,16** | **6** | **0,18** | **4** |
| **Crustáceos** | **NR** | **%NR** | **NMI** | **%NMI** | **Peso (gr.)** |
| Brachyura sp. | 2 | **0,02** | 1 | **0,03** | 1 |
| *Pollicipes pollicipes* | 806 | **8,52** | 174 | **5,26** | 142 |
| Serpulidae sp. | 1 | **0,01** | 1 | **0,03** | |
| **Equinodermos** | **NR** | **%NR** | **NMI** | **%NMI** | **Peso (gr.)** |
| *Paracentrotus lividus* | 154 | **1,63** | 1 | **0,03** | 7 |
| **No identificable** | **7** | **0,07** | | | |
| **TOTAL** | **9455** | **100** | **3307** | **100** | **4203** |

*Tabla 6.7: Abundancia (NR, NMI, peso y frecuencias relativas) de los taxones identificados en el nivel A2fondo de Mazaculos II*

### 6.2.3.2 Tafonomía

Al igual que en el nivel anterior, la biodegradación es el proceso que ha actuado con mayor intensidad en el yacimiento, afectando considerablemente a una parte del material. El resto de procesos son muy similares a los del nivel anterior: bioerosión (microperforación e incrustación por serpúlidos y balanos), fragmentación (0,255), encostramiento leve, carbonificación leve y relleno sedimentario, además de algunos ejemplares con signos de abrasión.

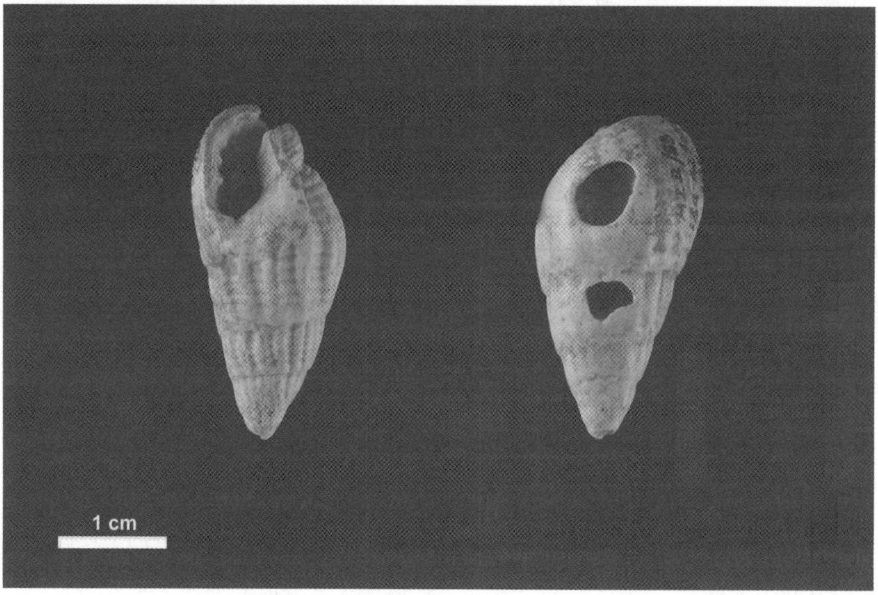


*Fig. 6.21: Nassarius reticulatus perforado procedente del nivel A2fondo de Mazaculos II*

### 6.2.3.3 Zonas de recolección

Las zonas rocosas han sido la base de la explotación, como se observa en el análisis de las preferencias de substrato de cada taxón. Las zonas de estuario parecen haber sido frecuentadas aunque no explotadas sistemáticamente. En cuanto a la zonación y la exposición, se ha explotado todo el intermareal, preferentemente de costas abiertas, aunque se observa un ligero predominio de las zonas altas y medias. Sin embargo, el análisis de las ratios L/H sobre *Patella vulgata*, indica que esta especie ha sido mayormente explotada en zonas medias y bajas del intermareal, mientras la ecuación de Craighead refleja una recolección casi exclusiva en costas expuestas. En las zonas de estuario se han recogido escasos bivalvos (Fig. 6.22 y Tabla 6.8).

| ***Patella vulgata*** **A2fondo n=314** | | | |
|---|---|---|---|
| **Zonación (L/H)** | | **Exposición (Ecuación)** | |
| **Zona Alta** | **Zona Baja** | **Costa Expuesta** | **Costa Abrigada** |
| 35,7% | 64,3% | 96,2% | 3,8% |

*Tabla 6.8: Zonación y exposición de Patella vulgata en el nivel A2fondo de Mazaculos II*

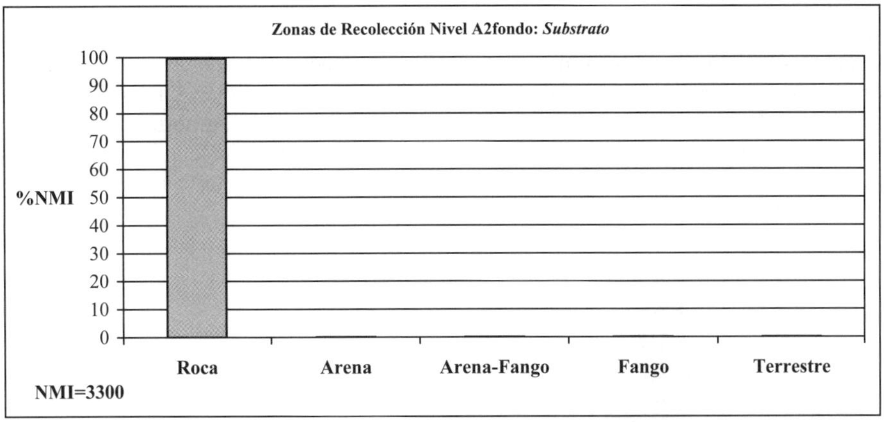


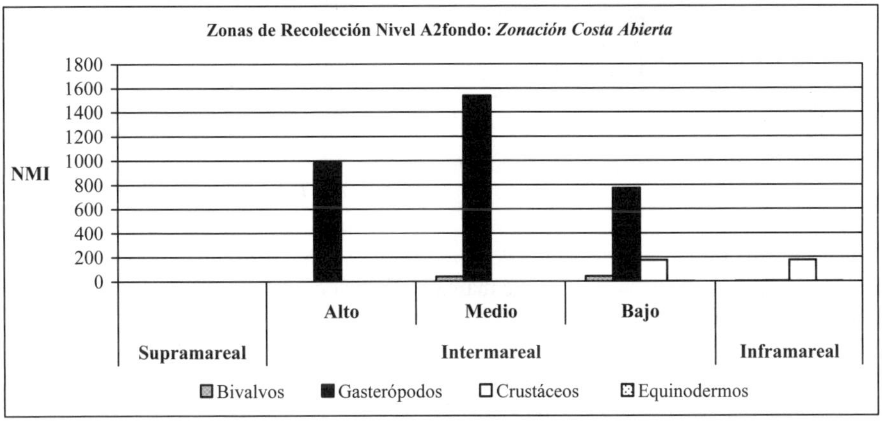


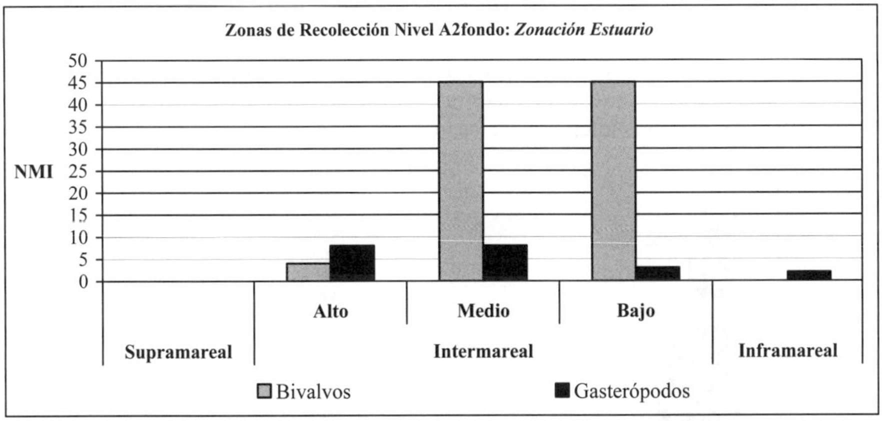


*Fig. 6.22: Zonas de recolección (substrato, zonación y exposición) en el nivel A2fondo de Mazaculos II*

### 6.2.3.4 Biometría

Tanto *Osilinus lineatus* como las especies del género *Patella* presentan tamaños adecuados para analizar la forma de las distribuciones de frecuencias. La distribución de tamaños de *Osilinus lineatus* (Fig. 6.23) no es normal pero si log-normal y tiene una asimetría positiva bastante marcada. El histograma refleja la existencia de varias modas y al menos dos distribuciones. La media de los tamaños es similar a la de la muestra actual, aunque ligeramente inferior.

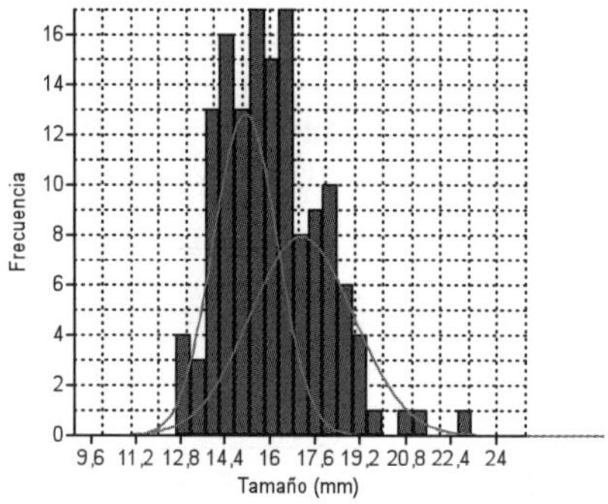


| | |
|---|---|
| N | 139 |
| Min | 12,64 |
| Max | 23,13 |
| Sum | 2237,73 |
| Mean | 16,0988 |
| Std. error | 0,155474 |
| Variance | 3,35994 |
| Stand. dev | 1,83302 |
| Median | 15,92 |
| 25 prcntil | 14,67 |
| 75 prcntil | 17,14 |
| Skewness | 0,707367 |
| Kurtosis | 0,942544 |
| Geom. mean | 15,9988 |
| *Shapiro-Wilk* | |
| W: | 0,9685 |
| *p*: | 0,002647 |

*Fig. 6.23: Representación estadística de los tamaños (anchura) de Osilinus lineatus en el nivel A2fondo de Mazaculos II*

De la misma forma, la distribución de *Patella vulgata* (Fig. 6.24) no es normal, sino log-normal y con asimetría positiva bastante marcada. El histograma muestra la posible existencia de más de una moda y más de una distribución. El tamaño medio es inferior al de las muestras actuales, mientras la edad media es de 3,2 años. El caso de *Patella intermedia* (Fig. 6.25) es similar, ya que la distribución no es normal sino log-normal, si bien en este caso la asimetría, aún siendo positiva, es poco marcada. En el histograma se observa la presencia de varias modas y al menos dos distribuciones. El tamaño medio de los individuos es también menor que el de las muestras actuales, y la edad media es de 3,1 años. Por otra parte, la distribución de *Patella ulyssiponensis* (Fig. 6.26) es normal, con asimetría positiva poco marcada. El histograma muestra la existencia de varias modas, lo que podría estar relacionado con el escaso tamaño de muestra más que con el proceso de recolección en sí mismo. El tamaño medio es inferior al de las muestras actuales.

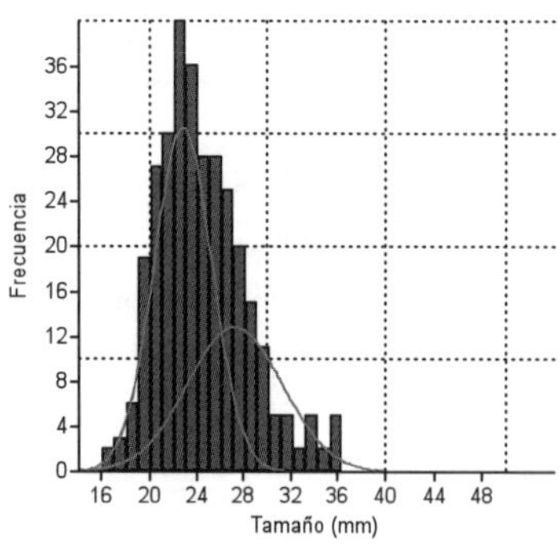


| | |
|---|---|
| N | 314 |
| Min | 16,01 |
| Max | 36,3 |
| Sum | 7715,95 |
| Mean | 24,5731 |
| Std. error | 0,21853 |
| Variance | 14,9952 |
| Stand. dev | 3,87236 |
| Median | 24,015 |
| 25 prcntil | 21,8275 |
| 75 prcntil | 26,85 |
| Skewness | 0,705405 |
| Kurtosis | 0,416437 |
| Geom. mean | 24,2821 |
| *Shapiro-Wilk* | |
| W: | 0,9664 |
| *p*: | 1,16E-06 |

*Fig. 6.24: Representación estadística de los tamaños (longitud) de Patella vulgata en el nivel A2fondo de Mazaculos II*

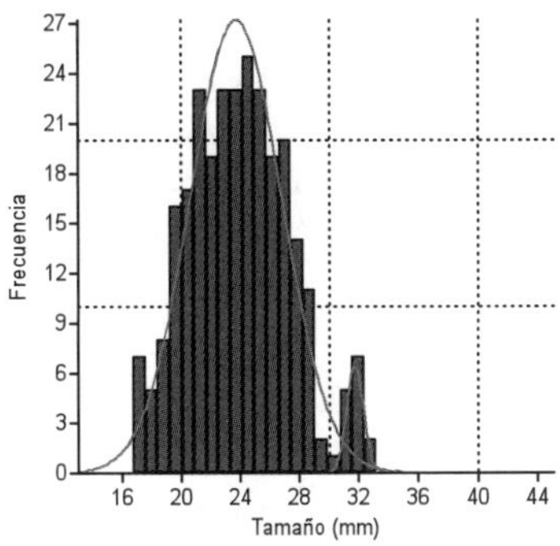


| | |
|---|---|
| N | 270 |
| Min | 16,7 |
| Max | 33,15 |
| Sum | 6471,92 |
| Mean | 23,9701 |
| Std. error | 0,210503 |
| Variance | 11,9641 |
| Stand. dev | 3,45892 |
| Median | 23,935 |
| 25 prcntil | 21,3575 |
| 75 prcntil | 26,3975 |
| Skewness | 0,252773 |
| Kurtosis | -0,29164 |
| Geom. mean | 23,722 |
| *Shapiro-Wilk* | |
| W: | 0,9878 |
| *p*: | 0,0217 |

*Fig. 6.25: Representación estadística de los tamaños (longitud) de Patella intermedia en el nivel A2fondo de Mazaculos II*

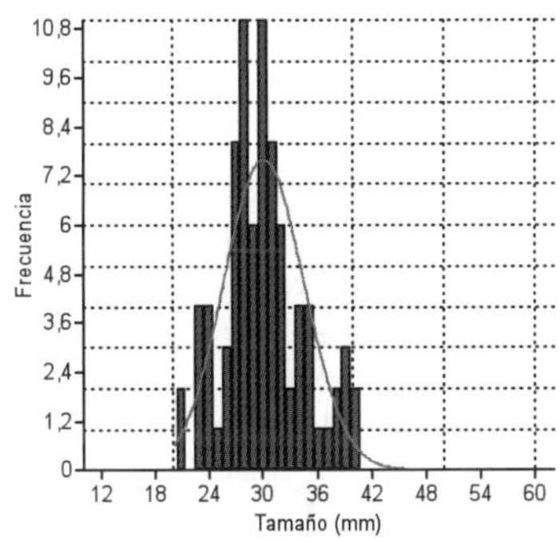


| | |
|---|---|
| N | 83 |
| Min | 20,29 |
| Max | 40,76 |
| Sum | 2491,4 |
| Mean | 30,0169 |
| Std. error | 0,493903 |
| Variance | 20,247 |
| Stand. dev | 4,49967 |
| Median | 29,89 |
| 25 prcntil | 27,1 |
| 75 prcntil | 32,44 |
| Skewness | 0,343961 |
| Kurtosis | 0,011741 |
| Geom. mean | 29,6861 |
| *Shapiro-Wilk* | |
| W: | 0,9795 |
| p: | 0,2074 |

*Fig. 6.26: Representación estadística de los tamaños (longitud) de Patella ulyssiponensis en el nivel A2fondo de Mazaculos II*

Por tanto, el patrón es muy similar al del nivel A3, con distribuciones log-normal, excepto en el caso de *Patella ulyssiponensis*, cuya distribución podría estar influenciada por el escaso tamaño de muestra. Esta falta de normalidad, unida a la forma de los histogramas y a las asimetrías, siempre positivas, y bastante marcadas en los casos de *Osilinus lineatus* y *Patella vulgata*, está reflejando una selección de los tamaños más grandes. Los reducidos tamaños medios de todas las especies, en comparación con los de las muestras actuales, señala una intensidad considerable en la captación de estos recursos.

### 6.2.4 *Análisis Arqueomalacológico Nivel A2base*

#### 6.2.4.1 Representación de especies

El número de taxones recuperados en este nivel asciende a 24, entre los cuales encontramos cuatro bivalvos, 11 gasterópodos marinos, cuatro gasterópodos terrestres, cuatro crustáceos y un equinodermo. Están representados taxones alimentarios, potencialmente modificables e intrusivos.

El conjunto malacológico se compone de 10956 restos (NR), que representan un número mínimo de 3261 individuos (NMI) y un peso de 3,8 kg. El género *Patella* por si solo supone el 80% del conjunto malacológico, y dentro de éste, las cantidades de *Patella vulgata* y *Patella intermedia* son idénticas. Sin embargo, la cantidad de material asignado a nivel genérico puede estar enmascarando las posibles diferencias entre ambas especies. Del resto de taxones, sólo *Osilinus lineatus* (14%) y *Pollicipes pollicipes* (7%) presentan cantidades apreciables (Tabla 6.9).

| Taxones | Mazaculos A2base | | | | |
|---|---|---|---|---|---|
| **Bivalvos marinos** | **NR** | **%NR** | **NMI** | **%NMI** | **Peso (gr.)** |
| *Mytilus galloprovincialis* | 527 | **4,81** | 37 | **1,13** | 99 |
| *Ostrea edulis* | 2 | **0,02** | 1 | **0,03** | |
| *Scrobicularia plana* | 1 | **0,01** | 1 | **0,03** | |
| Veneridae sp. | 9 | **0,08** | 1 | **0,03** | 2 |
| **Total Bivalvos** | **539** | **4,92** | **40** | **1,22** | **101** |
| **Gasterópodos marinos** | **NR** | **%NR** | **NMI** | **%NMI** | **Peso (gr.)** |
| *Gibbula* sp. | 2 | **0,02** | 2 | **0,06** | 2 |
| *Littorina littorea* | 2 | **0,02** | 2 | **0,06** | 5 |
| *Littorina obtusata* | 1 | **0,01** | 1 | **0,03** | |
| *Littorina saxatilis* | 1 | **0,01** | 1 | **0,03** | |
| *Melarhaphe neritoides* | 2 | **0,02** | 2 | **0,06** | |
| *Nassarius incrassatus* | 1 | **0,01** | 1 | **0,03** | |
| *Osilinus lineatus* | 1301 | **11,87** | 443 | **13,58** | 866 |
| *Patella vulgata* | 466 | **4,25** | 466 | **14,29** | 623 |
| *Patella intermedia* | 472 | **4,31** | 472 | **14,47** | 450 |
| *Patella ulyssiponensis* | 162 | **1,48** | 162 | **4,97** | 260 |
| *Patella* sp. | 6202 | **56,61** | 1446 | **44,34** | 1306 |
| **Total Gasterópodos marinos** | **8612** | **78,60** | **2998** | **91,93** | **3510** |
| **Gasterópodos terrestres** | **NR** | **%NR** | **NMI** | **%NMI** | **Peso (gr.)** |
| *Cepaea nemoralis* | 31 | **0,28** | 3 | **0,09** | 3 |
| Claussilidae sp. | 1 | **0,01** | 1 | **0,03** | |
| *Cryptomphalus aspersus* | 2 | **0,02** | 1 | **0,03** | |
| *Pomatias elegans* | 1 | **0,01** | 1 | **0,03** | |
| **Total Gasterópodos terrestres** | **35** | **0,32** | **6** | **0,18** | **3** |
| **Crustáceos** | **NR** | **%NR** | **NMI** | **%NMI** | **Peso (gr.)** |
| Brachyura sp. | 3 | **0,03** | 1 | **0,03** | |
| *Balanus* sp. | 2 | **0,02** | 1 | **0,03** | |
| *Pollicipes pollicipes* | 1020 | **9,31** | 213 | **6,53** | 167 |
| Serpulidae sp. | 1 | **0,01** | 1 | **0,03** | |
| **Equinodermos** | **NR** | **%NR** | **NMI** | **%NMI** | **Peso (gr.)** |
| *Paracentrotus lividus* | 731 | **6,67** | 1 | **0,03** | 18 |
| **No identificable** | **13** | **0,12** | | | |
| TOTAL | **10956** | **100** | **3261** | **100** | **3801** |

*Tabla 6.9: Abundancia (NR, NMI, peso y frecuencias relativas) de los taxones identificados en el nivel A2base de Mazaculos II*

### 6.2.4.2 Tafonomía

En este nivel la biodegradación sigue siendo el proceso más habitual y el que ha actuado con mayor intensidad, mientras el resto de procesos afectan al material de forma leve. Entre éstos se han identificado bioerosión (microperforación e incrustación por serpúlidos), biodegradación, relleno sedimentario y carbonificación. El encostramiento es leve en general, pero en ejemplares del género *Patella* y de *Paracentrotus lividus*, se presenta de forma acusada. La fragmentación (0,222) del material en este nivel es la más acusada del yacimiento.

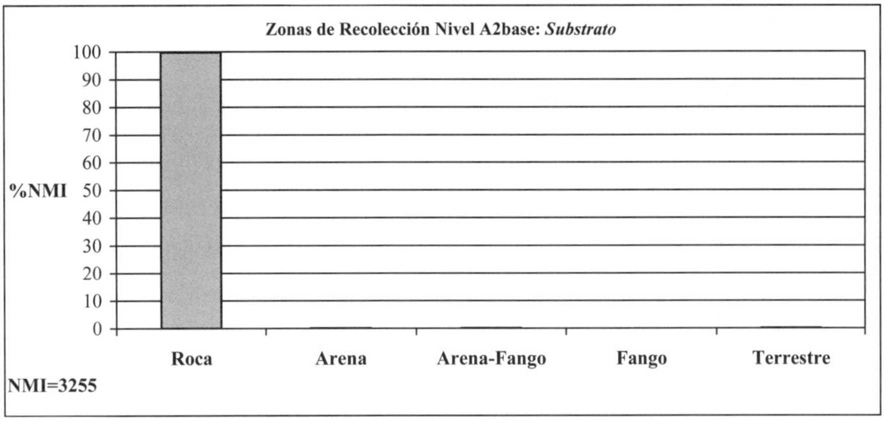


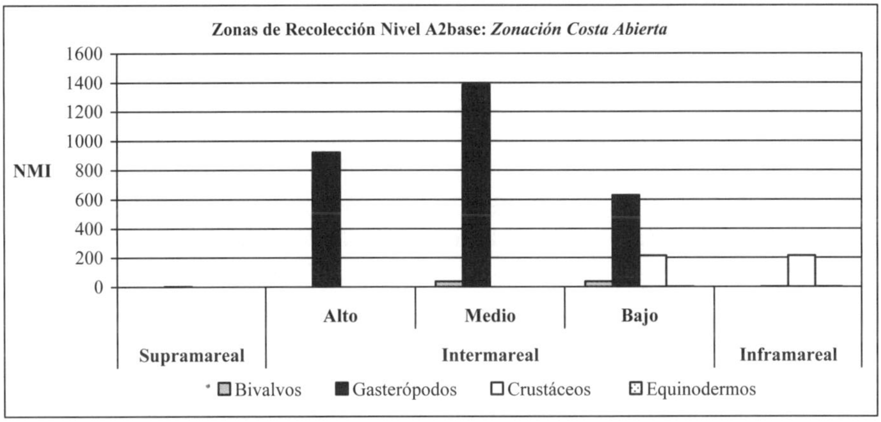


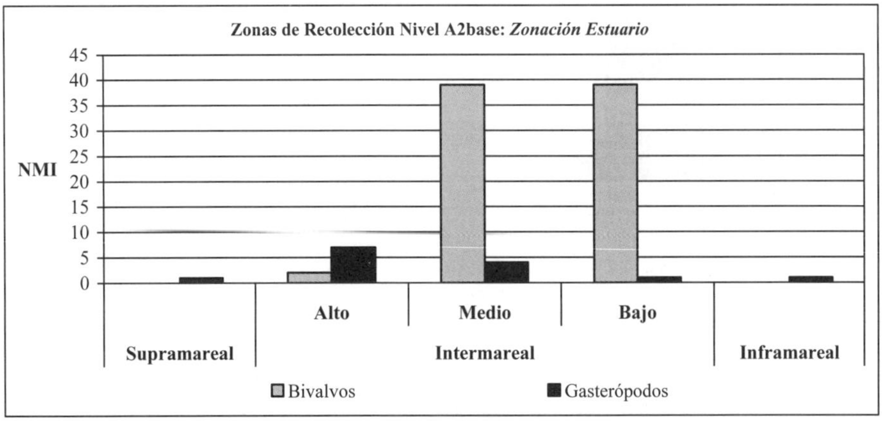


*Fig. 6.27: Zonas de recolección (substrato, zonación y exposición) en el nivel A2base de Mazaculos II*

### 6.2.4.3 Zonas de recolección

Al igual que en los niveles subyacentes el substrato rocoso ha soportado el peso de la explotación de moluscos, ya que la aportación de especies de fondos arenosos y/o fangosos al conjunto es casi inexistente. El intermareal de las costas abiertas parece haber centrado la actividad recolectora, como se desprende de la comparación del NMI y de la aplicación de la ecuación de Craighead sobre *Patella vulgata*. En cuanto a la zonación, según la información proporcionada por las ratios L/H de *Patella vulgata*, las zonas medias y bajas parecen haber sido el lugar preferido para la explotación de esta especie. Sin embargo, en general la explotación en zonas altas y medias ha sido ligeramente mayor (Fig. 6.27 y Tabla 6.10).

| ***Patella vulgata*** **A2base n=274** | | | |
|---|---|---|---|
| **Zonación (L/H)** | | **Exposición (Ecuación)** | |
| **Zona Alta** | **Zona Baja** | **Costa Expuesta** | **Costa Abrigada** |
| 35,8% | 64,2% | 95,3% | 4,7% |

*Tabla 6.10: Zonación y exposición de Patella vulgata en el nivel A2base de Mazaculos II*

### 6.2.4.4 Biometría

La distribución de *Osilinus lineatus* (Fig. 6.28) en este nivel es normal, con una asimetría no excesivamente marcada. El histograma refleja la existencia de varias modas. El tamaño medio de los individuos es menor que el de la muestra actual.

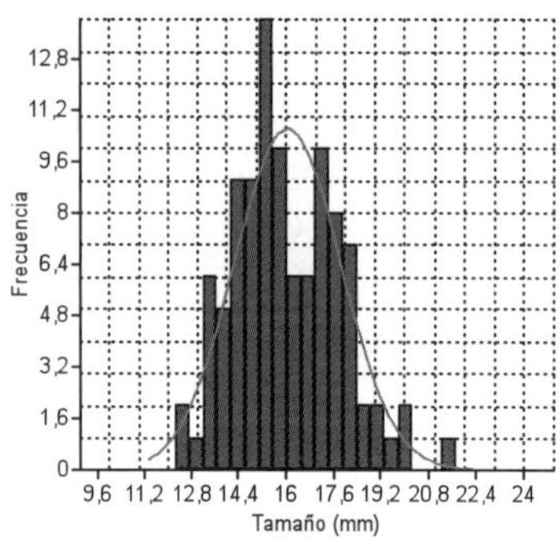


| | |
|---|---|
| N | 101 |
| Min | 12,26 |
| Max | 21,68 |
| Sum | 1619,12 |
| Mean | 16,0309 |
| Std. error | 0,179291 |
| Variance | 3,24667 |
| Stand. dev | 1,80185 |
| Median | 15,75 |
| 25 prcntil | 14,725 |
| 75 prcntil | 17,39 |
| Skewness | 0,413882 |
| Kurtosis | 0,063665 |
| Geom. mean | 15,9322 |
| *Shapiro-Wilk* | |
| W: | 0,9849 |
| *p*: | 0,3047 |

*Fig. 6.28: Representación estadística de los tamaños (anchura) de Osilinus lineatus en el nivel A2base de Mazaculos II*

La distribución de tamaños de *Patella vulgata* (Fig. 6.29) no es normal, pero sí log-normal, con una fuerte asimetría debido probablemente a la presencia de algunos valores muy extremos. En el histograma se aprecia la existencia de al menos dos modas y dos distribuciones. Los tamaños son netamente inferiores a los de las muestras actuales para esta especie. La edad media es de 3,3 años. Los tamaños de *Patella intermedia* (Fig. 6.30) presentan una distribución que no es normal pero sí log-normal, con una asimetría positiva no excesivamente marcada. Asimismo, en el histograma se aprecian varias modas y al menos dos distribuciones. Los tamaños medios son netamente menores que los de las muestras actuales. La edad media es de 3,1 años.

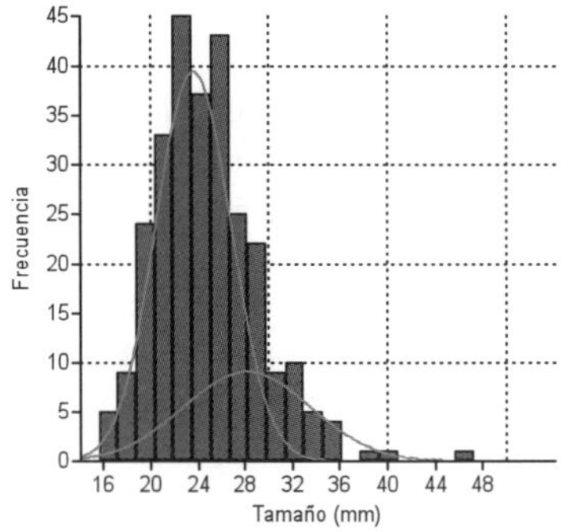


| | |
|---|---|
| N | 274 |
| Min | 15,58 |
| Max | 47,2 |
| Sum | 6805,12 |
| Mean | 24,8362 |
| Std. error | 0,266586 |
| Variance | 19,4727 |
| Stand. dev | 4,41279 |
| Median | 24,43 |
| 25 prcntil | 21,835 |
| 75 prcntil | 27,17 |
| Skewness | 0,944654 |
| Kurtosis | 2,31586 |
| Geom. mean | 24,4678 |
| *Shapiro-Wilk* | |
| W: | 0,959 |
| *p*: | 5,38E-07 |

*Fig. 6.29: Representación estadística de los tamaños (longitud) de Patella vulgata en el nivel A2base de Mazaculos II*

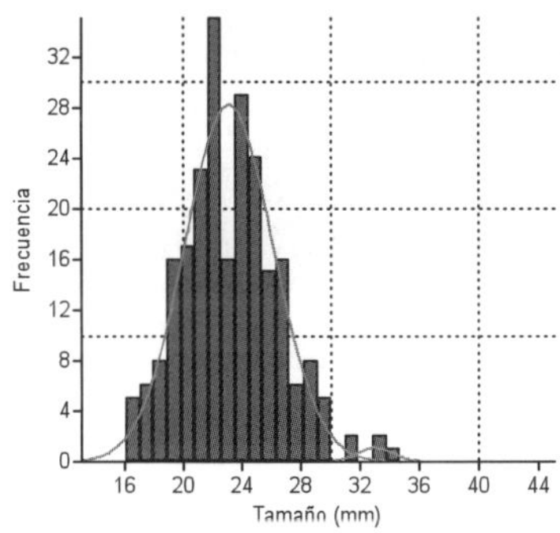


| | |
|---|---|
| N | 234 |
| Min | 16,05 |
| Max | 34,64 |
| Sum | 5426,35 |
| Mean | 23,1895 |
| Std. error | 0,212982 |
| Variance | 10,6145 |
| Stand. dev | 3,258 |
| Median | 22,955 |
| 25 prcntil | 21,15 |
| 75 prcntil | 25,065 |
| Skewness | 0,426856 |
| Kurtosis | 0,439678 |
| Geom. mean | 22,9648 |
| *Shapiro-Wilk* | |
| W: | 0,9871 |
| *p*: | 0,03367 |

*Fig. 6.30: Representación estadística de los tamaños (longitud) de Patella intermedia en el nivel A2base de Mazaculos II*

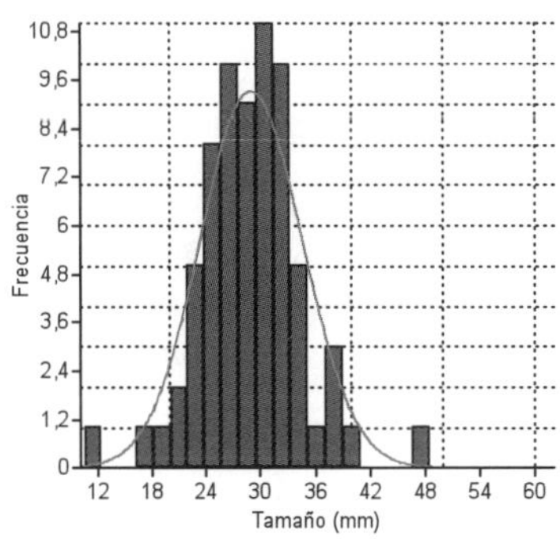


| | |
|---|---|
| N | 69 |
| Min | 10,45 |
| Max | 48,47 |
| Sum | 1993,16 |
| Mean | 28,8864 |
| Std. error | 0,682065 |
| Variance | 32,0996 |
| Stand. dev | 5,66565 |
| Median | 28,85 |
| 25 prcntil | 25,19 |
| 75 prcntil | 32,615 |
| Skewness | 0,129855 |
| Kurtosis | 2,27456 |
| Geom. mean | 28,289 |
| *Shapiro-Wilk* | |
| W: | 0,9691 |
| *p*: | 0,08529 |

*Fig. 6.31: Representación estadística de los tamaños (longitud) de Patella ulyssiponensis en el nivel A2base de Mazaculos II*

En cuanto a *Patella ulyssiponensis* (Fig. 6.31) la distribución de sus tamaños es normal, con una asimetría positiva muy escasa y una fuerte curtosis debido a la existencia de valores extremos en ambas colas. El histograma permite observar la existencia de varias modas. Los tamaños medios son bastante menores que los de las muestras actuales.

Por tanto, en este nivel los patrones continúan la línea de los anteriores. En este caso, las distribuciones son log-normal, evidenciando una selección de los tamaños más grandes, a tenor de la información proporcionada por los histogramas y especialmente la asimetría, siempre positiva y relativamente marcada. El único caso que difiere es el de *Patella ulyssiponensis*, si bien el tamaño de muestra es relativamente escaso. Los reducidos tamaños medios de todas las especies, en comparación con las muestras actuales, siguen también la misma línea que los niveles precedentes, lo que parece ser un reflejo de una recolección intensa de estos recursos.

*Fig. 6.32: Ejemplares de Patella vulgata (izquierda) y Patella intermedia (derecha) del nivel A2fondo de Mazaculos II*

### 6.2.5 *Análisis Arqueomalacológico Nivel A2+A2base*

6.2.5.1 Representación de especies

En este nivel se ha documentado la existencia de 15 taxones, entre los cuales se encuentran un bivalvo, ocho gasterópodos marinos, cuatro gasterópodos terrestres, un crustáceo y un equinodermo. Hay taxones de tipo alimentario, potencialmente modificables e intrusivos.

El número de restos (NR) documentado es de 1311, mientras el número mínimo de individuos (NMI) asciende a 467 y el peso a 0,5 kg. Al igual que en los niveles subyacentes, el género *Patella* (75%) es el más abundante junto a *Osilinus lineatus* (14%) y *Pollicipes pollicipes* (7%), mientras el resto de taxones puede considerarse marginal (Tabla 6.11).

6.2.5.2 Tafonomía

Los procesos tafonómicos son muy similares a los de los niveles anteriores. La biodegradación es ligeramente más acusada en ejemplares del género *Patella*. El resto de procesos documentados son bioerosión (microperforación), fragmentación (0,278), encostramiento leve, carbonificación y relleno sedimentario.

| Taxones | Mazaculos A2+A2base | | | | |
|---|---|---|---|---|---|
| **Bivalvos marinos** | **NR** | **%NR** | **NMI** | **%NMI** | **Peso (gr.)** |
| *Mytilus galloprovincialis* | 67 | **5,110** | 6 | **1,284** | 14 |
| **Total Bivalvos** | **67** | **5,110** | **6** | **1,284** | **14** |
| **Gasterópodos marinos** | **NR** | **%NR** | **NMI** | **%NMI** | **Peso (gr.)** |
| *Littorina saxatilis* | 1 | **0,076** | 1 | **0,214** | |
| *Nassarius incrassatus* | 1 | **0,076** | 1 | **0,214** | |
| *Nucella lapillus* | 1 | **0,076** | 1 | **0,214** | |
| *Osilinus lineatus* | 181 | **13,806** | 64 | **13,704** | 122 |
| *Patella vulgata* | 54 | **4,118** | 54 | **11,563** | 69 |
| *Patella intermedia* | 63 | **4,805** | 63 | **13,49** | 54 |
| *Patella ulyssiponensis* | 20 | **1,525** | 20 | **4,282** | 28 |
| *Patella* sp. | 628 | **47,902** | 215 | **46,038** | 189 |
| **Total Gasterópodos marinos** | **949** | **72,384** | **419** | **89,719** | **462** |
| **Gasterópodos terrestres** | **NR** | **%NR** | **NMI** | **%NMI** | **Peso (gr.)** |
| *Cepaea nemoralis* | 5 | **0,381** | 2 | **0,428** | 1 |
| Claussiliidae sp. | 4 | **0,305** | 2 | **0,428** | |
| *Cochlostoma* sp. | 1 | **0,076** | 1 | **0,214** | |
| *Cryptomphalus aspersus* | 1 | **0,076** | 1 | **0,214** | |
| **Total Gasterópodos terrestres** | **11** | **0,838** | **6** | **1,284** | **1** |
| **Crustáceos** | **NR** | **%NR** | **NMI** | **%NMI** | **Peso (gr.)** |
| *Pollicipes pollicipes* | 158 | **12,051** | 35 | **7,494** | 25 |
| **Equinodermos** | **NR** | **%NR** | **NMI** | **%NMI** | **Peso (gr.)** |
| *Paracentrotus lividus* | 116 | **8,848** | 1 | **0,214** | 3 |
| **No identificable** | **10** | **0,762** | | | |
| **TOTAL** | **1311** | **100** | **467** | **100** | **505** |

*Tabla 6.11: Abundancia (NR, NMI, peso y frecuencias relativas) de los taxones identificados en el nivel A2+A2base de Mazaculos II*

### 6.2.5.3 Zonas de recolección

Las zonas de recolección no cambian en absoluto en este nivel, y así, en cuanto al substrato, los ambientes rocosos han sido el objetivo de la recolección. La costa abierta ha sido frecuentada de forma notable, y dentro de ésta todo el intermareal. Estos datos son confirmados por las ratios L/H y por la ecuación de exposición llevadas a cabo en *Patella vulgata* (Fig. 6.33 y Tabla 6.12).

| ***Patella vulgata* A2+A2base n=23** | | | |
|---|---|---|---|
| **Zonación (L/H)** | | **Exposición (Ecuación)** | |
| **Zona Alta** | **Zona Baja** | **Costa Expuesta** | **Costa Abrigada** |
| 39,1% | 60,9% | 91,3% | 8,7% |

*Tabla 6.12: Zonación y exposición de Patella vulgata en el nivel A2+A2base de Mazaculos II*

### 6.2.5.4 Biometría

Los escasos tamaños de muestra correspondientes a las especies principales en este nivel no han permitido la realización de un análisis biométrico fiable.

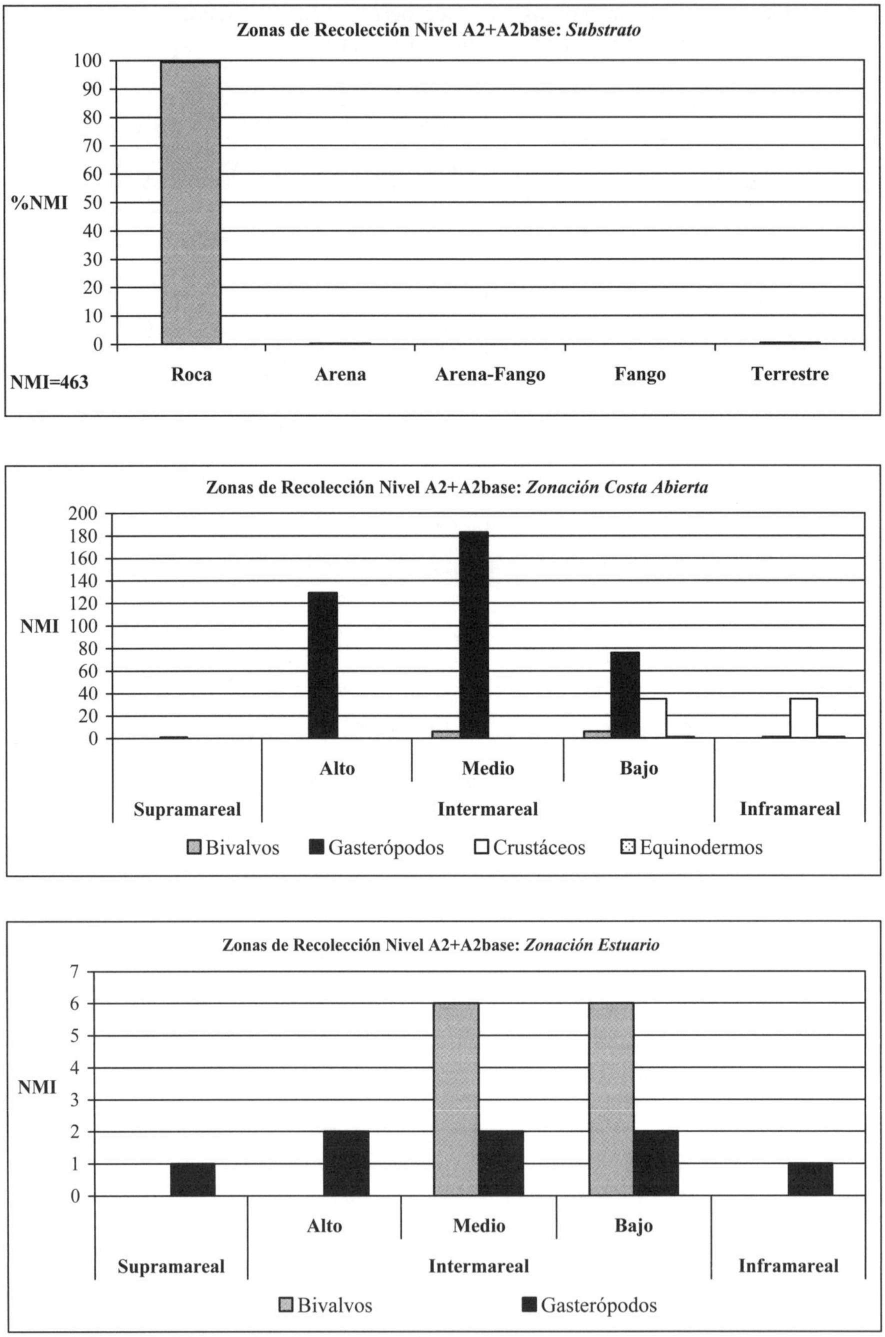


*Fig. 6.33: Zonas de recolección (substrato, zonación y exposición) en el nivel A2+A2base de Mazaculos II*

## 6.2.6 *Discusión y conclusiones*

### 6.2.6.1 Las acumulaciones de moluscos a lo largo del tiempo

Diferentes cambios pueden ser observados en las acumulaciones de moluscos a lo largo de la secuencia temporal de Mazaculos II. Por una parte, la diversidad de especies (Tabla 6.13) varía entre niveles, lo que parece indicar diferencias en el grado de explotación. Para el Mesolítico solo contamos con los datos del nivel A3, cuya diversidad se sitúa en un punto medio entre la máxima, que se encuentra en A2fondo y la mínima, que se da en A2+A2base.

| Nivel | Bivalvos | Gasterópodos Marinos | Gasterópodos Terrestres | Crustáceos | Equinodermos | Total | Total sin intrusivos |
|---|---|---|---|---|---|---|---|
| **A3** | 4 | 9 | 4 | 2 | 1 | **20** | **16** |
| **A2fondo** | 6 | 13 | 4 | 3 | 1 | **27** | **21** |
| **A2base** | 4 | 11 | 4 | 4 | 1 | **24** | **18** |
| **A2+A2base** | 1 | 8 | 4 | 1 | 1 | **15** | **11** |

*Tabla 6.13: Diversidad de taxones en Mazaculos II a lo largo del tiempo*

Por otra parte, el NMI y el peso de los moluscos depositados en cada nivel (Fig. 6.34) permite confirmar los cambios reflejados por la diversidad, especialmente para la segunda parte de la secuencia, ya que en este caso se han añadido los datos procedentes del análisis realizado por Ortea (González Morales *et al*., 1980). El problema surge a la hora de comparar ambos tramos de la secuencia, ya que los tamaños de muestra son muy diferentes. Así, en la zona del Sector 1, en el abrigo exterior, se llevaron a cabo muestreos reducidos, mientras en el Sector 3 el muestreo abarcó un cuadro de excavación (1x1 m.). Por tanto, lo más probable es que el Sector 1 esté infravalorado ya que es la zona en la que se ha documentado la mayor parte del conchero y donde la densidad de éste era mayor. Así, solo es posible comparar lo que ocurre a lo largo del tiempo en ambas zonas siempre que se haga por separado.

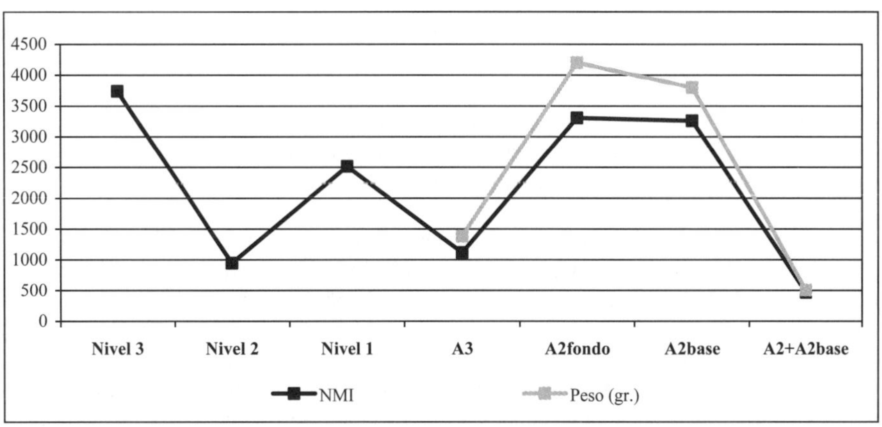


*Fig. 6.34: Evolución de las acumulaciones de moluscos (NMI y peso) en Mazaculos II a lo largo del tiempo*

En la zona del Sector 1, el nivel 3, fechado en los inicios del Mesolítico, presenta la mayor acumulación de moluscos, mientras en el nivel 2 se produce un descenso apreciable. En el nivel 1, ya durante los momentos centrales del Mesolítico, el NMI vuelve a aumentar. La causa de estos cambios puede ser el diferente grado de intensidad con que se produce la recolección en cada momento. En el Sector 3, el nivel Mesolítico A3 contiene menos moluscos que los suprayacentes y supuestamente neolíticos A2fondo y A2base, que presentan cantidades muy similares. El nivel superior A2+A2base supone un gran descenso en el grado de acumulación y por tanto en la intensidad de la recolección.

6.2.6.2 Representación de especies

Con el objetivo de obtener datos de una secuencia más amplia se han tenido en cuenta los resultados del análisis llevado a cabo por Ortea correspondiente al Sector 1. Sin embargo, su análisis sólo contempló la cuantificación de tres especies, *Patella vulgata*, *Patella intermedia* y *Osilinus lineatus*, por lo que la información obtenida es limitada. Si se comparan los datos de representación de especies (Fig. 6.35) parece claro que el género *Patella* es el taxón más recolectado a lo largo de la secuencia. En el Sector 1 *Patella vulgata* es la especie predominante mientras en el Sector 3, debido a la influencia de los procesos tafonómicos la categoría *Patella* sp. es la más abundante. Destaca la diferente importancia de *Osilinus lineatus* en ambas zonas, por una parte se muestra abundante en el sector 1 ($\approx$30% NMI), casi tanto como *Patella vulgata*, y por otra, su presencia se reduce a la mitad en el Sector 3 ($\approx$14%). Podría pensarse en una evolución temporal para explicar este cambio, sin embargo, las diferencias cronológicas entre el nivel 1 y el nivel A3 son casi inexistentes si se tiene en cuenta la desviación estándar a 1$\sigma$.

Por otra parte, se observa que en el Sector 1 *Patella vulgata* aumenta sus proporciones a lo largo de la secuencia, comenzando en el nivel 3 con un 36% y llegando a abarcar el 44% en el nivel 1. Sin embargo, en el Sector 3, su comportamiento a lo largo de la secuencia es el contrario, pasando de un 18% en el Nivel A3 a un 12% en el último nivel neolítico. Por tanto, parece que hay un primer aumento en las cantidades de *Patella vulgata* hasta los momentos centrales del Asturiense y un posterior descenso durante el final de este período y los inicios del Neolítico, descenso que es extensible a todas las especies del género *Patella* en el Sector 3. Estas diferencias probablemente se deben a la actuación de diferentes procesos tafonómicos, especialmente la fragmentación, que dificultan la identificación y provocan ese fuerte aumento de la categoría *Patella* sp. en el Sector 3. Esto hace que las interpretaciones basadas en comparaciones de las cantidades de las especies de *Patella* deban tomarse con precaución.

En el Sector 3 de Mazaculos merece la pena destacar que tras *Patella* y *Osilinus lineatus*, la especie más representada es el percebe *Pollicipes pollicipes*, algo inusual en los concheros de la región cantábrica. Así, se puede observar cómo sus cantidades aumentan ligeramente a lo largo de la secuencia, desde un 3% en el nivel mesolítico (A3) hasta alcanzar un 7% en el último nivel neolítico (A2+A2base). Este aumento refleja la explotación de zonas bajas muy expuestas, probablemente más que en períodos anteriores. En cuanto a las especies marginales, la recolección de bivalvos (*Mytilus galloprovincialis*, *Ostrea edulis*, *Ruditapes decussatus*, *Scrobicularia plana*) es similar en toda la secuencia, salvo en el nivel superior A2+A2base en el que la diversidad de especies es notablemente menor.

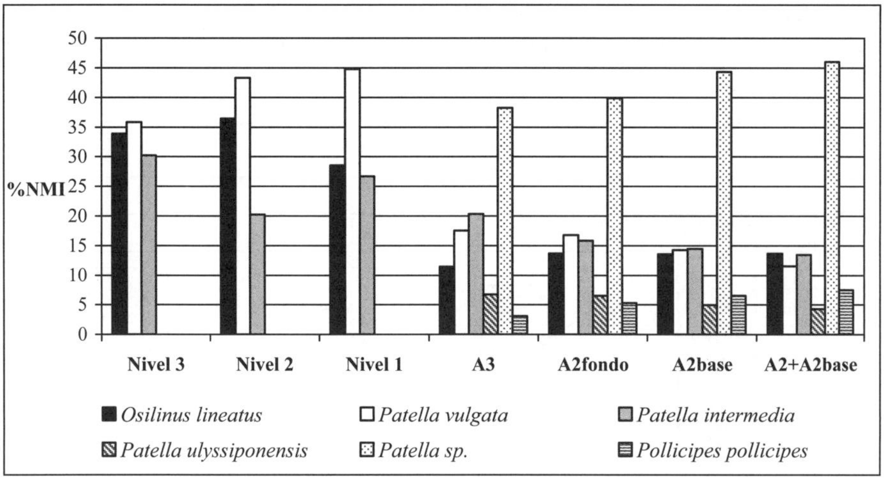


*Fig. 6.35: Representación de los principales taxones en Mazaculos II a lo largo del tiempo*

Con el objetivo de establecer si existen diferencias entre niveles se ha llevado a cabo una prueba de $\chi^2$, cuyos resultados reflejan diferencias significativas ($p$<0,001) entre el nivel mesolítico y los neolíticos debido al aumento en la explotación de *Pollicipes pollicipes*. Por otra parte, entre A2fondo y A2base no existen diferencias ($p$=0,66508), mientras entre éstos y A2+A2base las diferencias ($p$<0,007) están probablemente relacionadas con procesos tafonómicos, ya que afectan principalmente a los gasterópodos terrestres intrusivos.

### 6.2.6.3 Tafonomía

Los procesos tafonómicos que han afectado al material son los mismos en todos los niveles analizados. El proceso más destacado es la biodegradación, que ha afectado intensamente a una parte del material, mientras los demás procesos identificados han actuado de forma leve. Entre estos destacan la bioerosión, el encostramiento y la carbonificación. La fragmentación se analizará en detalle en el siguiente apartado.

A nivel de conjunto el yacimiento ha sufrido procesos tafonómicos significativos. Si bien el Sector 1 puede considerarse en posición primaria, no está tan clara esta atribución para los niveles del Sector 3. Así, una de las hipótesis manejadas por el equipo que excavó la cavidad es que los niveles del Sector 3 se hayan depositado tras producirse un desplazamiento desde el Sector 1. Por tanto, es posible que estos niveles hayan sufrido un proceso de resedimentación. Este proceso podría ser responsable, de alguna manera, de las diferencias en las proporciones de *Osilinus lineatus* entre el nivel 1 y el A3. El grado de fragmentación, relativamente considerable, de esta especie en el nivel A3 apoyaría esta interpretación.

### 6.2.6.4 Índice de fragmentación

El índice de fragmentación total del yacimiento (Fig. 6.36) indica que se ha producido un aumento en la fragmentación según avanza el tiempo, perceptible principalmente en los subniveles A2fondo y A2base. Por su parte, la parte alta de la secuencia, el subnivel A2+A2base presenta una ligera recuperación, que podría guardar relación con lo escaso de la muestra.

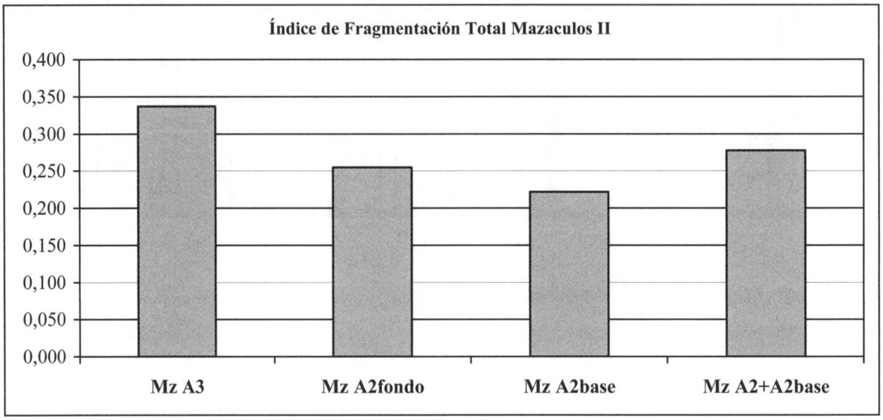


*Fig. 6.36: Índice de fragmentación total por niveles en Mazaculos II*

Si se observa la fragmentación por especies (Fig. 6.37), la relación entre *Osilinus lineatus* y *Patella* sp., es muy similar a lo largo de la secuencia, excepto en A2fondo, donde la fragmentación de *Patella* sp. es mayor de lo normal. Al igual que se ha comentado ya para *Osilinus lineatus*, el grado de fragmentación de *Patella* sp. (y en general de todo el depósito) puede considerarse relativamente acusado, y podría estar relacionado con un proceso de resedimentación. La otra especie que abarca toda la secuencia, *Mytilus galloprovincialis*, no muestra cambios en su evolución, probablemente debido a su escasez.

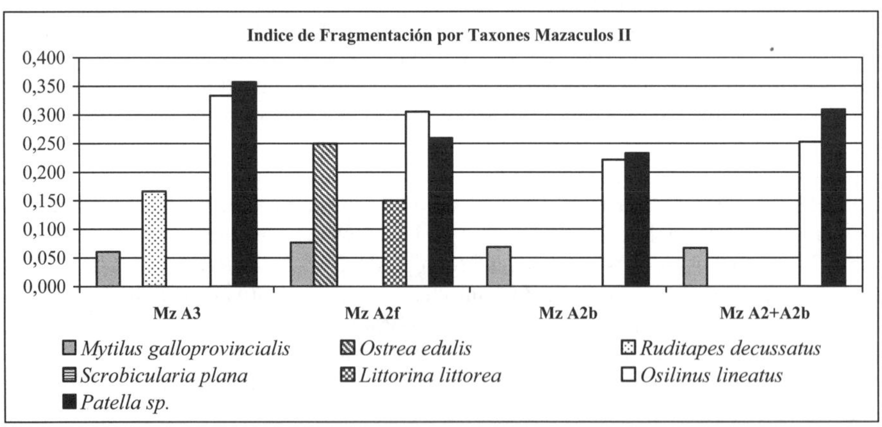


*Fig. 6.37: Índice de fragmentación por taxones y niveles en Mazaculos II*

Las diferencias que se observan en la fragmentación podrían guardar relación con el proceso de resedimentación que ha sufrido esta parte del yacimiento, afectando dicho desplazamiento al estado de fragmentación del material, especialmente en los niveles A2fondo y A2base.

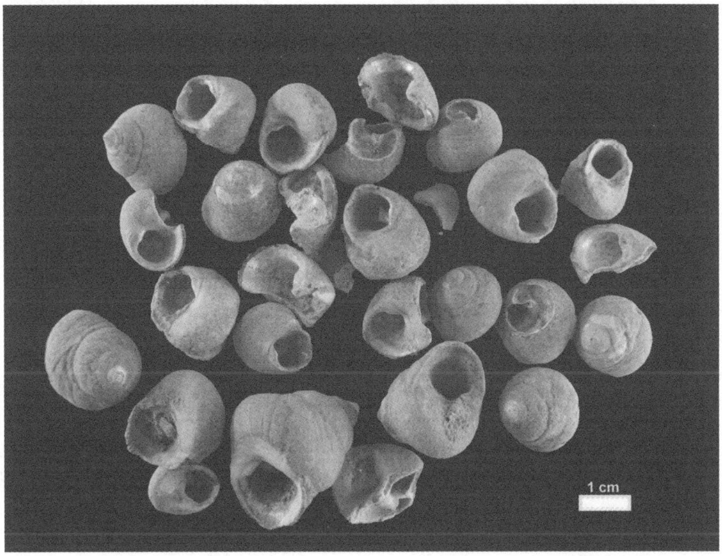


*Fig. 6.38: Ejemplares de Osilinus lineatus del nivel A2fondo de Mazaculos II*

6.2.6.5 Zonas de recolección

En primer lugar, desde la perspectiva del substrato, y como puede observarse en la Fig. 6.39, la recolección se ha llevado a cabo exclusivamente en zonas rocosas. No aparecen especies de fondos arenosos y las de fondos arenosos y/o fangosos aparecen de forma anecdótica en ambos niveles de Mazaculos II. Esto es algo muy común en los yacimientos asturienses y ha sido tradicionalmente asociado a la falta de estuarios de entidad en la zona (Clark, 1976).

En relación a las áreas del litoral que han sido frecuentadas, el intermareal en todas sus zonas ha supuesto la base de la explotación. El gráfico refleja que las partes medias han sido más explotadas, sin embargo, esto es un efecto metodológico derivado de la asignación de *Patella vulgata* a zonas bajas (medias-bajas en nuestra división del intermareal) a partir de las ecuaciones de Craighead. Por tanto, esta información debe tomarse con prudencia. No obstante parece claro que todas las zonas del intermareal se han explotado con similar intensidad.

En el caso de la exposición, los NMI disponibles para las especies propias de cada tipo de costa, junto a la presencia abundante de especies exclusivas de costas abiertas y los resultados de las ecuaciones de Craighead sobre *Patella vulgata*, dejan claro que las zonas abiertas y expuestas han sido casi exclusivamente explotadas desde Mazaculos II, a lo largo de toda la secuencia. Algo que no es de extrañar, ya que la cavidad se localiza muy cerca de este tipo de costas.

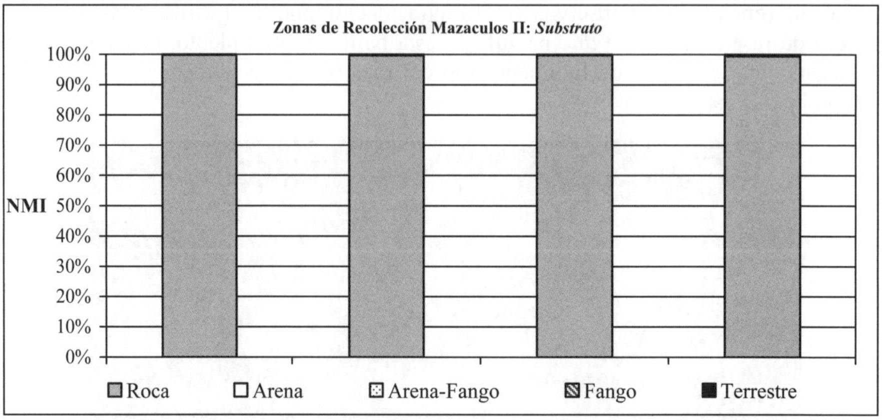


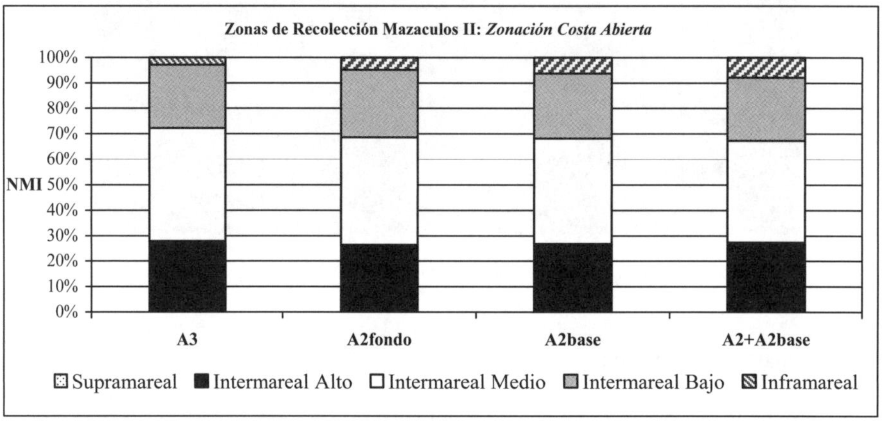


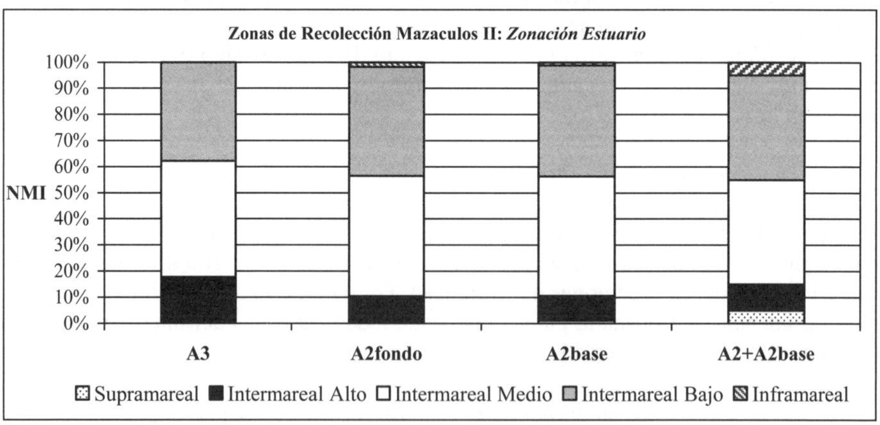


*Fig. 6.39: Zonas de recolección (substrato, zonación y exposición) en Mazaculos II a lo largo del tiempo*

### 6.2.6.6 Biometría y estructura de edades

Las distribuciones de tamaños en los niveles A3, A2fondo y A2base son similares en todas las especies, ya que siguen un mismo patrón, que se puede resumir en distribuciones lognormal, que evidencian algún tipo de selección en la recolección; histogramas similares a los de las muestras modernas con selección de tamaños más grandes, corroborado por las marcadas asimetrías positivas; y reducidos tamaños medios, siempre menores que los de las muestras actuales. Por tanto, los datos indican una cierta elaboración en las estrategias de captación de los recursos malacológicos, con selección de tamaños grandes y recolección intensa.

En este sentido, si se observa la evolución temporal del conjunto de especies del género *Patella* (Fig. 6.40), se detecta que incluso dentro de la secuencia Asturiense-Neolítico inicial existe un claro descenso en los tamaños de todas las especies a lo largo del tiempo. En el gráfico se han añadido los tamaños medios de muestras procedentes del Sector 1, analizado por Ortea. Por tanto, existe algún factor que ha influido en el descenso de los tamaños a lo largo del tiempo. Si se tiene en cuenta que las fluctuaciones climáticas dentro del Mesolítico no son intensas, se podría descartar este factor como causante de la reducción. Sin embargo, es complicado establecer cuales son las condiciones climáticas que podrían provocar tal efecto. Por otra parte, la presión del ser humano sobre el recurso aparece como el otro gran factor que ha podido causar el descenso en los tamaños. Si se tiene en cuenta la información sobre las distribuciones de frecuencias de los tamaños expuestas para cada nivel, se observa que en todos ellos las especies del género *Patella* muestran un patrón de selección de los tamaños más grandes, pero con medias muy reducidas, por lo que es muy probable que estas especies estuvieran sometidas a una recolección intensiva por parte del ser humano.

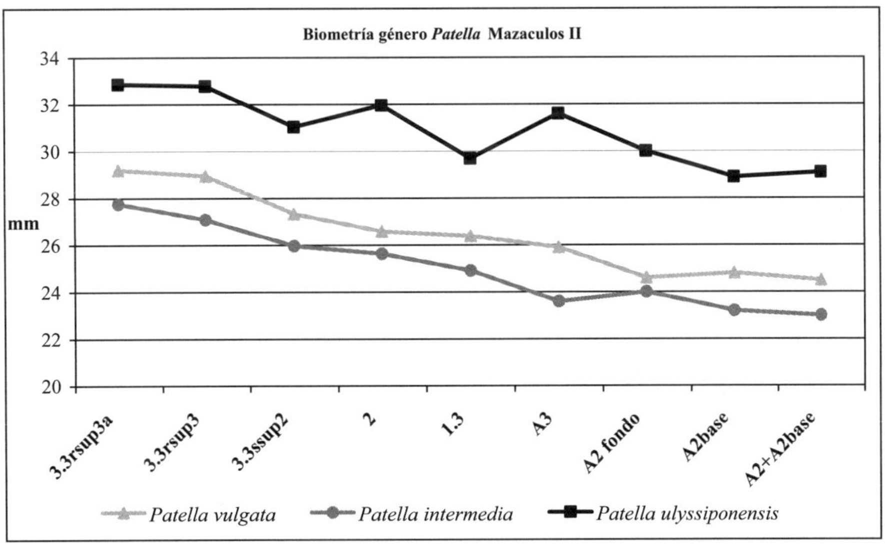


*Fig. 6.40: Evolución de los tamaños (longitud) de las especies del género Patella*

De la misma forma, si se observan los datos procedentes de las estructuras de edades de *Patella vulgata* y *Patella intermedia* (Tabla 6.14), se aprecia también un claro descenso en los mismos a lo largo del tiempo, y así los individuos recogidos durante los inicios del Neolítico son un año menores que los recogidos al inicio del Mesolítico. Por tanto, los datos de biometría y estructura de edades corroboran la existencia de un proceso de presión antrópica sobre los recursos, al menos en lo referente al género *Patella*.

| | *Patella vulgata* | | *Patella intermedia* | |
|---|---|---|---|---|
| | mm | años | mm | años |
| Mz 3.3 rsup3a | 29,2 | 4,4 | 27,8 | 4,0 |
| Mz 3.3 rsup3 | 29,0 | 4,4 | 27,1 | 4,0 |
| Mz 3.3 ssup2 | 27,3 | 4,1 | 26,0 | 3,8 |
| Mz 2 | 26,6 | 4,0 | 25,6 | 3,8 |
| Mz 1.3 | 26,4 | 3,8 | 24,9 | 3,5 |
| Mz A3 | 25,9 | 3,4 | 23,6 | 3,0 |
| Mz A2fondo | 24,6 | 3,2 | 24 | 3,1 |
| Mz A2base | 24,8 | 3,3 | 23,2 | 3,1 |

*Tabla 6.14: Evolución de los tamaños y edades de Patella vulgata y Patella intermedia en Mazaculos II*

Por su parte, el análisis biométrico de *Osilinus lineatus* (Fig. 6.41) presenta al inicio de la secuencia un perfil dentado, y a continuación un brusco descenso que se inicia hacia el 10500 cal BP. Esto puede estar reflejando una cierta intensidad en la recolección a lo largo de un período de tiempo no muy extenso, ya que el perfil dentado se ajusta bien con las superficies de ocupación identificadas por el equipo de excavación (González Morales *et al*., 1980). Al final de estas ocupaciones se observa un descenso acusado y posteriormente un nuevo ascenso que culmina hacia el 8200 cal BP pero que no llega a remontar hasta el máximo alcanzado hacia el 10500 BP. A partir de ahí comienza un fuerte descenso cuya causa no está tan clara. Si se compara la curva de tamaños con la curva climática para este período, parece posible que el descenso de tamaños entre el nivel 1.1 del Sector 1 y el A3 del Sector 3 guarde alguna relación con el evento climático 8.2k. Sin embargo, al no estar probada y ser discutible la influencia de este evento climático en la región cantábrica, es más probable pensar en la influencia de los grupos humanos, que recolectaron intensamente los moluscos de la zona durante un amplio período de ocupación de la cavidad.

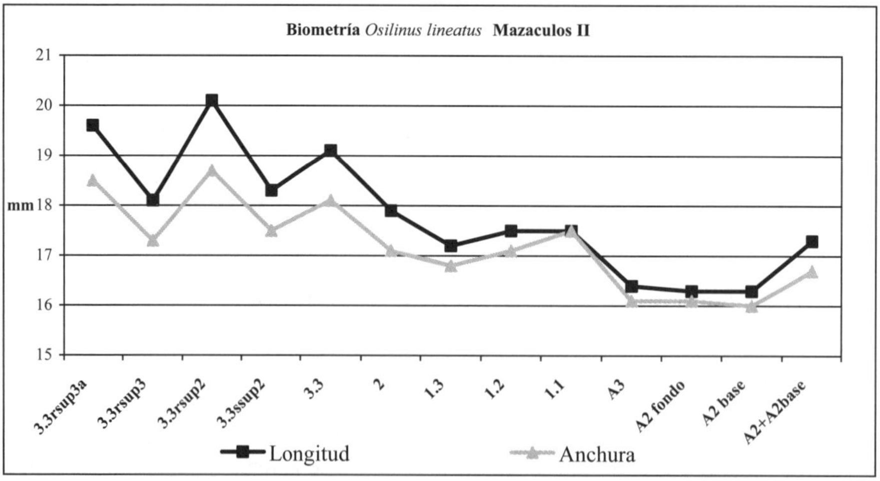


*Fig. 6.41: Evolución de los tamaños de Osilinus lineatus a lo largo del tiempo*

Así, parece claro que al menos en gran parte de la secuencia de ocupación de Mazaculos II la presión antrópica ha provocado una reducción en los tamaños de *Osilinus lineatus*. Igualmente, las distribuciones de frecuencias por clases de tamaños indica una probable selección de los tamaños más grandes al menos en los niveles A2fondo y A2base, lo que unido a lo reducido de las longitudes medias, apoya las hipótesis de estrategias elaboradas y recolección intensiva.

### 6.2.6.7 Técnicas de recolección

La explotación de todo el intermareal, incluidas las zonas bajas y expuestas donde se recoge el percebe *Pollicipes pollicipes*, indica un control apreciable de las mareas. La utilización de instrumentos para realizar la recolección está atestiguada por la aparición de un pico asturiense (Fig. 6.42) en el nivel mesolítico A3.

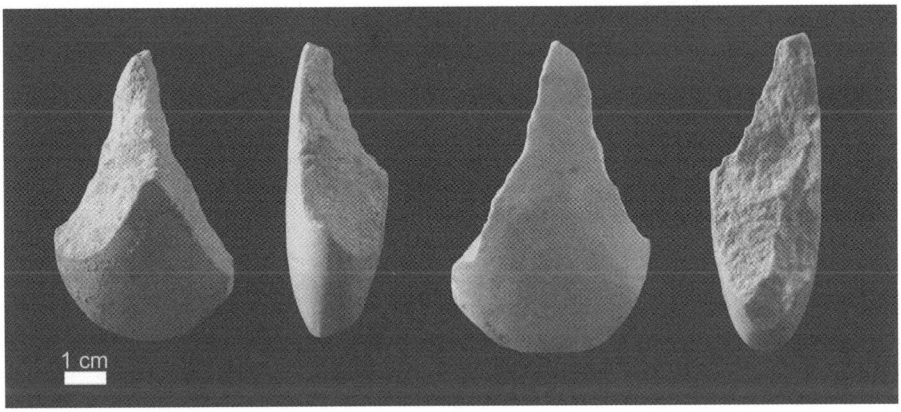


*Fig. 6.42: Pico asturiense procedente de los niveles mesolíticos de Mazaculos II (Foto: M. R. González Morales)*

## 6.3 La Pila (Miengo, Cantabria)

### 6.3.1 *El yacimiento: localización y descripción*

El proyecto de investigación de la cueva de La Pila se inicia a comienzos de los años 80, debido a las amenazas de desaparición que se cernían sobre ella. La cavidad se encontraba dentro de los terrenos de una cantera dedicada a la extracción de caliza y el rápido avance del frente de la misma obligó a realizar una excavación de urgencia entre 1982 y 1985, después de la cual la cavidad desapareció.

La cueva de La Pila se localizaba en el pueblo de Cuchía, municipio de Miengo (Cantabria) (Fig. 6.43). Se emplazaba en las cercanías de la desembocadura del río Saja-Besaya, a unos 700 m. de la margen derecha de la ría de San Martín de la Arena. Sus coordenadas UTM eran x: 417846 y: 4809362 y su altitud sobre el nivel del mar de 25 m.

*Fig. 6.43: Localización de la cueva de La Pila (Imagen: Mapa POL Cantabria)*

La cueva contaba con una pequeña boca (Fig. 6.44) y el yacimiento ocupaba todo el vestíbulo de la cueva con unos 10 m. de largo y 4,8 m. de ancho. La estratigrafía identificada en el yacimiento fue descrita por los excavadores (Bernaldo de Quirós *et al.*, 2000:53) como sigue:

Nivel I: Se trata de un revuelto con restos de conchero holoceno junto al que aparecen diversos materiales, tanto arqueológicos como actuales.

Nivel II: Colada de arcilla con materiales semejantes a los del nivel I.

Nivel III: Nivel de conchero, con materiales azilienses, que fue divido en cuatro subniveles (III.1 a III.4).

Nivel III.4b: Colada arcillosa que se acuña hacia el interior.

Nivel IV: Nivel sin conchero, aunque con algunos moluscos y con materiales magdalenienses. Asimismo fue dividido en cuatro subniveles (IV.1 a IV.4), que estaban separados por finas capas arcillosas.

*Fig. 6.44: Entrada de la cueva de La Pila. (Foto: M.R. González Morales)*

Existen algunas ligeras divergencias en cuanto a las fechas radiocarbónicas obtenidas dependiendo de la fuente consultada (Bernaldo de Quirós *et al.*, 1992, 2000; Soto Barreiros, 2003:171). Por ser más completas se han tomado las contenidas en el trabajo de Soto Barreiros (Tabla 6.15).

| Referencia | Nivel | BP | sd | cal BP | sd | Adscripción | Material | Metódo |
|---|---|---|---|---|---|---|---|---|
| Gif-8148 | III.3 | 11710 | 120 | 13590 | 140 | Aziliense | Hueso | C14 |
| Gif-8147 | IV.2 | 12160 | 130 | 14270 | 280 | MSF | Hueso | C14 |
| GifA-90033 | IV.4 | 12580 | 190 | 14940 | 340 | MSF | Hueso | C14 AMS |

*Tabla 6.15: Cronología absoluta (C14) de La Pila*

### 6.3.2 *Análisis arqueomalacológico Nivel IV.2*

6.3.2.1 Representación de especies

En el nivel IV.2 se han identificado nueve taxones, entre los cuales se encuentran un bivalvo, siete gasterópodos marinos y un gasterópodo terrestre. Aparecen taxones de tipo alimentario, potencialmente modificables e intrusivos.

El número de restos (NR) asciende a 285, y se corresponden con un número mínimo de 203 individuos (NMI) y un peso de casi 600 gr. Las especies principales son las típicas en estas cronologías, con el género *Patella* (especialmente *Patella vulgata* y en menor medida *Patella* sp.) y *Littorina littorea* abarcando el 95% del conjunto malacológico. El resto de especies presenta cantidades muy marginales. Entre estas, destaca la presencia de *Osilinus lineatus* por sus implicaciones climáticas (Tabla 6.16).

| **Taxones** | **La Pila IV.2** | | | | |
|---|---|---|---|---|---|
| **Bivalvos marinos** | **NR** | **%NR** | **NMI** | **%NMI** | **Peso (gr.)** |
| *Mytilus galloprovincialis* | 1 | **0,350** | 1 | **0,492** | 1 |
| **Total Bivalvos** | **1** | **0,350** | **1** | **0,492** | **1** |
| **Gasterópodos marinos** | **NR** | **%NR** | **NMI** | **%NMI** | **Peso (gr.)** |
| *Gibbula* sp. | 1 | **0,35** | 1 | **0,492** | 1 |
| *Littorina littorea* | 103 | **36,14** | 87 | **42,857** | 291 |
| *Osilinus lineatus* | 9 | **3,157** | 3 | **1,477** | 11 |
| *Patella vulgata* | 63 | **22,105** | 63 | **31,034** | 190 |
| *Patella intermedia* | 1 | **0,35** | 1 | **0,492** | 1 |
| *Patella ulyssiponensis* | 1 | **0,35** | 1 | **0,492** | 2 |
| *Patella* sp. | 102 | **35,789** | 44 | **21,674** | 99 |
| **Total Gasterópodos marinos** | **280** | **98,241** | **200** | **98,518** | **595** |
| **Gasterópodos terrestres** | **NR** | **%NR** | **NMI** | **%NMI** | **Peso (gr.)** |
| *Pomatias elegans* | 2 | **0,701** | 2 | **0,985** | |
| **Total Gasterópodos terrestres** | **2** | **0,701** | **2** | **0,985** | |
| **No identificable** | 2 | **0,701** | | | |
| TOTAL | **285** | **100** | **203** | **100** | **596** |

*Tabla 6.16. Abundancia (NR, NMI, peso y frecuencias relativas) de los taxones identificados en el nivel IV.2 de La Pila*

6.3.2.2 Tafonomía

El proceso más acusado es probablemente la biodegradación. Junto a éste, aparecen otros que han actuado de forma más leve, como la bioerosión, la fragmentación (0,512) y el encostramiento. Entre las manchas minerales es destacable la presencia de ejemplares de *Patella vulgata* y *Littorina littorea* con restos de ocre.

6.3.2.3 Zonas de recolección

En relación con las zonas de recolección, si se observan las preferencias de substrato de las especies presentes en el conjunto (Fig. 6.45), queda claro que las zonas rocosas han sido exclusivamente explotadas, ya que no aparecen taxones propios de otras zonas.

En lo referente a la zonación vertical, las dos especies principales habitan general mente en las zonas altas y medias del intermareal. No obstante, las ratios L/H sobre *Pa-*

*tella vulgata* indican que las zonas altas fueron preferentemente frecuentadas, aunque el escaso tamaño de muestra no permite tomar esta información con total fiabilidad. En relación a la exposición, ambas especies pueden aparecer en costas abiertas y en estuarios. Los únicos datos que pueden ayudar a diferenciar las zonas de recolección en este caso son los procedentes de la aplicación de las ecuaciones desarrolladas por Craighead para *Patella vulgata* (Tabla 6.17). Sin embargo, los resultados indican que las zonas expuestas y abrigadas se han explotado casi por igual, aunque al igual que sucede con la zonación, el tamaño de muestra es bastante escaso, por lo que este resultado ha de ser tomado con prudencia. Aún con todo, la presencia de especies exclusivamente propias de costas abiertas y expuestas como *Patella intermedia*, *Patella ulyssiponensis* y *Osilinus lineatus* indica que al menos estas zonas han sido frecuentadas por los grupos humanos.

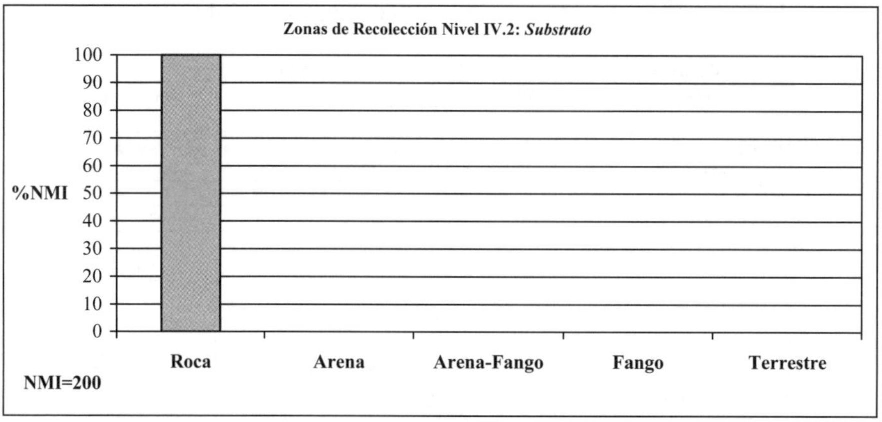


*Fig. 6.45: Zonas de recolección (substrato) en el nivel IV.2 de La Pila*

| ***Patella vulgata*** **Nivel IV.2 n=21** | | | |
|---|---|---|---|
| **Zonación (L/H)** | | **Exposición (Ecuación)** | |
| **Zona Alta** | **Zona Baja** | **Costa Expuesta** | **Costa Abrigada** |
| 67% | 33% | 52,4% | 47,6% |

*Tabla 6.17: Zonación y exposición de Patella vulgata en el nivel IV.2 de La Pila*

## 6.3.2.4 Biometría

A pesar de que los tamaños de muestra de las dos especies principales son muy escasos, se han aplicado las técnicas estadísticas con el objetivo de obtener al menos una mínima información Así, *Littorina littorea* (Fig. 6.46) presenta una distribución normal, pero con una marcada asimetría. Al no contar con muestra actual de comparación, es complicado determinar si los tamaños medios son grandes o pequeños. Sin embargo, sí es posible comparar con otros repertorios arqueológicos. En este sentido, el tamaño medio es ligeramente inferior al documentado en otras cavidades de la región durante el Magdaleniense y similar al de La Garma A durante el MSF. Por otra parte, *Patella vulgata* (Fig. 6.47) presenta una distribución normal, con una asimetría positiva leve. Los tamaños medios son similares a los de las muestras actuales y acordes con los de otros yacimientos de la misma cronología, si bien inferiores que los de períodos anteriores, como el Solutrense y el Magdaleniense inferior. La edad media es de 5,2 años. El escaso tamaño de muestra no permite una mayor precisión en la interpretación de los resultados.

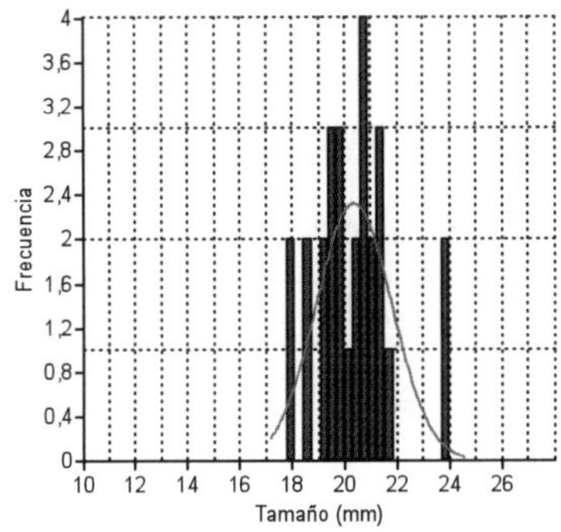


| | |
|---|---|
| N | 27 |
| Min | 17,8 |
| Max | 24 |
| Sum | 548,9 |
| Mean | 20,3296 |
| Std. error | 0,282682 |
| Variance | 2,15755 |
| Stand. dev | 1,46886 |
| Median | 20,3 |
| 25 prcntil | 19,4 |
| 75 prcntil | 21,1 |
| Skewness | 0,74547 |
| Kurtosis | 1,25034 |
| Geom. mean | 20,2798 |
| *Shapiro-Wilk* | |
| W: | 0,9403 |
| *p*: | 0,1236 |

*Fig. 6.46: Representación estadística de los tamaños (anchura) de Littorina littorea en el nivel IV.2 de La Pila*

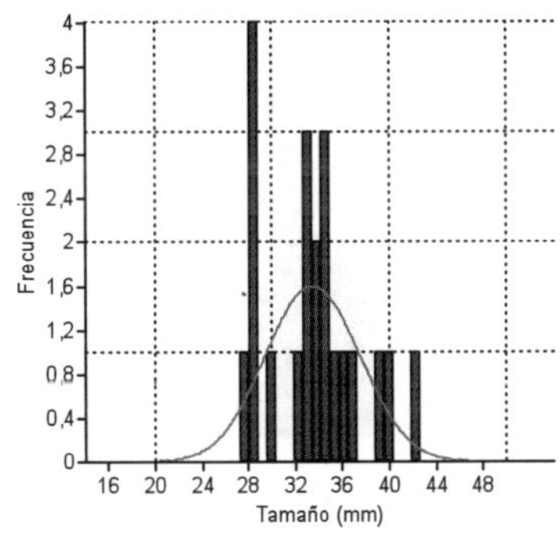


| | |
|---|---|
| N | 21 |
| Min | 27,3 |
| Max | 42,6 |
| Sum | 701,9 |
| Mean | 33,4238 |
| Std. error | 0,898753 |
| Variance | 16,9629 |
| Stand. dev | 4,1186 |
| Median | 33,8 |
| 25 prcntil | 29,15 |
| 75 prcntil | 35,65 |
| Skewness | 0,313029 |
| Kurtosis | -0,201624 |
| Geom. mean | 33,1844 |
| *Shapiro-Wilk* | |
| W: | 0,9513 |
| *p*: | 0,3598 |

*Fig. 6.47: Representación estadística de los tamaños (longitud) de Patella vulgata en el nivel IV.2 de La Pila*

### 6.3.3 *Análisis arqueomalacológico Nivel IV.1*

6.3.3.1 Representación de especies

En este caso ocho han sido los taxones identificados, de los cuales seis son gasterópodos marinos, uno es un gasterópodo terrestre, y el último es un equinodermo. Están presentes taxones de tipo alimentario, potencialmente modificables e intrusivos.

Se han contabilizado 242 restos (NR) que se corresponden con un número mínimo de 98 individuos (NMI) y un peso de casi 200 gr. Al igual que en el nivel anterior, el género *Patella* y *Littorina littorea* (Fig. 6.48) suponen más del 90% del total de moluscos presentes, y por tanto, el patrón de explotación es idéntico. Igualmente aparece *Osilinus lineatus*, también en cantidades muy escasas (Tabla 6.18).

| Taxones | La Pila IV.1 | | | | |
|---|---|---|---|---|---|
| **Gasterópodos marinos** | **NR** | **%NR** | **NMI** | **%NMI** | **Peso (gr.)** |
| *Gibbula* sp. | 1 | **0,413** | 1 | **1,020** | 1 |
| *Littorina littorea* | 133 | **54,958** | 48 | **48,979** | 101 |
| *Osilinus lineatus* | 18 | **7,438** | 5 | **5,102** | 13 |
| *Patella vulgata* | 9 | **3,719** | 9 | **9,183** | 21 |
| *Patella intermedia* | 1 | **0,413** | 1 | **1,020** | 1 |
| *Patella* sp. | 76 | **31,404** | 32 | **32,653** | 57 |
| **Total Gasterópodos marinos** | **238** | **98,345** | **96** | **97,957** | **194** |
| **Gasterópodos terrestres** | **NR** | **%NR** | **NMI** | **%NMI** | **Peso (gr.)** |
| *Helicella itala* | 1 | **0,413** | 1 | **1,020** | |
| **Total Gasterópodos terrestres** | **1** | **0,413** | **1** | **1,020** | |
| **Equinodermos** | **NR** | **%NR** | **NMI** | **%NMI** | **Peso (gr.)** |
| *Paracentrotus lividus* | 1 | **0,413** | 1 | **1,020** | |
| **No identificable** | 2 | **0,826** | | | |
| **TOTAL** | **242** | **100** | **98** | **100** | **194** |

*Tabla 6.18: Abundancia (NR, NMI, peso y frecuencias relativas) de los taxones identificados en el nivel IV.1 de La Pila*

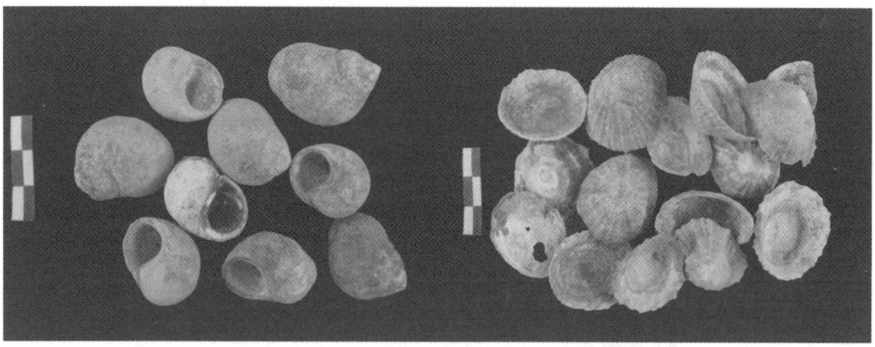

*Fig. 6.48: Ejemplares de Littorina littorea (izquierda) y Patella vulgata del nivel IV.2 de La Pila*

### 6.3.3.2 Tafonomía

Los procesos tafonómicos son también similares a los del nivel anterior. Sin embargo, en este nivel, aparte de la biodegradación, otro proceso se ha producido con intensidad. Se trata de la fragmentación (0,222), que es mucho más alta que en el nivel anterior, tanto en el género *Patella* como en *Littorina littorea.*

### 6.3.3.3 Zonas de recolección

La existencia del mismo patrón de explotación que en el nivel anterior significa que las zonas de recolección han sido probablemente las mismas. En cuanto al substrato, así se confirma, ya que las zonas de roca han sido exclusivamente explotadas (Fig. 6.49).

En lo referente a la zonación y la exposición, se observa la misma situación que en el nivel anterior, debido a las características del material malacológico. Por tanto, las zonas altas y medias del intermareal han sido preferentemente explotadas, aunque las ratios L/H sobre *Patella vulgata* (Tabla 6.19) indica una mayor explotación de las zonas altas. Igualmente, es complicado establecer si la recolección se ha llevado a cabo en la costa abierta o en el estuario. En este caso, las ecuaciones de Craighead, indican que las zonas altas de las costas expuestas han sido ligeramente más explotadas, aunque una vez más el tamaño de muestra tan escaso no permite realizar aseveraciones con total fiabilidad. Como en el caso anterior, la presencia de especies propias exclusivamente de costas abiertas y expuestas, *Patella intermedia*, *Osilinus lineatus* y *Paracentrotus lividus*, indica que al menos esas zonas han sido frecuentadas.

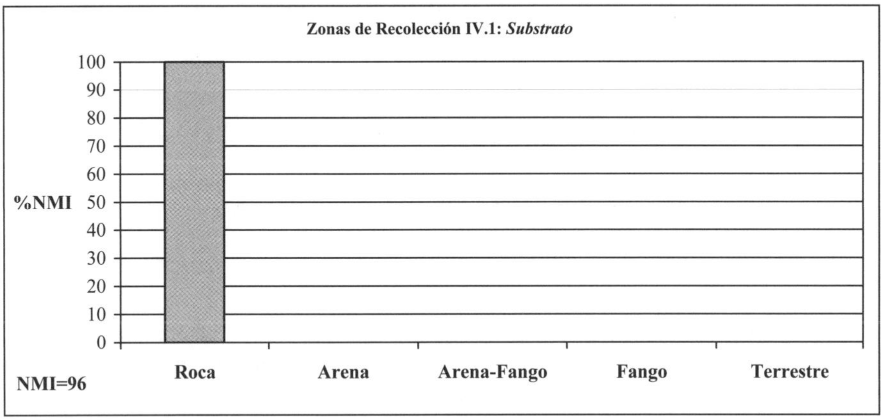


*Fig. 6.49: Zonas de recolección (substrato) en el nivel IV.1 de La Pila*

| ***Patella vulgata*** **Nivel IV.1 n=6** | | | |
|---|---|---|---|
| **Zonación (L/H)** | | **Exposición (Ecuación)** | |
| **Zona Alta** | **Zona Baja** | **Costa Expuesta** | **Costa Abrigada** |
| 67% | 33% | 67% | 33% |

*Tabla 6.19: Zonación y exposición de Patella vulgata en el nivel IV.1 de La Pila*

6.3.3.4 Biometría

Ninguna especie presentaba tamaños de muestra adecuados como para obtener unas mínimas conclusiones del análisis biométrico.

### 6.3.4 *Análisis arqueomalacológico Nivel III.4*

6.3.4.1 Representación de especies

Nueve taxones han sido identificados en este nivel, concretamente un bivalvo y ocho gasterópodos marinos, entre los que se encuentran taxones de tipo alimentario y potencialmente modificables.

En número de restos (NR) asciende a 423, mientras el número mínimo de individuos (NMI) presente en el conjunto es de 240 y el peso de 585 gr. El conjunto malacológico presenta las mismas características que los dos niveles anteriores, con abrumadora mayoría del género *Patella* y *Littorina littorea* y muy escasa representación de otros taxones (Tabla 6.20).

| Taxones | La Pila III.4 | | | | |
|---|---|---|---|---|---|
| **Bivalvos marinos** | **NR** | **%NR** | **NMI** | **%NMI** | **Peso (gr.)** |
| *Mytilus galloprovincialis* | 5 | **1,182** | 1 | **0,416** | 3 |
| **Total Bivalvos** | **5** | **1,182** | **1** | **0,416** | **3** |
| **Gasterópodos marinos** | **NR** | **%NR** | **NMI** | **%NMI** | **Peso (gr.)** |
| *Gibbula* sp. | 10 | **2,364** | 10 | **4,166** | 6 |
| *Littorina littorea* | 168 | **39,716** | 109 | **45,416** | 319 |
| *Nucella lapillus* | 1 | **0,236** | 1 | **0,416** | |
| *Osilinus lineatus* | 14 | **3,309** | 3 | **1,250** | 11 |
| *Patella vulgata* | 48 | **11,347** | 48 | **20,000** | 125 |
| *Patella intermedia* | 1 | **0,236** | 1 | **0,416** | |
| *Patella ulyssiponensis* | 4 | **0,945** | 4 | **1,666** | 18 |
| *Patella* sp. | 172 | **40,661** | 63 | **26,250** | 103 |
| **Total Gasterópodos marinos** | **418** | **98,814** | **239** | **99,580** | **582** |
| **TOTAL** | **423** | **100** | **240** | **100** | **585** |

*Tabla 6.20: Abundancia (NR, NMI, peso y frecuencias relativas) de los taxones identificados en el nivel III.4 de La Pila*

### 6.3.4.2 Tafonomía

En este nivel la biodegradación es el proceso más acusado, y afecta tanto a *Patella vulgata* como a *Littorina littorea*. Una buena parte de los ejemplares del género *Patella* no han podido ser identificados a nivel de especie debido a la acción de este proceso. Otros procesos presentes son la bioerosión, la fragmentación (0,387) y el encostramiento. Es destacable, al igual que ocurría en el nivel IV.2, la presencia de ejemplares de ambas especies manchados de ocre.

### 6.3.4.3 Zonas de recolección

En cuanto al substrato, las zonas de roca han sido exclusivamente explotadas desde el yacimiento. Por su parte, el análisis de la zonación indica una explotación preferente de la zonas alta y media del intermareal, aunque las ratios L/H sobre *Patella vulgata* indican que las zonas medias y bajas fueron más frecuentadas. Algo similar ocurre con la exposición, la presencia de *Patella vulgata* y *Littorina littorea* como especies principales no permite saber con exactitud dónde se llevó a cabo la recolección, mientras la ecuación de Craighead indica una mayor explotación de las costas abrigadas. No obstante, la presencia de especies como *Osilinus lineatus*, *Patella intermedia* y *Patella ulyssiponensis* indica que al menos las costas abiertas han sido frecuentadas. En ambos casos, zonación y exposición, los datos han de ser tomados con precaución debido a lo escaso de la muestra utilizada (Fig. 6.50 y Tabla 6.21).

| ***Patella vulgata*** **Nivel III.4 n=14** | | | |
|---|---|---|---|
| **Zonación (L/H)** | | **Exposición (Ecuación)** | |
| **Zona Alta** | **Zona Baja** | **Costa Expuesta** | **Costa Abrigada** |
| 28,6% | 71,4% | 36% | 64% |

*Tabla 6.21: Zonación y exposición de Patella vulgata en el nivel III.4 de La Pila*

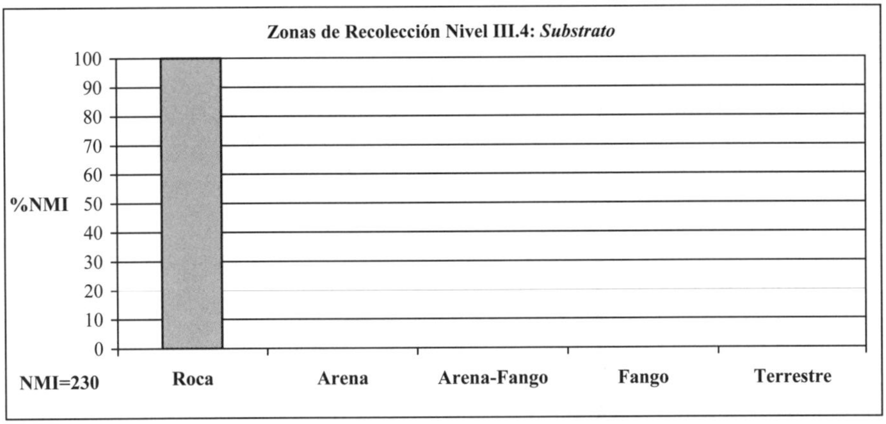


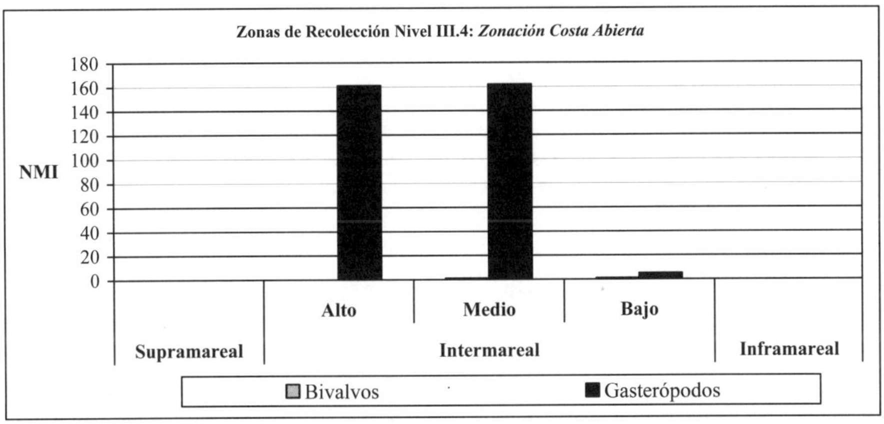


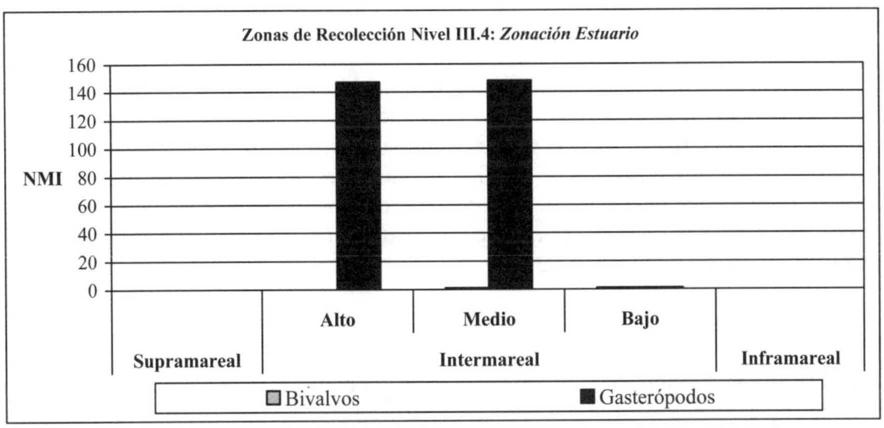


*Fig. 6.50: Zonas de recolección (substrato, zonación y exposición) en el nivel III.4 de La Pila*

### 6.3.4.4 Biometría

La única especie con un tamaño de muestra mayor de 20 es *Littorina littorea*, que presenta una distribución normal y una asimetría positiva leve. El tamaño medio es similar al del nivel IV.2 (Fig. 6.51). Lo cierto es que con un tamaño de muestra tan escaso no es posible establecer conclusiones sobre el tipo de recolección.

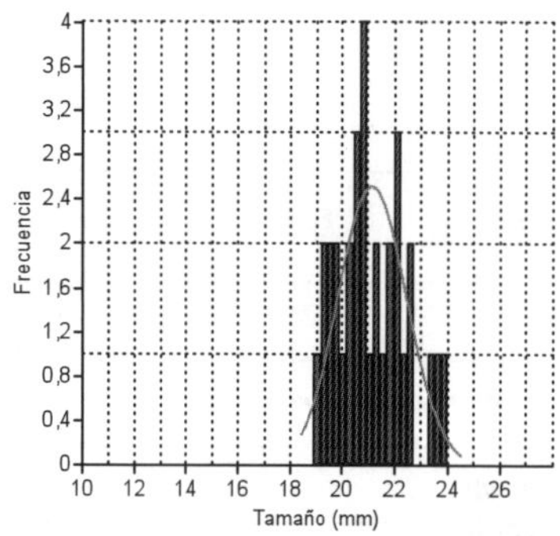


| | |
|---|---|
| N | 32 |
| Min | 18,9 |
| Max | 24 |
| Sum | 675,8 |
| Mean | 21,1187 |
| Std. error | 0,232901 |
| Variance | 1,73577 |
| Stand. dev | 1,31748 |
| Median | 20,9 |
| 25 prcntil | 20,125 |
| 75 prcntil | 22,1 |
| Skewness | 0,370907 |
| Kurtosis | -0,46787 |
| Geom. mean | 21,0794 |
| Shapiro-Wilk | |
| W: | 0,9719 |
| *p*: | 0,5532 |

*Fig. 6.51: Representación estadística de los tamaños (anchura) de Littorina littorea en el nivel III.4 de La Pila*

## 6.3.5 *Análisis arqueomalacológico Nivel III.3*

### 6.3.5.1 Representación de especies

En el nivel III.3 se ha documentado la presencia de 17 taxones, de los cuales uno corresponde a bivalvos, diez a gasterópodos marinos, cuatro a gasterópodos terrestres, uno a crustáceos y otro a equinodermos. Entre ellos se incluyen taxones de tipo alimentario, potencialmente modificables e intrusivos.

El número de restos (NR) asciende a 5883, mientras el número mínimo de individuos (NMI) es de 3741 y el peso de poco más de 9 kg. A pesar de que se produce un aumento en el número de especies y en las cantidades acumuladas, los taxones principales siguen siendo los mismos que en niveles anteriores, es decir, el género *Patella* y *Littorina littorea*, que responden de más del 95% del conjunto malacológico. El resto de taxones es claramente marginal y, entre ellos, *Osilinus lineatus* continúa apareciendo en cantidades muy escasas (Tabla 6.22).

### 6.3.5.2 Tafonomía

Los procesos tafonómicos identificados en este nivel siguen siendo muy similares a los de los niveles anteriores. Así, el proceso más acusado es una vez más la biodegradación, cuyos efectos son ligeramente diferentes dependiendo del sector de excavación. Estas diferencias de conservación entre sectores se pueden apreciar observando la cantidad de FEST, ya que cuando el material está muy biodegradado la cantidad de esta categoría se incrementa en relación con los IFRA.

Otro proceso que aparece con mayor intensidad son las manchas minerales, concretamente de ocre. En este nivel la cantidad de individuos, tanto de *Patella vulgata* como de *Littorina littorea*, que presentan manchas de este mineral es considerable. El resto de procesos presentes han afectado en menor medida al material. Entre estos se encuentran la bioerosión (microperforación e incrustación por serpúlidos) y la fragmentación (0,468). Mientras, el encostramiento también parece dependiente del sector de excavación. Así, en los sectores en los que este proceso es más acusado, la biodegradación es más ligera, ya que la capa calcárea que ha recubierto el material lo ha protegido de este proceso.

| **Taxones** | **La Pila III.3** | | | | |
|---|---|---|---|---|---|
| **Bivalvos marinos** | **NR** | **%NR** | **NMI** | **%NMI** | **Peso (gr.)** |
| *Mytilus galloprovincialis* | 7 | **0,118** | 2 | **0,053** | 4 |
| **Total Bivalvos** | **7** | **0,118** | **2** | **0,053** | **4** |
| **Gasterópodos marinos** | **NR** | **%NR** | **NMI** | **%NMI** | **Peso (gr.)** |
| *Gibbula* sp. | 52 | **0,883** | 43 | **1,149** | 27 |
| *Littorina littorea* | 1785 | **30,341** | 1232 | **32,932** | 3677 |
| *Littorina obtusata* | 3 | **0,05** | 3 | **0,08** | |
| *Nassarius reticulatus* | 1 | **0,016** | 1 | **0,026** | |
| *Nucella lapillus* | 2 | **0,033** | 2 | **0,053** | |
| *Osilinus lineatus* | 227 | **3,858** | 76 | **2,031** | 187 |
| *Patella vulgata* | 1228 | **20,873** | 1228 | **32,825** | 3063 |
| *Patella intermedia* | 1 | **0,016** | 1 | **0,026** | 3 |
| *Patella ulyssiponensis* | 21 | **0,356** | 21 | **0,561** | 43 |
| *Patella* sp. | 2518 | **42,801** | 1126 | **30,098** | 2007 |
| **Total Gasterópodos marinos** | **5838** | **99,227** | **3733** | **99,781** | **9007** |
| **Gasterópodos terrestres** | **NR** | **%NR** | **NMI** | **%NMI** | **Peso (gr.)** |
| *Cepaea nemoralis* | 8 | **0,135** | 1 | **0,026** | 2 |
| *Helicella itala* | 1 | **0,016** | 1 | **0,026** | |
| *Oxychilus* sp. | 1 | **0,016** | 1 | **0,026** | |
| *Pomatias elegans* | 1 | **0,016** | 1 | **0,026** | |
| **Total Gasterópodos terrestres** | **11** | **0,183** | **4** | **0,104** | **2** |
| **Crustáceos** | **NR** | **%NR** | **NMI** | **%NMI** | **Peso (gr.)** |
| *Balanus* sp. | 1 | **0,016** | 1 | **0,026** | |
| **Equinodermos** | **NR** | **%NR** | **NMI** | **%NMI** | **Peso (gr.)** |
| *Paracentrotus lividus* | 17 | **0,288** | 1 | **0,026** | 1 |
| **No identificable** | **9** | **0,152** | | | |
| **TOTAL** | **5883** | **100** | **3741** | **100** | **9014** |

*Tabla 6.22: Abundancia (NR, NMI, peso y frecuencias relativas) de los taxones identificados en el nivel III.3 de La Pila*

### 6.3.5.3 Zonas de recolección

Al igual que en los conjuntos malacológicos anteriores, las zonas de recolección se siguen manteniendo estables en este nivel, es decir, que se han explotado casi exclusivamente zonas rocosas en las zonas altas y medias del intermareal. El análisis de la ratio L/H indica que *Patella vulgata* fue recogida tanto en zonas altas como bajas. Más complicado es aquí también establecer si la recolección se llevó a cabo en costas abiertas o en el estuario. La aplicación de la ecuación de exposición indica que *Patella vulgata* se recogió tanto en zonas abrigadas como expuestas casi por igual, aunque con ligero predominio de la costa expuesta. Al igual que en niveles anteriores, la presencia de las especies exclusivas de costas abiertas, *Osilinus lineatus*, *Patella intermedia* y *Patella ulyssiponensis*, confirma que esas zonas han sido explotadas (Fig. 6.52 y Tabla 6.23).

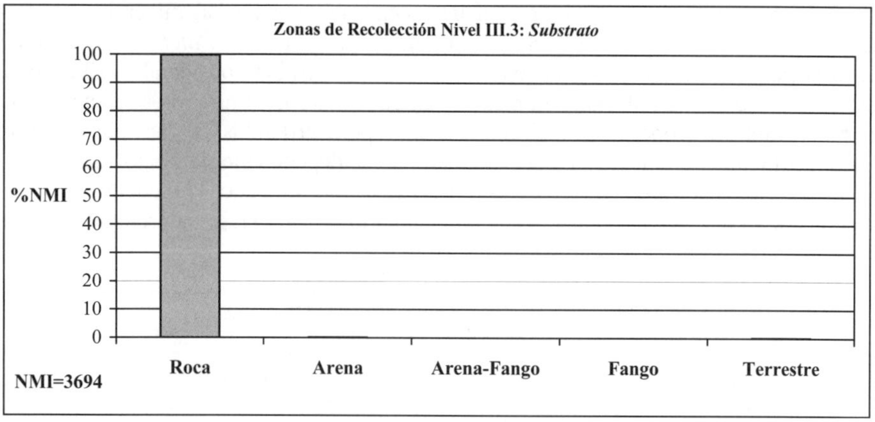


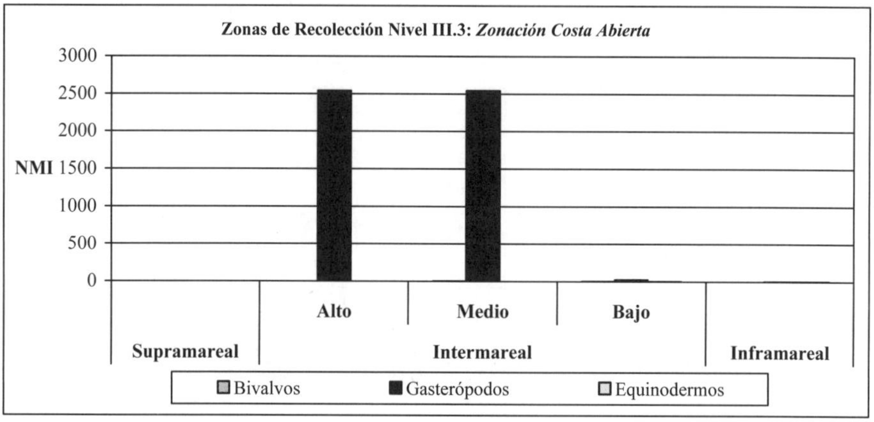


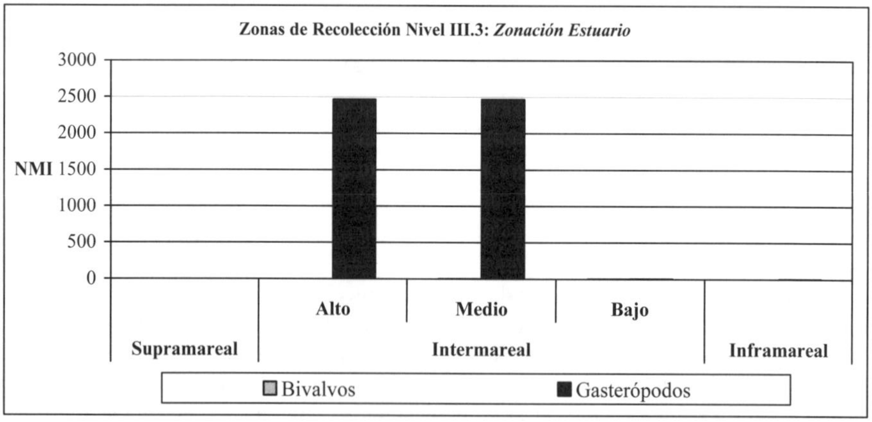


*Fig. 6.52: Zonas de recolección (substrato, zonación y exposición) en el nivel III.3 de La Pila*

| *Patella vulgata* Nivel III.3 n=371 | | | |
|---|---|---|---|
| **Zonación (L/H)** | | **Exposición (Ecuación)** | |
| **Zona Alta** | **Zona Baja** | **Costa Expuesta** | **Costa Abrigada** |
| 53,4% | 46,6% | 57% | 43% |

*Tabla 6.23: Zonación y exposición de Patella vulgata en el nivel III.3 de La Pila*

### 6.3.5.4 Biometría

En este nivel se han analizado los tamaños de las dos especies principales, *Littorina littorea* y *Patella vulgata*, que presentan tamaños de muestra adecuados. En el caso de *Littorina littorea* (Fig. 6.53) la distribución no es ni normal ni log-normal, mientras la asimetría es negativa y bastante fuerte, debido probablemente a la presencia de bastantes individuos de pequeño tamaño, como se aprecia en el histograma. También se aprecia que es posible que haya dos distribuciones. Por otra parte, el tamaño medio es similar al de los niveles anteriores.

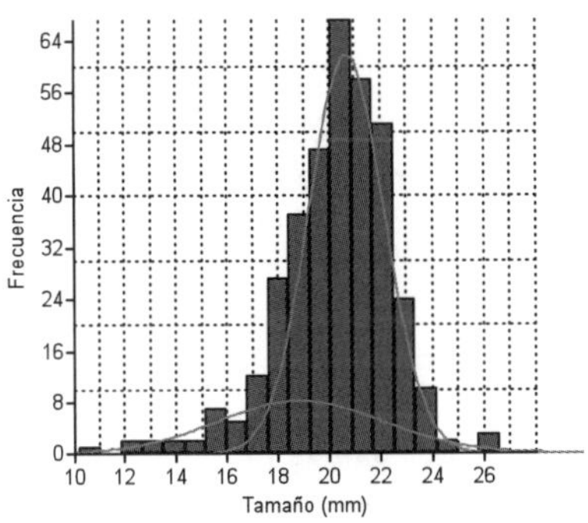


| | |
|---|---|
| N | 359 |
| Min | 10,2 |
| Max | 26,6 |
| Sum | 7267 |
| Mean | 20,2423 |
| Std. error | 0,114675 |
| Variance | 4,72094 |
| Stand. dev | 2,17277 |
| Median | 20,5 |
| 25 prcntil | 19,2 |
| 75 prcntil | 21,7 |
| Skewness | -0,94569 |
| Kurtosis | 2,60717 |
| Geom. mean | 20,1136 |
| *Shapiro-Wilk* | |
| W: | 0,9491 |
| *p*: | 8,56E-10 |

*Fig. 6.53: Representación estadística de los tamaños (anchura) de Littorina littorea en el nivel III.3 de La Pila*

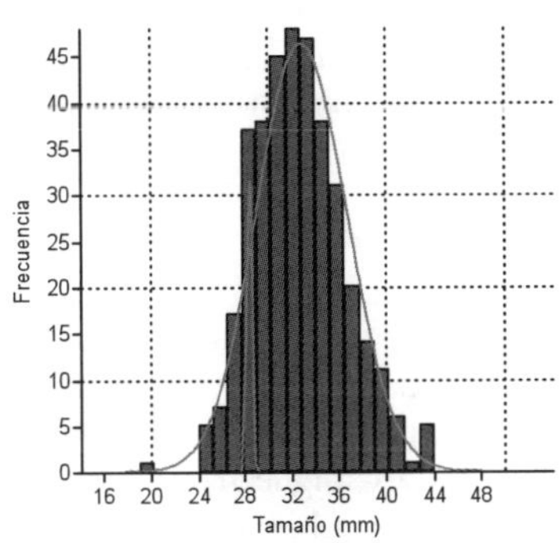


| | |
|---|---|
| N | 371 |
| Min | 19 |
| Max | 44 |
| Sum | 12097,5 |
| Mean | 32,6078 |
| Std. error | 0,200208 |
| Variance | 14,8709 |
| Stand. dev | 3,85628 |
| Median | 32,3 |
| 25 prcntil | 29,9 |
| 75 prcntil | 35,1 |
| Skewness | 0,289509 |
| Kurtosis | 0,20415 |
| Geom. mean | 32,3813 |
| *Shapiro-Wilk* | |
| W: | 0,9902 |
| *p*: | 0,0143 |

*Fig. 6.54: Representación estadística de los tamaños (longitud) de Patella vulgata en el nivel III.3 de La Pila*

Mientras, *Patella vulgata* (Fig. 6.54) presenta una distribución que no es normal, pero sí log-normal, con una asimetría positiva bastante leve. En el histograma se observa la posible presencia de dos distribuciones. Por otra parte, los tamaños medios son similares a los de los niveles anteriores y a los de otros yacimientos de esta cronología, así como los de las muestras actuales. La edad media es de 4,9 años.

Los datos de *Littorina littorea* son bastante diferentes a los de *Patella vulgata*, ya que aunque se han recogido tamaños considerables, también se ha recogido una buena cantidad de individuos de pequeño tamaño. En principio la falta de normalidad en la distribución estaría indicando que se ha producido algún tipo de selección. Sin embargo, la asimetría negativa y la forma del histograma indican una presencia importante de individuos de pequeño tamaño, lo que refleja más bien una recolección sin selección. Por tanto, con la información disponible es complicado establecer el significado real de estos resultados y si se han seleccionado los tamaños o no. Por su parte, *Patella vulgata*, presenta indicios de selección de tamaños grandes no muy acusada, mientras los tamaños medios no reflejan una explotación muy intensa.

### 6.3.6 *Análisis arqueomalacológico Nivel III.2*

#### 6.3.6.1 Representación de especies

En este nivel la diversidad y las cantidades de las diferentes especies vuelven a descender. Así, se han identificado 11 taxones, de los cuales ocho corresponden a gasterópodos marinos, uno a gasterópodos terrestres, uno a crustáceos y otro a equinodermos. Al igual que en niveles anteriores, nos encontramos con taxones de tipo alimentario, potencialmente modificables e intrusivos.

El número de restos (NR) total es de 271, y se corresponden con un número mínimo de 156 individuos (NMI) y un peso de 265 gr. Una vez más, el género *Patella* y *Littorina littorea* conforman la base de la explotación, ya que suman más del 80% del conjunto malacológico, mientras el resto de taxones pueden considerarse marginales (Tabla 6.24).

#### 6.3.6.2 Tafonomía

Los procesos tafonómicos son similares a los de niveles anteriores y ninguno ha producido efectos que hagan pensar que han actuado intensamente. Quizás el proceso más acusado es la biodegradación sobre ejemplares de *Patella vulgata*, pero ésta se reduce en *Littorina littorea*. Otros procesos presentes son la bioerosión (microperforación e incrustación por serpúlidos), la fragmentación (0,343) y el encostramiento.

#### 6.3.6.3 Zonas de recolección

Las zonas de recolección siguen siendo las mismas, zonas altas y medias del intermareal rocoso. Las ratios L/H de *Patella vulgata* indican que esta especie ha sido recolectada tanto en zonas altas como bajas, aunque con ligero predominio de las primeras. En cuanto a la exposición, si se aplica la ecuación de Craighead, parece que *Patella vulgata* fue recogida preferentemente en costas expuestas. Al igual que en niveles anteriores, la presencia de las especies exclusivas de costas abiertas, *Osilinus lineatus*, *Patella intermedia* y *Patella ulyssiponensis*, confirma que al menos esas zonas han sido explotadas. Sin embargo, el escaso tamaño de la muestra del análisis de zonación y exposición, no permite extraer conclusiones definitivas (Fig. 6.56 y Tabla 6.25).

| Taxones | La Pila III.2 | | | | |
|---|---|---|---|---|---|
| **Gasterópodos marinos** | **NR** | **%NR** | **NMI** | **%NMI** | **Peso (gr.)** |
| *Gibbula* sp. | 11 | **4,059** | 9 | **5,769** | 4 |
| *Littorina littorea* | 101 | **37,269** | 47 | **30,128** | 106 |
| *Nucella lapillus* | 1 | **0,369** | 1 | **0,641** | |
| *Osilinus lineatus* | 22 | **8,118** | 3 | **1,923** | 8 |
| *Patella vulgata* | 45 | **16,605** | 45 | **28,846** | 80 |
| *Patella intermedia* | 1 | **0,369** | 1 | **0,641** | 4 |
| *Patella ulyssiponensis* | 5 | **1,845** | 5 | **3,205** | 5 |
| *Patella* sp. | 77 | **28,413** | 42 | **26,923** | 55 |
| **Total Gasterópodos marinos** | **263** | **97,047** | **153** | **98,076** | **262** |
| **Gasterópodos terrestres** | **NR** | **%NR** | **NMI** | **%NMI** | **Peso (gr.)** |
| *Cepaea nemoralis* | 4 | **1,476** | 1 | **0,641** | 1 |
| **Total Gasterópodos terrestres** | **4** | **1,476** | **1** | **0,641** | **1** |
| **Crustáceos** | **NR** | **%NR** | **NMI** | **%NMI** | **Peso (gr.)** |
| Brachyura sp. | 1 | **0,369** | 1 | **0,641** | 1 |
| **Equinodermos** | **NR** | **%NR** | **NMI** | **%NMI** | **Peso (gr.)** |
| *Paracentrotus lividus* | 2 | **0,738** | 1 | **0,641** | 1 |
| **No identificable** | **1** | **0,369** | | | |
| TOTAL | 271 | 100 | 156 | 100 | 265 |

*Tabla 6.24: Abundancia (NR, NMI, peso y frecuencias relativas) de los taxones identificados en el nivel III.2 de La Pila*

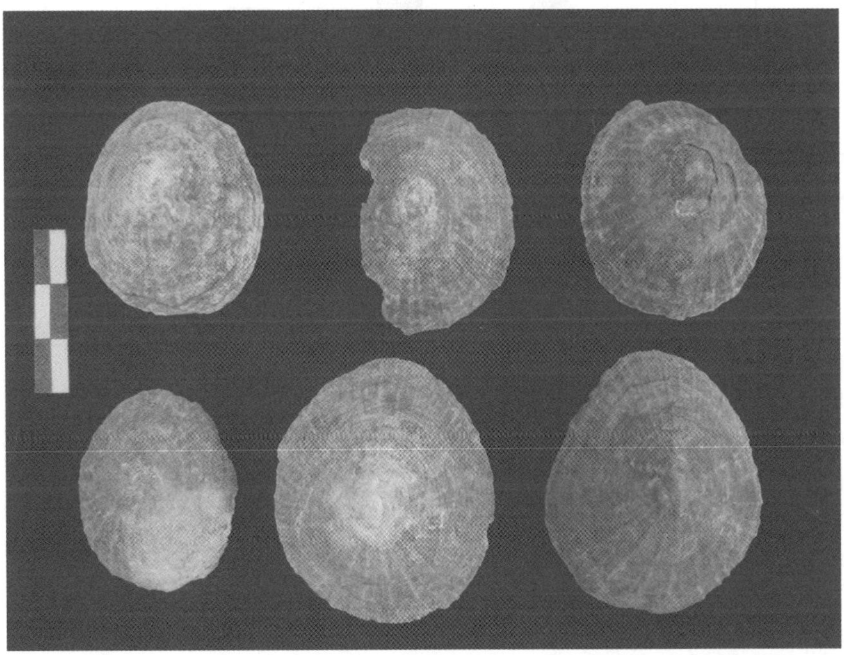

*Fig. 6.55: Ejemplares de Patella vulgata del nivel III.1 de La Pila*

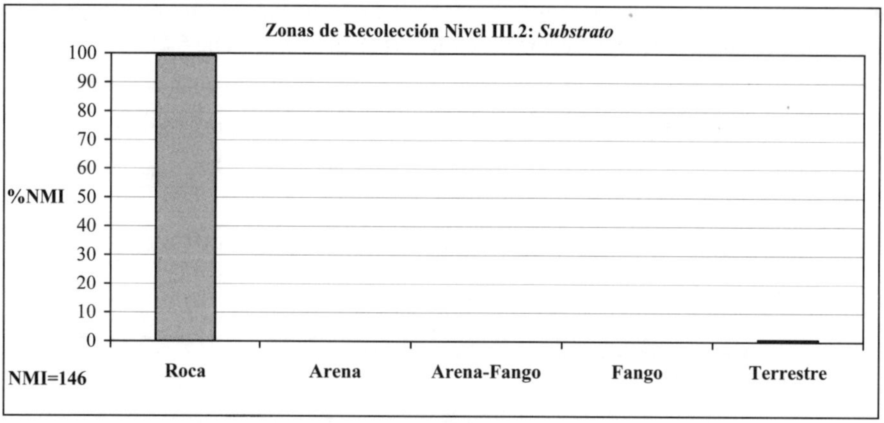


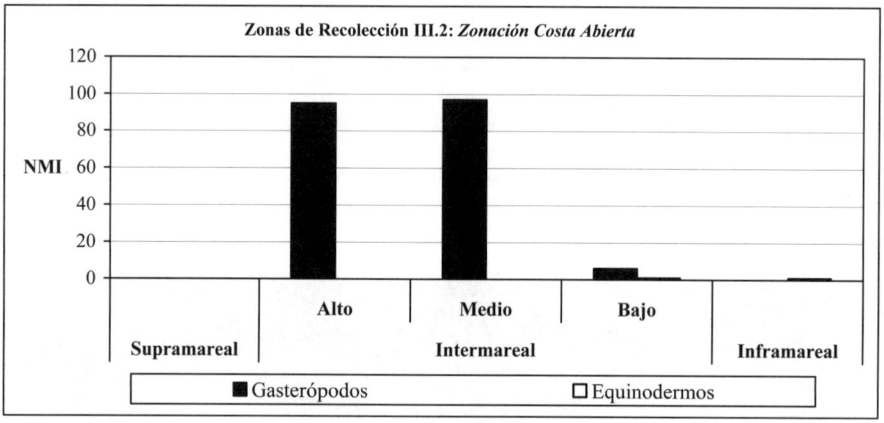


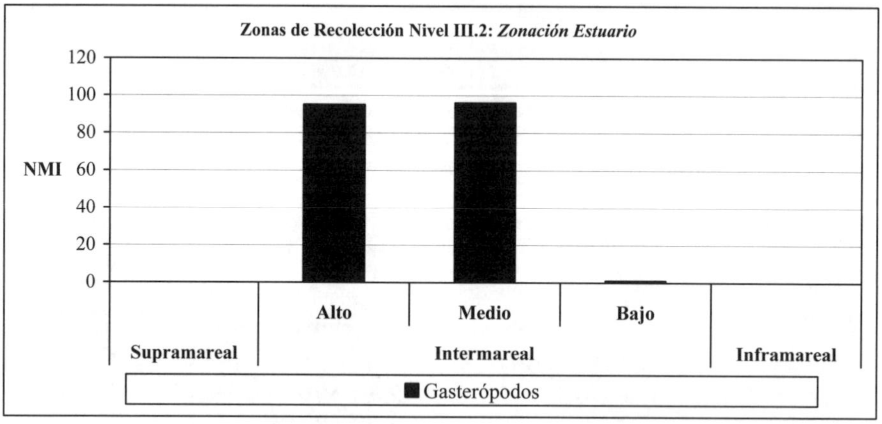


*Fig. 6.56: Zonas de recolección (substrato, zonación y exposición) en el nivel III.2 de La Pila*

| *Patella vulgata* Nivel III.2 n=10 | | | |
|---|---|---|---|
| Zonación (L/H) | | Exposición (Ecuación) | |
| Zona Alta | Zona Baja | Costa Expuesta | Costa Abrigada |
| 60% | 40% | 90% | 10% |

*Tabla 6.25: Zonación y exposición de Patella vulgata en el nivel III.2 de La Pila*

6.3.6.4 Biometría

La escasez de material en este nivel no ha permitido contar con muestras adecuadas para realizar un análisis biométrico.

### 6.3.7 *Análisis arqueomalacológico Nivel III.1*

6.3.7.1 Representación de especies

Se han identificado 19 taxones, entre los cuales se encuentran tres bivalvos, diez gasterópodos marinos, cuatro gasterópodos terrestres, un crustáceo y un equinodermo. En relación a su función, los taxones presentes se pueden clasificar en alimentarios, potencialmente modificables e intrusivos.

El número de restos (NR) es de 3803, con lo cual vuelve a aumentar con respecto al nivel anterior. Estos restos se corresponden con un número mínimo de 2634 individuos (NMI) y un peso de 6,3 kg. El género *Patella* y *Littorina littorea* representan más del 85% del conjunto total, por lo que forman la base de la recolección. Por su parte, *Osilinus lineatus* (Fig. 6.57) es un poco más abundante que en niveles anteriores y ya representa casi el 7% del NMI. El resto de taxones son claramente marginales y entre ellos destaca *Gibbula* sp. (Tabla 6.26).

6.3.7.2 Tafonomía

Siguiendo la misma tónica que hasta ahora, el proceso tafonómico más acusado en este nivel es la biodegradación, perceptible en gran parte del material, especialmente en las especies más abundantes. Al igual que ocurría en el nivel III.3 el grado de afectación de este proceso varía dependiendo del sector de excavación que se tome. El resto de procesos son los habituales, bioerosión (microperforación e incrustación por balanos), fragmentación (0,456) y encostramiento. Destaca la identificación de carbonificación, que no se había producido hasta el momento.

6.3.7.3 Zonas de recolección

En este nivel las zonas de recolección (Fig. 6.58) siguen el mismo patrón que en los anteriores. En cuanto al substrato se han frecuentado exclusivamente las zonas rocosas. En relación a la zonación, los datos indican una preferencia por las zonas altas y medias del intermareal, confirmado por los datos procedentes de las ratios L/H de *Patella vulgata*, que indican igual explotación de zonas altas y bajas (Tabla 6.27). Por su parte, las costas abiertas han sido explotadas como se desprende de la aparición de especies exclusivas de estas zonas, sin embargo, es difícil establecer la zona concreta de recolección, ya que las dos especies principales pueden habitar en ambas zonas.

| Taxones | La Pila III.1 | | | | |
|---|---|---|---|---|---|
| **Bivalvos marinos** | **NR** | **%NR** | **NMI** | **%NMI** | **Peso (gr.)** |
| *Anomia ephippium* | 1 | **0,026** | 1 | **0,037** | |
| *Mytilus galloprovincialis* | 65 | **1,709** | 16 | **0,607** | 47 |
| *Ostrea edulis* | 1 | **0,026** | 1 | **0,037** | 11 |
| **Total Bivalvos** | **67** | **1,761** | **18** | **0,681** | **58** |
| **Gasterópodos marinos** | **NR** | **%NR** | **NMI** | **%NMI** | **Peso (gr.)** |
| *Gibbula* sp. | 75 | **1,972** | 71 | **2,695** | 46 |
| *Littorina littorea* | 1046 | **27,504** | 687 | **26,082** | 2149 |
| *Littorina obtusata* | 3 | **0,078** | 3 | **0,113** | |
| *Littorina saxatilis* | 2 | **0,052** | 2 | **0,075** | |
| *Nucella lapillus* | 3 | **0,078** | 3 | **0,113** | |
| *Osilinus lineatus* | 247 | **6,494** | 174 | **6,605** | 460 |
| *Patella vulgata* | 977 | **25,69** | 977 | **37,091** | 2390 |
| *Patella intermedia* | 61 | **1,603** | 61 | **2,315** | 63 |
| *Patella ulyssiponensis* | 26 | **0,683** | 26 | **0,987** | 47 |
| *Patella* sp. | 1172 | **30,817** | 593 | **22,513** | 1033 |
| **Total Gasterópodos marinos** | **3612** | **94,971** | **2597** | **98,589** | **6188** |
| **Gasterópodos terrestres** | **NR** | **%NR** | **NMI** | **%NMI** | **Peso (gr.)** |
| *Cepaea nemoralis* | 55 | **1,446** | 7 | **0,265** | 7 |
| *Helicella itala* | 7 | **0,184** | 6 | **0,227** | |
| *Oxychilus* sp. | 3 | **0,078** | 3 | **0,113** | |
| *Pomatias elegans* | 1 | **0,026** | 1 | **0,037** | |
| **Total Gasterópodos terrestres** | **66** | **1,734** | **17** | **0,642** | **7** |
| **Crustáceos** | **NR** | **%NR** | **NMI** | **%NMI** | **Peso (gr.)** |
| Brachyura sp. | 1 | **0,026** | 1 | **0,037** | |
| **Equinodermos** | **NR** | **%NR** | **NMI** | **%NMI** | **Peso (gr.)** |
| *Paracentrotus lividus* | 51 | **1,341** | 1 | **0,037** | 3 |
| **No identificable** | 6 | **0,157** | | | |
| **TOTAL** | **3803** | **100** | **2634** | **100** | **6256** |

*Tabla 6.26: Abundancia (NR, NMI, peso y frecuencias relativas) de los taxones identificados en el nivel III.1 de La Pila*

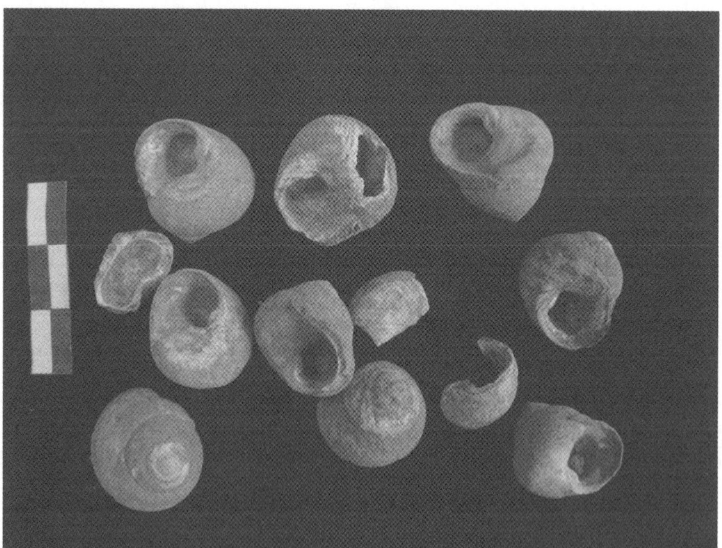

*Fig. 6.57: Ejemplares de Osilinus lineatus del nivel III.1 de La Pila*

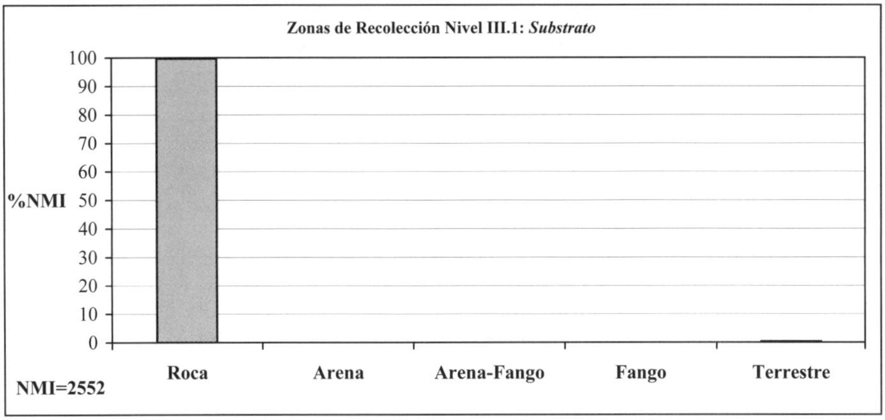


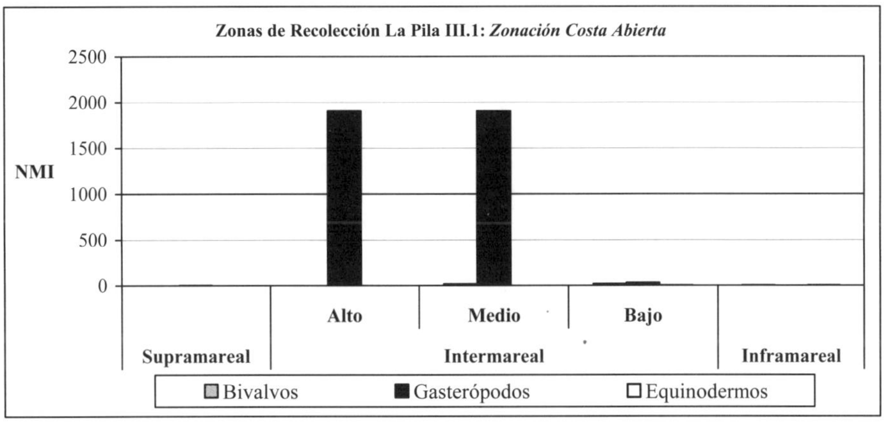


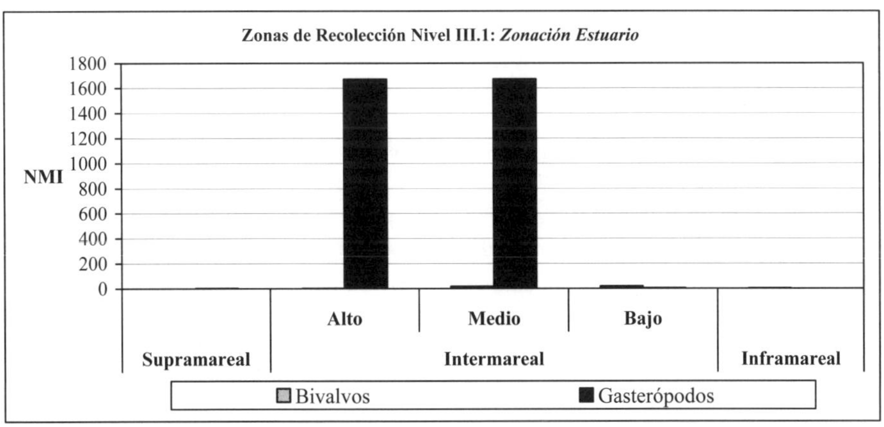


*Fig. 6.58: Zonas de recolección (substrato, zonación y exposición) en el nivel III.1 de La Pila*

| ***Patella vulgata* Nivel III.1 n=335** | | | |
|---|---|---|---|
| **Zonación (L/H)** | | **Exposición (Ecuación)** | |
| **Zona Alta** | **Zona Baja** | **Costa Expuesta** | **Costa Abrigada** |
| 48,4% | 51,6% | 54% | 46% |

*Tabla 6.27: Zonación y exposición de Patella vulgata en el nivel III.1 de La Pila*

La presencia de un ejemplar de *Ostrea edulis* podría estar indicando que el estuario también ha formado parte de las estrategias de recolección, aunque debido a su escaso número no es posible asegurarlo. Sin embargo, la ecuación de Craighead indica que tanto las costas expuestas como abrigadas han sido explotadas, por lo que parece más probable que la recolección se haya llevado a cabo en la costa abierta.

6.3.7.4 Biometría

El análisis de las distribuciones de frecuencias se ha llevado a cabo para *Littorina littorea*, *Osilinus lineatus* y *Patella vulgata*. En el caso de *Littorina littorea* (Fig. 6.59) la distribución es muy similar a la del nivel anterior. Así, la distribución no es ni normal ni log-normal, la asimetría es acusadamente negativa, mientras el tamaño medio es similar al de los niveles anteriores y al de otros yacimientos de esta cronología.

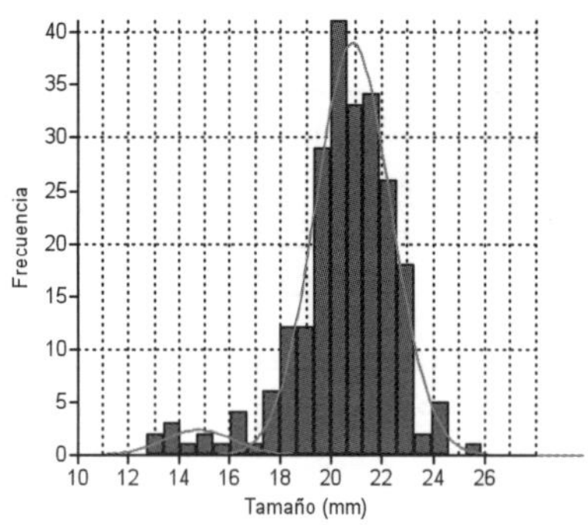


| | |
|---|---|
| N | 233 |
| Min | 12,7 |
| Max | 25,9 |
| Sum | 4777,7 |
| Mean | 20,5052 |
| Std. error | 0,133092 |
| Variance | 4,12721 |
| Stand. dev | 2,03155 |
| Median | 20,7 |
| 25 prcntil | 19,7 |
| 75 prcntil | 21,8 |
| Skewness | -1,22046 |
| Kurtosis | 2,80442 |
| Geom. mean | 20,3936 |
| *Shapiro-Wilk* | |
| W: | 0,9191 |
| *p:* | 5,82E-10 |

*Fig. 6.59: Representación estadística de los tamaños (anchura) de Littorina littorea en el nivel III.1 de La Pila*

El caso de *Osilinus lineatus* (Fig. 6.60) es diferente, ya que presenta una distribución normal, con asimetría ligeramente negativa y un tamaño medio ligeramente mayor que el de la muestra moderna. La falta de datos sobre esta especie durante el Aziliense no permite comparar con yacimientos de esta cronología. Por último, *Patella vulgata* (Fig. 6.61) presenta una distribución que no es ni normal ni log-normal, con asimetría positiva marcada y al menos dos posibles distribuciones en su interior. El tamaño medio es similar al de las muestras actuales y a la del nivel III.3. La edad media es de 5,1 años.

En el caso de *Littorina littorea* es difícil establecer conclusiones respecto a la existencia o no de selección de tamaños, aunque los tamaños medios parecen indicar una explotación de intensidad media. Los resultados del análisis de *Osilinus lineatus* reflejan que no se ha producido selección de tamaños y que la intensidad de la recolección no ha sido muy alta. Finalmente, *Patella vulgata* presenta indicios de selección de tamaños grandes y recolección no muy intensa.

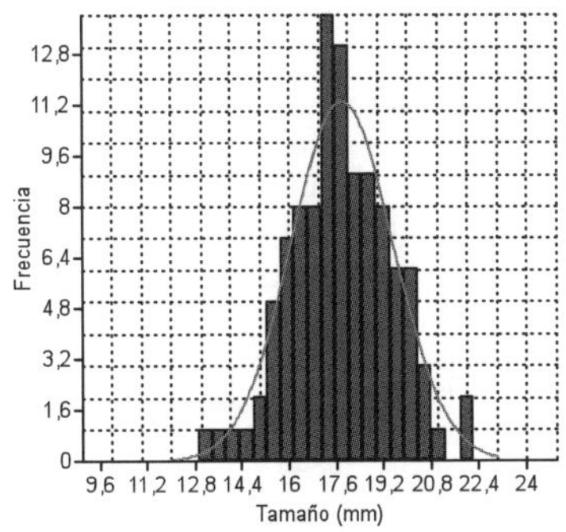


| | |
|---|---|
| N | 105 |
| Min | 12,9 |
| Max | 22,2 |
| Sum | 1866,6 |
| Mean | 17,7771 |
| Std. error | 0,169416 |
| Variance | 3,0137 |
| Stand. dev | 1,736 |
| Median | 17,8 |
| 25 prcntil | 16,65 |
| 75 prcntil | 18,95 |
| Skewness | -0,07451 |
| Kurtosis | 0,196162 |
| Geom. mean | 17,6917 |
| *Shapiro-Wilk* | |
| W: | 0,996 |
| *p:* | 0,9912 |

*Fig. 6.60: Representación estadística de los tamaños (anchura) de Osilinus lineatus en el nivel III.1 de La Pila*

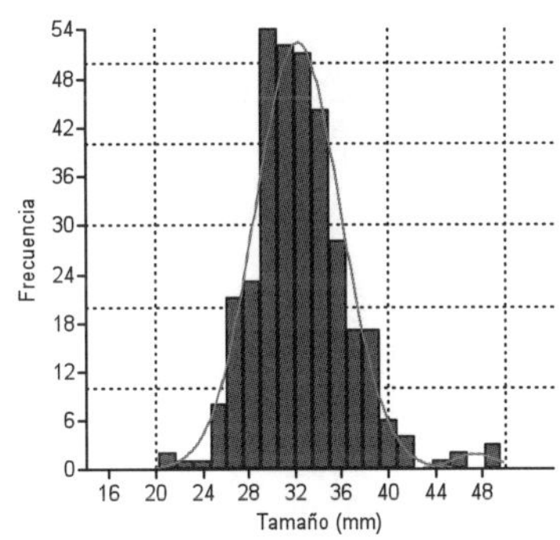


| | |
|---|---|
| N | 335 |
| Min | 20,2 |
| Max | 49,6 |
| Sum | 10873,9 |
| Mean | 32,4594 |
| Std. error | 0,227012 |
| Variance | 17,2641 |
| Stand. dev | 4,15501 |
| Median | 32,1 |
| 25 prcntil | 29,7 |
| 75 prcntil | 34,8 |
| Skewness | 0,729776 |
| Kurtosis | 1,9435 |
| Geom. mean | 32,2025 |
| *Shapiro-Wilk* | |
| W: | 0,9663 |
| *p:* | 5,19E-07 |

*Fig. 6.61: Representación estadística de los tamaños (longitud) de Patella vulgata en el nivel III.1 de La Pila*

### 6.3.8 *Análisis arqueomalacológico Nivel I-II*

6.3.8.1 Representación de especies

En este nivel se han identificado 27 taxones, de los cuales seis son bivalvos, diez gasterópodos marinos, ocho gasterópodos terrestres, dos crustáceos y un equinodermo. Están presentes taxones de tipo alimenatario, potencialmente modificables, de funcionalidad desconocida e intrusivos.

El número de restos (NR) asciende a 12696, que se corresponden con un número mínimo de 9049 individuos (NMI) y un peso de poco más de 20 kg. El taxón principal es el género *Patella*, que en conjunto comprende más del 60% del NMI identificado. Dentro del género, la especie más representada es *Patella vulgata* (29%), seguida de

*Patella intermedia* (10%) (Fig. 6.62). Entre los gasterópodos espiralados, *Osilinus lineatus* es la especie más representada (26%), mientras *Littorina littorea* (7%) ya es bastante escasa. Entre las especies marginales destacan *Mytilus galloprovincialis* (2%) y *Cepaea nemoralis* (2%), si bien no está claro el carácter de esta última, cuya presencia en el depósito podría ser causada por una intrusión (Tabla 6.28).

| Taxones | La Pila I-II | | | | |
|---|---|---|---|---|---|
| **Bivalvos marinos** | **NR** | **%NR** | **NMI** | **%NMI** | **Peso (gr.)** |
| *Anomia ephippium* | 1 | **0,007** | 1 | **0,01** | |
| *Mytilus galloprovincialis* | 1087 | **8,561** | 198 | **2,188** | 465 |
| *Ostrea edulis* | 43 | **0,338** | 12 | **0,132** | 80 |
| *Ruditapes decussatus* | 10 | **0,078** | 5 | **0,055** | 14 |
| *Solen marginatus* | 1 | **0,007** | 1 | **0,011** | 1 |
| Veneridae sp. | 1 | **0,007** | 1 | **0,011** | 1 |
| **Total Bivalvos** | **1143** | **8,998** | **218** | **2,408** | **561** |
| **Gasterópodos marinos** | **NR** | **%NR** | **NMI** | **%NMI** | **Peso (gr.)** |
| *Gibbula* sp. | 52 | **0,409** | 52 | **0,574** | 30 |
| *Littorina littorea* | 1063 | **8,372** | 607 | **6,707** | 2012 |
| *Littorina obtusata* | 2 | **0,015** | 1 | **0,011** | |
| *Melarhaphe neritoides* | 1 | **0,007** | 1 | **0,011** | |
| *Nassarius reticulatus* | 2 | **0,015** | 2 | **0,022** | |
| *Osilinus lineatus* | 2720 | **21,424** | 2383 | **26,334** | 6093 |
| *Patella vulgata* | 2706 | **21,313** | 2706 | **29,903** | 7567 |
| *Patella intermedia* | 871 | **6,86** | 871 | **9,625** | 893 |
| *Patella ulyssiponensis* | 148 | **1,165** | 148 | **1,635** | 262 |
| *Patella* sp. | 3456 | **27,221** | 1837 | **20,300** | 2613 |
| **Total Gasterópodos marinos** | **11021** | **86,801** | **8608** | **95,122** | **19470** |
| **Gasterópodos terrestres** | **NR** | **%NR** | **NMI** | **%NMI** | **Peso (gr.)** |
| *Cepaea nemoralis* | 320 | **2,52** | 161 | **1,779** | 47 |
| *Cochlostoma* sp. | 21 | **0,165** | 14 | **0,154** | |
| *Elona quimperiana* | 1 | **0,007** | 1 | **0,011** | |
| *Helicella itala* | 24 | **0,189** | 21 | **0,232** | |
| *Cryptomphalus aspersus* | 6 | **0,047** | 1 | **0,011** | |
| *Oxychilus* sp. | 4 | **0,031** | 4 | **0,044** | |
| *Pomatias elegans* | 19 | **0,149** | 13 | **0,143** | |
| *Pyrenaearia cantabrica* | 4 | **0,031** | 4 | **0,044** | |
| **Total Gasterópodos terrestres** | **399** | **3,139** | **219** | **2,418** | **47** |
| **Crustáceos** | **NR** | **%NR** | **NMI** | **%NMI** | **Peso (gr.)** |
| Brachyura sp. | 1 | **0,007** | 1 | **0,011** | 1 |
| *Pollicipes pollicipes* | 2 | **0,015** | 1 | **0,011** | 1 |
| **Equinodermos** | **NR** | **%NR** | **NMI** | **%NMI** | **Peso (gr.)** |
| *Paracentrotus lividus* | 102 | **0,803** | 1 | **0,011** | 5 |
| **No identificable** | 28 | **0,220** | 1 | **0,011** | |
| **TOTAL** | **12696** | **100** | **9049** | **100** | **20085** |

*Tabla 6.28: Abundancia (NR, NMI, peso y frecuencias relativas) de los taxones identificados en el nivel I-II de La Pila*

### 6.3.8.2 Tafonomía

El proceso tafonómico más acusado es, al igual que en los niveles inferiores, la biodegradación, perceptible en gran cantidad de los ejemplares de las especies principales, *Osilinus linetaus*, género *Patella* y *Littorina littorea*. Esta afección ha supuesto un problema a la hora de la determinación específica de los individuos del género *Patella*. El resto de procesos son los habituales en este tipo de depósitos: bioerosión (microperforación e incrustación por balanos y serpúlidos), leve encostramiento, fragmentación

(0,548), carbonificación (muy frecuente y en ocasiones acusada), relleno sedimentario y manchas minerales (restos de ocre en dos individuos del género *Patella*).

Entre los desplazamientos, además de la desarticulación de las valvas de bivalvos, destaca un posible proceso de reelaboración. Así, este nivel presenta un extraño patrón de explotación en el que aparecen cantidades similares de especies típicas de los niveles inferiores, como *Patella vulgata* y *Littorina littorea*, junto a especies propias de momentos holocenos, como *Patella intermedia* y *Osilinus lineatus*. El equipo de excavación ya se percató del carácter revuelto de este nivel, en el que junto al material malacológico aparecían diversos objetos modernos. Por tanto, las conclusiones que se extraigan de este nivel han de ser tomadas con precaución.

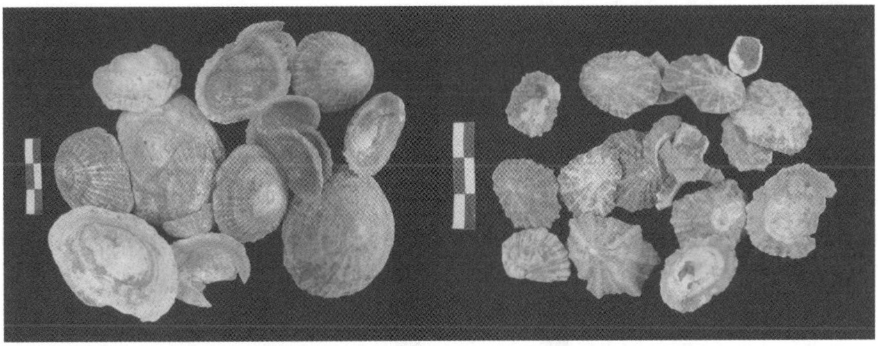

*Fig. 6.62: Ejemplares de Patella vulgata (izquierda) y Patella intermedia (derecha) del nivel I-II de La Pila*

### 6.3.8.3 Zonas de recolección

Las zonas rocosas han sido casi exclusivamente frecuentadas de cara a la explotación de moluscos. El caso de la zonación es similar al de niveles anteriores, con predominio de la explotación en zonas altas y medias, confirmado por las ratios L/H sobre *Patella vulgata*, que indican igual recolección en zonas altas y bajas. En cuanto a la exposición, existen algunas diferencias con respecto a los niveles inferiores. Así, si se observan los NMI y las preferencias de hábitat de algunas de las especies principales y secundarias, las costas abiertas han sido preferentemente explotadas. Por su parte, la aplicación de la ecuación de Craighead sobre *Patella vulgata* indica que tanto las zonas expuestas como abrigadas se han explotado con igual intensidad. Sin embargo, en este caso las zonas de estuario también se han frecuentado, como se desprende de la aparición de especies exclusivas de estas zonas como *Ostrea edulis* y *Ruditapes decussatus* (Fig. 6.63 y Tabla 6.29).

| ***Patella vulgata* Nivel I-II n=1233** | | | |
|---|---|---|---|
| **Zonación (L/H)** | | **Exposición (Ecuación)** | |
| **Zona Alta** | **Zona Baja** | **Costa Expuesta** | **Costa Abrigada** |
| 55,2% | 44,8% | 56% | 44% |

*Tabla 6.29: Zonación y exposición de Patella vulgata en el nivel I-II de La Pila*

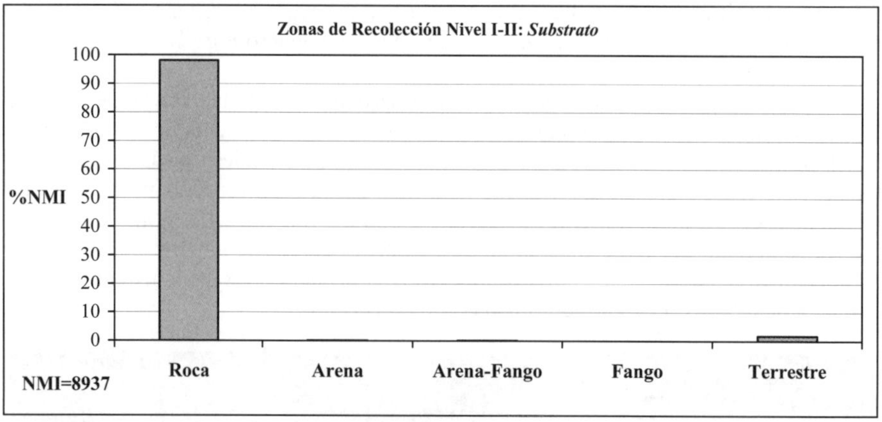


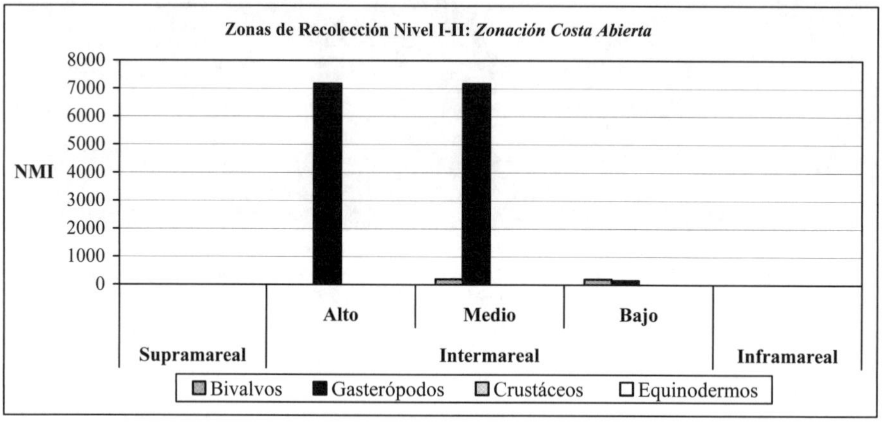


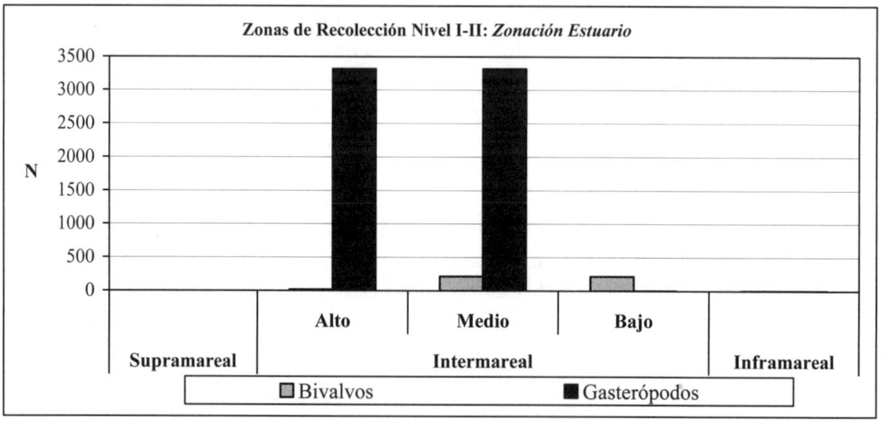


*Fig. 6.63: Zonas de recolección (substrato, zonación y exposición) en el nivel I-II de La Pila*

### 6.3.8.4 Biometría

Ya se han comentado los problemas estratigráficos que afectan a este nivel, que pudiera contener material de cronología mesolítica, mezclado con parte de los niveles azilienses. Con el objetivo de establecer similitudes o diferencias que ayuden a confirmar o rechazar esta mezcla de niveles, se han analizado las distribuciones de frecuencias de las especies con tamaños de muestra adecuados. En el caso de *Littorina littorea* (Fig. 6.64), la distribución es claramente similar a la de los niveles azilienses III.3 y III.1, no es normal ni log-normal, la asimetría es marcada y negativa, y el tamaño medio apenas varía. Esto, unido a que es una especie que aparece en cantidades inusuales para lo que suelen ser los niveles pertenecientes al Holoceno, permite afirmar casi con total seguridad que los individuos de esta especie provienen de los niveles subyacentes. En cuanto a *Osilinus lineatus* (Fig. 6.65), el caso es similar, ya que presenta una distribución similar a la del nivel III.1. Así, la serie es normal, bastante simétrica y con un tamaño medio superior al de la muestra actual. Sin embargo, al ser esta especie propia de momentos holocenos, no es posible afirmar con total seguridad que procede de los niveles inferiores.

Por otra parte, *Patella vulgata* (Fig. 6.66) presenta una distribución casi idéntica a la del nivel III.1, no es ni normal ni log-normal, la asimetría es positiva y marcada, y el tamaño medio similar al de las muestras actuales. La edad media es de 4,9 años. Por tanto, el material podría proceder de los niveles inferiores. *Patella intermedia* (Fig. 6.67) presenta una distribución que no es normal, pero si log-normal, la asimetría es positiva y el tamaño medio ligeramente inferior a la muestra actual más pequeña. Por su carácter holoceno (si bien al igual que *Osilinus lineatus* ya aparece en el nivel III.1) esta especie podría no ser una contaminación de los niveles subyacentes.

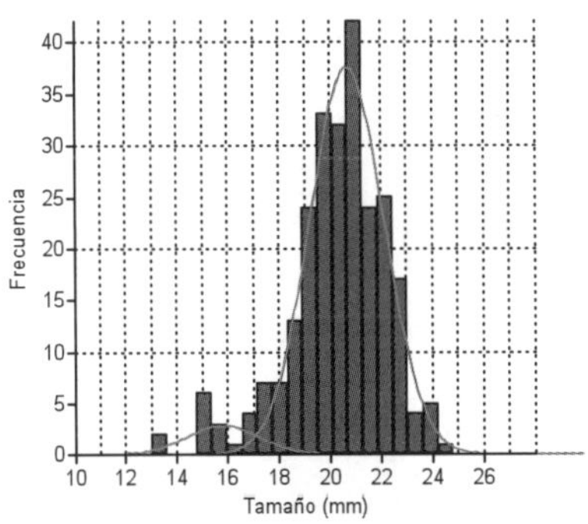


| | |
|---|---|
| N | 250 |
| Min | 13 |
| Max | 24,8 |
| Sum | 5079,8 |
| Mean | 20,3192 |
| Std. error | 0,120814 |
| Variance | 3,64903 |
| Stand. dev | 1,91024 |
| Median | 20,5 |
| 25 prcntil | 19,3 |
| 75 prcntil | 21,6 |
| Skewness | -0,911843 |
| Kurtosis | 1,65329 |
| Geom. mean | 20,2227 |
| *Shapiro-Wilk* | |
| W: | 0,9531 |
| *p*: | 3,16E-07 |

*Fig. 6.64: Representación estadística de los tamaños (anchura) de Littorina littorea en el nivel I-II de La Pila*

En resumen, es complicado saber si *Littorina littorea* fue seleccionada debido a su tamaño o no o establecer la intensidad con que fue recogida. Por otra parte, no se ha llevado a cabo selección de tamaños en la recogida de *Osilinus lineatus* y la intensidad de su captura tampoco ha sido alta. En el caso de *Patella vulgata* y *Patella intermedia*, ambas especies muestran que se ha producido una selección de los tamaños más grandes, pero mientras la primera presenta tamaños medios como los de las muestras actuales, la segunda presenta tamaños inferiores, hecho que avala la hipótesis de su pertenencia a niveles holocenos.

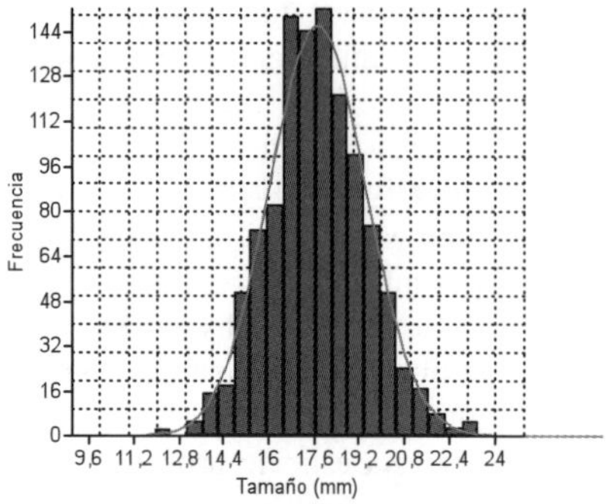


| | |
|---|---|
| N | 1095 |
| Min | 11,9 |
| Max | 23,4 |
| Sum | 19392,8 |
| Mean | 17,7103 |
| Std. error | 0,0520498 |
| Variance | 2,96656 |
| Stand. dev | 1,72237 |
| Median | 17,7 |
| 25 prcntil | 16,5 |
| 75 prcntil | 18,8 |
| Skewness | 0,153359 |
| Kurtosis | 0,207912 |
| Geom. mean | 17,6264 |
| *Shapiro-Wilk* | |
| W: | 0,9974 |
| *p*: | 0,06946 |

*Fig. 6.65: Representación estadística de los tamaños (anchura) de Osilinus lineatus en el nivel I-II de La Pila*

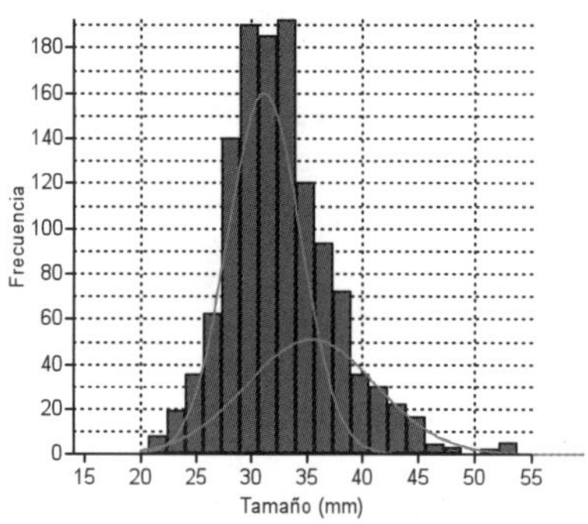


| | |
|---|---|
| N | 1233 |
| Min | 20,7 |
| Max | 53,8 |
| Sum | 40184,3 |
| Mean | 32,5907 |
| Std. error | 0,136999 |
| Variance | 23,1418 |
| Stand. dev | 4,81059 |
| Median | 32 |
| 25 prcntil | 29,3 |
| 75 prcntil | 35,2 |
| Skewness | 0,767486 |
| Kurtosis | 1,32063 |
| Geom. mean | 32,2505 |
| *Shapiro-Wilk* | |
| W: | 0,9689 |
| *p*: | 1,30E-15 |

*Fig. 6.66: Representación estadística de los tamaños (longitud) de Patella vulgata en el nivel I-II de La Pila*

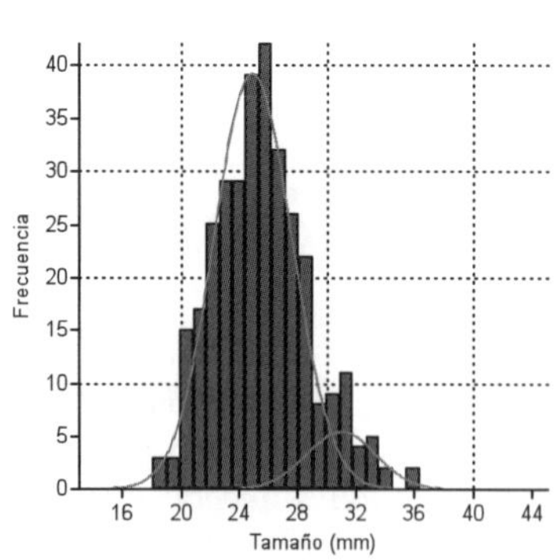


| | |
|---|---|
| N | 323 |
| Min | 18 |
| Max | 36,3 |
| Sum | 8241,6 |
| Mean | 25,5158 |
| Std. error | 0,18144 |
| Variance | 10,6333 |
| Stand. dev | 3,26087 |
| Median | 25,4 |
| 25 prcntil | 23,1 |
| 75 prcntil | 27,5 |
| Skewness | 0,439318 |
| Kurtosis | 0,139958 |
| Geom. mean | 25,3118 |
| *Shapiro-Wilk* | |
| W: | 0,986 |
| *p*: | 0,003137 |

*Fig. 6.67: Representación estadística de los tamaños (longitud) de Patella intermedia en el nivel I-II de La Pila*

### 6.3.9 *Discusión y conclusiones*

6.3.9.1 Las acumulaciones de moluscos a lo largo del tiempo

En cuanto a la evolución de las acumulaciones de moluscos a lo largo del tiempo, se aprecia un claro aumento en la diversidad de especies (Tabla 6.30) y en el NMI y peso (Fig. 6.68). Este aumento en cuanto a la diversidad es progresivo y sostenido, y así, los escasos taxones documentados durante el MSF reflejan la poca importancia de la explotación de moluscos desde la cavidad. Por su parte, durante el Aziliense se produce un primer aumento que culminará durante el Holoceno, con una diversidad similar a la de otros yacimientos mesolíticos y neolíticos de la región.

| Período | Bivalvos | Gasterópodos Marinos | Gasterópodos Terrestres | Crustáceos | Equinodermos | Total | Total sin intrusivos |
|---|---|---|---|---|---|---|---|
| MSF | 1 | 7 | 2 | | 1 | **11** | **9** |
| Aziliense | 3 | 10 | 4 | 2 | 1 | **20** | **15** |
| Mesolítico | 6 | 10 | 8 | 2 | 1 | **27** | **20** |

*Tabla 6.30: Diversidad de taxones en La Pila a lo largo del tiempo*

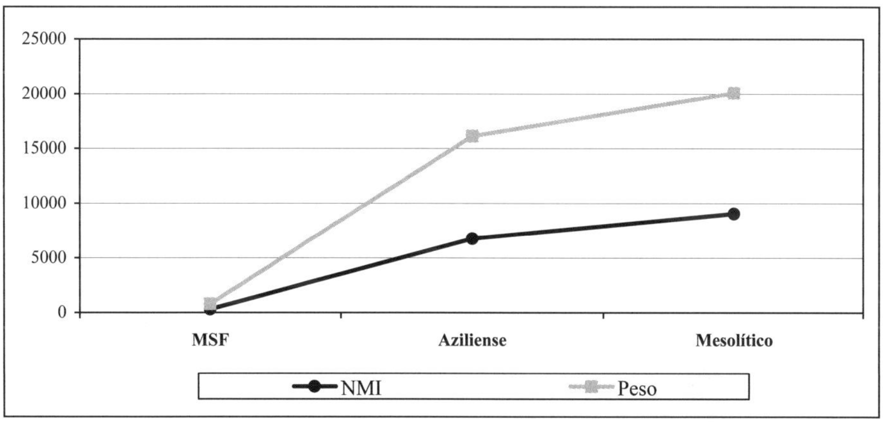


*Fig. 6.68: Evolución de las acumulaciones de moluscos (NMI y peso) en La Pila a lo largo del tiempo*

Los datos procedentes de las cantidades de moluscos acumuladas a lo largo del tiempo caminan en la misma dirección, con unas cantidades muy escasas al inicio de la secuencia, un brusco aumento durante el Aziliense y otro aumento más ligero en el nivel holoceno. Este patrón, en diversidad y cantidad, debe ser puesto en relación con el aumento del nivel del mar entre el final del Pleistoceno y los inicios del Holoceno. Así, durante el MSF la línea de costa se localiza bastante más al Norte que en la actualidad, por lo que la explotación de estos recursos no sería rentable desde La Pila. Sin embargo, durante el Aziliense, debido al ascenso en el nivel del mar, la línea de costa se situaría en una posición más cercana a la cavidad, por lo que la explotación sistemática de moluscos se habría convertido en una actividad rentable desde La Pila. En este sentido, es probable que ni siquiera fuera necesario para los recolectores desplazarse hasta la línea de costa expuesta, ya que las especies principales han podido ser recolectadas en zonas de estuario, lo que aumentaría la rentabilidad de la recolección de moluscos. Al final de la secuencia, en el nivel holoceno se produce un nuevo aumento en las cantidades de moluscos, conformando un patrón muy acorde con el que suele ser habitual en niveles mesolíticos.

6.3.9.2 Representación de especies

A pesar de las diferencias en las cantidades acumuladas, durante el MSF y el Aziliense el patrón en cuanto a representación de especies es similar, siendo *Patella vulgata*, la categoría *Patella* sp. y *Littorina littorea* los taxones más abundantes (Fig. 6.69). Durante el holoceno este patrón cambia ligeramente, con la introducción de *Osilinus lineatus* como una de las especies principales, en detrimento de *Littorina littorea* que pasa a ser mucho más marginal. Por otra parte, *Patella vulgata* continúa manteniendo una abundancia considerable y *Patella intermedia* aumenta con respecto a los niveles anteriores. Por tanto, a pesar de no contar con dataciones absolutas para este nivel, el patrón de especies puede servir de referencia, ya que es muy parecido al de los yacimientos mesolíticos de la región. Es necesario tener en cuenta el probable carácter revuelto de este nivel holoceno, por lo que los individuos de *Patella vulgata* y de *Littorina littorea* podrían proceder de los niveles azilienses, lo que reforzaría aún más el carácter mesolítico del resto del depósito. En caso de que el nivel no estuviera revuelto, y teniendo en cuenta las características de la fauna malacológica, probablemente estaríamos ante un nivel de transición entre el Aziliense y el Mesolítico.

Por tanto, la explotación se ha centrado en el mismo tipo de moluscos a lo largo de toda la secuencia, principalmente el género *Patella* y gasterópodos espiralados (*Littorina littorea* u *Osilinus lineatus*), que difieren según el período. La presencia de bivalvos es anecdótica y sólo en el nivel holoceno presentan unas cantidades apreciables. Algo similar ocurre con el caracol terrestre *Cepaea nemoralis*, aunque en este caso es complicado determinar si fue recolectado por el ser humano o si se trata de una intrusión.

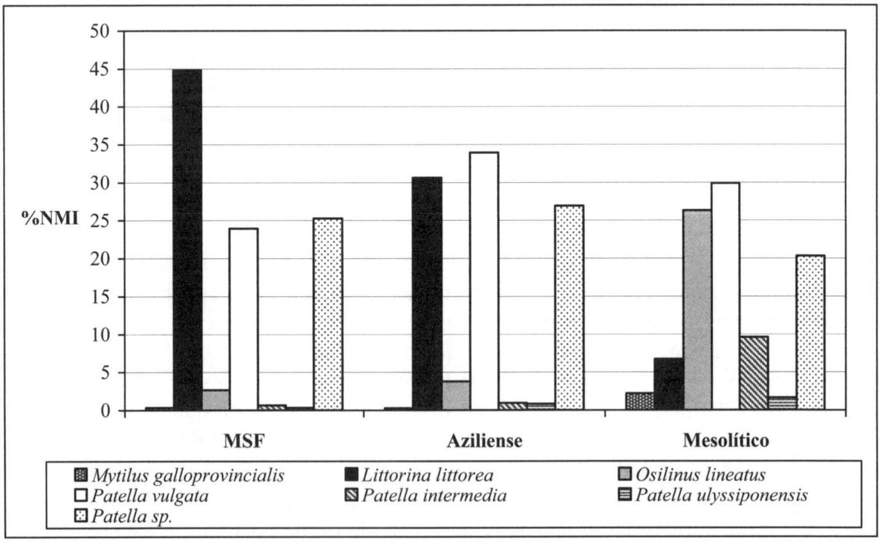


*Fig. 6.69: Representación de taxones en La Pila a lo largo del tiempo*

Para establecer si las diferencias identificadas en las frecuencias absolutas y relativas son significativas se ha aplicado la prueba de $\chi^2$. El resultado general ($p < 0,001$) indica que existen diferencias significativas, debidas fundamentalmente al descenso en las cantidades de *Littorina littorea* a lo largo de la secuencia y al paralelo aumento de las de *Osilinus lineatus*. El análisis comparado de los subniveles por períodos refleja que no existen diferencias significativas entre los subniveles del MSF (IV.2 y IV.1) ($p$=0,1298). Sin embargo, no pasa lo mismo con los subniveles azilienses. En este caso, salvo los subniveles III.4 y III.2 que no presentan diferencias significativas entre sí ($p$=0,032441), el resto de comparaciones sí lo hacen ($p < 0,001$). En algunas ocasiones estas diferencias son debidas a la abundancia inusual de otros gasterópodos marinos en los propios subniveles III.4 y III.2, pero en la mayor parte de los casos se deben, al igual que en los resultados generales, a la inversión en la tendencia de recolección de *Littorina littorea* y *Osilinus lineatus* a lo largo del Aziliense, algo que también ocurre cuando se comparan los conjuntos del MSF y el Aziliense con los del nivel holoceno I-II, en el que *Osilinus lineatus* ya es claramente predominante.

### 6.3.9.3 Tafonomía

Dos son los principales procesos tafonómicos que afectan al yacimiento. Por una parte, a nivel individual la biodegradación ha afectado de forma intensa a una gran parte del material de toda la secuencia, deteriorándolo y dificultando así la identificación específica. Por otra parte, a nivel de conjunto, el nivel I-II ha sufrido un proceso de mezcla con materiales modernos y muy probablemente también con niveles más antiguos, lo que impide una valoración totalmente fiable del mismo.

Otro proceso destacable es el de las manchas minerales, generalmente de ocre, que aparecen en casi todos los niveles y en ocasiones de forma abundante (Fig. 6.72). Algunos autores (Madariaga, 1964:42), refiriéndose a *Patella vulgata*, han señalado que este proceso se debe a la utilización de las conchas como contenedores de ocre. Sin embargo, en La Pila se han identificado también las manchas sobre *Littorina littorea*, cuya funcionalidad como recipiente es muy dudosa, por lo que lo más probable es que las conchas se hayan manchado accidentalmente con ocre utilizado en otra actividad.

El resto de procesos son los habituales en niveles con conchero en la región cantábrica, y no han actuado de forma especialmente intensa a lo largo de la secuencia. Entre los más comunes encontramos diferentes tipos de bioerosión y el encostramiento, generalmente leve a lo largo de la secuencia. Durante el Aziliense la carbonificación es escasa y solo se documenta en el subnivel superior (III.1), sin embargo, en el nivel holoceno es un proceso relativamente común, lo que puede estar reflejando diferencias en la intensidad de uso de la cavidad a lo largo del tiempo. La fragmentación, por su parte, será analizada en detalle a continuación.

### 6.3.9.4 Índice de fragmentación

Casi todos los niveles presentan un índice que indica que el material está poco fragmentado, excepto el nivel IV.1, en el que sí se ha producido una fragmentación importante (Fig. 6.70). Por tanto, en el primer subnivel del MSF se aprecia una escasa fragmentación, algo que contrasta con lo que ocurre con el segundo subnivel. En los cuatro subniveles azilienses la fragmentación presenta una clara evolución hacia un mejor estado de conservación del material. A pesar de los procesos tafonómicos que han afectado al nivel I-II, éste presenta la menor fragmentación de toda la secuencia, lo que parece indicar que esos procesos no han sido excesivamente intensos o al menos no han afectado al estado de conservación del material.

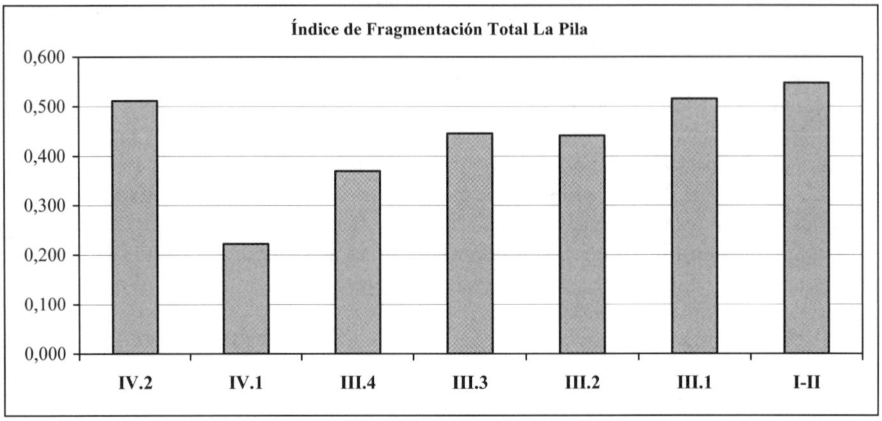


*Fig. 6.70: Índice de fragmentación total por niveles en La Pila*

En cuanto a la fragmentación por especies (Fig. 6.71), se aprecian diferencias sobre todo en *Osilinus lineatus*, probablemente por lo escaso de la muestra en los niveles iniciales de la secuencia, en los que aparece bastante fragmentado. Su evolución durante el MSF y el Aziliense (a excepción de III.1) es muy similar y relativamente anormal, por la alta fragmentación que presenta, en comparación con otros yacimientos de la región. Sin embargo, en III.1 y en I-II su fragmentación es escasa y más parecida a lo que cabría esperar. Si se observa la evolución de *Littorina littorea* y *Patella* sp., ambas presentan la mayor y la menor fragmentación durante el MSF, para mantenerse muy estables durante el resto de la secuencia. En el caso de *Patella* sp., sus índices durante el MSF y el Aziliense son relativamente normales en comparación con otros yacimientos, por lo que no parecen indicar la existencia de procesos tafonómicos intensos actuando sobre todo el material. Sin embargo, como se ha señalado, la alta fragmentación de *Osilinus lineatus* apunta hacia la existencia de dichos procesos, siempre teniendo en cuenta que, exceptuando los niveles III.3, III.1 y I-II, los tamaños de muestra son realmente pequeños.

6.3.9.5 Zonas de recolección

En relación al substrato, las zonas rocosas han sido las más frecuentadas para la explotación de moluscos durante todos los períodos representados en el yacimiento. Las zonas terrestres adquieren una ligera importancia durante el holoceno a causa de la posible explotación de *Cepaea nemoralis*. En cuanto a las zonas arenosas y/o fangosas su explotación es inexistente durante el MSF y el Aziliense, mientras que aparecen escasas evidencias en el nivel holoceno (Fig. 6.73).

En cuanto a la zonación, las zonas altas y medias del intermareal han sido las más explotadas en los tres períodos. Las ratios L/H de *Patella vulgata* indican algunas diferencias que podrían guardar relación con lo escaso de los tamaños de muestra utilizados. Así, durante el MSF la explotación de las zonas altas y medias es ligeramente superior a la de zonas medias y bajas, mientras durante el Aziliense, los subniveles III.3 y III.1, con muestras adecuadas, indican que todas las zonas se han explotado por igual, algo que se mantiene durante el nivel holoceno I-II. En el caso de La Pila, el tipo de explotación llevado a cabo, basado en *Patella vulgata* y *Littorina littorea*, dos especies que pueden habitar en costas abiertas y estuarios, no permite concluir con fiabilidad el grado de exposición de la costa en la que se ha realizado la recolección. Sin embargo, la presencia de *Patella intermedia*, *Patella ulyssiponensis*, *Osilinus lineatus* y *Paracentrotus lividus* a lo largo de toda la secuencia refleja que al menos la costa abierta ha sido habitualmente frecuentada.

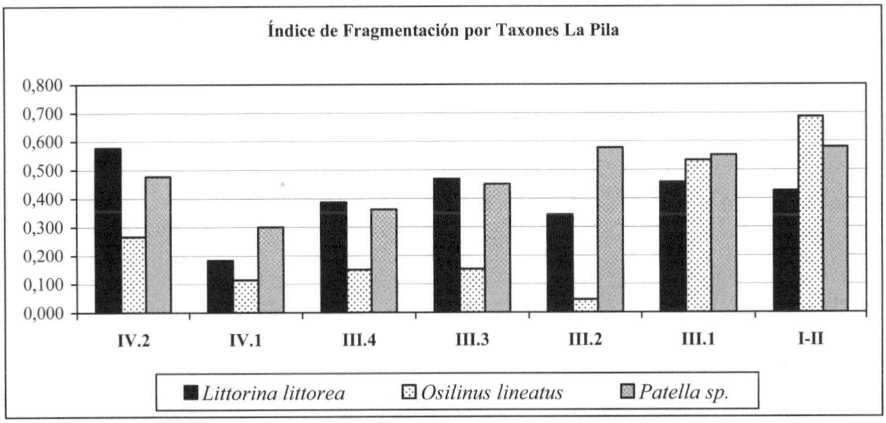


*Fig. 6.71: Índice de fragmentación por taxones y niveles en La Pila*

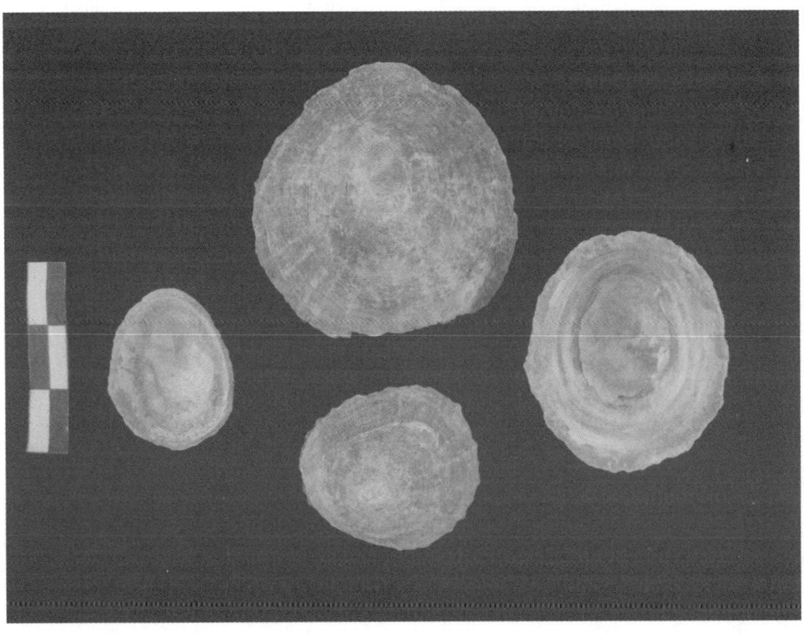

*Fig. 6.72: Ejemplares de Patella vulgata con manchas de ocre procedentes del nivel IV.2 de La Pila*

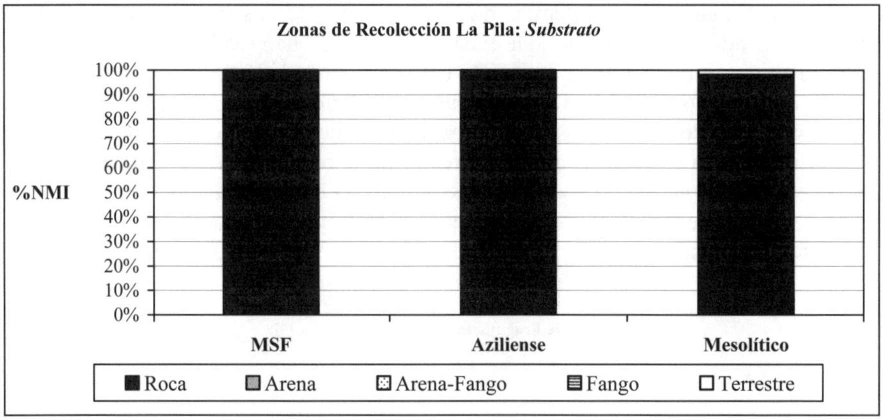


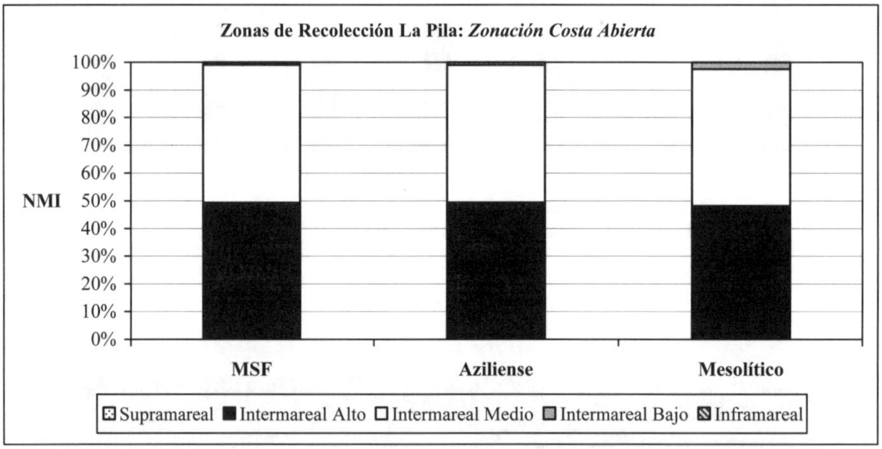


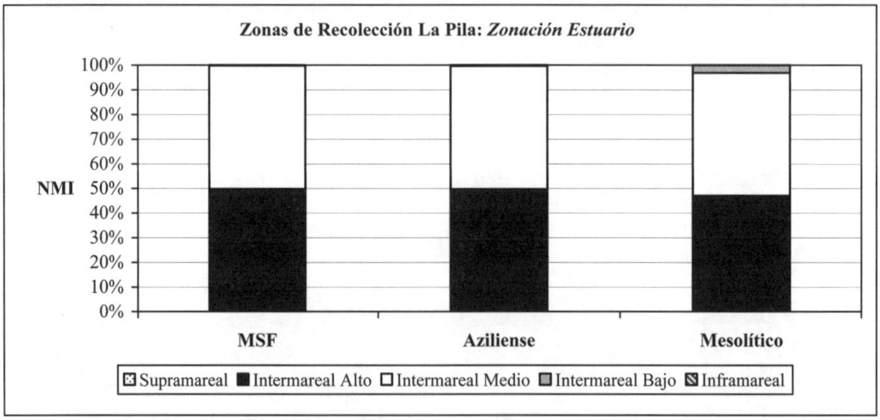


*Fig. 6.73: Zonas de recolección (substrato, zonación y exposición) en La Pila a lo largo del tiempo*

#### 6.3.9.6 Biometría y estructura de edades

En lo referente a la selección de tamaños, ya se ha señalado la dificultad en determinar si ha existido durante la recogida de *Littorina littorea* en los tres niveles en los que aparece de forma abundante, aunque parece factible descartar que se hayan seleccionado los tamaños más grandes si se tiene en cuenta su falta de normalidad, la forma de los histogramas y la asimetría negativa. En este mismo sentido de no selección de tamaños apuntan los datos referentes a *Osilinus lineatus*. Sin embargo, en el caso de *Patella vulgata* en los niveles azilienses y el nivel holoceno, y en el de *Patella intermedia* en este último, sí se han seleccionado los tamaños más grandes, si bien ambas especies presentan diferentes características en cuanto a la intensidad con la que han sido explotados. Para tratar esta cuestión es necesario observar la evolución diacrónica de los tamaños.

Los únicos taxones que han proporcionado muestras biométricas abarcando toda la secuencia son *Patella vulgata* y *Littorina littorea* (Figs. 6.74 y 6.75), y ambos muestran una evolución similar. Sin embargo, los tamaños de muestra de algunos subniveles son demasiado escasos como para considerarlos representativos. Así, si se tiene en cuenta toda la secuencia se aprecia un perfil dentado, que indica unas claras diferencias en los tamaños medios de ambas especies a lo largo del tiempo. Si por otra parte, solo tomamos en consideración las medidas de los tres niveles con cantidades representativas (III.3, III.1 y I-II) estas diferencias se difuminan y esto permite concluir que no se han producido procesos de sobreexplotación. Esta conclusión se apoya en los datos de los tamaños medios, que al menos para *Patella vulgata* son similares a los de las muestras actuales. Por su parte, los tamaños de *Littorina littorea* son similares a los de otras muestras arqueológicas contemporáneas. El descenso que se aprecia en las medias de *Patella* sp. en III.1 y I-II guarda relación con una mayor presencia de *Patella intermedia* en estos niveles, que contribuye en mayor medida a la categoría sp. Por otra parte, el análisis de la estructura de edades de *Patella vulgata* (Tabla 6.31) muestra que éstas se mantienen estables a lo largo de la secuencia. Por tanto, todo indica que la presión sobre los recursos malacológicos durante el MSF y el Aziliense no fue especialmente intensa en La Pila.

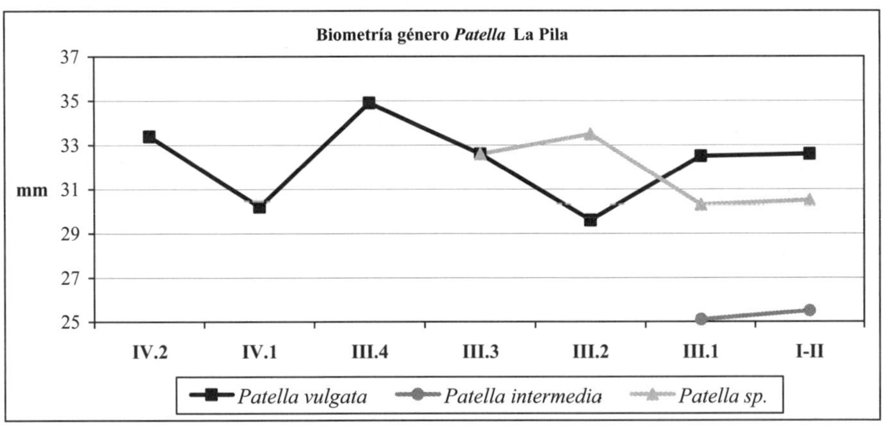


*Fig. 6.74: Evolución de los tamaños (longitud) de Patella vulgata en La Pila a lo largo del tiempo*

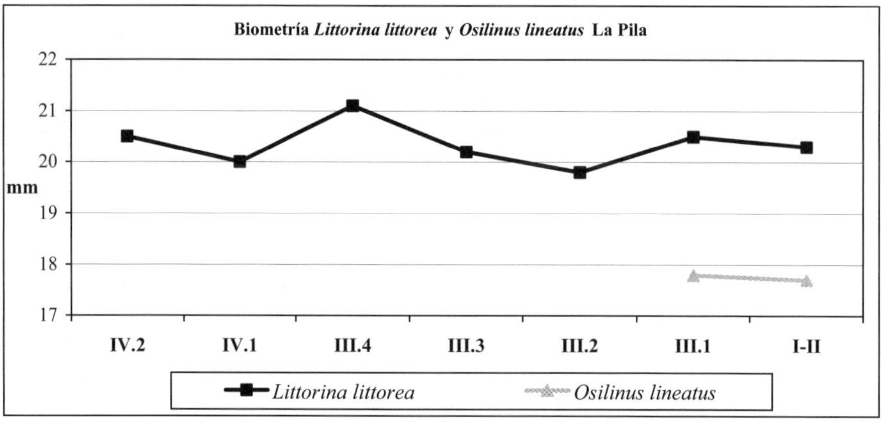


*Fig. 6.75: Evolución de los tamaños (anchura o diámetro) de Littorina littorea y Osilinus lineatus en La Pila a lo largo del tiempo*

| *Patella vulgata* | Tamaño | | Edad | |
|---|---|---|---|---|
| | n | mm | n | años |
| IV.2 | 21 | 33,4 | 58 | 5,2 |
| IV.1 | 6 | 30,2 | | |
| III.4 | 14 | 34,9 | 55 | 5,1 |
| III.3 | 371 | 32,6 | 105 | 4,9 |
| III.2 | 10 | 29,6 | 35 | 4,3 |
| III.1 | 335 | 32,5 | 105 | 5,1 |
| I-II | 1233 | 32,6 | 105 | 4,9 |

*Tabla 6.31: Tamaños y estructura de edades de Patella vulgata en La Pila*

### 6.3.9.7 Técnicas de recolección

En ninguno de los niveles analizados se han hallado instrumentos relacionados con la explotación del litoral. Sin embargo, la casi exclusiva recolección en zonas rocosas, permite suponer que alguna herramienta ha sido utilizada para desprender los moluscos de la roca. Así, lo más probable es que se hayan utilizado cantos, que pudieron ser abandonados en el mismo lugar de recogida. La escasez de especies del intermareal bajo indica un reducido aprovechamiento de las bajamares en momentos de mareas vivas, quizás debido a un escaso control de las mareas.

## 6.4 La Fragua

### 6.4.1 *El yacimiento: localización y descripción*

La cueva de La Fragua se sitúa en la localidad de Santoña (Cantabria, España), y más concretamente en la ladera Sureste del Monte Buciero, en las proximidades de la Peña del Fraile y muy cerca de otros yacimientos arqueológicos como el Abrigo de la Peña del Perro (Fig. 6.76). Sus coordenadas UTM son x: 465425 y: 4810405 y su altitud sobre el nivel del mar es de aproximadamente 130 m.

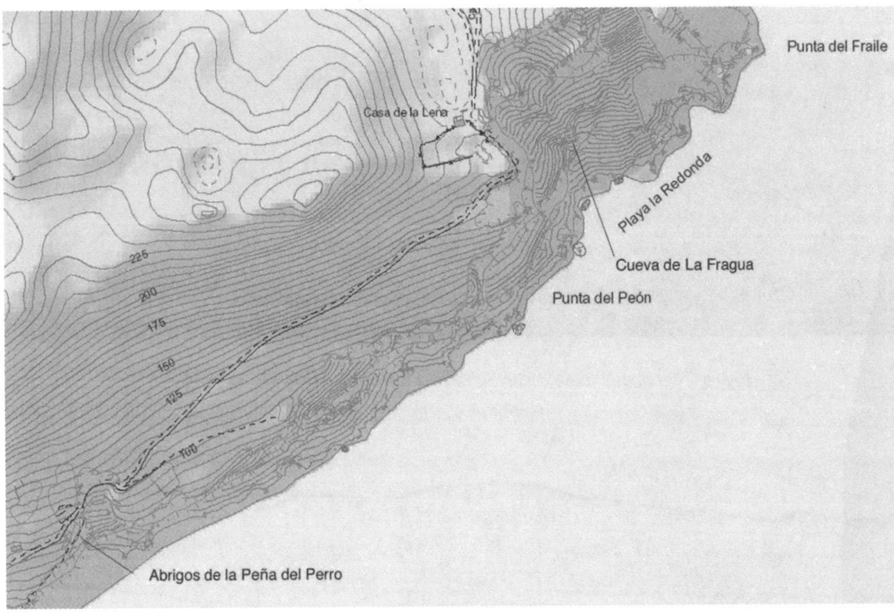


*Fig. 6.76: Localización de la cueva de La Fragua en el Monte Buciero (Imagen: Mapa POL Cantabria)*

Desde su boca se divisa una amplia perspectiva de la bahía de Laredo y de la costa oriental de la región, si bien es necesario tener en cuenta que la morfología de la zona es actualmente bastante distinta a la existente en los momentos de ocupación de la cavidad, ya que en aquellos momentos el nivel del mar se situaba más bajo que en la actualidad (Fig. 6.77). Por tanto, toda la zona que hoy podemos contemplar como bahía, se compondría durante el Tardiglacial e inicios del Holoceno, de tierras bajas litorales. El acceso a la cavidad es complicado en la actualidad, si bien en el momento de las ocupaciones sería bastante más sencillo, accediendo desde el valle. Hoy en día las laderas son excesivamente escarpadas como resultado de procesos erosivos derivados del aumento del nivel del mar, por lo que el paisaje de la zona se ha visto modificado sensiblemente (González Morales, 1999a:19).

La Fragua es una cavidad de reducidas dimensiones, apenas diez metros de fondo por casi tres en su zona más ancha por lo que puede ser considerado más un covacho que una cueva (Fig. 6.78). Se halla muy bien orientada, abrigada de los vientos del Norte y Oeste. Además de las ocupaciones prehistóricas la cueva ha conocido ocupaciones de época reciente, habiendo sido utilizada como refugio, como almacén de leña o para resguardar cabras (González Morales, 2000:177).

*Fig. 6.77: Localización de la cueva de La Fragua en el Monte Buciero*

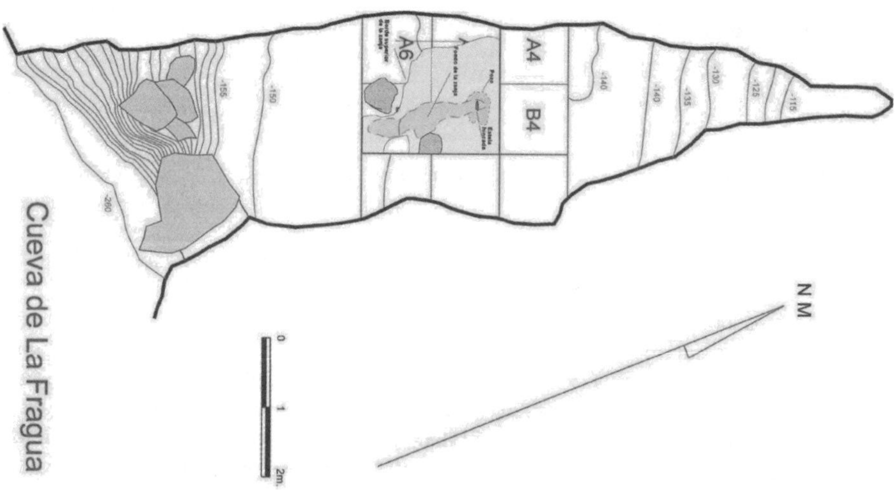


*Fig. 6.78: Planta de la cueva de La Fragua (Imagen: M. R. González Morales)*

Los trabajos arqueológicos, expuestos en diversas publicaciones (González Morales, 1999a, 2000), se desarrollaron entre 1990 y 1996 como parte del proyecto de investigación denominado "La Prehistoria de las Marismas", bajo la dirección del catedrático de Prehistoria de la Universidad de Cantabria Manuel R. González Morales, en colaboración con los profesores Juan Carlos García Codrón (Departamento de Geografía, Urbanismo y Ordenación del Territorio, Universidad de Cantabria) y Arturo Morales Muñiz (Departamento de Zoología, Universidad Autónoma de Madrid). Al final de la excavación se habían abierto los cuadros A4, A5, A6, B4, B5 y B6, es decir seis metros cuadrados, de los aproximadamente 16 metros cuadrados de extensión de la cavidad. La secuencia estratigráfica del yacimiento puesta al descubierto durante la excavación fue la siguiente (González Morales, 2000:177) (Fig. 6.79):

- Nivel 0.1: Serie de hogares y capas de ceniza y carbón alternando con capas de arcilla quemada (fuegos de pastores, recientes).
- Nivel 0.2: Capa de limo arcilloso marrón, removido en parte.
- Nivel 1.0: Superficie del nivel de conchero, todavía con matriz terrosa del estrato superior.
- Nivel 1.1: Nivel de conchero, muy rico en cenizas.
- Nivel 2: Sedimento compacto amarillo con *éboulis* finos.
- Nivel 3: Bolsada de caracoles de tierra con abundante carbón y pequeños fragmentos de hueso.
- Nivel 4: Sedimentos pardos oscuros con fragmentos de carbón y restos líticos.

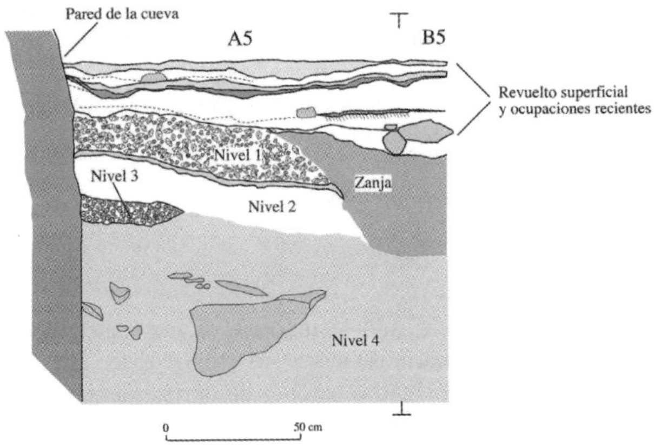


*Fig. 6.79: Corte estratigráfico de la cueva de La Fragua (Imagen: M. R. González Morales)*

Sin embargo, gran parte del yacimiento estaba cortado por una zanja que afectaba a los tres primeros niveles y a la zona superior del nivel 4. La zanja, de dirección N-S, incluía una capa de tierras revueltas y otras de bloques y fragmentos calizos, en cuya base aparecía una serie de huesos de animales. Más abajo, la zanja cortaba profundamente la estratigrafía, y estaba rellena de material removido del conchero. La relativa antigüedad de la zanja quedaba certificada por el nivel de fuegos de pastores que la sellaba, pero su fecha posterior al conchero es indudable, ya que su relleno estaba formado por material de ese nivel. Los hallazgos de la zanja incluyeron un conjunto de fragmentos de cerámica, que no aparecen en absoluto en el resto del depósito del conchero intacto, huesos de animales y escasa industria lítica además de restos del conchero.

La existencia de la zanja ha obligado a prescindir en este análisis de todos los sectores que se han visto afectados por la misma, al no poder asegurar su atribución correcta a un determinado nivel. Tampoco se han analizado algunos sectores que limitaban con la zanja por una mera cuestión de prudencia. Este hecho ha mermado la posibilidad de analizar el yacimiento en su totalidad, si bien la muestra utilizada es suficiente para obtener información, económica y ambiental, sobre los diferentes momentos de ocupación de la cavidad.

Se cuenta con varias fechas de radiocarbono para la datación absoluta de los niveles del yacimiento (González Morales, 1999a:27, 2000:178) (Tabla 6.32):

| Referencia | Nivel | BP | sd | cal BP | sd | Adscripción | Material | Metódo |
|---|---|---|---|---|---|---|---|---|
| GrN-20963 | 1 | 6650 | 120 | 7540 | 90 | Mesolítico | Carbón | C14 |
| GrN-20964 | 1 | 6860 | 60 | 7710 | 60 | Mesolítico | Carbón | C14 |
| GrN-20665 | 1 | 7530 | 70 | 8320 | 80 | Mesolítico | Carbón | C14 |
| GrN-20966 | 3 | 9600 | 140 | 10930 | 200 | Aziliense? | Carbón | C14 |
| GrN-29440 | 4 | 12960 | 50 | 15530 | 60 | MSF | Carbón | C14 |

*Tabla 6.32: Cronología absoluta del yacimiento de La Fragua*

Por tanto, se puede asignar cada nivel a un periodo cronocultural concreto, es decir, el nivel 1 correspondería al Mesolítico, el nivel 3 al momento de transición entre el Aziliense y el Mesolítico, y el nivel 4 a los inicios Magdaleniense Superior Final (MSF). En cuanto a la zanja, las cerámicas y la industria lítica recuperadas hacen pensar en una cronología calcolítica para ese relleno (Marín, 2004).

### 6.4.2 *Análisis arqueomalacológico Nivel 4*

#### 6.4.2.1 Representación de especies

En el depósito se han identificado 18 taxones, de los cuales tres corresponden a bivalvos, ocho a gasterópodos marinos, seis a gasterópodos terrestres y uno a gasterópodos de agua dulce. Están representados taxones de tipo alimentario, modificados, potencialmente modificables e intrusivos.

El número de restos (NR) es 855, que se corresponden con un número mínimo de individuos (NMI) de 429 y un peso de aproximadamente 1 kg. El género *Patella* supone el 75% del NMI (un 63% *Patella vulgata*), por lo que es claramente el recurso más explotado. La siguiente especie en importancia es el gasterópodo terrestre intrusivo *Helicella itala* (6%), seguido de *Cepaea nemoralis* (5%), cuya presencia puede considerarse marginal, al igual que la del resto de taxones (Tabla 6.33).

#### 6.4.2.2 Tafonomía

Los principales procesos tafonómicos identificados han sido bioerosión (microperforaciones), fragmentación (0,385), encostramiento muy leve en algunos ejemplares, especialmente de *Cepaea nemoralis*, carbonificación presente en algunos restos de *Patella* sp., biodegradación en algunos ejemplares de *Patella vulgata* y manchas minerales de color negro, posiblemente de manganeso. Entre los desplazamientos cabe destacar la desarticulación de los escasos bivalvos identificados.

En general el material de la zona alta del nivel está en mejor estado de conservación que el de la zona baja, que está bastante deteriorado. Aunque no ha sido posible verificarlo con total seguridad, cabe la sospecha de una posible contaminación de la parte superior del nivel por materiales procedentes del nivel suprayacente, ya que la apariencia es muy similar.

| **Taxones** | **La Fragua Nivel 4** | | | | |
|---|---|---|---|---|---|
| **Bivalvos marinos** | **NR** | **%NR** | **NMI** | **%NMI** | **Peso (gr.)** |
| *Lutraria* sp. | 3 | **0,4** | 1 | **0,2** | |
| *Mytilus* sp. | 2 | **0,2** | 1 | **0,2** | |
| Veneridae sp. | 3 | **0,4** | 1 | **0,2** | |
| **Total Bivalvos** | **8** | **0,9** | **3** | **0,7** | |
| **Gasterópodos marinos** | **NR** | **%NR** | **NMI** | **%NMI** | **Peso (gr.)** |
| *Littorina littorea* | 2 | **0,2** | 1 | **0,2** | 1 |
| *Littorina obtusata* | 8 | **0,9** | 8 | **1,9** | |
| *Littorina saxatilis* | 13 | **1,5** | 12 | **2,8** | |
| *Patella vulgata* | 269 | **31,5** | 269 | **62,7** | 753 |
| *Patella intermedia* | 1 | **0,1** | 1 | **0,2** | 1 |
| *Patella* sp. | 344 | **40,2** | 59 | **13,8** | 179 |
| *Trivia* sp. | 1 | **0,1** | 1 | **0,2** | |
| *Turritella* sp. | 1 | **0,1** | 1 | **0,2** | |
| **Total Gasterópodos marinos** | **639** | **74,7** | **352** | **82,0** | **934** |
| **Gasterópodos terrestres** | **NR** | **%NR** | **NMI** | **%NMI** | **Peso (gr.)** |
| *Cepaea nemoralis* | 92 | **10,8** | 24 | **5,6** | 23 |
| *Helicella itala* | 29 | **3,4** | 29 | **6,8** | |
| Helicidae sp. | 49 | **5,7** | 1 | **0,2** | |
| *Oxychilus* sp. | 4 | **0,5** | 4 | **0,9** | |
| *Pyrenaearia cantabrica* | 14 | **1,6** | 14 | **3,3** | |
| *Theodoxus fluviatilis* | 1 | **0,1** | 1 | **0,2** | |
| Zonitidae sp. | 1 | **0,1** | 1 | **0,2** | |
| **Total Gasterópodos terrestres** | **190** | **22,2** | **74** | **17,2** | **23** |
| **No identificable** | 18 | **2,1** | | | |
| TOTAL | **855** | **100** | **429** | **100** | **957** |

*Tabla 6.33: Abundancia (NR, NMI, peso y frecuencias relativas) de los taxones identificados en el Nivel 4 de La Fragua*

### 6.4.2.3 Zonas de recolección

En cuanto al substrato, las zonas rocosas del intermareal han sido las más frecuentadas, mientras la explotación de zonas de arena o fango es casi inexistente. Sin embargo, la presencia de taxones como *Trivia* sp., *Turritella* sp. o *Lutraria* sp. permite suponer que estas zonas han debido ser frecuentadas en búsqueda de conchas para realizar elementos ornamentales o para ser utilizadas en alguna actividad productiva.

Desde el punto de vista de la zonación vertical, parece que las zonas altas y medias del intermareal han sido objeto de la recolección. El análisis de las ratio L/H en *Patella vulgata* indica que han sido recogidas por igual en todo el intermareal. En cuanto al grado de exposición, la mayor parte de los taxones pueden habitar en zonas abiertas y en estuarios. Por una parte, la presencia de *Patella intermedia* o *Trivia* sp. refleja una recolección en costas abiertas, mientras por otra parte, *Turritella* sp. está indicando que también se han frecuentado las zonas abrigadas del estuario. Más complicado parece establecer la zona en la que se ha recolectado el grueso de *Patella vulgata*, especie más representada, ya que puede encontrarse en ambos tipos de costa. Si se observa la información proporcionada por las funciones discriminantes de Craighead, las zonas expuestas y abrigadas han sido frecuentadas casi por igual (Fig. 6.80 y Tabla 6.34).

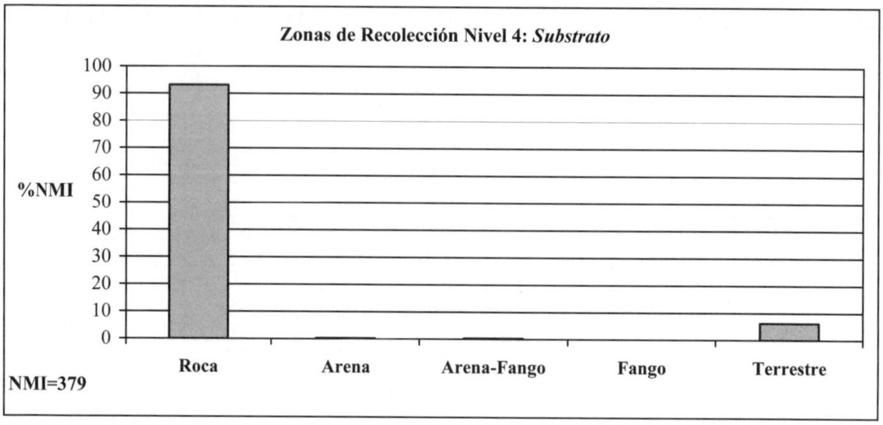


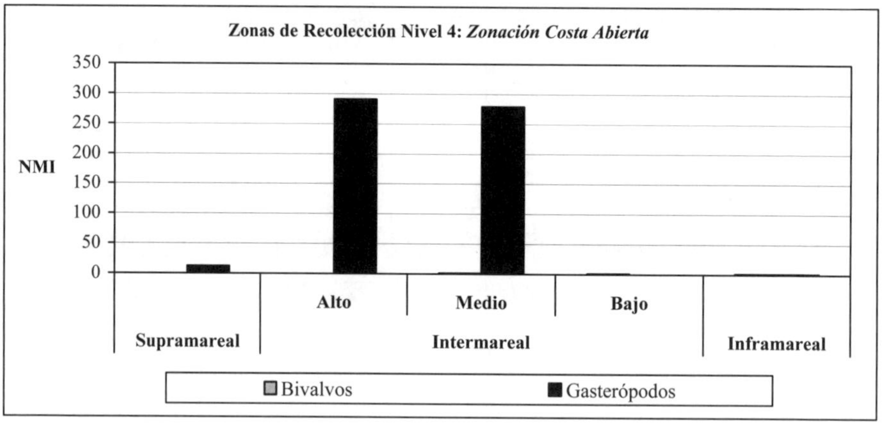


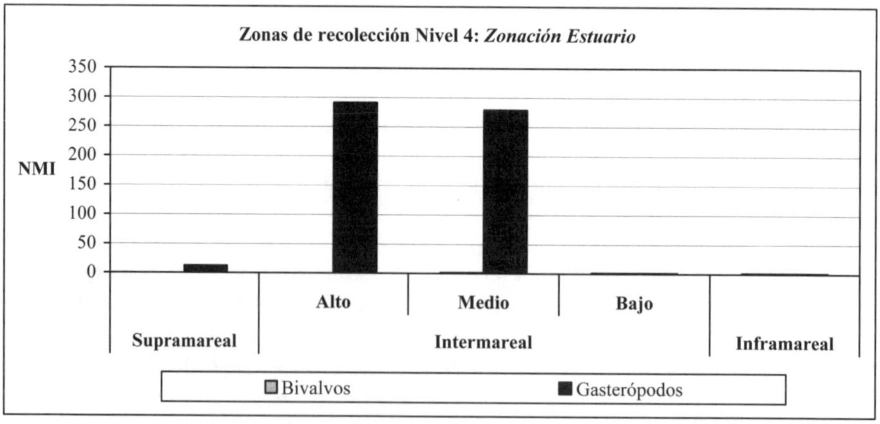


*Fig. 6.80: Zonas de recolección (substrato, zonación y exposición) en el nivel 4 de La Fragua*

| *Patella vulgata* Nivel 4 | | | |
|---|---|---|---|
| **Zonación (L/H)** | | **Exposición (Ecuación)** | |
| **Zona Alta** | **Zona Baja** | **Costa Expuesta** | **Costa Abrigada** |
| 52,3% | 47,7% | 47% | 53% |

*Tabla 6.34: Zonación y exposición de Patella vulgata en el nivel 4 de La Fragua*

#### 6.4.2.4 Biometría

Solo se ha contado con muestras de *Patella vulgata* y *Cepaea nemoralis* para el análisis biométrico. Desafortunadamente, la muestra de esta última especie es demasiado limitada como para proporcionar información fiable (solo seis ejemplares), aunque la media (25,7 mm) es muy similar a la de la muestra del nivel 3, lo que favorece la hipótesis de una posible contaminación con material procedente de ese nivel. Por su parte, *Patella vulgata* (Fig. 6.81) presenta una distribución log-normal, con asimetría positiva no muy marcada y al menos dos distribuciones en su interior. También se aprecia la existencia de varias modas. El tamaño medio es muy similar al de la muestra moderna con selección de tamaños. La edad media es de 4,3 años. Estos datos reflejan que se ha llevado a cabo una selección de los tamaños más grandes, así como una explotación de intensidad media.

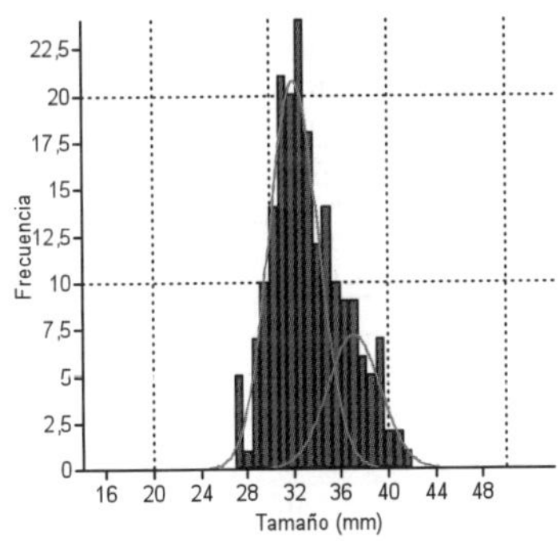


| | |
|---|---|
| N | 197 |
| Min | 26,93 |
| Max | 42 |
| Sum | 6572,14 |
| Mean | 33,3611 |
| Std. error | 0,221436 |
| Variance | 9,6597 |
| Stand. dev | 3,10801 |
| Median | 32,82 |
| 25 prcntil | 31,14 |
| 75 prcntil | 35,33 |
| Skewness | 0,460072 |
| Kurtosis | -0,16392 |
| Geom. mean | 33,2198 |
| *Shapiro-Wilk* | |
| W: | 0,9784 |
| *p*: | 0,003848 |

*Fig. 6.81: Representación estadística de los tamaños (longitud) de Patella vulgata en el nivel 4 de La Fragua*

### 6.4.3 *Análisis arqueomalacológico Nivel 3*

#### 6.4.3.1 Representación de especies

En el conchero aziliense (Tabla 6.35) aparecen 30 taxones, de los cuales ocho son bivalvos, nueve gasterópodos marinos y nueve gasterópodos terrestres. También aparecen tres taxones pertenecientes a crustáceos y un taxón a equinodermos. Están representados taxones de tipo alimentario, intrusivo y modificados.

El NR de este nivel asciende a 60684 restos, que suponen un NMI de 11057 individuos y un peso de 12,3 kg. La especie *Cepaea nemoralis* es la más abundante y domina el conchero con casi un 94% del NMI. Del resto de gasterópodos, sólo el género *Patella* tomado en conjunto y *Helicella itala* sobrepasan, aunque escasamente, el 1% del NMI. Mientras entre los bivalvos, sólo *Mytilus galloprovincialis* supera la unidad en el NMI. Por tanto, en estos momentos la explotación de moluscos se basa casi exclusivamente en los gasterópodos terrestres, concretamente en los caracoles de la especie *Cepaea nemoralis*, mientras la presencia de taxones marinos puede considerarse marginal.

| Taxones | La Fragua Nivel 3 | | | | |
|---|---|---|---|---|---|
| **Bivalvos marinos** | **NR** | **%NR** | **NMI** | **%NMI** | **Peso (gr.)** |
| *Acanthocardia* sp. | 1 | **0,002** | 1 | **0,009** | |
| *Cerastoderma edule* | 5 | **0,008** | 1 | **0,009** | |
| *Mimachlamys varia* | 1 | **0,002** | 1 | **0,009** | |
| *Mytilus galloprovincialis* | 291 | **0,480** | 29 | **0,262** | 52 |
| *Ostrea edulis* | 3 | **0,005** | 1 | **0,009** | 2 |
| *Petricola lithophaga* | 1 | **0,002** | 1 | **0,009** | |
| *Ruditapes decussatus* | 2 | **0,003** | 1 | **0,009** | 1 |
| *Solen marginatus* | 2 | **0,003** | 1 | **0,009** | 2 |
| **Total Bivalvos** | **306** | **0,504** | **36** | **0,326** | **57** |
| **Gasterópodos marinos** | **NR** | **%NR** | **NMI** | **%NMI** | **Peso (gr.)** |
| *Gibbula* sp. | 1 | **0,002** | 1 | **0,009** | |
| *Littorina littorea* | 104 | **0,171** | 21 | **0,190** | 106 |
| *Littorina obtusata* | 67 | **0,110** | 52 | **0,470** | |
| *Littorina saxatilis* | 96 | **0,158** | 92 | **0,832** | |
| *Osilinus lineatus* | 17 | **0,028** | 1 | **0,009** | 7 |
| *Patella vulgata* | 43 | **0,071** | 43 | **0,389** | 156 |
| *Patella intermedia* | 22 | **0,036** | 22 | **0,199** | 29 |
| *Patella ulyssiponensis* | 4 | **0,007** | 4 | **0,036** | 6 |
| *Patella* sp. | 435 | **0,717** | 56 | **0,506** | 153 |
| **Total Gasterópodos marinos** | **789** | **1,300** | **292** | **2,641** | **457** |
| **Gasterópodos terrestres** | **NR** | **%NR** | **NMI** | **%NMI** | **Peso (gr.)** |
| *Cepaea nemoralis* | 58931 | **97,111** | 10387 | **93,940** | 11759 |
| Claussiliidae sp. | 1 | **0,002** | 1 | **0,009** | |
| *Cochlostoma* sp. | 48 | **0,079** | 42 | **0,380** | |
| *Elona quimperiana* | 4 | **0,007** | 4 | **0,036** | |
| *Helicella itala* | 247 | **0,407** | 213 | **1,926** | |
| *Oestophorella buvinieri* | 35 | **0,058** | 28 | **0,253** | |
| *Oxychilus* sp. | 42 | **0,069** | 37 | **0,335** | |
| *Pomatias elegans* | 5 | **0,008** | 1 | **0,009** | |
| *Pyrenaearia cantabrica* | 9 | **0,015** | 9 | **0,081** | |
| **Total Gasterópodos terrestres** | **58822** | **97,756** | **10479** | **96,970** | **11759** |
| **Crustáceos** | **NR** | **%NR** | **NMI** | **%NMI** | **Peso (gr.)** |
| Brachyura sp. | 4 | **0,007** | 1 | **0,009** | |
| *Balanus* sp. | 39 | **0,064** | 1 | **0,009** | |
| *Pollicipes pollicipes* | 1 | **0,002** | 1 | **0,009** | 1 |
| **Equinodermos** | **NR** | **%NR** | **NMI** | **%NMI** | **Peso (gr.)** |
| *Paracentrotus lividus* | 203 | **0,335** | 4 | **0,036** | 19 |
| **No identificable** | **20** | **0,033** | | | |
| **TOTAL** | **60684** | **100** | **11057** | **100** | **12293** |

*Tabla 6.35: Abundancia (NR, NMI, peso y frecuencias relativas) de los taxones identificados en el Nivel 3 de La Fragua*

### 6.4.3.2 Tafonomía

Se han identificado procesos como bioerosión (microperforación), fragmentación (0,131), carbonificación (escasos individuos presentan un alto grado de carbonificación, si bien un número apreciable presenta signos de quemado), encostramiento leve, pero apreciable en bastantes individuos, sobre todo *Littorina littorea* y *Cepaea nemoralis*, y relleno sedimentario (especialmente en *Cepaea nemoralis*). Por otra parte, la biodegradación es un proceso bastante acusado en este nivel y afecta en mayor medida al género *Patella*, pero también a *Littorina littorea*. Unido a la bioerosión, ambos procesos provocan una gran pérdida en la ornamentación de la concha.

Dos tipos de desplazamiento se han dado en el yacimiento afectando al material depositado en este nivel, la desarticulación y la remoción. La desarticulación ha afectado a los bivalvos y también a los erizos de mar. De hecho, ningún individuo ha sido hallado con las valvas en conexión anatómica. Por otra parte, el material ha sufrido un proceso de remoción, concretamente de reelaboración, al haber sido el conchero cortado por una zanja dedicada a usos funerarios en un momento posterior a su acumulación y enterramiento, por lo que parte del material fue desenterrado y depositado otra vez. Este hecho ha provocado que el material afectado por la zanja no haya sido tenido en cuenta para el análisis.

#### 6.4.3.3 Zonas de recolección

La gran acumulación de *Cepaea nemoralis* en este nivel provoca que las zonas terrestres predominen entre las zonas de recolección. Las condiciones de los alrededores de la cavidad debieron ser apropiadas para el desarrollo, no solo de esta especie sino también de otros gasterópodos terrestres. En la actualidad es una de las zonas preferidas para la recolección de *Cryptomphalus aspersus*. La explotación del litoral se ha llevado a cabo predominantemente en zonas rocosas, aunque aparece una mayor diversidad de especies de arena/fango que en el nivel MSF. Sin embargo, la explotación de estas zonas continúa siendo muy escasa.

Al igual que en el nivel anterior, las zonas altas y medias del intermareal han sido las más explotadas. En cuanto al grado de exposición de la costa explotada, la amplia presencia de especies que habitan solo en costas abiertas, como *Mimachlamys varia*, *Petricola lithophaga*, *Patella intermedia*, *Patella ulyssiponensis*, *Pollicipes pollicipes* y *Paracentrotus lividus*, parece indicar que estas zonas han sido mayoritariamente explotadas. Sin embargo, la presencia de *Ostrea edulis* y *Ruditapes decussatus* certifica que las zonas abrigadas del estuario también han sido frecuentadas. En este caso al no contar con datos procedentes de las ratios L/H y de las ecuaciones de Craighead, debido a lo escaso de la muestra de *Patella vulgata* con características adecuadas para un análisis biométrico, resulta imposible una interpretación más detallada (Fig. 6.82).

#### 6.4.3.4 Biometría

Sólo la biometría del caracol terrestre *Cepaea nemoralis* (Fig. 6.83) ha podido ser analizada con una muestra de tamaño adecuado. Los resultados muestran una distribución que no es ni normal ni log-normal, con una asimetría negativa bastante marcada y dos claras distribuciones en su interior, correspondientes a individuos juveniles y adultos. La distribución es bastante similar a la de la muestra moderna analizada en este trabajo y refleja que no se ha producido una selección de los tamaños más grandes, sino que se ha recogido todo lo que estaba disponible. Por otra parte, la muestra arqueológica presenta un tamaño medio mayor que el de la muestra actual. Esto refleja que la recogida no se ha llevado a cabo con gran intensidad.

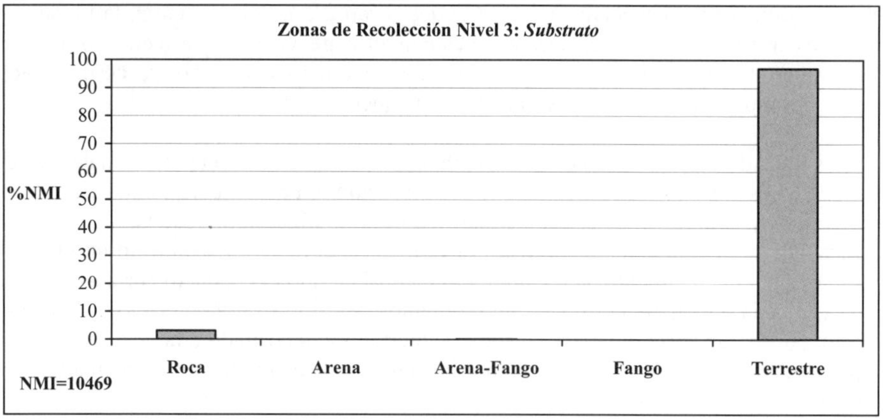


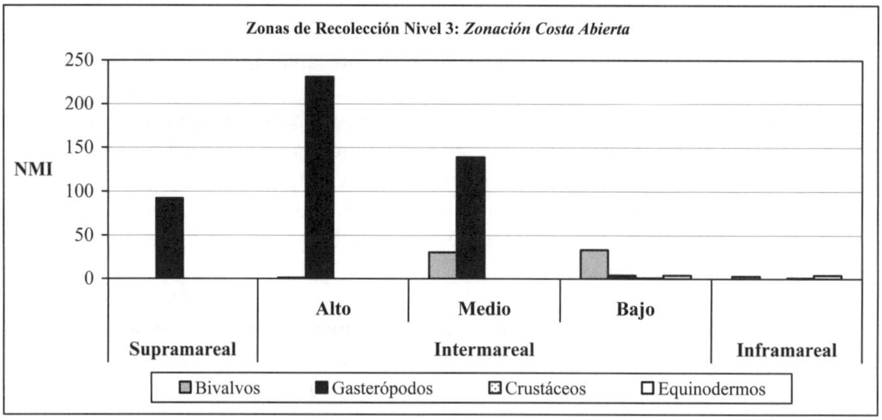


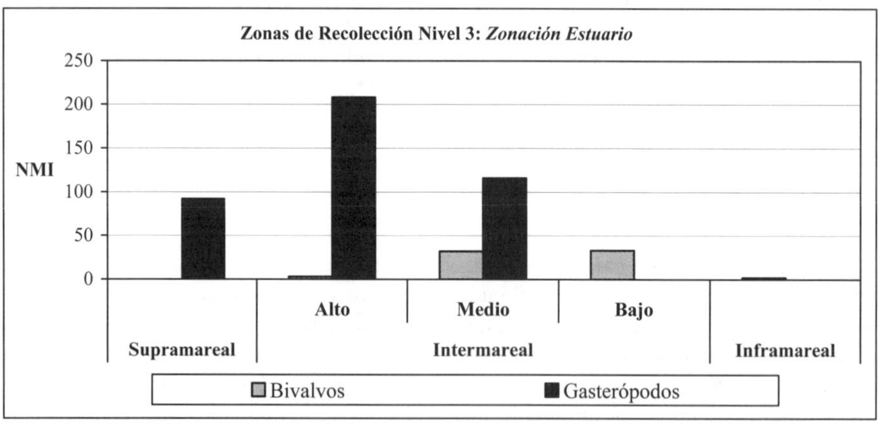


*Fig. 6.82: Zonas de recolección (substrato, zonación y exposición) en el nivel 3 de La Fragua*

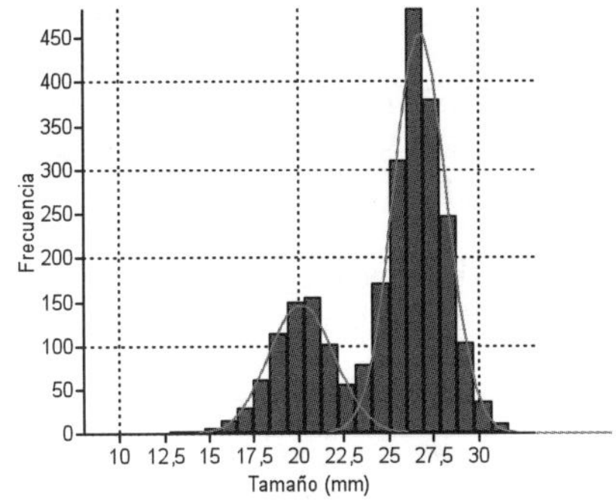


| | |
|---|---|
| N | 2494 |
| Min | 12,77 |
| Max | 31,62 |
| Sum | 61950,7 |
| Mean | 24,8399 |
| Std. error | 0,0675023 |
| Variance | 11,364 |
| Stand. dev | 3,37106 |
| Median | 25,99 |
| 25 prcntil | 22,15 |
| 75 prcntil | 27,2 |
| Skewness | -0,779946 |
| Kurtosis | -26,9853 |
| Geom. mean | 24,5895 |
| *Shapiro-Wilk* | |
| W: | 0,9166 |
| *p*: | 4,97E-35 |

*Fig. 6.83: Representación estadística de los tamaños (anchura) de Cepaea nemoralis en el nivel 3 de La Fragua*

Debido a la escasez de la muestra de *Patella vulgata* (Fig. 6.84) no es posible obtener conclusiones definitivas sobre su recogida. La distribución es normal, con asimetría negativa y varias modas, aunque probablemente es producto del escaso tamaño de muestra. Sin embargo, se observa que la media es similar a la del nivel anterior y a la de la muestra actual con selección de tamaños.

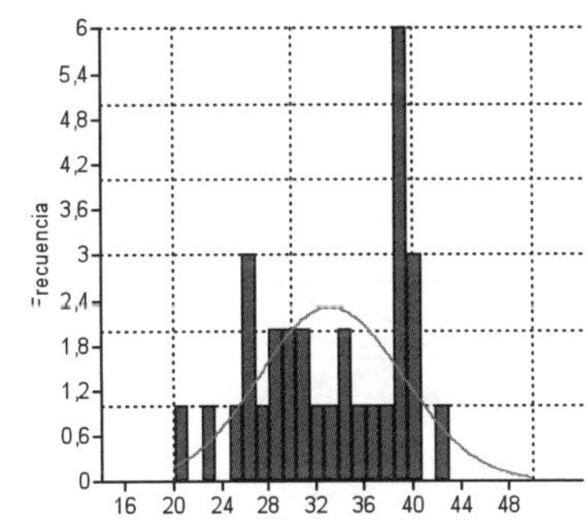


| | |
|---|---|
| N | 30 |
| Min | 20,07 |
| Max | 42,99 |
| Sum | 994,72 |
| Mean | 33,1573 |
| Std. error | 1,10626 |
| Variance | 36,714 |
| Stand. dev | 6,05921 |
| Median | 33,875 |
| 25 prcntil | 27,9775 |
| 75 prcntil | 38,585 |
| Skewness | -0,333736 |
| Kurtosis | -0,964297 |
| Geom. mean | 32,5859 |
| *Shapiro-Wilk* | |
| W: | 0,9443 |
| *p*: | 0,1185 |

*Fig. 6.84: Representación estadística de los tamaños (longitud) de Patella vulgata en el nivel 3 de La Fragua*

### 6.4.4 *Análisis arqueomalacológico Nivel 1*

6.4.4.1 Representación de especies

El conchero mesolítico (Tablas 6.36 y 6.37) se compone de 32 taxones, divididos en diez bivalvos, 11 gasterópodos marinos, seis gasterópodos terrestres, cuatro crustáceos y un equinodermo. Al igual que el anterior, presenta taxones de tipo alimentario, ornamental e intrusivo.

El número de restos (NR) es de 38376, que suponen un NMI de 12290 individuos y un peso de 19 Kg. En este nivel predominan claramente los taxones del género *Patella* (más del 80% del NMI), especialmente *Patella intermedia* que representa el 44% del total del conchero. Entre el resto de gasterópodos *Osilinus lineatus* presenta una abundancia del 4,4% del NMI, mientras entre los bivalvos sólo *Mytilus galloprovincialis* aparece en cantidades apreciables con el 8,3% del NMI.

| Taxones | La Fragua Nivel 1 | | | | |
|---|---|---|---|---|---|
| **Bivalvos marinos** | **NR** | **%NR** | **NMI** | **%NMI** | **Peso (gr.)** |
| *Anomia ephippium* | 3 | **0,007** | 1 | **0,008** | |
| *Mimachlamys varia* | 12 | **0,031** | 1 | **0,008** | |
| *Mytilus galloprovincialis* | 11179 | **29,13** | 1028 | **8,364** | 2969 |
| *Ostrea edulis* | 386 | **1,005** | 58 | **0,471** | 727 |
| *Pododesmus* sp. | 6 | **0,015** | 6 | **0,048** | |
| *Petricola lithophaga* | 4 | **0,01** | 2 | **0,016** | |
| *Pholas dactylus* | 88 | **0,229** | 4 | **0,032** | |
| *Ruditapes decussatus* | 383 | **0,998** | 37 | **0,301** | 258 |
| *Solen marginatus* | 539 | **1,404** | 47 | **0,382** | 64 |
| Veneridae sp. | 16 | **0,041** | 3 | **0,024** | 5 |
| **Total Bivalvos** | **12616** | **32,870** | **1187** | **9,654** | **4023** |
| **Gasterópodos marinos** | **NR** | **%NR** | **NMI** | **%NMI** | **Peso (gr.)** |
| *Gibbula* sp. | 3 | **0,007** | 3 | **0,024** | 3 |
| *Gibbula umbilicalis* | 6 | **0,015** | 6 | **0,048** | 8 |
| *Littorina littorea* | 1 | **0,002** | 1 | **0,008** | |
| *Littorina obtusata* | 5 | **0,013** | 4 | **0,032** | |
| *Nassarius reticulatus* | 3 | **0,007** | 1 | **0,008** | |
| *Nucella lapillus* | 1 | **0,002** | 1 | **0,008** | |
| *Osilinus lineatus* | 781 | **2,035** | 542 | **4,41** | 856 |
| *Patella vulgata* | 875 | **2,28** | 875 | **7,119** | 1483 |
| *Patella intermedia* | 5473 | **14,261** | 5473 | **44,532** | 6515 |
| *Patella ulyssiponensis* | 1302 | **3,392** | 1302 | **10,593** | 2635 |
| *Patella* sp. | 14373 | **37,453** | 2505 | **20,382** | 3254 |
| **Total Gasterópodos marinos** | **22823** | **59,467** | **10713** | **87,164** | **14754** |
| **Gasterópodos terrestres** | **NR** | **%NR** | **NMI** | **%NMI** | **Peso (gr.)** |
| *Cepaea nemoralis* | 2149 | **5,599** | 214 | **1,741** | 221 |
| *Cochlostoma* sp. | 6 | **0,015** | 5 | **0,04** | |
| *Elona quimperiana* | 1 | **0,002** | 1 | **0,008** | |
| *Helicella itala* | 3 | **0,007** | 1 | **0,008** | |
| *Oxychilus* sp. | 1 | **0,002** | 1 | **0,008** | |
| *Pomatias elegans* | 25 | **0,065** | 17 | **0,138** | |
| **Total Gasterópodos terrestres** | **2185** | **5,690** | **239** | **1,943** | **221** |
| **Crustáceos** | **NR** | **%NR** | **NMI** | **%NMI** | **Peso (gr.)** |
| Brachyura sp. | 45 | **0,117** | 7 | **0,056** | 11 |
| *Balanus* sp. | 313 | **0,815** | 128 | **1,041** | |
| *Pollicipes pollicipes* | 19 | **0,049** | 6 | **0,048** | 7 |
| Serpulidae sp. | 9 | **0,023** | 9 | **0,073** | |
| **Equinodermos** | **NR** | **%NR** | **NMI** | **%NMI** | **Peso (gr.)** |
| *Paracentrotus lividus* | 322 | **0,839** | 1 | **0,008** | 23 |
| **No identificable** | **44** | **0,114** | | | |
| TOTAL | 38376 | 100 | 12290 | 100 | 19039 |

*Tabla 6.36: Abundancia (NR, NMI, peso y frecuencias relativas) de los taxones identificados en el nivel 1 de La Fragua*

Del resto de taxones, únicamente *Cepaea nemoralis*, con un 1,7% del NMI, supera el 1%. En este periodo, por tanto, la explotación de recursos es totalmente diferente a la practicada durante el Aziliense, ya que ahora son los recursos marinos los más explotados, especialmente el género *Patella*.

| **Crustáceos** | NR | NMI |
|---|---|---|
| Brachyura sp. | 26 | 1 |
| *Carcinus maenas* | 4 | 1 |
| *Pachygrapsus marmoratus* | 5 | 2 |
| Portumnidae sp. | 10 | 3 |
| **Total** | **45** | **7** |

*Tabla 6.37: Crustáceos identificados en el nivel 1 de La Fragua*

### 6.4.4.2 Tafonomía

Los procesos tafonómicos identificados son muy similares a los del nivel anterior. Al proceso bioerosivo más habitual, la microperforación, se une en este nivel la incrustación por serpúlidos, sobre todo en ejemplares de la especie *Patella ulyssiponensis*, pero también en *Mytilus galloprovincialis* y *Ostrea edulis*. Asimismo se ha producido fragmentación (0,260) y biodegradación (que puede ser considerada la segunda causa más importante de desgaste de las conchas en este nivel).

Al igual que en el nivel anterior, se aprecian signos de quemado en una parte apreciable del material, sin embargo, son pocos los ejemplares que aparecen con un alto grado de carbonificación. Se ha identificado este proceso en conchas del género *Patella*, en *Mytilus galloprovincialis*, *Ostrea edulis*, *Osilinus lineatus*, *Solen marginatus*, *Ruditapes decussatus* y *Cepaea nemoralis*. En el caso del género *Patella*, la mayor parte de las conchas que presentan marcas de carbonificación, también presentan unas líneas perpendiculares al eje mayor de la concha que pueden ser producto de fases frío-calor. Por otra parte, no sólo se han hallado individuos quemados sino que algunos también se encontraban manchados con pequeños restos de carbón.

Signos de abrasión se han identificado en muy pocos restos. Sin embargo, su escasez permite asegurar que el material se depositó y no se movió, probablemente debido a una alta tasa de sedimentación que produjo un rápido enterramiento del material, asegurando así su buena conservación. Aún así, algunos individuos presentan signos de abrasión, que en la mayor parte de los casos podrían corresponden a desgastes sufridos en la zona de hábitat, es decir, con el animal en vida, ya que algunas lapas presentan facetas de anclaje, desarrolladas debido a la energía del ambiente en el que viven. Asimismo, escasísimos restos de encostramiento y concreción se han hallado en algunos materiales, por lo que no se puede considerar un proceso relevante para la historia tafonómica del depósito. Lo mismo puede decirse del relleno sedimentario, que aunque presente, no es importante.

Por último, dos tipos de desplazamientos han sido identificados, por una parte la desarticulación de las valvas de bivalvos, de las placas de *Pollicipes pollicipes* y del aparato mandibular de *Paracentrotus lividus*, y por otra, la reelaboración de parte del conchero debido a la zanja existente en el depósito.

### 6.4.4.3 Zonas de recolección

Al igual que durante el MSF y el Aziliense, en el litoral las zonas rocosas han sido preferentemente explotadas, mientras el resto de biotopos se han explotado de forma muy marginal.

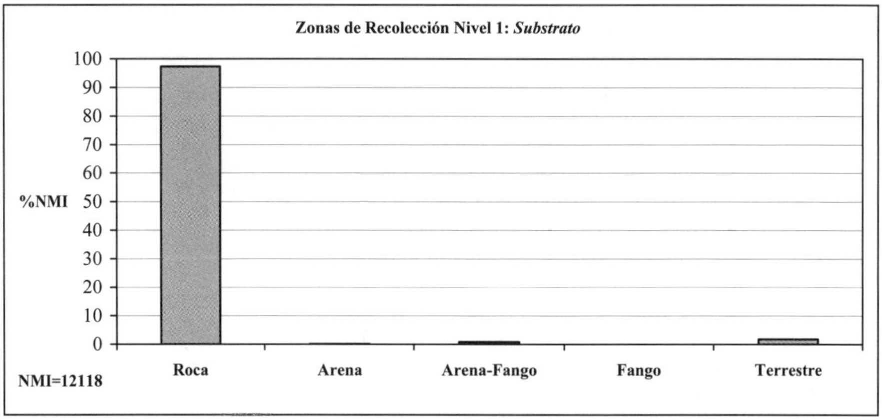


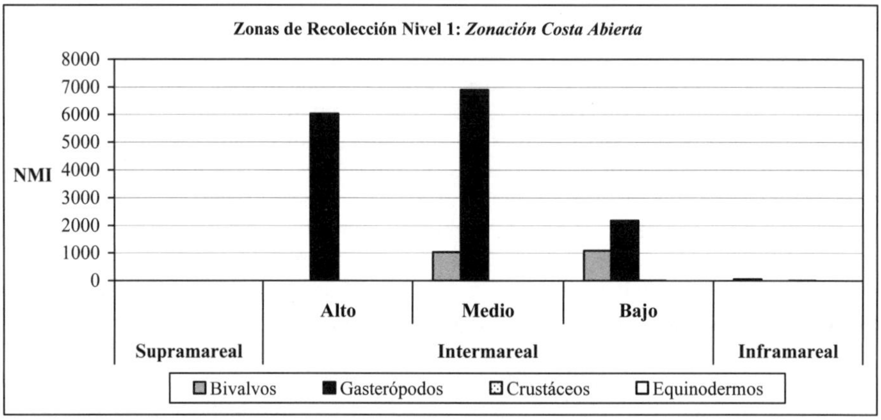


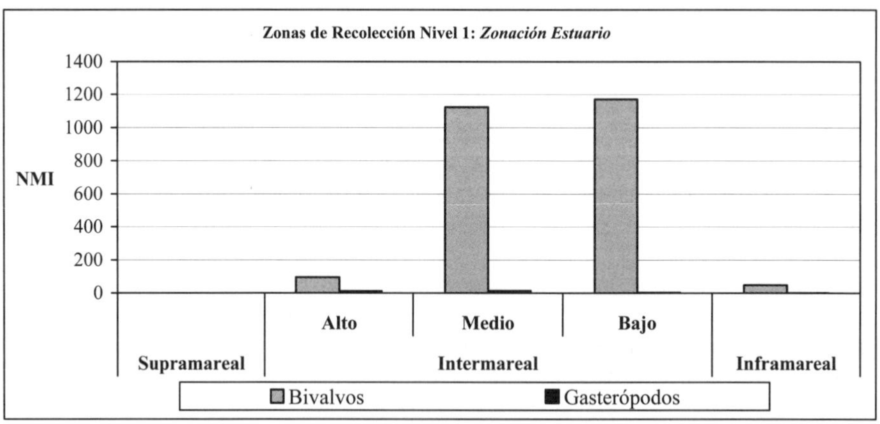


*Fig. 6.85: Zonas de recolección (substrato, zonación y exposición) en el nivel 1 de La Fragua*

| *Patella vulgata* Nivel 1 | | | |
|---|---|---|---|
| **Zonación (L/H)** | | **Exposición (Ecuación)** | |
| **Zona Alta** | **Zona Baja** | **Costa Expuesta** | **Costa Abrigada** |
| 27,3% | 72,7% | 86% | 14% |

*Tabla 6.38: Zonación y exposición de Patella vulgata en el nivel 1 de La Fragua*

Si se observa la zonación vertical y el grado de exposición de las especies representadas, la enorme abundancia de *Patella intermedia* está reflejando una recolección centrada en las zonas altas y medias de las costas abiertas y expuestas, mientras la presencia de otras como *Patella ulyssiponensis*, *Pollicipes pollicipes* y *Paracentrotus lividus* reflejan una cierta explotación de la zonas bajas del intermareal. Así lo confirman las ratios L/H de *Patella vulgata* (Tabla 6.38), que indican que esta especie se recogió principalmente en las zonas bajas. En las zonas de estuario la recolección parece haber sido escasa, salvo en el caso de que *Mytilus galloprovincialis*, especie ubicua en cuanto a exposición y propia de zonas medias y bajas del intermareal, haya sido recogida en este tipo de costa. Otras especies, como *Ostrea edulis* y *Ruditapes decussatus*, que habitan cualquier zona del intermareal, confirman que se han frecuentado las zonas de estuario, aunque parece que con muy escasa intensidad, si se compara con las expuestas (Fig. 6.85). La ecuación de exposición de Craighead confirma la recolección de *Patella vulgata* en zonas expuestas.

Entre los bivalvos, los más habituales de costas abiertas (*Mimachlamys varia*, *Petricola lithophaga*) y de los cuales no se conoce su funcionalidad, proceden de las zonas más bajas, lo que podría estar indicando que sus conchas fueron recogidas en zonas de playa posteriormente a la muerte del organismo.

6.4.4.4 Biometría

La diversidad de especies y su abundancia ha permitido contar con muestras representativas para el análisis biométrico. En el caso de *Cepaea nemoralis* (Fig. 6.86), el tamaño de muestra es muy escaso. Así, presenta una distribución normal, con asimetría ligeramente negativa y tamaños medios claramente superiores a los de la muestra moderna. En este caso es complicado establecer si los individuos de esta especie fueron aportados al yacimiento como alimento o llegaron como producto de una intrusión, sin embargo, su NMI permite sostener la hipótesis de recolección y consumo humano. En este caso, se habrían seleccionado los tamaños más grandes, pero la intensidad de la recolección no habría sido muy alta.

La distribución de *Osilinus lineatus* (Fig. 6.87) es log-normal, con asimetría ligeramente positiva y un tamaño medio inferior al de la muestra actual. La distribución parece indicar una escasa selección de tamaños, aunque el tamaño medio refleja una apreciable intensidad en la recolección de este recurso.

En cuanto al género *Patella*, las tres especies presentan un patrón de explotación muy similar (Figs. 6.88, 6.89 y 6.90). Las distribuciones son log-normal, la asimetría positiva y marcada y contienen más de una distribución en su interior. En los tres casos los tamaños medios son inferiores a los de las muestras actuales, incluso si se tiene en cuenta la muestra sin selección de tamaños. Las edades medias son 3,6 y 3,3 para *Pate-*

*lla vulgata* y *Patella intermedia*. Por tanto, se han seleccionado los tamaños más grandes y la recolección ha sido llevada a cabo con bastante intensidad.

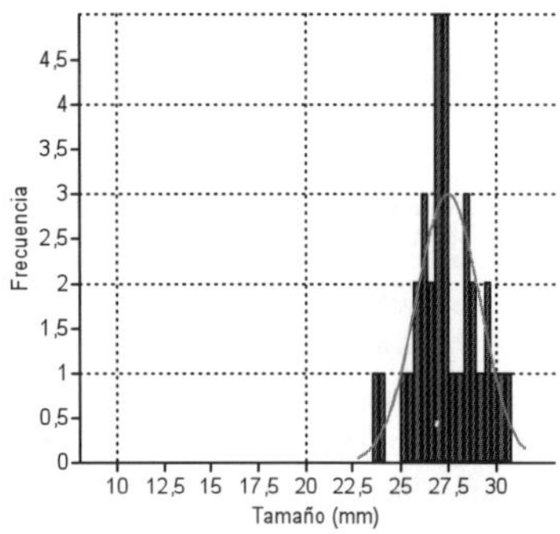


| | |
|---|---|
| N | 34 |
| Min | 23,5 |
| Max | 30,8 |
| Sum | 932,5 |
| Mean | 27,4265 |
| Std. error | 0,287695 |
| Variance | 2,81413 |
| Stand. dev | 1,67754 |
| Median | 27,4 |
| 25 prcntil | 26,275 |
| 75 prcntil | 28,625 |
| Skewness | -0,19506 |
| Kurtosis | 0,135405 |
| Geom. mean | 27,3761 |
| *Shapiro-Wilk* | |
| W: | 0,9832 |
| *p*: | 0,867 |

*Fig. 6.86: Representación estadística de los tamaños (anchura) de Cepaea nemoralis en el nivel 1 de La Fragua*

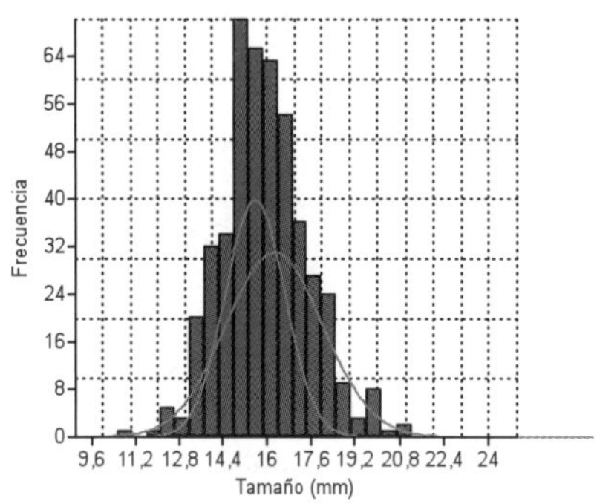


| | |
|---|---|
| N | 458 |
| Min | 10,5 |
| Max | 21,2 |
| Sum | 7301,8 |
| Mean | 15,9428 |
| Std. error | 0,0726059 |
| Variance | 2,4144 |
| Stand. dev | 1,55383 |
| Median | 15,8 |
| 25 prcntil | 15 |
| 75 prcntil | 16,9 |
| Skewness | 0,275001 |
| Kurtosis | 0,537384 |
| Geom. mean | 15,8675 |
| *Shapiro-Wilk* | |
| W: | 0,9917 |
| *p*: | 0,01178 |

*Fig. 6.87: Representación estadística de los tamaños (anchura) de Osilinus lineatus en el nivel 1 de La Fragua*

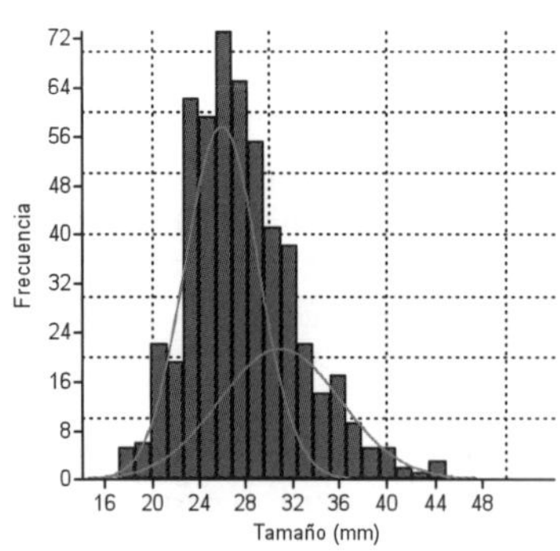


| | |
|---|---|
| N | 523 |
| Min | 17,08 |
| Max | 44,91 |
| Sum | 14530,9 |
| Mean | 27,7837 |
| Std. error | 0,205644 |
| Variance | 22,1174 |
| Stand. dev | 4,70291 |
| Median | 27,19 |
| 25 prcntil | 24,53 |
| 75 prcntil | 30,48 |
| Skewness | 0,686868 |
| Kurtosis | 0,649925 |
| Geom. mean | 27,4021 |
| Shapiro-Wilk | |
| W: | 0,9724 |
| *p*: | 2,32E-08 |

*Fig. 6.88: Representación estadística de los tamaños (longitud) de Patella vulgata en el nivel 1 de La Fragua*

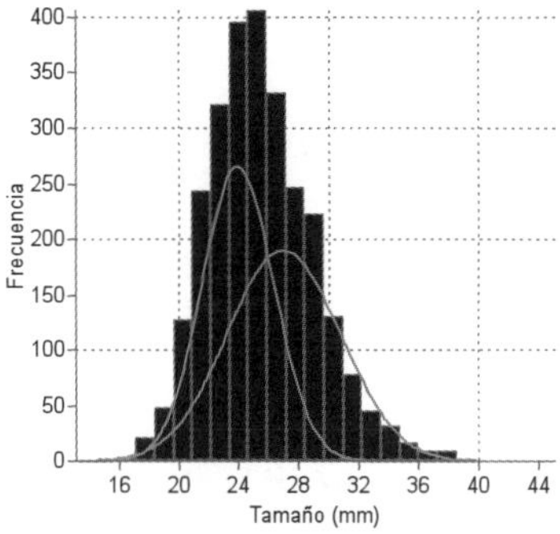


| | |
|---|---|
| N | 2678 |
| Min | 14,5 |
| Max | 39,76 |
| Sum | 68275,2 |
| Mean | 25,4948 |
| Std. error | 0,0683615 |
| Variance | 12,5151 |
| Stand. dev | 3,53766 |
| Median | 25,155 |
| 25 prcntil | 23,07 |
| 75 prcntil | 27,64 |
| Skewness | 0,5074 |
| Kurtosis | 29,9376 |
| Geom. mean | 25,2549 |
| *Shapiro-Wilk* | |
| W: | 0,9855 |
| *p*: | 6,62E-16 |

*Fig. 6.89: Representación estadística de los tamaños (longitud) de Patella intermedia en el nivel 1 de La Fragua*

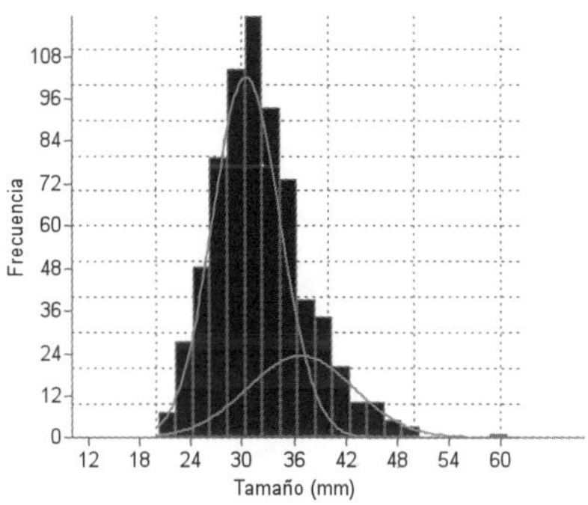


| | |
|---|---|
| N | 672 |
| Min | 20,15 |
| Max | 60,72 |
| Sum | 21547,8 |
| Mean | 32,0652 |
| Std. error | 0,208499 |
| Variance | 29,2129 |
| Stand. dev | 5,4049 |
| Median | 31,36 |
| 25 prcntil | 28,455 |
| 75 prcntil | 35,115 |
| Skewness | 0,786177 |
| Kurtosis | 1,34065 |
| Geom. mean | 31,6312 |
| Shapiro-Wilk | |
| W: | 0,9683 |
| *p*: | 6,98E-11 |

*Fig. 6.90: Representación estadística de los tamaños (longitud) de Patella ulyssiponensis en el nivel 1 de La Fragua*

En este nivel ha sido posible analizar las distribuciones de *Mytilus galloprovincialis*, tanto para las valvas derechas como para las izquierdas (Figs. 6.91 y 6.92). Como era de esperar, ambas presentan una distribución muy parecida, que no es ni normal ni log-normal, con una asimetría similar (ligeramente más marcada en las valvas derechas) y un tamaño medio casi idéntico. Incluso al aplicar el *Mixture Analysis* bajo la hipótesis de existencia de dos distribuciones, ambas son idénticas. Sin embargo, aunque parece que algún tipo de selección se ha llevado a cabo, es complicado establecer sus características debido a la falta de comparación con muestras modernas. Por otra parte, los tamaños medios pueden considerarse pequeños, propios de mejillones recogidos en la costa abierta, más que de ejemplares de estuario.

Por tanto, la mayor parte de las especies presentan indicios de selección de los tamaños más grandes, si bien estos parecen ser más claros en el género *Patella*. La intensidad en la explotación de estas especies también ha sido acusada, al igual que ocurre con *Osilinus lineatus*. En el caso de *Cepaea nemoralis*, el escaso tamaño de muestra no permite extraer conclusiones definitivas pero con los datos disponibles su explotación no ha sido excesivamente intensa. En cuanto a *Mytilus galloprovincialis*, su pequeño tamaño está más probablemente relacionado con su zona de hábitat que con la intensidad de la recogida.

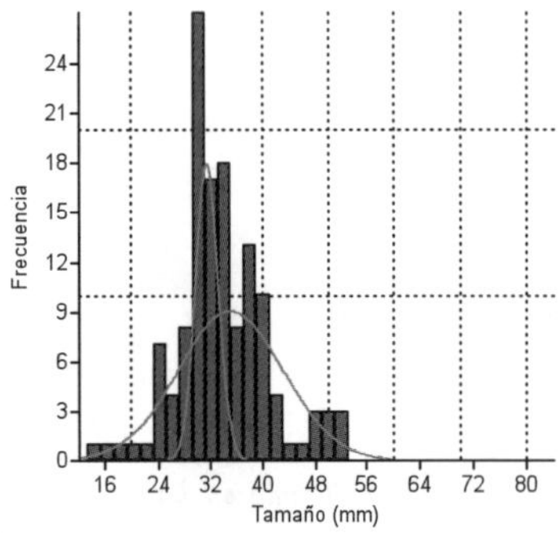


| | |
|---|---|
| N | 132 |
| Min | 13,3 |
| Max | 53 |
| Sum | 4472,1 |
| Mean | 33,8795 |
| Std. error | 0,610785 |
| Variance | 49,2438 |
| Stand. dev | 7,01739 |
| Median | 33,05 |
| 25 prcntil | 30,125 |
| 75 prcntil | 37,75 |
| Skewness | 0,431188 |
| Kurtosis | 1,06849 |
| Geom. mean | 33,1427 |
| *Shapiro-Wilk* | |
| W: | 0,9597 |
| *p*: | 0,0006063 |

*Fig. 6.91: Representación estadística de la altura de las valvas derechas de Mytilus galloprovincialis en el nivel 1 de La Fragua*

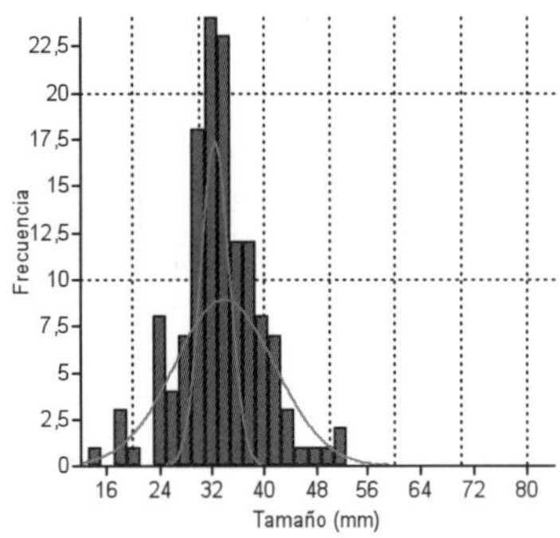


| | |
|---|---|
| N | 136 |
| Min | 13,1 |
| Max | 52,6 |
| Sum | 4533,3 |
| Mean | 33,3331 |
| Std. error | 0,547145 |
| Variance | 40,7139 |
| Stand. dev | 6,38075 |
| Median | 33 |
| 25 prcntil | 30,3 |
| 75 prcntil | 36,975 |
| Skewness | 0,133028 |
| Kurtosis | 1,31405 |
| Geom. mean | 32,689 |
| *Shapiro-Wilk* | |
| W: | 0,974 |
| *p*: | 0,01046 |

*Fig. 6.92: Representación estadística de la altura de las valvas izquierdas de Mytilus galloprovincialis en el nivel 1 de La Fragua*

## 6.4.5 Discusión y conclusiones

### 6.4.5.1 Las acumulaciones de moluscos a lo largo del tiempo

A tenor de los datos procedentes del número de taxones representados, del NMI y del peso, se aprecia un aumento en la cantidad (Fig. 6.93) y diversidad (Tabla 6.39) de moluscos depositados a lo largo del tiempo. Este aumento se produce fundamentalmente entre el MSF y el Aziliense, aunque el incremento se mantiene hasta el Mesolítico. Sin embargo, a pesar de que la diversidad de especies es muy similar entre el Aziliense y el Mesolítico, las cantidades de moluscos marinos acumuladas son muy diferentes. Así, la escasa importancia de los moluscos marinos en la parte más antigua de la secuencia (incluyendo, a pesar de su alta diversidad, el Aziliense, en el que la explotación se basa fundamentalmente en caracoles terrestres) guarda relación con la posición de la línea de costa en cada momento. Durante el MSF y el Aziliense, la costa, aunque accesible (a 8 y 6 km. del yacimiento respectivamente), no se localiza a una distancia rentable para la explotación sistemática del litoral. Sin embargo, durante la segunda parte del Mesolítico, momento de formación del conchero del nivel 1, la costa se sitúa aproximadamente a 1 km. del yacimiento, por lo que éste se convierte en un asentamiento apropiado para la explotación directa del litoral. Esto es debido a la escasa rentabilidad que a este respecto presentan los recursos marinos, ya que el esfuerzo del transporte puede no ser compensado con la energía obtenida de los moluscos cuando el campamento está muy alejado de la costa (González Morales, 1999a:22).

Por tanto, el aumento de las cantidades de moluscos a través del depósito estratigráfico de La Fragua parece que no guarda exclusivamente relación con una recolección más sistemática de este tipo de recursos según avanza el tiempo, sino también con la localización del asentamiento en relación a esos recursos.

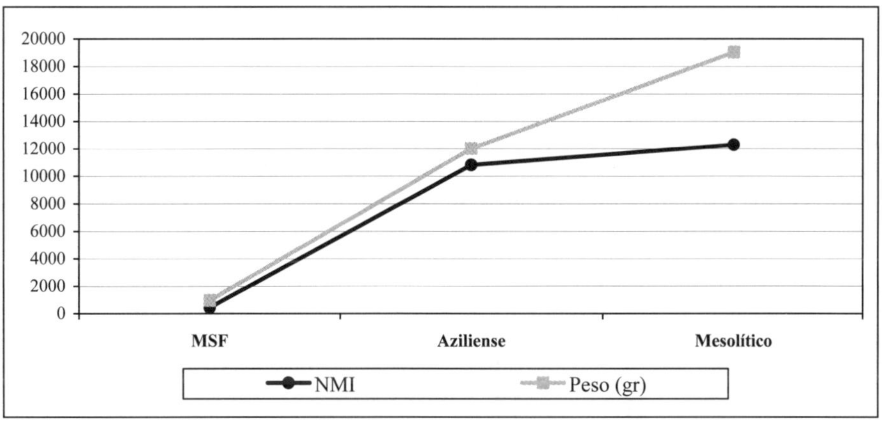


*Fig. 6.93: Evolución de las acumulaciones de moluscos (NMI y peso) en La Fragua a lo largo del tiempo*

| Período | Bivalvos | Gasterópodos Marinos | Gasterópodos Terrestres | Crustáceos | Equinodermos | Total | Total sin intrusivos |
|---|---|---|---|---|---|---|---|
| MSF | 3 | 8 | 7 | | | **18** | **11** |
| Aziliense | 8 | 9 | 9 | 3 | 1 | **30** | **22** |
| Mesolítico | 10 | 11 | 6 | 4 | 1 | **32** | **26** |

*Tabla 6.39: Evolución de la diversidad de taxones en La Fragua a lo largo del tiempo*

Otro aspecto a tener en cuenta es la posible existencia de otros yacimientos entre La Fragua y la línea de costa en esos momentos y que hoy nos resulta imposible localizar, al encontrarse sumergidos bajo las aguas debido al ascenso del nivel marino. Esto podría explicar la escasez de recursos costeros aparecidos en los niveles 3 y 4, caracterizándose La Fragua en esos momentos por ser un campamento de interior, utilizado para explotación de recursos continentales, como quedaría corroborado por la presencia del conchero de *Cepaea nemoralis* en el Nivel 3 y los restos de faunas de mamíferos en ambos niveles. Así, al contrario de lo sostenido en otra parte (Gutiérrez Zugasti, 2005) sí parece que la escasa accesibilidad del yacimiento (hoy situado a 125 m.s.n.m., en una zona abrupta) y su lejanía a la línea de costa en aquellos momentos (6-8 Km.) hayan podido inhibir los desplazamientos, no tanto hacia el valle, ya que los patrones de caza en este nivel indican una explotación de zonas llanas y boscosas además del roquedo (Marín, 2004), como hacia la costa. Sin embargo, la aparición de moluscos en estos niveles está reflejando que efectivamente los grupos humanos están frecuentando la costa, aunque no se está explotando sistemáticamente desde La Fragua.

6.4.5.2 Representación de especies

Si se observa la Fig. 6.94, se aprecian diferencias importantes en la representación de especies a lo largo del tiempo. Así, durante el MSF y el Mesolítico la explotación de recursos marinos es predominante, mientras durante el Aziliense está centrada en los caracoles terrestres. Si se atiende a los taxones marinos, también se observan diferencias dependiendo del nivel. Así, durante el MSF la recolección está muy centrada en *Patella vulgata*, sin embargo, durante el Aziliense las cantidades de los principales taxones marinos están más equilibradas, siendo los taxones no alimenticios *Littorina obtusata* y *Littorina saxatilis*, los más representados, aunque son superados por el género *Patella* si éste se toma en su conjunto. Las cantidades de *Littorina littorea* siguen siendo superiores a las de *Osilinus lineatus* (21:1), aunque similares a las de *Patella intermedia* (22). Durante el Mesolítico, la recolección vuelve a estar centrada en el género *Patella*, aunque ahora la especie predominante es *Patella intermedia*. Asimismo, *Osilinus lineatus* es muy superior a *Littorina littorea*, que solo cuenta con un individuo en este nivel.

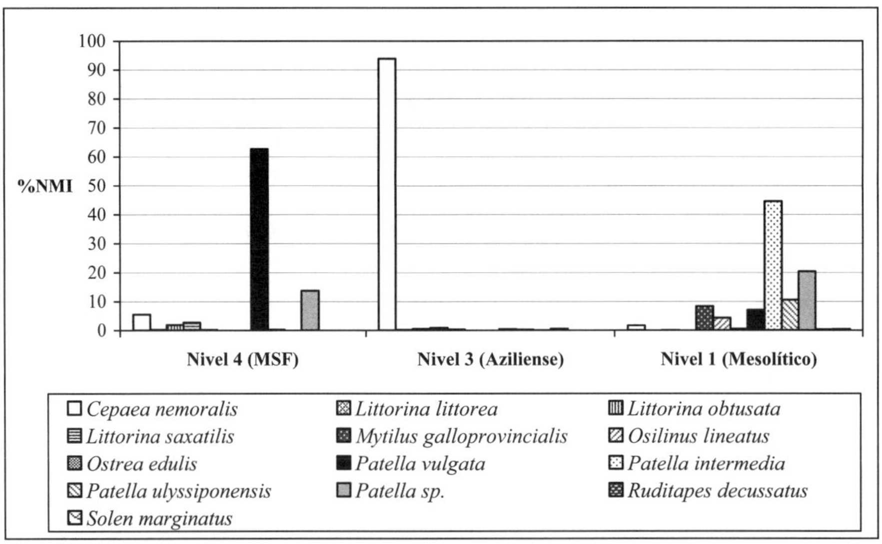


*Fig. 6.94: Representación de taxones en La Fragua a lo largo del tiempo*

Estas diferencias han sido constatadas a partir de una prueba de $\chi^2$, que en general refleja grandes divergencias entre los tres niveles ($p<0,001$ en todos los casos), siendo especialmente diferente el nivel Aziliense, con respecto a los otros dos. El nivel MSF se diferencia del Aziliense principalmente en el género *Patella*, y curiosamente no en *Cepaea nemoralis*, lo que apoya la hipótesis ya comentada de contaminación del nivel 4 con material de esta especie procedente del nivel 3. Por su parte, las diferencias con el nivel mesolítico, se producen debido a las mayores cantidades de otros gasterópodos marinos (fundamentalmente *Littorina obtusata* y *Littorina saxatilis*) y terrestres, presentes en el nivel MSF. En cuanto al Aziliense y el Mesolítico las diferencias son claramente debidas a las desiguales cantidades que exhiben los taxones principales en cada nivel, *Cepaea nemoralis* y género *Patella*, respectivamente.

A pesar de estas diferencias, a lo largo del tiempo se ha mantenido una preferencia por un tipo de explotación basado en una recolección centrada en un taxón concreto (el género *Patella* durante el MSF y el Mesolítico, y *Cepaea nemoralis* durante el Aziliense), junto a una recolección menos exhaustiva de otros taxones que, aparecen o no y varían en número, dependiendo del nivel. Entre estos, merece la pena destacar que se aprecia un claro descenso en la importancia de taxones potencialmente ornamentales como *Littorina obtusata* y *Littorina saxatilis* durante el Mesolítico con respecto a los períodos anteriores, en los que aparecen de forma más abundante.

En cuanto a los grupos tafonómicos, se observa cómo la mayor abundancia corresponde a taxones de tipo alimentario en todos los niveles. En menor medida aparecen taxones modificados, en los niveles MSF y mesolítico, y potencialmente modificables en todos los niveles. Entre las intrusiones destacan los caracoles terrestres, principalmente especies que por norma general moran en las cercanías de las cavidades y abrigos rocosos.

6.4.5.3 Tafonomía

Los procesos tafonómicos identificados en los tres niveles son muy similares. Entre ellos destaca la reelaboración que han sufrido los depósitos de los niveles 3 y 1 al ser cortado el yacimiento por una zanja realizada en ocupaciones posteriores de la cavidad. Esto ha provocado que una parte del material no haya podido ser analizado. Igualmente, el aspecto del material de la zona superior del nivel 4 es muy similar al del nivel 3, por lo que cabe la posibilidad de que algún tipo de contaminación haya tenido lugar. Por esta razón la presencia de algunas especies, como *Cepaea nemoralis*, en el nivel 4 debe ser tomada con precaución. Otro proceso presente debido a la acción humana, la carbonificación, muestra que se han realizado hogares en el yacimiento, pero no permite conocer apenas nada sobre las técnicas de procesado. El material aparece quemado en diferentes grados y dos son las explicaciones posibles. Por una parte, que el material haya sido asado y algunos de los ejemplares hayan estado en contacto con las brasas, y por otra que los hogares se hayan realizado sobre el material previamente depositado. El resto de los procesos son los habituales en este tipo de depósitos y ninguno de ellos ha afectado de forma intensa al material, excepto quizás la fragmentación que será analizada más adelante. También los procesos de biodegradación han causado cierto impacto, especialmente a la hora de la determinación específica del material.

6.4.5.4 Índice de fragmentación

Los índices de fragmentación totales de cada nivel reflejan algunas diferencias (Fig. 6.95). Mientras durante el MSF, el material se encuentra relativamente poco fragmentado, en el nivel 3 no sucede lo mismo. La causa de esta alta fragmentación en el nivel 3 es la gran abundancia de *Cepaea nemoralis* en relación a los gasterópodos marinos, ya que en general los caracoles terrestres, al ser más frágiles, provocan que la fragmentación total sea mayor. Sin embargo, algunos gasterópodos marinos de este nivel, como *Patella* sp., también presentan una fragmentación acusada. Por su parte, el nivel 1 presenta un índice que refleja una alta fragmentación para el tipo de explotación que se ha llevado a cabo, basada en gasterópodos marinos. Esto podría explicarse por una utilización intensa de la cavidad en momentos posteriores a la acumulación del material, como parece reflejar el arrasamiento de la parte superior del nivel debido a la acción humana.

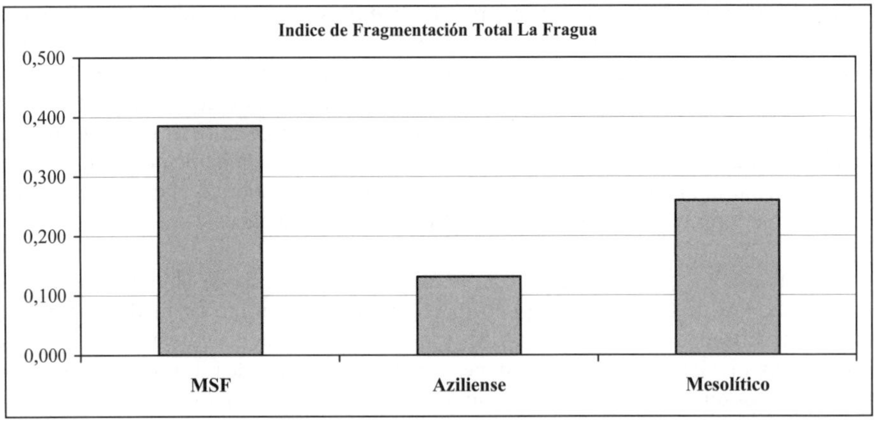


*Fig. 6.95: Índice de fragmentación total por períodos en La Fragua*

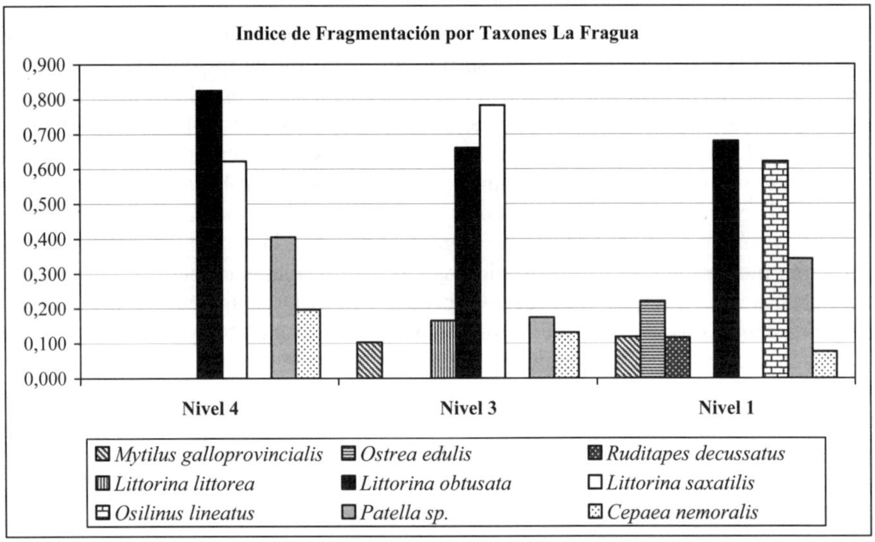


*Fig. 6.96: Índice de fragmentación por taxones y períodos en La Fragua*

En cuanto a la fragmentación por especies (Fig. 6.96), se aprecian diferencias sobre todo en *Patella* sp., que como se ha comentado, presenta una fragmentación acusada en el nivel 3. Este taxón presenta una evolución muy similar a la de la fragmentación total del yacimiento y en el nivel 3 concuerda muy bien con los datos que aporta *Cepaea nemoralis*, que hablan de una fragmentación relativamente importante del material. Sin embargo, otras especies, como *Littorina obtusata* o *Littorina saxatilis* indican lo contrario, ya que presentan una fragmentación similar en toda la secuencia. Este hecho que puede ser debido, bien a su escaso tamaño de muestra bien a su grado de resistencia a la fracturación.

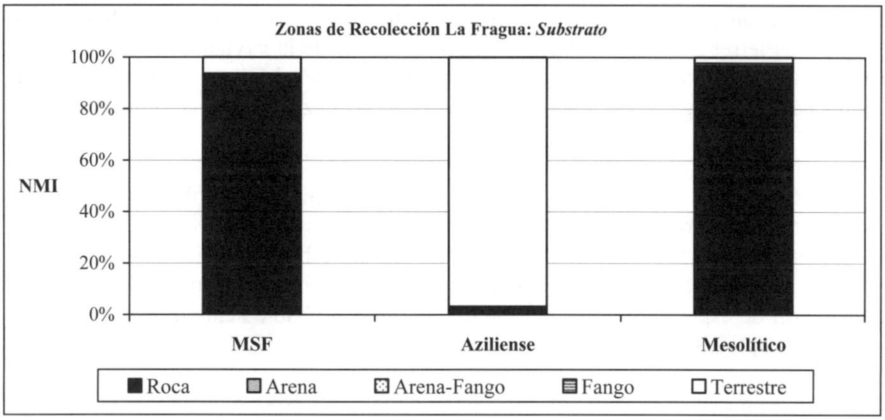


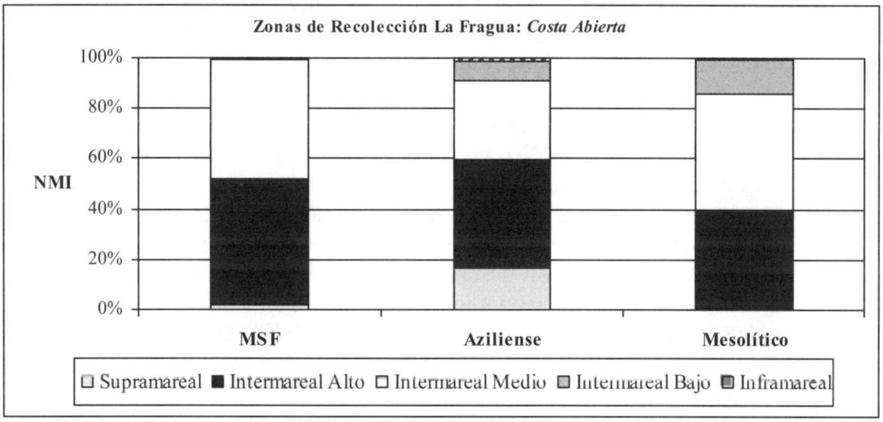


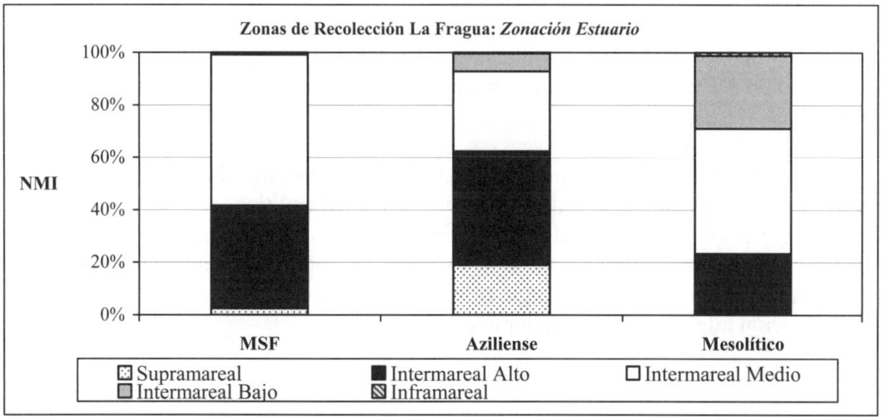


*Fig. 6.97: Zonas de recolección (substrato, zonación y exposición) en La Fragua*

#### 6.4.5.5 Zonas de recolección

Desde el punto de vista del substrato las zonas rocosas han sido mayoritariamente explotadas durante el MSF y el Mesolítico, mientras durante el Aziliense se han primado las zonas terrestres, probablemente en las cercanías de la cavidad. No en vano esta parte del monte es conocida en la actualidad por las gentes de la zona como una de las mejores para la recogida de caracoles terrestres (González Morales, comunicación personal).

Si se atiende a la distribución vertical de las especies marinas recolectadas en el litoral, se observa una preferencia por la explotación de zonas altas y medias del intermareal a lo largo de toda la secuencia. No obstante, las zonas bajas también han sido objeto de la explotación a partir del Aziliense, observándose un aumento durante el Mesolítico. La aparición de especies propias del intermareal está probablemente debida a su recolección en las playas una vez muertas.

Es difícil establecer el grado de exposición de la costa explotada durante el MSF, ya que la única especie ligeramente abundante es *Patella vulgata*, que puede habitar en zonas de estuario y costa abierta. Durante el Aziliense parece que, aunque ambas zonas se frecuentan, el grueso de la explotación se lleva a cabo en la costa abierta, algo que se hace más patente durante el Mesolítico (Fig. 6.97).

#### 6.4.5.6 Biometría y estructura de edades

Ya se han comentado algunas conclusiones sobre los patrones de explotación a partir del análisis de las distribuciones biométricas de las diferentes especies. En este sentido, tanto el género *Patella* como *Osilinus lineatus* muestran evidencias (más claras en el primer caso) de selección de tamaños grandes y explotación intensa. Para evaluar la intensidad de la recolección a lo largo del tiempo se ha llevado a cabo una comparación de tamaños. Los únicos datos biométricos que han permitido esta comparación son los del género *Patella* (Fig. 6.98), aunque solo *Patella vulgata* está presente en los tres niveles. Así, no hay apenas diferencias en los tamaños de esta especie entre el MSF y el Aziliense, si bien durante el Mesolítico se produce un descenso importante en los tamaños medios. Este descenso se aprecia también en *Patella intermedia* y *Patella* sp. Sin embargo, los tamaños de muestra son muy escasos para el Aziliense por lo que los datos deben tomarse con precaución. El problema de las muestras afecta también a *Patella ulyssiponensis*, aunque en este caso provoca que aumente su tamaño en el Mesolítico.

Por tanto, parece que se produce un descenso casi generalizado de los tamaños del género *Patella*, especialmente entre el Aziliense y el Mesolítico. Este descenso es corroborado por el análisis de las estructura de edades de *Patella vulgata* (Tabla 6.40), por lo que la causa es probablemente antrópica y pone de manifiesto la sobreexplotación de este recurso. Así, todo indica que algunas especies de moluscos estuvieron sometidas a una recolección intensiva al menos durante el Mesolítico.

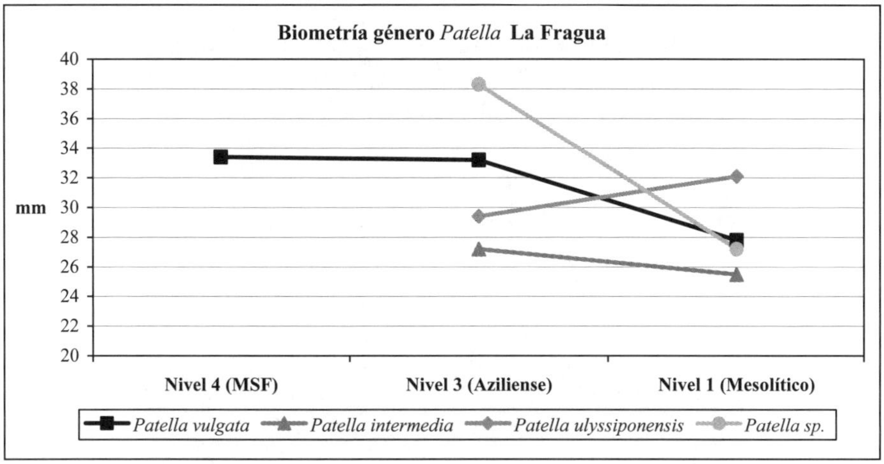


*Fig. 6.98: Evolución de los tamaños de las especies del género Patella a lo largo del tiempo en La Fragua*

| Especie | Nivel | Tamaño | Edad |
|---|---|---|---|
| *Patella vulgata* | 4 | 33,4 | 4,3 |
| | 1 | 27,8 | 3,6 |
| *Patella intermedia* | 1 | 25,5 | 3,3 |

*Tabla 6.40: Tamaños y edades de Patella vulgata y Patella intermedia en La Fragua.*

### 6.4.5.7 Técnicas de recolección

Para obtener un óptimo aprovechamiento de los recursos costeros, las comunidades humanas tuvieron que utilizar diversas técnicas, incluyendo el manejo de instrumentos, que les ayudaran en la recolección, sobre todo de especies que se fijan con gran fuerza al sustrato, caso del género *Patella*, *Mytilus galloprovincialis* y *Ostrea edulis*, o de especies de fondos arenosos-fangosos, como *Ruditapes decussatus* o *Solen marginatus*. En el caso del género *Patella*, tradicionalmente se ha relacionado su recolección con el pico asturiense, sin embargo en La Fragua no se ha hallado este tipo de instrumento, al igual que suele suceder en los yacimientos de la zona más oriental del Cantábrico. Por otra parte, para recolectar especies de sustratos blandos, como los fondos arenosos o fangosos (almejas, navajas...), también es necesaria la ayuda de algún instrumento, como un palo cavador o un hueso modificado, si bien cabe la posibilidad de recogerlas con las manos. En este caso, es necesario un conocimiento importante del medio, ya que se deben reconocer las marcas que estos moluscos dejan en las arenas y fangos, para poder recolectarlos, o bien realizar un gran esfuerzo cavando hoyos al azar para recolectar las almejas, muergos, berberechos… Por otra parte, los caracoles terrestres también fueron recogidos manualmente, ya que esta actividad no presenta mayor dificultad que la de buscar entre la capa vegetal y las piedras, y recoger los individuos. El hallazgo en el nivel 3 de dos huesos aguzados a modo de palillo, permite formular la hipótesis de que habrían podido ser utilizados para el consumo de los caracoles terrestres, si bien es necesario realizar un análisis funcional para confirmarlo.

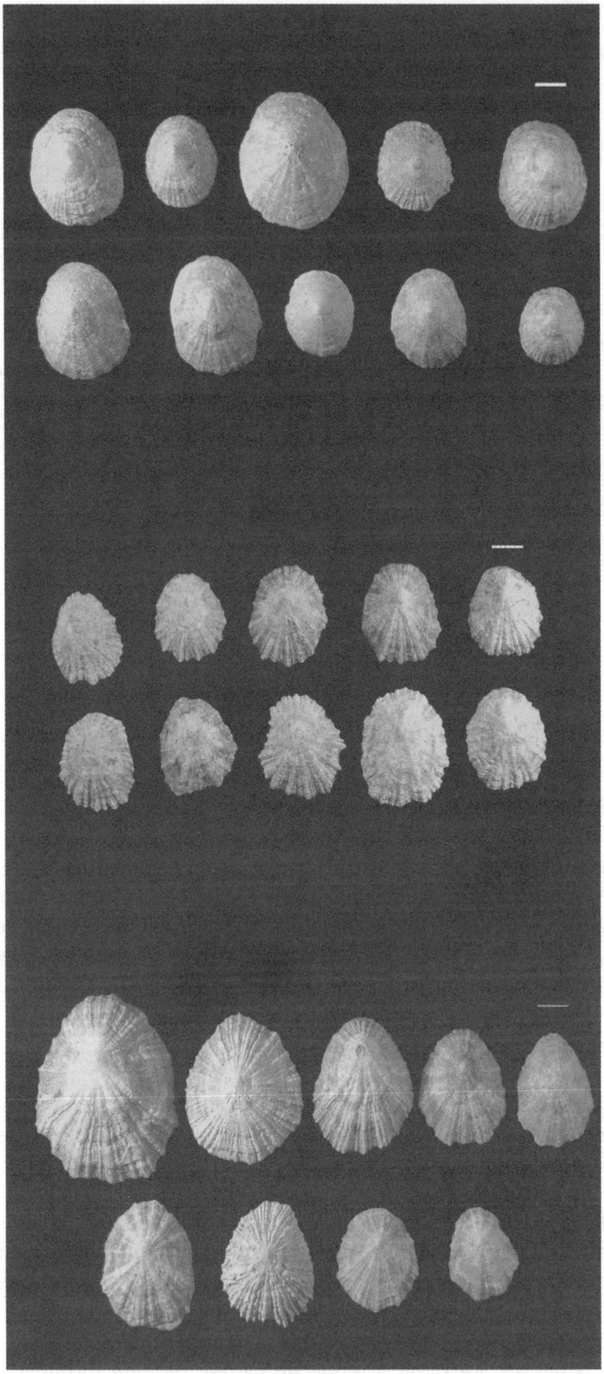

*Fig. 6.99: Ejemplares de Patella vulgata (arriba), Patella intermedia (centro) y Patella ulyssiponensis (abajo) del nivel 1 de La Fragua*

## 6.5 La Chora (Voto, Cantabria)

### 6.5.1 *El Yacimiento: localización y descripción*

La cueva de La Chora se sitúa en la localidad de San Pantaleón de Aras, perteneciente al municipio de Voto (Cantabria), concretamente en la base de una pequeña loma junto a una pradería a la que sirve de sumidero. Se localiza muy cerca del río Clarín y a escasos kilómetros del estuario del río Asón (Fig. 6.100). Se encuentra a nivel de base del valle de Aras, sus coordenadas UTM son x: 459383 y: 4810405, y su elevación con respecto al nivel del mar es de unos 40 m.

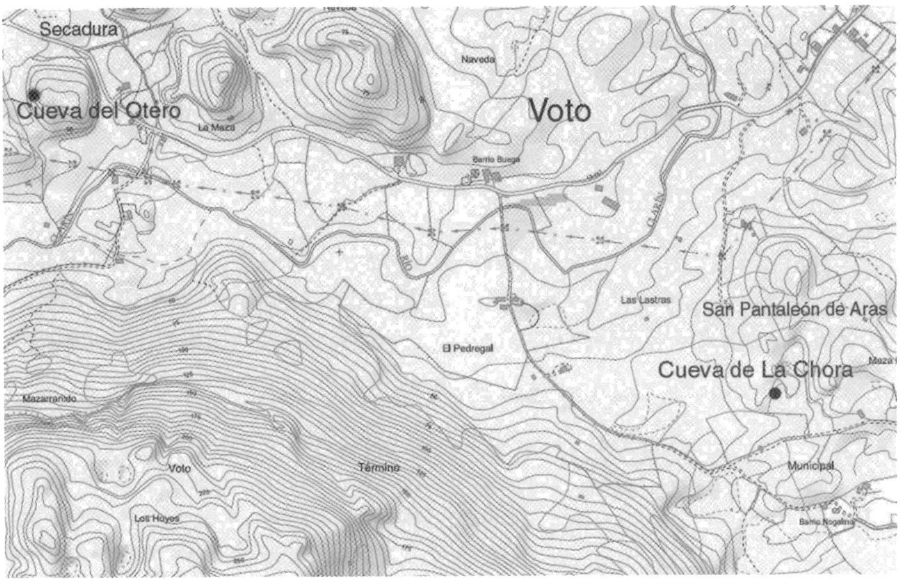


*Fig. 6.100: Localización de la cueva de La Chora (Mapa: POL Cantabria)*

La cavidad es de pequeñas dimensiones. Tiene dos pequeñas entradas, una de las cuales es casi impracticable en la actualidad, que dan paso al vestíbulo, de apenas 15 m. de anchura por cuatro de profundidad. Además del vestíbulo, la cueva presenta una pequeña galería de unos 6 m. de anchura y 15 m. de recorrido (Figs. 6.101 y 6.102).

La Chora fue excavada a comienzos de los años 60 bajo la dirección de González Echegaray (1963). Estos trabajos pusieron de manifiesto la existencia de un yacimiento con niveles del Magdaleniense Superior (Magdaleniense VI) en la zona del vestíbulo. Se identificaron nueve estratos que asignaron a este período a partir del análisis de los materiales líticos y óseos fundamentalmente, como la aparición de un arpón de doble hilera de dientes en la capa octava de la estratigrafía, que utilizaron como fósil guía para atribuir el yacimiento al período mencionado. Pero el problema más grave surge con la falta de asignación concreta y específica del material a su estrato correspondiente, hecho que dificulta la crítica del yacimiento por otros investigadores y que implica el tomar los resultados de los análisis con reservas (González Sainz, 1989:89). Así, los excavadores analizaron el material en conjunto, como parte de un todo, motivados por su convencimiento en cuanto a la atribución cronológica del yacimiento.

*Fig. 6.101: Entrada de la cueva de La Chora*

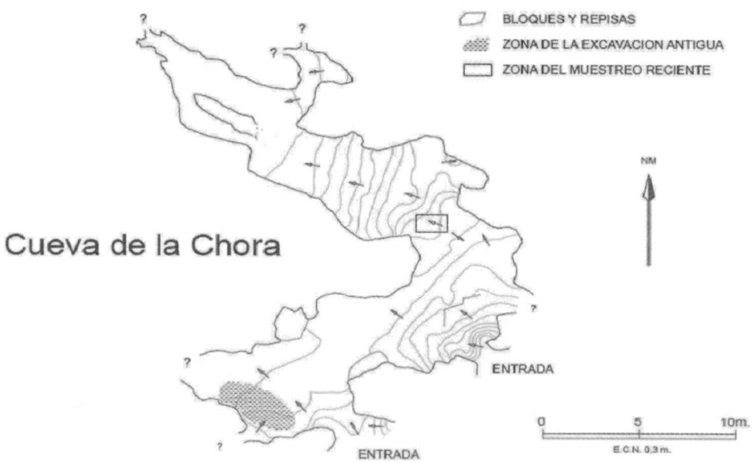


*Fig. 6.102: Plano de la cueva de La Chora (imagen: M. R. González Morales)*

Posteriormente, González Sainz (1989) publica su tesis doctoral sobre el Magdaleniense Superior-Final en la región Cantábrica, recogiendo una revisión del yacimiento. Para ello, divide los niveles establecidos por los excavadores en tres grupos: niveles X-VII, VI-II y I. Tras analizar las industrias líticas (que presentan un progresivo descenso de laminaridad y el consiguiente aumento de lascas y núcleos; un progresivo aumento de los raspadores y en menor medida de buriles; un descenso progresivo de raederas, muescas y denticulados; y un dominio del retoque simple en toda la secuencia, aunque en progresivo descenso), concluye que el nivel III es claramente Aziliense , mientras que tanto el I y el II como el IV, no presentan tan claramente esas características, aunque tampoco se podrían adscribir al Magdaleniense.

Así, ante la falta de seguridad en la procedencia del material y los problemas generados por este aspecto, González Sainz se limita a criticar la adscripción de todo el depósito por parte de los excavadores a un solo horizonte cultural, basándose en su análisis de las industrias líticas, pero también en la falta de uniformidad en la sedimentación del depósito, que presenta nueve niveles estratigráficos, con la consiguiente dificultad de que todos se hayan depositado durante el mismo momento cultural; y en la composición de la fauna de moluscos, apreciando la aparición de especies con preferencias climáticas frescas (*Littorina littorea*) y templadas (*Osilinus lineatus*), lo que "*parece responder bien a sucesivos horizontes ambientales y cronológicos, o bien a uno más concreto de transición entre condiciones estadiales y otras más atemperadas, que en todo caso sería muy tardío cronológicamente, e implicaría la existencia de niveles ya azilienses en el depósito*".

En cuanto a la industria ósea, tres plaquitas decoradas con paralelos en otros yacimientos de Cantabria (Piélago, Morín y Rascaño) fueron encontradas en La Chora. Este tipo de material ha sido adscrito con cierta fiabilidad al Aziliense. El resto del material, sobre todo los arpones y las azagayas, son encuadrados con seguridad en el Magdaleniense Superior-Final. Por tanto, las industrias ósea y lítica muestran la existencia en la base del depósito de niveles correspondientes al Magdaleniense Superior Final, si bien los niveles superiores presentan características típicamente azilienses.

En 1995 Cristina Yudego Arce, en el marco de su trabajo de investigación de doctorado, revisó el yacimiento y sus materiales, extrayendo unas conclusiones bastante diferentes de las esbozadas por los autores de la excavación, y más parecidas a las argumentadas por González Sainz (1989). Yudego se basa en la industria lítica para establecer la adscripción cultural de cada nivel, si bien no agrupa los niveles para realizar el análisis, como hizo González Sainz. Del análisis de la industria lítica se desprende la diferenciación de los niveles I y II como post-magdalenienses, a tenor del descenso en el índice de láminas y el aumento de lascas en los dos primeros niveles, y al ascenso progresivo de los raspadores frente a los buriles a partir del nivel III, fundamentalmente. Los propios excavadores, en diversos puntos de la memoria, hacen alusión al abundante número de raspadores circulares y hojitas de dorso de apariencia aziliense, sin que más adelante tengan en cuenta la posibilidad de que alguno de los estratos pertenezca a esa cronología, y no al Magdaleniense. Además la presencia entre la industria ósea de los denominados "colgantes" de La Chora (plaquitas decoradas), con decoración característica a base de líneas y puntos unidos, tiene, como ya se ha comentado, paralelos en otros yacimientos con niveles azilienses claros, como en el Piélago II. La revisión del yacimiento por parte de Yudego, culminó con una toma de muestras del conchero interior con la finalidad de caracterizar el conchero e intentar una aproximación a su cronología (González Morales *et al.*, 2000).

Por tanto, todo indica la presencia de niveles post-magdalenienses en La Chora, si bien sería necesaria una nueva intervención con metodología moderna para poder precisar con fiabilidad la secuencia cronológica del yacimiento y su composición. Se debe precisar que la zona de la galería interior no fue excavada por González Echegaray y su equipo (1963), por lo que también sería necesario establecer una correspondencia entre la zona excavada y la zona muestreada por González Morales, Yudego e Ituarte. Este trabajo ayudaría a conocer mejor la transición Magdaleniense Superior Final-Aziliense-Mesolítico en la cuenca baja del río Asón, y a valorar el papel jugado por los moluscos dentro de las estrategias de subsistencia desarrolladas por el ser humano en cada unos de los momentos.

De las excavaciones antiguas y las posteriores revisiones del material sólo se puede extraer información cronológica relativa. Así, a partir de las industrias líticas y óseas parece que la zona del vestíbulo fue ocupada durante el MSF y el Aziliense. Por su parte, González Morales *et al.* (2000), a partir de las muestras de carbón recuperadas en su intervención en la cavidad obtuvo una fecha del conchero presente en la galería interior. La datación sobre carbón por C14 convencional se realizó en Groningen (GrN-20961), arrojando una en parte sorprendente fecha: 6360±80 BP (7300±90 cal BP), que indica la existencia de una ocupación mesolítica de la cavidad.

### 6.5.2 *Análisis arqueomalacológico conchero zona interior*

6.5.2.1 Representación de especies

El análisis de la fauna malacológica recuperada en las excavaciones de González Echegaray fue realizado por Madariaga (1963) (Tabla 6.41). Este análisis se llevó a cabo globalmente, y excepto un comentario sobre el hallazgo de gran parte de los moluscos en la capa dos, nada arroja luz sobre la correspondencia del material a niveles estratigráficos. Además se habla también de un importante conchero en el interior de la cueva que no fue tenido en cuenta en el estudio y que, como ya se ha mencionado, posteriormente muestrearía Yudego.

Para Madariaga, la composición de la fauna malacológica apunta a un momento avanzado del Paleolítico superior, en el que ya comienza a dejarse sentir la bonanza climática, ya que en el conchero aparecen juntas las especies *Littorina littorea* y *Trochus lineatus* (sin: *Osilinus lineatus*). Este autor, utiliza la tradicional argumentación sobre las preferencias climáticas de ambas especies, frías y templadas respectivamente, para sostener que su presencia juntas en el yacimiento confirma que es un momento climatológicamente de transición.

Posteriormente, Yudego revisó los materiales de la excavación original (Tabla 6.42). El conjunto malacológico es similar al propuesto por Madariaga (1963:73), si bien con la ausencia de *Trochus* (*Osilinus*), taxón que sí aparecía en el análisis original redactado en la memoria de excavación. Ciertamente, es un conjunto escasísimo, en el que sólo las ostras tienen una importancia apreciable, aunque tampoco excesiva. Ignoramos si Yudego se refiere con esa cantidad a individuos o a valvas, ya que de tratarse de valvas, la importancia de las ostras sería aún menor. A grandes rasgos se puede afirmar que el conjunto presenta indicios de una recogida en zonas de estuario (ostras, almejas). Los moluscos más propios de zonas rocosas (*Patella*, *Littorina*) pueden haber sido recogidos tanto en zonas de estuario como en zonas más abiertas.

| **Taxones** | **Abundancia** |
|---|---|
| *Griphea angulata* | Abundante |
| *Patella vulgata* | Abundante |
| *Patella depressa* | Escasa |
| *Patella lusitanica* | Escasa |
| *Ostrea edulis* | Abundante |
| *Mytilus edulis* | Escasa |
| *Tapes decussatus* | Escasa |
| *Trochus lineatus* | Escasa |
| *Littorina littorea* | Escasa |
| *Turritella comunis* | Escasa |
| *Helix nemoralis* | Escasa |

*Tabla 6.41 Conjunto malacológico de la cueva de La Chora (según Madariaga, 1963:73)*

| **Taxones** | **Abundancia** |
|---|---|
| *Patella* | 31 (casi todas *Patella vulgata*) y algunos fragmentos |
| *Ostrea* | 66 (*edulis* y *Griphea angulata*) y multitud de fragmentos |
| *Tapes* | 3 valvas |
| *Helix* | 3 y algunos fragmentos |
| *Littorina* | 2 |
| *Mytilus* | algunos fragmentos |
| *Turritella* | 1 |

*Tabla 6.42: Conjunto malacológico de la Cueva de La Chora (según Yudego, 1995:114)*

Como ya se ha comentado, Yudego y González Morales realizaron una toma de muestras en el conchero localizado en el interior de la cavidad. A continuación se presentan los resultados del análisis del material malacológico recuperado en dicha intervención.

Se han identificado 17 taxones, de los cuales siete son bivalvos, tres gasterópodos marinos, cuatro gasterópodos terrestres y tres crustáceos. Están representados taxones de tipo alimentario e intrusivos.

El número de restos asciende a 3304, correspondientes a un NMI de 211. El taxón más representado es *Scrobicularia plana* (34% del NMI), seguido de *Cepaea nemoralis* (14%), *Mytilus galloprovincialis* (13%), *Ostrea edulis* (13%) y *Patella intermedia* (8%), mientras el resto de taxones son claramente marginales (Fig. 6.105). Por tanto, a pesar de la mayor abundancia de *Scrobicularia plana* en el conjunto, no existe un taxón predominante dentro del conchero, en contraposición a la mayoría de los yacimientos analizados en este trabajo. Al contrario, son necesarios cinco taxones para responder del 80% del total del conjunto. Sin embargo, esto podría ser consecuencia del escaso tamaño de la muestra utilizada (Tabla 6.43).

Entre los crustáceos, el tipo de restos identificados, su escasez y su mal estado de conservación no ha permitido la identificación a nivel específico, excepto en el caso de un individuo de *Carcinus maenas*.

| Taxones | La Chora Nivel Conchero | | | | |
|---|---|---|---|---|---|
| **Bivalvos marinos** | **NR** | **%NR** | **NMI** | **%NMI** | **Peso (gr.)** |
| *Hiatella rugosa* | 1 | **0,030** | 1 | **0,473** | |
| *Mytilus galloprovincialis* | 518 | **15,677** | 28 | **13,270** | 109 |
| *Ostrea edulis* | 302 | **9,140** | 27 | **12,796** | 166 |
| *Petricola lithophaga* | 1 | **0,030** | 1 | **0,473** | |
| *Ruditapes decussatus* | 14 | **0,423** | 2 | **0,947** | 3 |
| *Scrobicularia plana* | 1694 | **51,271** | 72 | **34,123** | 88 |
| *Solen marginatus* | 31 | **0,938** | 6 | **2,843** | 4 |
| **Total Bivalvos** | **2561** | **77,509** | **137** | **64,925** | **370** |
| **Gasterópodos marinos** | **NR** | **%NR** | **NMI** | **%NMI** | **Peso (gr.)** |
| *Patella intermedia* | 17 | **0,514** | 17 | **8,056** | 16 |
| *Patella ulyssiponensis* | 1 | **0,030** | 1 | **0,473** | 4 |
| *Patella* sp. | 74 | **2,239** | 4 | **1,895** | 15 |
| **Total Gasterópodos marinos** | **92** | **2,783** | **22** | **10,424** | **35** |
| **Gasterópodos terrestres** | **NR** | **%NR** | **NMI** | **%NMI** | **Peso (gr.)** |
| *Cepaea nemoralis* | 586 | **17,736** | 30 | **14,218** | **16** |
| Helicidae sp. | 1 | **0,030** | 1 | **0,473** | |
| *Oxychilus* sp. | 1 | **0,030** | 1 | **0,473** | |
| *Pomatias elegans* | 2 | **0,060** | 1 | **0,473** | |
| **Total Gasterópodos terrestres** | **590** | **17,856** | **33** | **15,637** | **16** |
| **Crustáceos** | **NR** | **%NR** | **NMI** | **%NMI** | **Peso (gr.)** |
| Brachyura sp. | 12 | **0,363** | 2 | **0,947** | 1 |
| *Balanus* sp. | 43 | **1,301** | 15 | **7,109** | |
| *Pollicipes pollicipes* | 1 | **0,030** | 1 | **0,473** | 1 |
| **No identificable** | 5 | **0,151** | 1 | **0,473** | |
| **TOTAL** | **3304** | **100** | **211** | **100** | **423** |

*Tabla 6.43: Abundancia (NR, NMI, peso y frecuencias relativas) de los taxones identificados en La Chora*

### 6.5.2.2 Tafonomía

Los procesos tafonómicos que han afectado a las conchas y el conchero pueden considerarse los habituales en concheros en cueva de la región cantábrica (bioerosión, fragmentación, carbonificación, encostramiento, biodegradación) y su grado de afección es generalmente leve. Sin embargo, una parte del depósito ha sufrido procesos de remoción dando lugar a una especie de cono de deyección que mezcla conchas, huesos, carbones y bloques desprendidos de las paredes y el techo. Por tanto, una parte importante del conchero parece haber sufrido graves alteraciones a causa de un proceso de resedimentación. A pesar de ello, aún se conserva un corte con material en posición supuestamente primaria, del que se extrajeron las muestras aquí analizadas.

En cualquier caso el material aparece bastante fragmentado, siendo esta la tónica general de todo el nivel (fragmentación total= 0,056) confirmada por los índices individualizados de cada taxón (Fig. 6.103). De hecho, el conjunto malacológico de La Chora presenta el segundo mayor índice de fragmentación, tras Santimamiñe, de todos los yacimientos analizados en este trabajo. Las causas de esta alta fragmentación no están claras y podrían estar relacionadas tanto con procesos tafonómicos de carácter geológico (resedimentación) como con procesos antrópicos derivados de un uso intenso de la cavidad.

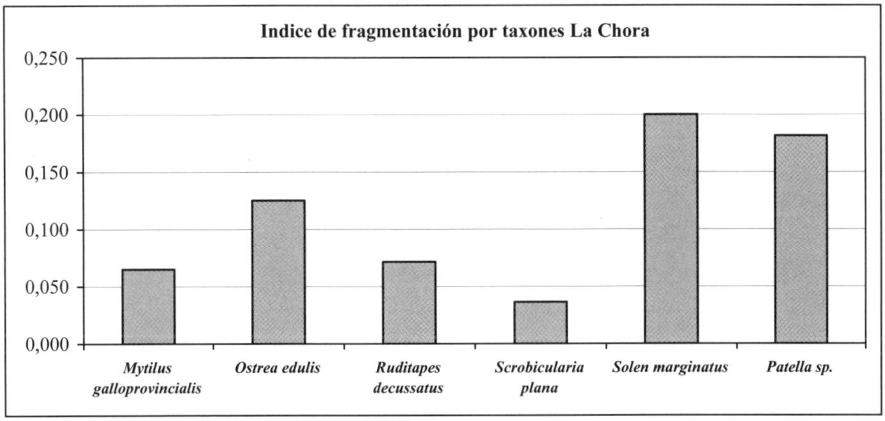


*Fig. 6.103: Índice de fragmentación por taxones en La Chora*

Debido a su importancia en el conchero, conviene señalar que el buen estado de conservación de los ejemplares de *Cepaea nemoralis* recuperados, hace sospechar que su presencia es producto de una intrusión posterior.

6.5.2.3 Zonas de recolección

En cuanto al substrato, las zonas más explotadas han sido las de roca y fango, casi por igual. Las zonas terrestres también muestran cierta abundancia pero ya se ha comentado el posible carácter intrusivo de *Cepaea nemoralis*. La recolección de bivalvos parece haberse llevado a cabo en todas las zonas del intermareal de un estuario. Esto se debe a la proximidad de la cavidad al estuario del Asón, hecho que favorece la explotación de esas zonas desde el yacimiento, en detrimento de las zonas más abiertas que se localizarían aproximadamente a unos 10 km. del asentamiento. Sin embargo, estas zonas abiertas también han sido frecuentadas, como se desprende de la aparición de especies como *Patella intermedia*, *Patella ulyssiponensis*, *Hiatella rugosa*, *Petricola lithophaga* y *Pollicipes pollicipes*. De hecho, todos los gasterópodos han sido recogidos en este tipo de costa. La importancia de los bivalvos, reflejada en la figura relativa a costas abiertas, debe ser tomada con precaución, ya que está representada por *Mytilus galloprovincialis* y *Solen marginatus*, que pueden habitar tanto costas abiertas como en estuarios (Fig. 6.104).

6.5.2.4 Biometría

La escasez de material recuperado en la intervención de González Morales et *al.* (2000) no ha permitido contar con muestras representativas para un análisis biométrico.

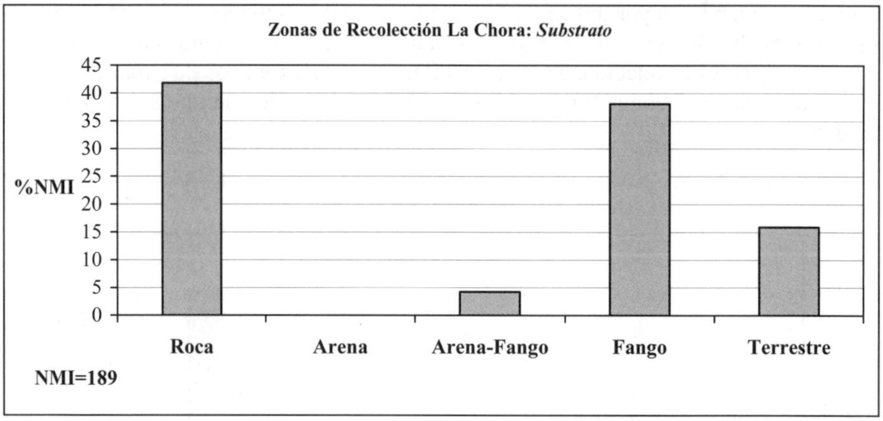


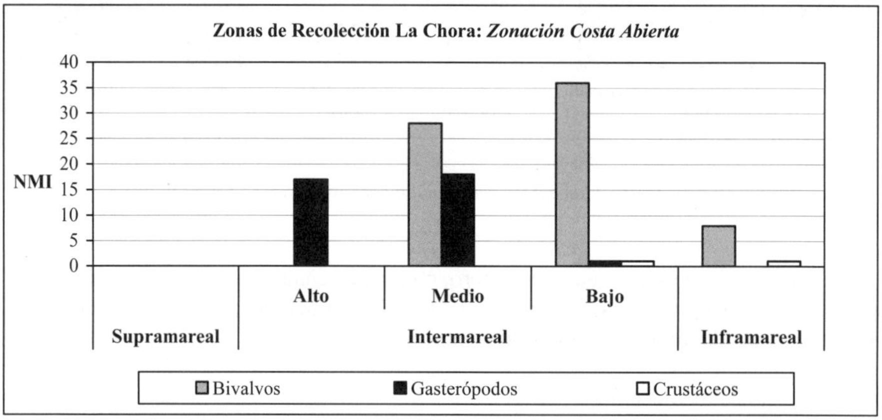


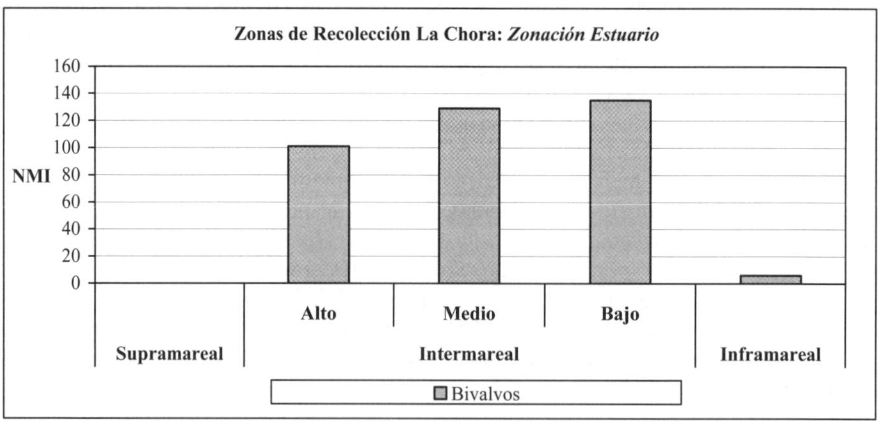


*Fig. 6.104: Zonas de recolección (substrato, zonación, exposición) en La Chora*

#### 6.5.2.5 Técnicas de recolección

La explotación de zonas bajas y expuestas del intermareal refleja un control apreciable de las mareas. Entre el material recuperado en la toma de muestras del yacimiento, no se han identificado instrumentos relacionados con la explotación del litoral. Sin embargo, es posible que se hayan empleado herramientas para la recolección, probablemente cantos marinos para recoger los ejemplares de *Patella intermedia*, *Mytilus galloprovincialis* y *Ostrea edulis*; y azadillos o palos cavadores para las especies de fondos blandos como *Scrobicularia plana* y *Ruditapes decussatus*. No obstante, excepto *Patella intermedia*, todas las demás especies podrían haber sido recogidas a mano.

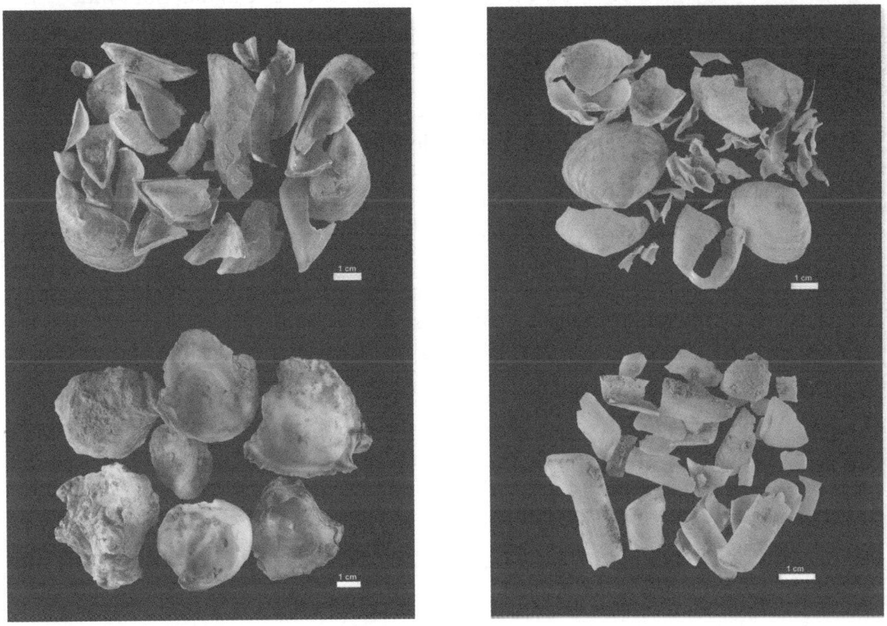

*Fig. 6.105: Principales taxones identificados en la cueva de La Chora. De izquierda a derecha y de arriba abajo: Mytilus galloprovincialis, Scrobicularia plana, Ostrea edulis y Solen marginatus*

### 6.5.3 *Discusión y conclusiones*

Ya sc ha visto cómo las revisiones del material antiguo por González Sainz (1989) y Yudego (1995) pusieron de manifiesto la existencia en La Chora de niveles azilienses, además de los ya identificados del MSF por el equipo que excavó el yacimiento. Sin embargo, el análisis de Madariaga (1963) no permite diferenciar entre unidades culturales, por lo que solo puede ser empleado como orientación. Así, es significativa la abundancia de *Ostrea edulis* (no estamos de acuerdo con la identificación de *Griphea angulata* realizada por Madariaga, por lo que tomaremos todo el conjunto de ostras como *Ostrea edulis*) y *Patella vulgata*, que indica explotación de zonas abrigadas, posiblemente estuarinas (avalado por la presencia de *Turritella communis*). La identificación de *Patella rustica* (sin: *Patella lusitanica*) es relativamente sorprendente, ya que no suele ser habitual su presencia hasta nuestros días debido a sus preferencias climáticas cálidas. El resto del conjunto presenta taxones propios de zonas tanto estuarinas como de costa abierta. Al no contar con cantidades absolutas ni con una cronología precias, nuestra capacidad de interpretación se ve reducida a unos simples comentarios.

Es cierto que la muestra utilizada en este trabajo es bastante escasa, pero parece suficiente como para permitir una aproximación a las características de la explotación de moluscos llevada a cabo desde el yacimiento. Así, existe un contraste muy claro entre el conjunto del final del Pleistoceno presentado por Madariaga, y el mesolítico recuperado en la intervención de González Morales *et al.* (2000). Así, es relativamente sorprendente que una de las dos especies más abundante durante el MSF y el Aziliense sea *Ostrea edulis*, algo que no sucede en ningún otro yacimiento de ese período (excepto en El Otero, yacimiento muy próximo a La Chora). Por su parte, en el conjunto mesolítico, aunque *Ostrea edulis* parece abundante, no lo es tanto, ya que al menos la mitad de los individuos identificados eran juveniles, cuyo tamaño no era propicio para el consumo. Por tanto, este hecho aumenta incluso más la importancia de la especie principal, *Scrobicularia plana*. Si se observan el resto de taxones identificados, se aprecia cómo las zonas de costa abierta expuesta también se han explotado (*Patella intermedia*, *Patella ulyssiponensis*, *Pollicipes pollicipes*), lo que indica un doble patrón de explotación, que implica la existencia de cierta movilidad entre la línea de costa (explotación costa abierta) y los valles situados más al interior (explotación estuario). Este patrón de explotación de ambas zonas se detecta en el registro por primera vez, con cierta importancia, durante el Mesolítico, y en La Chora tiene uno de sus mejores ejemplos en la región cantábrica. Este patrón es también el responsable de que sean necesarias más de dos especies para responder del 80% del conjunto, lo que indica una diversificación en la explotación de moluscos.

## 6.6 La Trecha (Islares, Cantabria)

### 6.6.1 *El yacimiento: localización y descripción*

La cueva de la Trecha de la Fuente La Corredora se localizaba en las proximidades de Arenillas, en la localidad de Islares (Castro-Urdiales, Cantabria). La cavidad se abría en la falda W del Monte Hoz, sobre la desembocadura del río Agüera y justamente frente al puntal de arena de la playa de Oriñón (González Morales *et al.*, 2002:49) (Fig. 6.106). Sus coordenadas UTM eran x: 474615 y: 4805095 y se situaba a una altitud de aproximadamente 45 m. sobre el nivel del mar. Es necesario destacar que la cavidad no existe hoy en día, ya que se vio afectada por el trazado de la Autovía del Cantábrico, hecho que supuso su destrucción durante la realización de las obras, no sin antes ser excavada de urgencia por un equipo dirigido por M. R. González Morales, durante el mes de mayo de 1992.

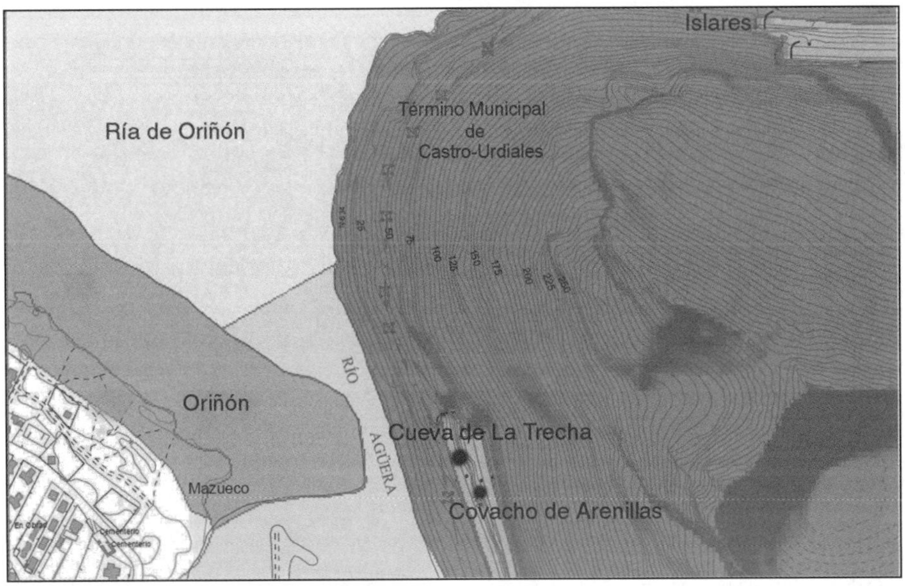


*Fig. 6.106: Localización de la cueva de La Trecha (Mapa: POL Cantabria)*

Fue el Grupo Espeleológico "La Lastrilla"de Castro Urdiales el que descubrió la cavidad, que en un principio fue denominada Cueva de Arenillas. Es posible que sea la misma cueva que se recoge como Cueva de Islares en algunas publicaciones (Muñoz Fernández *et al.*, 1987:195). Durante los trabajos de excavación, gentes de la zona informaron de que la cavidad era conocida como Cueva de la Trecha de la Fuente La Corredora, en alusión a la fuente de ese nombre que manaba algo más arriba en la ladera (González Morales *et al.*, 2002:49), de ahí su denominación actual. A unos 400 m. hacia el Suroeste se localiza el covacho de Arenillas, en el que se identificó un conchero (Bohigas & Muñoz, 2002) que también será analizado en este trabajo y que puede estar relacionado con las ocupaciones de La Trecha.

Según el equipo de excavación (González Morales *et al.*, 2002) se trataba de un amplio abrigo, de unos 15 m. de abertura y orientado al Oeste, con una visera poco profunda y subvertical. El extremo sur del abrigo estaba cerrado por un saliente de roca y por grandes bloques calizos desprendidos, que definían un covacho de 7 m. de fondo por 5 de ancho. El suelo del abrigo buzaba con una pendiente marcada hacia el exterior, pero al contacto con la pared, en su zona central, se podía acceder a una cavidad interior tras un tramo de techo muy bajo (Figs. 6.107 izquierda y 6.108).

Desde el punto de vista arqueológico, existían diversos indicios que delataban la ocupación humana del lugar en época prehistórica. Así, en una de las paredes del covacho Sur se apreciaban restos de un depósito de tipo conchero cementado (Fig. 6.107 derecha) sobre la pared. El suelo del covacho presentaba huellas de haber sido excavado en la mayor parte de su superficie para usarlo como aprisco para ganado, por lo que no era fácil evaluar la potencia arqueológica del depósito restante. Además, había varias catas furtivas practicadas en la cavidad interior antes mencionada.

*Fig. 6.107: Abrigo exterior de la cueva de La Trecha (izquierda) y conchero cementado en la Zona 2 (derecha) (Imágenes: M. R. González Morales)*

El yacimiento quedó dividido en cuatro zonas que proporcionaron diferentes resultados y estratigrafías:

Zona 1: Abrigo, resultó ser una zona de arcillas estériles, en la que se profundizó hasta que aparecieron grandes bloques de roca al pie de la visera (cuadros U6 a R6 y U7 a R7).

Zona 2: Covacho, zona de material revuelto, en la que se profundizó hasta alcanzar una costra compacta que recubría un potente paquete de cantos cementados. Asimismo, el covacho presentaba parte de un conchero cementado, que sirvió para determinar las distintas especies presentes en él y para la toma de muestras paleobotánicas y de datación radiocarbónica (cuadros B1 a B4 y C1 a C3).

Zona 3: Interior de la cueva, presenta tres catas realizadas por furtivos, que ocasionaron una importante destrucción del depósito. Aún así, se regularizaron las catas con respecto a las cuadrículas de excavación, se recogió el material y se sondeó el depósito en algunos puntos.

Zona 4: Covacho bajo bloque desprendido, presentaba un testigo de conchero intacto y sin cementar que permitía conocer la estructura y contenido de este depósito que debió llenar en su día buena parte del covacho. Es la única zona que presentaba las características adecuadas para realizar el análisis arqueomalacológico, debido a su carácter intacto (cuadros BB6 y CC6).

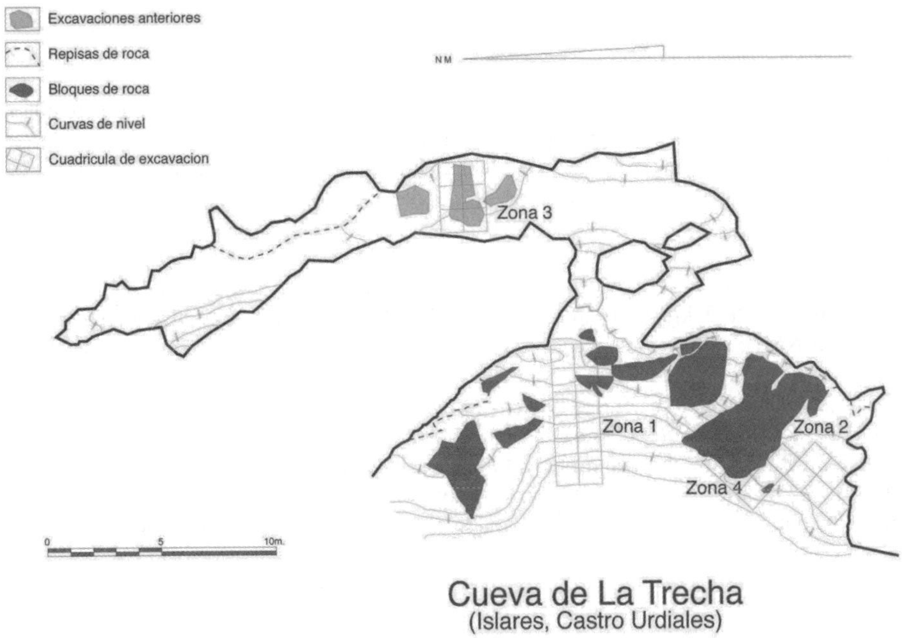


*Fig. 6.108: Plano General de la Cueva de la Trecha y las zonas excavadas*

Para la datación del yacimiento (Tabla 6.44) se cuenta con diversas fechas tomadas a partir de muestras de diferentes lugares y materiales del yacimiento (González Morales *et al.*, 2002:52).

| Referencia | Nivel | BP | sd | cal BP | sd | Adscripción | Material | Metódo |
|---|---|---|---|---|---|---|---|---|
| URU-0050 | Zona2/Conchero | 5430 | 70 | 6200 | 90 | Neolítico | Carbonato | C14 |
| URU-0051 | Zona2/Conchero | 5600 | 310 | 6410 | 360 | Neolítico | Carbón | C14 |
| URU-0039 | Zona2/Conchero | 6240 | 100 | | | Mesolítico | Concha | C14 |
| URU-0038 | Zona4/CC6/1 | 7500 | 70 | | | Mesolítico | Concha | C14 |

*Tabla 6.44: Cronología absoluta (C14) de la cueva de La Trecha*

Las fechas son coherentes entre sí y con su posición en la secuencia del yacimiento, si bien se pueden observar al menos dos momentos de ocupación, susceptibles de ser adscritos al Mesolítico y los inicios del Neolítico. La zona 4, por tanto, correspondería con un momento del Mesolítico, mientras la zona 2 presenta tres fechas muy parecidas, situadas en el final del Mesolítico y los inicios del Neolítico en el Cantábrico.

### 6.6.2 *Análisis arqueomalacológico Nivel 1 – Zona 4*

#### 6.6.2.1 Representación de especies

Debido a las características de los procesos post-depósito presentes en La Trecha, únicamente ha sido posible realizar el análisis de los dos cuadros excavados en la Zona 4, ya que el resto de zonas de excavación no estaban intactas y, por tanto, no presentaban las características adecuadas para la realización del análisis. Por esta razón, las cantidades de material son escasas, si bien suficientes para obtener una idea del tipo de conchero y de las estrategias de subsistencia de las poblaciones que habitaron el yacimiento.

En el conchero (Tablas 6.45 y 6.46) están presentes 28 taxones que se corresponden con siete bivalvos, ocho gasterópodos marinos, nueve gasterópodos terrestres, tres crustáceos y un equinodermo. Está perfectamente definida la presencia de taxones de tipo alimentario e intrusivo, además de otros potencialmente considerados como modificables.

El NR asciende a 6985 restos que se corresponden con un NMI de 1705 individuos y aproximadamente 3 kg. de peso. La mayor abundancia corresponde al género *Patella* (56% del NMI), siendo la especie mejor representada *Patella intermedia* (22%). *Osilinus lineatus* es la siguiente especie en abundancia, con un 14% del NMI. Otros taxones bien representados son *Mytilus galloprovincialis* (11% del NMI), *Pomatias elegans* (7% del NMI) y *Ostrea edulis* (5% del NMI). *Cepaea nemoralis* supera escasamente el 1% del NMI. Si se tiene en cuenta que esta especie puede ser considerada como intrusiva debido a su escasez, se puede afirmar que son los taxones marinos los más representados y los que mayor importancia tienen en la alimentación de las poblaciones humanas.

#### 6.6.2.2 Tafonomía

A nivel individual los procesos tafonómicos documentados son los habituales: bioerosión por microperforación, distorsión (fragmentación), carbonificación en algunos taxones (género *Patella, Ostrea edulis, Osilinus lineatus y Pollicipes pollicipes*), concreción muy leve, relleno sedimentario en algunos gasterópodos espiralados como *Cepaea nemoralis* u *Osilinus lineatus* y biodegradación, presente en algunos individuos en los que están avanzados los procesos de descomposición de la materia orgánica contenida en las conchas.

A nivel de conjunto el yacimiento ha sufrido dos tipos de procesos, por una parte se ha producido cementación en la Zona 2 del yacimiento, concretamente en una de las paredes del abrigo. Esto permite suponer considerable acumulación previa de moluscos ocupando ese espacio y un posterior desplazamiento del material acumulado debido a procesos erosivos, por lo que puede considerarse que se ha producido un proceso de reelaboración o de resedimentación. Por otra parte, entre los desplazamientos también se encuentran procesos como la desarticulación de las valvas de bivalvos y otras remociones que por suerte no han afectado al conchero. Así, la Zona 3 del yacimiento ha sufrido un proceso de reelaboración, ya que se han desenterrado los materiales, depositándose de nuevo en una zona cercana. Esto es debido a la acción de furtivos que han realizado una cata en esa zona del interior de la cueva, dejando el sedimento extraído en las proximidades de la cata. Es destacable la presencia de taxones intrusivos claramente posteriores a la formación del yacimiento, como se desprende de la presencia de *Cryptomphalus aspersus*.

| Taxones | La Trecha Zona 4 | | | | |
|---|---|---|---|---|---|
| **Bivalvos marinos** | **NR** | **%NR** | **NMI** | **%NMI** | **Peso (gr.)** |
| *Mytilus galloprovincialis* | 3386 | **48,475** | 186 | **10,909** | 584 |
| *Ostrea edulis* | 789 | **11,295** | 87 | **5,102** | 762 |
| *Petricola lithophaga* | 4 | **0,057** | 1 | **0,058** | |
| *Ruditapes decussatus* | 171 | **2,448** | 14 | **0,821** | 58 |
| *Solen marginatus* | 9 | **0,128** | 3 | **0,175** | 2 |
| *Scrobicularia plana* | 63 | **0,901** | 7 | **0,41** | 5 |
| Veneridae sp. | 4 | **0,057** | 1 | **0,058** | 1 |
| **Total Bivalvos** | **4426** | **63,361** | **299** | **17,533** | **1412** |
| **Gasterópodos marinos** | **NR** | **%NR** | **NMI** | **%NMI** | **Peso (gr.)** |
| *Gibbula* sp. | 2 | **0,028** | 2 | **0,117** | 1 |
| *Gibbula umbilicalis* | 2 | **0,028** | 2 | **0,117** | 2 |
| *Nassarius reticulatus* | 1 | **0,014** | 1 | **0,058** | |
| *Osilinus lineatus* | 432 | **6,184** | 245 | **14,369** | 681 |
| *Patella vulgata* | 176 | **2,519** | 176 | **10,322** | 274 |
| *Patella intermedia* | 388 | **5,554** | 388 | **22,756** | 297 |
| *Patella ulyssiponensis* | 85 | **1,216** | 85 | **4,985** | 86 |
| *Patella* sp. | 734 | **10,508** | 307 | **18,005** | 162 |
| **Total Gasterópodos marinos** | **1820** | **26,051** | **1206** | **70,729** | **1503** |
| **Gasterópodos terrestres** | **NR** | **%NR** | **NMI** | **%NMI** | **Peso (gr.)** |
| *Cepaea nemoralis* | 422 | **6,041** | 24 | **1,407** | 29 |
| *Cochlostoma* sp. | 19 | **0,272** | 17 | **0,997** | |
| *Elona quimperiana* | 6 | **0,085** | 1 | **0,058** | |
| *Helicella itala* | 1 | **0,014** | 1 | **0,058** | |
| *Cryptomphalus aspersus* | 36 | **0,515** | 1 | **0,058** | |
| *Oestophorella buvinieri* | 2 | **0,028** | 2 | **0,117** | |
| *Oxychilus* sp. | 4 | **0,057** | 3 | **0,175** | |
| *Pomatias elegans* | 172 | **2,462** | 127 | **7,448** | |
| *Retinella incerta* | 18 | **0,257** | 10 | **0,586** | |
| **Total Gasterópodos terrestres** | **680** | **9,731** | **186** | **10,904** | **29** |
| **Crustáceos** | **NR** | **%NR** | **NMI** | **%NMI** | **Peso (gr.)** |
| Brachyura sp. | 4 | **0,057** | 2 | **0,117** | 2 |
| *Balanus* sp. | 6 | **0,085** | 1 | **0,058** | |
| *Pollicipes pollicipes* | 42 | **0,601** | 10 | **0,586** | 10 |
| **Equinodermos** | **NR** | **%NR** | **NMI** | **%NMI** | **Peso (gr.)** |
| *Paracentrotus lividus* | 1 | **0,014** | 1 | **0,058** | 1 |
| **No identificable** | **6** | **0,085** | | | |
| **TOTAL** | **6985** | **100** | **1705** | **100** | **2957** |

*Tabla 6.45: Abundancia (NR, NMI, peso y frecuencias relativas) de los taxones identificados en el nivel 1 de la Zona 4 de La Trecha*

| **Crustáceos** | **NR** | **NMI** |
|---|---|---|
| Brachyura sp. | 1 | 1 |
| *Cancer pagurus* | 1 | 1 |
| *Carcinus maenas* | 1 | 1 |

*Tabla 6.46: Crustáceos identificados en el nivel 1 de la Zona 4 de La Trecha*

6.6.2.3 Índice de fragmentación

El índice de fragmentación global del conjunto malacológico (0,200) indica que el material está bastante fragmentado, incluso más que en el nivel 1 de La Fragua, que presenta un patrón de explotación y una cronología muy similar (Fig. 6.109). Esto puede ser debido a la actuación de los procesos de reelaboración o a un uso intenso de la cavidad tras la acumulación. Si se observa la fragmentación por especies, los bivalvos, como es normal debido a su fragilidad, aparecen más fragmentados, excepto *Solen marginatus* que presenta un estado de conservación bastante bueno y es la especie menos fragmentada, incluso por delante de los gasterópodos marinos *Patella* sp. y *Osilinus lineatus*.

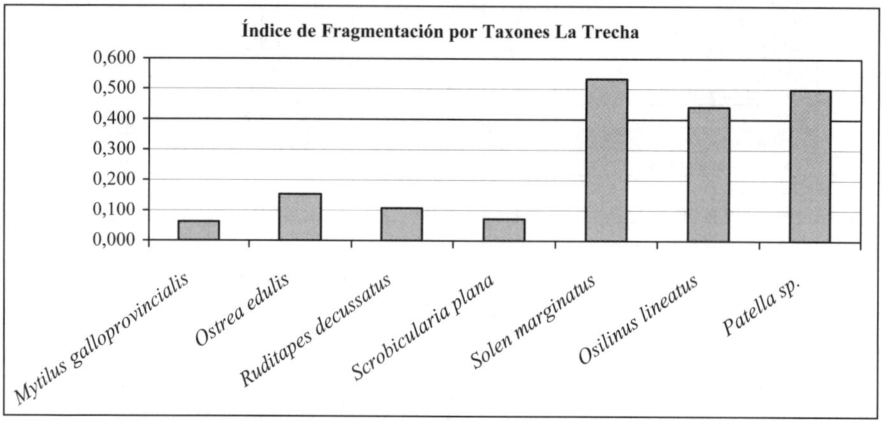


*Fig. 6.109: Índice de fragmentación por taxones en La Trecha*

6.6.2.4 Zonas de recolección

En cuanto a las zonas de captación de los recursos costeros, se puede apreciar una intensa explotación de la zona intermareal, sobre todo de especies que se adhieren a sustratos duros (Fig. 6.110). Las zonas de estuario también son visitadas por las poblaciones humanas, como lo demuestra la presencia de especies de sustratos blandos (arena/fango principalmente), como *Ruditapes decussatus*, *Solen marginatus* o *Scrobicularia plana*, si bien aparecen en cantidades muy pequeñas, lo que permite suponer una menor explotación de esos medios.

Por otra parte, es posible que alguno de los individuos de *Cepaea nemoralis* se haya recolectado con fines alimenticios, pero como se puede comprobar, su número es muy escaso y por tanto, la importancia de su recolección mínima. Aún así, dichos caracoles terrestres se recogerían o habitarían en las cercanías del yacimiento, en zonas de bosque y maleza, o en prados no muy alejados de la cueva.

En cuanto a la zonación vertical y al grado de exposición de la costa explotada, si se observan los NMI, parece claro que la costa abierta ha sido principalmente explotada, y concretamente las zonas altas y medias del intermareal. La amplia representación de *Patella intermedia*, junto a la presencia de otras especies propias de zonas expuestas, como *Patella ulyssiponensis*, *Pollicipes pollicipes* y *Paracentrotus lividus*, parece confirmar esta conclusión.

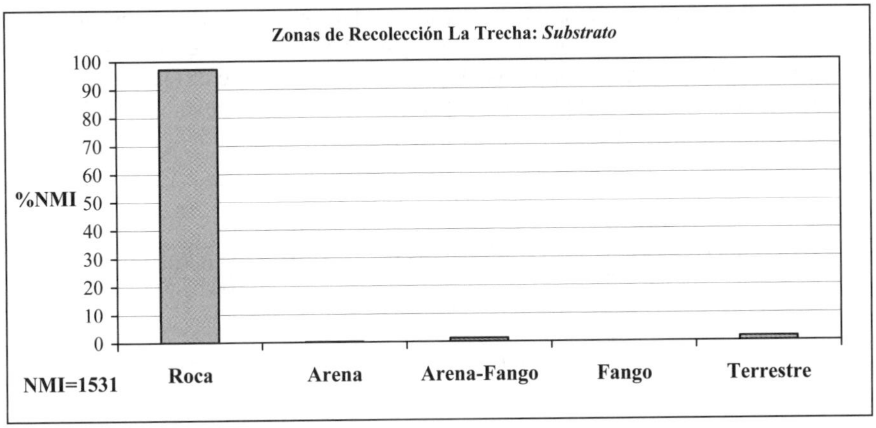


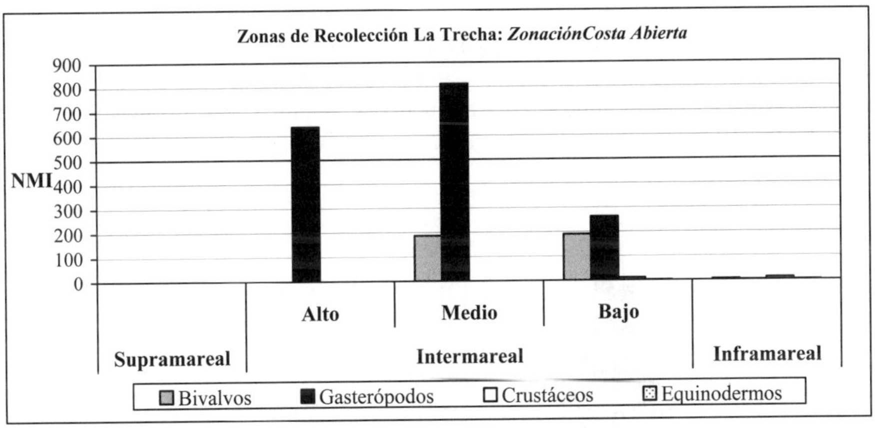


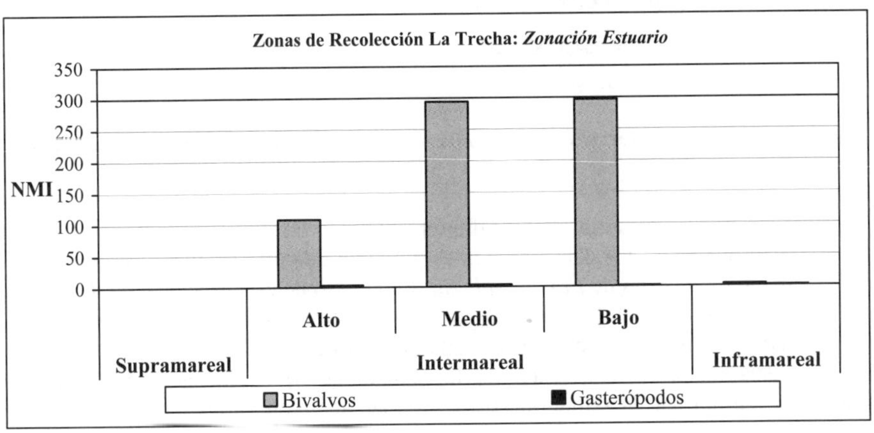


*Fig. 6.110: Zonas de recolección (substrato, zonación y exposición) en La Trecha*

El análisis de la ratio L/H y la exposición (Tabla 6.47) en individuos de *Patella vulgata* indica que estos fueron recogidos principalmente en las zonas medias y bajas de la costa expuesta. Por otra parte, la aparición de bivalvos como *Ostrea edulis*, *Ruditapes decussatus*, *Scrobicularia plana*, y en menor medida *Mytilus galloprovincialis* (que también puede habitar costas abiertas), indica que también se han frecuentado las zonas de estuario, si bien parece que de forma menos sistemática. Dentro de éstas, se ha explotado todo el intermareal, aunque la presencia de *Mytilus galloprovincialis* refleja una preferencia por las zonas medias y bajas.

| ***Patella vulgata* La Trecha** | | | |
|---|---|---|---|
| **Zonación (L/H)** | | **Exposición (Ecuación)** | |
| **Zona Alta** | **Zona Baja** | **Costa Expuesta** | **Costa Abrigada** |
| 14,9% | 85,1% | 82% | 18% |

*Tabla 6.47: Zonación y exposición de Patella vulgata en La Trecha*

6.6.2.5 Biometría

*Osilinus lineatus* (Fig. 6.111) presenta una distribución log-normal, con asimetría positiva no muy marcada, varias modas y al menos dos distribuciones en su interior. El tamaño medio es superior al de la muestra moderna, y similar al de los niveles azilienses de La Pila.

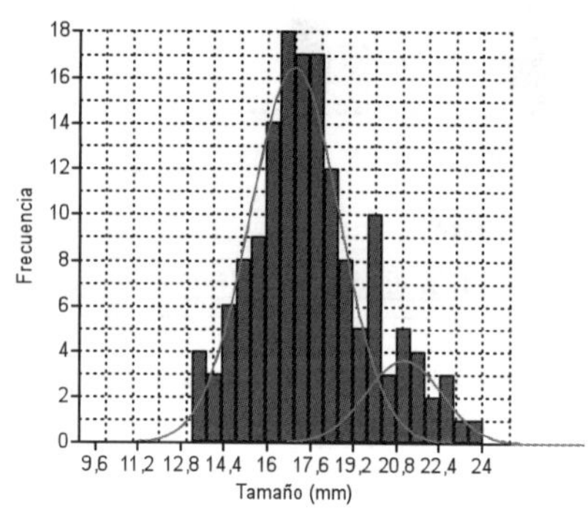


| | |
|---|---|
| N | 150 |
| Min | 13,2 |
| Max | 24 |
| Sum | 2642,1 |
| Mean | 17,614 |
| Std. error | 0,180472 |
| Variance | 4,88551 |
| Stand. dev | 2,21032 |
| Median | 17,3 |
| 25 prcntil | 16,15 |
| 75 prcntil | 18,85 |
| Skewness | 0,466336 |
| Kurtosis | 0,0510394 |
| Geom. mean | 17,479 |
| *Shapiro-Wilk* | |
| W: | 0,98 |
| *p:* | 0,02756 |

*Fig. 6.111: Representación estadística de los tamaños (anchura) de Osilinus lineatus en La Trecha*

El género *Patella* presenta algunas diferencias en la forma de los histogramas pero no en la distribución de los datos, si bien es probable que esto se deba simplemente al escaso tamaño de muestra de *Patella vulgata*. En el caso de esta especie (Fig. 6.112), la distribución es log-normal, la asimetría positiva y marcada, con varias modas y al menos dos distribuciones en su interior. El tamaño medio es inferior al de las muestras actuales. La edad media es de 3,7 años. La distribución de *Patella intermedia* (Fig. 6.113) también es log-normal, la asimetría positiva y marcada, con varias modas y al menos dos distribuciones. Igual que en el caso anterior, el tamaño medio es inferior al de las muestras actuales, mientras la edad media es de 3,3 años.

Por tanto, *Osilinus lineatus* presenta indicios muy leves de selección de los tamaños más grandes, pero no de recolección intensiva. Sin embargo, las dos especies del género *Patella*, presentan datos que avalan la existencia de un proceso de selección de los tamaños más grandes y de recolección intensa.

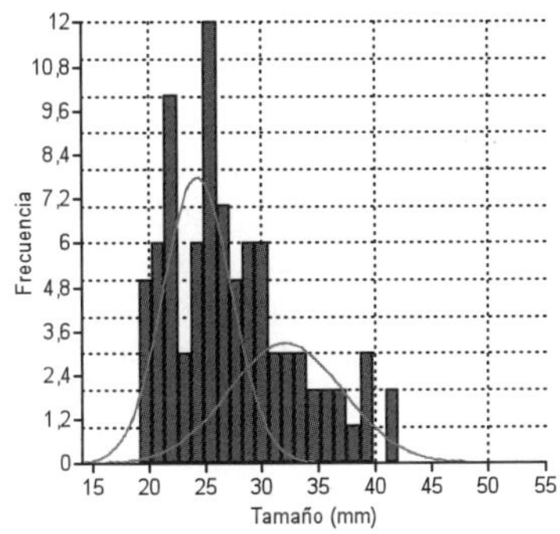


| | |
|---|---|
| N | 87 |
| Min | 19,1 |
| Max | 42,04 |
| Sum | 2386,3 |
| Mean | 27,4287 |
| Std. error | 0,593621 |
| Variance | 30,6576 |
| Stand. dev | 5,53693 |
| Median | 26,69 |
| 25 prcntil | 23 |
| 75 prcntil | 30,31 |
| Skewness | 0,699122 |
| Kurtosis | -0,138614 |
| Geom. mean | 26,906 |
| *Shapiro-Wilk* | |
| W: | 0,9487 |
| *p*: | 0,001732 |

*Fig. 6.112: Representación estadística de los tamaños (longitud) de Patella vulgata en La Trecha*

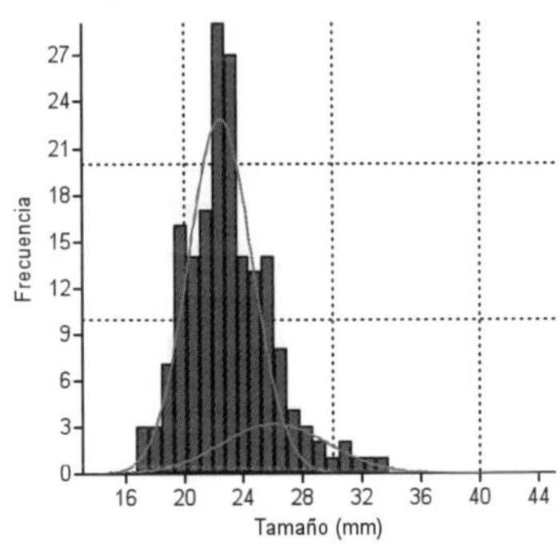


| | |
|---|---|
| N | 180 |
| Min | 16,72 |
| Max | 33,79 |
| Sum | 4151,84 |
| Mean | 23,0658 |
| Std. error | 0,216378 |
| Variance | 8,42752 |
| Stand. dev | 2,90302 |
| Median | 22,72 |
| 25 prcntil | 21,075 |
| 75 prcntil | 24,6725 |
| Skewness | 0,797781 |
| Kurtosis | 1,32136 |
| Geom. mean | 22,8916 |
| Shapiro-Wilk | |
| W: | 0,9642 |
| *p*: | 0,0001454 |

*Fig. 6.113: Representación estadística de los tamaños (longitud) de Patella intermedia en La Trecha*

### 6.6.2.6 Técnicas de recolección

Los pobladores de La Trecha dominaban tanto la recolección de especies de sustratos duros como de sustratos blandos, si bien explotaban bastante más intensamente las especies de sustratos duros. No se han recuperado, durante la excavación, instrumentos que hagan pensar en los picos asturienses o similares, y que pudieran haberse usado para la recolección de moluscos adheridos a sustratos duros. Por su parte, la aparición de especies propias de fondos arenosos-fangosos indica un cierto dominio de la recolección en dichas zonas. Tampoco se ha documentado la utilización de algún instrumento para recolectar este tipo de moluscos, ya que un simple hueso con una pequeña modificación o algún instrumento de madera podrían haber sido usados y lo más probable es que dichos útiles fueran abandonados en el lugar de utilización.

### 6.6.3 *Análisis conchero cementado Zona 2*

En la Zona 2 se localizó un conchero cementado de considerable potencia que refleja una intensa ocupación del abrigo exterior durante el Mesolítico y el Neolítico inicial. En el conchero se identificaron diferentes especies de moluscos, como ostras, mejillones, lapas y caracolillos (González Morales *et al.*, 2002:50). Asimismo se observó que la zona inferior presentaba una mayor acumulación de lapas, mientras en la parte superior predominaban los mejillones (González Morales, comunicación personal). El carácter cementado del depósito ha impedido un análisis riguroso y pormenorizado de las especies presentes y su abundancia, por lo que no se cuenta con datos para valorar sus características. Aún así, parece que el lugar se ocupa con intensidad en la última parte del Mesolítico y los inicios del Neolítico, cuando el mar se sitúa en una posición similar a la actual, facilitando el acceso a la costa (en la actualidad desde la zona donde se situaba la cavidad a la zona de recolección más cercana hay una distancia de unos 300-500 m.). Es probable que la causa de que no se produzca una ocupación de estas características con anterioridad sea la mala orientación de la cavidad, que sólo con la bonanza climática del Holoceno presentaría unas condiciones adecuadas para el asentamiento (González Morales *et al.*, 2002:53).

### 6.6.4 *Discusión y conclusiones*

La potencia del conchero cementado permite suponer que las ocupaciones fueron más intensas de lo que en principio puede parecer. Ya se ha comentado que su mala orientación podría ser la causa de que no fuera ocupada hasta momentos avanzados del Mesolítico, en que los recursos quedarían a escasos metros de la cavidad, y por tanto, la rentabilidad de la ocupación sería mayor. Así, parece que aproximadamente a partir del 8300 cal BP (7500 BP) la intensidad de la ocupación se incrementa. Parece claro que la muestra analizada de la Zona 4 es sólo el comienzo de la secuencia y todo el abrigo estuvo relleno de conchas debido a la ocupación, como parece reflejar el testigo de conchero cementado. Por tanto, a pesar de su reducido tamaño, la cavidad fue ocupada durante gran parte del Mesolítico y los inicios del Neolítico con considerable intensidad. Además, la escasa presencia de industria lítica y restos óseos, puede estar reflejando un uso ciertamente especializado de la cavidad para la recolección y consumo de moluscos, debido a su excelente situación para llevar a cabo dicha tarea.

El patrón de representación de taxones durante el Mesolítico puede considerarse diversificado ya que, por una parte se han llevado a cabo tareas recolectoras tanto en costa abierta como en el estuario, y por otra parte, son necesarios tres taxones para responder del 80% del conjunto. Así, los taxones más explotados son los típicos de este período, género *Patella* y *Osilinus lineatus*, a los que se añaden *Mytilus galloprovincialis* y *Ostrea edulis*. Este patrón indica una mayor explotación de las zonas rocosas de la costa abierta, pero con una apreciable explotación del estuario, probablemente debido a la localización de la cavidad, a escasos metros de la desembocadura del río Agüera, que permite el desplazamiento a ambas zonas en un breve espacio de tiempo. Teniendo en cuenta la forma de las distribuciones es muy probable que se hayan seleccionado los tamaños más grandes de *Osilinus lineatus* y de *Patella vulgata*. Por otra parte, las distribuciones de tamaños de las diferentes especies, principalmente del género *Patella*, muestran tamaños medios muy reducidos en comparación con las muestras actuales y con las de otros yacimientos, indicando una fuerte presión antrópica sobre los recursos malacológicos.

## 6.7 Arenillas (Islares, Cantabria)

### 6.7.1 *El yacimiento: localización y descripción*

Al igual que ocurrió con la vecina cueva de La Trecha, el covacho de Arenillas se vio afectado por las obras de construcción de la Autovía del Cantábrico, que obligaron a realizar una excavación de urgencia, con el objetivo de documentar el yacimiento antes de su destrucción definitiva. Así, en 1992 se llevaron a cabo los trabajos bajo la dirección de R. Bohígas y E. Muñoz (2002). El yacimiento se situaba en la localidad de Islares, dentro del término municipal de Castro-Urdiales, en la zona oriental de Cantabria. Se localizaba en la ladera del Monte Cerredo y desde su entrada se dominaba la desembocadura del río Agüera y la playa de Oriñón (Fig. 6.114). Sus coordenadas UTM eran x: 474670 y: 4804868 y su altura sobre el nivel del mar de unos 20 m.

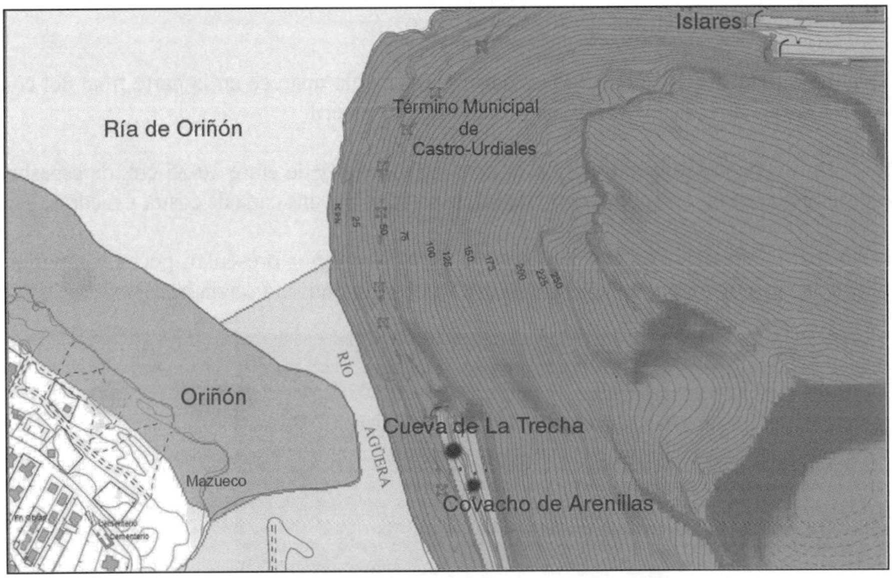


*Fig. 6.114: Localización del covacho de Arenillas (Mapa: POL Cantabria)*

La cavidad era de reducidas dimensiones, con una boca de unos 2 m. de anchura y 2,5 m. de altura y un vestíbulo también muy reducido. El fondo del vestíbulo estaba formado por una pronunciada rampa, a cuya derecha se encontraba una oquedad que conducía a una pequeña salita en la que se conservaba el conchero (Bohígas *et al.*, en prep.) (Fig. 6.115).

Los trabajos llevados a cabo por el equipo de excavación pusieron de manifiesto la existencia de varias zonas con materiales. Por una parte, en la zona del vestíbulo se identificaron seis niveles más uno superficial, por otra parte se identificó el nivel de conchero, y por último, la zona denominada Galería Inferior. En las tres zonas del yacimiento aparecieron moluscos, sin embargo, los escasos restos de la Galería Inferior fueron calificados por los excavadores como un arrastre desde la zona del vestíbulo. La zona del vestíbulo presentaba moluscos marinos en el nivel superficial y en el nivel II.

En el resto de niveles la presencia de moluscos se reducía a caracoles terrestres intrusivos. La estratigrafía puede resumirse de la siguiente manera según los excavadores (Bohígas *et al.*, en prep.):

Nivel 0 o Conchero: circunscrito al camarín aparecido en la colada del fondo del vestíbulo. El camarín era pequeño y se encontraba lleno de material dentro de un depósito de sedimento pardo-grisáceo que alcanzaba un espesor de 35 cm. Todo este depósito descansaba sobre un estrecho nivel de limos amarillentos de un espesor máximo de 3 cm. La aparición de conchas cementadas en la pared derecha del vestíbulo y la disposición del material en la zona interior, ha llevado a los excavadores a sostener que el conchero buzaba desde la entrada del covacho hacia el fondo, habiéndose conservado simplemente la porción recuperada durante la excavación.

Nivel Superficial o Revuelto: nivel moderno o contemporáneo compuesto de tierras, detritus y algunos materiales de origen antrópico.

Nivel I: se trataba de una colada estalagmítica que solo aparece en la parte final del covacha y varía entre los 5 y los 40 cm. Es totalmente estéril.

Nivel II: nivel con sedimentos de color ocre amarillento y de entre 30-35 cm. de espesor. Fue subdivido en nivel II superior e inferior, separados por una capa de costra y piedras.

Tanto los niveles III, IV, V y VI como la Galería Inferior presentan pocas o ninguna evidencia de ocupación humana, por lo que su descripción será obviada.

*Fig. 6.115: Camarín que albergaba el conchero en el interior del covacho de Arenillas (Foto: M. R. González Morales)*

La única datación radiocarbónica para la zona del conchero (GrN-19596), realizada sobre carbón, ha arrojado una fecha de 5580±80 BP (6380±70 cal BP), que sitúa la ocupación durante los inicios del Neolítico.

### 6.7.2 *Análisis arqueomalacológico conchero*

6.7.2.1 Representación de especies

Se han identificado una gran cantidad de taxones (Tabla 6.48), en total 51, de los cuales 18 son bivalvos, 13 gasterópodos marinos, 15 gasterópodos terrestres, cuatro crustáceos y un equinodermo. Entre el material aparecen taxones de tipo alimentario, potencialmente modificables, intrusivos y de funcionalidad desconocida.

El número de restos (NR) asciende a 27161, que se corresponden con un número mínimo de 10649 individuos (NMI) y un peso de poco más de 17 kg. La base de la explotación no la componen una o dos especies, como habitualmente, sino que son necesarios todos los taxones del género *Patella*, *Osilinus lineatus*, *Mytilus galloprovincialis* y *Ostrea edulis* para responder del 80% del conchero. La especie más abundante es *Patella intermedia* (26% del NMI), seguida de *Mytilus galloprovincialis* (15%) y *Patella vulgata* (13%). Si se observan los pesos, el género *Patella* tomado en conjunto sigue proporcionando la mayor contribución a la dieta, pero aumenta considerablemente la importancia de especies como *Mytilus galloprovincialis* y *Ostrea edulis*.

Asimismo, es discutible el carácter antrópico o natural de los caracoles terrestres *Cepaea nemoralis*. Por una parte, el NMI identificado alcanza los 300 individuos, lo que puede llevar a pensar en una recolección por el ser humano. Sin embargo, la cantidad y diversidad de caracoles terrestres intrusivos es bastante grande, por lo que las condiciones del covacho y alrededores pudieron ser apropiadas para el desarrollo de estos moluscos, incluido *Cepaea nemoralis*. Igualmente, la disposición del depósito, al final de una rampa y la esfericidad de los caracoles, hace pensar en una intrusión. No obstante, no es descartable su origen antrópico.

Es destacable la cantidad de ejemplares del Orden Brachyura identificados (Tabla 6.49), especialmente de la especie *Pachygrapsus marmoratus*, típico cangrejo intermareal muy abundante hoy en día y conocido vulgarmente como "mulata" o "zapatero". Lo mismo ocurre con el erizo de mar, *Paracentrotus lividus*, que presenta unas cantidades absolutas muy por encima de lo que es habitual en otros yacimientos.

Las especies del género *Bittium*, suelen habitar entre algas por lo que han podido llegar al depósito si dichas algas han sido transportadas al yacimiento, bien para consumo humano o animal, o para algún otro uso. Sin embargo, también suelen habitar entre otros moluscos por lo que es más probable que su presencia se deba a que han llegado con el resto del material. En cualquier caso, deben ser consideradas como especies intrusivas. Entre las especies con funcionalidad desconocida, destaca la abundancia de *Pholas dactylus*.

| Taxones | Arenillas conchero | | | | |
|---|---|---|---|---|---|
| **Bivalvos marinos** | **NR** | **%NR** | **NMI** | **%NMI** | **Peso (gr.)** |
| *Abra alba* | 1 | **0,003** | 1 | **0,010** | |
| *Bornia sebetia* | 1 | **0,003** | 1 | **0,010** | |
| *Cerastoderma edule* | 7 | **0,025** | 2 | **0,020** | 1 |
| *Mimachlamys varia* | 2 | **0,007** | 1 | **0,010** | |
| *Donax semistriatus* | 3 | **0,011** | 2 | **0,020** | |
| *Lasaea rubra* | 3 | **0,011** | 2 | **0,020** | |
| *Lutraria* sp. | 1 | **0,003** | 1 | **0,010** | |
| *Mytilus galloprovincialis* | 8559 | **31,512** | 1627 | **15,280** | 4280 |
| *Mytilaster minimus* | 5 | **0,020** | 4 | **0,037** | |
| *Ostrea edulis* | 2469 | **9,090** | 755 | **7,090** | 4495 |
| *Pholas dactylus* | 207 | **0,762** | 24 | **0,225** | |
| *Petricola lithophaga* | 52 | **0,191** | 18 | **0,170** | |
| *Pseudopythina macandrewi* | 1 | **0,003** | 1 | **0,010** | |
| *Ruditapes decussatus* | 416 | **1,531** | 77 | **0,723** | 328 |
| *Scrobicularia plana* | 215 | **0,791** | 43 | **0,403** | 33 |
| *Solen marginatus* | 454 | **1,671** | 89 | **0,835** | 69 |
| *Spisula subtruncata* | 1 | **0,003** | 1 | **0,010** | |
| Veneridae sp. | 4 | **0,014** | 2 | **0,020** | |
| **Total Bivalvos** | **12401** | **45,651** | **2651** | **24,903** | **9206** |
| **Gasterópodos marinos** | **NR** | **%NR** | **NMI** | **%NMI** | **Peso (gr.)** |
| *Bittium latreillei* | 3 | **0,011** | 3 | **0,028** | |
| *Bittium reticulatum* | 1 | **0,003** | 1 | **0,010** | |
| *Gibbula* sp. | 5 | **0,020** | 5 | **0,046** | 2 |
| *Gibbula umbilicalis* | 5 | **0,020** | 5 | **0,046** | 6 |
| *Hydrobia ulvae* | 4 | **0,014** | 4 | **0,037** | |
| *Littorina obtusata* | 1 | **0,003** | 1 | **0,010** | |
| *Littorina saxatilis* | 9 | **0,033** | 8 | **0,075** | |
| *Melarhaphe neritoides* | 11 | **0,040** | 11 | **0,103** | |
| *Osilinus lineatus* | 920 | **3,390** | 712 | **6,686** | 1660 |
| *Patella vulgata* | 1384 | **5,095** | 1384 | **12,996** | 2018 |
| *Patella intermedia* | 2802 | **10,320** | 2802 | **26,312** | 2305 |
| *Patella ulyssiponensis* | 611 | **2,250** | 611 | **5,737** | 660 |
| *Patella* sp. | 2454 | **9,035** | 1042 | **9,784** | 769 |
| **Total Gasterópodos marinos** | **8210** | **30,234** | **6589** | **61,870** | **7420** |
| **Gasterópodos terrestres** | **NR** | **%NR** | **NMI** | **%NMI** | **Peso (gr.)** |
| *Abida bigerrensis* | 5 | **0,020** | 5 | **0,046** | |
| *Cepaea nemoralis* | 814 | **3,000** | 302 | **2,835** | 143 |
| *Cecilioides* sp. | 66 | **0,242** | 52 | **0,490** | |
| *Chondrina kobelti* | 1 | **0,003** | 1 | **0,010** | |
| *Claussilia bidentata* | 26 | **0,095** | 18 | **0,169** | |
| *Cochlostoma* sp. | 28 | **0,103** | 17 | **0,159** | |
| *Elona quimperiana* | 3 | **0,011** | 3 | **0,028** | |
| *Helicella itala* | 11 | **0,040** | 11 | **0,103** | |
| Helicidae sp. | 23 | **0,084** | 1 | **0,010** | |
| *Cryptomphalus aspersus* | 31 | **0,114** | 12 | **0,112** | |
| *Lauria cylindracea* | 1 | **0,003** | 1 | **0,010** | |
| *Oestophorella buvinieri* | 8 | **0,030** | 8 | **0,075** | |
| *Oxychilus* sp. | 152 | **0,560** | 144 | **1,352** | |
| *Pomatias elegans* | 129 | **0,474** | 64 | **0,600** | |
| *Retinella incerta* | 4 | **0,014** | 4 | **0,037** | |
| **Total Gasterópodos terrestres** | **1302** | **4,793** | **643** | **6,036** | **143** |
| **Crustáceos** | **NR** | **%NR** | **NMI** | **%NMI** | **Peso (gr.)** |
| Brachyura sp. | 2702 | **9,950** | 369 | **3,465** | 146 |
| *Balanus* sp. | 229 | **0,843** | 127 | **1,192** | |
| *Pollicipes pollicipes* | 53 | **0,195** | 12 | **0,112** | 11 |
| Serpulidae sp. | 14 | **0,051** | 14 | **0,131** | |
| **Equinodermos** | **NR** | **%NR** | **NMI** | **%NMI** | **Peso (gr.)** |
| *Paracentrotus lividus* | 2198 | **8,092** | 243 | **2,281** | 110 |
| **No identificable** | **52** | **0,191** | **1** | **0,010** | |
| TOTAL | **27161** | **100** | **10649** | **100** | **17036** |

*Tabla 6.48: Abundancia (NR, NMI, peso y frecuencias relativas) de los taxones identificados en Arenillas*

| **Crustáceos** | **NR** | **NMI** |
|---|---|---|
| *Cancer pagurus* | 24 | 12 |
| *Carcinus maenas* | 42 | 30 |
| *Eriphia verrucosa* | 6 | 3 |
| *Pachygrapsus marmoratus* | 1078 | 310 |
| Portumnidae sp. | 34 | 14 |
| No identificable | 1518 | |
| **Total** | **2702** | **369** |

*Tabla 6.49: Crustáceos identificados en el conchero de Arenillas*

### 6.7.2.2 Tafonomía

En Arenillas han actuado los procesos habituales en este tipo de yacimientos. En este caso, destaca la bioerosión por la información que aporta. Aparte de perforaciones producto de organismos marinos en *Ostrea edulis*, también se ha documentado incrustación por serpúlidos en la cara interna de la concha, lo cual quiere decir que la ostra fue recogida muerta. Los procesos de perforación e incrustación, incluyendo la incrustación por balanos, también afectan a otras especies, como el género *Patella*.

Otro proceso que presenta cierta intensidad es el encostramiento, que afecta a algunos ejemplares, aunque en diferentes grados, ya que algunos están muy encostrados y otros apenas presentan signos. Quizás incluso se podría hablar de cementación, ya que una parte del material está recubierto por esta costra. Es una cementación leve, que recuerda a la argamasa, se puede deshacer, pero en ocasiones incluso cubre individuos completos. A veces aparecen los moluscos fuertemente pegados, y en ocasiones también cementados junto a cantos centimétricos de arenisca.

Por último, otros procesos que aparecen en el yacimiento, pero con menor intensidad, son la fragmentación (0,427), la carbonificación, la biodegradación, la cementación de cavidades y el relleno sedimentario.

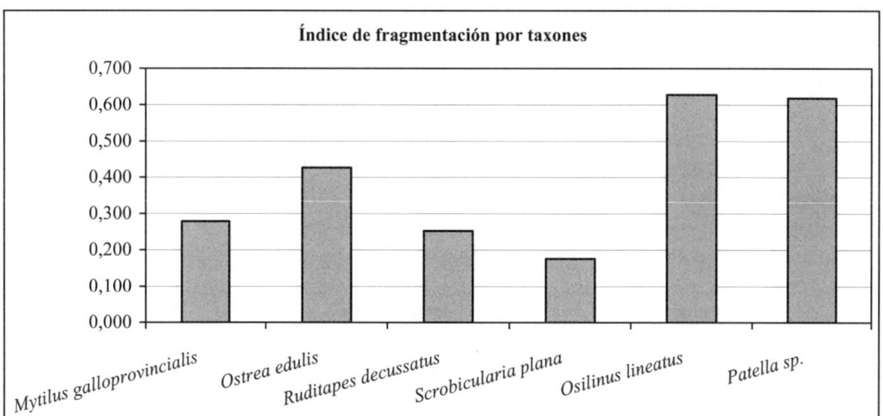


*Fig. 6.116: Índice de fragmentación por taxones en Arenillas*

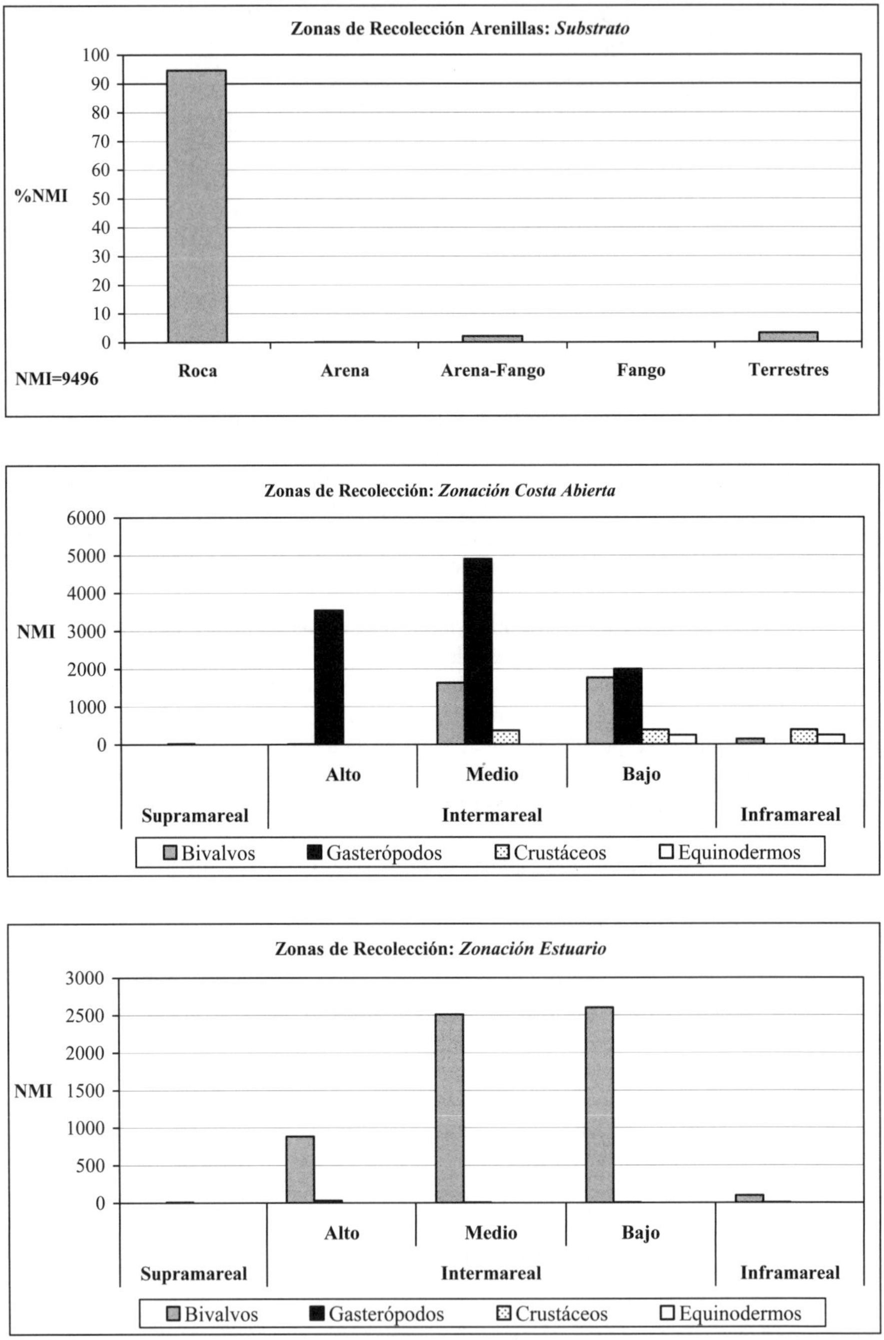


*Fig. 6.117: Zonas de recolección (substrato, zonación y exposición) en Arenillas*

### 6.7.2.3 Índice de fragmentación

La fragmentación, tanto a nivel global como por taxones (Fig. 6.116), puede considerarse leve, por lo que el conjunto no ha sufrido procesos tafonómicos acusados, ni el efecto de ocupaciones intensas tras su acumulación.

### 6.7.2.4 Zonas de recolección

La buena ubicación del yacimiento ha permitido que se exploten zonas costeras diversas (Fig. 6.117). Así, en cuanto al substrato, parece que la recolección se ha centrado en zonas de roca, mientras en mucha menor medida se han explotado zonas de arena/fango y fango.

En cuanto a la zonación y la exposición, en la costa abierta se ha explotado todo el intermareal, especialmente las zonas altas y medias, mientras en el estuario, se ha explotado también todo el intermareal, pero con mayor incidencia en las zonas medias y bajas. Las ratios L/H y la ecuación de exposición aplicadas a *Patella vulgata*, indican que está especie ha sido preferentemente recogida en las zonas medias y bajas de la costa abierta y expuesta (Tabla 6.50).

| ***Patella vulgata* Arenillas** | | | |
|---|---|---|---|
| **Zonación (L/H)** | | **Exposición (Ecuación)** | |
| **Zona Alta** | **Zona Baja** | **Costa Expuesta** | **Costa Abrigada** |
| 15,2% | 84,8% | 86,6% | 13,4% |

*Tabla 6.50: Zonación y exposición de Patella vulgata en Arenillas*

La diversidad de substratos está reflejando cierta variedad en el grado de exposición de la costa objeto de la recolección. Así, si se observa el NMI, las costas abiertas han sido las más frecuentadas, con el objetivo de recolectar gasterópodos. Sin embargo, una parte de la explotación, centrada en bivalvos, se ha llevado a cabo en el estuario, como se desprende de la aparición de *Ostrea edulis*, *Ruditapes decussatus* y *Scrobicularia plana*. Esta explotación ha podido ser más importante de lo que parece ya que los ejemplares de *Mytilus galloprovincialis* también podrían haber sido recogidos en el estuario.

Dadas las características del depósito, dos explicaciones son posibles. Por una parte, los grupos humanos diversificaron la explotación de moluscos, debido a la buena localización del yacimiento para explotar ambos biotopos, o por otra parte, en el depósito malacológico se han mezclado materiales de diferentes épocas. Al no haber evidencias de que esto último haya sucedido, se puede sostener que la diversificación es debida a una decisión relacionada con las estrategias de recolección.

### 6.7.2.5 Biometría

A pesar de las dudas sobre su carácter antrópico o intrusivo, se ha analizado la distribución de tamaños de *Cepaea nemoralis* (Fig. 6.118), precisamente con el objetivo de obtener información sobre esta cuestión. La distribución es normal, bastante simétrica y con varias modas. Sin embargo, el tamaño medio es extraordinariamente pequeño, lo que parece indicar que los individuos presentes en el depósito son juveniles en su mayoría. Este patrón, no muy rentable a primera vista, permite establecer dos hipótesis, por una parte, una recolección intensa del recurso, habiendo agotado los ejemplares adultos, o por otra, se trata de poblaciones juveniles que habitan en las cercanías de la cavidad y han llegado al yacimiento de forma natural. En cualquier caso, el análisis biométrico no permite discernir el carácter real de este recurso en el depósito.

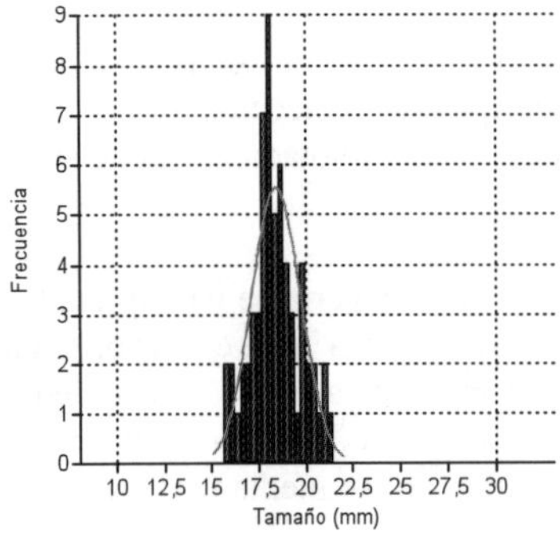


| | |
|---|---|
| N | 62 |
| Min | 15,62 |
| Max | 21,44 |
| Sum | 1140,17 |
| Mean | 18,3898 |
| Std. error | 0,16681 |
| Variance | 1,7252 |
| Stand. dev | 1,31347 |
| Median | 18,26 |
| 25 prcntil | 17,665 |
| 75 prcntil | 19,18 |
| Skewness | 0,118897 |
| Kurtosis | -0,0945722 |
| Geom. mean | 18,3437 |
| *Shapiro-Wilk* | |
| W: | 0,9866 |
| *p*: | 0,7323 |

*Fig. 6.118: Representación estadística de los tamaños (anchura) de Cepaea nemoralis en el conchero de Arenillas*

Por otra parte, *Osilinus lineatus* (Fig. 6.119) presenta una distribución log-normal, con ligera asimetría positiva, varias modas y al menos dos distribuciones en su interior. El tamaño medio es superior al de la muestra actual. Las especies del género *Patella* siguen un patrón muy similar. *Patella vulgata* (Fig. 6.120) presenta una distribución que no es ni normal ni log-normal, una acusada asimetría, al menos dos modas y dos distribuciones. El tamaño medio es inferior al de las muestras actuales y la edad media de 3,9 años. La distribución de *Patella intermedia* (Fig. 6.121) tampoco es normal ni log-normal, la asimetría es marcada y podría haber al menos dos distribuciones en su interior. El tamaño medio es también menor que el de las muestras actuales y la edad media de 3,5 años. Por último, *Patella ulyssiponensis* (6.122) presenta una distribución log-normal, con marcada asimetría, varias modas y al menos dos distribuciones. Al igual que en las otras especies, el tamaño medio es netamente inferior al de las muestras actuales.

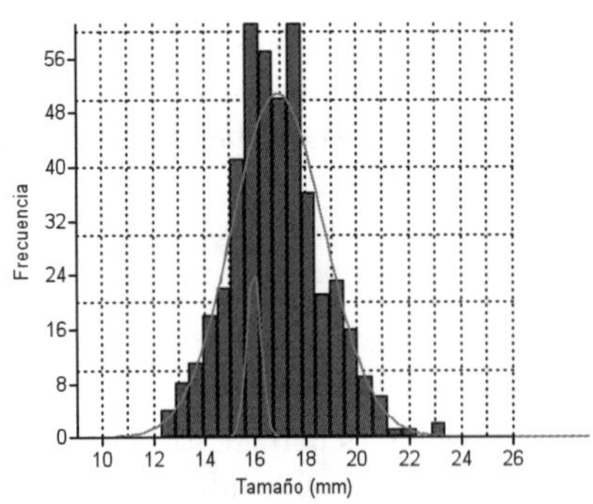


| | |
|---|---|
| N | 448 |
| Min | 12,27 |
| Max | 23,38 |
| Sum | 7538,7 |
| Mean | 16,8275 |
| Std. error | 0,084045 |
| Variance | 3,16449 |
| Stand. dev | 1,7789 |
| Median | 16,745 |
| 25 prcntil | 15,7 |
| 75 prcntil | 17,8825 |
| Skewness | 0,304101 |
| Kurtosis | 0,434784 |
| Geom. mean | 16,7342 |
| *Shapiro-Wilk* | |
| W: | 9,92E-01 |
| *p*: | 0,01644 |

*Fig. 6.119: Representación estadística de los tamaños (anchura) de Osilinus lineatus en Arenillas*

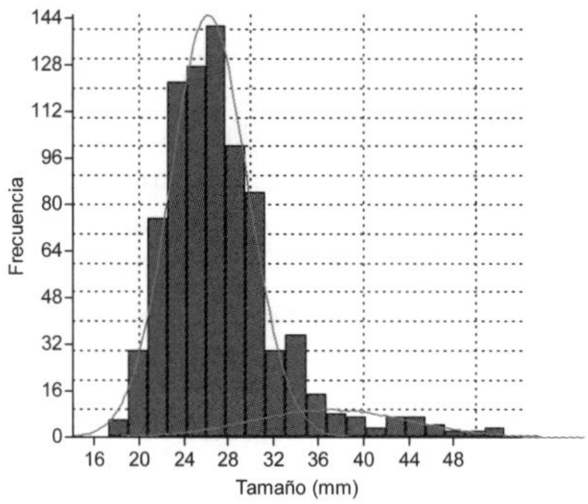


| | |
|---|---|
| N | 808 |
| Min | 17,23 |
| Max | 52,54 |
| Sum | 22173 |
| Mean | 27,4418 |
| Std. error | 0,186823 |
| Variance | 28,2015 |
| Stand. dev | 5,31051 |
| Median | 26,61 |
| 25 prcntil | 23,9225 |
| 75 prcntil | 29,715 |
| Skewness | 1,56034 |
| Kurtosis | 3,71809 |
| Geom. mean | 26,9915 |
| *Shapiro-Wilk* | |
| W: | 0,8917 |
| *p*: | 2,23E-23 |

*Fig. 6.120: Representación estadística de los tamaños (longitud) de Patella vulgata en el conchero de Arenillas*

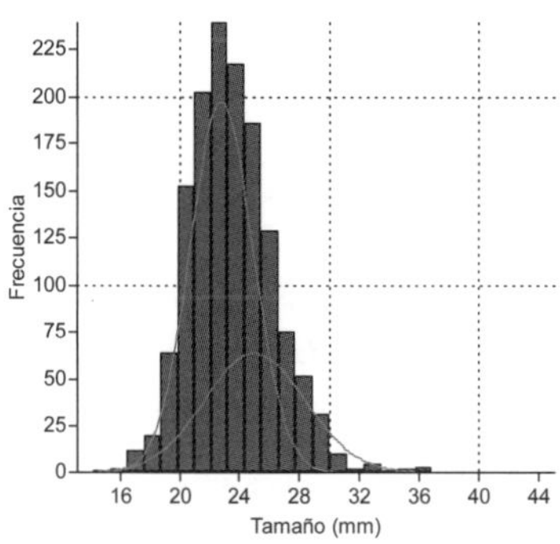


| | |
|---|---|
| N | 1398 |
| Min | 14,1 |
| Max | 36,81 |
| Sum | 32818,7 |
| Mean | 23,4754 |
| Std. error | 0,0754697 |
| Variance | 7,96255 |
| Stand. dev | 2,8218 |
| Median | 23,245 |
| 25 prcntil | 21,5075 |
| 75 prcntil | 25,095 |
| Skewness | 0,619641 |
| Kurtosis | -10,4027 |
| Geom. mean | 23,3104 |
| Shapiro-Wilk | |
| W: | 0,9794 |
| *p*: | 2,93E-13 |

*Fig. 6.121: Representación estadística de los tamaños (longitud) de Patella intermedia en el conchero de Arenillas*

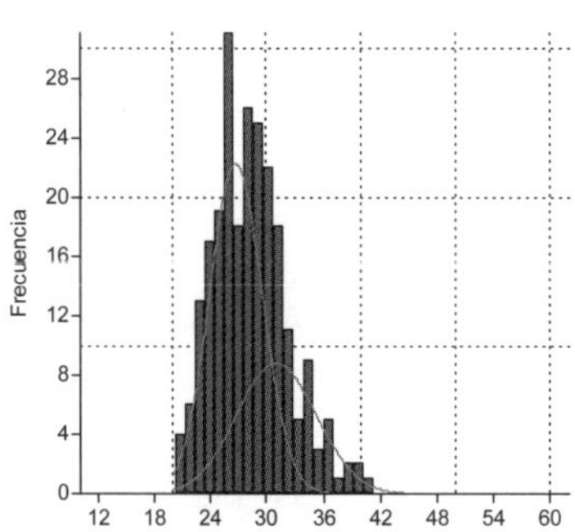


| | |
|---|---|
| N | 238 |
| Min | 20,2 |
| Max | 41,25 |
| Sum | 6724,65 |
| Mean | 28,2548 |
| Std. error | 0,2592 |
| Variance | 15,99 |
| Stand. dev | 3,99875 |
| Median | 27,81 |
| 25 prcntil | 25,46 |
| 75 prcntil | 30,6525 |
| Skewness | 0,597273 |
| Kurtosis | 0,310902 |
| Geom. mean | 27,982 |
| *Shapiro-Wilk* | |
| W: | 0,9758 |
| *p*: | 0,0004258 |

*Fig. 6.122: Representación estadística de los tamaños (longitud) de Patella ulyssiponensis en el conchero de Arenillas*

Las muestras de *Ostrea edulis* permiten trazar las distribuciones tanto de las valvas derechas como izquierdas (Figs. 6.123 y 6.124). Así, ambas valvas presentan una distribución normal, bastante simétrica y con varias modas. En este caso, la existencia de varias modas se debe probablemente al amplio rango de medidas que puede alcanzar esta especie, lo que unido a tamaños de muestra no muy abundantes provoca esa forma polimodal. Al no contar con muestra moderna de referencia, es complicado establecer si los tamaños medios reflejan una explotación intensa o no. No obstante, estos tamaños se pueden comparar con los de los niveles III y IV de Kobaederra, con los que comparten gran similitud.

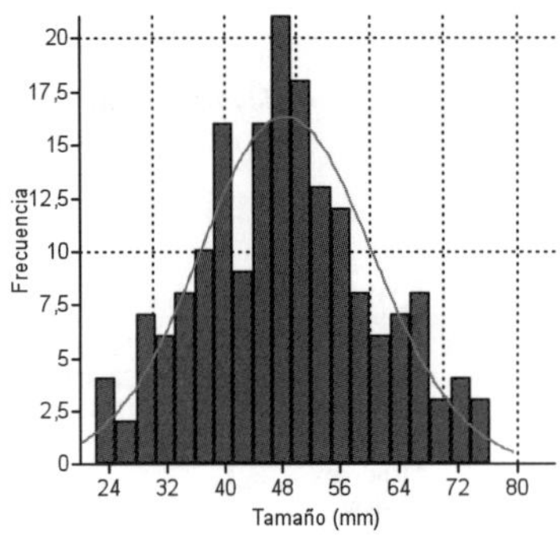


| | |
|---|---|
| N | 181 |
| Min | 22,2 |
| Max | 76,28 |
| Sum | 8749,98 |
| Mean | 48,3424 |
| Std. error | 0,891597 |
| Variance | 143,885 |
| Stand. dev | 11,9952 |
| Median | 48 |
| 25 prcntil | 39,125 |
| 75 prcntil | 56,27 |
| Skewness | 0,140345 |
| Kurtosis | -0,42431 |
| Geom. mean | 46,7965 |
| Shapiro-Wilk | |
| W: | 0,9897 |
| *p*: | 0,2173 |

*Fig. 6.123: Representación estadística de los tamaños (altura) de las valvas derechas de Ostrea edulis en el conchero de Arenillas*

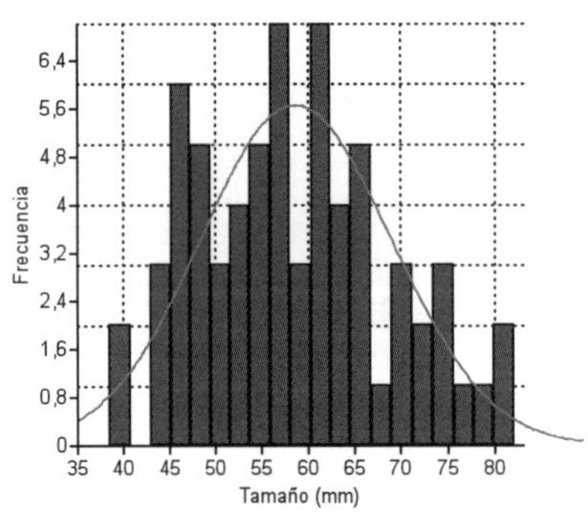


| | |
|---|---|
| N | 67 |
| Min | 38,47 |
| Max | 82 |
| Sum | 3926,11 |
| Mean | 58,5987 |
| Std. error | 1,26803 |
| Variance | 107,73 |
| Stand. dev | 10,3793 |
| Median | 57,81 |
| 25 prcntil | 50,48 |
| 75 prcntil | 65,53 |
| Skewness | 0,293637 |
| Kurtosis | -0,513696 |
| Geom. mean | 57,6976 |
| *Shapiro-Wilk* | |
| W: | 0,9807 |
| *p*: | 0,3846 |

*Fig. 6.124: Representación estadística de los tamaños (altura) de las valvas izquierdas de Ostrea edulis en el conchero de Arenillas*

En el caso de *Mytilus galloprovincialis*, las valvas derechas (Fig. 6.125) presentan una distribución que no es ni normal ni log-normal, y con una asimetría muy acusada y al menos dos distribuciones. Sin embargo, en este caso, la existencia de valores muy extremos es probablemente la causa de tan acusada falta de simetría. La distribución de las valvas izquierdas (Fig. 6.126) es log-normal, con asimetría marcada, dos modas y al menos dos distribuciones. En ambos casos los tamaños medios son similares a los del nivel 1 de la Fragua, por lo que no ha variado la estrategia de recolección de esta especie a lo largo del tiempo. Al igual que en La Fragua el tamaño es a priori pequeño, sin embargo, es probable que la causa se halle en el hábitat de esta especie, más pequeña cuando habita en costas abiertas.

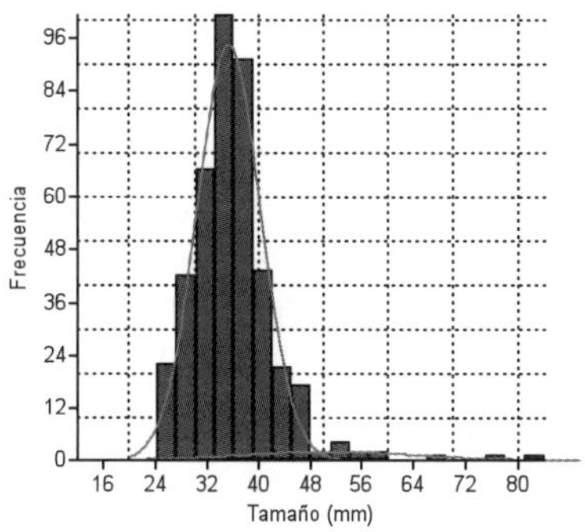


| | |
|---|---|
| N | 416 |
| Min | 24,2 |
| Max | 83,92 |
| Sum | 15011,9 |
| Mean | 36,0862 |
| Std. error | 0,325542 |
| Variance | 44,0866 |
| Stand. dev | 6,63977 |
| Median | 35,655 |
| 25 prcntil | 32,1275 |
| 75 prcntil | 38,79 |
| Skewness | 1,98437 |
| Kurtosis | 9,87443 |
| Geom. mean | 35,5528 |
| *Shapiro-Wilk* | |
| W: | 0,8799 |
| *p*: | 1,84E-17 |

*Fig. 6.125: Representación estadística de los tamaños (altura) de las valvas derechas de Mytilus galloprovincialis en el conchero de Arenillas*

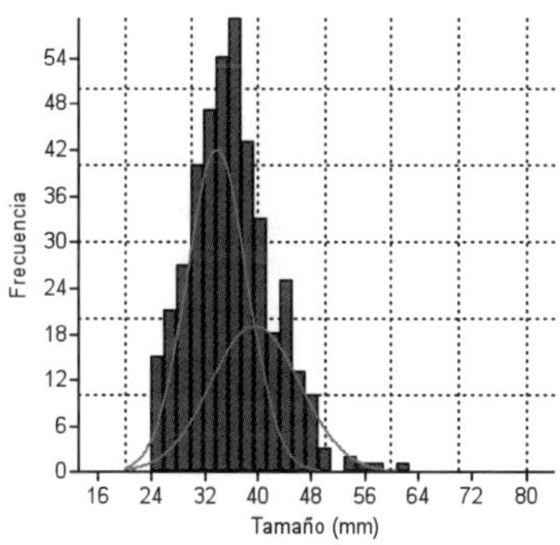


| | |
|---|---|
| N | 413 |
| Min | 23,87 |
| Max | 62,58 |
| Sum | 14847,9 |
| Mean | 35,9514 |
| Std. error | 0,30514 |
| Variance | 38,4547 |
| Stand. dev | 6,20119 |
| Median | 35,57 |
| 25 prcntil | 31,645 |
| 75 prcntil | 39,455 |
| Skewness | 0,596712 |
| Kurtosis | 0,833916 |
| Geom. mean | 35,4328 |
| *Shapiro-Wilk* | |
| W: | 0,9779 |
| *p*: | 6,06E-06 |

*Fig. 6.126: Representación estadística de los tamaños (altura) de las valvas izquierdas de Mytilus galloprovincialis en el conchero de Arenillas*

Por tanto, teniendo en cuenta los datos y la forma de los histogramas actuales y arqueológicos, se puede concluir que *Osilinus lineatus* presenta indicios de selección de tamaños grandes, pero no de recolección muy intensa. Las especies del género *Patella* presentan un patrón de selección de tamaños grandes y de recolección intensa. La explotación de *Ostrea edulis* no parece haberse llevado a cabo con especial intensidad ni hay indicios de selección de tamaños. Por último, los ejemplares de *Mytilus galloprovincialis* muestran un patrón que probablemente implica selección de tamaños grandes, pero no recolección intensa.

6.6.2.6 Técnicas de recolección

No se han hallado durante la excavación instrumentos que hayan sido utilizados para la recolección de moluscos. Sin embargo, como en el caso de otros asentamientos, lo más probable es que se haya utilizado algún tipo de objeto contundente para la extracción del género *Patella* y probablemente también de *Mytilus galloprovincialis* y *Ostrea edulis*. En el caso de las especies de fondos de arena y fango, se han podido recolectar bien con las propias manos, bien utilizando algún instrumento similar a un palo cavador.

### 6.7.3 *Discusión y conclusiones*

El patrón de explotación identificado en Arenillas puede considerarse diversificado, ya que son necesarios cuatro taxones para responder del 80% del conjunto y entre ellos se encuentran taxones de costa abierta y de estuario. Los taxones principales son el género *Patella*, *Mytilus galloprovincialis*, *Ostrea edulis* y *Osilinus lineatus*, a los que acompañan una serie de taxones marginales. Es destacable la abundancia, tanto de los crustáceos del Orden Brachyura como del equinodermo *Paracentrotus lividus*, que no suele ser habitual en los yacimientos de la región, ya que generalmente no aportan más que unos pocos ejemplares a los conjuntos malacológicos de estos períodos. Ya se ha visto como las zonas de recolección están diversificadas entre la costa abierta y el estuario, algo bastante común en la zona oriental del Cantábrico durante el final del Mesolítico y los inicios del Neolítico. Es muy probable que el patrón identificado en el conchero cementado de La Trecha guarde relación con la ocupación en Arenillas, debido a su proximidad y a la similar composición del conchero, con gran importancia de *Mytilus galloprovincialis*. El análisis biométrico indica que muy probablemente la recolección de moluscos fue una actividad que se llevó a cabo con intensidad en el caso de algunas especies, como las del género *Patella*. Otras, como la ostra *Ostrea edulis*, no parecen haber sido sometidas a una explotación intensa. Por último, es probable que la escasa fragmentación identificada en el material guarde relación con ocupaciones esporádicas y puntuales de la cavidad. Igualmente, es muy probable que originalmente el conchero ocupara una gran parte del covacho, siendo el material recuperado una pequeña parte del mismo. En este caso, la entidad del asentamiento sería mayor de lo que se estima.

## 6.8 Kobaederra (Kortezubi, Bizkaia)

### 6.8.1 *El Yacimiento: localización y descripción*

La cueva de Kobaederra se sitúa en la localidad de Kortezubi (Vizcaya, País Vasco), concretamente en la cara sur del monte Aritsgane, sobre el valle de Oma (Fig. 6.127). Sus coordenadas UTM son x = 530927 y = 4798992 y se localiza a una altura sobre el nivel del mar de 260 m.

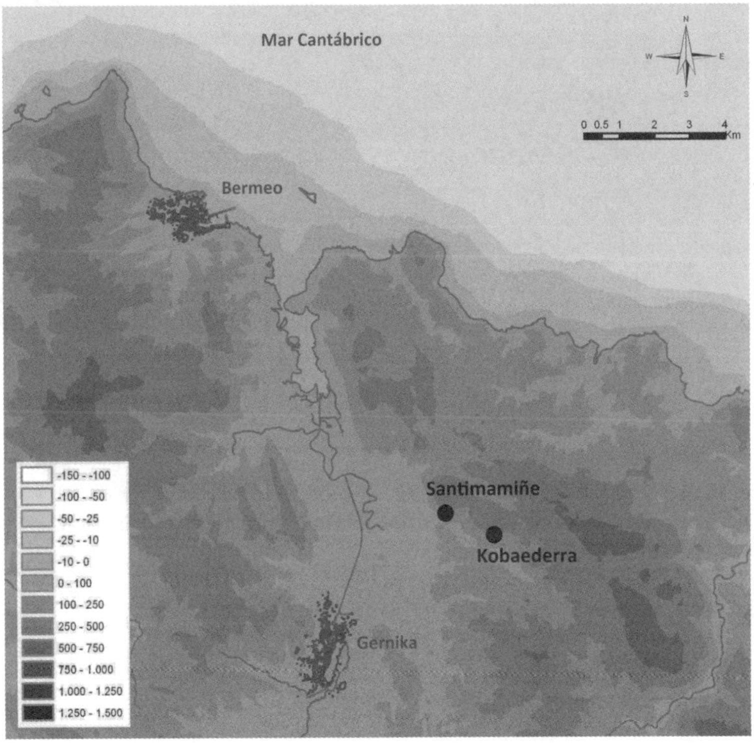


*Fig. 6.127: Localización de la cueva de Kobaederra*

En la actualidad un frondoso bosque provoca que el acceso sea complicado. La entrada de la cavidad es de gran tamaño, unos 25 m de ancho y unos 6 m de altura en su parte central (Fig. 6.128). La excavación se llevó a cabo entre los años 1995 y 1998, y se realizó sobre una superficie de 6 m$^2$. Según el equipo de excavación (Zapata *et al.*, 1997:54), la estratigrafía documentada (Fig. 6.129) es la siguiente:

Nivel I: Se compone de varias series de finas capas costrificadas. El sedimento es limo-arcilloso y presenta una escasa compacidad. Este nivel descansa sobre una gruesa capa estalagmítica. El material arqueológico es abundante, destacando la cerámica.

Nivel II: Las características sedimentológicas de este nivel son muy similares a las del nivel anterior, pero ha sido individualizado por la existencia de una costra calcárea. Los materiales arqueológicos también son muy parecidos a los del nivel suprayacente.

*Fig. 6.128: Entrada de la cueva de Kobaederra (Foto: J. E. González Urquijo)*

Nivel III: Se compone de un relleno arcilloso muy compacto, de tonalidad marrón-grisácea, debido a la abundante presencia de cenizas y carbones. Se encuentran zonas concrecionadas, sobre todo en las zonas donde están presentes las cenizas. En este nivel destaca la escasez de cerámica y el aumento del material lítico, así como del material malacológico y los macromamíferos. Una gran parte del material arqueológico está afectado por la acción del fuego.

Nivel IV: Compuesto por arcillas y limos muy sueltos, aunque la base del nivel presenta una escasa matriz terrosa y un relleno de bloques calizos, de tamaños decimétricos o incluso métricos, que en algunas zonas aparecen concrecionados entre sí. Igualmente, la parte superior es más prolífica en materiales arqueológicos, con un conjunto similar al del nivel anterior.

El programa de dataciones llevado a cabo en el yacimiento (Tabla 6.51) ha evidenciado la pertenencia del depósito al VII milenio cal BP, es decir, a los inicios del Neolítico (Zapata *et al.*, 1997:55-57 y 2000:222).

| Referencia | Nivel | BP | sd | cal BP | sd | Adscripción | Material | Metódo |
|---|---|---|---|---|---|---|---|---|
| UBAR-472 | II | 5200 | 110 | 5980 | 160 | Neolítico | Carbón | C14 |
| AA-29110 | IV | 5375 | 90 | 6150 | 110 | Neolítico | Cereal | |
| UBAR-470 | IV | 5630 | 100 | 6440 | 110 | Neolítico | Carbón | C14 |
| UBAR-471 | III | 5820 | 240 | 6670 | 270 | Neolítico | Carbón | C14 |

*Tabla 6.51: Dataciones por radiocarbono del yacimiento de la cueva de Kobaederra*

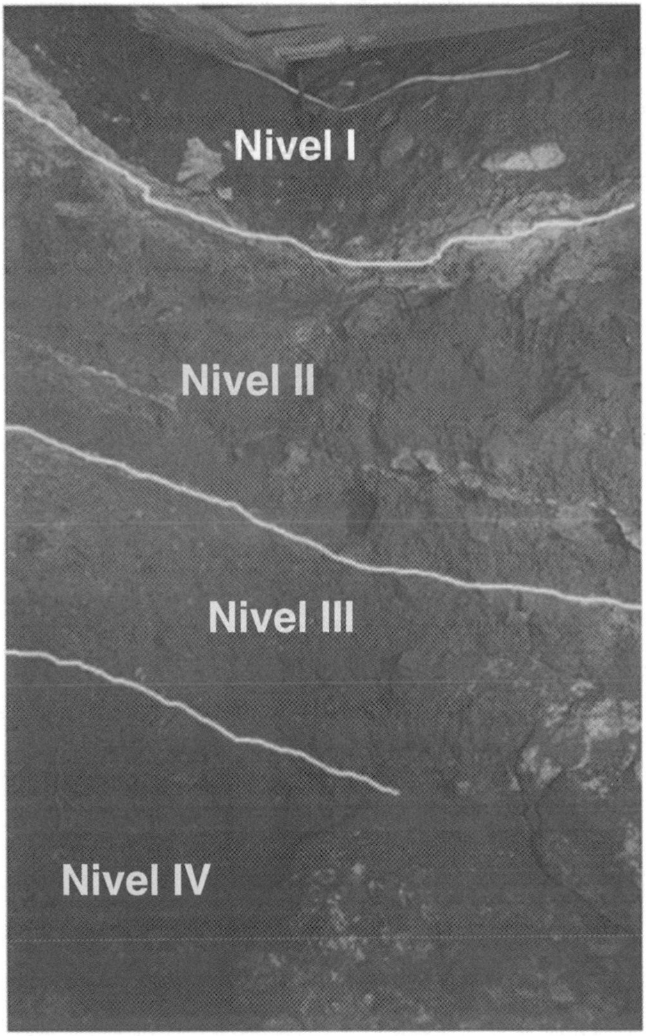


*Fig. 6.129: Estratigrafía del yacimiento de la cueva de Kobaederra (Foto: J. E. González Urquijo)*

## 6.8.2 *Análisis Arqueomalacológico Nivel IV*

### 6.8.2.1 Representación de especies

El conchero del Nivel IV (Tabla 6.52) está compuesto por 27 taxones, repartidos en nueve bivalvos, ocho gasterópodos marinos y 10 gasterópodos terrestres. El número de restos (NR) asciende a 5724, que se corresponden con un número mínimo de 657 individuos (NMI) y un peso de 1,8 Kg. Tres especies son las más representadas, *Ruditapes decussatus* (25% del NMI), *Ostrea edulis* (23%) y *Scrobicularia plana* (21%). Otros bivalvos, como *Mytilus galloprovincialis* y *Solen marginatus* aparecen en cantidades muy escasas (2%), al igual que los gasterópodos marinos, entre los que destaca el género *Patella* (5%). Es destacable la abundancia de *Cepaea nemoralis* (10%) que podría haber sido recogido como alimento. Sin embargo, la elevada cantidad de gasterópodos terrestres intrusivos en el nivel, no permite afirmarlo con seguridad. Hay taxones alimentarios, potencialmente modificables, de funcionalidad desconocida e intrusivos.

| Taxones | Kobaederra Nivel IV | | | | |
|---|---|---|---|---|---|
| **Bivalvos marinos** | **NR** | **%NR** | **NMI** | **%NMI** | **Peso (gr.)** |
| *Anomia ephippium* | 1 | **0,017** | 1 | **0,152** | |
| *Eastonia rugosa* | 4 | **0,069** | 1 | **0,152** | |
| *Mytilus galloprovincialis* | 134 | **2,341** | 13 | **1,978** | 50 |
| *Ostrea edulis* | 880 | **15,373** | 148 | **22,526** | 664 |
| *Pholas dactylus* | 2 | **0,034** | 1 | **0,152** | |
| *Ruditapes decussatus* | 1872 | **32,704** | 162 | **24,657** | 826 |
| *Scrobicularia plana* | 2100 | **36,687** | 137 | **20,852** | 218 |
| *Solen marginatus* | 62 | **1,083** | 14 | **2,130** | 9 |
| Veneridae sp. | 1 | **0,017** | 1 | **0,152** | 3 |
| **Total Bivalvos** | **5056** | **88,325** | **478** | **72,751** | **1770** |
| **Gasterópodos marinos** | **NR** | **%NR** | **NMI** | **%NMI** | **Peso (gr.)** |
| *Hydrobia ulvae* | 2 | **0,034** | 2 | **0,304** | |
| *Ocenebra erinaceus* | 1 | **0,017** | 1 | **0,152** | |
| *Osilinus lineatus* | 6 | **0,104** | 2 | **0,304** | 4 |
| *Nassarius reticulatus* | 1 | **0,017** | 1 | **0,152** | |
| *Patella vulgata* | 5 | **0,087** | 5 | **0,761** | 20 |
| *Patella intermedia* | 17 | **0,296** | 17 | **2,587** | 14 |
| *Patella ulyssiponensis* | 6 | **0,104** | 6 | **0,913** | 9 |
| *Patella* sp. | 68 | **1,187** | 9 | **1,369** | 17 |
| **Total Gasterópodos marinos** | **106** | **1,846** | **41** | **6,542** | **64** |
| **Gasterópodos terrestres** | **NR** | **%NR** | **NMI** | **%NMI** | **Peso (gr.)** |
| *Cepaea nemoralis* | 262 | **4,577** | 66 | **10,045** | 38 |
| *Claussilia bidentata* | 1 | **0,017** | 1 | **0,152** | |
| *Cochlostoma* sp. | 16 | **0,279** | 11 | **1,674** | |
| *Elona quimperiana* | 37 | **0,646** | 7 | **1,065** | |
| *Helicella itala* | 2 | **0,034** | 1 | **0,152** | |
| *Cryptomphalus aspersus* | 4 | **0,069** | 1 | **0,152** | |
| *Oxychilus* sp. | 10 | **0,174** | 10 | **1,522** | |
| *Pomatias elegans* | 54 | **0,943** | 36 | **5,479** | |
| *Pyrenaearia cantabrica* | 4 | **0,069** | 4 | **0,608** | |
| Stylommatophora sp. | 146 | **2,55** | 1 | **0,152** | |
| **Total Gasterópodos terrestres** | **536** | **9,358** | **138** | **21,001** | **38** |
| **No identificable** | **26** | **0,454** | | | |
| **TOTAL** | **5724** | **100** | **657** | **100** | **1872** |

*Tabla 6.52: Abundancia (NR, NMI, peso y frecuencias relativas) de los taxones identificados en el Nivel IV de Kobaederra*

### 6.8.2.2 Tafonomía

Los procesos tafonómicos identificados en la mayor parte del material, pero especialmente en *Ostrea edulis* son la bioerosión (perforación e incrustación por serpúlidos), fragmentación (0,118), carbonificación (acusada en pocos ejemplares), encostramiento (acusado en algunos ejemplares), biodegradación (apreciable en individuos con roturas, es decir, que se identifica principalmente en la estructura interna de las ostras). En la parte inferior del nivel la biodegradación y el encostramiento son bastante más acusadas que en el resto del nivel mientras los demás procesos son similares.

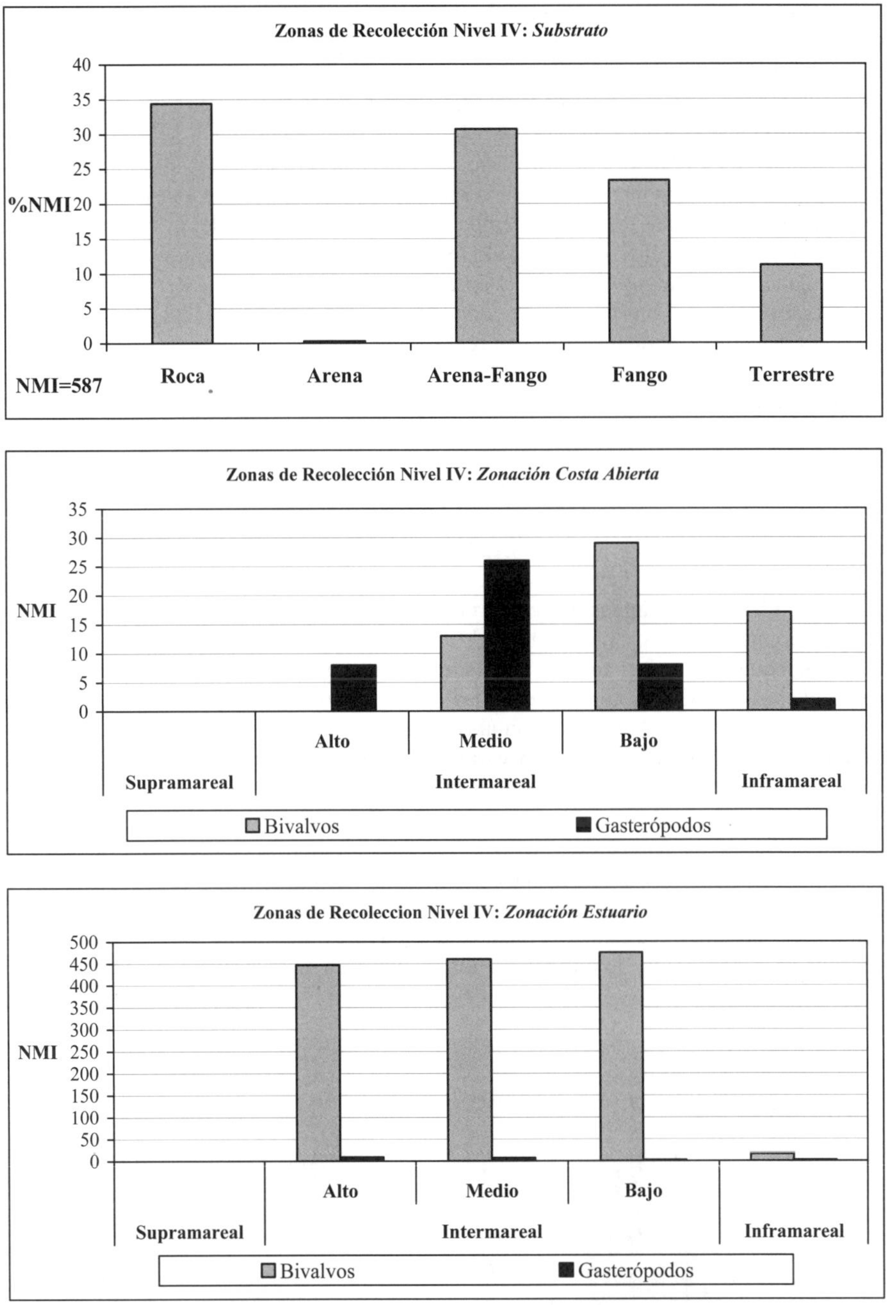


*Fig. 6.130: Zonas de recolección (substrato, zonación y exposición) en el nivel IV de Kobaederra*

### 6.8.2.3 Zonas de recolección

La recolección (Fig. 6.130) se ha llevado a cabo en substratos variados, entre los que destacan los substratos duros, de tipo rocoso, junto a los substratos blandos, de tipo arenoso/fangoso y fangoso. Si se considera a *Cepaea nemoralis* como un recurso antrópico, a este cuadro se pueden añadir las zonas terrestres. En cuanto a la zonación litoral vertical de las especies presentes en el conchero, parece evidente que el intermareal ha sido explotado en todas sus zonas. La preferencia de las tres especies más abundantes y de *Hydrobia ulvae* por las zonas de estuario, refleja claramente que este biotopo ha sido preferentemente explotado. Por otra parte, la presencia de especies como *Patella intermedia* y *Patella ulyssiponensis* evidencia que las costas abiertas y expuestas también se han frecuentado, aunque en menor medida. Las especies propias del inframareal, como *Eastonia rugosa*, probablemente han sido recogidas en zonas de playa, una vez muertas. La abundancia de bivalvos en costas abiertas que refleja la figura se debe a *Mytilus galloprovincialis* y *Solen marginatus*, que también habitan en estuarios, por lo que es difícil saber con certeza de donde proceden realmente.

### 6.8.2.4 Biometría

Para el análisis biométrico sólo se ha contado con muestras aceptables de *Ostrea edulis*. Así, se han tomado dos tipos de medidas. Por una parte, en los casos en que el grado de fragmentación lo permitía se ha tomado la longitud de las valvas, tanto derechas como izquierdas (Fig. 6.131 y 6.132), y por otra parte, se ha utilizado la longitud de una muestra más abundante de charnelas derechas e izquierdas (Fig. 6.133 y 6.134). En cuanto a las valvas, ambas presentan un tamaño de muestra bastante escaso. Las derechas presentan una distribución normal, con poca asimetría y varias modas. La serie de valvas izquierdas es log-normal, con asimetría marcada y varias modas. Los tamaños medios de ambas valvas son similares a las de otros conjuntos arqueológicos de similar cronología, como el de Arenillas (Cantabria). En el caso de las charnelas, ambas distribuciones son log-normal y presentan varias modas y al menos dos distribuciones en su interior. Las derechas presentan una asimetría positiva menos marcada que las izquierdas. El escaso tamaño de muestra de las valvas no permite extraer conclusiones definitivas, sin embargo, no parece que las distribuciones reflejen ni selección de tamaños ni recolección intensa. El caso de las charnelas es ligeramente diferente, ya que la forma de los histogramas y la asimetría podrían estar indicando una selección de tamaños grandes. No obstante, los tamaños medios son mayores que los de los niveles contemporáneos de Santimamiñe, lo que refleja una recolección no excesivamente intensa.

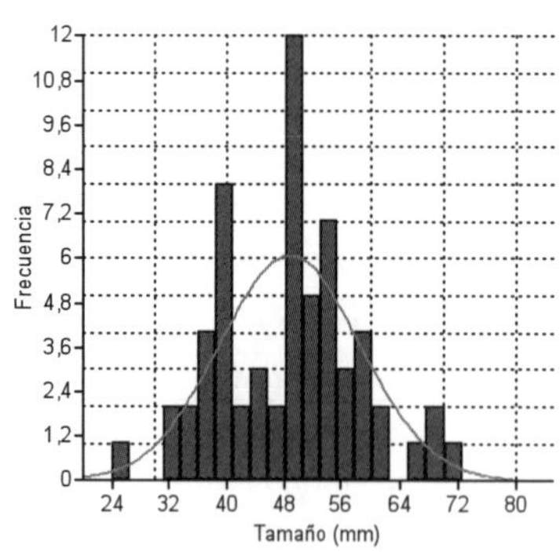


| | |
|---|---|
| N | 61 |
| Min | 23,98 |
| Max | 72,38 |
| Sum | 2969,96 |
| Mean | 48,6879 |
| Std. error | 1,2539 |
| Variance | 95,9087 |
| Stand. dev | 9,7933 |
| Median | 49,05 |
| 25 prcntil | 40,2 |
| 75 prcntil | 54,96 |
| Skewness | 0,113299 |
| Kurtosis | 0,031924 |
| Geom. mean | 47,6823 |
| *Shapiro-Wilk* | |
| W: | 0,9858 |
| *p*: | 0,7043 |

*Fig. 6.131: Representación estadística de los tamaños (altura) de las valvas derechas de Ostrea edulis en el nivel IV de Kobaederra*

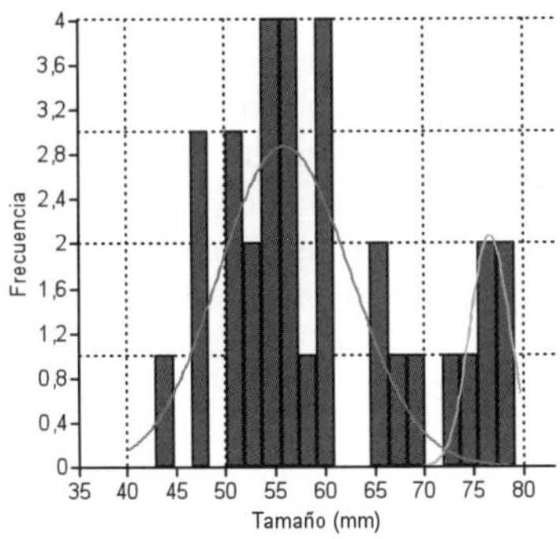


| | |
|---|---|
| N | 32 |
| Min | 42,86 |
| Max | 79,08 |
| Sum | 1908,51 |
| Mean | 59,6409 |
| Std. error | 1,79138 |
| Variance | 102,689 |
| Stand. dev | 10,1335 |
| Median | 56,645 |
| 25 prcntil | 52,775 |
| 75 prcntil | 67,245 |
| Skewness | 0,577586 |
| Kurtosis | -0,654297 |
| Geom. mean | 58,8393 |
| *Shapiro-Wilk* | |
| W: | 0,9293 |
| *p:* | 0,03733 |

*Fig. 6.132: Representación estadística de los tamaños (altura) de las valvas izquierdas de Ostrea edulis en el nivel IV de Kobaederra*

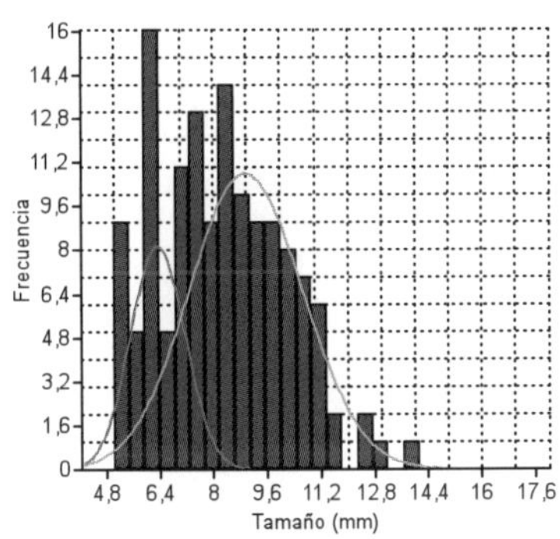


| | |
|---|---|
| N | 137 |
| Min | 5 |
| Max | 14,1 |
| Sum | 1129 |
| Mean | 8,24088 |
| Std. error | 0,16412 |
| Variance | 3,69023 |
| Stand. dev | 1,921 |
| Median | 8,2 |
| 25 prcntil | 6,75 |
| 75 prcntil | 9,75 |
| Skewness | 0,36814 |
| Kurtosis | -0,35407 |
| Geom. mean | 8,01996 |
| *Shapiro-Wilk* | |
| W: | 0,9775 |
| *p:* | 0,02295 |

*Fig. 6.133: Representación estadística de los tamaños de las charnelas derechas de Ostrea edulis en el nivel IV de Kobaederra*

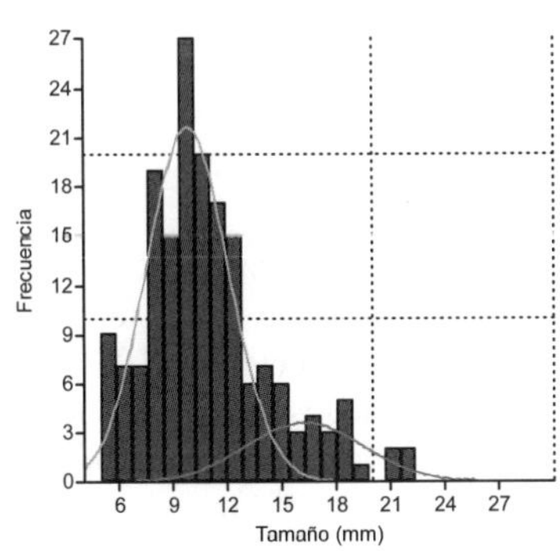


| | |
|---|---|
| N | 175 |
| Min | 5 |
| Max | 22,4 |
| Sum | 1924,8 |
| Mean | 10,9989 |
| Std. error | 0,267801 |
| Variance | 12,5506 |
| Stand. dev | 3,54268 |
| Median | 10,4 |
| 25 prcntil | 8,6 |
| 75 prcntil | 12,7 |
| Skewness | 0,914131 |
| Kurtosis | 0,897974 |
| Geom. mean | 10,4698 |
| *Shapiro-Wilk* | |
| W: | 0,944 |
| *p:* | 2,27E-06 |

*Fig. 6.134: Representación estadística de los tamaños de las charnelas izquierdas de Ostrea edulis en el nivel IV de Kobaederra*

6.8.2.5 Estacionalidad

Los análisis de lámina delgada sobre charnelas de *Ostrea edulis*, reflejan que la mayor parte de los individuos analizados murieron en primavera, por lo que probablemente fueron recolectados en esa estación (Fig. 6.135). Así, parece que la explotación se ha centrado en una estación específica, a pesar de que algunas ostras parecen haber muerto en invierno y verano. Sin embargo, en otoño parece no haber tenido lugar la explotación de este recurso.

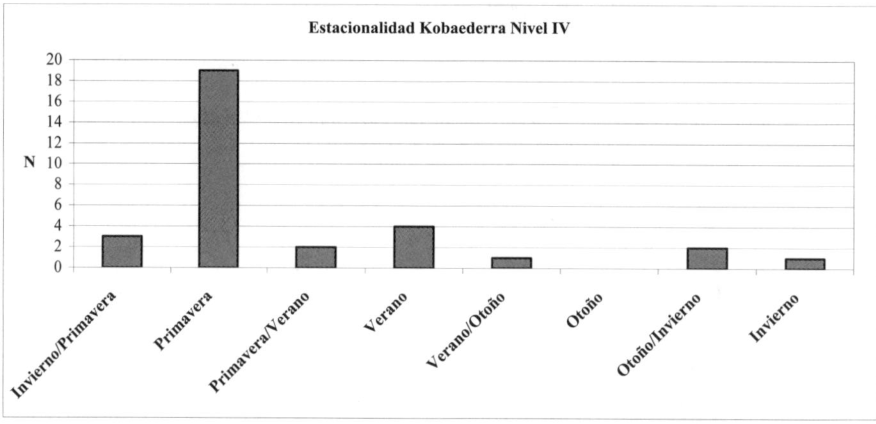


*Fig. 6.135: Datos de estacionalidad en el Nivel IV de Kobaederra a partir de las líneas de crecimiento en Ostrea edulis*

## 6.8.3 *Análisis Arqueomalacológico Nivel III*

6.8.3.1 Representación de especies

El conchero del nivel III (Tabla 6.53) se compone de 33 taxones, repartidos en 10 bivalvos, 10 gasterópodos marinos, 10 gasterópodos terrestres y tres crustáceos. Están representados taxones de tipo alimentario, intrusivos, potencialmente modificables y de funcionalidad desconocida.

El número de restos (NR) es de 5855 y se corresponden con 956 individuos (NMI) y un peso de 2,5 Kg. Al igual que en el nivel anterior, tres son las especies principales en el depósito. En este caso, *Ostrea edulis* es la más abundante (30% del NMI), seguida de *Ruditapes decussatus* (22%) y *Scrobicularia plana* (15%). Entre los gasterópodos marinos, el género *Patella* es el único que presenta cantidades apreciables (10%). El caso de *Cepaea nemoralis* es similar al del nivel anterior, ya que a pesar de su abundancia (9%) no está clara su condición de recurso antrópico al aparecer otros gasterópodos terrestres en cantidades apreciables, como ocurre con *Pomatias elegans* (5%).

6.8.3.2 Tafonomía

Los procesos tafonómicos que han afectado al material en este nivel son similares a los del nivel anterior. Así, se han identificado procesos como la bioerosión (perforación e incrustación por balanos, serpúlidos y ostras juveniles), fragmentación (0,163), carbonificación (acusada en pocos ejemplares), encostramiento (acusado en algunos ejemplares), biodegradación (al igual que en el nivel anterior, es apreciable principalmente en individuos de *Ostrea edulis* con roturas, es decir, que se identifica en las zonas internas de las ostras. Por fuera apenas presentan signos de este proceso).

| **Taxones** | **Kobaederra Nivel III** | | | | |
|---|---|---|---|---|---|
| **Bivalvos marinos** | **NR** | **%NR** | **NMI** | **%NMI** | **Peso (gr.)** |
| *Acanthocardia* sp. | 1 | **0,02** | 1 | **0,104** | |
| *Anomia ephippium* | 4 | **0,07** | 2 | **0,209** | |
| *Mimachlamys varia* | 11 | **0,19** | 1 | **0,104** | |
| *Eastonia rugosa* | 1 | **0,02** | 1 | **0,104** | |
| *Mytilus galloprovincialis* | 138 | **2,36** | 11 | **1,15** | 52 |
| *Ostrea edulis* | 958 | **16,36** | 293 | **30,658** | 1019 |
| *Pholas dactylus* | 4 | **0,07** | 1 | **0,104** | |
| *Ruditapes decussatus* | 2002 | **34,19** | 215 | **22,489** | 1064 |
| *Scrobicularia plana* | 1920 | **32,79** | 148 | **15,481** | 203 |
| *Solen marginatus* | 84 | **1,43** | 11 | **1,15** | 19 |
| **Total Bivalvos** | **5123** | **87,49** | **684** | **71,553** | **2357** |
| **Gasterópodos marinos** | **NR** | **%NR** | **NMI** | **%NMI** | **Peso (gr.)** |
| *Bittium reticulatum* | 3 | **0,05** | 3 | **0,313** | |
| *Hydrobia ulvae* | 4 | **0,07** | 4 | **0,418** | |
| *Littorina obtusata* | 2 | **0,03** | 2 | **0,209** | |
| *Ocenebra erinaceus* | 3 | **0,05** | 1 | **0,104** | |
| *Osilinus lineatus* | 15 | **0,26** | 12 | **1,255** | 16 |
| *Nassarius incrassatus* | 1 | **0,02** | 1 | **0,104** | |
| *Patella vulgata* | 8 | **0,14** | 8 | **0,836** | 8 |
| *Patella intermedia* | 50 | **0,85** | 50 | **5,23** | 54 |
| *Patella ulyssiponensis* | 15 | **0,26** | 15 | **1,569** | 18 |
| *Patella* sp. | 81 | **1,38** | 23 | **2,405** | 29 |
| **Total Gasterópodos marinos** | **183** | **3,11** | **119** | **12,443** | **125** |
| **Gasterópodos terrestres** | **NR** | **%NR** | **NMI** | **%NMI** | **Peso (gr.)** |
| *Cepaea nemoralis* | 361 | **6,17** | 84 | **8,786** | 58 |
| Claussiliidae sp. | 1 | **0,02** | 1 | **0,104** | |
| *Cochlostoma* sp. | 17 | **0,29** | 6 | **0,627** | |
| *Elona quimperiana* | 25 | **0,43** | 2 | **0,209** | |
| *Helicella itala* | 7 | **0,12** | 5 | **0,523** | |
| Helicidae sp. | 6 | **0,10** | 1 | **0,104** | |
| *Oxychilus* sp. | 3 | **0,05** | 3 | **0,313** | |
| *Pomatias elegans* | 52 | **0,89** | 45 | **4,707** | |
| *Retinella incerta* | 2 | **0,03** | 2 | **0,209** | |
| Stylommatophora sp. | 53 | **0,91** | 1 | **0,104** | |
| **Total Gasterópodos terrestres** | **527** | **9,00** | **150** | **15,686** | **58** |
| **Crustáceos** | **NR** | **%NR** | **NMI** | **%NMI** | **Peso (gr.)** |
| Brachyura sp. | 3 | **0,05** | 1 | **0,104** | 1 |
| *Balanus* sp. | 3 | **0,05** | 1 | **0,104** | |
| *Pollicipes pollicipes* | 1 | **0,02** | 1 | **0,104** | 1 |
| **No identificable** | **15** | **0,26** | | | |
| TOTAL | **5855** | **100** | **956** | **100** | **2542** |

*Tabla 6.53: Abundancia (NR, NMI, peso y frecuencias relativas) de los taxones identificados en el Nivel III de Kobaederra*

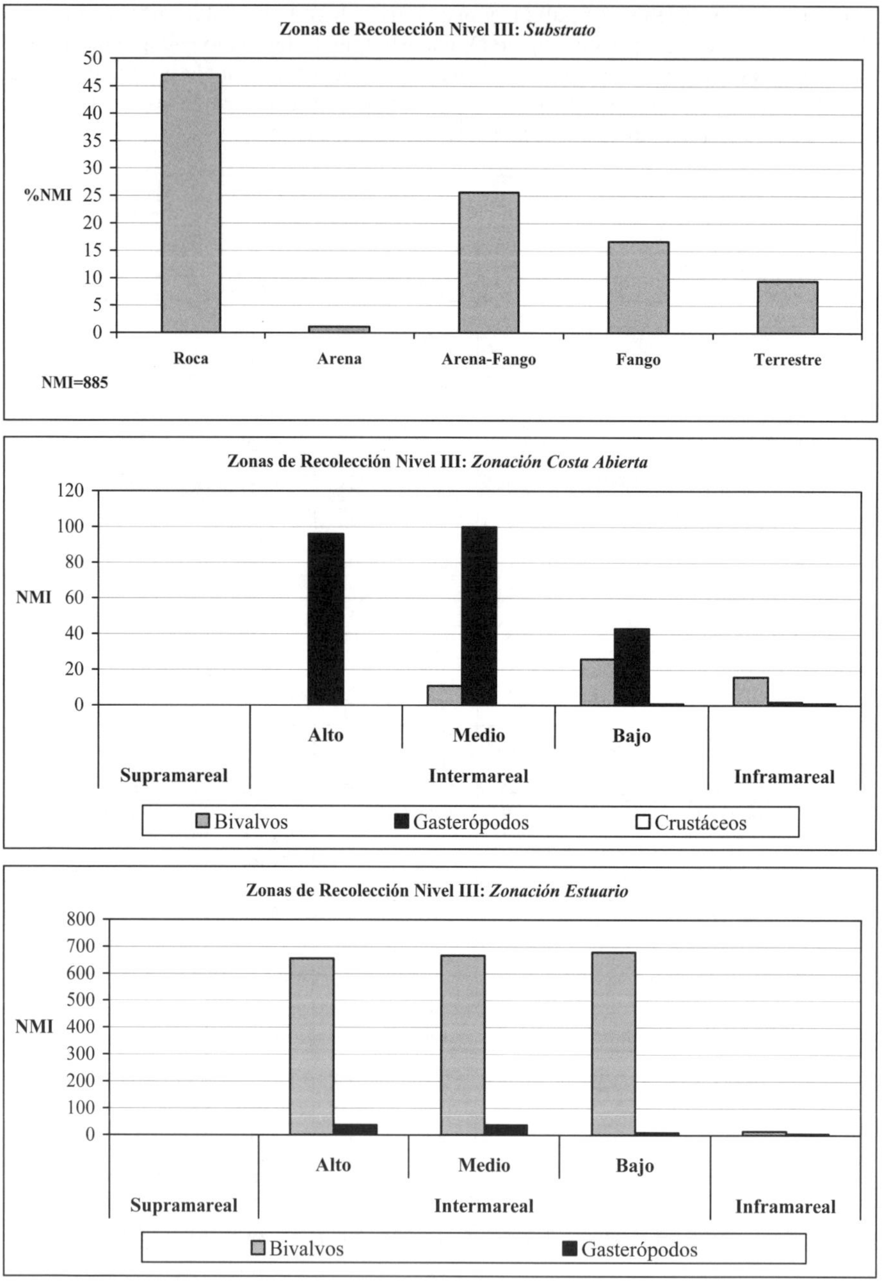


*Fig. 6.136: Zonas de recolección (substrato, zonación y exposición) en el nivel III de Kobaederra*

### 6.8.3.3 Zonas de recolección

Los substratos preferentemente explotados en este nivel son variados, pero están claramente jerarquizados (Fig. 6.136). Las zonas rocosas son las preferidas para la explotación, aunque las de arena/fango y fango también han sido bastante frecuentadas. Las especies alimenticias han sido recolectadas principalmente en todas las zonas del intermareal del estuario, pero la presencia de especies como *Patella intermedia*, *Patella ulyssiponensis y Pollicipes pollicipes*, indican que el intermareal de la costa abierta ha sido también frecuentado, y especialmente las zonas altas y medias, aunque no se ha explotado con intensidad. Las especies propias de las zonas más bajas y del inframareal, como *Mimachlamys varia*, *Eastonia rugosa* o *Pholas dactylus*, han sido probablemente recogidas en zonas de playa tras su muerte.

6.8.3.4 Biometría

Al igual que en el nivel anterior, se cuenta con datos procedentes tanto de las valvas como de las charnelas. En el caso de las valvas (Figs. 6.137 y 6.138), una vez más las muestras son bastante escasas. No obstante, tanto derechas como izquierdas presentan una distribución normal, con escasa asimetría y varias modas. Los tamaños medios son relativamente similares a los del nivel anterior. Por tanto, según las valvas no se aprecia selección de tamaños grandes ni recolección de alta intensidad.

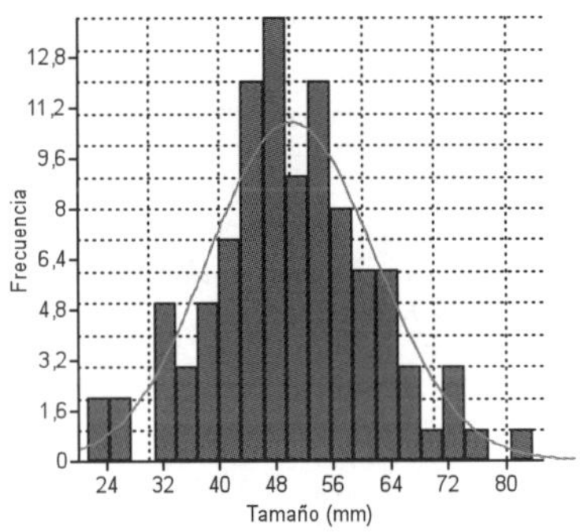


| | |
|---|---|
| N | 100 |
| Min | 21,31 |
| Max | 83,7 |
| Sum | 5011,78 |
| Mean | 50,1178 |
| Std. error | 1,16804 |
| Variance | 136,432 |
| Stand. dev | 11,6804 |
| Median | 49,305 |
| 25 prcntil | 43,8 |
| 75 prcntil | 56,7975 |
| Skewness | 0,05854 |
| Kurtosis | 0,355105 |
| Geom. mean | 48,6658 |
| *Shapiro-Wilk* | |
| W: | 0,9932 |
| *p:* | 0,9008 |

*Fig. 6.137: Representación estadística de los tamaños (altura) de las valvas derechas de Ostrea edulis en el nivel III de Kobaederra.*

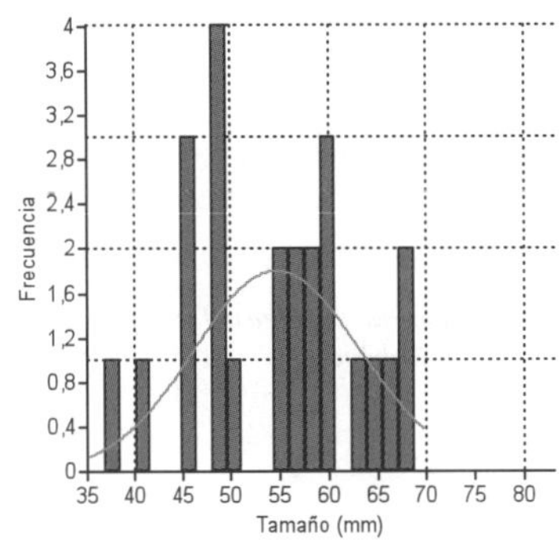


| | |
|---|---|
| N | 24 |
| Min | 36,76 |
| Max | 68,68 |
| Sum | 1310,61 |
| Mean | 54,6087 |
| Std. error | 1,77268 |
| Variance | 75,4176 |
| Stand. dev | 8,68433 |
| Median | 55,885 |
| 25 prcntil | 48,685 |
| 75 prcntil | 59,96 |
| Skewness | -0,196071 |
| Kurtosis | -0,658209 |
| Geom. mean | 53,9186 |
| *Shapiro-Wilk* | |
| W: | 0,9668 |
| *p:* | 0,5888 |

*Fig. 6.138: Representación estadística de los tamaños (altura) de las valvas izquierdas de Ostrea edulis en el nivel III de Kobaederra.*

En cuanto a las charnelas (Figs. 6.139 y 6.140), las derechas presentan una distribución que no es ni normal ni log-normal, con una acusada asimetría positiva, varias modas y al menos dos distribuciones. Las izquierdas presentan una distribución log-normal, con marcada asimetría positiva, varias modas y al menos dos distribuciones. En ambos casos los tamaños medios son similares a los del nivel anterior y parecen no reflejar una recolección de gran intensidad. Por otra parte, ambas distribuciones presentan indicios de selección de tamaños grandes, aunque la gran asimetría que presentan está probablemente causada por algunos valores extremos. Sin embargo, aún a pesar de la existencia de estos valores, la forma de los histogramas es similar a los de una distribución con selección de tamaños.

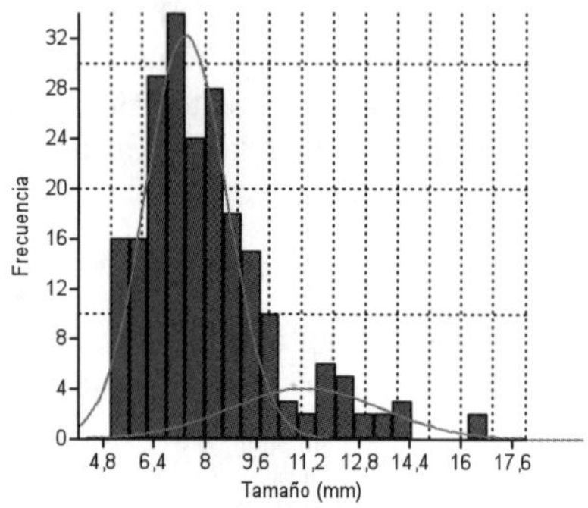


| | |
|---|---|
| N | 215 |
| Min | 5 |
| Max | 16,8 |
| Sum | 1735,5 |
| Mean | 8,07209 |
| Std. error | 0,145929 |
| Variance | 4,57847 |
| Stand. dev | 2,13974 |
| Median | 7,6 |
| 25 prcntil | 6,6 |
| 75 prcntil | 9 |
| Skewness | 1,34097 |
| Kurtosis | 2,33029 |
| Geom. mean | 7,826 |
| *Shapiro-Wilk* | |
| W: | 0,9035 |
| *p:* | 1,44E-10 |

*Fig. 6.139: Representación estadística de los tamaños de las charnelas derechas de Ostrea edulis en el nivel III de Kobaederra.*

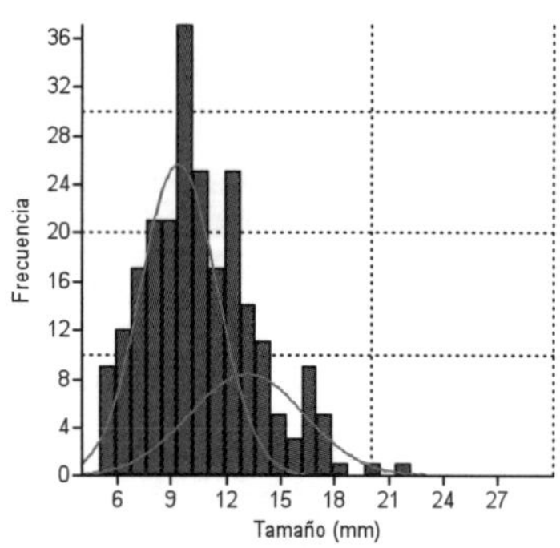


| | |
|---|---|
| N | 234 |
| Min | 5 |
| Max | 22,2 |
| Sum | 2477,9 |
| Mean | 10,5893 |
| Std. error | 0,201017 |
| Variance | 9,45546 |
| Stand. dev | 3,07497 |
| Median | 10,15 |
| 25 prcntil | 8,4 |
| 75 prcntil | 12,225 |
| Skewness | 0,687641 |
| Kurtosis | 0,573385 |
| Geom. mean | 10,1591 |
| *Shapiro-Wilk* | |
| W: | 0,9698 |
| *p:* | 6,98E-05 |

*Fig. 6.140: Representación estadística de los tamaños de las charnelas izquierdas de Ostrea edulis en el nivel III de Kobaederra.*

### 6.8.3.5 Estacionalidad

Al igual que en el nivel anterior, los datos de estacionalidad (Fig. 6.141) apuntan hacia una recolección de *Ostrea edulis* centrada en primavera, aunque algunos ejemplares indican que su muerte se produjo en verano e invierno. En este caso tampoco hay evidencias de recolección en otoño.

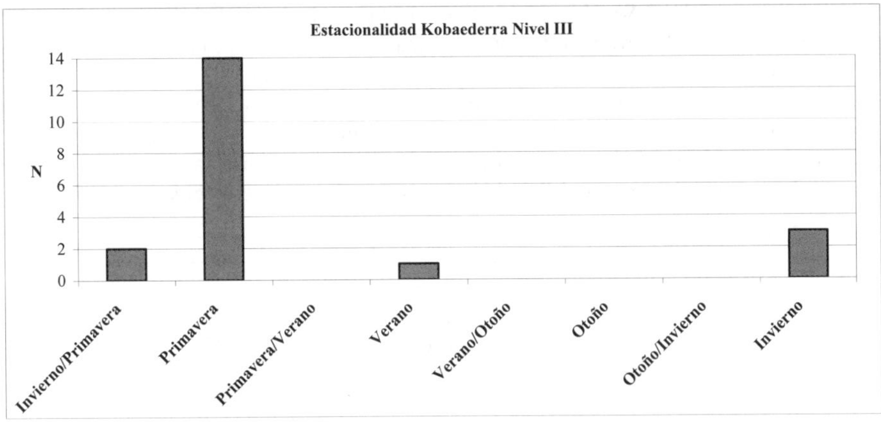


*Fig. 6.141: Datos de estacionalidad en el Nivel III de Kobaederra a partir de las líneas de crecimiento en Ostrea edulis*

*Fig. 6.142: Ejemplares de Ostrea edulis del nivel III de Kobaederra*

## 6.8.4 *Análisis Arqueomalacológico Nivel II*

6.8.4.1 Representación de especies

Se han identificado 24 taxones (Tabla 6.54), entre los que se incluyen ocho bivalvos, cinco gasterópodos marinos y 11 gasterópodos terrestres. El número de restos (NR) asciende a 1548 y se corresponde con un número mínimo de 293 individuos (NMI) y un peso de casi 1,3 kg. Los taxones predominantes son *Ostrea edulis* (22% del NMI), *Rudi-*

*tapes decussatus* (14%), *Scrobicularia plana* (11 %) y el género *Patella*, especialmente *Patella intermedia* (9%). Merece la pena destacar las abundantes cantidades de gasterópodos terrestres intrusivos, especialmente *Pomatias elegans* (11%). Por otra parte, *Cepaea nemoralis* (y a lo mejor *Elona quimperiana*) ha podido ser consumido por el ser humano, aunque probablemente han llegado al yacimiento de forma natural, dado el alto número de individuos intrusivos en el depósito. Se han documentado taxones de tipo alimentario, potencialmente modificables, de funcionalidad desconocida e intrusivos.

| Taxones | Kobaederra Nivel II | | | | |
|---|---|---|---|---|---|
| **Bivalvos marinos** | NR | %NR | NMI | %NMI | Peso (gr.) |
| *Anomia ephippium* | 1 | **0,064** | 1 | **0,341** | |
| *Cerastoderma edule* | 2 | **0,129** | 1 | **0,341** | 1 |
| *Eastonia rugosa* | 1 | **0,064** | 1 | **0,341** | |
| *Mytilus galloprovincialis* | 30 | **1,937** | 4 | **1,365** | 12 |
| *Ostrea edulis* | 267 | **17,248** | 64 | **21,843** | 922 |
| *Ruditapes decussatus* | 464 | **29,974** | 42 | **14,334** | 222 |
| *Scrobicularia plana* | 369 | **23,837** | 31 | **10,580** | 53 |
| *Solen marginatus* | 17 | **1,098** | 7 | **2,389** | 2 |
| **Total Bivalvos** | **1151** | **74,351** | **151** | **51,534** | **1212** |
| **Gasterópodos marinos** | NR | %NR | NMI | %NMI | Peso (gr.) |
| *Osilinus lineatus* | 4 | **0,258** | 4 | **1,365** | 8 |
| *Patella vulgata* | 6 | **0,387** | 6 | **2,047** | 6 |
| *Patella intermedia* | 27 | **1,744** | 27 | **9,215** | 20 |
| *Patella ulyssiponensis* | 2 | **0,129** | 2 | **0,682** | 3 |
| *Patella* sp. | 12 | **0,775** | 1 | **0,341** | 4 |
| **Total Gasterópodos marinos** | **51** | **3,293** | **40** | **13,650** | **41** |
| **Gasterópodos terrestres** | NR | %NR | NMI | %NMI | Peso (gr.) |
| *Cepaea nemoralis* | 97 | **6,266** | 22 | **7,508** | 15 |
| *Cochlostoma* sp. | 12 | **0,775** | 11 | **3,754** | |
| *Elona quimperiana* | 58 | **3,746** | 18 | **6,143** | |
| *Helicella itala* | 1 | **0,064** | 1 | **0,341** | |
| Helicidae sp. | 26 | **1,679** | 1 | **0,341** | |
| *Hygromia limbata* | 2 | **0,129** | 1 | **0,341** | |
| *Oxychilus* sp. | 9 | **0,581** | 8 | **2,73** | |
| *Pomatias elegans* | 53 | **3,423** | 33 | **11,262** | |
| *Pyrenaearia cantabrica* | 5 | **0,322** | 5 | **1,706** | |
| *Retinella incerta* | 1 | **0,064** | 1 | **0,341** | |
| Stylommatophora sp. | 79 | **5,103** | 1 | **0,341** | |
| **Total Gasterópodos terrestres** | **343** | **22,152** | **102** | **34,808** | **15** |
| **No identificable** | 3 | **0,193** | | | |
| **TOTAL** | **1548** | **100** | **293** | **100** | **1268** |

*Tabla 6.54: Abundancia (NR, NMI, peso y frecuencias relativas) de los taxones identificados en el Nivel II de Kobaederra*

### 6.8.4.2 Tafonomía

Entre los procesos tafonómicos identificados se encuentran la bioerosión (perforación e incrustación por balanos y serpúlidos), fragmentación (0,179), carbonificación (acusada en unos pocos ejemplares), encostramiento (acusado en algunos ejemplares) y biodegradación (en *Ostrea edulis* este proceso se presenta igual que en los niveles anteriores). Los caracoles terrestres *Cepaea nemoralis* conservan la coloración.

### 6.8.4.3 Zonas de recolección

El predominio de las zonas rocosas es incluso mayor en este nivel que en los anteriores, en detrimento de las zonas de arena/fango y fango (Fig. 6.143).

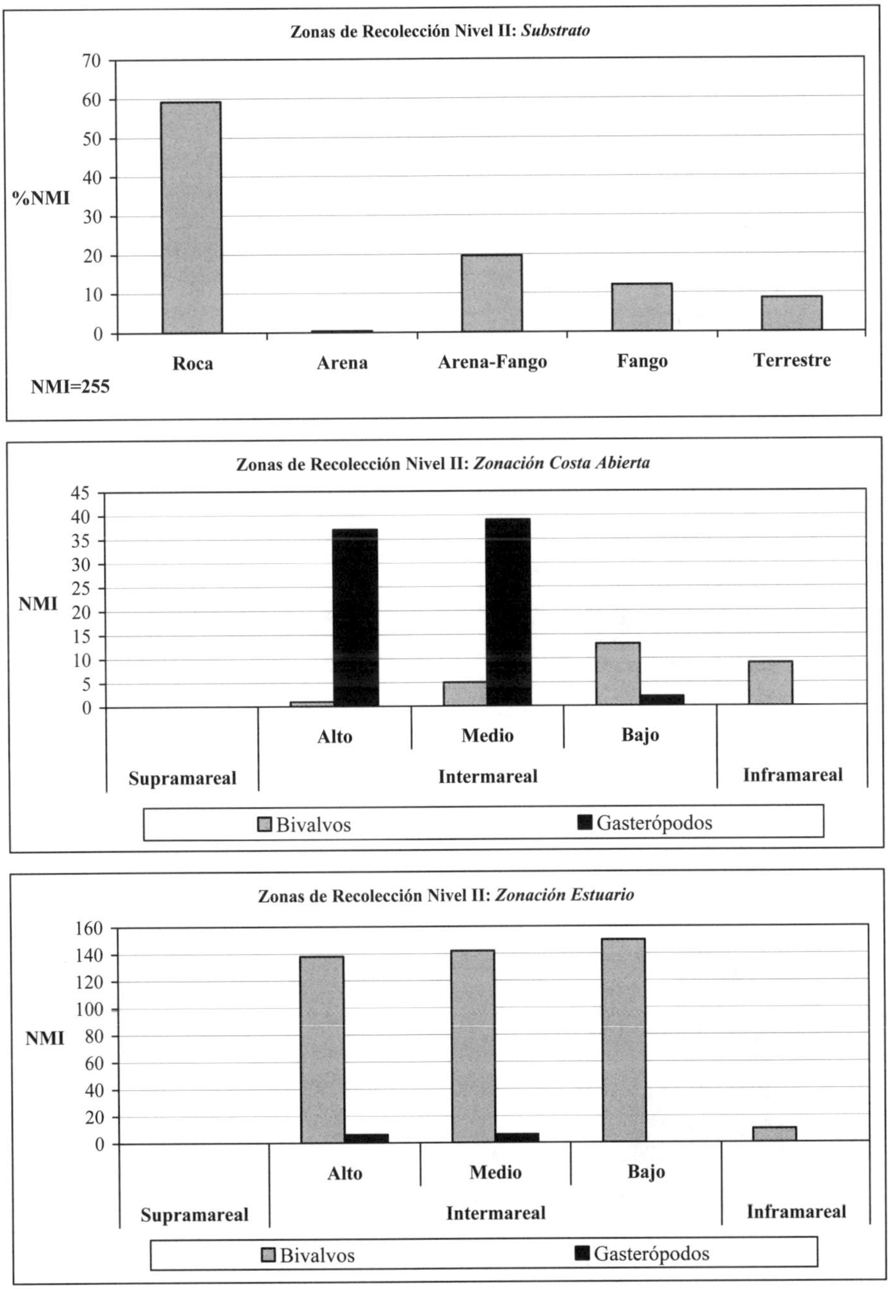


*Fig. 6.143: Zonas de recolección (substrato, zonación y exposición) en el nivel II de Kobaederra*

En cuanto a la zonación vertical y la exposición, las zonas de estuario han sido preferentemente explotadas y la recolección, fundamentalmente de bivalvos, se ha llevado a cabo en todas las zonas del intermareal. Mientras, en las costas abiertas, se han recolectado gasterópodos del género *Patella* y de la especie *Osilinus lineatus*, que habitan principalmente en las zonas altas y medias del intermareal.

6.8.4.4 Biometría

En el nivel II, las muestras correspondientes a las valvas derechas e izquierdas son muy escasas y poco representativas por tanto. Debido a ello, solo se han analizado las distribuciones de las charnelas. Las charnelas derechas (Fig. 6.144) presentan una distribución log-normal, con gran asimetría causada claramente por algunos valores extremos y con al menos dos distribuciones, probablemente también producto de esos valores extremos. Las charnelas izquierdas (Fig. 6.145) presentan una distribución que no es ni normal ni log-normal, con acusada asimetría positiva, varias modas y al menos dos distribuciones en su interior.

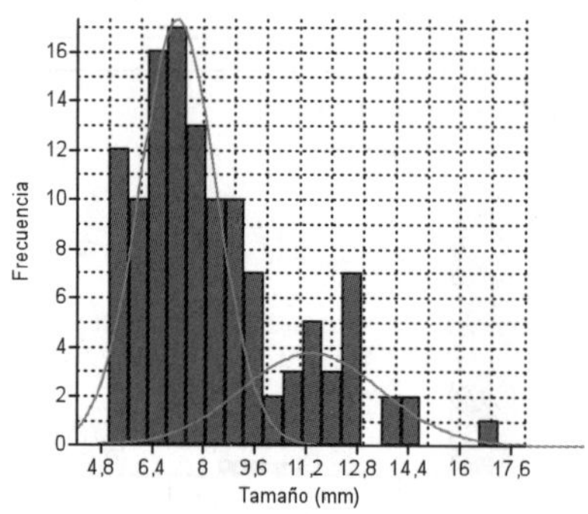


| | |
|---|---|
| N | 120 |
| Min | 5 |
| Max | 17,2 |
| Sum | 997,5 |
| Mean | 8,3125 |
| Std. error | 0,222724 |
| Variance | 5,9527 |
| Stand. dev | 2,43982 |
| Median | 7,75 |
| 25 prcntil | 6,5 |
| 75 prcntil | 9,3 |
| Skewness | 1,0858 |
| Kurtosis | 0,882901 |
| Geom. mean | 7,99807 |
| *Shapiro-Wilk* | |
| W: | 0,9111 |
| *p:* | 7,61E-07 |

*Fig. 6.144: Representación estadística de los tamaños de las charnelas derechas de Ostrea edulis en el nivel II de Kobaederra*

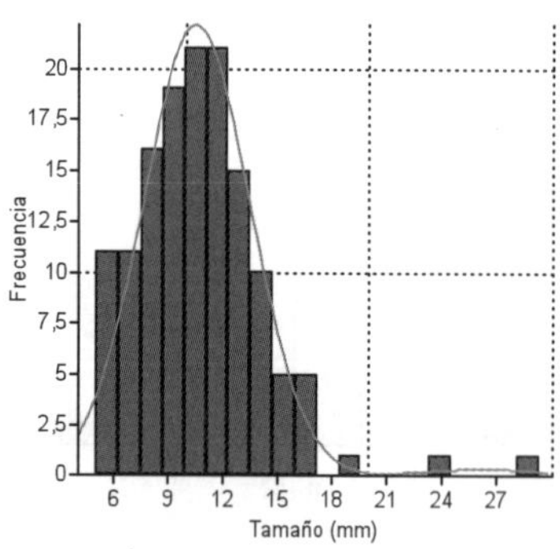


| | |
|---|---|
| N | 137 |
| Min | 5 |
| Max | 29,3 |
| Sum | 1469,5 |
| Mean | 10,7263 |
| Std. error | 0,301941 |
| Variance | 12,49 |
| Stand. dev | 3,53413 |
| Median | 10,5 |
| 25 prcntil | 8,4 |
| 75 prcntil | 12,75 |
| Skewness | 1,43071 |
| Kurtosis | 5,41624 |
| Geom. mean | 10,2014 |
| *Shapiro-Wilk* | |
| W: | 0,9162 |
| *p:* | 3,48E-07 |

*Fig. 6.145: Representación estadística de los tamaños de las charnelas izquierdas de Ostrea edulis en el nivel II de Kobaederra*

En el caso de las derechas la forma del histograma parece indicar una selección de tamaños grandes, algo que no se aprecia en las izquierdas si se eliminan los valores extremos. Los tamaños medios en ambos casos son similares a los del nivel anterior, indicando una recolección de intensidad normal.

6.8.4.5 Estacionalidad

En cuanto a la época de recogida (Fig. 6.146), la primavera vuelve a ser la estación en la que se han recogido mayores cantidades de *Ostrea edulis*. Al igual que en niveles anteriores, verano e invierno son las otras estaciones en las que ha tenido lugar la recolección, aunque en menor medida, mientras, en otoño, esta especie no parece haber sido recogida.

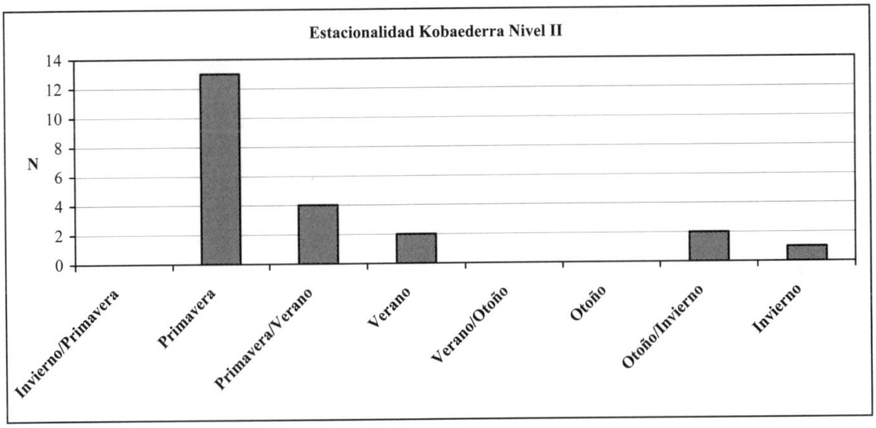


*Fig. 6.146: Datos de estacionalidad en el Nivel II de Kobaederra a partir de las líneas de crecimiento en Ostrea edulis*

### 6.8.5 *Análisis Arqueomalacológico Nivel I*

6.8.5.1 Representación de especies

En el Nivel I (Tabla 6.55) se han documentado 27 taxones, de los cuales ocho son bivalvos, seis gasterópodos marinos y 13 gasterópodos terrestres, que se corresponden con 2930 restos (NR), 547 individuos (NMI) y algo menos de 1 kg. de peso. Los taxones más abundantes en este nivel corresponden a gasterópodos terrestres. Las mayores cantidades corresponden al intrusivo *Pomatias elegans* (17% del NMI), seguido de *Cepaea nemoralis* (12%) y *Elona quimperiana* (13%). Sin embargo, la gran cantidad de taxones intrusivos permite suponer que estas dos últimas especies, que podrían tener valor alimenticio, deben ser consideradas en realidad como intrusivas. Por otra parte, entre los taxones claramente alimenticios, la mayor abundancia corresponde a las mismas especies que en niveles anteriores, es decir, *Scrobicularia plana* (10%), *Ruditapes decussatus* (7%) y *Ostrea edulis* (7%), sólo que la distribución de cantidades es diferente. El resto de taxones presenta cantidades claramente marginales. Se han hallado taxones alimentarios, de funcionalidad desconocida e intrusivos.

| Taxones | Kobaederra Nivel I | | | | |
|---|---|---|---|---|---|
| **Bivalvos marinos** | **NR** | **%NR** | **NMI** | **%NMI** | **Peso (gr.)** |
| *Anomia ephippium* | 1 | **0,034** | 1 | **0,182** | |
| *Mimachlamys varia* | 1 | **0,034** | 1 | **0,182** | |
| *Mytilus galloprovincialis* | 49 | **1,672** | 2 | **0,365** | 20 |
| *Ostrea edulis* | 268 | **9,146** | 38 | **6,946** | 603 |
| *Pholas dactylus* | 1 | **0,034** | 1 | **0,182** | |
| *Ruditapes decussatus* | 557 | **19,01** | 41 | **7,495** | 194 |
| *Scrobicularia plana* | 554 | **18,907** | 54 | **9,872** | 58 |
| *Solen marginatus* | 13 | **0,443** | 4 | **0,731** | 2 |
| **Total Bivalvos** | **1444** | **49,280** | **142** | **25,955** | **877** |
| **Gasterópodos marinos** | **NR** | **%NR** | **NMI** | **%NMI** | **Peso (gr.)** |
| *Bittium reticulatum* | 2 | **0,068** | 2 | **0,365** | |
| *Osilinus lineatus* | 5 | **0,17** | 3 | **0,548** | 6 |
| *Patella vulgata* | 4 | **0,136** | 4 | **0,731** | 6 |
| *Patella intermedia* | 13 | **0,443** | 13 | **2,376** | 15 |
| *Patella ulyssiponensis* | 4 | **0,136** | 4 | **0,731** | 3 |
| *Patella* sp. | 33 | **1,126** | 5 | **0,914** | 15 |
| **Total Gasterópodos marinos** | **61** | **2,079** | **31** | **5,665** | **45** |
| **Gasterópodos terrestres** | **NR** | **%NR** | **NMI** | **%NMI** | **Peso (gr.)** |
| *Cepaea nemoralis* | 277 | **9,453** | 66 | **12,065** | 40 |
| *Claussilia bidentata* | 9 | **0,307** | 8 | **1,462** | |
| *Cochlostoma* sp. | 56 | **1,911** | 49 | **8,957** | |
| *Elona quimperiana* | 337 | **11,501** | 70 | **12,797** | |
| *Helicella itala* | 10 | **0,341** | 10 | **1,828** | |
| Helicidae sp. | 88 | **3,003** | 26 | **4,753** | |
| *Cryptomphalus aspersus* | 3 | **0,102** | 1 | **0,182** | |
| *Hygromia limbata* | 4 | **0,136** | 4 | **0,731** | |
| *Oxychilus* sp. | 28 | **0,955** | 28 | **5,118** | |
| *Pomatias elegans* | 141 | **4,812** | 95 | **17,367** | |
| *Pyrenaearia cantabrica* | 5 | **0,17** | 5 | **0,914** | |
| *Retinella incerta* | 11 | **0,375** | 10 | **1,828** | |
| Stylommatophora sp. | 443 | **15,119** | 2 | **0,365** | |
| **Total Gasterópodos terrestres** | **1412** | **48,185** | **374** | **68,367** | **40** |
| **No identificable** | 13 | **0,443** | | | |
| TOTAL | **2930** | **100** | **547** | **100** | **962** |

*Tabla 6.55: Abundancia (NR, NMI, peso y frecuencias relativas) de los taxones identificados en el Nivel I de Kobaederra*

### 6.8.5.2 Tafonomía

Los procesos tafonómicos más habituales han afectado también a este nivel. Son evidentes los procesos bioerosivos, fundamentalmente la incrustación por políquetos (serpúlidos y *Polydora*) en individuos de *Ostrea edulis* y las microperforaciones; la fragmentación; el encostramiento, que afecta a la mayor parte de las especies, y es muy acusado en algunos ejemplares de *Ostrea edulis* y el género *Patella*; la carbonificación, identificada en algunos fragmentos de *Ruditapes decussatus*, *Ostrea edulis* y *Scrobicularia plana*; y la biodegradación.

### 6.8.5.3 Zonas de recolección

La abundancia de gasterópodos terrestres en este nivel hace que las zonas terrestres se igualen a las rocosas como las más explotadas. Sin embargo, la dificultad para discriminar si algunos de esos taxones terrestres son intrusivos o recogidos por el ser humano, no permite valorar la importancia de las zonas terrestres en la recolección en su justa medida, aunque lo más probable es que su presencia se deba a una intrusión. Otras zonas frecuentadas con cierta intensidad son las de fango, que por primera vez son más visitadas que las de arena/fango, aunque muy ligeramente (Fig. 6.147).

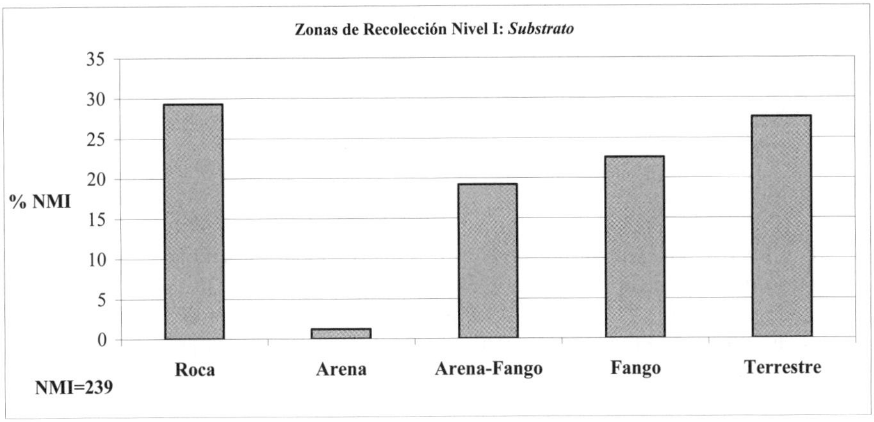


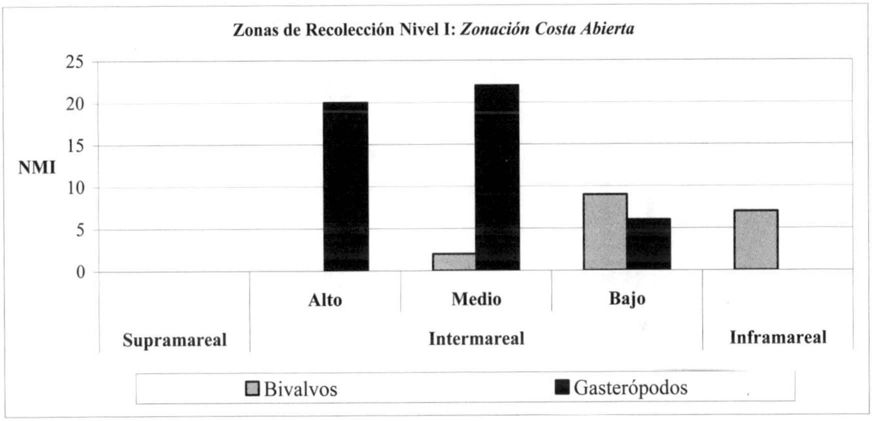


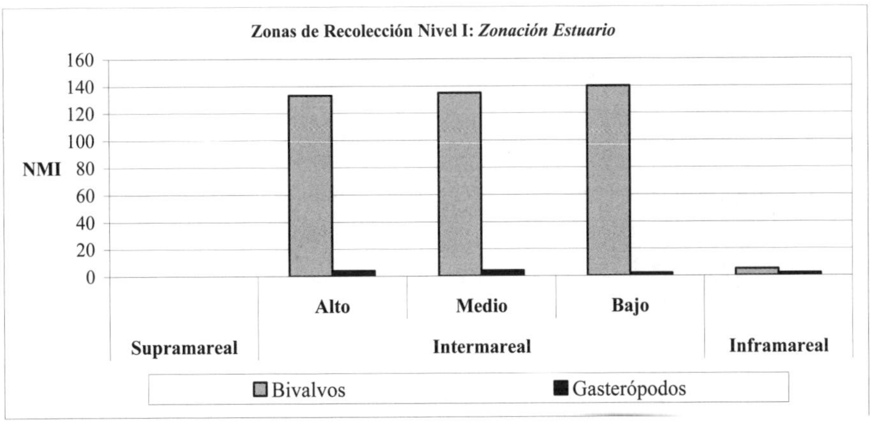


*Fig. 6.147: Zonas de recolección (substrato, zonación y exposición) en el nivel I de Kobaederra*

En cuanto a la exposición y la zonación vertical, no se aprecian cambios significativos con los niveles anteriores. Por tanto, la recolección de bivalvos de carácter alimenticio, base de la explotación, ha estado centrada en todas las zonas intermareales del estuario, mientras en las costas abiertas la recolección ha sido menor y ha estado centrada en gasterópodos del género *Patella* y de la especie *Osilinus lineatus*, que habitan principalmente las zonas alta y media del intermareal.

6.8.5.4 Biometría

Al igual que en el nivel anterior, solo se ha contado con muestras representativas para las charnelas, si bien los tamaños de muestra no son muy abundantes. Las charnelas derechas (Fig. 6.148) presentan una distribución que no es ni normal ni log-normal, con marcada asimetría positiva, varias modas y dos distribuciones. Es destacable que el mayor número de individuos corresponde al tamaño más pequeño, si bien el histograma parece reflejar una selección de tamaños grandes. La distribución de las charnelas izquierdas (Fig. 6.149) es log-normal, con acusada asimetría positiva, probablemente causada por la existencia de algunos valores extremos, varias modas y dos distribuciones.

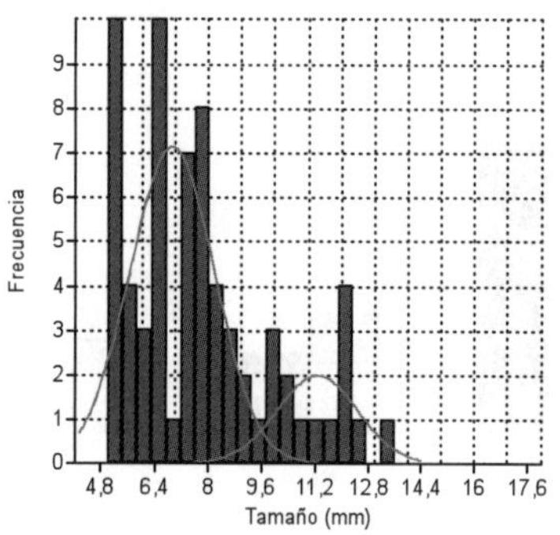


| | |
|---|---|
| N | 67 |
| Min | 5 |
| Max | 13,6 |
| Sum | 523 |
| Mean | 7,80597 |
| Std. error | 0,268603 |
| Variance | 4,8339 |
| Stand. dev | 2,19861 |
| Median | 7,3 |
| 25 prcntil | 6,2 |
| 75 prcntil | 9 |
| Skewness | 0,793244 |
| Kurtosis | -0,169706 |
| Geom. mean | 7,52432 |
| *Shapiro-Wilk* | |
| W: | 0,9225 |
| *p:* | 0,0004615 |

*Fig. 6.148: Representación estadística de los tamaños de las charnelas derechas de Ostrea edulis en el nivel I de Kobaederra*

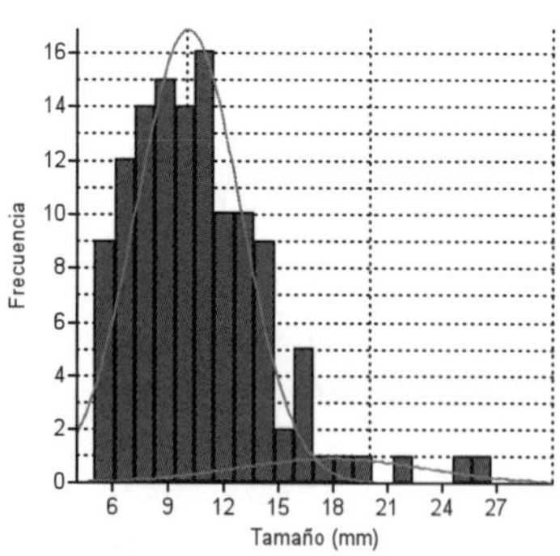


| | |
|---|---|
| N | 122 |
| Min | 5 |
| Max | 26,7 |
| Sum | 1308,9 |
| Mean | 10,7287 |
| Std. error | 0,348934 |
| Variance | 14,8541 |
| Stand. dev | 3,85411 |
| Median | 10,3 |
| 25 prcntil | 8 |
| 75 prcntil | 12,7 |
| Skewness | 1,29391 |
| Kurtosis | 2,94595 |
| Geom. mean | 10,118 |
| *Shapiro-Wilk* | |
| W: | 0,9196 |
| *p:* | 1,92E-06 |

*Fig. 6.149: Representación estadística de los tamaños de las charnelas izquierdas de Ostrea edulis en el nivel I de Kobaederra*

En ambos casos, si bien la forma del histograma parece reflejar una selección de tamaños grandes, la existencia de valores extremos y el tamaño de la muestra impiden extraer una conclusión definitiva. Los tamaños medios son similares a los del nivel anterior, por lo que se mantiene la tendencia de recolección no intensa.

6.8.5.5 Estacionalidad

Al igual que ocurre en el resto de la secuencia, la mayor parte de *Ostrea edulis* ha sido recolectada en primavera (Fig. 6.150). Sin embargo, en este nivel la recolección en invierno aumenta con respecto a los anteriores. La recogida en verano se mantiene escasa y en otoño inexistente.

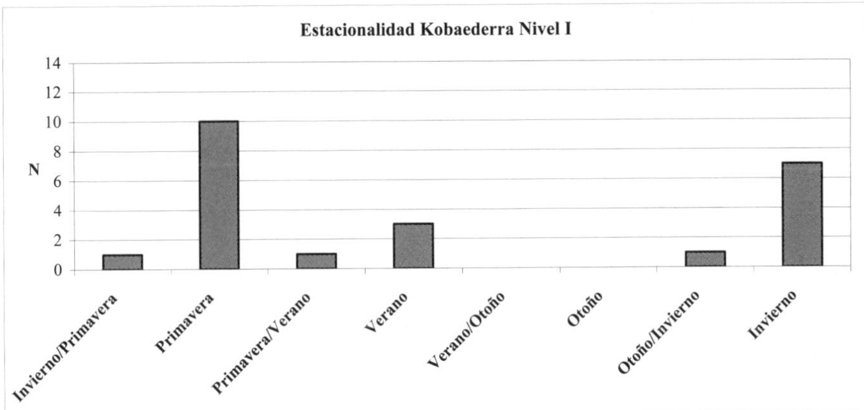


*Fig. 6.150: Datos de estacionalidad en el Nivel I de Kobaederra a partir de las líneas de crecimiento en Ostrea edulis*

## 6.8.6 Discusión y conclusiones

6.8.6.1 Las acumulaciones de moluscos a lo largo del tiempo

A lo largo de la secuencia de Kobaederra es posible detectar cambios en relación con las estrategias de captación de recursos malacológicos. Si se observa la diversidad de taxones por nivel (Tabla 6.56), los niveles III y IV presentan un mayor número de taxones que los niveles I y II, lo que indica que la recolección se llevó a cabo de manera más intensa en la primera parte de la ocupación del yacimiento.

| Nivel | Bivalvos | Gasterópodos Marinos | Gasterópodos Terrestres | Crustáceos | Equinodermos | Total | Total sin intrusivos |
|---|---|---|---|---|---|---|---|
| IV | 9 | 8 | 10 | | | **27** | **18** |
| III | 10 | 10 | 10 | 3 | | **33** | **22** |
| II | 8 | 5 | 11 | | | **24** | **15** |
| I | 8 | 6 | 13 | | | **27** | **15** |

*Tabla 6.56: Diversidad de taxones en Kobaederra a lo largo del tiempo*

En el mismo sentido se dirigen los datos referentes a las cantidades de moluscos acumuladas a lo largo del tiempo (Fig. 6.151). En los niveles III y IV el NR y el NMI son similares y relativamente abundantes, pero en el paso al nivel II se produce un descenso considerable en la cantidad de moluscos acumulados, que vuelve a aumentar ligeramente en el nivel I. Por tanto, en la primera parte de la secuencia la explotación de recursos malacológicos se realiza con cierta intensidad, mientras en la segunda estos recursos parecen perder importancia en las estrategias de subsistencia. Estas diferencias entre niveles concuerdan con las que en su día señalaron los excavadores (Zapata *et al.*, 1997:60-61) en cuanto a los tipos cerámicos, el utillaje lítico y la explotación de los recursos. Las dataciones radiocarbónicas sitúan la ocupación de los niveles III y IV en la mitad del VII milenio cal BP, mientras el nivel II y probablemente el I (sin fecha radiocarbónica), se sitúan entre el 6300 y el 5700 cal BP. Por tanto, el descenso en las cantidades a lo largo de la secuencia puede deberse a la menor importancia que se le concede a estos recursos en las estrategias de subsistencia una vez que se establece el Neolítico en la región.

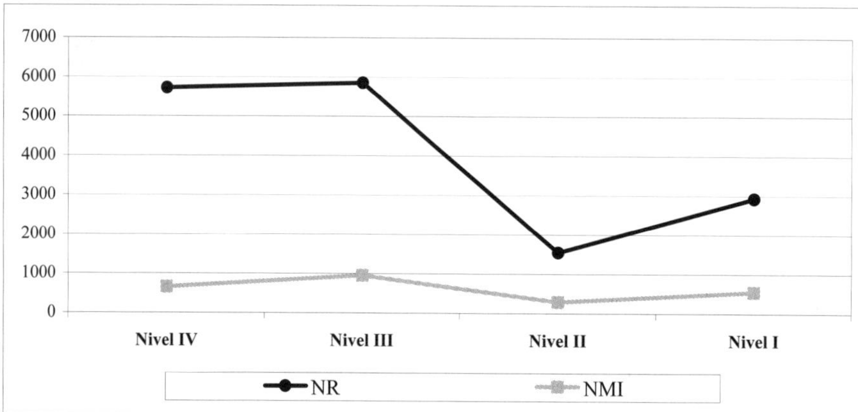


*Fig. 6.151: NR y NMI de moluscos en Kobaederra a lo largo del tiempo*

### 6.8.6.2 Representación de especies

Las especies explotadas por el ser humano para su consumo son muy similares en todos los niveles, al menos en lo referente a las predominantes. La base de la explotación está formada por tres especies principales, *Ostrea edulis*, *Ruditapes decussatus* y *Scrobicularia plana*, que siempre representan más del 80% de los taxones marinos recolectados (Fig. 6.152). En el nivel IV sus cantidades son muy parecidas y *Ruditapes decussatus* la más abundante, pero en los niveles III y II, *Ostrea edulis* es la predominante. En el nivel I sus cantidades vuelven a igualarse, pero en este caso *Scrobicularia plana* es la más importante. Junto a estas especies principales, a lo largo de toda la secuencia aparecen una serie de taxones marginales, entre los que destacan *Mytilus galloprovincialis*, *Solen marginatus*, el género *Patella* y los caracoles terrestres *Cepaea nemoralis* y *Elona quimperiana*. La presencia en cantidades apreciables de *Cepaea nemoralis* a lo largo de la secuencia, y especialmente en el nivel I, podría interpretarse como producto de su recolección para el consumo. Sin embargo, siempre aparece acompañada de un número considerable de especies claramente intrusivas, entre las que destaca por su abundancia *Pomatias elegans*. Por tanto, la presencia de *Cepaea nemoralis* en el depósito de Kobaederra debe considerarse intrusiva. De hecho, la gran abundancia de especies de caracoles terrestres intrusivos indica que la zona ha sido propicia para el desarrollo de estos organismos durante el Holoceno y que continúa siéndolo en la actualidad.

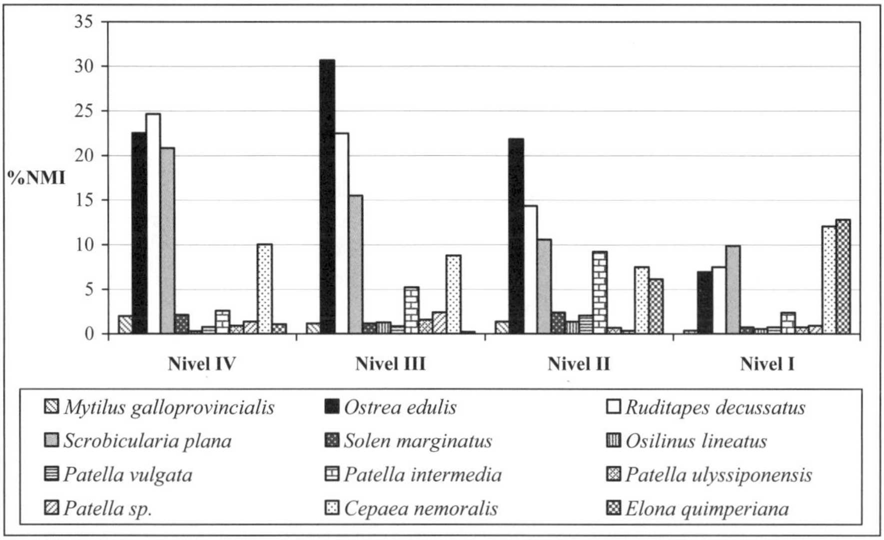


*Fig. 6.152: Representación de taxones en Kobaederra a lo largo del tiempo*

*Fig. 6.153: Restos mezclados de Ruditapes decussatus y Scrobicularia plana del nivel III de Kobaederra*

Por otra parte, esta abundancia también aporta información sobre el grado de intensidad de las ocupaciones, ya que la presencia humana en la cavidad impediría una colonización más amplia de la misma por parte de los caracoles, algo que parece reflejarse en el registro arqueológico de Kobaederra. Así, en los niveles más antiguos (IV y III), cuyas acumulaciones (tanto de moluscos como de otros materiales) reflejan una mayor intensidad en la ocupación del asentamiento, la presencia de gasterópodos terrestres es menor que en los niveles más modernos (II y I), en los que aparecen abundantemente, especialmente en el I, donde alcanzan casi el 70% del NMI total de moluscos del nivel.

Con el objetivo de establecer si las diferencias observadas entre los conjuntos de cada nivel son significativas, se ha realizado una prueba de $\chi^2$ en la que únicamente se han incluido los moluscos marinos. Tanto el resultado general ($p < 0{,}001$) como la comparación de niveles uno a uno, indican la existencia de diferencias significativas entre niveles. Estas diferencias se explican fundamentalmente por las mayores cantidades de *Scrobicularia plana* en IV y I, y el predominio de *Ostrea edulis* en III y II. Igualmente, el género *Patella* aporta cierto peso a estas diferencias, debido a su mayor importancia en diversos momentos de la secuencia, especialmente el nivel II, en detrimento de *Scrobicularia plana* y *Ruditapes decussatus* que presentan menos cantidades de las que cabría esperar.

Este patrón en la representación de especies es muy similar al documentado en la vecina cueva de Santimamiñe durante el Mesolítico y el Neolítico, por lo que es probable que ambos asentamientos estuvieran relacionados de alguna forma durante el Neolítico.

6.8.6.3 Tafonomía

Los procesos tafonómicos que han afectado al material malacológico son muy similares en todos los niveles. Entre ellos podríamos destacar, aparte de la fragmentación, que será analizada más adelante, el encostramiento, acusado especialmente en la parte inferior del nivel IV, y la carbonificación, que alude a la exposición al fuego de las conchas. Por otra parte, el yacimiento en conjunto no parece haber sufrido procesos postdeposito acusados, a excepción de cierto grado de desplazamiento del material y de la presencia de una fosa de enterramiento en el nivel II. No obstante, el material analizado aquí se encuentra fuera de la zona de influencia de dicha fosa.

6.8.6.4 Índice de fragmentación

El análisis de la fragmentación total (Fig. 6.154) indica que no se han producido grandes diferencias entre niveles, si bien en el nivel IV el material está ligeramente más fragmentado que el resto de la secuencia, probablemente porque las ocupaciones humanas fueron más intensas. Los valores totales parecen indicar un alto grado de fragmentación, sin embargo, las características del conchero, principalmente compuesto de bivalvos, cuyo grado de fragmentación es mayor que el de otras clases de moluscos, provocan ese efecto de alta fragmentación.

En cuanto a la fragmentación por taxones (Fig. 6.155), es casi idéntica a lo largo del tiempo, y las ligeras diferencias apreciables se explican por diferencias en el grado de fragmentación de los diversos niveles y de las diferentes clases de moluscos. Así, los bivalvos son los más fragmentados, seguidos de los gasterópodos terrestres y por último, los gasterópodos marinos. Si se comparan estos resultados con los procedentes de los niveles neolíticos del cercano yacimiento de Santimamiñe, similar en cronología y tipo de explotación, se puede comprobar cómo el material de Kobaederra presenta un mejor estado de conservación. Por tanto, el análisis de la fragmentación avala la idea de que no se han producido procesos tafonómicos importantes en el yacimiento y también la hipótesis de que la fragmentación ha tenido su origen en la ocupación humana del asentamiento.

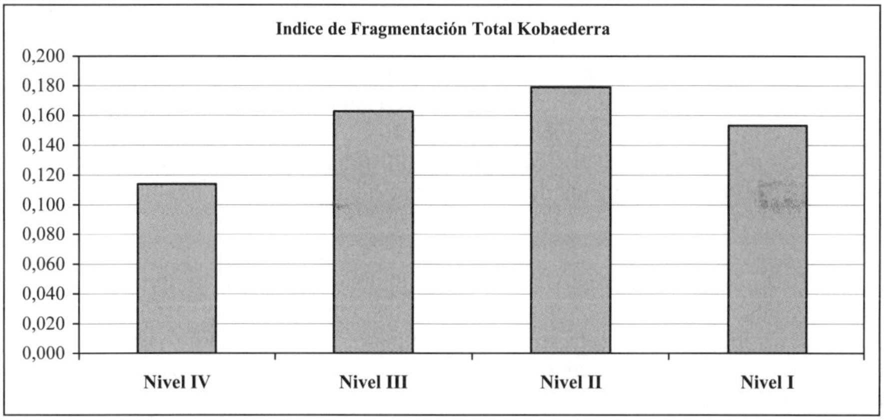


*Fig. 6.154: Índice de fragmentación en Kobaederra a lo largo del tiempo*

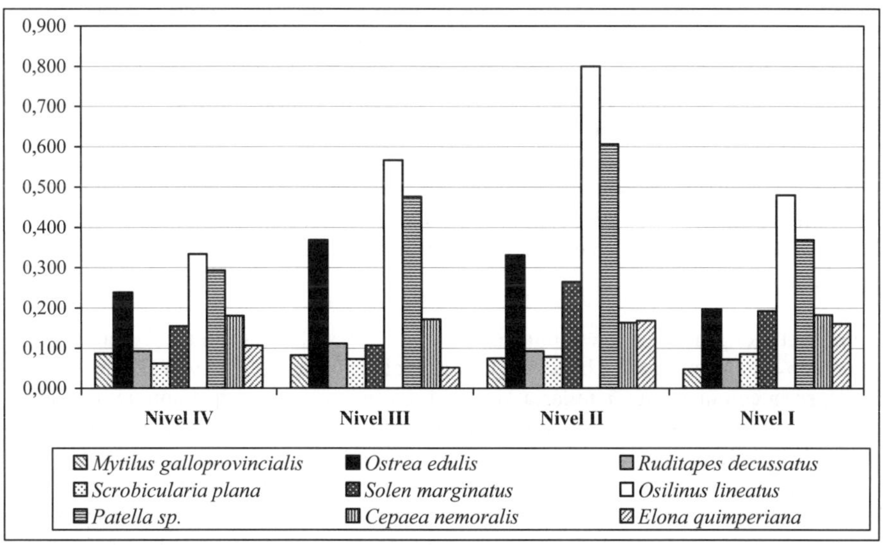


*Fig. 6.155: Índice de fragmentación por taxones en Kobaederra a lo largo del tiempo*

### 6.8.6.5 Zonas de recolección

Las zonas de recolección (Fig. 6.156) están condicionadas por la situación de la cueva, muy cercana al estuario del río Oka. En relación al substrato, tres son las zonas principales en las que la recolección se ha llevado a cabo. Estas zonas se corresponden con las que habitan las tres especies principales. Las zonas rocosas han sido las más frecuentadas a lo largo de toda la secuencia, especialmente para la recolección de *Ostrea edulis*, mientras las zonas de arena/fango y fango han sido visitadas para la explotación de almejas de las especies *Ruditapes decussatus* y *Scrobicularia plana* respectivamente. Por otra parte, es destacable la importancia que muestran las zonas terrestres, aunque como ya se ha visto, la mayor parte de los caracoles terrestres deben considerarse intrusivos, por lo que esta importancia es relativamente ficticia. Todas estas zonas se pueden encontrar muy próximas dentro del estuario, por lo que probablemente no fue necesario realizar grandes desplazamientos dentro del mismo para recolectar una buena variedad de especies.

En el caso de la exposición, si se observan los NMI, parece claro que las zonas de estuario, y dentro de éstas todo el intermareal, han constituido casi exclusivamente la base de la explotación. La costa abierta, por su parte, también ha sido visitada, aunque su explotación no ha sido sistemática, al menos desde Kobaederra. Las zonas de costa abierta más cercanas a la cavidad durante el período de ocupación se localizan a unos 5-6 km. si se opta por la ruta a través del monte hacia el área costera entre Elantxobe y Ea, y de 8-9 km si se toma la ruta por el valle hacia Mundaka. Si se tiene en cuenta la gran distancia hasta Mundaka y la dificultad que entraña la ruta a través del monte, parece mucho más rentable la opción de explotar las zonas de marisma, situadas a distancias que pueden oscilar entre los 3 y los 7 km desde la cavidad. Dentro de la costa abierta, las zonas medias y altas del intermareal han sido las más frecuentadas. La mayor recolección en el inframareal de la costa abierta en relación al estuario, posiblemente está reflejando que se han frecuentado las playas, ya que es habitual que las conchas de los moluscos que indican ese tipo de recolección (*Acanthocardia* sp., *Mimachlamys varia*, *Anomia ephippium*, *Eastonia rugosa*) aparezcan en las playas con la bajamar, por lo que fueron probablemente recogidas ya sin vida, probablemente para utilizarlas como recipiente, en alguna actividad productiva o como ornamento. En el caso de *Anomia ephippium*, simplemente podría haber llegado al yacimiento pegada a los ejemplares de *Ostrea edulis*.

Por tanto, el grueso de la explotación de moluscos se ha llevado a cabo en el estuario, debido a su proximidad a la cueva. La distancia entre la cavidad y las zonas de recolección sería entonces muy similar a la actual, entre 3 y 7 km lo que convierte el aprovechamiento de moluscos en una actividad muy rentable, al ser recursos muy predecibles y relativamente fáciles de conseguir. Sin embargo, como se acaba de ver, y al igual que ocurre en la vecina Santimamiñe, el análisis refleja que otras zonas más alejadas, cercanas al mar abierto, también han sido explotadas, aunque lo más probable es que no lo hayan sido desde Kobaederra, sino desde emplazamientos más próximos a la línea de costa. Esto indicaría la existencia de un patrón de movilidad alrededor de diversos asentamientos cercanos a la costa, que habrían permitido diversificar la explotación.

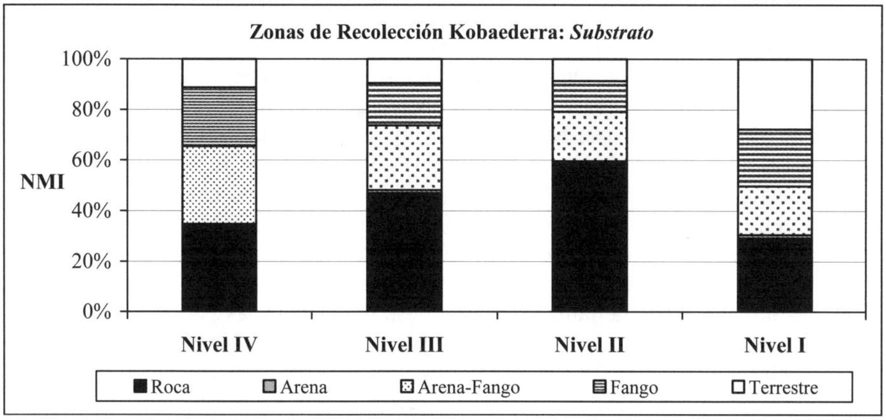


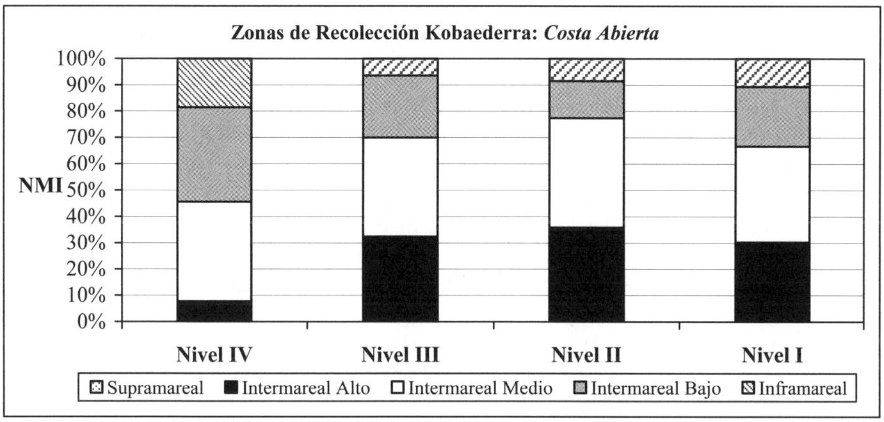


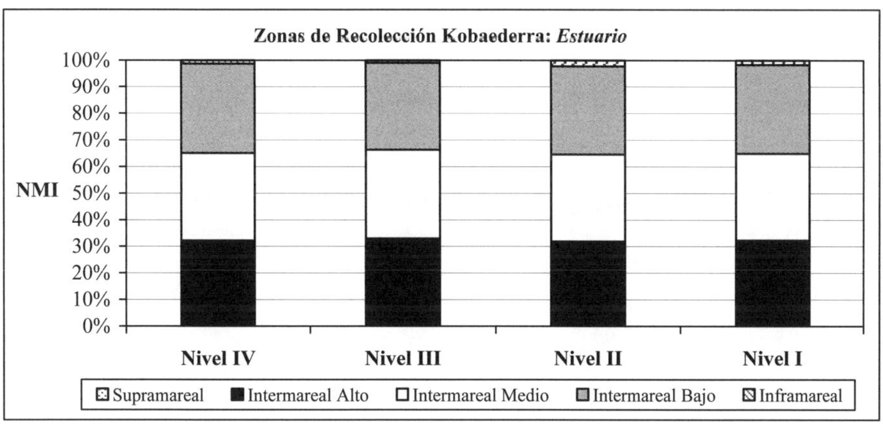


*Fig. 6.156: Zonas de recolección (substrato, zonación y exposición) a lo largo del tiempo*

### 6.8.6.6 Biometría

El análisis de las distribuciones biométricas de las valvas en los niveles IV y III indica que no se han seleccionado los tamaños y que la intensidad de la explotación ha sido relativamente normal. Sin embargo, la forma de los histogramas de las distribuciones de medidas de las charnelas se ajusta más a una estrategia con selección de tamaños grandes, si bien tampoco presentan indicios de sobreexplotación. En cuanto a la polimodalidad de las distribuciones, es muy probable que esté provocada por los escasos tamaños de muestra utilizados. No obstante, en el caso de que los tamaños de muestra no fueran los causantes de la variabilidad modal, otras explicaciones deberían ser tenidas en cuenta. Por una parte, la recolección podría haberse llevado a cabo en momentos diferentes, en los que los tamaños medios de las poblaciones naturales no eran iguales; por otra parte, es posible que la recolección se haya realizado en zonas diferentes, que debido a sus condiciones, no permitan un desarrollo similar en cuanto a tamaños; y por último, las distribuciones de tamaños podrían estar influenciadas por las formas de recogida, dependiendo de los componentes del grupo que llevaran a cabo este trabajo. Por ejemplo, entre los Meriam (Bird & Bliege Bird, 2000) se han documentado diferencias en las formas de recolección y en las especies recogidas por adultos y niños.

Por otra parte, si se observa la evolución de la longitud de las valvas derechas (Fig. 6.157), presentan un ligero descenso entre los tamaños de los niveles IV y III (con medias alrededor de los 50 mm) y los de los niveles II y I (con medias en torno a 45 mm). Sin embargo, no parece que haya mucha variabilidad en las distribuciones de medidas en todas la secuencia, excepto en el nivel I, probablemente debido a lo escaso del tamaño de muestra. Si se observan los datos de las valvas izquierdas, estos son bastante diferentes, tanto en relación con las valvas derechas como entre niveles. En este caso, el nivel II es claramente diferente a los demás, tanto en cuanto a tamaños medios como a la variabilidad de la distribución de medidas. Lo cierto es que es complicado extraer conclusiones definitivas sobre estos datos ya que los tamaños de muestra de algunos niveles son muy escasos, especialmente en las valvas izquierdas y en los niveles II y I (Derechas, IV = 61; III = 100; II = 18; I = 9. Izquierdas, IV = 32; III = 24; II = 10; I = 5). Por ello, y aunque el descenso en los tamaños de las valvas derechas podría estar indicando la existencia de procesos de sobreexplotación en las poblaciones de *Ostrea edulis*, el análisis biométrico no permite sostener esta hipótesis con total seguridad.

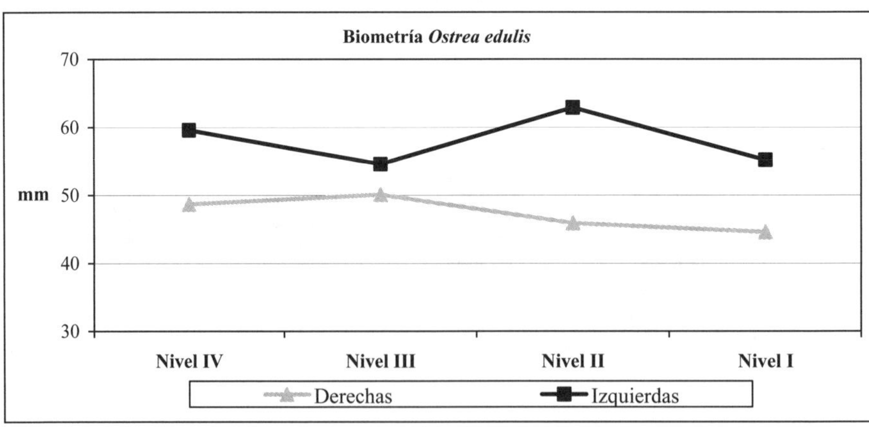


*Fig. 6.157: Evolución de los tamaños (altura de las valvas) de Ostrea edulis en Kobaederra a lo largo del tiempo*

En este sentido, si se observa la evolución de los datos de las charnelas (Fig. 6.158), se aprecia que no hay cambios significativos en los tamaños a lo largo del tiempo, por lo que parece que la explotación de esta especie no ha sido muy intensa, y los datos de las valvas están sesgados por los tamaños de muestra. Por tanto, se han seleccionado tamaños grandes pero la recolección no ha sido intensa.

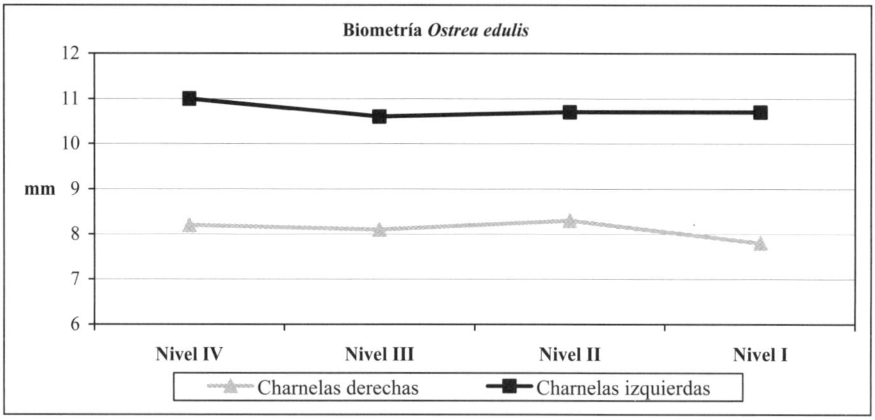


*Fig. 6.158: Evolución de los tamaños (longitud de la charnela) de Ostrea edulis en Kobaederra a lo largo del tiempo*

### 6.8.6.7 Estacionalidad

El análisis de las líneas de crecimiento de *Ostrea edulis* ha proporcionado información sobre la época de muerte de los individuos analizados. Como se parte de la base de que las ostras se han recolectado con fines alimenticios, se puede suponer con relativa fiabilidad que la estación de muerte es igual a la estación de recogida y consumo, excepto, claro está, en casos de consumo diferido tras someter a los moluscos a algún tipo de tratamiento de conservación. Por tanto, estos análisis nos han permitido obtener datos referentes a los patrones de ocupación del yacimiento y de explotación de recursos.

Con el objetivo de establecer si existen diferencias entre los patrones de recolección estacional, se ha llevado a cabo un gráfico acumulativo (Fig. 6.159) y una prueba de Kolmogorov-Smirnov (Tabla 6.57) bajo la hipótesis nula de que no hay diferencias en dichos patrones a lo largo del tiempo. Los resultados confirman la hipótesis nula e indican que no hay diferencias en los patrones de explotación por estaciones. Por tanto, a lo largo de toda la secuencia, la recolección de *Ostrea edulis* se ha llevado a cabo principalmente en primavera, y en menor medida en invierno y verano, lo que en principio apoya una ocupación de la cavidad en casi todas las épocas del año.

### 6.8.6.8 Técnicas de recolección

Las zonas de arena y/o fango han sido las más frecuentadas para llevar a cabo la recolección, por lo que probablemente se utilizó algún tipo de instrumento para excavar. Sin embargo, como es habitual, estos instrumentos no han aparecido en el registro arqueológico del yacimiento. También es posible que la recolección se llevara a cabo a mano, si bien está técnica implica un mayor gasto energético y unas peores condiciones de trabajo. Igualmente, para realizar la recolección de las especies del género *Patella* se debió utilizar algún instrumento (quizás un canto marino), con el objetivo de despegar los ejemplares adheridos a las rocas. Por su parte, la recogida de otros gasterópodos marinos (y también de los terrestres, en el caso de no ser intrusivos) se ha realizado a mano.

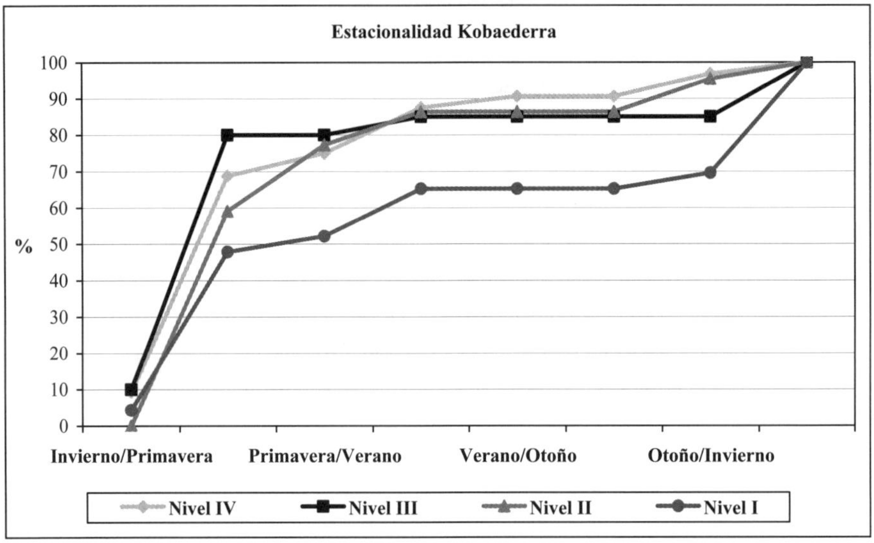


*Fig. 6.159: Gráfico acumulativo estacionalidad Kobaederra*

| Niveles comparados | IV-III | IV-II | IV-I | III-II | III-I | II-I |
|---|---|---|---|---|---|---|
| Kolmogorov-Smirnov | 0,0315341 | 0,0250335 | 0,0515311 | 0,0477887 | 0,0586057 | 0,0443535 |

*Tabla 6.57: Resultados de la prueba de Kolmogorov-Smirnov sobre los porcentajes acumulados de Ostrea edulis por estación de muerte*

## 6.9 Santimamiñe (Kortezubi, Bizkaia)

### 6.9.1 *El yacimiento: localización y descripción*

La cueva de Santimamiñe se sitúa en la localidad de Kortezubi (Bizkaia, País Vasco), concretamente en la ladera Sur del monte Erezoñar, localizado en la margen oriental de la cuenca de Urdaibai (Fig. 6.160). La entrada de la cavidad se orienta al Sur/Sudeste y da paso a un vestíbulo de largo recorrido (Figs. 6.161 y 6.162). Sus coordenadas UTM son x = 529555 y = 4799585, y se encuentra a 137 m sobre el nivel del mar.

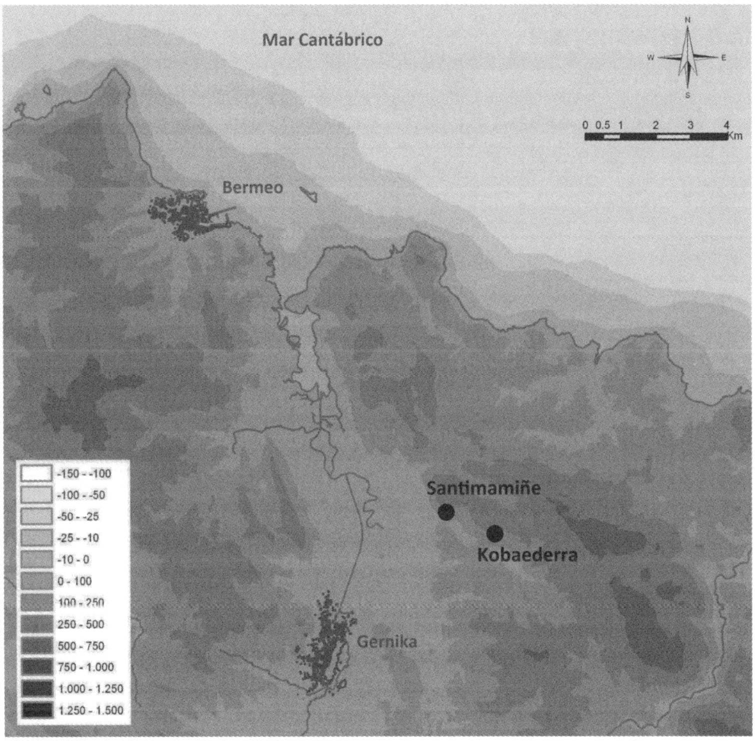


*Fig. 6.160: Localización de la cueva de Santimamiñe*

La cueva fue objeto de excavaciones entre 1918 y 1926, por un equipo compuesto por Aranzadi, Barandiarán y Eguren (1931, 1935). Estos autores pusieron de manifiesto la existencia de un importante yacimiento, cuya secuencia estratigráfica abarcaba gran parte de la Prehistoria cantábrica, así como de un magnifico conjunto de pinturas rupestres. En los niveles del Paleolítico Superior se hallaron evidencias de explotación del medio costero, que llegaron a su máxima expresión durante el Mesolítico, con la formación de un gran conchero compuesto por *Ostrea edulis*, *Scrobicularia plana*, *Ruditapes decussatus* y *Patella* sp. como especies principales, y que fue dividido en dos niveles por los excavadores, en función de la presencia o ausencia de elementos cerámicos. Este patrón se alejaba bastante del propuesto para el Asturiense por Vega del Sella, lo que hizo que se dudase de la cronología del conchero. Sin embargo, la diferencia no era estrictamente cronológica, sino que más bien guardaba relación con las diferencias morfológicas entre las zonas de recolección. Entre 1960 y 1962, Barandiarán (1961b, 1962b y 1963c) realizó otra intervención más puntual.

*Fig. 6.161: Entrada de la cueva de Santimamiñe.*
*(Foto: J. C. López Quintana)*

La reciente revisión estratigráfica del yacimiento, llevada a cabo entre los años 2004 y 2006 (López Quintana & Guenaga, 2006-2007), ha puesto en evidencia la existencia de nuevos niveles en los que los moluscos aparecen de forma desigual, desde escasos restos en los niveles MSF y Aziliense hasta considerables acumulaciones en los niveles del VII milenio cal BP. La excavación con metodología moderna ha permitido un estudio detallado del material, y a partir de él, de la evolución de la explotación de moluscos a lo largo de la secuencia de Santimamiñe.

La estratigrafía puesta al descubierto por los recientes trabajos de excavación, referente a la cronología que interesa en este trabajo, es la siguiente (Fig. 6.163):

Nivel Almp: nivel de 60-75 cm de potencia, caracterizado por el predominio de la matriz arcillo-limosa de tonalidad marrón amarillenta oscura, plástica y con escasa representación de los componentes de fracción gruesa. Se han detectado bolsadas o inclusiones que en ocasiones presentan materiales propios del nivel suprayacente Slnc.

Nivel Slnc: asociación estratigráfica de 15-25 cm de espesor, con predominio de la matriz areno-limosa de coloración negruzca, localmente marrón oscura con presencia de clastos aristados

Nivel Arcp: estructura estratigráfica de 17-27 cm de espesor, compuesta por matriz limo-arcillosa plástica de color marrón rojizo oscuro, con clastos.

Nivel H-Sln: facies de hogar compuesta por abundantes carbones dentro de una matriz areno-limosa de tonalidad negruzca. Además de los macrorrestos vegetales que permiten identificarla como una facies de hogar, incluye restos malacológicos, faunísticos y algunas escasas evidencias líticas.

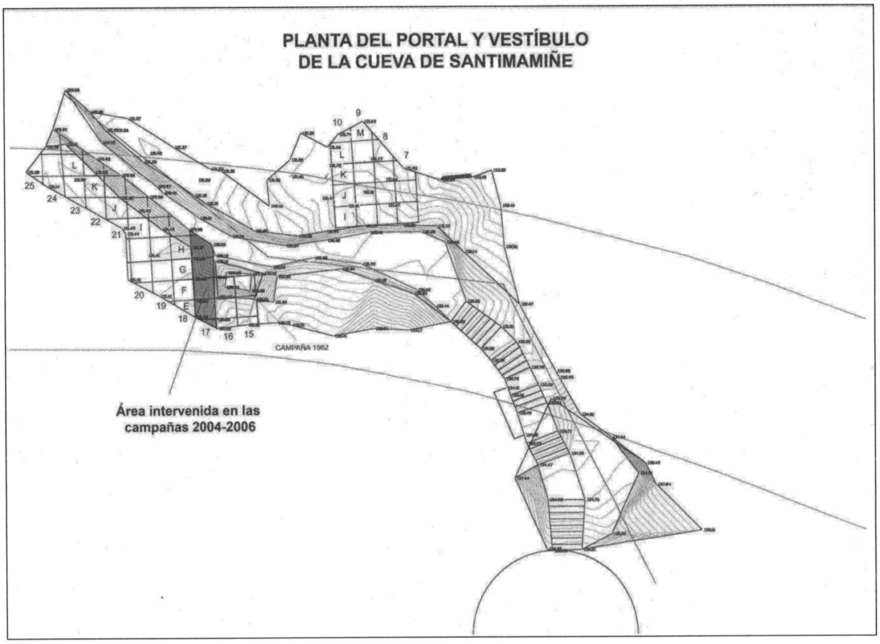


*Fig. 6.162: Planta del portal y vestíbulo de la cueva de Santimamiñe (Imagen: J. C. López Quintanta)*

Nivel Slm-Lsm: se trata de un conjunto estratigráfico de 50 cm de potencia, que cuenta con dos horizontes separados a partir de la evolución gradual en los componentes de la fracción fina. Así, se distingue entre horizonte Slm, formado por una matriz areno-limosa de coloración marrón grisácea oscura, con escasez de elementos de la fracción fina que incluye componentes sedimentológicos y antrópicos formados *in situ*, así como una serie de aportes (de arenas, restos malacológicos y carbones) procedentes, con toda probabilidad del conchero principal situado en una cota más alta; y horizonte Lsm, en el que se produce una transición hacia un sedimento limo-arenoso de color marrón amarillento oscuro, estando ausentes los componentes de la fracción gruesa. Los componentes malacológicos y antracológicos, de similar origen a los del horizonte anterior, van disminuyendo de forma gradual a lo largo del desarrollo de este horizonte.

La muestra de material analizada corresponde a un sector de excavación (33x33 cm) por cada una de las semitallas excavadas en cada nivel. En total se han procesado 68963 restos procedentes de 109,5 litros de sedimento, correspondientes a las semitallas 2 a 23 (excepto 11, 13 y 17) y repartidos por niveles como puede observarse en la Tabla 6.58.

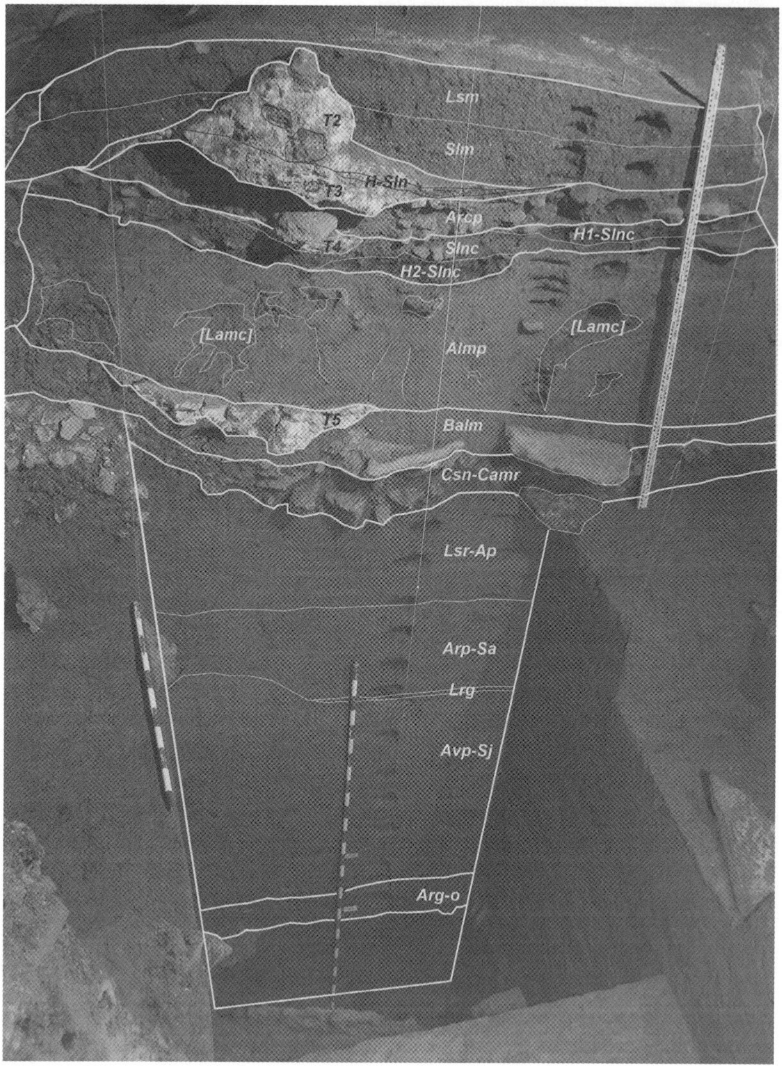


*Fig. 6.163: Estratigrafía de la cueva de Santimamiñe (excavaciones 2004-2006) (Foto: J. C. López Quintana)*

| Nivel | dm³ | NR |
|---|---|---|
| Lsm | 24 | 22056 |
| Slm | 21,5 | 45478 |
| H-Sln | 4 | 875 |
| Arcp | 16 | 513 |
| Slnc | 26,5 | 35 |
| Almp | 17,5 | 6 |
| **Total** | **109,5** | **68963** |

*Tabla 6.58: Volumen de sedimento excavado y número de restos por niveles estratigráficos en Santimamiñe*

Las fechas de radiocarbono obtenidas en las recientes excavaciones han confirmado las atribuciones culturales propuestas por los excavadores (López Quintana, comunicación personal). Así, los niveles Slnc y Almp cuentan con fechas del Magdaleniense Superior Final, mientras el nivel Arcp ha arrojado dos fechas cercanas al 10000 BP, por lo que ha sido adscrito al Aziliense. Por otra parte, el nivel H-Sln se encuadra en el Mesolítico, mientras el nivel Slm pertenece a los inicios del Neolítico, ya que cuenta con fechas entre el 5500 y el 5000 BP.

Por tanto, la secuencia contiene niveles de los cuatro períodos que interesan en este trabajo (MSF, Aziliense, Mesolítico y Neolítico), si bien la abundancia de moluscos es muy desigual entre niveles. A continuación se describe la composición de los conjuntos malacológicos y su cuantificación por unidades estratigráficas. En el nivel del VII milenio cal BP se ha mantenido la separación entre los dos horizontes descritos en la estratigrafía, Slm y Lsm.

### 6.9.2 *Análisis Arqueomalacológico Nivel Almp*

Los hallazgos en este nivel (Tabla 6.59) se reducen a 4 fragmentos (FTOS) de gasterópodos terrestres no identificables (Stylommatophora sp.) en la semitalla 21, 1 fragmento (FTOS) de *Scrobicularia plana*, que podría explicarse por una posible contaminación de los niveles superiores ya que es el único resto de molusco marino identificado, y 1 individuo fragmentado (IFRA) de *Oxychilus* sp. en la semitalla 23. La presencia de los gasterópodos terrestres es intrusiva, es decir han llegado al yacimiento de manera natural. Por otra parte, no está clara la asignación cronológica de este nivel, ya que presenta materiales del suprayacente nivel Slnc.

| Taxones | Santimamiñe Almp | | | | |
|---|---|---|---|---|---|
| **Bivalvos marinos** | **NR** | **NMI** | **NMI/dm³** | **Peso (gr.)** | **gr/dm³** |
| *Scrobicularia plana* | 1 | 1 | 0,057 | 1 | 0,057 |
| **Total Bivalvos marinos** | 1 | 1 | 0,057 | 1 | 0,057 |
| **Gasterópodos terrestres** | **NR** | **NMI** | **NMI/dm³** | **Peso (gr.)** | **gr/dm³** |
| *Oxychilus* sp. | 1 | 1 | 0,057 | | |
| Stylommatophora sp. | 4 | 1 | 0,057 | | |
| **Total Gasterópodos terrestres** | 5 | 2 | 0,114 | | |
| **TOTAL** | 6 | 3 | 0,171 | 1 | 0,057 |

*Tabla 6.59: Abundancias de los moluscos del nivel Almp de Santimamiñe*

### 6.9.3 *Análisis Arqueomalacológico Nivel Slnc*

Apenas aparecen restos malacológicos (NR= 35). En este nivel (Tabla 6.60) solo se ha identificado la presencia de gasterópodos terrestres, concretamente 1 fragmento de estoma (FEST) de Claussilidae sp. y 3 fragmentos (FTOS) de gasterópodos terrestres no identificables (Stylommatophora sp.). Lo más destacable es la aparición de algunos restos del erizo de mar *Paracentrotus lividus*. Esto probablemente quiere decir que la costa se está explotando ya en estos momentos, aunque los moluscos no se recolectan sistemáticamente desde Santimamiñe. Es destacable que la única especie marina que aparece sea el erizo de mar, ya que no es lo habitual cuando aparecen pocas especies en momentos tan tempranos. Sin embargo, esta especie ha sido previamente identificada tanto en las antiguas excavaciones de Santimamiñe (Aranzadi & Barandiarán, 1935) como en Ermittia (Aranzadi & Barandiarán, 1928) en niveles del Magdaleniense Superior Final. Esta escasez de especies litorales probablemente guarda relación con la distancia a la línea de costa, todavía bastante alejada en estos momentos.

| Taxones | Santimamiñe Slnc | | | | |
|---|---|---|---|---|---|
| **Gasterópodos terrestres** | **NR** | **NMI** | **NMI/dm³** | **Peso (gr.)** | **gr/dm³** |
| Claussilidae sp. | 1 | 1 | 0,037 | | |
| Stylommatophora sp. | 3 | 2 | 0,075 | | |
| **Total Gasterópodos terrestres** | 2 | 2 | 0,112 | | |
| **Equinodermos** | **NR** | **NMI** | **NMI/dm³** | **Peso (gr.)** | **gr/dm³** |
| *Paracentrotus lividus* | 33 | 1 | 0,037 | 1 | 0,037 |
| **TOTAL** | 35 | 3 | 0,037 | 1 | 0,037 |

*Tabla 6.60: Abundancias de los moluscos del nivel Slnc de Santimamiñe*

## 6.9.4 *Análisis Arqueomalacológico Nivel Arcp*

### 6.9.4.1 Representación de especies

Durante el Aziliense se aprecia un aumento general en la variedad y las cantidades de moluscos con respecto al MSF, aunque su abundancia continúa siendo anecdótica. Así, se han identificado ocho taxones, divididos en tres bivalvos, un gasterópodo marino, tres gasterópodos terrestres y un equinodermo (Tabla 6.61). El número de restos (NR) es de 513, y se corresponden con un número mínimo de 16 individuos (NMI). La mayor representación corresponde a los caracoles terrestres *Cepaea nemoralis* y *Helicella itala*, si bien probablemente su presencia, especialmente la de este último, se debe a una intrusión más que a su uso como alimento. Ya comienzan a aparecer las especies marinas que conformarán la base de la explotación en períodos posteriores, como *Scrobicularia plana*, *Ruditapes decussatus* y *Ostrea edulis*, pero en muy escasas cantidades. Es destacable la abundancia de restos (NR= 437) del erizo de mar *Paracentrotus lividus*, aunque su importancia real no deja de ser anecdótica ya que esa abundancia se traduce en sólo dos individuos (NMI = 2).

### 6.9.4.2 Tafonomía

El único proceso tafonómico que se ha identificado en este nivel, aparte de la fragmentación, es el encostramiento, que dificulta no solo la identificación de las especies sino también de otros procesos tafonómicos.

### 6.9.4.3 Zonas de recolección

A pesar de su escasez, la composición del conjunto malacológico refleja (Fig. 6.164) que se han frecuentado principalmente zonas rocosas y terrestres (en el caso de que los ejemplares de *Cepaea nemoralis* haya sido recogidos por el ser humano, algo bastante dudoso en este caso). Asimismo, las zonas de fango y arena/fango también han sido frecuentadas. Las especies de bivalvos representadas han podido ser recolectadas en cualquier zona del intermareal en un ambiente de estuario, sin embargo, otras especies como *Paracentrotus lividus* indican que las zonas más bajas de costas abiertas también se han frecuentado.

| Taxones | Santimamiñe Arcp | | | | | | |
|---|---|---|---|---|---|---|---|
| **Bivalvos marinos** | **NR** | **%NR** | **NMI** | **%NMI** | **NMI/dm³** | **Peso (gr.)** | **gr/dm³** |
| *Ostrea edulis* | 1 | 0,19 | 1 | 6,25 | 0,063 | 1 | 0,0625 |
| *Ruditapes decussatus* | 1 | 0,19 | 1 | 6,25 | 0,063 | 1 | 0,0625 |
| *Scrobicularia plana* | 11 | 2,14 | 1 | 6,25 | 0,063 | 1 | 0,0625 |
| **Total Bivalvos** | **13** | **2,53** | **3** | **18,75** | **0,188** | **3** | **0,1875** |
| **Gasterópodos marinos** | **NR** | **%NR** | **NMI** | **%NMI** | **NMI/dm³** | **Peso (gr.)** | **gr/dm³** |
| *Patella* sp. | 1 | 0,19 | 1 | 6,25 | 0,063 | 1 | 0,0625 |
| **Total Gasterópodos marinos** | **1** | **0,19** | **1** | **6,25** | **0,063** | **1** | **0,0625** |
| **Gasterópodos terrestres** | **NR** | **%NR** | **NMI** | **%NMI** | **NMI/dm³** | **Peso (gr.)** | **gr/dm³** |
| *Cepaea nemoralis* | 11 | 2,14 | 4 | 25,00 | 0,250 | 1 | 0,0625 |
| *Helicella itala* | 5 | 0,97 | 5 | 31,25 | 0,313 | | |
| Stylommatophora sp. | 43 | 8,38 | 1 | 6,25 | 0,063 | | |
| **Total Gasterópodos terrestres** | **59** | **11,50** | **10** | **62,50** | **0,625** | **1** | **0,0625** |
| **Equinodermos** | **NR** | **%NR** | **NMI** | **%NMI** | **NMI/dm³** | **Peso (gr.)** | **gr/dm³** |
| *Paracentrotus lividus* | 437 | 85,19 | 2 | 12,50 | 0,125 | 9 | 0,5625 |
| **No identificable** | 3 | 0,58 | | | | | |
| **TOTAL** | **513** | **100** | **16** | **100** | **1** | **14** | **0,875** |

*Tabla 6.61: Abundancias de los moluscos del nivel Arcp de Santimamiñe*

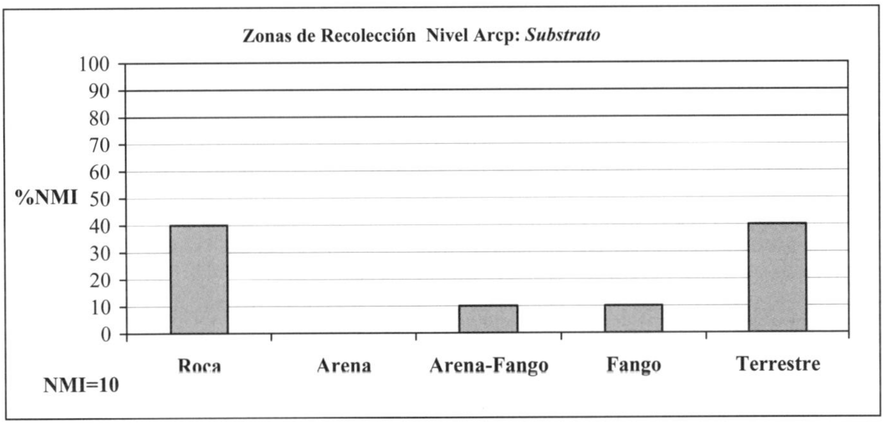


*Fig. 6.164: Zonas de recolección (substrato) en el nivel Arcp (Aziliense) de Santimamiñe*

## 6.9.5 *Análisis Arqueomalacológico Nivel H-Sln*

### 6.9.5.1 Representación de especies

Se produce un nuevo aumento en el número de taxones y en las cantidades con respecto al nivel anterior. Se han identificado 12 taxones, correspondientes a cinco bivalvos, tres gasterópodos marinos, dos gasterópodos terrestres y dos crustáceos (Tabla 6.62). Así, el número de restos (NR) asciende a 875, lo que supone un número mínimo de 40 individuos (NMI), pero aún con todo, las cantidades siguen siendo relativamente pobres, hecho que contrasta con la habitual importancia de este recurso en los depósitos mesolíticos de la región cantábrica. Sin embargo, la explicación para esta cuestión posiblemente guarda relación con el uso del espacio de la cavidad por parte de los grupos humanos mesolíticos. Así, si se tienen en cuenta los datos procedentes de las excavaciones antiguas (Aranzadi *et al.*, 1931), se observa la existencia de un gran conchero bajo los niveles con cerámica, que a pesar de no contar con una fechación precisa, se puede encuadrar de forma relativa en el Mesolítico. Por tanto, desde Santimamiñe se habría explotado el litoral con intensidad durante el Mesolítico, si bien diferentes zonas de la cavidad debieron ocuparse dependiendo del momento. Por una parte, la zona exterior, en la que se depositó un gran conchero, y por otra parte, la zona más interior en la que se recuperaron los restos que aquí se analizan.

El predominio en este nivel corresponde a *Scrobicularia plana* y *Ostrea edulis*, que representan el 32 y el 37% del NMI respectivamente. Sin embargo, la mayor parte de las ostras son individuos juveniles. El resto de taxones, aunque muy escasos, comienzan a reflejar cómo será la explotación en los momentos posteriores. La presencia de *Bittium reticulatum* podría estar evidenciando la explotación de algas, ya que viven entre ellas, aunque también podrían haber llegado al yacimiento junto a otros moluscos al ser una especie de muy pequeño tamaño.

| Taxones | Santimamiñe H-Sln | | | | | | |
|---|---|---|---|---|---|---|---|
| **Bivalvos marinos** | **NR** | **%NR** | **NMI** | **%NMI** | **NMI/dm³** | **Peso (gr.)** | **gr/dm³** |
| *Mytilus galloprovincialis* | 1 | 0,11 | 1 | 2,5 | 0,25 | 1 | 0,25 |
| *Ostrea edulis* | 545 | 62,29 | 15 | 37,5 | 3,75 | 71 | 17,75 |
| *Ruditapes decussatus* | 54 | 6,17 | 1 | 2,5 | 0,25 | 11 | 2,75 |
| *Scrobicularia plana* | 248 | 28,34 | 13 | 32,5 | 3,25 | 9 | 2,25 |
| *Solen marginatus* | 1 | 0,11 | 1 | 2,5 | 0,25 | 1 | 0,25 |
| **Total Bivalvos** | **849** | **97,03** | **31** | **77,5** | **8,25** | **93** | **23,25** |
| **Gasterópodos marinos** | **NR** | **%NR** | **NMI** | **%NMI** | **NMI/dm³** | **Peso (gr.)** | **gr/dm³** |
| *Bittium reticulatum* | 2 | 0,23 | 2 | 5,0 | 0,50 | | |
| *Osilinus lineatus* | 1 | 0,11 | 1 | 2,5 | 0,25 | 7 | 1,75 |
| *Patella* sp. | 6 | 0,69 | 1 | 2,5 | 0,25 | 1 | 0,25 |
| **Total Gasterópodos marinos** | **9** | **1,03** | **4** | **10,0** | **1,00** | **8** | **2** |
| **Gasterópodos terrestres** | **NR** | **%NR** | **NMI** | **%NMI** | **NMI/dm³** | **Peso (gr.)** | **gr/dm³** |
| *Cepaea nemoralis* | 3 | 0,34 | 1 | 2,5 | 0,25 | 1 | 0,25 |
| Stylommatophora sp. | 6 | 0,69 | 1 | 2,5 | 0,25 | | |
| **Total Gasterópodos terrestres** | **9** | **1,03** | **2** | **5,0** | **0,50** | **1** | **0,25** |
| **Crustáceos** | **NR** | **%NR** | **NMI** | **%NMI** | **NMI/dm³** | **Peso (gr.)** | **gr/dm³** |
| Brachyura sp. | 1 | 0,11 | 1 | 2,5 | 0,25 | 1 | 0,25 |
| *Balanus* sp. | 4 | 0,46 | 1 | 2,5 | 0,25 | | |
| **No identificable** | 3 | 0,34 | 1 | 2,5 | | | |
| **TOTAL** | **875** | **100** | **40** | **100** | **11** | **103** | **25,75** |

*Tabla 6.62: Abundancias de moluscos en el nivel H-Sln de Santimamiñe*

### 6.9.5.2 Tafonomía

Entre los procesos tafonómicos, destaca el encostramiento, acusado en algunos ejemplares, la fragmentación (0,034), muy acusada, y la bioerosión. El material está habitualmente manchado de carbón, algo normal si tenemos en cuenta la presencia de un hogar en este nivel.

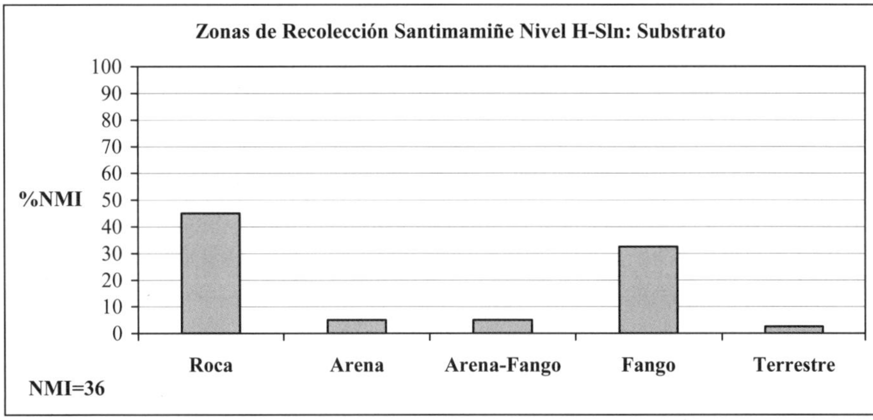


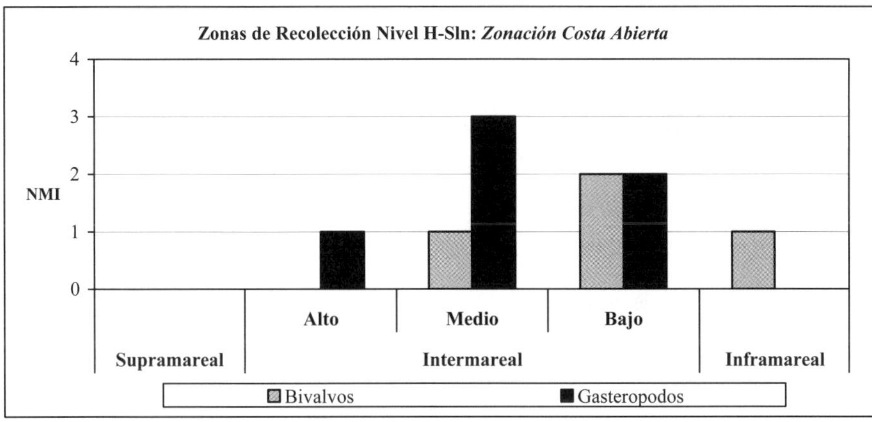


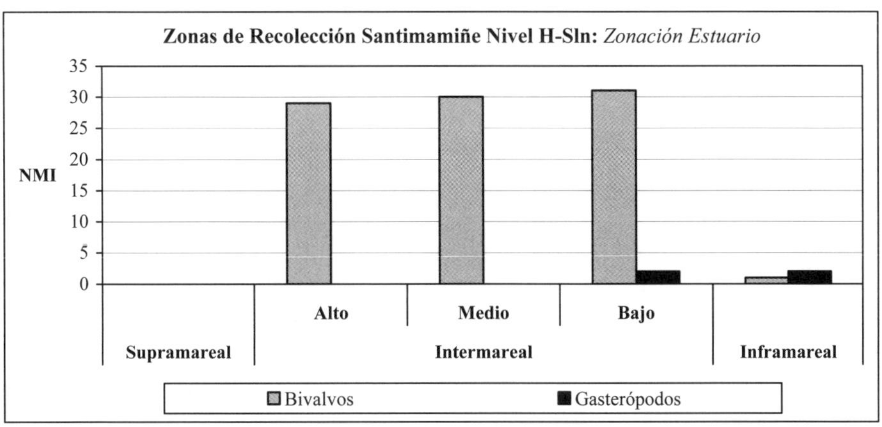


*Fig. 6.165: Zonas de recolección (substrato, zonación y exposición) en el nivel H-Sln de Santimamiñe*

6.9.5.3 Zonas de recolección

En cuanto al substrato (Fig. 6.165), todas las zonas parecen haber sido frecuentadas, si bien las zonas de roca y fango han sido las preferidas en este período, como se desprende de la abundancia de *Ostrea edulis* y *Scrobicularia plana*.

Desde el punto de vista de la zonación vertical y la exposición, los bivalvos han sido recolectados en todas las zonas del intermareal dentro del estuario, mientras algunos de los escasos gasterópodos, como *Osilinus lineatus*, han podido ser recolectados en el intermareal de costas abiertas.

6.9.5.4 Biometría

En el nivel H-Sln, los escasos restos de charnelas de *Ostrea edulis* y *Scrobicularia plana* susceptibles de ser medidos han permitido una aproximación al análisis de los tamaños en este nivel. Por una parte, las mayores cantidades recolectadas de *Scrobicularia plana* se sitúan en los 4 mm, mientras la longitud media es de 4,2 mm. En el caso de *Ostrea edulis*, el mayor número de ejemplares se encuentra entre 9 y 10 mm para las valvas derechas y entre 7 y 9 mm para las valvas izquierdas. Este leve desequilibrio es normal ya que las valvas derechas siempre son más pequeñas que las izquierdas. Sin embargo, el escaso tamaño de muestra no permite extraer conclusiones de carácter económico.

### 6.9.6 *Análisis arqueomalacológico Nivel Slm*

6.9.6.1 Representación de especies

En este nivel ya se aprecia una abundante explotación de moluscos, con un aumento significativo en la variedad y las cantidades de los diferentes taxones. Aparecen 20 taxones, de los cuales nueve son bivalvos, tres gasterópodos marinos, cinco gasterópodos terrestres y tres crustáceos (Tabla 6.63). El número de restos (NR) identificado en este nivel asciende a 45478, correspondientes a un número mínimo de 1669 individuos (NMI). La recolección se ha llevado a cabo especialmente en zonas de estuario con fondos fangosos y en menor medida rocosos, siendo la almeja *Scrobicularia plana* (86% NMI), la especie más abundante, seguida de la almeja *Ruditapes decussatus* (5,5%) y de la ostra *Ostrea edulis* (3%), aunque las dos últimas son mucho menos abundantes desde el punto de vista de los conteos. Si se observan los pesos, aunque *Scrobicularia plana* sigue siendo la especie más importante, la abundancia de *Ruditapes decussatus* y *Ostrea edulis* aumenta considerablemente. El resto de especies es claramente marginal, independientemente del estimador de abundancias que se utilice. La presencia de *Cepaea nemoralis* y el resto de gasterópodos terrestres puede considerarse intrusiva.

6.9.6.2 Tafonomía

Diversos procesos tafonómicos han afectado al material: bioerosión (microperforaciones, sobre todo en *Ostrea edulis*, que en ocasiones presenta marcas de políquetos), fragmentación (0,023, muy acusada), carbonificación, encostramiento en algunos ejemplares, biodegradación, y manchas minerales (probablemente manganeso).

| Taxones | Santimamiñe Slm | | | | | | |
|---|---|---|---|---|---|---|---|
| **Bivalvos marinos** | **NR** | **%NR** | **NMI** | **%NMI** | **NMI/dm³** | **Peso (gr.)** | **gr/dm³** |
| Cardiidae sp. | 4 | 0,008 | 1 | 0,05 | 0,047 | 1 | 0,047 |
| *Mimachlamys varia* | 5 | 0,010 | 1 | 0,05 | 0,047 | | |
| *Mytilus galloprovincialis* | 108 | 0,237 | 2 | 0,10 | 0,093 | 10 | 0,465 |
| *Ostrea edulis* | 2428 | 5,338 | 50 | 2,99 | 2,326 | 259 | 12,047 |
| *Pholas dactylus* | 6 | 0,013 | 1 | 0,05 | 0,047 | | |
| *Ruditapes decussatus* | 4594 | 10,101 | 92 | 5,51 | 4,279 | 374 | 17,395 |
| *Scrobicularia plana* | 37982 | 83,517 | 1435 | 85,97 | 66,744 | 990 | 46,047 |
| *Solen marginatus* | 94 | 0,206 | 23 | 1,37 | 1,070 | 8 | 0,372 |
| Veneridae sp. | 1 | 0,002 | 1 | 0,05 | 0,047 | | |
| **Total Bivalvos** | **45222** | **99,432** | **1606** | **96,14** | **74,698** | **1642** | **76,372** |
| **Gasterópodos marinos** | **NR** | **%NR** | **NMI** | **%NMI** | **NMI/dm³** | **Peso (gr.)** | **gr/dm³** |
| *Hydrobia ulvae* | 33 | 0,072 | 32 | 1,91 | 1,488 | | |
| *Patella intermedia* | 1 | 0,002 | 1 | 0,05 | 0,047 | 2 | 0,093 |
| *Patella* sp. | 11 | 0,024 | 2 | 0,10 | 0,093 | 1 | 0,047 |
| **Total Gasterópodos marinos** | **45** | **0,098** | **35** | **2,06** | **1,628** | **3** | **0,140** |
| **Gasterópodos terrestres** | **NR** | **%NR** | **NMI** | **%NMI** | **NMI/dm³** | **Peso (gr.)** | **gr/dm³** |
| *Cepaea nemoralis* | 64 | 0,140 | 13 | 0,77 | 0,605 | 3 | 0,140 |
| Claussiliidae sp. | 1 | 0,002 | 1 | 0,05 | 0,047 | | |
| *Cochlostoma* sp. | 1 | 0,002 | 1 | 0,05 | 0,047 | | |
| *Pomatias elegans* | 3 | 0,006 | 2 | 0,10 | 0,093 | | |
| Stylommatophora sp. | 55 | 0,120 | 1 | 0,05 | 0,047 | | |
| **Total Gasterópodos terrestres** | **124** | **0,270** | **18** | **1,02** | **0,837** | **3** | **0,140** |
| **Crustáceos** | **NR** | **%NR** | **NMI** | **%NMI** | **NMI/dm³** | **Peso (gr.)** | **gr/dm³** |
| Brachyura sp. | 4 | 0,008 | 4 | 0,23 | 0,186 | 1 | 0,047 |
| *Balanus* sp. | 28 | 0,061 | 5 | 0,29 | 0,233 | | |
| Serpulidae sp. | 1 | 0,002 | 1 | 0,05 | 0,047 | | |
| **No identificable** | 54 | 0,118 | | | | | |
| TOTAL | **45478** | **100** | **1669** | **100** | **77,628** | **1649** | **76,698** |

*Tabla 6.63: Abundancia (NR, NMI, peso, frecuencias relativas y densidad) de los taxones identificados en el nivel Slm (Neolítico) de Santimamiñe*

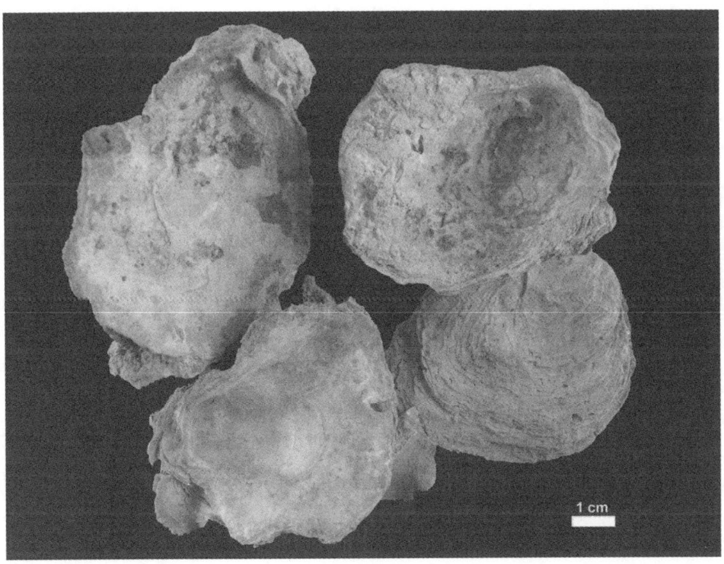


*Fig. 6.166: Ejemplares de Ostrea edulis del nivel Slm de Santimamiñe*

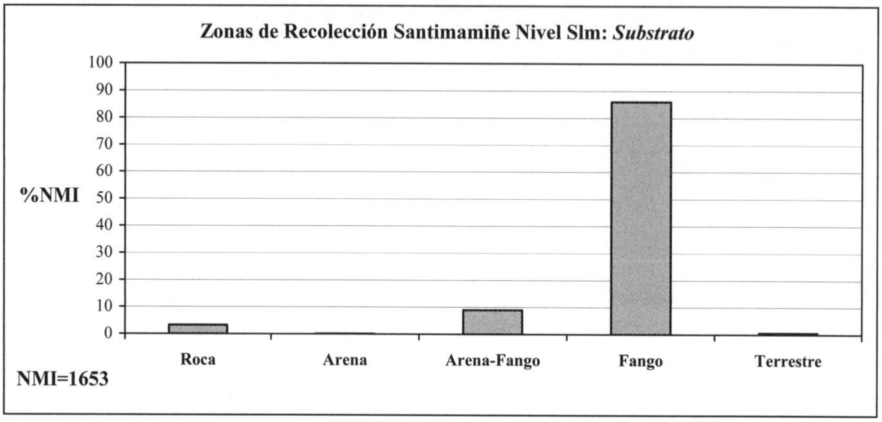


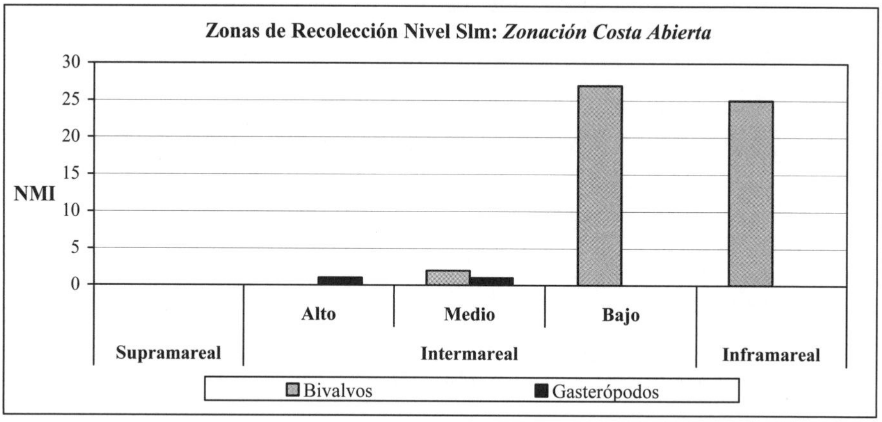


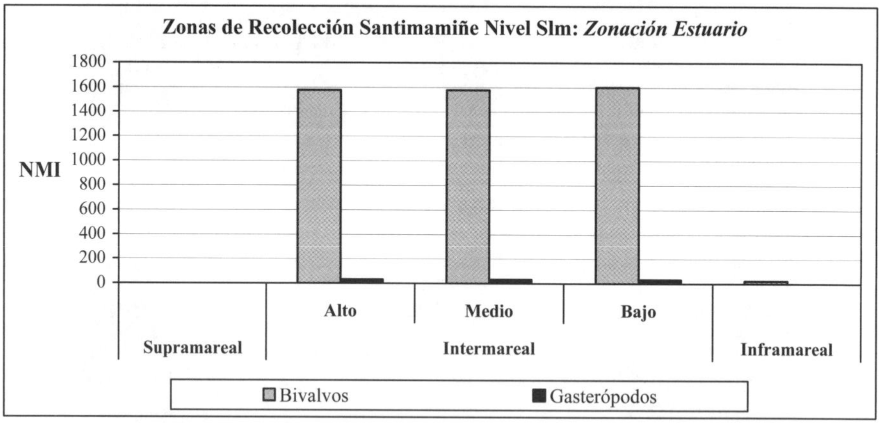


*Fig. 6.167: Zonas de recolección (substrato, zonación y exposición) del nivel Slm de Santimamiñe*

### 6.9.6.3 Zonas de recolección

En este nivel la explotación de zonas fangosas predomina sobre las demás ampliamente, reflejando una importante explotación del estuario. Al igual que en el nivel anterior, los bivalvos, que son la base de la explotación, han sido recogidos principalmente en todas las zonas del intermareal en ambientes de estuario (Fig. 6.167). Por su parte, la presencia de *Patella intermedia* está indicando que las zonas altas y medias de costas abiertas y expuestas también se han frecuentado, pero no han sido objeto de una explotación sistemática desde la cavidad. Por último, el gráfico muestra una mayor explotación de bivalvos propios del intermareal bajo y del inframareal en la costa abierta. Esto es debido a las cantidades que presenta *Solen marginatus*, que sin embargo, también pudo haberse recogido en las zonas de estuario.

6.9.6.4 Biometría

La distribución de medidas de las charnelas derechas de *Scrobicularia plana* (Fig. 6.168) no es ni normal ni log-normal, la asimetría es leve y presenta dos modas y al menos dos distribuciones. El caso de las charnelas izquierdas es diferente (Fig. 6.169), ya que la distribución de los datos es normal, con escasa asimetría y una moda muy marcada. Al ser esta una especie con valvas simétricas, la explicación de estas diferencias está probablemente relacionada con los acusados procesos tafonómicos que han afectado al yacimiento.

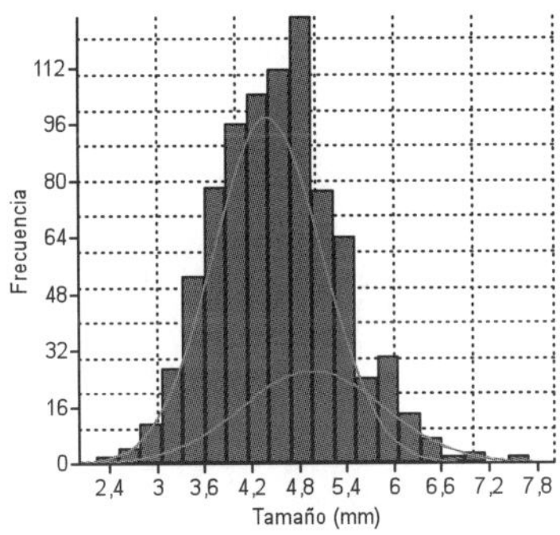


| | |
|---|---|
| N | 835 |
| Min | 2,23 |
| Max | 7,7 |
| Sum | 3787,85 |
| Mean | 4,53635 |
| Std. error | 0,0273794 |
| Variance | 0,62594 |
| Stand. dev | 0,791164 |
| Median | 4,5 |
| 25 prcntil | 4 |
| 75 prcntil | 5,02 |
| Skewness | 0,303056 |
| Kurtosis | 0,355148 |
| Geom. mean | 4,46705 |
| *Shapiro-Wilk* | |
| W: | 0,9935 |
| *p:* | 0,001115 |

*Fig. 6.168: Representación estadística de los tamaños de las charnelas derechas de Scrobicularia plana en el nivel Slm de Santimamiñe.*

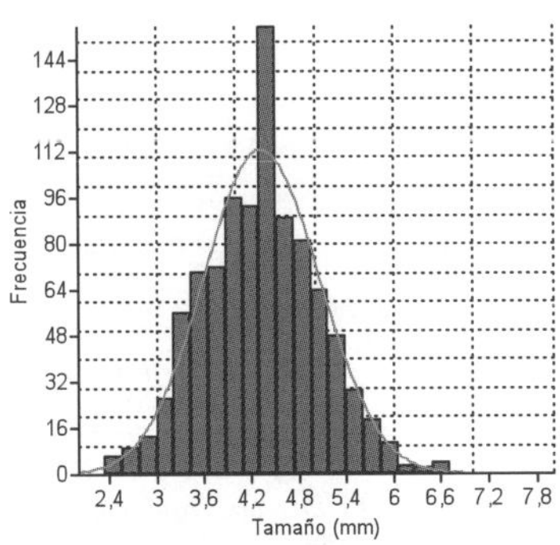


| | |
|---|---|
| N | 946 |
| Min | 2,33 |
| Max | 6,7 |
| Sum | 4085,56 |
| Mean | 4,31877 |
| Std. error | 0,0238417 |
| Variance | 0,53773 |
| Stand. dev | 0,7333 |
| Median | 4,31 |
| 25 prcntil | 3,8 |
| 75 prcntil | 4,8 |
| Skewness | 0,104978 |
| Kurtosis | -0,0342269 |
| Geom. mean | 4,25505 |
| *Shapiro-Wilk* | |
| W: | 0,9977 |
| *p:* | 0,2176 |

*Fig. 6.169: Representación estadística de los tamaños de las charnelas izquierdas de Scrobicularia plana en el nivel Slm de Santimamiñe.*

En cuanto a la estrategia de recolección, es necesario preguntarse hasta que punto es posible seleccionar los tamaños de un bivalvo que vive enterrado en el fango. En este sentido, ni los histogramas ni la asimetría reflejan claramente ningún tipo de selección. Al no contar con una muestra de comparación, no es posible determinar el grado de intensidad en la recolección.

En el caso de *Ostrea edulis* (Figs. 6.170 y 6.171), tanto las charnelas derechas como las izquierdas presentan una distribución log-normal, con marcada asimetría y al menos dos distribuciones en su interior. Las derechas muestran asimismo una distribución polimodal, con una inusual abundancia de tamaños que rondan los 4 mm. Sin embargo, y a pesar de los valores extremos, los histogramas, con colas hacia la derecha, parecen indicar una selección de tamaños grandes. Los tamaños medios son bastante inferiores a los documentados en Kobaederra, lo que refleja una intensidad considerable en la recolección.

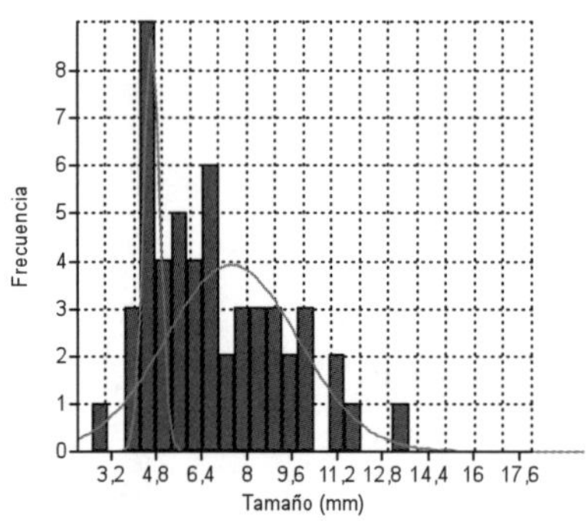


| | |
|---|---|
| N | 52 |
| Min | 2,55 |
| Max | 13,71 |
| Sum | 355,69 |
| Mean | 6,84019 |
| Std. error | 0,332811 |
| Variance | 5,75969 |
| Stand. dev | 2,39994 |
| Median | 6,39 |
| 25 prcntil | 4,7875 |
| 75 prcntil | 8,6025 |
| Skewness | 0,766166 |
| Kurtosis | 0,151265 |
| Geom. mean | 6,45017 |
| *Shapiro-Wilk* | |
| W: | 0,9475 |
| *p:* | 0,02286 |

*Fig. 6.170: Representación estadística de los tamaños de las charnelas derechas de Ostrea edulis en el nivel Slm de Santimamiñe*

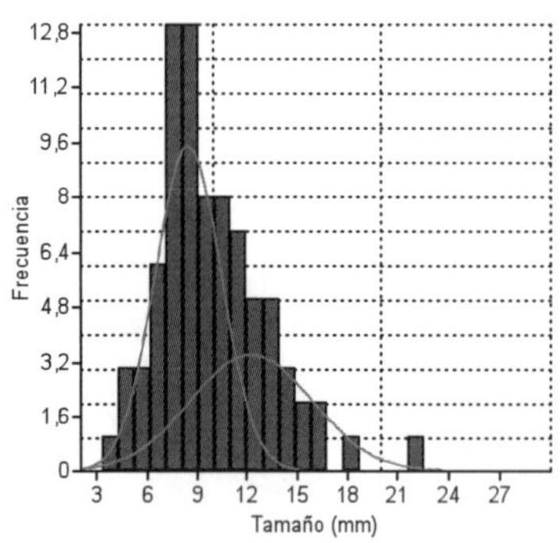


| | |
|---|---|
| N | 81 |
| Min | 3,3 |
| Max | 22,56 |
| Sum | 804,12 |
| Mean | 9,92741 |
| Std. error | 0,371254 |
| Variance | 11,1642 |
| Stand. dev | 3,34128 |
| Median | 9,32 |
| 25 prcntil | 7,62 |
| 75 prcntil | 11,905 |
| Skewness | 0,959036 |
| Kurtosis | 1,64506 |
| Geom. mean | 9,40226 |
| *Shapiro-Wilk* | |
| W: | 0,9523 |
| *p:* | 0,004363 |

*Fig. 6.171: Representación estadística de los tamaños de las charnelas izquierdas de Ostrea edulis en el nivel Slm de Santimamiñe*

### 6.9.7 *Análisis arqueomalacológico Nivel Lsm*

#### 6.9.7.1 Representación de especies

Aparecen abundantes moluscos, aunque las cantidades globales son ligeramente inferiores al nivel anterior. Se han identificado 22 taxones, que se corresponden con nueve bivalvos, cuatro gasterópodos marinos, seis gasterópodos terrestres, dos crustáceos y un equinodermo (Tabla 6.64). Así, el número de restos (NR), que asciende a 22056, al igual que ocurre con el número mínimo de individuos (NMI= 837), se reduce prácticamente a la mitad con respecto al nivel Slm. Sin embargo, el patrón de explotación es exactamente el mismo, con predominio de *Scrobicularia plana* (82% NMI), seguida de *Ruditapes decussatus* (7%) y *Ostrea edulis* (3%). Al igual que ocurre en el nivel anterior, si se tienen en cuenta los pesos, la importancia de *Ruditapes decussatus* y *Ostrea edulis* aumenta, hasta el punto de que juntas superan ligeramente el peso de *Scrobicularia plana*. El resto de especies son claramente marginales. Entre estas destaca la aparición de los cangrejos (Brachyura sp.) y el erizo de mar *Paracentrotus lividus*. La presencia de *Cepaea nemoralis* y del resto de gasterópodos terrestres puede considerarse intrusiva.

| Taxones | Santimamiñe Lsm | | | | | | |
|---|---|---|---|---|---|---|---|
| **Bivalvos marinos** | **NR** | **%NR** | **NMI** | **%NMI** | **NMI/dm³** | **Peso (gr.)** | **gr/dm³** |
| *Anomia ephippium* | 1 | 0,004 | 1 | 0,11 | 0,042 | | |
| Cardiidae sp. | 3 | 0,013 | 1 | 0,11 | 0,042 | | |
| *Mimachlamys varia* | 1 | 0,004 | 1 | 0,11 | 0,042 | | |
| *Mytilus galloprovincialis* | 142 | 0,643 | 1 | 0,11 | 0,042 | 8 | 0,333 |
| *Ostrea edulis* | 2057 | 9,326 | 27 | 3,22 | 1,125 | 212 | 8,833 |
| *Pholas dactylus* | 8 | 0,036 | 1 | 0,11 | 0,042 | | |
| *Ruditapes decussatus* | 3552 | 16,104 | 59 | 7,04 | 2,458 | 252 | 10,500 |
| *Scrobicularia plana* | 15870 | 71,953 | 683 | 81,6 | 28,458 | 426 | 17,750 |
| *Solen marginatus* | 38 | 0,172 | 6 | 0,71 | 0,250 | 2 | 0,083 |
| **Total Bivalvos** | **21672** | **98,255** | **780** | **93,12** | **32,500** | **900** | **37,50** |
| **Gasterópodos marinos** | **NR** | **%NR** | **NMI** | **%NMI** | **NMI/dm³** | **Peso (gr.)** | **gr/dm³** |
| *Hydrobia ulvae* | 20 | 0,090 | 19 | 2,27 | 0,792 | | |
| Trochidae sp. | 1 | 0,004 | 1 | 0,11 | 0,042 | | |
| *Patella intermedia* | 2 | 0,009 | 2 | 0,23 | 0,083 | 1 | 0,042 |
| *Patella* sp. | 46 | 0,208 | 3 | 0,35 | 0,125 | 3 | 0,125 |
| **Total Gasterópodos marinos** | **69** | **0,311** | **25** | **2,96** | **1,042** | **4** | **0,167** |
| **Gasterópodos terrestres** | **NR** | **%NR** | **NMI** | **%NMI** | **NMI/dm³** | **Peso (gr.)** | **gr/dm³** |
| *Cepaea nemoralis* | 107 | 0,485 | 20 | 2,38 | 0,833 | 3 | 0,125 |
| *Helicella itala* | 1 | 0,004 | 1 | 0,11 | 0,042 | | |
| *Oxychilus* sp. | 1 | 0,004 | 1 | 0,11 | 0,042 | | |
| *Pomatias elegans* | 6 | 0,027 | 1 | 0,11 | 0,042 | | |
| *Pyrenaearia cantabrica* | 1 | 0,004 | 1 | 0,11 | 0,042 | | |
| Stylommatophora sp. | 117 | 0,530 | 1 | 0,11 | 0,042 | | |
| **Total Gasterópodos terrestres** | **233** | **1,054** | **25** | **2,93** | **1,042** | **3** | **0,125** |
| **Crustáceos** | **NR** | **%NR** | **NMI** | **%NMI** | **NMI/dm³** | **Peso (gr.)** | **gr/dm³** |
| Brachyura sp. | 6 | 0,027 | 3 | 0,35 | 0,125 | 1 | 0,042 |
| *Balanus* sp. | 11 | 0,049 | 3 | 0,35 | 0,125 | | |
| **Equinodermos** | **NR** | **%NR** | **NMI** | **%NMI** | **NMI/dm³** | **Peso (gr.)** | **gr/dm³** |
| *Paracentrotus lividus* | 5 | 0,022 | 1 | 0,11 | 0,042 | 1 | 0,042 |
| **No Identificable** | 60 | 0,272 | | | | | |
| TOTAL | **22056** | **100** | **837** | **100** | **34,876** | **909** | **37,875** |

*Tabla 6.64. Abundancia (NR, NMI, peso, frecuencias relativas y densidad) de los taxones identificados en el nivel Lsm (Neolítico) de Santimamiñe*

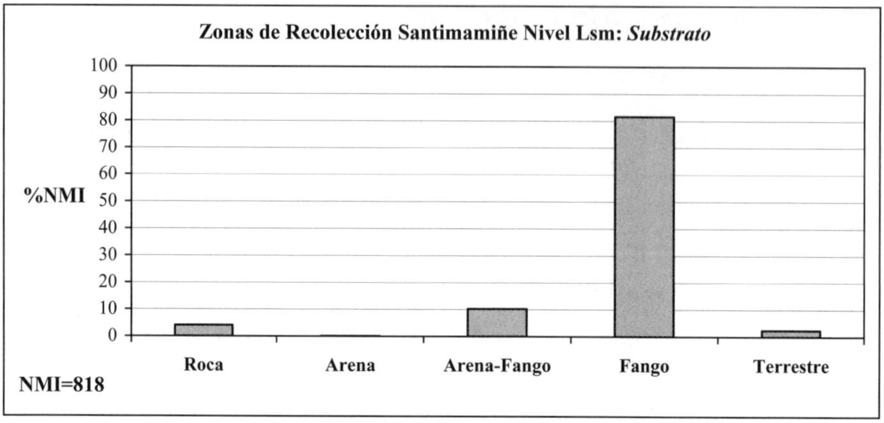


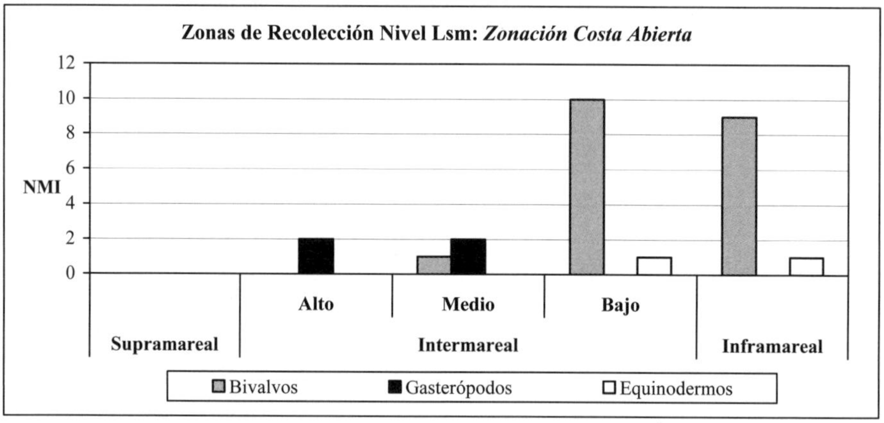


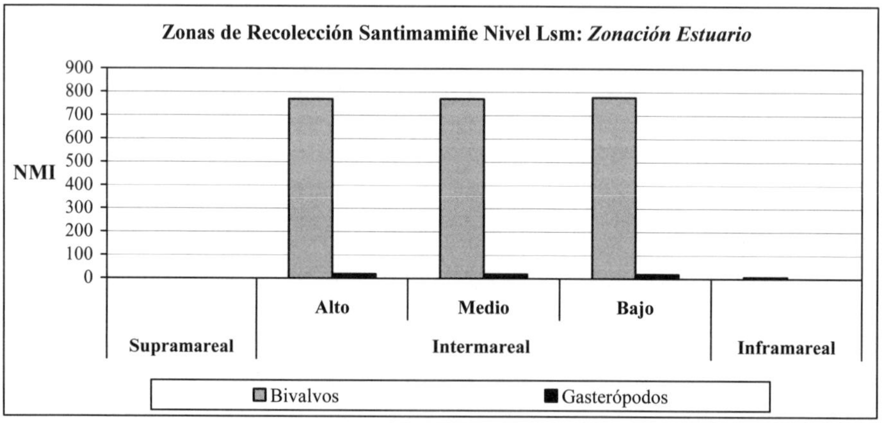


*Fig. 6.172: Zonas de recolección (substrato, zonación y exposición) del nivel Lsm de Santimamiñe*

6.9.7.2 Tafonomía

Entre los procesos tafonómicos más destacados se encuentran la fragmentación (0,024, muy acusada), el encostramiento (ligero), la biodegradación (acusada en ejemplares de *Ruditapes decussatus*), la carbonificación, la incrustación (por políquetos en individuos de *Ostrea edulis*) y las manchas minerales (manganeso).

6.9.7.3 Zonas de recolección

El patrón en cuanto a las zonas de recolección del nivel Lsm es idéntico al del nivel anterior, con una explotación centrada principalmente en las zonas fangosas, pero llevada a cabo también en zonas rocosas y arenoso/fangosas en menor medida. En general, se ha explotado preferentemente el estuario (Fig. 6.172). La presencia de *Patella intermedia* y *Paracentrotus lividus* indica que todo el intermareal de las costas abiertas y expuestas ha sido frecuentado, pero su escasez también señala que no han sido explotadas sistemáticamente. En el caso de los bivalvos, ocurre lo mismo que en el nivel anterior, es decir, las cantidades de *Solen marginatus* hacen que el gráfico indique una mayor recolección de estas especies, sin embargo, como ya se ha comentado, esta especie también ha podido ser recogida en las zonas de estuario, por lo que es necesario interpretar el gráfico con prudencia.

6.9.7.4 Biometría

Las distribuciones de tamaños de *Scrobicularia plana* presentan algunas diferencias con respecto al nivel anterior. En este caso se invierte el resultado, y son las valvas derechas las que presentan una distribución normal, mientras las valvas izquierdas presentan una distribución que no es ni normal ni log-normal (Figs. 6.173 y 6.174). Ambas presentan poca asimetría y varias modas. Dentro de las valvas izquierdas se adivinan dos distribuciones diferentes, una de las cuales indica una inusual presencia de individuos de pequeño tamaño. Por otra parte, las distribuciones tampoco reflejan con claridad que se haya producido una selección de los tamaños. Los tamaños medios son similares a los del nivel anterior.

En cuanto a *Ostrea edulis*, las valvas derechas presentan una distribución normal, bastante simétrica y con varias modas (Fig. 6.175). Esto podría significar una menor utilización de estas valvas para confeccionar herramientas. Sin embargo, la media de los tamaños es prácticamente idéntica a la del nivel anterior. Por otra parte, las valvas izquierdas (Fig. 6.176), presentan una distribución log-normal, con una acusada asimetría, probablemente debido a la presencia de valores extremos, como ocurría en el nivel anterior, y dos distribuciones. Si bien las valvas izquierdas podrían reflejar cierta selección de tamaños, no ocurre lo mismo con las derechas, por lo que con los datos disponibles no es posible hablar de selección de tamaños. Por otra parte, los tamaños medios son similares a los del nivel anterior, indicando que se ha producido una considerable presión sobre el recurso.

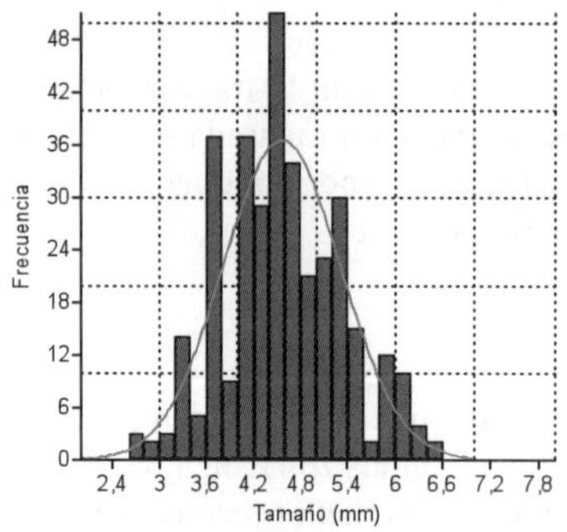


| | |
|---|---|
| N | 343 |
| Min | 2,6 |
| Max | 6,6 |
| Sum | 1562,2 |
| Mean | 4,55452 |
| Std. error | 0,0404852 |
| Variance | 0,562194 |
| Stand. dev | 0,749796 |
| Median | 4,6 |
| 25 prcntil | 4 |
| 75 prcntil | 5 |
| Skewness | 0,153543 |
| Kurtosis | -0,262955 |
| Geom. mean | 4,49211 |
| *Shapiro-Wilk* | |
| W: | 0,9931 |
| *p:* | 0,1142 |

*Fig. 6.173: Representación estadística de los tamaños de las charnelas derechas de Scrobicularia plana en el nivel Lsm de Santimamiñe*

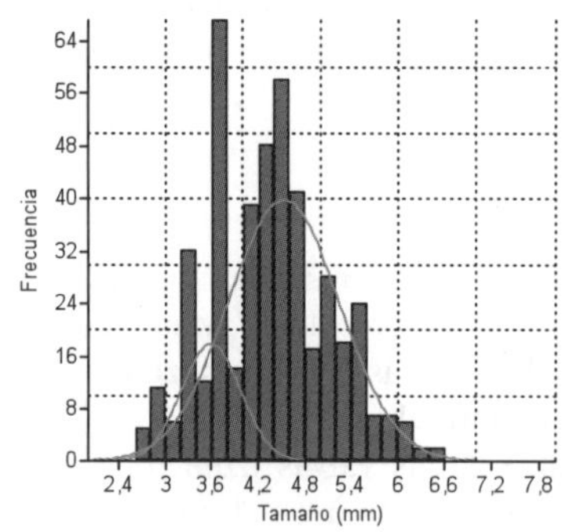


| | |
|---|---|
| N | 444 |
| Min | 2,6 |
| Max | 6,6 |
| Sum | 1926,5 |
| Mean | 4,33896 |
| Std. error | 0,0363432 |
| Variance | 0,586447 |
| Stand. dev | 0,765798 |
| Median | 4,3 |
| 25 prcntil | 3,7 |
| 75 prcntil | 4,875 |
| Skewness | 0,239725 |
| Kurtosis | -0,311429 |
| Geom. mean | 4,27122 |
| *Shapiro-Wilk* | |
| W: | 0,9911 |
| *p:* | 0,008677 |

*Fig. 6.174: Representación estadística de los tamaños de las charnelas izquierdas de Scrobicularia plana en el nivel Lsm de Santimamiñe*

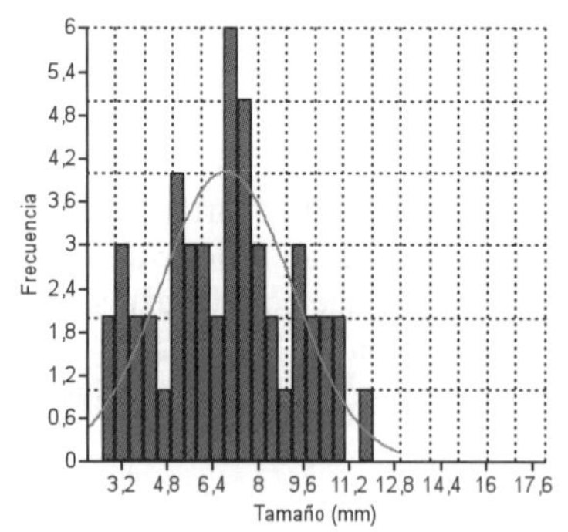


| | |
|---|---|
| N | 49 |
| Min | 2,52 |
| Max | 12,06 |
| Sum | 335,73 |
| Mean | 6,85163 |
| Std. error | 0,335285 |
| Variance | 5,50837 |
| Stand. dev | 2,34699 |
| Median | 6,99 |
| 25 prcntil | 5,21 |
| 75 prcntil | 8,365 |
| Skewness | 0,0675699 |
| Kurtosis | -0,540224 |
| Geom. mean | 6,41343 |
| *Shapiro-Wilk* | |
| W: | 0,9809 |
| *p:* | 0,6026 |

*Fig. 6.175: Representación estadística de los tamaños de las charnelas derechas de Ostrea edulis en el nivel Lsm de Santimamiñe*

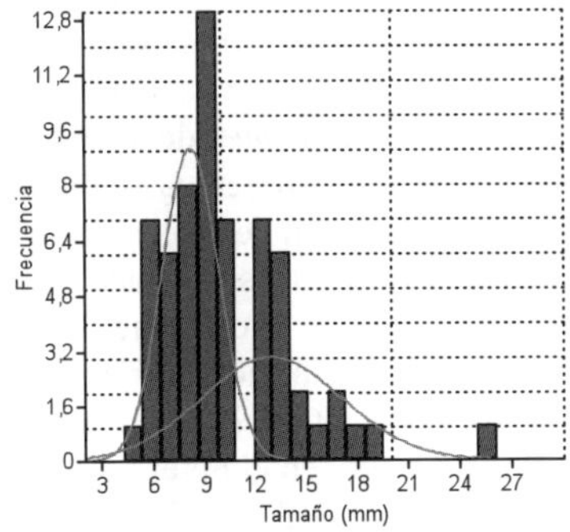


| | |
|---|---|
| N | 63 |
| Min | 4,25 |
| Max | 26,09 |
| Sum | 648,78 |
| Mean | 10,2981 |
| Std. error | 0,489907 |
| Variance | 15,1206 |
| Stand. dev | 3,88852 |
| Median | 9,2 |
| 25 prcntil | 7,54 |
| 75 prcntil | 12,39 |
| Skewness | 1,44851 |
| Kurtosis | 3,35168 |
| Geom. mean | 9,67932 |
| *Shapiro-Wilk* | |
| W: | 0,9001 |
| *p:* | 9,11E-05 |

*Fig. 6.176: Representación estadística de los tamaños de las charnelas izquierdas de Ostrea edulis en el nivel Lsm de Santimamiñe*

## 6.9.8 *Discusión y conclusiones*

### 6.9.8.1 Las acumulaciones de moluscos a lo largo del tiempo

A lo largo de la secuencia de ocupación se pueden observar diferentes cambios en la composición de los conjuntos de moluscos. Por una parte, la diversidad de especies varía de unos niveles a otros, aumentando claramente a lo largo de la secuencia (Tabla 6.65). Se puede considerar pobre en los primeros momentos de la ocupación, especialmente durante el MSF y el Aziliense, e incluso durante el Mesolítico. Sin embargo, en los niveles neolíticos la variedad se sitúa en torno a 15 taxones (si se exceptúan los intrusivos) reflejando una explotación sistemática del litoral.

| Período | Bivalvos | Gasterópodos Marinos | Gasterópodos Terrestres | Crustáceos | Equinodermos | Total | Total sin intrusivos |
|---|---|---|---|---|---|---|---|
| MSF | | 1 | 3 | | 1 | **5** | **2** |
| Aziliense | 3 | 1 | 3 | | 1 | **8** | **6** |
| Mesolítico | 5 | 3 | 2 | 2 | | **12** | **10** |
| Neolítico (Slm) | 9 | 3 | 5 | 3 | | **20** | **14** |
| Neolítico (Lsm) | 9 | 4 | 6 | 2 | 1 | **22** | **16** |

*Tabla 6.65: Diversidad de taxones en Santimamiñe a lo largo del tiempo*

Por otra parte, si se observan las densidades de moluscos depositados a lo largo de los diferentes períodos, e independientemente del estimador de densidades utilizado ($NMI/dm^3$ o $gr/dm^3$), las cantidades de moluscos aumentan a lo largo de la secuencia hasta alcanzar su máxima expresión durante el Neolítico (Fig. 6.177). Se pueden considerar escasas en la primera parte de la secuencia, especialmente durante el MSF y el Aziliense, reflejando que la explotación de moluscos no era una actividad realizada sistemáticamente desde Santimamiñe. El caso del Mesolítico es relativamente diferente, ya que presenta unas densidades muy bajas en relación a lo que acontece en estos momentos en muchos otros yacimientos de la región cantábrica. Sin embargo, el conchero documentado en la zona más externa de la cavidad durante las excavaciones de principios del siglo XX, compuesto principalmente por ostras, almejas y lapas (Aranzadi *et al.*, 1931) indica que la recolección era importante durante el Mesolítico. Las posibles causas de esta escasa acumulación en el nivel Mesolítico (H-Sln) de las excavaciones recientes, serán analizadas más adelante. Durante la primera parte del Neolítico (nivel Slm) se depositan las mayores cantidades de moluscos de toda la secuencia, mientras en la segunda parte (nivel Lsm), aún siendo abundantes, las cantidades decrecen casi a la mitad. Este patrón que acabamos de ver es provocado por las diferencias en la posición de la línea de costa en cada período, que hace que la explotación de moluscos sea más o menos rentable desde la cavidad. Así, durante el MSF y el Aziliense la línea de costa se situaría a una distancia considerable del yacimiento, por lo que la explotación de recursos marinos no sería rentable desde Santimamiñe. Todo lo contrario ocurriría durante el Mesolítico y el Neolítico, momentos en los que la línea de costa se sitúa en una posición similar a la actual y el estuario ya está formado. Sin embargo, en el nivel Lsm se produce un descenso en la acumulación de moluscos con respecto al nivel Slm, que puede estar relacionado con una menor actividad recolectora al avanzar el Neolítico.

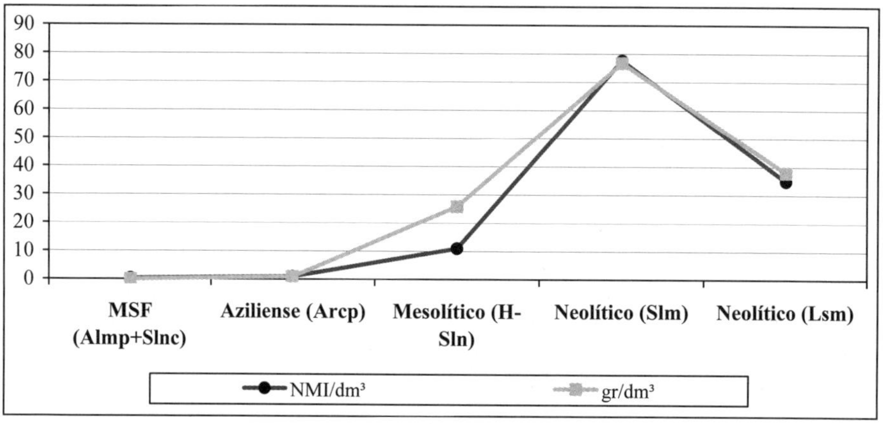


*Fig. 6.177: Densidad de moluscos en Santimamiñe a lo largo del tiempo*

### 6.9.8.2 Representación de especies

En cuanto a las especies representadas, a partir del Aziliense empieza a conformarse el patrón de explotación que será la base de las estrategias recolectoras en los períodos posteriores. Así, las especies principales son los bivalvos marinos, *Scrobicularia plana*, *Ruditapes decussatus* y *Ostrea edulis*, que durante el Mesolítico ya suponen más del 70% del NMI, y durante los períodos posteriores supondrán más del 90% de los moluscos presentes en el depósito. Sin embargo, la contribución real de cada una de estas especies a la dieta de los grupos humanos es una cuestión con al menos dos lecturas (ver Figs. 6.178 y 6.179). Por una parte si se tiene en cuenta el %NMI, el predominio de *Scrobicularia plana* es evidente, ya que supone más del 80%. Sin embargo, si se toman los pesos, el predominio de esta especie no es tan neto, ya que *Ruditapes decussatus*, y sobre todo *Ostrea edulis* son especies de mayor peso individual, y por tanto, de mayor rendimiento cárnico, por lo que su importancia en la dieta crece con respecto a lo reflejado por las frecuencias relativas. Aún con todo, *Scrobicularia plana* es, sin duda, la especie más recolectada. La discusión sobre cual de los dos indicadores refleja mejor la contribución de cada especie a la economía de los grupos humanos ha sido ampliamente debatida, especialmente en la literatura científica americana (Claassen, 2000; Glassow, 2000; Mason *et al.*, 1998, 2000), llegando a la conclusión de que las necesidades de la investigación determinarán el uso de uno u otro método. En el caso de Santimamiñe, utilizaremos las frecuencias relativas a efectos de comparación con otros yacimientos de la región cantábrica, donde la tradición ha perpetuado la utilización de dicho estimador. Sin embargo, parecía necesario llamar la atención sobre esta cuestión, que hasta el momento no había sido tenida en cuenta en el estudio de los concheros de la región.

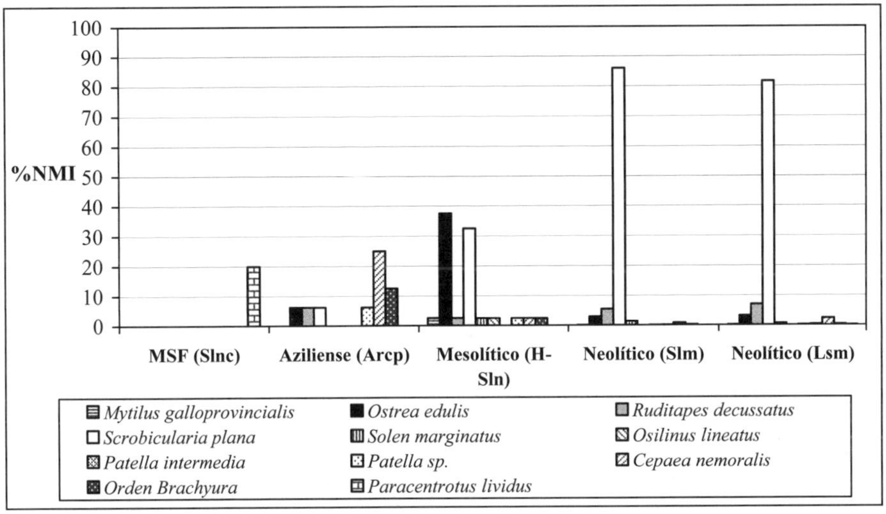


*Fig. 6.178: Representación de las principales especies a lo largo del tiempo a partir de las frecuencias relativas de los conteos (%NMI)*

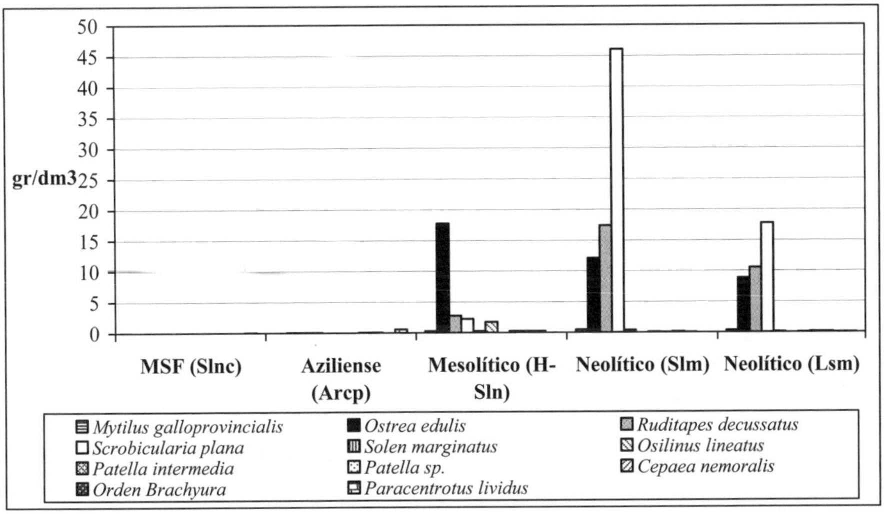


*Fig. 6.179: Representación de las principales especies a lo largo del tiempo a partir de las densidades de peso (gr/dm³)*

Es interesante destacar cómo el orden de importancia de estas tres especies en los niveles superiores, atribuidos al VII milenio cal BP, es precisamente el inverso al documentado en el conchero mesolítico de las excavaciones antiguas (Aranzadi & Barandiarán, 1935), en el que predomina *Ostrea edulis*, seguido de *Ruditapes decussatus* y a continuación *Scrobicularia plana*. Una posible explicación para este diferente patrón guarda relación con la intensidad de la recolección. Así, este hecho podría estar reflejando un proceso de recolección intensiva de *Ostrea edulis* durante el Mesolítico, cuya sobreexplotación provocaría el cambio en las estrategias de explotación hacia un mayor aprovechamiento de *Scrobicularia plana* en los períodos posteriores. Igualmente, *Ostrea edulis* es una especie que habita en zonas rocosas de los estuarios, por lo que es relativamente fácil de localizar y recolectar. Al contrario, *Scrobicularia plana* es una especie que vive enterrada en el fango, por lo que su localización y recogida exige un mayor esfuerzo. Esta mayor inversión de energía aplicada a la obtención del recurso puede considerarse como una característica propia de un proceso de intensificación en la explotación de moluscos. Así, ambas especies podrían haber sufrido sendos procesos de recolección intensiva, mientras el de *Scrobicularia plana*, al ser una especie de más difícil recolección, implicaría un paso más en el proceso de intensificación durante el Neolítico.

El análisis estadístico realizado a partir de una prueba de $\chi^2$ ha revelado que existen algunas diferencias significativas entre los dos niveles neolíticos (Slm y Lsm), ($chi^2 = 23{,}0400$; $p = 0{,}025$) relacionadas con la presencia de gasterópodos terrestres. Sin embargo, sí existen diferencias significativas relativas a la explotación del litoral entre estos niveles y el nivel mesolítico H-Sln ($chi^2 = 196{,}1218681$; $p = 0{,}001$). Estas diferencias son debidas principalmente a la abundancia de *Ostrea edulis* en el nivel mesolítico, pero también, aunque en menor medida, a la escasez de *Scrobicularia plana*. Esto parece confirmar la hipótesis de una mayor explotación de *Ostrea edulis* durante el Mesolítico y de *Scrobicularia plana* durante el Neolítico.

Sin embargo, también es posible que las diferencias con el conjunto de Barandiarán se deban a que *Scrobicularia plana* estuviera infravalorada debido a su menor tamaño y al sistema de recuperación y cuantificación empleados en las excavaciones de principios del siglo XX, que no tendrían en cuenta los pequeños restos de charnelas de esta especie. Así, la importancia de *Scrobicularia plana* podría ser durante el Mesolítico mayor de lo que se pensaba, como se desprende de la igual abundancia absoluta entre ambas especies en el nivel H-Sln, lo que podría estar reflejando que la intensificación que supone la recolección de zonas fangosas se produce antes del VII milenio cal BP. Sin embargo, es necesario contar con más datos para establecer las causas de estas diferencias con total fiabilidad.

#### 6.9.8.3 Tafonomía

La base para la determinación de los procesos tafonómicos han sido las tres especies principales, *Scrobicularia plana*, *Ruditapes decussatus* y *Ostrea edulis*. Los procesos tafonómicos identificados son bastante homogéneos y muy característicos de este tipo de depósitos y cronologías. Los escasos restos hallados en el nivel aziliense solo han permitido identificar procesos de fragmentación y encostramiento. A partir del Mesolítico y durante los períodos posteriores los procesos han sido muy similares, añadiendo a los dos citados para el Aziliense, la bioerosión (producida en vida, generalmente por efecto de microperforadores y organismos incrustantes como los serpúlidos), la carbonificación (por efecto de la exposición al fuego, con mayor o menor intensidad), la biodegradación y las manchas minerales (junto a manchas de carbón, aparecen otras probablemente de manganeso, apatito o una sustancia similar). La intensidad con la que la mayor parte de estos procesos ha afectado al material puede considerarse leve, excepto el encostramiento que en ocasiones se presenta de forma acusada, y la fragmentación, que es el principal proceso tafonómico identificado (Fig. 6.180). Ambos procesos provocan que la identificación y análisis del material sea una tarea complicada en ocasiones.

En cuanto a los procesos que han afectado al yacimiento, destacan la desarticulación de las valvas de los bivalvos, y un proceso de reelaboración del material malacológico, que originalmente se situaría en la zona del vestíbulo. Así, lo más probable es que a lo largo del VII milenio cal BP el conchero del vestíbulo haya ido depositándose y desmantelándose simultáneamente, desplazándose por gravedad o arrastre hacia el fondo de la cavidad, zona en la que han sido recuperados los moluscos durante las recientes excavaciones. Este proceso de reelaboración puede ser el causante de la elevada fragmentación del material, como se verá a continuación.

*Fig.6.180: Estado de fragmentación del material malacológico en el nivel Slm*

### 6.9.8.4 Índices de fragmentación

La fragmentación es uno de los procesos tafonómicos que afectan de manera severa al material malacológico depositado en Santimamiñe. Así, si se observa la Fig. 6.181, se aprecia que la mayor fragmentación se produce en el Aziliense y la menor durante el Mesolítico, mientras que durante el Neolítico se mantiene relativamente estable en los dos niveles. Sin embargo, lo importante en este caso no es tanto la comparación entre los diferentes niveles como el valor total que presentan, que refleja una fragmentación muy acusada en toda la secuencia.

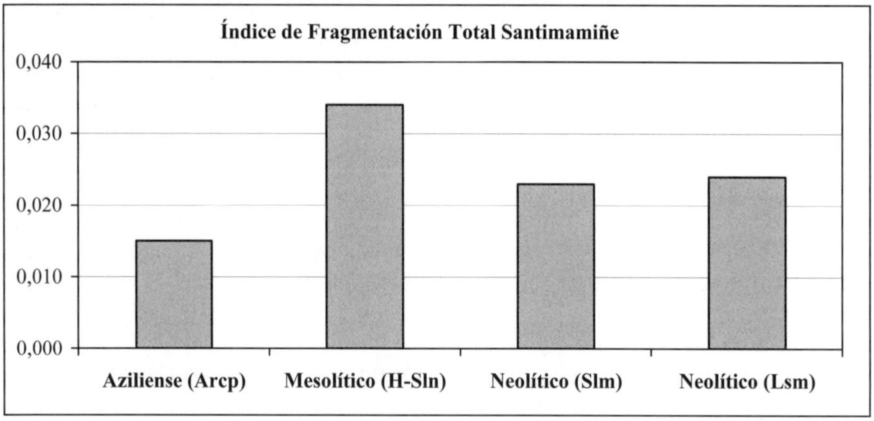


*Fig. 6.181: Índice de fragmentación total por niveles en Santimamiñe*

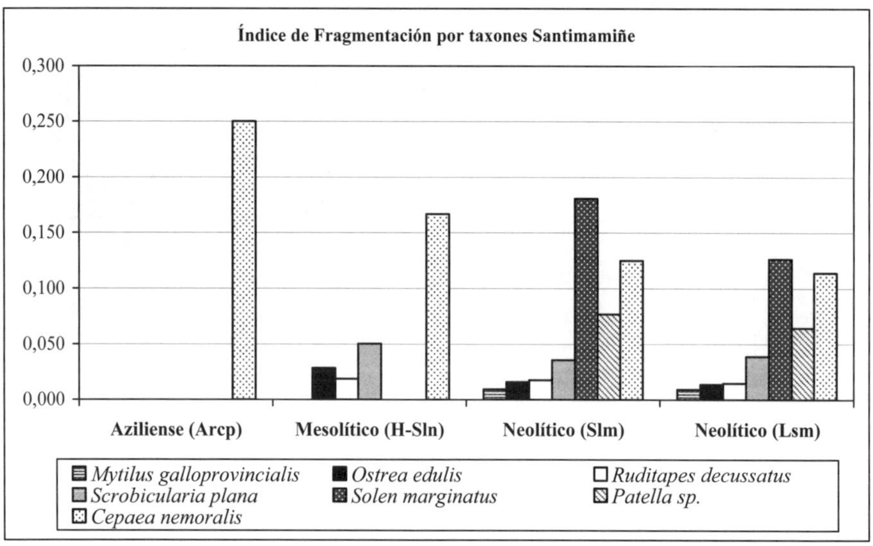


*Fig. 6.182: Índice de fragmentación por taxones y niveles en Santimamiñe*

Por otro lado, las especies más abundantes presentan un patrón de fragmentación muy similar a lo largo del tiempo (Fig. 6.182), por lo que parece que los procesos que causan tan alta fragmentación han estado actuando al menos durante el Mesolítico y el Neolítico. La hipótesis que se baraja para explicar este fenómeno es, como ya se ha mencionado, que el material haya sido arrastrado desde la zona del vestíbulo hasta depositarse en la zona interior, y que este arrastre haya provocado una fragmentación tan acusada. El conchero documentado en las excavaciones antiguas presentaba cerámica en la zona superior pero no en la inferior, por lo que estos niveles han sido adscritos al Neolítico y Mesolítico respectivamente. Así, el material del nivel H-Sln de las recientes excavaciones, fechado en el Mesolítico por radiocarbono, podría corresponder a un arrastre del conchero mesolítico o, como hipótesis alternativa y más probable, a una ocupación muy puntual de esa zona de la cavidad durante el Mesolítico, como refleja la existencia de una facies de hogar en este nivel y el menor grado de fragmentación del material. Por otra parte, el material de los niveles Slm y Lsm procede muy probablemente de los niveles de conchero con cerámica del VII milenio cal BP. Así se desprende de las dataciones radiocarbónicas realizadas sobre carbones dispersos entre el material malacológico, considerados asimismo afectados por el arrastre desde el conchero del vestíbulo. Las fechas sitúan el nivel Slm al final del VII milenio cal BP y son coherentes con la existencia de un proceso de reelaboración relativamente continuo, que ha provocado que el material se haya depositado como en origen, del más antiguo al más moderno. Sin embargo, a la vez que se producía el desplazamiento y acumulación del material, la zona interior de la cavidad habría sido ocupada., como muestra el hallazgo de diversas estructuras de combustión *in situ* en el nivel Slm, por lo que esta mezcla de arrastre y ocupación es probablemente la causa de la alta fragmentación que presenta el material.

### 6.9.8.5 Zonas de recolección

Desde el punto de vista del substrato (Fig. 6.183) se observan cambios a lo largo de la secuencia. Por una parte, durante el Aziliense la escasez de material no permite realizar aseveraciones de carácter definitivo, pero parece que las zonas rocosas han sido las más frecuentadas. Durante el Mesolítico se mantiene la explotación de zonas rocosas, pero las zonas fangosas comienzan a cobrar importancia. Por último, en la parte final de la secuencia y especialmente durante el Neolítico, el predominio de las zonas fangosas es evidente.

Desde la perspectiva vertical, la explotación está determinada por el grado de exposición de la costa. Si se comparan las cantidades de moluscos que habitan en ambas zonas, parece claro que el estuario ha sido sistemáticamente explotado, mientras la costa abierta, a pesar de ser frecuentada, no ha sido explotada intensamente desde Santimamiñe. Así, en el estuario se han explotado todas las zonas del intermareal tanto durante el Mesolítico como durante el Neolítico. Al igual que en el caso del substrato, la escasez de material aparecido en el nivel Aziliense no permite extraer conclusiones definitivas, pero es posible afirmar que ambas zonas, estuario y costa abierta, han sido frecuentadas.

En el caso de la costa abierta, el intermareal medio y bajo parece haber sido más frecuentado durante el Mesolítico. Sin embargo, durante el Neolítico las mayores cantidades proceden de la zona baja del intermareal y del inframareal, aunque la especie que provoca este patrón, *Solen marginatus*, también puede haber sido recolectada en zonas de estuario.

Por tanto, en los momentos en que la explotación cobra importancia en Santimamiñe, especialmente durante el Neolítico, aunque también durante el Mesolítico si se tienen en cuenta los resultados de las excavaciones de Aranzadi y Barandiarán, el estuario ha sido preferentemente y casi exclusivamente explotado, algo normal ya que el estuario del río Oka se sitúa a una distancia muy apropiada para su explotación desde la cavidad. El resto de taxones propios de costas abiertas está reflejando que estas zonas también se han frecuentado, aunque probablemente han sido explotadas sistemáticamente desde otros asentamientos más cercanos a la línea de costa.

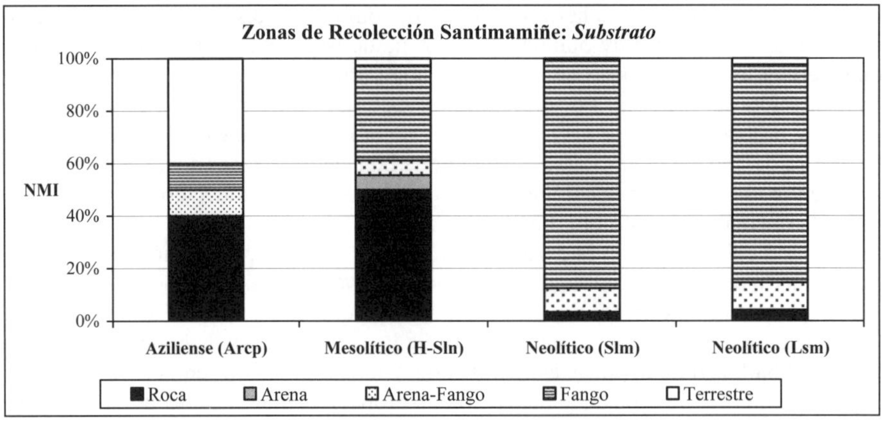


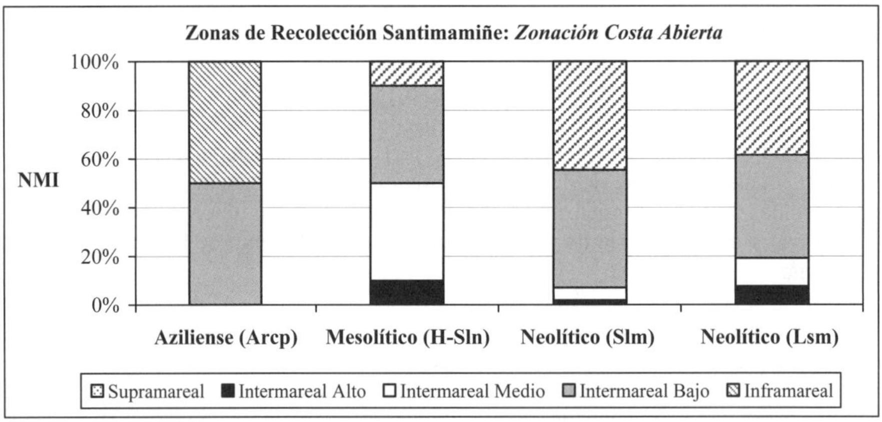


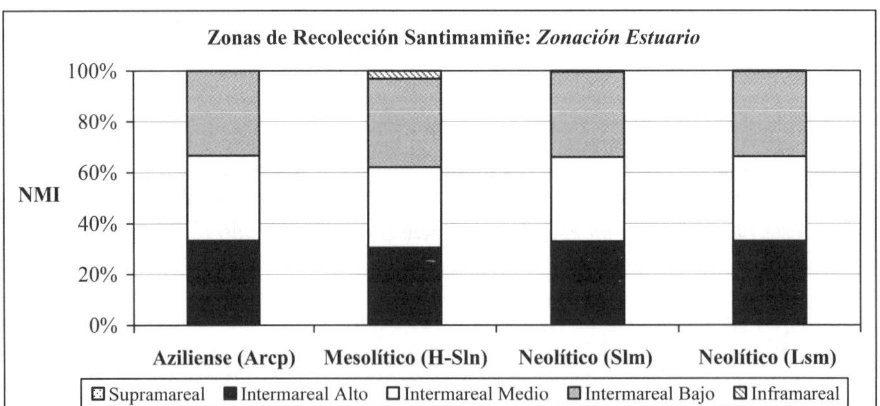


*Fig. 6.183: Zonas de recolección (substrato, zonación y exposición) en Santimamiñe*

### 6.9.8.6 Biometría

Los análisis de las distribuciones de tamaños han mostrado que no se ha producido selección de tamaños en *Scrobicularia plana*, probablemente por la dificultad que conlleva llevar a cabo este proceso en una especie que habita enterrada en el fango. En el caso de *Ostrea edulis*, si bien las muestras del nivel Slm presentan indicios de selección de tamaños grandes, no ocurre lo mismo con las del nivel Lsm.

En cuanto a la evolución temporal de los tamaños, no se aprecian variaciones significativas en los tamaños de *Scrobicularia plana* a lo largo del tiempo (Fig. 6.184), salvo un rápido aumento entre el Nivel H-Sln (St. 12, Mesolítico) y el Slm (St. 10-6, Neolítico), probablemente debido a lo escaso de la muestra del Nivel H-Sln. En el resto de la secuencia lo que se aprecia es una tendencia al aumento en los tamaños, hasta la St. 4 (Neolítico), a partir de la cual la tendencia es descendente. Por tanto, no parece que la presión antrópica o de otro tipo haya sido intensa sobre *Scrobicularia plana*, excepto quizás al final de la secuencia, aunque los tamaños que alcanza son similares a los del inicio del Neolítico. Esto contrasta con su importancia dentro del conjunto de especies explotadas, que sí está reflejando una cierta intensidad en la recolección de esta especie.

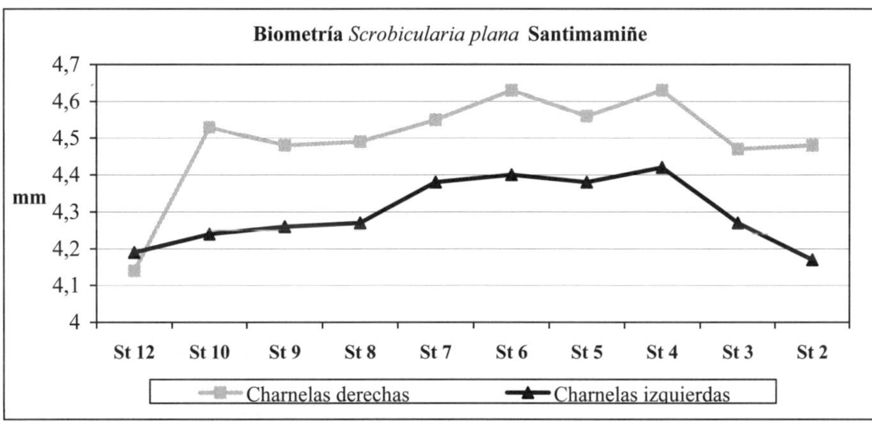


*Fig. 6.184: Evolución de los tamaños de las charnelas de Scrobicularia plana por semitallas*

En el caso de *Ostrea edulis*, las condiciones del análisis no han sido las más adecuadas debido a lo escaso de la muestra utilizada. No obstante, a partir de los datos disponibles se buscarán explicaciones que más bien pueden ser consideradas hipótesis a contrastar en el futuro utilizando muestras más adecuadas (Fig. 6.185). Así, si se observa el gráfico se aprecia un descenso en los tamaños de *Ostrea edulis* en la primera parte de la secuencia, y una ligera recuperación coincidiendo con el paso al Nivel Lsm (Neolítico). Esto podría deberse a la presión antrópica, más acusada durante la ocupación correspondiente a los niveles H-Sln (Mesolítico) y sobre todo al Slm (Neolítico), como parece indicar también el alto NMI/dm$^3$ que presenta este nivel. Igualmente el análisis de los tamaños de las valvas derechas del nivel Slm indica una inusual abundancia de tamaños pequeños (charnelas de 4 mm), aunque las valvas izquierdas reflejan un patrón normal. Además de la presión antrópica, otra hipótesis, relacionada con la función de las ostras, podría explicar el caso de las valvas derechas. En el curso de este análisis se han identificado diversos restos de *Ostrea edulis* que presentan huellas de transformación y utilización por parte de los grupos humanos que habitaron la cavidad. Los útiles identificados proceden de los niveles Slm y Lsm. Un análisis preliminar indica que algunos de estos útiles están realizados sobre valvas derechas, por lo que quizás la razón de la escasez de tamaños grandes sea que esas valvas han sido utilizadas como materia prima para la confección de útiles. Si se observan los datos correspondientes a los fragmentos valvares conservados en el yacimiento, se aprecia claramente una menor cantidad de valvas derechas tanto en el nivel Slm como en el Lsm, por lo que la hipótesis de su utilización cobra fuerza. Sin embargo, a diferencia de lo que ocurre en el nivel Slm, el análisis biométrico del nivel Lsm presenta una distribución normal en los tamaños de las valvas derechas.

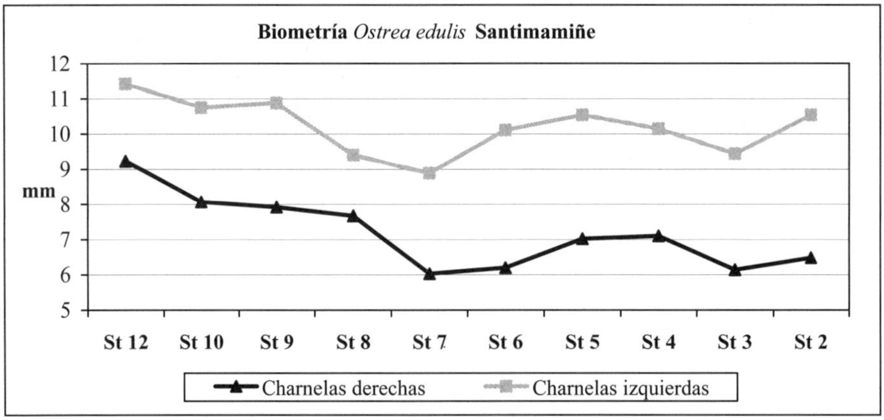


*Fig. 6.185: Evolución de los tamaños de las charnelas de Ostrea edulis por semitallas*

Por tanto, es posible acercarse al problema desde varios puntos de vista. Por una parte, en la investigación llevada a cabo en la región cantábrica existe cierta tradición en atribuir al ser humano procesos de sobreexplotación e intensificación a partir de la información biométrica. Si se observan los datos desde esta perspectiva, el descenso en los tamaños de *Ostrea edulis* que se produce entre el final del Mesolítico y la transición del VII al VI milenio cal BP, podría ser el efecto de una recolección intensiva. Igualmente, la comparación con los tamaños de las ostras de Kobaederra, más grandes que los de Santimamiñe, reflejan también cierta intensidad en la explotación de este recurso. De la misma forma, su recuperación al final de la secuencia podría deberse a una mayor concentración del esfuerzo recolector en la especie *Scrobicularia plana*, que permitiría una recuperación de los tamaños de *Ostrea edulis*. Esta explotación más intensa de *Scrobicularia plana* pudo tener como efecto el descenso en los tamaños que se observa a partir de la Semitalla 4.

No obstante, también es necesario tener en cuenta que otros procesos, especialmente medioambientales, han podido influir en las distribuciones de tamaños. Así, los cambios en la morfología de la costa que se producen durante el Holoceno, principalmente en lo concerniente a la configuración del estuario, han podido tener efectos importantes en la distribución de biotopos adecuados para la reproducción y crecimiento de estas especies, lo que ha podido afectar a las distribuciones de tamaños. Por tanto, y como premisa general aplicable a las explicaciones aquí sugeridas, las características tafonómicas del depósito y el escaso tamaño muestral de *Ostrea edulis*, hacen necesario contar con más datos para poder contrastar alguna de estas hipótesis con total fiabilidad.

6.9.8.7 Técnicas de recolección

Al igual que ocurre en otros yacimientos, en Santimamiñe no se han recuperado evidencias de instrumentos asociados a la explotación de moluscos. La explotación casi exclusiva del estuario, y más concretamente de las zonas rocosas y de arena y/o fango, indica que probablemente algún instrumento fue utilizado. Para recoger las ostras se utiliza habitualmente un canto marino, ya que es necesario despegarlas de la roca. Por el contrario, la recolección de *Scrobicularia plana* y *Ruditapes decussatus* pudo haberse llevado a cabo con las manos, aunque la abundante explotación de estas especies probablemente refleja la utilización de instrumentos para excavar en el fango.

# CAPÍTULO 7. LA EXPLOTACIÓN DE MOLUSCOS Y OTROS RECURSOS LITORALES EN LA REGIÓN CANTÁBRICA DURANTE EL PLEISTOCENO FINAL Y EL HOLOCENO INICIAL: SÍNTESIS DE LAS EVIDENCIAS Y DISCUSIÓN

## 7.1 La explotación de moluscos por períodos: del MSF al Neolítico

### 7.1.1 *La explotación de moluscos durante el Magdaleniense Superior Final*

#### 7.1.1.1 *La composición de los conjuntos malacológicos*

La primera diferencia que se constata al comparar los conjuntos malacológicos de este período es la existencia de dos tipos de acumulaciones. Por una parte, acumulaciones de cierta abundancia que reflejan plenamente su función alimenticia, y por otra parte, escasas acumulaciones en las que destaca la presencia de moluscos con finalidad ornamental. El que una acumulación sea claramente producto de su recolección para el consumo no significa que no contenga moluscos de carácter ornamental, y exactamente lo mismo ocurre con los conjuntos ornamentales, que muy habitualmente incluyen taxones alimentarios, aunque siempre reducidos a muy escasos efectivos.

Así, la comparación de los niveles del MSF con datos cuantitativos y acumulaciones que reflejan una explotación de cierta entidad presenta una imagen en consonancia con lo establecido hasta el momento para este período (ver Apéndice 1, A1.3). Así, la explotación de moluscos con finalidad alimenticia está fundamentalmente centrada en dos taxones, el género *Patella* (fundamentalmente *Patella vulgata*) y *Littorina littorea*. Sin embargo, se aprecian algunas diferencias en las cantidades que presentan en cada yacimiento. El género *Patella* predomina ampliamente en La Riera (niveles 21-23 y 24), La Garma A (nivel O), La Fragua (nivel 4), El Perro (nivel 2c), Laminak II (nivel II) y Goikolau (niveles VI y V, en los que no aparece *Littorina littorea*), mientras las cantidades son más igualadas (aunque favorables a *Patella*) en La Pila (nivel IV) y Tito Bustillo (niveles 1a y 1b). El único yacimiento en el que *Littorina littorea* es más abundante es La Garma A (nivel N). En Morín (nivel 2) y Erralla (nivel II) se presentan datos cuantitativos en los que solo aparece *Patella*, pero sus cantidades son mínimas.

Los datos cualitativos indican la presencia únicamente de *Patella* en Bricia (niveles E y C), El Piélago II (nivel 5), Abittaga (nivel VII) y Ermittia (nivel Magdaleniense superior), mientras aparece en mayores cantidades que *Littorina littorea* en El Castillo (nivel 6, donde es muy abundante y *Littorina littorea* es abundante), El Pendo (IIc-g, IIa-b y II), El Valle (nivel Magdaleniense superior, donde aparece de forma abundante), Lumentxa (nivel V y IV, abundante) y Aitzbitarte IV (nivel II, abundante). En algunos yacimientos se cita la misma cantidad relativa para ambas como en El Linar (niveles II y Ib), El Castillo (nivel 7), El Otero (niveles 3 y 2) y Santa Catalina (niveles 3 y 2, donde ambos taxones son abundantes). El único yacimiento en el que *Littorina littorea* presenta mayores cantidades que *Patella* es en Cueto la Mina (nivel B, abundante).

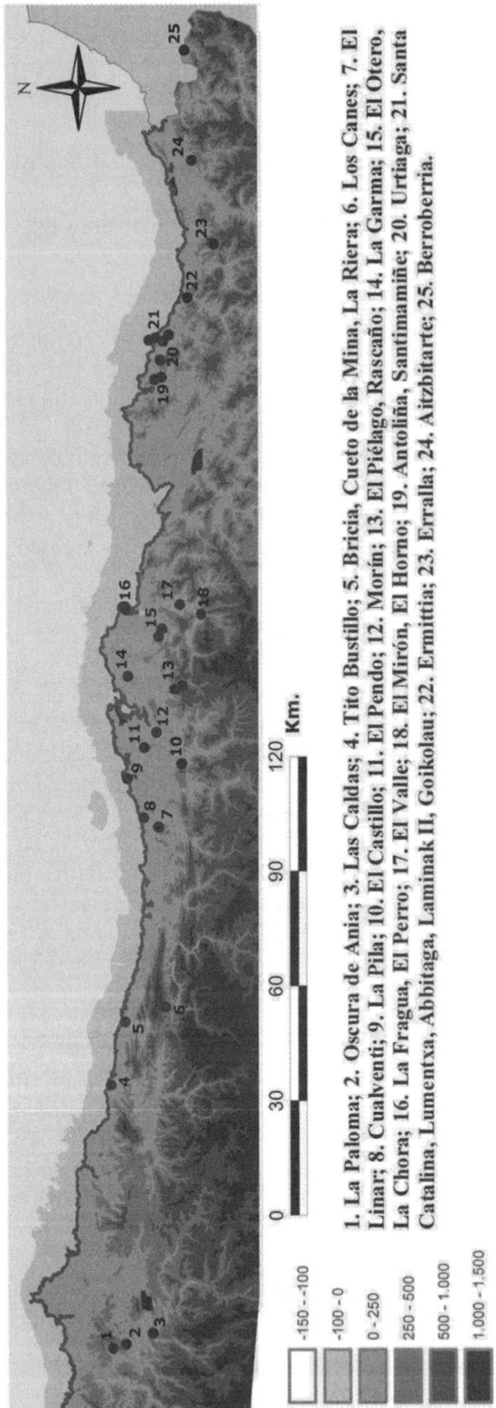


*Fig. 7.1: Distribución de yacimientos con evidencias malacológicas en niveles del MSF en la región cantábrica (Imagen: A. García Moreno & F. I. Gutiérrez Zugasti)*

Entre los yacimientos que presentan un patrón claramente de tipo ornamental encontramos Las Caldas (niveles I a III), Oscura de Ania (nivel IIIa), Los Canes (nivel 2c/3, si bien aparecen algunos ejemplares de taxones alimenticios), El Piélago I (nivel 5), Rascaño (nivel 2), El Horno (niveles 3, 2 y 1), El Mirón (niveles 106 y 107), Santimamiñe (nivel Almp y el VI de las excavaciones antiguas) y Urtiaga (nivel D).

En otros yacimientos, como Cualventi (nivel 4) y Antoliña (nivel Lanc) en los que solo se cita la presencia de escasos moluscos, sin determinación específica, o Berroberría (nivel Dinferior), con solo dos restos, es más complicado realizar valoraciones sobre su pertenencia a uno u otro grupo.

Por tanto, la explotación con fines alimenticios está centrada en el género *Patella* y *Littorina littorea*, y así durante este período, el número de taxones necesarios para responder del 80% del conjunto varía ente uno y dos en todos los yacimientos, por lo que puede hablarse de especialización. Sin embargo, generalmente el patrón incluye otras especies minoritarias que aparecen siempre en cantidades muy escasas, habitualmente menos de diez individuos. Su presencia puede ser debida a diversas causas: recogida accidental al recolectar otras especies, recogida para utilizar como ornamentos, recogida de conchas muertas para diversas utilizaciones...

También en cantidades muy escasas se ha documentado la presencia de equinodermos, concretamente del erizo de mar *Paracentrotus lividus*, en algunos yacimientos como La Pila (nivel IV), Santimamiñe (nivel Slnc y el nivel VI de las excavaciones antiguas) y Ermittia (nivel magdaleniense superior). Hasta el momento un solo resto de crustáceo Brachyura sp. (es decir, un cangrejo) ha sido identificado en niveles del MSF, procedente de Lumentxa (nivel IV). El carácter alimenticio de estos taxones parece indudable, sin embargo, sus escasas cantidades reflejan una menor importancia dentro de las estrategias de subsistencia.

En cantidades más significativas aparecen en este período los caracoles terrestres, si bien la mayor parte de taxones deben su presencia en los depósitos a su carácter intrusivo, sin que hayan sido recolectados por el ser humano como parte de sus estrategias de subsistencia. La única especie de carácter alimenticio, *Cepaea nemoralis*, aparece en cantidades significativas en Los Canes (nivel 2c/3) y La Fragua (nivel 4), si bien la causa de su presencia en ambos yacimientos es bastante dudosa. En Los Canes, como ya ha sido señalado (Arias, 2002), no solo para este nivel sino para gran parte de su secuencia, la relación de esta especie con *Pomatias elegans*, que presenta cantidades similares, y con el resto de gasterópodos terrestres, es muy parecida, por lo que se ha venido manteniendo la hipótesis de su carácter intrusivo. En La Fragua, por su parte, existen algunas dudas sobre la procedencia del material, que podría ser una contaminación de la enorme acumulación de *Cepaea nemoralis* del nivel 3. Esta especie está presente en otros yacimientos, como en La Riera (nivel 24), El Castillo (nivel 6), El Valle (nivel Magdaleniense superior) y Lumentxa (niveles V y IV), sin que sea posible valorar con precisión su importancia real debido a la falta de datos cuantitativos. Sin embargo, los datos cualitativos procedentes de esos yacimientos sólo califican a esta especie como presente. Por tanto, parece que este tipo de recursos no tienen una gran importancia dentro de las estrategias de subsistencia de los grupos humanos del MSF.

Por último, remarcar la escasa aparición de moluscos de agua dulce, únicamente documentada en Rascaño (nivel 2b) y en La Fragua (nivel 4).

### 7.1.1.2 *Las zonas de recolección*

Desde el punto de vista del substrato (Fig. 7.2), la recolección durante el MSF se ha llevado a cabo casi exclusivamente en zonas rocosas, como se desprende del claro predominio del género *Patella* y *Littorina littorea* en los repertorios malacológicos. La escasa presencia de taxones propios de zonas de arena y arena/fango, como *Callista chione*, *Cerastoderma* sp., *Lutraria* sp. o Veneridae sp., se debe muy probablemente a su recolección en zonas de playa una vez que los moluscos habían muerto. Por otra parte, las zonas terrestres, propicias para la explotación de caracoles, tampoco han sido apenas explotadas.

En cuanto a la zonación, las zonas altas y medias del intermareal han sido las más frecuentadas, como reflejan las preferencias de hábitat de los dos taxones predominantes, mientras el supramareal, el intermareal bajo y el inframareal no han sido explotados sistemáticamente. El cálculo de la zonación a partir de las ecuaciones de Craighead aplicadas a ejemplares de *Patella vulgata* corrobora estos resultados en La Pila y La Fragua, mientras en La Riera parece haberse producido una mayor recolección en las zonas medias y bajas.

Por último, es complicado establecer si la recolección se ha llevado a cabo en costas abiertas o en el estuario, ya que los dos taxones principales pueden habitar en ambas zonas. Tradicionalmente se ha considerado que la aparición de estos taxones implica una recolección de estuario (González Sainz, 1989), sin embargo, esta afirmación debe ser tomada con precaución. Por una parte, el desconocimiento de la morfología de la zona litoral durante el final del Pleistoceno no permite asegurar la existencia de estuarios como los que conocemos hoy en día, aunque lo más probable es que existieran zonas similares. Sin embargo, no parece lógico que si *Patella vulgata* y *Littorina littorea* se han recolectado en zonas de estuario, no se hayan recogido otros taxones propios de estos ambientes y con un mayor rendimiento energético, como *Ostrea edulis* o *Mytilus*, salvo en el caso de que no estuvieran presentes porque las condiciones (climáticas, geomorfológicas, disponibilidad de alimento...) no fueran adecuadas para estas especies. De la misma forma, las zonas de arena y/o fango, propias de los estuarios, tampoco han sido explotadas en este período. Sin embargo, la ausencia de estos taxones propios de estuario también podría guardar relación con las estrategias de recolección, aunque, como ya se ha comentado, es complicado pensar que estuvieran presentes y no fueran recolectados, cuando la mayor parte de ellos aportan un rendimiento cárnico mayor que el de las dos especies principales.

Ya se ha visto en el capítulo dedicado a metodología, como Craighead (1995) desarrolló una serie de ecuaciones para establecer, entre otras cosas, el grado de exposición de la costa de la que proceden los ejemplares de *Patella vulgata* recolectados. Así, su aplicación a La Riera indica que los ejemplares del nivel 21/23 proceden de zonas abrigadas, mientras en el nivel 24 las proporciones son muy igualadas, lo que parece indicar que las zonas expuestas también han sido explotadas. La aplicación de las ecuaciones a los yacimientos de La Pila y La Fragua ha producido un resultado semejante al del nivel 24 de La Riera, es decir, explotación muy similar de zonas abrigadas y expuestas. Por tanto, si se tiene en cuenta que las zonas expuestas no son propias de los estuarios, se puede afirmar que al menos la recolección de *Patella vulgata* se llevó a cabo en la costa abierta, y dentro de ésta, de forma parecida en zonas abrigadas y expuestas. Por su parte, *Littorina littorea* es una especie que cuando habita en la costa abierta, debido a sus características biológicas, lo hace en zonas abrigadas, por lo que se ha podido recolectar en esas zonas junto a *Patella vulgata*, mientras otra parte de esta última especie se habría recogido en las zonas expuestas.

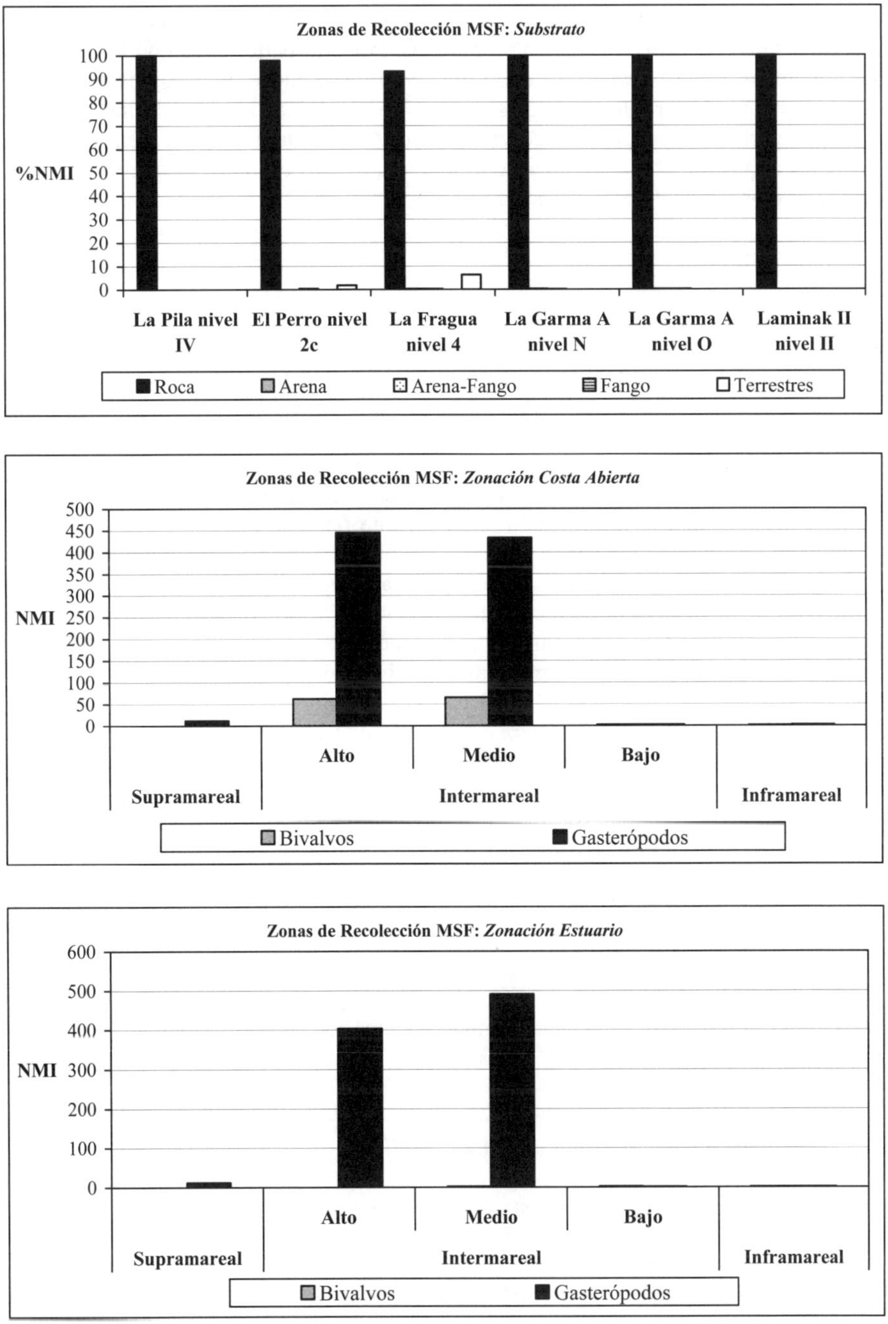


*Fig. 7.2: Zonas de recolección (substrato, zonación y exposición) durante el MSF*

7.1.1.3 *Las técnicas de recolección*

Los requerimientos técnicos para llevar a cabo la explotación de moluscos durante el MSF son relativamente sencillos. Por una parte, el control de las mareas no debe ser tan exhaustivo ya que se explotan preferentemente las zonas altas y medias, que quedan emergidas tanto en mareas vivas como muertas. Por otra parte, el uso de instrumentos está limitado al género *Patella*, ya que *Littorina littorea* puede ser recogida a mano sin mayor problema. El problema surge a la hora de identificar la clase de instrumento/s utilizado/s para la recolección del género *Patella*. Así, a falta de objetos identificados en el registro arqueológico para realizar esta función, lo más probable es que se utilizaran cantos marinos, desechados posteriormente tras su utilización.

7.1.1.4 *Las épocas de recolección*

Apenas se cuenta con información estacional directa procedente de moluscos para este período. Desafortunadamente los análisis sobre estacionalidad (líneas de crecimiento e isótopos de oxígeno) realizados por Craighead (1995:334-355; ver también Bailey & Craighead, 2003:197) en La Riera a partir de individuos de *Patella vulgata* y *Patella intermedia*, no fueron llevados a cabo sobre materiales procedentes de los niveles del MSF. Sin embargo, los resultados de los niveles 18 y 19, adscritos al Magdaleniense Inferior, junto a los obtenidos del nivel 26, asignado a algún momento del MSF o del Aziliense pueden aportar información relativamente fiable al respecto. Así, los análisis de líneas de crecimiento indican que la recolección se ha producido durante todo el año a lo largo de toda la secuencia de La Riera, pero también indican que existen diferencias en el grado de intensidad de la recolección dependiendo de la estación. A lo largo del Solutrense y del Magdaleniense Inferior la recolección de *Patella vulgata* se ha llevado a cabo en verano/otoño, y lo mismo indica el nivel 26 (MSF/Aziliense). Por tanto, lo más probable es que durante el MSF el patrón haya sido el mismo. Sin embargo, los análisis realizados sobre *Patella intermedia* en el nivel 26 reflejan una recolección centrada en otoño/invierno. Estas diferencias en la recolección han sido explicadas por los autores del estudio, a partir de las diferencias en los períodos reproductores de ambas especies, antes de los cuales su rendimiento energético es superior. Así, el mejor momento para recolectar *Patella vulgata* sería en verano y comienzos del otoño y en el caso de *Patella intermedia*, bien el verano bien el invierno. Sin embargo, resulta difícil creer que ambas especies, que viven en las mismas zonas y son tan similares, hayan sido objeto de una recolección diferencial dependiendo de la estación con el objetivo de obtener un mayor rendimiento coste-beneficio. Por tanto, es necesario buscar otras explicaciones para estas diferencias en la estación de recogida, como por ejemplo, cambios en las zonas de recolección, aunque tampoco parece lógico que se exploten durante el invierno las zonas más expuestas, preferidas por *Patella intermedia*, y más peligrosas para la recolección.

### 7.1.2 *La explotación de moluscos durante el Aziliense*

7.1.2.1 *La composición de los conjuntos malacológicos*

Durante el Aziliense se mantienen los mismos patrones de explotación que durante el MSF, si bien se aprecian algunas novedades. Así, los conjuntos aún pueden dividirse entre alimenticios y ornamentales, mientras por otra parte, los taxones principales continúan siendo, en la mayor parte de los yacimientos, el género *Patella* y *Littorina litto-*

*rea*. Sin embargo, en algunos yacimientos comienzan a observarse cambios en dichos patrones, con un aumento en la presencia de otras especies, como *Cepaea nemoralis* y *Osilinus lineatus*, que cobran importancia especialmente al final del período (Apéndice 1, A1.3).

Entre los yacimientos con datos cuantitativos se observa que el género *Patella* es el taxón más recolectado en La Riera (niveles 27 y 28) y La Pila (niveles III.4 a III.1), mientras en El Perro (nivel 2a/b) es *Littorina littorea* la especie más explotada. Sin embargo, en La Pila se observa una evolución hacia un descenso en las cantidades de *Littorina littorea* según avanza el tiempo. Así, en el nivel III.4 sus cantidades (45% del NMI) se asemejan bastante a las del género *Patella*, pero van descendiendo hasta situarse en el 25 % del NMI en el nivel III.1. Este tipo de cambios generalmente se han relacionado con la mejora de las condiciones climáticas al final del Tardiglaciar y los inicios del Holoceno, aunque la tendencia parece revertirse durante el Dryas reciente, como se observa en El Perro, donde *Littorina littorea* es claramente la especie predominante. En Santa Catalina también se aprecia un descenso progresivo en las cantidades de *Littorina littorea* entre el MSF (nivel III= 47%; nivel II= 30% del NR) y el Aziliense (nivel I= 16% del NR). En La Fragua (nivel 3) también se observan algunos cambios, ya que la especie más recolectada es el caracol terrestre *Cepaea nemoralis*, mientras los taxones marinos (entre los que predomina el género *Patella*) son muy escasos. Este hecho supone una novedad con respecto a períodos anteriores al incluirse los caracoles terrestres en el repertorio alimenticio de los grupos humanos. Otra novedad se aprecia en los conjuntos de los yacimientos vascos de Laminak II (nivel I) y especialmente Ekain (niveles V a II). En Laminak II el género *Patella* predomina claramente en el conjunto, pero la novedad se introduce al ser ligeramente superiores las cantidades de *Osilinus lineatus* que las de *Littorina littorea* (si bien ambas son casi insignificantes). Este hecho parece reforzarse en Ekain, especialmente en los niveles III y II. En el nivel III las cantidades de *Osilinus lineatus* son superiores a las del género *Patella*, mientras en el nivel II es al revés. Sin embargo, en ninguno de los niveles azilienses de Ekain aparece *Littorina littorea*. Otros yacimientos, como Santimamiñe (nivel Arcp), presentan muy escasas cantidades de moluscos, por lo que es complicado extraer conclusiones sobre su carácter.

Si se tienen en cuenta los datos cualitativos, existen diversos niveles en los que aparece el género *Patella*, pero no *Littorina littorea*, como en Los Azules (niveles 3a-d y 2), El Piélago I y II (niveles 1 a 4), El Otero (nivel 1), El Valle (nivel aziliense), Santimamiñe (nivel V) y Atxurra (nivel B). Cuando aparecen ambos taxones, encontramos dos situaciones, aquellos niveles en los que el género *Patella* es mayoritario, como ocurre en El Pendo (nivel I) y Urtiaga (nivel C), donde *Patella* está presente y *Littorina littorea* es escasa y en Ermittia (nivel aziliense, donde *Patella* es abundante y *Littorina littorea* escasa); y aquellos niveles en los que sus cantidades parecen ser similares, como en Los Azules (nivel 3e), Cualventi (nivel 1), Lumentxa (nivel III, donde ambos taxones son abundantes) y Aitzbitarte IV (nivel I). En ninguno de los conjuntos, independientemente del tipo de datos con los que contamos, aparece *Littorina littorea* sin que aparezca *Patella*.

Entre los yacimientos que presenta un patrón ornamental se encuentran La Paloma (nivel 2), Oscura de Ania (niveles 1 y 2), Los Azules (niveles 3ent y al menos buena parte del material de los niveles 3e y 3a-d), Los Canes (nivel 1), El Castillo (nivel 1), Arenaza (nivel III), Anton Koba (nivel VIII) y Abittaga (niveles V-VI).

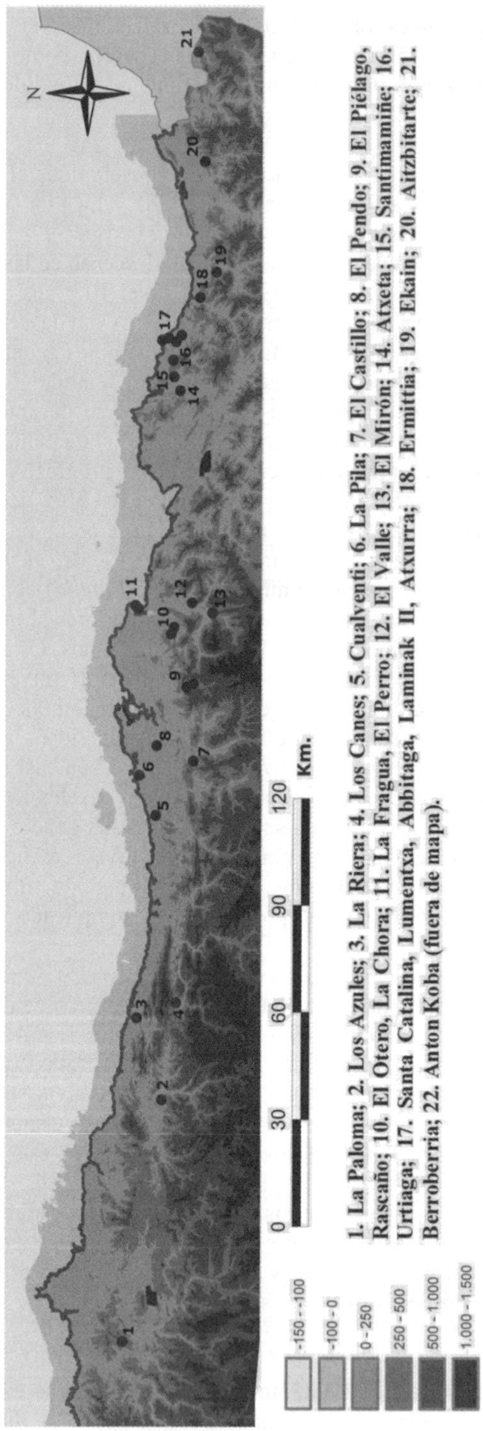


*Fig. 7.3: Distribución de yacimientos con evidencias malacológicas en niveles del Aziliense en la región cantábrica (Imagen: A. García Moreno & F. I. Gutiérrez Zugasti)*

*Fig. 7.4: El nivel aziliense de El Perro en proceso de excavación (obsérvese la abundancia de Littorina littorea) (Foto: M. R. González Morales)*

En algunos yacimientos, como Atxeta (nivel d) solo se especifica la presencia de moluscos, pero sin determinación específica ni cuantificación, por lo que resulta imposible su valoración.

Por tanto, parece que el género *Patella* y *Littorina littorea* continúan siendo los taxones predominantes en los conjuntos malacológicos alimenticios del Aziliense. El caso de *Patella* es claro, pero en cuanto a *Littorina littorea* los datos son en ocasiones ligeramente contradictorios. Así, por una parte, algunos yacimientos reflejan que su importancia no ha decaído, como se observa en El Perro y Lumentxa, en los que aparece de forma abundante. Sin embargo, por otra parte, la evolución apreciable en La Pila y en Santa Catalina, indica un descenso en su importancia a lo largo del Aziliense, algo que también se refleja en la cantidad de yacimientos en los que no aparece *Littorina littorea*, que es sensiblemente mayor en el Aziliense que en el MSF. Es muy probable que estas diferencias estén relacionadas con las condiciones climáticas imperantes en cada momento, con mayores cantidades de *Littorina littorea* en los períodos fríos y menores en los momentos más atemperados.

Al igual que durante el MSF, durante el Aziliense el número de taxones necesarios para responder del 80% del conjunto varía ente uno y dos en todos los yacimientos. Sin embargo, a pesar de este patrón dicotómico tan marcado, una serie de taxones aparecen en los repertorios malacológicos de forma muy escasa y su presencia puede ser debida a diversas causas. Así, se aprecia un ligero aumento en las cantidades de algunos de estos taxones, lo que puede estar reflejando que se recogieron con fines alimenticios, como ocurre con *Mytilus galloprovincialis* en La Pila (nivel III.1), La Fragua (nivel 3) y El Perro (nivel 2a/b) o con *Ostrea edulis* en El Otero (nivel 1). Esto puede estar anunciando la introducción de nuevas estrategias de explotación a través de una mayor diversidad de taxones explotados con finalidad alimenticia. Sin embargo, también es posible que la mayor aparición de estas especies guarde relación con la mejora en las condiciones climáticas.

En apoyo a esta interpretación parecen jugar los datos correspondientes a los equinodermos y crustáceos, mucho más abundantes ahora que durante el MSF. Entre los equinodermos continúa apareciendo *Paracentrotus lividus*, documentado en La Pila (niveles III.3 a III.1), La Fragua (nivel 3), Santimamiñe (nivel Arcp), Los Azules (nivel 3e) y Lumentxa (nivel III). Entre los crustáceos ya no solo aparecen cangrejos Brachyura sp., como en La Pila (III.2 y III.1) y La Fragua (nivel 3), sino que aumenta ligeramente la diversidad al introducirse en la dieta el percebe *Pollicipes pollicipes*, documentado por primera vez en La Fragua. Sin embargo, a pesar de su presencia en los conjuntos, parece que estos recursos no juegan un papel significativo en la dieta de las poblaciones humanas.

Otro hecho que puede interpretarse en ese mismo sentido de diversificación es la introducción de los caracoles terrestres en la dieta de las poblaciones humanas. Así, en estos momentos se han documentado por vez primera auténticos concheros de caracoles terrestres de la especie *Cepaea nemoralis*, como los documentados en El Valle (nivel aziliense), El Castillo (nivel 4), El Piélago I y II (niveles 1-4) y La Fragua (nivel 3). Sin embargo, en otros yacimientos en que aparecen más escasamente, su presencia es claramente intrusiva o bien existen dificultades para su evaluación. Así ocurre en Los Canes, La Riera, La Pila, El Perro o Berroberría, por citar algunos. Por tanto, este recurso comienza a jugar un papel de cierta importancia dentro de las estrategias de recolección de los grupos de cazadores-recolectores, durante el Aziliense.

Por último, y a pesar de su escasez, merece la pena destacar que al igual que en el período anterior se han documentado algunos moluscos de agua dulce en El Perro (nivel 2a/b) y El Valle (nivel aziliense).

7.1.2.2 *Las zonas de recolección*

Durante el Aziliense (Fig. 7.5), al igual que en el período precedente, la recolección de moluscos marinos se ha llevado a cabo casi exclusivamente en zonas rocosas del intermareal, siendo insignificante la aparición de especies propias de fondos de arena y/o fango. La única diferencia se produce al introducirse ahora la explotación de zonas terrestres, probablemente no alejadas de los asentamientos, como ocurre en La Fragua, donde los caracoles terrestres suponen más del 90% del repertorio. Otros yacimientos como El Castillo, El Piélago I y II y El Valle confirman este aumento en la explotación de moluscos en biotopos terrestres.

En lo referente a la zonación, tampoco se observan cambios en relación al período anterior, y las zonas altas y medias del intermareal han sido las más frecuentadas para llevar a cabo la recolección, mientras el resto de zonas no han sido explotadas sistemáticamente. Por lo que respecta a *Patella vulgata*, los datos procedentes de los niveles III.1, III.2 y III.3 de La Pila corroboran este patrón, mientras el nivel III.4 (quizás por lo escaso de la muestra) y los de La Riera indican una mayor explotación de las zonas medias y bajas.

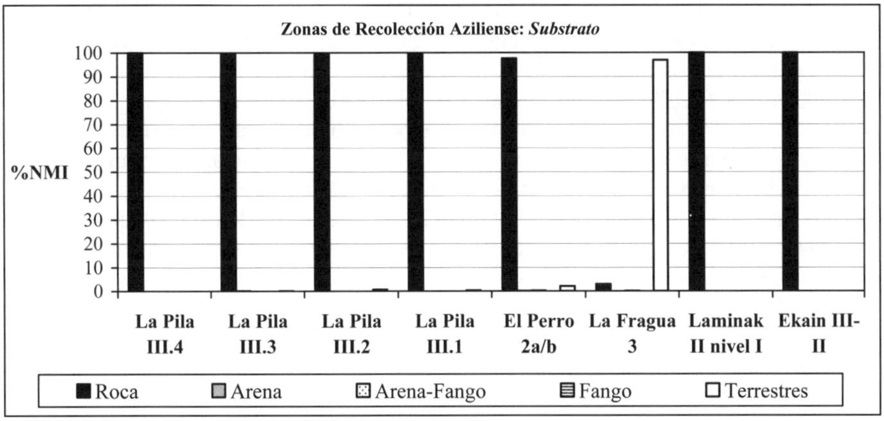


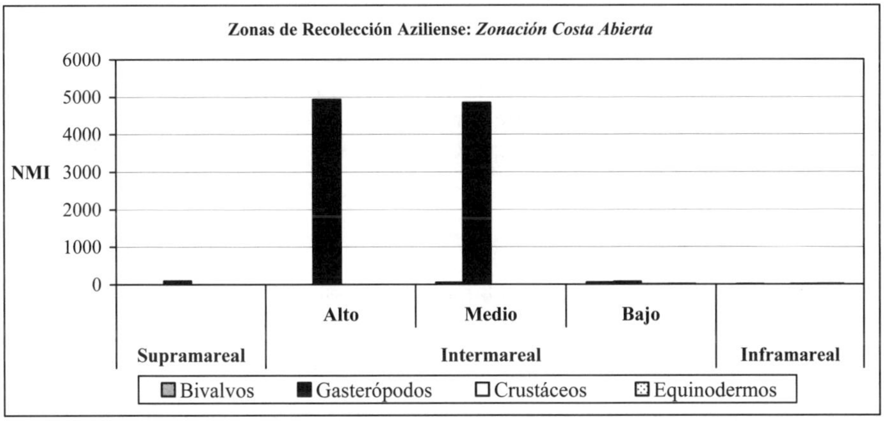


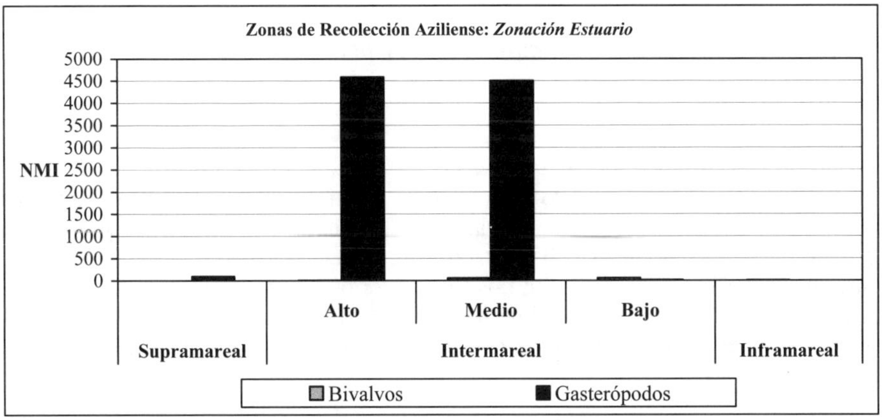


*Fig. 7.5: Zonas de recolección (substrato, zonación y exposición) durante el Aziliense*

En el caso del tipo de costa explotada, la situación es similar a la acontecida durante el MSF, ya que las dos especies principales, *Patella vulgata* y *Littorina littorea* pueden habitar tanto en la costa abierta como en el estuario. Sin embargo, Si se observan los datos relativos a *Patella vulgata*, los niveles III.3 y III.1 de La Pila, que cuentan con tamaños de muestra adecuados, indican que se han explotado por igual zonas abrigadas y expuestas, mientras los otros dos niveles III.4 y III.2, con tamaños de muestra muy escasos, indican recolección en zonas abrigadas y expuestas, respectivamente. Algo similar ocurre en La Riera, ya que en el nivel 27 se han explotado exclusivamente zonas abrigadas, mientras en el 28 se la recolección se ha llevado a cabo en ambas zonas por igual. Por tanto, la explotación de moluscos se ha realizado en zonas abrigadas y expuestas de la costa abierta.

#### 7.1.2.3 *Las técnicas de recolección*

Al igual que ocurre con los patrones de representación de especies y de zonas de recolección, que apenas cambian con respecto al período anterior, las técnicas empleadas en la explotación de moluscos también van a ser las mismas. Por tanto, existe un cierto control de las mareas y una utilización de instrumentos en la captación del género *Patella*. La única diferencia se produce por la introducción de los caracoles terrestres en la dieta, que únicamente implica un cierto conocimiento de las mejores zonas para la recolección, ya que no son necesarios instrumentos para su recogida, que se lleva a cabo a mano.

#### 7.1.2.4 *Las épocas de recolección*

Al igual que para el MSF, la escasa información estacional disponible procede de los trabajos de Craighead (1995) en La Riera. En este caso se cuenta con datos concretos procedentes de los niveles azilienses (27 y 28), que caminan en la misma dirección que los obtenidos para el Solutrense y el Magdaleniense. Así, a pesar de que la recolección se habría producido a lo largo de todo el año, *Patella vulgata* habría sido preferentemente explotada durante el verano/otoño y *Patella intermedia* durante el otoño/invierno.

### 7.1.3 *La explotación de moluscos durante el Mesolítico*

#### 7.1.3.1 *La composición de los conjuntos malacológicos*

Durante el Mesolítico se van a producir diversos cambios en los patrones de representación de especies con respecto a los períodos anteriores. Por una parte, desaparecen los conjuntos exclusivamente ornamentales, tan habituales en yacimientos situados en las zonas interiores durante el MSF y el Aziliense, excepto cuando aparecen asociados a contextos funerarios como ocurre en Los Canes. Por otra parte, se producen cambios en las especies representadas y en el tipo de explotación, y algunas de las novedades observadas durante el Aziliense van a consolidarse durante el Mesolítico (Apéndice 1, A1.3).

El primer gran cambio tiene que ver con la ruptura del patrón anterior en el que el género *Patella* (especialmente *Patella vulgata*) y *Littorina littorea* formaban la base casi exclusiva de la explotación de moluscos con finalidad alimenticia. Durante el Mesolítico, el género *Patella* continúa siendo uno de los taxones principales, si no el principal, pero la importancia de *Patella vulgata* se ve mermada a favor de *Patella interme-*

*dia* en muchos de los conjuntos. Por otra parte, la abundancia de *Littorina littorea* va a descender bruscamente hasta el punto de desaparecer casi por completo de los repertorios malacológicos de los yacimientos de la región. En su lugar, otro gasterópodo espiralado, *Osilinus lineatus*, que ya estaba presente en algunos conjuntos del MSF y el Aziliense, aunque en cantidades muy escasas, se va convertir en una de las especies principales. Pero además del género *Patella* y *Osilinus lineatus*, durante el Mesolítico, otras especies, generalmente propias de zonas de estuario, van a cobrar una importancia que no parecían tener en períodos anteriores. Entre estas destacan *Mytilus galloprovincialis*, *Ostrea edulis*, *Ruditapes decussatus* y *Scrobicularia plana*.

Gran parte de los yacimientos disponibles de cronología mesolítica cuentan con datos cuantitativos, gracias especialmente a la gran tradición de estudio que este período ha tenido en la parte oriental de Asturias y occidental de Cantabria, es decir en el territorio del denominado Asturiense. Para el resto de la región cantábrica, la cantidad de datos cuantitativos no es tan grande y una buena parte de esos datos se presentan por primera vez en este trabajo. A diferencia de períodos anteriores, durante el Mesolítico se pueden establecer algunas diferencias de tipo geográfico dentro de la explotación de moluscos.

Por una parte, el territorio asturiense presenta un patrón muy marcado, que recuerda mucho al de períodos anteriores, en el que solo dos taxones, género *Patella* y *Osilinus lineatus*, responden de más del 80% de la explotación en todos los casos. El género *Patella* es el taxón más recolectado en casi todos los yacimientos, como se observa en Mazaculos II (niveles 3, 2, 1 y A3), El Penicial (nivel conchero), Balmori (nivel E1-C1), Coberizas (nivel B1), La Riera (nivel B de Clark, 1976 y niveles 29 y 30 de Ortea, 1986), Arnero (nivel A), Bricia (nivel A), Vidiago (nivel conchero), Lledías (nivel B) y Poza l'Egua (niveles 2 y 1). El único yacimiento en el que las cantidades de *Osilinus lineatus* son similares (aunque inferiores) a las del género *Patella* es La Llana (nivel 1). Los datos procedentes de algunos concheros asturienses en cueva sondeados recientemente, como El Águila, Covajorno, Pendueles, Cuetu la Hoz, Colomba, Cuevas del Mar III, Las Madalenas, El Toralete, Puerto de Vidiago II, Arenillas y El Alloru, a pesar de estar sesgados a favor de *Osilinus lineatus*, aportan información en la misma línea que el resto de concheros. No se han tenido en cuenta los datos procedentes de Fonfría (nivel B de Clark, 1976) debido a lo escaso de las muestras. En menor cantidad se encuentran datos cualitativos para los yacimientos asturienses (Clark, 1976:226-230). En ellos se constata igualmente el predominio de los dos taxones mencionados que aparecen siempre de forma abundante. Igualmente, otros trabajos (Fano, 1998) han puesto de manifiesto la existencia de multitud de concheros asturienses, aunque la información procede en la mayor parte de los casos de los restos cementados de los concheros, por lo que solo se aportan datos sobre las especies presentes, que generalmente siempre aluden a *Patella* y *Osilinus lineatus*. Sin embargo, el patrón asturiense se compone, además de estos dos taxones, de otros cuyas cantidades pueden considerarse marginales, ya que generalmente no sobrepasan el 1-2% del NMI total.

En la zona central de la región, dentro de lo que todavía podría considerarse el territorio de influencia asturiense, se encuentra el yacimiento de La Pila (nivel I-II), que a pesar de los problemas que presenta su nivel holoceno, se puede encuadrar en el Mesolítico (o a lo sumo durante los inicios del Neolítico), teniendo en cuenta que algunas especies como *Littorina littorea* o *Patella vulgata* pueden haber llegado a ese nivel por contaminación desde los estratos más antiguos. Así, si se exceptúa este material, el nivel presenta un patrón en consonancia con el propio de los yacimientos asturienses.

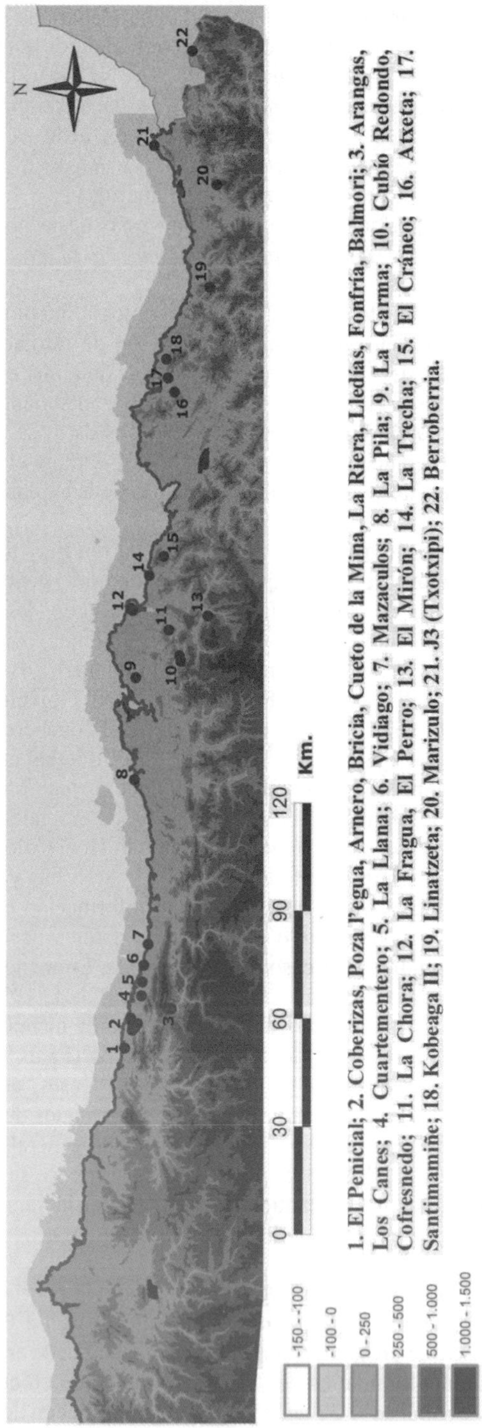


*Fig. 7.6: Distribución de yacimientos con evidencias malacológicas en niveles del Mesolítico en la región cantábrica (Imagen: A. García Moreno & F. I. Gutiérrez Zugasti)*

En la zona oriental de Cantabria y el País Vasco, si se tienen en cuenta los datos cuantitativos, los niveles con evidencias de explotación de moluscos presentan, con respecto a los asturienses e incluso entre sí, algunas diferencias que se reflejan a la perfección en tres yacimientos del Bajo Asón y que se repiten en algunos otros de la región cantábrica. Por una parte en El Perro (nivel 1), en un nivel fechado en los primeros momentos del Mesolítico, la especie más representada es *Mytilus galloprovincialis*, seguida del género *Patella* y de *Osilinus lineatus*. Sin embargo, en el cercano yacimiento de La Fragua (nivel 1), entre el 8300 y el 7400 cal BP, la recolección está centrada en el género *Patella* y más escasamente en *Mytilus galloprovincialis* y *Osilinus lineatus*. Por último, en La Chora (nivel conchero) se aprecia un tercer patrón, en el que predomina *Scrobicularia plana*, seguida de *Mytilus galloprovincialis* y *Ostrea edulis* que presentan cantidades muy similares. Otros asentamientos de la zona, como Cofresnedo (Ruiz Cobo & Smith, 2003:133) presentan escasos restos malacológicos. En el siguiente valle hacia el Este, el del río Agüera, La Trecha (nivel 1) presenta otra variante, en principio similar al patrón del asturiense, con predominio del género *Patella*, seguido de *Osilinus lineatus* y de *Mytilus galloprovincialis*. Una representación de especies muy parecida la encontramos en Kobeaga II (niveles Amck y Amk) y con algunas diferencias en Marizulo (nivel IV-III). En Santimamiñe (nivel H-Sln y IV de las excavaciones antiguas), el conjunto malacológico está en la línea del documentado en La Chora, con *Ostrea edulis*, *Scrobicularia plana* y *Ruditapes decussatus* como especies principales.

Los datos cualitativos para esta zona son escasos y consisten en algunas citas de la abundancia del género *Patella* y de *Osilinus lineatus*, como en El Cráneo (nivel B), que en ocasiones aparecen acompañados por otros taxones como *Mytilus galloprovincialis*, *Ostrea edulis* y *Ruditapes decussatus*, como ocurre en La Garma A.

Por tanto, en la zona oriental de la región cantábrica la variedad de especies recolectadas con finalidad alimenticia es mayor que en el territorio asturiense. Las diferencias se confirman al observar que en esta zona aparecen yacimientos que necesitan al menos tres taxones para responder del 80% del conjunto total, como ocurre en El Perro (nivel 1), La Chora (nivel conchero) y La Trecha (nivel 1), mientras en la zona asturiense nunca son más de dos los taxones implicados para cumplir esa norma.

Por otra parte, en la mayor parte de la región, excepto en el País Vasco, se consolida la explotación del erizo de mar *Paracentrotus lividus* y de los crustáceos Brachyura sp. y *Pollicipes pollicipes*. Así, *Paracentrotus lividus* está presente en buena parte de los yacimientos mesolíticos, como en Mazaculos II (nivel A3), La Llana (nivel 1), El Penicial (nivel conchero), Balmori (nivel E1-C1), Coberizas (nivel B1), La Riera (nivel B de Clark, 1976), Arnero (nivel A), Bricia (nivel A), Fonfría (nivel B), Poza l'Egua (niveles 1 y 2), La Meaza (Loc.1-2;5-2), La Pila (nivel I-II), La Fragua (nivel 1) y La Trecha (nivel 1). Sin embargo, hacia el Este no se han documentado por el momento evidencias de la presencia de este equinodermo, lo que podría deberse a la presencia de sesgos, bien en el conocimiento de este tipo de yacimientos en la zona, bien en la información disponible sobre los conjuntos de faunas marinas.

Entre los crustáceos, Brachyura sp. está presente en una buena parte de los yacimientos entre los que se incluyen Mazaculos II (nivel A3), La Llana (nivel 1), Balmori (nivel E1-C1), Coberizas (nivel B1), La Riera (nivel B de Clark, 1976), Poza l'Egua (nivel 2), La Pila (nivel I-II), La Fragua (nivel 1), La Chora (nivel conchero), La Trecha (nivel 1) y Santimamiñe (nivel H-Sln). Y lo mismo ocurre con el percebe *Pollicipes*

*pollicipes*, presente en Mazaculos II (nivel A3), La Llana (nivel 1), La Pila (I-II), La Fragua (nivel 1), La Chora (nivel conchero), La Trecha (nivel 1) y Kobeaga II (niveles Amck y Amk).

A pesar de esta continuada aparición en los contextos mesolíticos, tanto *Paracentrotus lividus* como los crustáceos, no son recursos de gran importancia dentro de la dieta de los grupos humanos, como se desprende de las cantidades marginales que presentan habitualmente. En los yacimientos que cuentan con análisis precisos, *Paracentrotus lividus* nunca sobrepasa el 1% del NMI total y generalmente se reduce a un único individuo identificado, y en el caso de los crustáceos ocurre exactamente lo mismo, excepto en Mazaculos II (nivel A3), en el que como excepción, *Pollicipes pollicipes* llega a alcanzar el 3%.

Por otra parte, en este período parece confirmarse la introducción de los caracoles terrestres en la dieta de los cazadores-recolectores, continuando la tendencia iniciada durante el Aziliense. Así, durante el Mesolítico aparecen concheros de este tipo de recurso en Los Canes (niveles 6-9-10), Cubío Redondo (niveles 3 a 6) y Marizulo (niveles IV-III). El caso de Los Canes es ciertamente particular ya que se trata de un contexto funerario en el que aparecen gran cantidad de *Cepaea nemoralis*, lo que hace difícil valorar el carácter de la acumulación. Por otra parte, la aparición de *Pomatias elegans*, claramente intrusivo, en cantidades similares tampoco aboga a favor de un carácter antrópico, como ha señalado Arias (2002). Sin embargo, con la información disponible hasta el momento tampoco creemos que sea posible desechar la opción antrópica. En otros casos, como La Pila (nivel I-II), La Fragua (nivel 1), Santimamiñe (nivel IV de las excavaciones antiguas) y Berroberría (nivel C), las cantidades absolutas (uno o dos centenares de individuos) y los contextos en que aparecen sugieren que podrían haberse recogido como alimento, aunque es imposible afirmarlo con seguridad, y por el momento deben ser tratados como intrusivos.

Por último, el único yacimiento de cronología mesolítica en el que se ha documentado la presencia de moluscos de agua dulce es Santimamiñe (nivel IV de las excavaciones antiguas).

#### 7.1.3.2 *Las zonas de recolección*

Una gran parte de los yacimientos mesolíticos de la región presentan un patrón que indica una recolección casi exclusiva en zonas rocosas (Fig. 7.7). Sin embargo, en algunos yacimientos se comienzan a vislumbrar algunos cambios. Así, en La Chora se aprecia que la recolección en zonas de fango y arena/fango es tan importante como la llevada a cabo en zonas de roca. De la misma forma, en algunos de los yacimientos en los que predomina la explotación de zonas de roca se aprecia un ligero aumento de la presencia de especies propias de zonas de fango y arena/fango, como en La Fragua, El Perro y La Trecha. Por otra parte, en Marizulo, siguiendo la línea iniciada durante el Aziliense se observa una explotación preferente de los biotopos terrestres cercanos a la cavidad, con una recolección centrada en *Cepaea nemoralis*, algo que también ocurre en Los Canes y Cubío Redondo. Los moluscos marinos de Marizulo muestran además, un aumento de la explotación de las zonas de fango y arena/fango con respecto a las de roca. Por tanto, durante el Mesolítico, a pesar de que las zonas rocosas son las más explotadas en la mayoría de los yacimientos, se amplían las zonas de recolección, incluyéndose en ellas la explotación de los substratos blandos.

En cuanto a la zonación también se observan algunos cambios en relación al MSF y al Aziliense. Por una parte, si bien las zonas altas y medias se mantienen como las más explotadas en la costa abierta, se produce un aumento en la explotación de las zonas bajas del intermareal, perceptible ligeramente en la costa abierta y de forma más acusada en el estuario, debido a que las especies explotadas que habitan el intermareal de este biotopo, lo hacen principalmente en las zonas medias y bajas. Los datos referentes a *Patella vulgata* también reflejan este aumento de la recolección en zonas medias y bajas, como se puede observar tanto en los yacimientos asturienses (La Riera, La Llana y Mazaculos II), como en los situados más al oriente de la región cantábrica (La Fragua y La Trecha). Los únicos datos que indican una recolección similar de zonas altas, medias y bajas, al estilo de lo que ocurría durante el MSF y el Aziliense, proceden de La Pila, probablemente porque una parte de material aziliense ha contaminado el posible estrato mesolítico.

En cuanto al tipo de costa explotada, durante el Mesolítico, al igual que en períodos anteriores, se explota ampliamente la costa abierta, como se desprende de la abundancia en los repertorios de especies propias de este hábitat, como *Osilinus lineatus* y *Patella intermedia*. Esto es especialmente visible en los yacimientos asturienses, pero también en los de la zona centro-oriental de la región cantábrica. Sin embargo, en esta última zona se comienzan a explotar los estuarios de forma más sistemática, como se observa en La Chora, Santimamiñe y en menor medida en El Perro, La Fragua, La Trecha y Marizulo. En esta ocasión el problema surge al introducirse en el repertorio de taxones explotados con intensidad la especie *Mytilus galloprovincialis*, que aunque es generalmente abundante en estuarios, también puede habitar en costas abiertas, lo que dificulta su asignación a uno u otro tipo de costa. Aunque su abundancia durante el Mesolítico puede ser debida a la mejora en las condiciones climáticas, es muy probable que tenga que ver con una mayor explotación de las zonas de estuario, corroborada por la presencia de *Ostrea edulis* en muchos de los yacimientos de este período. Sin embargo, el escaso tamaño de los ejemplares documentados en La Fragua (nivel 1) podría estar reflejando su recolección en costas abiertas, donde esta especie suele presentar tamaños menores que en el estuario.

Los datos de exposición relativos a *Patella vulgata* indican que las zonas expuestas fueron las más explotadas en La Llana, Mazaculos II, La Fragua y La Trecha. Al igual que ocurre con la zonación, los problemas estratigráficos de La Pila provocan que el patrón a este respecto sea similar al de períodos anteriores, con igual explotación de zonas abrigadas y expuestas.

En La Riera, por su parte, los resultados indican recolección en zonas abrigadas, aunque la muestra es demasiado escasa como para considerarla significativa. Por otra parte, la presencia habitual, y en ocasiones de forma abundante, de taxones propios de zonas expuestas, como *Patella intermedia* o *Patella ulyssiponensis* entre otras, corrobora los datos proporcionados por *Patella vulgata* de explotación preferente de zonas expuestas en la costa abierta.

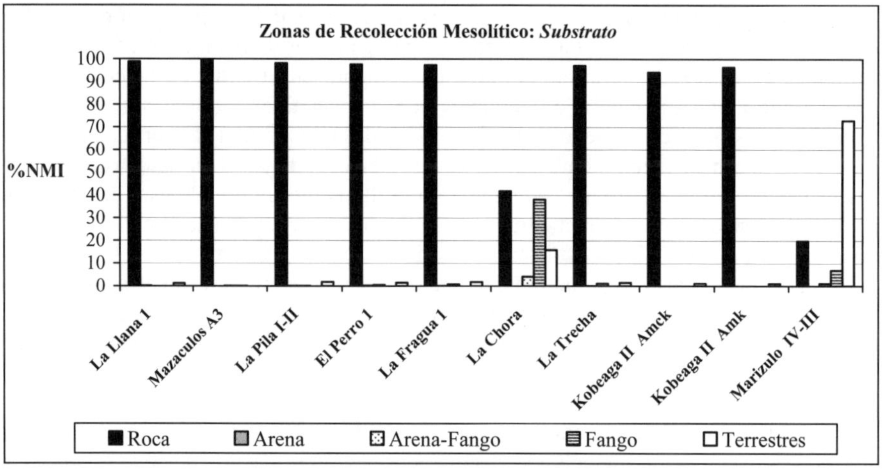


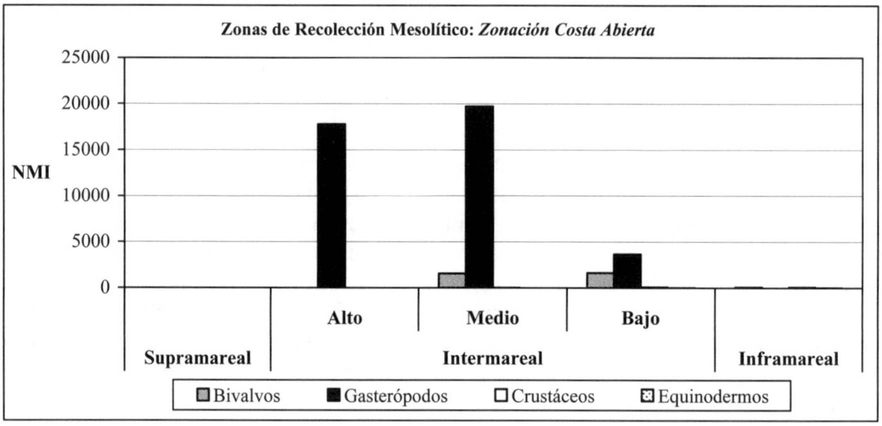


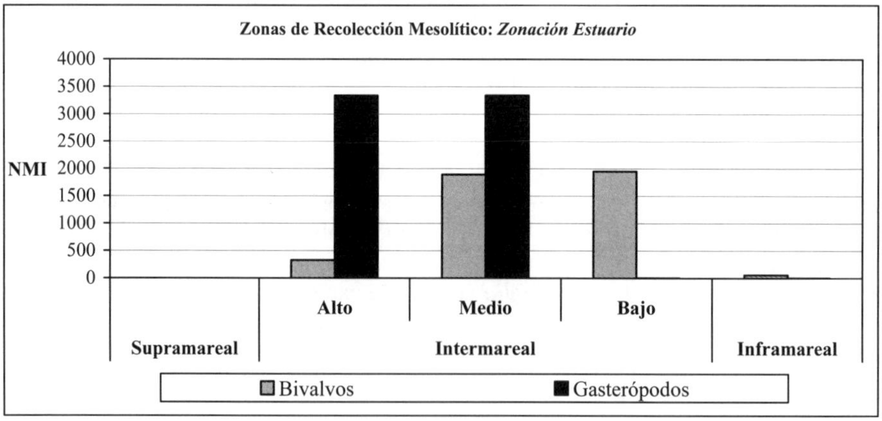


*Fig. 7.7: Zonas de recolección (substrato, zonación y exposición) durante el Mesolítico*

7.1.3.3 *Las técnicas de recolección*

El aumento en la diversidad de zonas y especies explotadas durante el Mesolítico va a provocar que sea necesaria la introducción de nuevas técnicas para la explotación. Así, el aumento en la recolección de moluscos de las zonas más bajas del intermareal implica un mayor dominio de las mareas, ya que esas zonas solo quedan al descubierto por completo durante las mareas vivas, que se producen durante unos pocos días dos veces al mes. Por otra parte, la ampliación de las zonas de recolección, explotando ambientes de fango y arena/fango implica una mayor dificultad en la recolección, lo que produce la más que probable introducción de instrumentos para la explotación de estos substratos. Así, la dificultad de extracción de las especies de fango y arena/fango implica en primer lugar detectar las marcas (denominadas "llaves") que estas especies dejan en el substrato. A pesar de que este tipo de recolección puede llevarse a cabo con las manos, al estilo del grupo de aborígenes australianos de los Anbarra (Meehan, 1977:525; 1982:84-85), es probable que hayan sido utilizados instrumentos diversos, similares a los que se emplean en la actualidad, como el azadillo, la cuchara o el rastro entre otros (Gómez Navedo & Romero Ródenas, 2003). Desafortunadamente, estos instrumentos debieron confeccionarse con materias perecederas, pues no han sido identificados en los yacimientos arqueológicos.

Al igual que ocurría en períodos anteriores, para la recolección del género *Patella* es necesaria la utilización de algún tipo de instrumento que ayude a desprender los ejemplares adheridos a la roca. Durante el Mesolítico, concretamente en la zona del territorio asturiense, se ha documentado un instrumento lítico, el pico asturiense, cuya utilización parece estar relacionada con la explotación del litoral y que generalmente ha sido atribuido a la recogida del género *Patella*. Sin embargo, no ocurre lo mismo en la zona oriental de la región, donde este instrumento no ha sido documentado.

Por otra parte, el aumento en la recolección de otras especies propias de substratos duros dentro de los estuarios, como *Mytilus galloprovincialis* y *Ostrea edulis*, debió propiciar también la utilización de instrumentos (quizás un simple canto marino) para su extracción, si bien en ocasiones pudieron ser recogidos únicamente con las propias manos, a costa de realizar un mayor esfuerzo.

7.1.3.4 *Las épocas de recolección*

Al igual que sucede para el MSF y el Aziliense, la información estacional procedente de moluscos es muy escasa, y en este caso centrada únicamente en el territorio asturiense. Las únicas aproximaciones provienen de los trabajos de Deith (1983; Deith & Shackleton, 1986; ver también González Morales, 1992:188) y Craighead (1995:344:346; ver también Bailey & Craighead, 2003:197-199). En los trabajos de M. Deith, llevados a cabo fundamentalmente sobre ejemplares de *Osilinus lineatus* procedentes de los yacimientos de El Penicial, La Riera, La Llana y Mazaculos II, los resultados obtenidos ponen de manifiesto una explotación invernal de este recurso. Por otra parte, los análisis de A. Craighead sobre *Patella vulgata* y *Patella intermedia* procedentes de La Riera, indican que estas especies fueron explotadas durante el otoño/invierno. Las diferencias con respecto a la información estacional procedente de otros recursos, como los mamíferos de La Riera y Mazaculos II (González Morales, 1992:189; Straus & Clark, 1986:268) indican que los yacimientos fueron ocupados a lo largo de todo el año y que los moluscos eran explotados preferentemente en una estación concreta, en este caso el invierno (y posiblemente parte del otoño), momento en el que era más difícil conseguir recursos cinegéticos y por tanto se primaba la actividad recolectora, no solo de moluscos sino probablemente también de vegetales (disponibles en abundancia durante el otoño).

### 7.1.4. *La explotación de moluscos durante el Neolítico*

#### 7.1.4.1 *La composición de los conjuntos malacológicos*

Durante el Neolítico, al menos durante el VII milenio cal BP y los inicios del VI, los patrones no van a cambiar bruscamente con respecto a lo observado durante el Mesolítico, aunque sí se van a producir algunos cambios, especialmente hacia una mayor explotación de los estuarios. Así, en este período tampoco se han hallado conjuntos exclusivamente ornamentales y se mantiene la mayor diversidad de especies documentada en algunas zonas de la región cantábrica durante el Mesolítico, sin embargo, esta diversidad va a ser ahora patente incluso en algunas partes del territorio asturiense (Apéndice 1, A1.3).

Si se observan los datos cuantitativos disponibles, se aprecia que en la zona más occidental de lo que durante el Mesolítico era el territorio asturiense, se han producido cambios en las especies más representadas, si bien debe tomarse con precaución la asignación cronológica de los yacimientos de los que procede la información, Les Pedroses y La Lloseta. Así, en Les Pedroses (nivel conchero) los taxones principales continúan siendo el género *Patella* y *Osilinus lineatus*, sin embargo, el tercer taxón, *Mytilus galloprovincialis*, presenta cantidades mayores (9% del NMI) de las que era habitual durante el Asturiense. En el cercano yacimiento de La Lloseta (nivel C) los cambios se aprecian más claramente, ya que *Mytilus galloprovincialis* es ahora el segundo taxón en importancia (con el 31% del NMI total), por detrás del género *Patella*.

Sin embargo, la secuencia de Mazaculos II (niveles A2fondo, A2base y A2 + A2base) continúa presentando un patrón idéntico al del Asturiense, con predominio absoluto del género *Patella* y en menor medida *Osilinus lineatus*. Estas diferencias se deben a la localización de los yacimientos y al tipo de costa que es posible explotar con cierta rentabilidad desde cada uno de ellos, ya que los dos primeros yacimientos se localizan muy cerca del estuario del Sella, mientras Mazaculos II se sitúa en una zona de costa abierta y rocosa, sin estuarios a menos de 5 km en línea recta. Por otra parte, los escasos datos cualitativos con que contamos proceden del yacimiento de San Antonio, cuyo repertorio incluye además de *Patella* y *Osilinus lineatus*, otros taxones como *Mytilus galloprovincialis*. Sin embargo, al no contar con datos cuantitativos no es posible valorar la importancia real de cada taxón. Por tanto, en la zona asturiana parece observarse en este período un aumento de la diversidad de especies con finalidad alimenticia. Sin embargo, tanto en Les Pedroses como en La Lloseta y Mazaculos II, parece mantenerse la tendencia a la explotación de cómo máximo dos especies principales que responden del 80% del total del conjunto, al igual que ocurría en el período anterior.

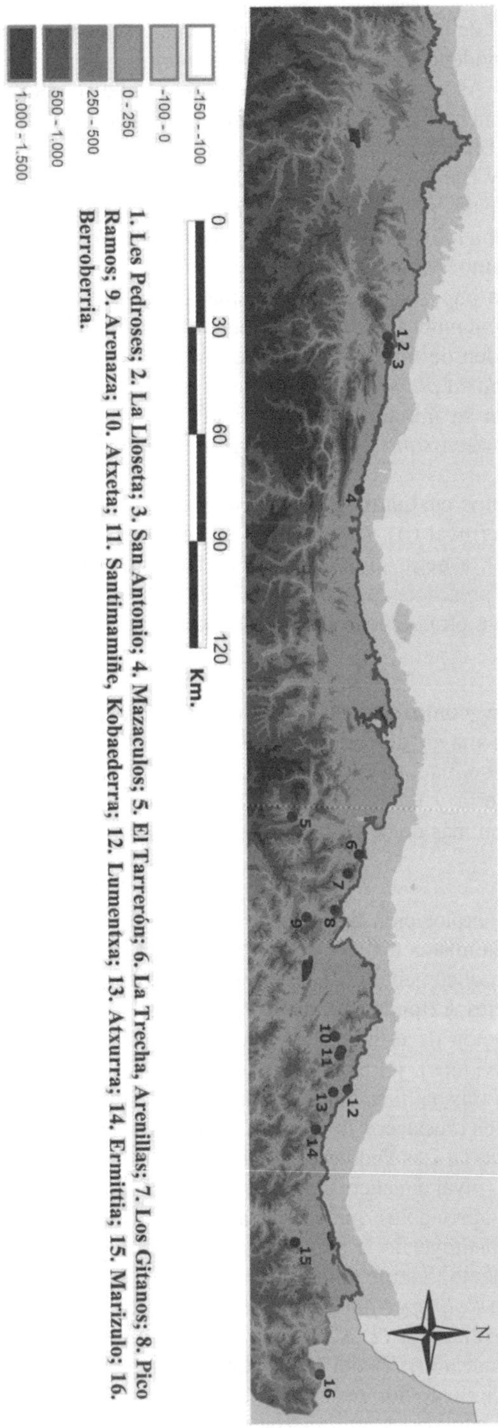


*Fig. 7.8: Distribución de yacimientos con evidencias malacológicas en niveles del Neolítico en la región cantábrica (Imagen: A. García Moreno & F. I. Gutiérrez Zugasti)*

La zona central de la región cantábrica presenta en este período un vacío en cuanto a yacimientos con evidencias de explotación del litoral, y por tanto no hay datos hasta la zona de los valles Asón y Agüera. En este último valle se encuentra el yacimiento de Arenillas (nivel conchero), que presenta un patrón similar al de los yacimientos mesolíticos de la zona, con predominio el género *Patella*, seguido de *Mytilus galloprovincialis*, *Ostrea edulis* y *Osilinus lineatus*. Más al Este, en Pico Ramos (nivel 4), aunque los dos taxones principales son el género *Patella* y *Osilinus lineatus*, la suma de otros como *Mytilus galloprovincialis*, *Ostrea edulis* y *Ruditapes decussatus* alcanza el 20% del NMI total. Por último, en Santimamiñe (niveles Slm y Lsm) y Kobaederra (niveles IV a I) las especies más importantes son las mismas en ambos yacimientos y contrastan con las del resto de asentamientos de este período. Sin embargo, existen diferencias, principalmente en el orden de importancia, entre uno y otro yacimiento. Mientras en Santimamiñe, *Scrobicularia plana* es claramente la especie más abundante en los dos niveles, en Kobaederra su importancia y la de las otras dos especies principales, *Ostrea edulis* y *Ruditapes decussatus*, varía a lo largo de la secuencia.

Los escasos datos cualitativos, procedentes de El Tarrerón (nivel III), Los Gitanos (nivel A), Arenaza (nivel III), Atxeta (nivel B), Atxurra (nivel A), Lumentxa (nivel II) y Marizulo (nivel II), a pesar de su escasa calidad siguen la misma línea que los datos cuantitativos, con presencia de *Patella* y *Osilinus lineatus* en la mayor parte de estos yacimientos, junto a otras especies de cierta importancia en este período, como *Mytilus galloprovincialis*.

Por tanto, parece confirmarse para la zona oriental del Cantábrico la continuación de la tendencia a una mayor diversidad de taxones implicados en la explotación. Así, al igual que en el Mesolítico, en esta parte de la región diversos yacimientos, en este caso Arenillas, Kobaederra y Picos Ramos (si bien este último en el límite), presentan un patrón en el que son más de dos los taxones necesarios para responder del 80% del conjunto total.

En cuanto a la explotación de *Paracentrotus lividus* y los crustáceos, parece que el primero mantiene la misma tendencia que en el Mesolítico, es decir, aparece en casi toda la región, como se documenta en Les Pedroses (nivel conchero), La Lloseta (nivel C), Mazaculos II (niveles A2fondo, A2base y A2+A2base), Arenillas (nivel conchero), en la que es la acumulación de esta especie más abundante hasta el momento en la región cantábrica (51 individuos), y Los Gitanos (nivel A). Sin embargo, en el País Vasco esta especie continúa la misma línea de escasa aparición y solo se documenta en el nivel Lsm de Santimamiñe. Los crustáceos Brachyura sp. no presentan este problema y aparecen en toda la región, como en Les Pedroses (nivel conchero), Mazaculos II (niveles A2fondo y A2base), Arenillas (nivel conchero), donde al igual que ocurre con el erizo de mar presenta unas cantidades apreciables que casi alcanzan el 3,5% del conchero al documentarse 369 individuos, constituyendo la mayor acumulación de este recurso en la región cantábrica hasta el momento, Santimamiñe (niveles Slm y Lsm) y Kobaederra (nivel III). Por su parte, el percebe *Pollicipes pollicipes* presenta una cierta abundancia en Mazaculos II (niveles A2fondo, A2base y A2+A2base), ya que sus cantidades aumentan a lo largo de la secuencia hasta alcanzar un 7% del NMI total, por lo que parece continuarse la tendencia iniciada en este yacimiento durante el Mesolítico. Sin embargo, en el resto de yacimientos este taxón presenta cantidades muy marginales, como ocurre en Arenillas (nivel conchero), Los Gitanos (nivel A) y Kobaederra (nivel III). Por tanto, a pesar de que estos recursos pueden considerarse marginales, se aprecia un ligero aumento en su explotación durante este período, aunque parecen fenómenos más bien locales (erizos y cangrejos en Arenillas y percebes en Mazaculos II) no extensibles a toda la región.

La explotación de caracoles terrestres con finalidad alimenticia, iniciada en el Aziliense y continuada durante el Mesolítico, sigue siendo habitual durante los inicios del Neolítico. Entre los datos cuantitativos se encuentran tres casos que merecen una breve discusión. Por una parte, en Arenillas (nivel conchero) la importancia de *Cepaea nemoralis* alcanza casi el 3% del NMI total, contabilizándose alrededor de 300 individuos. Al igual que en otros yacimientos mesolíticos, una cantidad de este estilo solo permite sospechar su utilización como alimento, pero no es posible rechazar su probable carácter intrusivo. Algo similar ocurre en Kobaederra (niveles IV a I) donde *Cepaea nemoralis* supone entre el 8 y el 12% dependiendo del nivel. Sin embargo, otras especies de gasterópodos terrestres claramente intrusivas son igualmente abundantes, lo que nos lleva a pensar en un origen intrusivo para todos los caracoles del yacimiento. También en Berroberría (nivel B) ocurre lo mismo, ya que las cantidades documentadas (245 individuos) son poco definitorias, si bien no hay referencias de otros gasterópodos terrestres en el estrato. Por tanto, al igual que durante el Mesolítico, se identifican una serie de acumulaciones que no pueden ser fiablemente consideradas antrópicas o naturales. A partir de los datos cualitativos es incluso más difícil establecer el carácter de las acumulaciones, sin embargo, parecen ser abundantes en Cubío Redondo (niveles 3 a 6) y Marizulo (nivel II). Por tanto, la explotación de caracoles terrestres sigue vigente durante los inicios del Neolítico y se lleva a cabo con cierta intensidad.

7.1.4.2 *Las zonas de recolección*

En cuanto al substrato, las zonas de recolección durante el Neolítico ya presentan dos patrones muy definidos, por una parte en algunos yacimientos la recolección sigue estando centrada casi con exclusividad en zonas rocosas (como en Mazaculos II) aunque en ocasiones incluyen una ligera explotación de fondos de fango y arena/fango (como Arenillas y Pico Ramos); y por otra parte, yacimientos en los que la explotación de zonas de fango y arena/fango es mayoritaria (como en Santimamiñe) o al menos es tan importante como la llevada a cabo en zonas rocosas (como en Kobaederra). Las zonas terrestres cercanas a algunos asentamientos también han sido explotadas, como ocurre en Cubío Redondo, Marizulo y Berroberría, mientras en otros yacimientos resulta difícil asociar con total seguridad la presencia de los caracoles terrestres a un origen antrópico. Por tanto, durante el Neolítico se consolida, e incluso aumenta, la tendencia iniciada durante el Mesolítico hacia una mayor explotación de fondos de fango y arena/fango, aunque esto no significa que dejen de explotarse abundantemente las zonas rocosas (Fig. 7.9).

Al igual que ocurre con el substrato, se consolidan las tendencias iniciadas durante el Mesolítico en relación a la zonación. Así, en la costa abierta se explotan preferentemente las zonas altas y medias del intermareal, pero también las zonas bajas. En el estuario, las zonas de recolección se amplían a todo el intermareal debido a la abundancia de especies que pueden habitar en cualquier zona como *Ostrea edulis*, *Ruditapes decussatus* y *Scrobicularia plana*. Los resultados de los análisis sobre *Patella vulgata* en Mazaculos II y Arenillas indican que los ejemplares de esta especie han sido recolectados preferentemente en las zonas medias y bajas. La Fig. 7.10 muestra la evolución del substrato y la zonación en costa abierta y estuario a lo largo del período de estudio, reflejando el aumento en la explotación de zonas de arena y/o fango y zonas bajas durante el Mesolítico y el Neolítico.

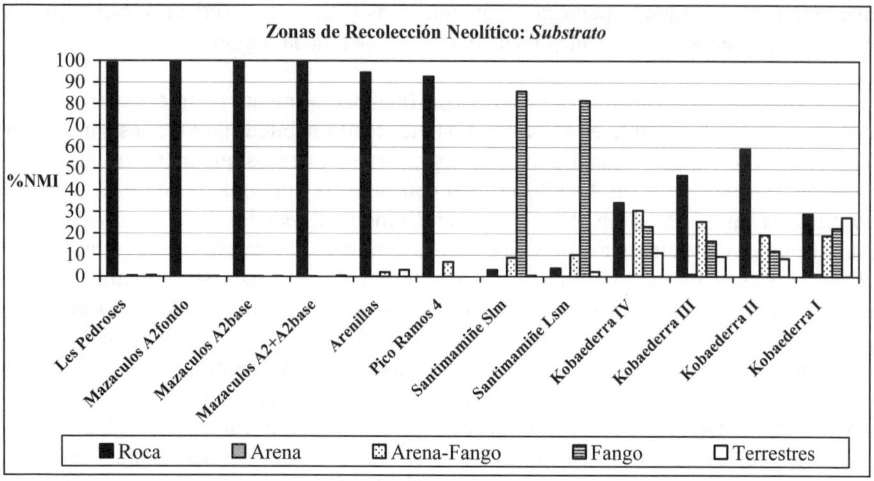


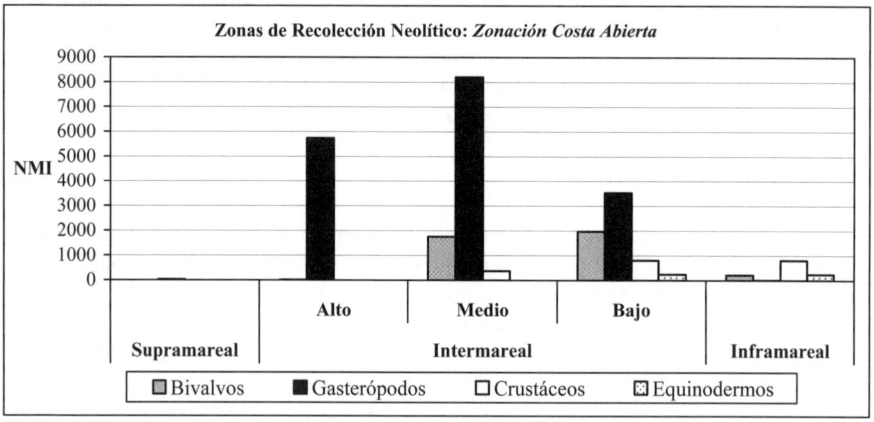


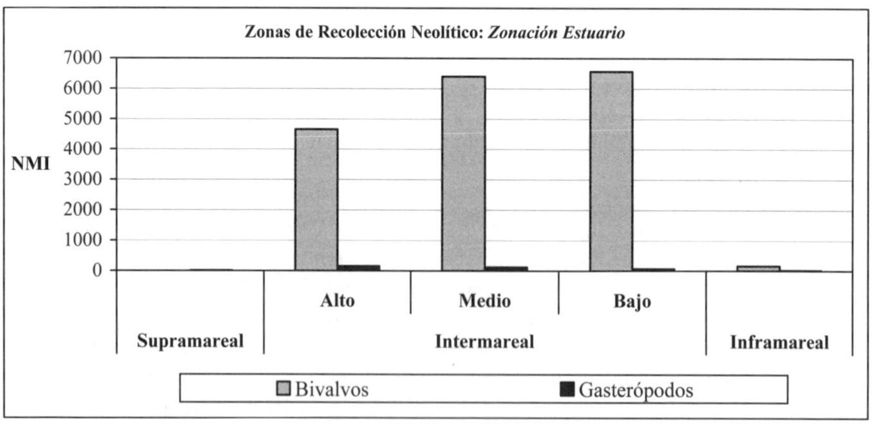


*Fig. 7.9: Zonas de recolección (substrato, zonación y exposición) durante el Neolítico*

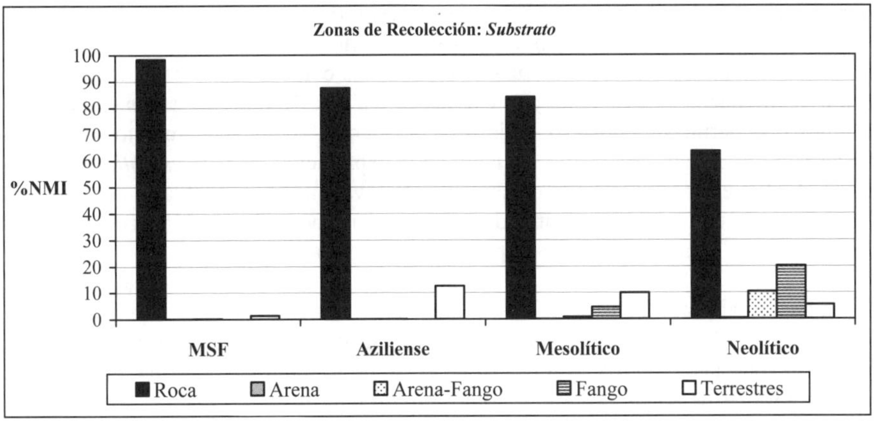


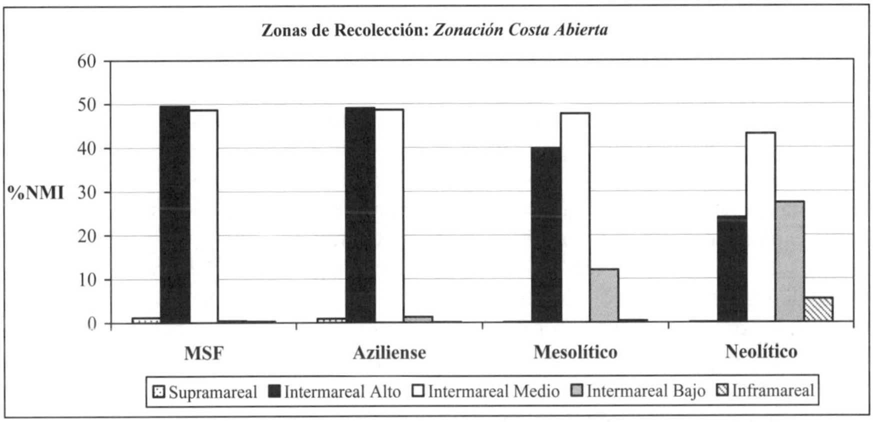


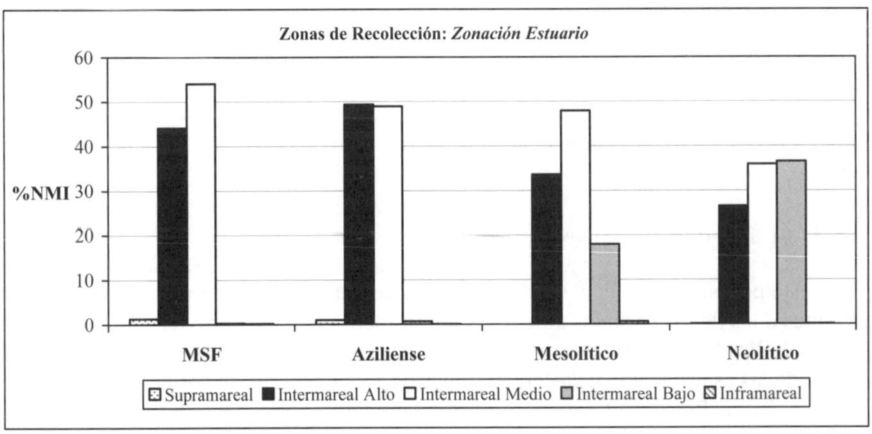


*Fig. 7.10: Evolución de las zonas de recolección (substrato y zonación) a lo largo del tiempo*

Durante el Neolítico se ha llevado a cabo la explotación tanto de costas abiertas como de estuarios. Al igual que en el período anterior la explotación de costas abiertas se constata por las abundantes cantidades de *Osilinus lineatus* y *Patella intermedia*, así como la presencia habitual de otro taxones minoritarios, exclusivos de este tipo de costa. Igualmente la explotación de estuarios parece más evidente en la zona oriental de la región, como queda patente en la casi exclusiva explotación de estas zonas en Santimamiñe y Kobaederra. Sin embargo, en la zona occidental, algunos yacimientos como Les Pedroses o La Lloseta reflejan un aumento en la explotación de *Mytilus galloprovincialis*, que podría estar asociada a la cercanía de estos yacimientos al estuario del río Sella. Esto no ocurre en otros yacimientos de la zona, como por ejemplo Mazaculos II, cuya ubicación no es la más idónea para explotar este tipo de ambientes.

En cuanto al grado de exposición de la costa abierta explotada, la información proporcionada por *Patella vulgata*, indica que esta especie fue recolectada principalmente en zonas expuestas. Estos datos son corroborados, no solo por la abundante presencia de especies propias de zonas expuestas, como *Patella intermedia* y *Patella ulyssiponensis*, sino también por una mayor abundancia con respecto a períodos anteriores de especies como *Pollicipes pollicipes*.

7.1.4.3 *Las técnicas de recolección*

Durante el Neolítico se consolida y probablemente aumenta, como parece desprenderse de los datos manejados en este trabajo, la explotación de las zonas de fango y arena/fango. Por tanto, lo más probable es que debido a este aumento/consolidación también se hayan desarrollado o mejorado los instrumentos de recolección asociados a este tipo de explotación, como los azadillos, cucharas y otros. Asimismo, al igual que durante el Mesolítico, la explotación de las zonas más bajas del intermareal indica un control preciso de las mareas, especialmente perceptible en algunos yacimientos como Mazaculos II, en los que se ha llevado a cabo la explotación de especies propias de esas zonas como *Pollicipes pollicipes*. La recolección del erizo de mar *Paracentrotus lividus*, aunque puede ser llevada a cabo en las zonas más bajas del intermareal, también podría estar relacionada con la práctica del buceo.

En los asentamientos en los que se lleva a cabo la recolección en zonas rocosas, especialmente en los del territorio asturiense, no aparece ahora el pico, a pesar de que se mantiene el mismo tipo de explotación. El aumento en la explotación de zonas de estuario también redunda en una mayor recolección de especies como *Mytilus galloprovincialis* y *Ostrea edulis*, que probablemente fueron recogidas con la ayuda de algún instrumento, como un canto marino o similar.

7.1.4.4 *Las épocas de recolección*

En este período las evidencias de estacionalidad, aunque siguen siendo escasas, son diferentes a las de los períodos anteriores. La primera diferencia proviene de las propias especies utilizadas para obtener información. Así, si durante el MSF, el Aziliense y el Mesolítico las especies utilizadas eran propias de zonas rocosas de costas abiertas, como *Patella vulgata*, *Patella intermedia* y *Osilinus lineatus*, durante el Neolítico la especie empleada para este objetivo es *Ostrea edulis*, una especie propia de zonas rocosas en estuarios. Por otra parte, los resultados también son diferentes a los obtenidos en los períodos previos, por lo que las estrategias de explotación han cambiado de manera significativa entre períodos. Para el Neolítico, se cuenta con datos procedentes de dos yacimientos localizados en la zona oriental de la región, Pico Ramos (Zapata *et al.*, 2007) y Kobaederra. Estos datos indican que la recolección de esta especie ha sido llevada a cabo principalmente en primavera, y en menor medida en invierno y verano. Sin embargo, es destacable la inexistencia de explotación durante el otoño, quizás por la mayor disponibilidad de otros recursos, como los vegetales.

## 7.2. La evolución de la explotación de moluscos a lo largo del tiempo: los cambios y sus causas

### 7.2.1 *La evolución de las estrategias de recolección*

#### 7.2.1.1 *Conjuntos alimenticios vs conjuntos ornamentales*

Uno de los cambios principales guarda relación con el carácter de los conjuntos malacológicos recuperados en los yacimientos de la región. Así, a pesar de las numerosas funciones que pueden desempeñar los moluscos dentro de los sistemas económico y social de los grupos de cazadores recolectores, dos son las más habituales en la región cantábrica: alimento y ornamento. Si bien la función alimenticia se mantiene estable durante todo el período estudiado, la función ornamental experimenta algunos cambios. Así, durante el MSF y el Aziliense es habitual la existencia de conjuntos exclusivamente ornamentales o en los que los elementos de adorno-colgante son relativamente abundantes, como en Las Caldas (niveles I a III), Los Canes (nivel 2c/3), Rascaño (nivel 2b), El Mirón (niveles 106-107), Santimamiñe (niveles Almp+Slnc), Oscura de Ania (IIIa), El Horno (niveles 3, 2 y 1) y Urtiaga (nivel D), aunque también se encuentran algunos ejemplares aislados dentro de conjuntos alimenticios. Sin embargo, durante el Mesolítico, el único conjunto de tipo ornamental procede de un contexto funerario, como es el de Los Canes (estructuras 6-III y 6-II), si bien perduran los hallazgos aislados de conchas ornamentales dentro de los conjuntos alimenticios. Por tanto, la imagen es la de una reducción en la abundancia de este tipo de elementos a lo largo del tiempo. Las causas de este cambio deben buscarse en los cambios sociales y económicos que se producen entre el 16000 y el 7000 cal BP, y probablemente se relacionan con el descenso generalizado (y casi desaparición) de otras manifestaciones simbólicas propias del Paleolítico, como las representaciones gráficas, tanto sobre soporte parietal como mobiliar.

#### 7.2.1.2 *El cambio Littorina littorea-Osilinus lineatus*

El cambio en las especies de gasterópodos espiralados, concretamente entre *Littorina littorea* y *Osilinus lineatus*, es todo un clásico en la Historia de las investigaciones arqueomalacológicas en la región. Así, la mayor parte de autores trabajando en cuestiones relacionadas con la explotación del litoral han hecho hincapié de una u otra forma en el desarrollo de este cambio. El primero en establecer las diferencias cronológicas en la presencia de ambas especies fue Vega del Sella (1916:85, 1921:156, 1923:13, 38-39, 1930:14 y 93) a partir de sus estudios en concheros asturienses. Así, Vega del Sella se dio cuenta de que *Littorina littorea* era la especie que aparecía en los niveles del Paleolítico superior y estaba siempre ausente de los concheros asturienses, mientras *Osilinus lineatus* presentaba el comportamiento inverso. En estos primeros momentos, estas diferencias fueron tomadas en términos de una sustitución total de una especie por la otra, lo que les confirió el carácter de fósiles guía para determinar la cronología de los niveles en los que aparecían. Esta visión de sustitución total fue mantenida por otros autores a lo largo de los años siguientes (Madariaga, 1964:42; Obermaier, 1925:383-384) e incluso en los años 90 del siglo XX aún eran sostenidas por algunos autores (Straus,

1992:211). Sin embargo, los estudios detallados del material malacológico que se han llevado a cabo en los últimos años, han proporcionado nuevos datos en relación con esta cuestión, que han permitido refutar la hipótesis de sustitución total y ahondar en las causas que propiciaron este proceso. Los trabajos de Clark (1972:26; 1975:378; 1976:233) en la zona asturiense proporcionaron los datos necesarios para establecer que ambas especies estaban presentes (aunque en cantidades escasas) en los períodos en los que predominaba la otra, es decir, que era posible encontrar *Osilinus lineatus* durante el Paleolítico superior (al menos durante el MSF) y *Littorina littorea* durante el Mesolítico. Así, González Morales (1982:73) ya señala este hecho y propone que la sustitución (o mejor aún, la inversión en las proporciones) de *Osilinus lineatus* por *Littorina littorea* es un proceso gradual aunque relativamente rápido. En los últimos años, los análisis de Ortea (1986) en La Riera y los de Moreno (1994) en El Perro, cuyas secuencias abarcan el MSF, el Aziliense y el Mesolítico, pusieron de manifiesto con gran claridad que ambas especies habían convivido juntas durante todo el período, aunque aparecían en diferentes proporciones dependiendo del momento, con mayor abundancia de *Littorina littorea* en los niveles del MSF y el Aziliense y predominio de *Osilinus lineatus* durante el Mesolítico.

A partir de esta información los esfuerzos se han centrado en determinar dos cuestiones, por una parte, el momento en el que se produce la inversión en las proporciones de ambas especies, y por otra, cuales fueron las causas que generaron este fenómeno. En los últimos años, y gracias especialmente a la información cronológica obtenida en El Perro, se ha podido establecer que el proceso de inversión tuvo lugar en algún momento entre el 11500 y el 10200 cal BP (González Morales, 1992:189; 1995:67; González Morales *et al*., 1999:65). Así, los yacimientos con dataciones incluidas en ese rango de fechas y en los que *Littorina littorea* aparece de forma mayoritaria o exclusiva se reducen a La Fragua (nivel 3: 10930±200 cal BP, 9600±140 BP) y Santa Catalina (Nivel I: 11170±70 cal BP, 9760±65 BP; 10820±360 cal BP, 9510±270 BP y 10390±120 cal BP, 9180±110 BP), cuyos niveles han sido adscritos en ambos casos al Aziliense. Por su parte, los yacimientos en los que *Osilinus lineatus* es la especie presente o mayoritaria, son ligeramente más numerosos y entre ellos se encuentran Los Azules (nivel 3d: 10880±190 cal BP, 9540±120 BP y nivel 3a: 10760±230 cal BP, 9430±120 BP), La Riera (nivel 28: 9230±90 BP, sin calibrar por ser sobre concha) y Ekain (nivel II: 10850±280 cal BP, 9540±210 BP), adscritos al Aziliense, y Mazaculos II (nivel 3.3: 10560±610 cal BP, 9290±440 BP) y El Perro (10450±140 cal BP, 9260±110 BP), adscritos al Mesolítico. Teniendo en cuenta estos datos se observa que, excepto en el caso de la última fecha de Santa Catalina, que a tenor de la información disponible hasta el momento parece excesivamente reciente, todos los demás niveles reflejan que el cambio se produjo hacia el 10900-10800 cal BP, mientras el final del Aziliense se produciría hacia el 10700 cal BP y el inicio del Mesolítico hacia el 10500 cal BP. El nivel 28 de La Riera, presenta una fecha demasiado reciente para la atribución cultural propuesta, incluso sin aplicar el efecto reservorio, pero su composición es coherente con su datación. Por tanto, el predominio de *Osilinus lineatus* en varios yacimientos durante los momentos finales del Aziliense, como en Ekain, La Riera y Los Azules, refleja que el cambio entre ambas especies se produce antes del final de ese período, por lo que no fue debido a condicionantes culturales, sino más bien a la aceleración de la mejora climática que se produjo tras el Dryas reciente, perceptible a partir del 11000 cal BP. Si se observa el porcentaje de niveles de cada período en los que aparecen ambas especies (Tabla 7.1), la tendencia parece confirmarse, ya que durante el Aziliense, el porcentaje de niveles en los que aparece *Osilinus lineatus* es mayor que el de *Littorina littorea*.

| % niveles | *Osilinus lineatus* | *Littorina littorea* | nº niveles |
|---|---|---|---|
| MSF | 37 | 92,6 | n=27 |
| Aziliense | 71,4 | 64,3 | n=28 |
| Mesolítico | 92,9 | 39,3 | n=28 |
| Neolítico | 86,7 | 13,3 | n=15 |

*Tabla 7.1: Porcentaje de niveles estratigráficos en los que aparecen las especies Osilinus lineatus y Littorina littorea en la región cantábrica entre el MSF y el Neolítico*

Sin embargo, si se tienen en cuenta las acumulaciones de ambas especies en cada nivel, el predominio durante el MSF y el Aziliense (excepto en los yacimientos más tardíos como Los Azules, Ekain y el nivel 28 de La Riera) es claramente favorable a *Littorina littorea*, mientras *Osilinus lineatus* predomina durante el Mesolítico y el Neolítico. Aún así, la tendencia al descenso en las cantidades de *Littorina littorea* durante el Aziliense se hace patente en La Riera (principalmente en el nivel 28, donde *Osilinus lineatus* es más abundante que *Littorina littorea*) y especialmente en la amplia secuencia de La Pila (donde no solo descienden las proporciones de *Littorina littorea* sino que también aumentan las de *Osilinus lineatus*), aunque no ocurre lo mismo en El Perro (nivel 2a/b), donde supone más del 50% del conchero en una fecha en torno al 11700 cal BP. La existencia de estas diferencias puede ser debida a las variaciones climáticas que se observan durante el Aziliense. Así, las fechas de La Pila (nivel III) se sitúa en los momentos finales del Interestadio del Tardiglaciar, con condiciones climáticas más atemperadas que habrían favorecido la expansión de *Osilinus lineatus*, mientras las fechas de La Riera (nivel 27low, con predominio de *Littorina littorea*) y El Perro se localizan respectivamente al inicio y al final del Dryas reciente, en el que el clima sufre un fuerte enfriamiento que habría favorecido un nuevo aumento de las poblaciones de *Littorina littorea*. No encaja en este patrón Laminak II, con una fecha que remite al Dryas reciente y predominio de *Osilinus lineatus*, aunque las escasas muestras de ambas especies en este yacimiento no permiten tomar estos datos con total fiabilidad.

En los últimos tiempos los datos procedentes del MSF de La Garma A, especialmente los del nivel O, en el que las proporciones de ambas especies son similares (aunque favorables a *Littorina littorea*), han llevado a Álvarez Fernández (en prensa) a mantener que la sustitución de *Littorina littorea* por *Osilinus lineatus* se produce desde el Magdaleniense Final. La fecha disponible para este nivel (14100±230 cal BP, 12070±100 BP) lo sitúa durante el Interestado del Tardiglaciar, por lo que las condiciones climáticas atemperadas de este período podrían haber influido en un aumento de las cantidades de *Osilinus lineatus*. Sin embargo, en otros yacimientos de cronología similar, como El Perro (nivel 2c) y La Pila (nivel IV) no se produce este fenómeno, y *Osilinus lineatus*, aunque aparece, es mucho menos abundante que *Littorina littorea*. Así, por el momento, con los datos disponibles no creemos que no sea posible sostener que la sustitución como proceso generalizado comience durante el Magdaleniense Final, aunque es probable que los efectos del Interestadio del Tardiglaciar hayan provocado un aumento de las poblaciones de *Osilinus lineatus* en determinados momentos, como se observa tanto en el MSF de La Garma A (nivel O) como en el Aziliense de La Pila (nivel III). Si se observa la evolución de esta especie desde el Máximo Glaciar, durante el Solutrense y el Magdaleniense inferior (salvo en el nivel 19/20 de La Riera y el V de Erralla) no hay apenas evidencias de que *Osilinus lineatus* haya sido recolectada, por lo que lo más probable es que sus poblaciones fueran muy escasas o incluso en ocasiones no estuviera presente debido a las severas condiciones climáticas. Durante el MSF esta especie comienza a aparecer de forma habitual en los repertorios malacológicos, pero siempre a partir del 15000-14700 cal BP, es decir, al final del Dryas antiguo y los comienzos del Interestadio del Tardiglaciar. En esta fase climática se consolida su presencia y no será hasta la llegada del Holoceno cuando se produzca el verdadero proceso de sustitución, cuyo punto de inflexión puede ser datado hacia el 10800-10900 cal BP. A partir de esta fecha *Littorina littorea* apenas está presente y *Osilinus lineatus*, al amparo de las condiciones climatológicas del Holoceno, se convierte en una de las especies más representadas en los conjuntos malacológicos de la región, durante el Mesolítico y el Neolítico. Por tanto, las causas de esta inversión de proporciones (término que consideramos más apropiado que el de sustitución), son claramente climáticas y no tienen nada que ver con factores culturales ni con las estrategias de explotación.

7.2.1.3 *Los cambios en el género Patella*

Otro cambio de similar evolución, y también muy tratado en la literatura arqueomalacológica de la región cantábrica (Clark, 1972:26; 1975:378; 1976:129 y 233), es el que experimenta el género *Patella.* Así, durante el Paleolítico superior la especie más representada es *Patella vulgata*, en su variedad *maior* (o *sautuolae* como es conocida en el Cantábrico). Sin embargo, en los conjuntos mesolíticos esta variedad ya no está apenas presente y lo que se encuentra son otras variedades como *aurea* o *secerneda*, y principalmente la especie *Patella intermedia* (además de *Patella ulyssiponensis* en menores cantidades). Algunos autores han rechazado la hipótesis de que estos cambios están relacionados con las condiciones climáticas (Clark & Straus, 1983:147), mientras otros (Bailey & Craighead, 2003, 2004) achacan precisamente el descenso en los tamaños de *Patella vulgata* a lo largo del tiempo a los cambios en el clima y no a causas antrópicas. Esta cuestión será tratada más adelante cuando se analice la biometría de las diferentes especies. Por otra parte, trazar la evolución de las variedades de *Patella vulgata* es una tarea complicada ya que en ningún yacimiento hay recuentos separando entre variedades, sin embargo, sí es posible observar la evolución de las diferentes especies y establecer su relación con los cambios en el clima a lo largo del período de estudio. Las diferencias en las preferencias climáticas de las especies del género *Patella* aportan información sobre esta cuestión. Así, si se tiene en cuenta la distribución geográfica de cada especie, se observa que *Patella vulgata* es una especie de preferencias climáticas frías, mientras por el contrario *Patella intermedia* prefiere los climas templados. Las preferencias de *Patella ulyssiponensis* se situarían entre las de las otras dos, mientras *Patella rustica*, que apenas aparece en los conjuntos arqueomalacológicos de la región, es la especie más propia de climas cálidos. A pesar del sesgo que introduce en los análisis el estado de conservación del material, que provoca que una parte (en ocasiones considerable) de los individuos sean identificados a nivel de género, los resultados obtenidos a partir del estudio de los conjuntos arqueomalacológicos, pueden ayudar a trazar la evolución de estas especies. Así, durante el MSF la especie predominante, tanto por el número de yacimientos en los que aparece (Tabla 7.2) como por sus cantidades es *Patella vulgata.* Así, únicamente en el nivel N de La Garma A, *Patella intermedia* es más abundante que *Patella vulgata* mientras en Laminak II (nivel II) la especie principal es *Patella ulyssiponensis*. Durante el Aziliense el patrón en cuanto a cantidades es muy similar, salvo en La Riera (nivel 28), donde las cantidades son muy similares entre *Patella vulgata* y *Patella intermedia*, y en Laminak II (nivel I) y Ekain (nivel II), donde sorprendentemente *Patella ulyssiponensis* es la especie principal, seguida de *Patella vulgata* y por último *Patella intermedia*. Sin embargo, si se tiene en cuenta el número de yacimientos en los que aparece cada especie, se observa que durante el Aziliense, *Patella intermedia* sufre un aumento considerable mientras *Patella ulyssiponensis*, aunque aumenta, lo hace muy ligeramente. Por tanto, resulta difícil explicar la inusual abundancia durante el Aziliense de *Patella ulyssiponensis* en Laminak II (también durante el MSF) y Ekain. Durante el Mesolítico y el Neolítico las tres especies aparecen en un número de yacimientos muy similar, pero existen diferencias en cuanto a su abundancia. Así, durante el Mesolítico, *Patella vulgata* es predominante, en mayor o menor medida, en Mazaculos II (niveles 3, 2 y 1), La Llana (nivel 1), Poza l'Egua (nivel 2) y La Pila (nivel I-II) mientras en Mazaculos II (A3), La Riera (niveles 29 y 30), Poza l'Egua (nivel 1), La Fragua (nivel 1), La Chora (conchero) y La Trecha (nivel 1), *Patella intermedia* es la especie más representada. El único yacimiento en el que *Patella ulyssiponensis* es la especie principal es Los Canes (niveles 6-9-10), quizás por su carácter funerario. De todas formas, esta especie es más abundante que *Patella vulgata* en Poza l'Egua (nivel 1), La Fragua (nivel 1) y La Chora (conchero), por lo que su importancia no debe ser menospreciada. Durante el Neolítico, mientras en Mazaculos II (A2fondo, A2base y A2+A2base) las proporciones de *Patella vulgata* y *Patella intermedia* son muy similares, en Arenillas (conchero), Santimamiñe (niveles Slm y Lsm) y Kobaederra (niveles IV a I) *Patella intermedia* es la más abundante. Por su parte, *Patella ulyssiponensis* es la especie más representada en Pico Ramos. Por tanto, en ninguno de los dos períodos parece que una de estas especies sea claramente predominante sobre las demás, aunque sí se observa un aumento en las cantidades de *Patella intermedia* y *Patella ulyssiponensis* con respecto a períodos anteriores, debido a la mejora climática.

| **% niveles** | ***Patella vulgata*** | ***Patella intermedia*** | ***Patella ulyssiponensis*** | **nº niveles** |
|---|---|---|---|---|
| MSF | 100 | 55,6 | 38,9 | n=18 |
| Aziliense | 90,5 | 81 | 42,9 | n=21 |
| Mesolítico | 86,7 | 86,7 | 80 | n=15 |
| Neolítico | 76,9 | 84,6 | 84,6 | n=13 |

*Tabla 7.2: Porcentaje de niveles estratigráficos en los que aparece cada especie del género Patella en la región cantábrica entre el MSF y el Neolítico*

Al igual que ocurre con *Osilinus lineatus*, la presencia de *Patella intermedia* durante el Solutrense y las primeras fases del Magdaleniense es insignificante. Durante el MSF ya se documenta su presencia al menos a partir del 15500 cal BP (en el nivel 4 de La Fragua), aunque de forma aún escasa. Sus proporciones en La Riera (nivel 21-23), en un momento asignado al Dryas antiguo (entre el 15800 y el 15000 cal BP) ya superan el 5%, algo que también ocurre durante el Interestadio del Interglaciar en el nivel N de La Garma A y especialmente en el O de La Garma A, donde sus proporciones superan las de *Patella vulgata*. Sin embargo, al igual que ocurría con *Osilinus lineatus*, en otros yacimientos con fechas similares, como La Pila (nivel IV.2) o Erralla (nivel II) sus proporciones son todavía muy escasas. El caso de Erralla puede explicarse por su lejanía a la línea de costa, mientras para el caso de La Pila no se ha encontrado una explicación satisfactoria. Durante el Aziliense, se observa un ligero aumento en sus proporciones en la secuencia de La Pila, correspondiente al Interestadio del Tardiglaciar, sin embargo, entre el final de este período y el inicio del Dryas reciente, en La Riera (nivel 27) sus cantidades son escasas, mientras en Laminak II (nivel I), con una fecha situada en pleno Dryas reciente su presencia es mucho más abundante. Durante los inicios del Holoceno, la situación es similar, y mientras en La Fragua (nivel 3) está muy poco presente, en Ekain (nivel II) es ligeramente más abundante. Así, es durante el Mesolítico, cuando esta especie alcanza un mayor desarrollo de sus poblaciones, aunque no puede considerarse que sustituya a *Patella vulgata* como especie principal, o al menos eso se desprende de los datos disponibles. Durante el Neolítico parece que se consolida la mayor importancia de *Patella intermedia*, aunque la escasez de yacimientos con datos apropiados impide una valoración más precisa de su importancia real. Por tanto, al igual que en el caso de *Osilinus lineatus*, la importancia de esta especie para los grupos de cazadores recolectores de la región comienza a ser realmente significativa durante el Holoceno, concretamente hacia el 10800 cal BP, como indicarían los datos de Ekain (nivel 2) y probablemente también los de La Riera (nivel 28), que por su configuración parece corresponderse con un momento avanzado del Aziliense. Por tanto, parece indudable que la evolución de *Patella intermedia* en la región está, al menos hasta el Mesolítico, determinada por las condiciones climáticas.

La evolución de *Patella ulyssiponensis* es casi idéntica a la de *Patella intermedia*, aunque sus cantidades son generalmente menores que las de esta especie, salvo en algunos yacimientos, en los que predomina. Por tanto, su evolución también puede considerarse mediatizada por las condiciones climáticas predominantes durante el período de estudio.

No se descarta que los cambios en las variedades de *Patella vulgata* estén relacionados con el grado de exposición de la costa. En este sentido, quizás las costas abiertas del final del Pleistoceno eran más abrigadas y ello favoreció el desarrollo de la variedad *maior*, mientras que las que se configuraron durante el Holoceno tras la subida del nivel del mar, al ser más expuestas propiciaron la abundancia de otras variedades y de las especies *Patella intermedia* y *Patella ulyssiponensis*. Sin embargo, como se ha visto, la hipótesis climática parece explicar de manera más adecuada los cambios producidos en las abundancias de estas especies, aunque como ya se ha comentado, son necesarios más estudios de detalle para aclarar la cuestión del cambio en las variedades de *Patella vulgata*.

También podría ocurrir que los patrones de comportamiento de estas especies durante el MSF y el Aziliense estuvieran sesgados por la más que probable existencia de yacimientos costeros, hoy en día sumergidos bajo el mar, cuya composición podría hacernos reflexionar sobre nuestra perspectiva actual de estos cambios. Sin embargo, también pensamos que lo más probable es que los conjuntos procedentes de yacimientos situados al interior durante esos períodos, reflejen la estructura de composición que tendrían los yacimientos costeros, por lo que creemos que son suficientemente representativos de la situación del momento.

#### 7.2.1.4 *Los bivalvos de estuario y las zonas de recolección*

Hasta ahora hemos visto cómo los cambios climáticos propiciaban cambios en los conjuntos malacológicos, especialmente en cuanto a las especies de gasterópodos. A continuación se van a tratar otra serie de cambios en la representación de taxones, que reflejan la introducción de nuevas especies, concretamente de bivalvos, en los repertorios de moluscos recolectados por las poblaciones humanas. Asimismo, estas nuevas especies, por sus características ecológicas, van a provocar algunos cambios en las zonas frecuentadas para realizar la recolección. A partir de la información disponible se tratará de establecer si estos cambios están relacionados con los cambios climáticos, como ocurre con los gasterópodos, o por otra parte, responden a cambios en las estrategias de subsistencia.

Así, ya se ha visto cómo durante el MSF y el Aziliense existe un patrón muy marcado de explotación, basado en dos especies principales concretas (por lo que se podría hablar de especialización), que siempre responden de más del 80% del total de moluscos acumulados. Sin embargo, durante el Mesolítico y especialmente durante el Neolítico, se aprecia una tendencia hacia una mayor diversificación, especialmente en la zona oriental de la región, perceptible en yacimientos como El Perro, La Chora, La Trecha, Arenillas, Santimamiñe y Kobaederra. Este cambio, no solo en el número de especies principales, sino también en las propias especies implicadas, en principio parece estar relacionado con el ascenso del nivel marino y la configuración de los actuales estuarios de la región, que amplían las zonas de recolección disponibles para los grupos humanos. Sin embargo, las preguntas previas que se imponen para considerar estas diferencias como parte de los cambios en las estrategias de explotación están relacionadas con las condiciones ambientales imperantes durante el final del Pleistoceno: ¿existían estuarios durante el final del Pleistoceno? y en caso de respuesta afirmativa ¿eran explotados por el ser humano? Con la escasa información disponible nada indica la ausencia de estuarios, sin embargo, es probable que fueran ligeramente diferentes a los que conocemos hoy en día, con un menor aporte fluvial en términos de caudal y sedimento, y posiblemente con una menor disponibilidad marina de arena al ser la extensión de la plataforma continental más reducida (Cearreta, comunicación personal). Si estas diferencias, en caso de existir realmente, pudieron afectar o determinar la existencia o no, tanto de especies de roca como de arena y/o fango, es algo que por el momento no estamos en condiciones de contestar con total fiabilidad.

Por tanto, si se admite que durante el MSF y el Aziliense existían estuarios similares a los actuales, la siguiente pregunta que debe plantearse es por qué no aparecen evidencias de explotación sistemática, ni de especies de arena y/o fango ni de otras propias de zonas rocosas, como *Mytilus galloprovincialis* (o *Mytilus edulis*, más propia de climas fríos) y *Ostrea edulis*, como ocurre durante el Holoceno. Las respuestas a esta pregunta pueden ser variadas y se pueden resumir de la siguiente manera:

1. Por alguna razón la explotación de moluscos se ha centrado exclusivamente en las especies *Patella vulgata* y *Littorina littorea*, ya fueran recogidas en estuario o en zonas abiertas. Mantener esta hipótesis implicaría que estas especies presentan algún tipo de ventaja, bien económica bien cultural, sobre el resto. Madariaga (1994:139) ha trabajado con muestras modernas sobre cuestiones relacionadas con el rendimiento cárnico y nutritivo de diversas especies de moluscos. Así, en cuanto al rendimiento en crudo *Mytilus edulis* es la especie más rentable (49,2% de carne aprovechable), seguida de *Patella vulgata* (25,2%), *Patella intermedia* (25%), *Patella ulyssiponensis* (18,2%), *Littorina littorea* (18,4%) y *Ostrea edulis* (13,3%). Sin embargo, desde el punto de vista nutricional, el género *Patella* y *Littorina littorea* son los taxones que aportan una mayor cantidad de grasas y proteínas, lo que unido a un rendimiento cárnico aceptable hace de estos taxones unos moluscos muy rentables. Por otra parte, en relación al esfuerzo necesario para recoger cada especie, podría entenderse que las zonas de arena/fango no hubieran sido frecuentadas, debido al mayor gasto energético necesario para su explotación, sin embargo, no es posible explicar la no aparición de las especies de estuario propias de zonas rocosas, cuya recolección se

lleva a cabo de forma relativamente sencilla. Por último, quizás cuestiones culturales hayan inhibido la explotación de estas zonas, debido a algún tipo de tabú o simplemente debido a su consideración como lugares insalubres.

2. Estas especies se explotan, pero desde yacimientos cercanos a la costa de la época y que hoy en día se encuentran sumergidos bajo el mar. En este caso se podría pensar que estas especies aparecerían más representadas en los conjuntos de los yacimientos interiores, algo que apenas ocurre. Sin embargo, pudiera ser que solo se hubieran transportado a los asentamientos interiores (que son los que hoy en día conocemos) las especies que presentan una mayor resistencia a la desecación. En este sentido Madariaga (1994:135) ha sugerido que los gasterópodos (concretamente cita a *Littorina littorea*) resisten bastante mejor la desecación que los bivalvos, lo que favorecería esta segunda hipótesis.

3. Las condiciones ambientales (geomorfología, productividad planctónica, salinidad y temperatura) (Madariaga, 1994:136) de la zona han podido jugar un papel importante en el grado de presencia y abundancia, tanto de *Mytilus galloprovincialis* y *Ostrea edulis*, como de las especies propias de arena y/o fango (*Ruditapes decussatus*, *Scrobicularia plana*, *Solen marginatus*) durante el final del Pleistoceno. En cuanto a la influencia del clima, algunas de estas especies, como *Ruditapes decussatus*, tienen una distribución geográfica actual muy similar a *Patella intermedia* y *Osilinus lineatus*, por lo que podrían haber aumentado sus poblaciones en la región con la mejora climática del Holoceno. De la misma forma, la distribución geográfica actual de *Scrobicularia plana*, *Ostrea edulis*, *Solen marginatus* o *Cerastoderma edule* es muy amplia (de Noruega a Senegal para las dos primeras, hasta las costas de Marruecos para la tercera y desde el Mar de Barentz hasta Mauritania para la cuarta) y por tanto pueden ser consideradas especies euritermas, por lo que podrían estar presentes en la región cantábrica durante el Tardiglaciar. Sin embargo, es necesario tener en cuenta otras dos cuestiones. Por una parte, la Corriente del Golfo no alcanza las costas del Cantábrico hasta la llegada del Holoceno, por lo que durante el Tardiglaciar las temperaturas del mar debieron de ser incluso más frías que las de la actual costa de Noruega, inhibiendo el desarrollo de todas estas especies. Por otra parte, las mayores poblaciones de una especie se localizan hacia la mitad de su distribución geográfica, por lo que, aunque fuera posible la presencia de todas estas especies en el Cantábrico durante el final del Pleistoceno, lo más probable es que sus poblaciones no fueran demasiado abundantes al encontrarse muy cerca de su límite norte. Ya se ha visto el ejemplo de *Osilinus lineatus* y *Patella intermedia*, que aparecen desde el Tardiglaciar, pero que hasta el Holoceno no alcanzan su mayor abundancia en los yacimientos de la región. Sin embargo, una especie no encaja en este patrón, y por sus preferencias climáticas sí pudo estar presente durante el Tardiglaciar en la región cantábrica. Se trata de *Mytilus edulis*, especie de clima frío, incluso adaptada a condiciones extremas como las del Ártico, y que en la actualidad tiene su límite Sur en la ría del Bidasoa. El género *Mytilus* se ha identificado en gran parte de asentamientos del MSF y el Aziliense, sin embargo, su escasez y grado de fragmentación no permiten en la mayor parte de los casos su identificación a nivel de especie. Aún así, si se tiene en cuenta que el límite Norte de la distribución geográfica de *Mytilus galloprovincialis* se sitúa en el Bidasoa, es improbable que ésta sea la especie presente en el Tardiglaciar. En cualquier caso, si *Mytilus edulis*, por sus características, pudo haber habitado en la región cantábrica durante el Paleolítico Superior ¿por qué no fue explotada como alimento? En este caso no puede ser invocada la mejora climática para explicar su ausencia, y quizás sea más correcto pensar en una explicación cultural. En este sentido, quizás las

intoxicaciones debidas al desconocimiento de los efectos de las mareas rojas sobre este tipo de bivalvos, pudieron haber inhibido su recolección y consumo durante esos períodos, mientras un mayor control de este proceso natural durante el Mesolítico y el Neolítico, pudo haber contribuido a la explotación de este taxón.

Por último, a pesar de que la explicación climática es bastante coherente, al menos para las especies de arena y/o fango, es necesario tener en cuenta otro factor de carácter geomorfológico que pudo haber influido en su ausencia durante el Tardiglaciar. Así, a lo largo de todo el período se produce un progresivo aumento del nivel del mar, proceso que configura una tipo de costas de características determinadas. Algunos autores (Shackleton, 1988) han indicado la posibilidad de que la existencia de fondos de substratos blandos durante el Tardiglaciar fuera limitada, debido a que las costas en formación favorecen la presencia de zonas rocosas. Aunque factible para las especies de arena y/fango, esta hipótesis no permite explicar la ausencia de *Mytilus* y *Ostrea edulis*, salvo en el caso de que no existieran estuarios ni zonas abrigadas y la excesiva salinidad no permitiera que estas especies se desarrollaran.

Por tanto, a pesar de que existen tres formas de responder a las preguntas planteadas, la causa más probable de estas ausencias son los condicionantes ambientales, bien climáticos bien geomorfológicos o incluso una combinación de ambos, especialmente cuando, como se acaba de explicar, existen en la región otros ejemplos de la sensibilidad de los moluscos a los cambios climáticos. La explicación cultural solo adquiere peso en el caso de la ausencia de *Mytilus edulis*.

7.2.1.5 *Las diferencias espaciales: occidente vs oriente*

Otra cuestión, ya planteada en la historiografía de la región, es el contraste en la representación de especies entre las zonas oriental y occidental de la región. Este patrón se originó a comienzos del siglo XX al percibirse un gran contraste entre las especies presentes en los concheros asturienses excavados por Vega del Sella y el conchero de Santimamiñe, excavado por Aranzadi y Barandiarán. Mientras en los primeros la explotación estaba basada en taxones propios de costas abiertas rocosas, especialmente en *Osilinus lineatus* y el género *Patella*, en el segundo las mayores abundancias correspondían a taxones propios de estuarios, tanto de substratos rocosos como de arena y/o fango. A grandes rasgos, los resultados aquí presentados avalan estas diferencias, aunque es necesario matizar algunas cuestiones. Por una parte, estas diferencias son evidentes solo durante el Mesolítico y el Neolítico. Por otra parte, la explotación de moluscos durante el Mesolítico es mucho más abundante en la zona occidental, especialmente en la parte correspondiente al núcleo asturiense, o al menos así lo indica el número de yacimientos identificados en cada zona. En la zona occidental el predominio es casi absoluto de los taxones propios de substratos rocosos en costas abiertas, mientras en la zona oriental, existen dos tipos de asentamiento, en los que aparecen casi exclusivamente taxones de estuario y en los que, aunque el patrón es muy parecido al de occidente, también se incluye la explotación de los estuarios. Las causas esgrimidas para explicar estas diferencias en la explotación son de tipo geomorfológico (Clark, 1976), ya que la zona occidental no cuenta con la presencia de estuarios de entidad (salvo en Ribadesella y Villaviciosa, que se alejan ya del núcleo asturiense), en los que se pueda llevar a cabo una recolección sistemática de estos taxones, algo que sí ocurre en la zona oriental.

### 7.2.1.6 *La explotación de otros recursos litorales: crustáceos y equinodermos*

Junto a las acumulaciones de moluscos es muy habitual la presencia de otros recursos, que pueden ser considerados marginales en la mayor parte de los casos. Sin embargo, es posible identificar cambios a lo largo del tiempo en el uso de estos recursos. Así, durante el MSF y el Aziliense su presencia es muy escasa, mientras durante el Mesolítico se aprecia un ligero aumento en sus cantidades.

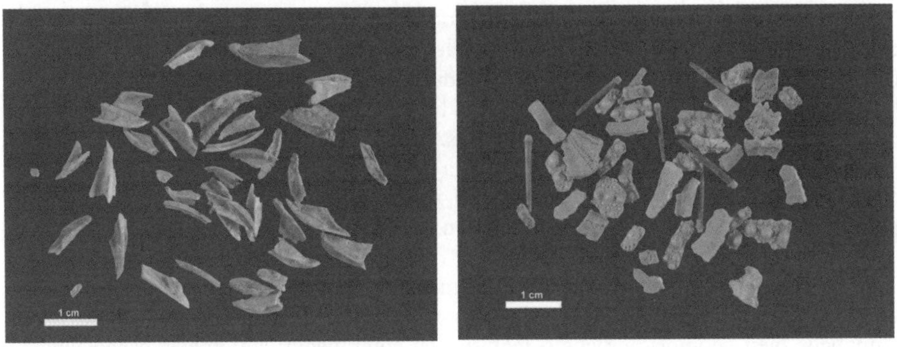


*Fig. 7.11: Fragmentos del aparato bucal (izquierda) y del caparazón y espinas (derecha) de Paracentrotus lividus procedentes de La Llana*

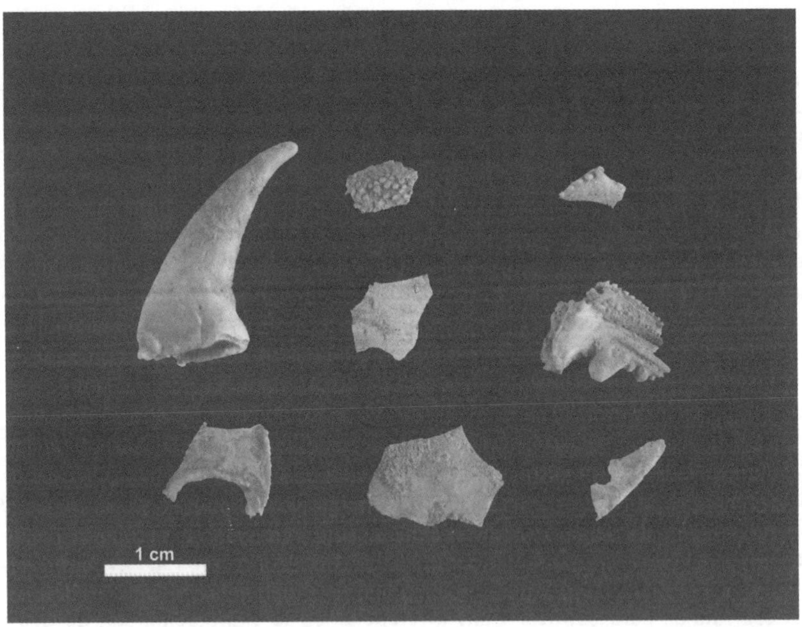


*Fig. 7.12: Fragmentos de ejemplares del Orden Brachyura procedentes de La Llana*

Sin embargo, el único período en el que muestran cierta importancia (ya que no pueden ser considerados un recurso principal pues nunca superan el 7% del NMI) es el Neolítico. Por tanto, según avanza el tiempo la recolección de estos recursos marginales cobra importancia, especialmente en algunos yacimientos como Mazaculos II y Arenillas. Entre los equinodermos, la especie que aparece habitualmente es *Paracentrotus lividus* (Fig. 7.11), mientras entre los crustáceos, encontramos taxones de la clase Cirripedia y Brachyura sp. (Fig. 7.12).

Dentro de la clase Cirripedia el taxón que suele aparecer más habitualmente es *Pollicipes pollicipes*, mientras dentro del Orden Brachyura se han identificado diversas especies de cangrejos, como *Cancer pagurus*, *Carcinus maenas*, *Eriphia verrucosa*, *Liocarcinus puber*, *Xantho incisus* y *Pachygrapsus marmoratus*. En el caso de *Paracentrotus lividus* y *Pollicipes pollicipes* su recolección probablemente guarda relación con la explotación de las zonas más bajas (y expuestas) del intermareal e incluso del inframareal. Con los taxones del Orden Brachyura ocurre algo similar, ya que pueden habitar el intermareal, generalmente en las zonas más bajas, y el inframareal. Por tanto, se puede concluir que estos recursos no son importantes dentro de la explotación de recursos litorales, salvo quizás durante los inicios del Neolítico.

7.2.1.7 *El caso de los caracoles terrestres*

Como se ha visto a lo largo de este trabajo no solo los moluscos marinos han contribuido a las dietas de los grupos de cazadores-recolectores de la región cantábrica. Así, los caracoles terrestres, al menos los de la especie *Cepaea nemoralis*, también han sido un objetivo alimenticio para estas poblaciones.

A lo largo de más de un siglo diferentes interpretaciones han sido propuestas para explicar la aparición de caracoles terrestres en yacimientos arqueológicos. Desde las que lo consideran un recurso antrópico (Aparicio, 2001, 2003, 2004; Bahn, 1985; González Morales, 1999a; González Sainz, 1989; Guilaine, 1979; Gutiérrez Zugasti, 2006a; Lubell, 1976, 2004a, 2004b; Miracle, 2001; Muñoz, 1997; Rizner *et al.*, en prensa; Ruiz Cobo *et al.*, 1999) hasta los que apoyan la hipótesis de la acumulación natural (Arias, 2002; Barandiarán & Madariaga, 1989; Straus, 1992; Straus & Clark, 1986), pasando por las que no se deciden a proponer ni la una ni la otra a causa de lo dudoso del registro (André, 1979; Barandiarán & Cava, 2001; Moreno & Aparicio, 2001).

Esta preocupación está justificada por la capacidad de muchas especies de caracoles terrestres para habitar en cuevas (Fig. 7.13). Sin embargo, no todas ellas tienen valor alimenticio. Al contrario, solo dos de las especies identificadas en este trabajo son utilizadas como alimento en la actualidad, la propia *Cepaea nemoralis* y *Cryptomphalus aspersus* (Arrebola & Álvarez Halcón, 2001). El momento de introducción de esta última especie en la Península Ibérica no está claro, aunque parece situarse en algún momento a partir de la Edad del Bronce, por lo que no puede haber sido consumida en momentos más antiguos de la prehistoria en la región cantábrica. Por su parte, *Cepaea nemoralis* es la única especie que aparece habitualmente y que lo hace en cantidades apreciables, aunque no siempre. Así, en algunos yacimientos como La Fragua el contexto no deja lugar a dudas, ya que además de una gran acumulación (con más de 10000 ejemplares), aparece junto a otros restos de la ocupación humana del yacimiento (Fig. 7.14). Sin embargo, en otros casos, las cantidades son tan escasas que casi con total seguridad su presencia se deba a una intrusión, ya que por norma general esta especie no habita dentro de las cavidades, pero sí es posible encontrar algunos ejemplares en la zona de la entrada, cuando las condiciones de vegetación y humedad son las adecuadas. El problema surge cuando se encuentran cantidades que podríamos denominar intermedias, y es complicado establecer si en la entrada de la cueva habitaba una población de tamaño significativo o si fueron llevados a la cavidad por el ser humano para su consumo.

*Fig. 7.13: Acumulación natural de Cepaea nemoralis en una oquedad dentro de una cueva en Llanes (Asturias) (Foto: M. R. González Morales)*

En cuanto a la evolución temporal de este recurso, durante el MSF su presencia es muy puntual y sus cantidades escasas. Sin embargo, durante el Aziliense comienzan a aparecer las primeras acumulaciones significativas de la especie *Cepaea nemoralis*, como ocurre en El Castillo, El Piélago, La Fragua o el Valle. Este aprovechamiento, ceñido casi exclusivamente a yacimientos de interior, se extiende en el tiempo durante el Mesolítico, como en Los Canes, Cubío Redondo y Marizulo, y durante el Neolítico, como ocurre en Berroberría y Marizulo. En los últimos años se han identificado una gran cantidad de yacimientos mesolíticos y neolíticos con acumulaciones de este tipo, principalmente a través de los trabajos de Ruiz Cobo y Muñoz Fernández en Cantabria, y muy especialmente en el valle del Asón (Muñoz Fernández, 1997; Ruiz Cobo *et al.* 1999, 2007).

Sin embargo, la valoración de este recurso en relación a las estrategias de subsistencia de los grupos humanos es más complicada, debido a la falta de trabajos específicos sobre este particular. Así, en general este recurso ha sido considerado un recurso no estable, principalmente porque no está disponible todo el año, porque sus carencias en grasas no lo hacen propicio para un consumo continuado y porque la aparición junto a restos de otros recursos está reflejando probablemente un uso complementario que permite mantener una estrategia más óptima para la supervivencia. Sin embargo, algunos estudios recientes (Rizner *et al.*, en prensa) sostienen que dependiendo de las condiciones, los caracoles terrestres pueden ser muy rentables, proporcionando buenas cantidades de calorías solo con un pequeño gasto energético en recolección y preparación. Por esta razón, se puede pensar que en determinados momentos del año podrían estar jugando un importante papel en la nutrición y subsistencia de los grupos humanos.

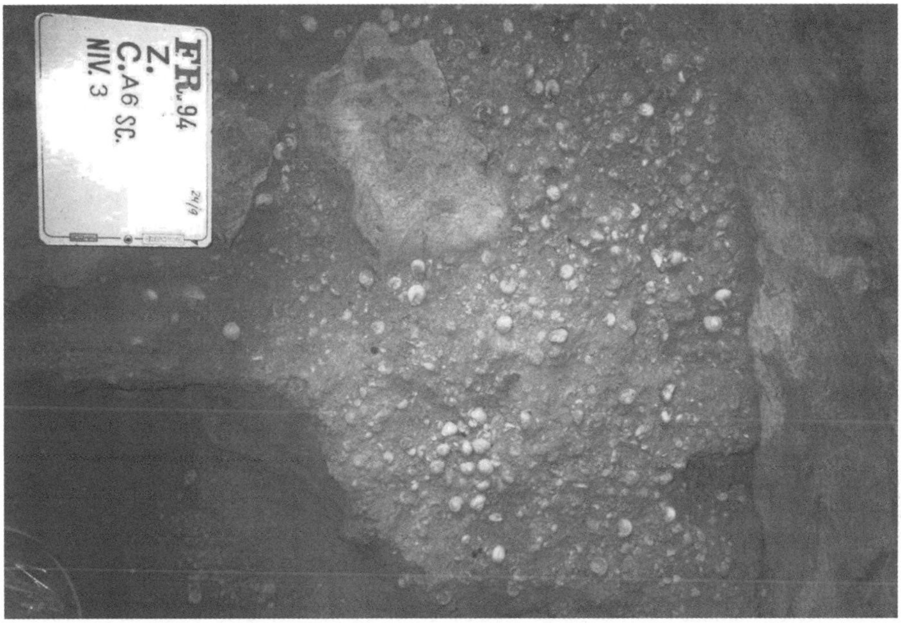


*Fig. 7.14: Acumulación antrópica de Cepaea nemoralis en el nivel 3 de La Fragua (vista desde arriba) (Foto: M. R. González Morales)*

Los caracoles terrestres se recogerían en zonas de bosque, maleza, praderías..., abundantes todas ellas en el entorno de la cueva. Así, en la región cantábrica la explotación de *Cepaea nemoralis* debió llevarse a cabo por la facilidad con que se podía acceder al recurso desde los asentamientos. Por ello, debió de servir de complemento a otras actividades de subsistencia como la caza o la recolección de vegetales.

Por otra parte, en principio *Cepaea nemoralis* debe ser considerado un recurso estacional, ya que sufre un período de hibernación en los momentos más fríos del año, por lo que la recolección debe llevarse a cabo entre los meses de abril y octubre. Sin embargo, también puede sufrir procesos de estivación durante el verano, cuando las condiciones son demasiado cálidas. Por tanto solo están disponibles en un momento concreto, aunque relativamente amplio, del año. En el yacimiento de Jean Cros, los tamaños de los individuos juveniles indican que la recolección se llevó a cabo en Septiembre (André, 1979:267). Sin embargo, en La Fragua, el análisis de los restos dentales de ciervo indica una ocupación invernal (Marín 2004:129) del yacimiento, si bien los caracoles pudieron ser recogidos en otro momento del año. Según Guilaine (1979:284) la ocupación temporal de los yacimientos permite una mejor conservación de las conchas. A pesar del alto índice de fragmentación que presenta el material debido a las características estructurales de la concha, en La Fragua también se aprecia una gran cantidad de individuos completos o escasamente fragmentados (n = 2164), por lo que probablemente no hubo mucha utilización del asentamiento con posterioridad al consumo de los caracoles terrestres. Otro argumento que avala la recolección estacional, o al menos puntual, de este recurso procede de los cálculos relacionados con la cantidad de caracoles que es posible recolectar en un tiempo determinado. Así, André (1979:263) estima que son necesarias 12 horas de trabajo por persona para capturar 5000 caracoles. A razón de 2 horas por día, la presencia de los moluscos atestiguaría una ocupación de 6 días. Si se aplica este modelo a La Fragua, y se restringe al NMI identificado (aproximadamente 10000), se obtiene un resultado de 12 días de ocupación. Si, como probablemente ocurre, el número real se acerca a los 20000 individuos, se obtiene una ocupación de 24 días. Según otro cálculo (Rizner *et al.*, en prensa), en condiciones propicias (en otoño, en días lluviosos), es posible recolectar 274 caracoles en 15 minutos. Así, recolectar 20000 caracoles supondría un gasto temporal de algo más de 18 horas, y por tanto, una ocupación del yacimiento dedicada a esta labor de unos nueve días, si seguimos el mismo patrón que para el cálculo de André. Sin embargo, estos cálculos están basados en una recogida realizada por una sola persona, por lo que la participación de más personas en la recolección disminuiría el tiempo empleado para obtener las cantidades indicadas. Así, parece claro que la recolección de este recurso ha sido estacional, restringida probablemente a un/unos periodo/s de tiempo bastante corto/s. No obstante, es necesario tener en cuenta que en otras zonas de Europa la información etnográfica avala la posibilidad de recoger este recurso en cualquier época del año (Rizner *et al.*, en prensa), si bien con mayores dificultades durante el período de hibernación.

Por tanto, los moluscos terrestres deben ser considerados como un recurso complementario, probablemente de valor similar al de los moluscos marinos, a los que sustituyen en asentamientos localizados en zonas de interior. Es probable que su introducción en las dietas humanas se produzca durante el MSF, pero es a lo largo del Aziliense cuando su recolección parece cobrar importancia, quizás debido también a la mayor expansión de sus poblaciones con la mejora climática. Durante el Mesolítico y el Neolítico inicial su presencia es habitual como parte de las dietas humanas.

#### 7.2.1.8 *Los procesos tafonómicos*

Los procesos tafonómicos documentados en la mayor parte de los niveles estratigráficos analizados en este trabajo son muy similares. Así, los procesos que se producen antes de la muerte del animal, como la bioerosión (incrustación, perforación) están representados en todos los niveles estudiados. Lo mismo ocurre con una parte de los procesos de tipo geológico, como las cementaciones (encostramiento, concreción), el relleno sedimentario o la biodegradación. Otros procesos de este tipo no son tan abundantes y se producen sólo en algunos yacimientos, como ocurre con los desplazamientos, la abrasión o las manchas minerales. Igualmente abundantes son los procesos producidos por el ser humano, como la fragmentación (que también puede ser producida por otros agentes tafonómicos) y la carbonificación. Sin embargo, no han sido identificados procesos relativos al efecto de procesos químicos, como la permineralización, la sustitución de componentes minerales o la disolución química, probablemente por su mayor dificultad de identificación que, al menos en los dos primeros casos, requiere un análisis al microscopio.

Por tanto, se puede afirmar que la mayor parte de los procesos tafonómicos que afectan a las acumulaciones de conchas en cuevas de la región cantábrica, son siempre los mismos, como cabía esperar en unos ambientes tan estables. De la misma forma, el proceso antrópico más a menudo identificado es la carbonificación y cuando es posible la discriminación, también la fragmentación.

Los resultados procedentes de la aplicación de los índices de fragmentación han permitido extraer algunas conclusiones. La primera guarda relación con la cuestión metodológica. En la Fig. 7.15 se observan diferencias apreciables entre el comportamiento de bivalvos marinos, gasterópodos marinos y gasterópodos terrestres. Por norma general, los taxones más fragmentados corresponden a bivalvos, a continuación estarían los gasterópodos terrestres, y los menos fragmentados serían los gasterópodos marinos. Estas diferencias, obviamente son debidas a las variaciones en la robustez de las conchas, y es necesario tenerlas en cuenta a la hora de la interpretación. A pesar de ello, el cálculo del índice de fragmentación clasificando el material bien por taxones, bien en estos tres tipos de moluscos, permite la comparación entre yacimientos.

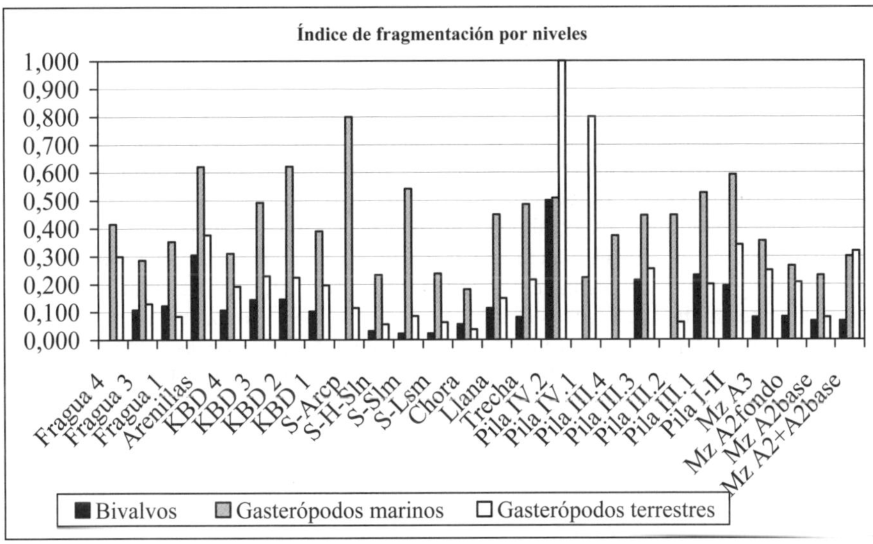


*Fig. 7.15: Índices de fragmentación totales por niveles en los yacimientos analizados*

Así, los niveles del Neolítico inicial de Santimamiñe y el Mesolítico de La Chora presentan la fragmentación más acusada de todos los niveles analizados, mientras Arenillas y casi todos los niveles de La Pila son los menos fragmentados. Lo cierto es que identificar procesos culturales concretos a partir de los índices es una tarea complicada, si bien es cierto que cuando no existen otros procesos en el yacimiento que puedan responder de esa fragmentación, se pueden establecer hipótesis referentes a comportamientos humanos como causantes de esa fragmentación, como por ejemplo, una ocupación intensa de la cavidad tras la acumulación de moluscos o el aprovechamiento de las conchas con posterioridad a su consumo. Sin embargo, es necesario tener en cuenta la existencia de otros agentes, físicos, químicos, biológicos o geológicos, que pueden haber contribuido a la fragmentación del material. En este sentido, los índices son muy útiles para confirmar o identificar la existencia de procesos tafonómicos, especialmente desplazamientos, como ha ocurrido en Santimamiñe y Mazaculos II. En otros casos, como en La Llana, la escasa fragmentación en un contexto en posición secundaria, ha permitido confirmar que el material se desplazó escasamente desde su ubicación original, y que otros procesos tafonómicos, como el encostramiento, ayudaron a proteger las conchas contra la fragmentación. Por tanto, los índices de fragmentación tienen una utilidad aceptable, ya que aportan datos que, puestos en relación con el resto de evidencias del yacimiento, permiten obtener una valiosa información sobre procesos tafonómicos y, de forma más genérica, sobre comportamientos culturales.

### 7.2.2 *La recolección de moluscos y los patrones de asentamiento*

Uno de los principales debates en la región cantábrica en los últimos años es el de los cambios en los patrones de asentamiento a lo largo del tiempo. Las cuestiones que han recibido un tratamiento más amplio son el tipo de ocupación (residencial o logística), los períodos de ocupación (asentamientos permanentes o estacionales) y el problema de la supuesta desocupación de las zonas interiores durante el Mesolítico.

La contribución del análisis de moluscos al esclarecimiento de estas cuestiones es ligeramente desigual. Respecto a la primera cuestión, la determinación de un asentamiento como permanente o estacional no puede ser inferida únicamente a partir de las acumulaciones de moluscos, sino a partir del análisis conjunto de muchos y variados factores entre los que se incluyen el tamaño del asentamiento, su ubicación, las actividades llevadas a cabo y su duración. La mayor parte de las discusiones a este respecto conciernen al Mesolítico y especialmente al Asturiense. Así, si bien Bailey (1973) propuso un modelo de movilidad estacional costa-interior, las interpretaciones más habituales hablan de yacimientos permanentes situados en zonas provechosas para la explotación de diversos nichos ecológicos (Clark, 1976; Fano, 1998; González Morales, 1982), aunque algunos autores no descartan la existencia de asentamientos estacionales debido a las malas condiciones de habitabilidad de algunas cavidades (Arias, 1991a, 1997b). Si se tiene en cuenta la disparidad de las acumulaciones identificadas en yacimientos de ese período y las características de habitabilidad de éstos, es evidente que existen diferencias entre los asentamientos que pueden haber determinado el tiempo de ocupación. Por tanto, es posible sostener la existencia de asentamientos permanentes (o mejor dicho semi-permanentes) y estacionales.

Así, en gran parte de los concheros asturienses, en los que las acumulaciones son enormes, es muy probable que la ocupación fuera semi-permanente y la recolección de moluscos más continuada. Este parece ser el caso de Mazaculos II, en el que se han hallado diversas superficies de ocupación, si bien los análisis de isótopos de oxígeno sobre *Osilinus lineatus* indican una recolección de este molusco únicamente invernal. En La Riera los análisis de isótopos también indican recolección centrada en una estación, sin embargo, las líneas de crecimiento del género *Patella* indican una recolección a lo largo del año, pero más importante en determinados momentos. Este modelo de recolección a lo largo de todo el año pero no diaria y desigual dependiendo de la estación, puede encontrarse hoy en día entre los Anbarra. Así, Meehan (1977:494; 1982:64) en casi un año de observación constató que se recolectaron moluscos el 58% de los días (194 días), si bien no detalla la distribución completa de la recolección a lo largo del año, por lo que es probable que se recolectara todos los meses del año, pero no todos los días del mes (¿quizás esta actividad se restringe a los períodos de mareas vivas?). Por otra parte, de los cuatro meses del año en que esta autora documentó el contenido total de la dieta de los Anbarra, en tres (abril, mayo y septiembre) los moluscos supusieron entre el 20 y el 30% de la dieta, mientras en el último (enero) supusieron casi el 50%.

Por tanto, los moluscos son recursos estables con mayor importancia en determinados momentos del año.

La existencia de asentamientos estacionales o con ocupaciones de corta duración también parece indudable si se tienen en cuenta las características de algunos yacimientos y sus acumulaciones. Ya se han señalado las condiciones de habitabilidad de las cavidades como un factor limitante para la ocupación permanente. Sin embargo, a este respecto, resulta interesante valorar el significado de las acumulaciones de moluscos, en términos de gasto temporal en trabajo, con el objetivo de identificar comportamientos estacionales. Así, ya se ha visto cómo recoger los 10000-20000 individuos de *Cepaea nemoralis* presentes en el nivel aziliense de La Fragua no supondría más que unos pocos días. Igualmente, se ha calculado el tiempo necesario para recoger los 10155 individuos del género *Patella* identificados en el nivel mesolítico de este mismo yacimiento, que representan más del 80% del conchero. A partir de las recolecciones llevadas a cabo a lo largo de la realización de este trabajo en diversos puntos de Asturias y Cantabria, se ha comprobado que una persona puede recoger alrededor de 300 ejemplares del género *Patella* en una hora. Por tanto, recoger 10155 individuos supondría alrededor de 34 horas. Si se toma como base la información etnográfica que indica alrededor de dos horas diarias de recolección y le sumamos 40 minutos de tiempo gastado en desplazamientos (La Fragua se sitúa en esos momentos a 1 km de la costa y 1 km=20 min.), esa cantidad se recogería en 18 días. Si en la recolección participan dos personas el tiempo se reduciría a 9 días y si participan tres, a 6 días. Es cierto que para este cálculo se está utilizando el NMI, mientras la cantidad real es probablemente bastante mayor, pero en cualquier caso la recolección no se habría llevado a cabo de forma continua durante todo el año, sino en momentos concretos, quizás cuando otros recursos no estaban disponibles o cuando los moluscos eran más provechosos. Igualmente es cierto que las condiciones de habitabilidad de La Fragua no son las mejores, ya que se trata de un covacho incapaz de albergar grandes poblaciones, por lo que lo más probable que se llevaran a cabo diversas ocupaciones (como parecen indicar las fechas de radiocarbono) de forma estacional.

Por tanto, en lo referente a la explotación de moluscos, los yacimientos con buenas condiciones de habitabilidad y acumulaciones importantes, indican una recolección continuada, con diferente importancia dependiendo del momento del año, mientras otros reflejan un comportamiento estacional o puntual.

En cuanto a los momentos de ocupación de los yacimientos, los análisis de estacionalidad llevados a cabo a partir de moluscos indican que durante el MSF y el Aziliense la recolección se ha llevado a cabo a lo largo de todo el año pero con especial énfasis en verano, otoño e invierno. Durante el Mesolítico, los datos disponibles siguen la misma línea, aunque los períodos de mayor recolección se reducen al otoño y el invierno. Por otra parte, en el Neolítico, la recolección se ha llevado a cabo durante todo el año excepto en el otoño, si bien el grueso de la explotación se concentra en la primavera. Por tanto, entre el 15600 y el 5700 cal BP la recolección de moluscos es una actividad que se realiza generalmente a lo largo de todo el año, aunque es más importante en determinados momentos, que dependen del período.

Por último, tradicionalmente se ha considerado que durante el MSF y el Aziliense el patrón de asentamiento incluye la ocupación de las zonas costeras e interiores, al considerar que asentamientos como La Riera, El Perro y La Pila son costeros (González Morales *et al.*, 1999:69). No obstante, si se observa su localización respecto a la línea de costa en ambos períodos, ninguno de estos yacimientos se localiza a menos de 5 km de la costa, por lo que su calificación como costeros podría considerarse dudosa. Sin embargo, si se tiene en cuenta la distancia a las posibles zonas de estuario, ésta se reduciría considerablemente, por lo que la explotación de moluscos se convertiría en una actividad relativamente rentable, no solo desde estos asentamientos sino también desde otros como La Fragua y Laminak II. Lo que sí es indudable es la importancia del papel de los asentamientos de interior tanto durante el MSF como durante el Aziliense, como ha sido constatado en el registro arqueológico de la región. Sin embargo, durante el Mesolítico la ocupación interior parece reducirse ostensiblemente, hasta el punto de que tradicionalmente se ha sostenido que esta era inexistente (Clark, 1972:26, 1976:223). En la actualidad, aunque el número de evidencias no es demasiado elevado, el hallazgo de niveles mesolíticos en yacimientos como Los Canes, Arangas, Cofresnedo, Cubío Redondo o El Mirón ha permitido matizar esta afirmación. Igualmente, en Cantabria, especialmente en la zona oriental, en los últimos años se han identificado en zonas de interior gran cantidad de concheros compuestos de caracoles terrestres, aunque su atribución cultural ha sido propuesta, en la mayor parte de los casos, a partir de observaciones de superficie o de cortes estratigráficos (Ruiz Cobo *et al.*, 2007). Por tanto, no se conoce ni su cronología exacta ni su entidad. En Los Canes, además, los análisis de paleodietas realizados sobre restos humanos, indican un predominio casi absoluto de las proteínas de origen terrestre, lo que unido a los resultados obtenidos para varios concheros de la costa, que presentan proporciones similares entre proteínas de origen terrestre y marino, ha servido para establecer una hipótesis de territorialidad, que avalaría la existencia de poblaciones ocupando el interior (Arias, 2006:368). Sin embargo, es cierto que con la información disponible hasta el momento, la imagen de los patrones de asentamiento durante el Mesolítico es fundamentalmente costera.

Finalmente, merece la pena realizar unos breves comentarios sobre la relación asentamientos-desplazamientos. En este sentido, González Morales *et al.* (1999:71) creen que el agrupamiento de concheros alrededor de zonas concretas es producido por la sobreexplotación de los recursos malacológicos que obliga a las poblaciones a moverse lateralmente por la costa según van terminando con esos recursos. Esta hipótesis es también mantenida para otras zonas de Europa por Thomas & Mannino (2002:467), que proponen que este comportamiento acaba con la colonización de nuevos territorios. Si se acepta para la región cantábrica, la contraposición de poblaciones habitando la costa y el interior, y la existencia de procesos de sobreexplotación, es probable que este modelo pueda haberse producido durante el Mesolítico. No obstante, para contrastar esta hipótesis es necesario un mayor conocimiento del registro, ya que las distribuciones de yacimientos por el momento muestran grandes zonas de vacío, muy probablemente por problemas de visibilidad arqueológica o mejor dicho de indefinición arqueológica, ya que en esas zonas se han documentado diversos concheros cementados, pero sin que se hayan estudiado en detalle, por lo que no se cuenta con una atribución cultural o cronológica, ni con información de contexto.

### 7.2.3 *Las variaciones en la línea de costa y las acumulaciones de moluscos*

Ya se ha visto en el capítulo dedicado al análisis de yacimientos cómo la evolución de la línea de costa ha influido de manera significativa en los patrones de asentamiento y en las acumulaciones de moluscos. En la Figura 7.16, que incluye el NMI de cada nivel estratigráfico y la distancia a la línea de costa, se observa claramente que los asentamientos mesolíticos y neolíticos están mayoritariamente localizados a distancias de entre 0 y 5 km., los azilienses entre 5 y 10 km. y los del MSF entre 7,5 y 15 km. En condiciones normales, de este cuadro se desprendería que a medida que avanza el tiempo los asentamientos tienden a situarse más cerca de la costa. Sin embargo, el ascenso del nivel marino está introduciendo un gran sesgo en esta interpretación, ya que es posible que haya yacimientos azilienses y del MSF en la franja hoy en día sumergida bajo el mar. Un reflejo de esta situación es la inexistencia de yacimientos azilienses y del MSF entre 0 y 5 km, algo que no parece normal, ya que si existen evidencias de moluscos en yacimientos interiores, lo lógico es que estas sean más abundantes en las zonas costeras. Este comportamiento puede observarse durante el Mesolítico, ya que los cálculos realizados a partir de yacimientos asturienses y su distancia a la costa actual (Arias, 1991a:315; Bailey & Craighead, 2003:184; Fano, 2007:357) muestran que el número de yacimientos con evidencias de explotación de moluscos disminuye a medida que estos se localizan más lejos de la línea de costa, algo que también debía ocurrir durante el MSF y el Aziliense. Es cierto que durante estos períodos la ocupación interior era mucho más abundante que en el Mesolítico, y que por tanto, la ocupación costera podría no haber sido tan importante, pero sostener que no habría ningún asentamiento en esa franja de 5 km hoy en día sumergida es a todas luces excesivo.

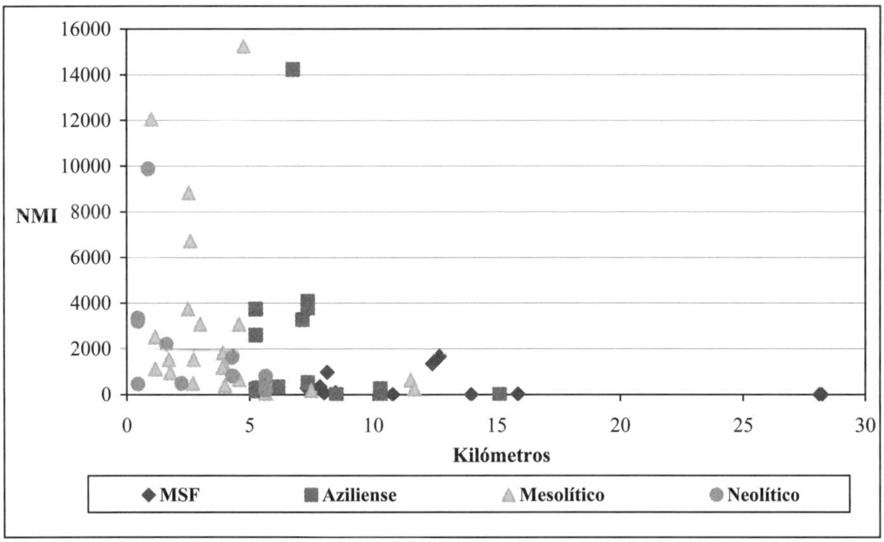


*Fig. 7.16: Relación NMI y distancia a la línea de costa de los yacimientos con datos cuantitativos*

En cuanto a las acumulaciones, las interpretaciones no solo están sesgadas por el ascenso del nivel marino, sino también por las diferencias en los volúmenes excavados o analizados en cada yacimiento. Sin embargo, es posible detectar una tendencia muy clara hacia una mayor acumulación de moluscos, especialmente durante el Aziliense y el Mesolítico.

Así, durante el MSF, en ningún yacimiento se ha identificado un NMI mayor de 2000 y solo La Garma A, excavada en una extensión de unos 8 m² se acerca a esa cantidad. En El Perro, con una similar superficie excavada, el NMI se sitúa alrededor de 1000, mientras en el resto de yacimientos se dividen entre los que presentan un patrón ornamental con escasos individuos y los que, presentando un patrón alimenticio, contienen menos de 500 individuos debido a que las muestras proceden de 1 o 2 $m^2$ como ocurre en La Pila, La Fragua y Laminak II. Si se multiplican las superficies excavadas en estos yacimientos para igualarlas a las de La Garma A y El Perro, resulta que las acumulaciones se sitúan siempre entre aproximadamente 1000 y 2000 individuos.

Durante el Aziliense se aprecia un aumento en el NMI depositado, perfectamente perceptible en los yacimientos en los que es posible la comparación con el período anterior, como La Riera, La Pila y El Perro. En este caso, a pesar de que todavía existen yacimientos en los que las acumulaciones son similares a las del MSF, una buena parte de los NMI se sitúan entre 2000 y 4000, siendo en El Perro de aproximadamente 14000, lo que indica una explotación sistemática. Las diferencias con respecto a La Riera, que fue excavada en una extensión similar a la de El Perro, podrían deberse a las condiciones de habitabilidad de cada yacimiento, probablemente mejores en este último, además de por su cercanía al estuario del Asón. Así, si por ejemplo se extrapolan las cantidades de La Pila a una superficie de 8 $m^2$, los niveles III.3 y III.1 alcanzarían un NMI de entre 20000 y 25000, lo que supone una explotación importante, mientras en otros yacimientos como La Fragua, Laminak II o Ekain las cantidades se situarían entre 2000 y 2800 individuos. Por tanto, a la vista de estos datos, durante el Aziliense se produce un aumento considerable en la explotación de moluscos con respecto al MSF, si bien es necesario tener en cuenta la más que probable existencia de yacimientos costeros durante el MSF, hoy en día sumergidos bajo el mar, que podría matizar dicha afirmación.

Durante el Mesolítico, la tendencia es similar a la del Aziliense o incluso podría considerarse que aumenta, aunque esto puede ser un reflejo de la mayor cantidad de yacimientos mesolíticos identificados. Así, la mayor parte de los yacimientos presentan un NMI entre 0 y 2000 (aunque casi todos superan los 1000 individuos, al contrario de lo que ocurre en el Aziliense), cuatro se sitúan entre 2000 y 4000, y otros cuatro superan los 6000. En El Perro se alcanzan los 15000 individuos en una superficie de unos 8 $m^2$, mientras en La Fragua, en una superficie ligeramente superior al metro cuadrado se alcanzan los 12000. Sin embargo, en el caso de El Perro, la existencia de un testigo de conchero cementado está informando de una acumulación de moluscos bastante mayor que la identificada, al menos en los niveles azilienses y mesolíticos. Este fenómeno de los concheros cementados es más propio del Mesolítico, aunque en ocasiones también es posible identificar acumulaciones de períodos anteriores, como en este caso. Este tipo de concheros está informando de la existencia de enormes acumulaciones de moluscos que llegaron a colmatar la entrada de las cuevas durante el Mesolítico, lo que indica una gran explotación de moluscos durante este período. Ahora bien, si esto supone un aumento con respecto al Aziliense es algo que no puede ser contestado con la información disponible en la actualidad.

Por último, en el Neolítico el patrón sigue siendo muy similar al del Mesolítico si bien los yacimientos identificados no son tan abundantes ni las acumulaciones documentadas tan grandes. Salvo en Arenillas, que por otra parte fue excavado en su totalidad, el resto de muestras analizadas no supera los 4000 individuos. Por tanto, se aprecia un ligero descenso en la explotación de moluscos durante este período, si bien es necesario confirmarlo con más datos.

En cuanto al transporte de los moluscos a los asentamientos, Fano (1998:98) en su análisis de los yacimientos asturienses, establece como límite lógico una distancia de 3 km., que en ocasiones puede ser ampliamente superada, como se observa no solo en el registro arqueológico sino también en la información etnográfica. A tenor de los datos aquí presentados, durante el MSF el transporte de moluscos con finalidad alimenticia se realiza incluso a distancias de entre 5 y 15 km, si bien es cierto que las cantidades transportadas no son de gran entidad. Durante el Aziliense existen testimonios de acumulaciones considerables entre 5 y 7 km, mientras durante el Mesolítico y el Neolítico la mayor parte de los asentamientos (con cantidades considerables) se localizan a menos de 5 km de la línea de costa. Por tanto, durante el MSF y el Aziliense los moluscos se transportan a mayores distancias que en períodos posteriores, quizás por la mayor importancia de los asentamientos de interior. No obstante, esto no significa que no existieran otros yacimientos en zonas cercanas a la costa, desde los que se llevaría a cabo una explotación más intensa del litoral.

### 7.2.4 *La evolución de los tamaños a lo largo del tiempo y los procesos de sobreexplotación*

Uno de los debates tradicionales en la investigación de moluscos en la región cantábrica es el de la existencia o no, de procesos de sobreexplotación de las poblaciones malacológicas. A principios del siglo XX, Vega del Sella (1916:82) ya habla de sobreexplotación debido al pequeño tamaño de las lapas de los concheros asturienses con respecto a las de los concheros paleolíticos, y lo explica por la existencia de una densa población humana que las esquilmaría, aunque también propone que la mejora paulatina en las condiciones climáticas propició una disminución en el tamaño de *Patella*. Estas afirmaciones se van a convertir en la base de un debate que llega hasta nuestros días. En los años 80, González Morales (1982:203) propone un proceso de intensificación de la explotación del litoral, que derivaría en sobreexplotación. Esta idea va a seguir contando con una amplia aceptación en los años siguientes, por parte de autores como Ortea (1986:293-294) que detecta en La Riera un descenso en el tamaño de las lapas *Patella vulgata* y *Patella sensu lato* a partir del Magdaleniense Final, apoyando tácitamente la idea de sobreexplotación. Por su parte, Straus y Clark (1986:255) hablan claramente de sobreexplotación de *Patella vulgata* que achacan al crecimiento demográfico, aunque también señalan el aumento de las poblaciones de *Patella intermedia* como causa del descenso en los tamaños de las lapas, dejando la puerta abierta a una explicación de tipo ambiental. Esta línea explicativa ha tenido en los últimos años algunos seguidores, y en ese sentido se ha pronunciado Arias (1992a:168; 1992b:279) quien cree que los datos procedentes de La Riera no muestran un proceso de sobreexplotación, ya que otras causas han podido influir en el descenso en los tamaños, como los cambios en la temperatura del mar o en las áreas de captación. Asimismo argumenta que si hubiera sobreexplotación aparecerían otras especies como *Patella ulyssiponensis*, que viven en zonas muy batidas. El mayor empuje a la interpretación ambiental ha venido de la mano de Bailey y Craighead (2003, 2004; Craighead, 1995) quienes sostienen que los cambios en los tamaños de *Patella vulgata* en La Riera se deben a los cambios que se producen en el clima al inicio del Holoceno. Sin embargo, sus conclusiones son extraídas a partir de análisis biométricos con tamaños de muestra realmente exiguos y poco representativos, especialmente en lo referente al final de la secuencia. Por tanto, a pesar de estas aportaciones de índole ambientalista, la hipótesis de sobreexplotación debida al incremento demográfico parece haber tenido más éxito en la región.

En el Capítulo 6, correspondiente a los análisis arqueomalacológicos, se ha visto cómo en los yacimientos en los que era posible llevar a cabo el análisis de los tamaños a lo largo del tiempo, algunos taxones presentaban un descenso en dichos tamaños. Sin embargo, en otros yacimientos, bien por falta de muestras bien porque solo contienen un nivel estratigráfico, no se ha podido llevar a cabo una comparativa. A continuación se realiza un análisis comparado por especies, a nivel regional (es decir, con todos los yacimientos que presenten muestras mayores de 50 individuos) y a lo largo del tiempo, con el objetivo de establecer si se han producido descensos significativos en los tamaños de dichas especies a lo largo del tiempo. De la misma forma esta información se comparará con la disponible para tamaños de muestras actuales, cuando sea posible. En el caso de La Llana, ante la falta de datación radiocarbónica hemos optado por situarlo en una fecha hacia el 7000 cal BP debido a las características del depósito. Asimismo, se han incluido nuevos datos correspondientes al género *Patella* y *Osilinus lineatus* de diversos niveles del Sector 1 de Mazaculos II. En el caso de La Riera los datos biométricos se han tomado de los análisis de Ortea (1986), con tamaños de muestra mucho más representativos que los de Bailey y Craighead (2003).

Así, si se observa la evolución de los tamaños de la altura de *Littorina littorea* durante el MSF y el Aziliense (Fig. 7.17), la tendencia es ascendente, si bien en ambos niveles de La Garma A estos tamaños son manifiestamente menores que en el resto de yacimientos. Las explicaciones más plausibles para estas diferencias son, por una parte, una mayor presión antrópica sobre esta especie en este yacimiento, o por otra, diferencias en las condiciones climáticas que han afectado a los tamaños de esta especie. Podría pensarse en esta última explicación si se tiene en cuenta la cronología absoluta de los niveles N y O de La Garma A, ya que quedarían encuadrados en la parte más templada del Interestadio del Tardiglaciar, mientras los de La Pila se situarían en la parte más fresca de este período, en la que las poblaciones de *Littorina littorea* podrían haberse visto favorecidas. Sin embargo, la explicación de los cambios en esta parte de la secuencia, también puede estar relacionada con las estrategias de recolección. En el nivel N de La Garma A la presión recolectora sobre *Littorina littorea* es acusada, ya que supone el 50% del conchero, lo que podría explicar que presente los menores tamaños de todos los niveles incluidos en el análisis. En el nivel O esta importancia decrece significativamente y los tamaños aumentan ligeramente. Este mismo proceso podría haber ocurrido también en La Pila, que presenta una evolución similar entre los niveles III.3 y III.1. La abundancia y mayor tamaño en El Perro podría explicarse por el beneficio que supuso el enfriamiento del Dryas reciente para el desarrollo de las poblaciones de esta especie. Los tamaños en este yacimiento son similares a los de El Juyo para el Magdaleniense inferior y los de Tito Bustillo para los niveles 1a y 1b, probablemente del MSF. Por tanto, en este caso es difícil establecer si la causa de los cambios es la presión antrópica o las variaciones climáticas, aunque teniendo en cuenta que un patrón ascendente no encaja con la hipótesis de sobreexplotación y que la presión recolectora sobre esta especie no parece haber sido tan fuerte como la que sufre, por ejemplo *Patella vulgata*, la hipótesis climática es más plausible. Sin embargo, una cuestión no encaja en este patrón y es que *Littorina littorea* es una especie de más fácil recolección, por lo que no es lógico que sea menos recolectada, a menos que no esté presente en abundancia. Sin embargo, la búsqueda de las causas de esta escasa abundancia nos llevan de nuevo a las mismas explicaciones, es decir, que la recolección de moluscos se lleva a cabo principalmente en zonas en las que solo habita *Patella vulgata*, indicando una mayor presión sobre esta especie o que las condiciones climáticas no permiten que sus poblaciones sean abundantes. En cualquier caso, es necesario contar con más datos para encontrar una explicación totalmente satisfactoria.

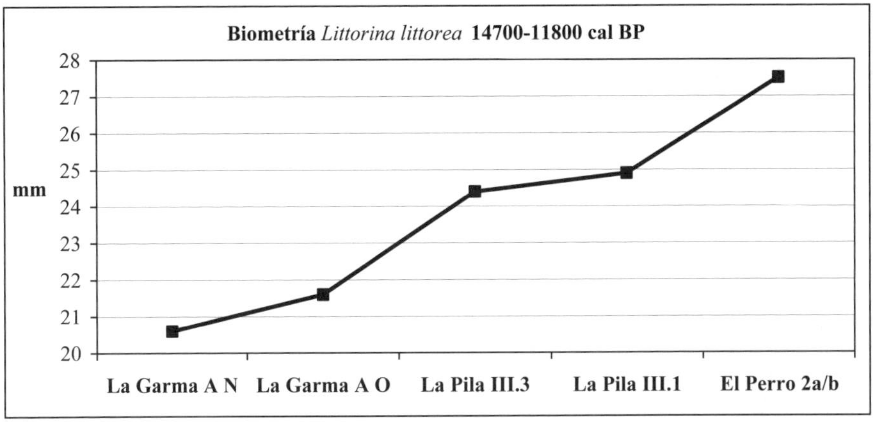


*Fig. 7.17: Evolución de los tamaños (altura) de Littorina littorea entre el 14700 y el 11800 cal BP*

El caso de *Patella vulgata* (Fig. 7.18) es bien diferente y ha sido ya tratado en otros trabajos a partir de los datos de La Riera (Bailey & Craighead, 2003, 2004; Ortea, 1986; Straus & Clark, 1986). En esta especie se aprecia un acusado descenso en los tamaños a lo largo del tiempo, que han sido achacados a las mismas causas aludidas para explicar las diferencias en *Littorina littorea*, es decir, presión antrópica y cambios climáticos. Por una parte, Ortea, Straus y Clark apoyan la hipótesis de sobreexplotación antrópica a causa del incremento demográfico, al percibir un fuerte descenso en los tamaños en la última parte de la secuencia, a partir del MSF. Sin embargo, Bailey y Craighead creen que este descenso es debido a los cambios climáticos, que producen un cambio en las variedades de la especie, hacia otras de tamaños más pequeños. El argumento base para sostener esta afirmación es que no encuentran un descenso paralelo a lo largo del tiempo en la estructura de edades, como sería esperable en un proceso de sobreexplotación. En la Figura 7.18 se han incluido todos los niveles con tamaños de muestra mayores de 50 individuos ordenados cronológicamente. En La Riera, se ha preferido tomar como referencia las fechas de radiocarbono obtenidas por Craighead a partir de conchas del género *Patella*, debido a su coherencia y a los problemas que presentan las obtenidas por Straus y Clark para la parte del MSF y el Aziliense. Así, se aprecian claramente dos momentos de descenso acusado en los tamaños. Por una parte, el nivel 21-23 de La Riera, con una fecha en torno al 15800-15900 cal BP, todavía muestra tamaños en consonancia con los períodos anteriores. Sin embargo, en La Fragua (nivel 4), en una fecha similar y todavía bajo la influencia del Dryas antiguo, se produce una brusca caída de los tamaños, que se mantienen estables, en otros yacimientos, a lo largo de la última parte del MSF y la primera parte del Aziliense, hasta aproximadamente el 13000 cal BP. Por tanto, este descenso en los tamaños es independiente del ascenso de las temperaturas experimentado durante el Interestadio del Tardiglaciar y de los cambios en las variedades de esta especie. La segunda caída brusca en los tamaños se produce hacia el 13000 cal BP, en el momento de transición al Dryas reciente, que supone un descenso en las temperaturas, que teniendo en cuenta las preferencias climáticas de *Patella vulgata*, no debiera ser el causante de la caída en los tamaños. Por tanto, en este caso, el comportamiento de los tamaños también es independiente de los efectos del clima y de los cambios en las variedades de la especie, ya que éstas continúan siendo las mismas que durante el MSF. Así, es probable que este descenso esté relacionado con un proceso de recolección intensa durante el Aziliense en La Riera (nivel 27). Por otra parte, durante el Mesolítico y el Neolítico los tamaños no solo ya no se recuperan, sino que continúan descendiendo hasta alcanzar tamaños realmente pequeños durante los inicios del Neolítico. La única excepción se encuentra en el nivel 30 de La Riera, si bien el tamaño de muestra es desconocido y podría estar influyendo en los tamaños medios. Por otra parte, las medias durante el Mesolítico y el Neolítico son bastante menores que las de diversas muestras actuales de la región (Tabla 7.3), lo que también puede estar implicando que la recolección se ha llevado a cabo de forma intensa.

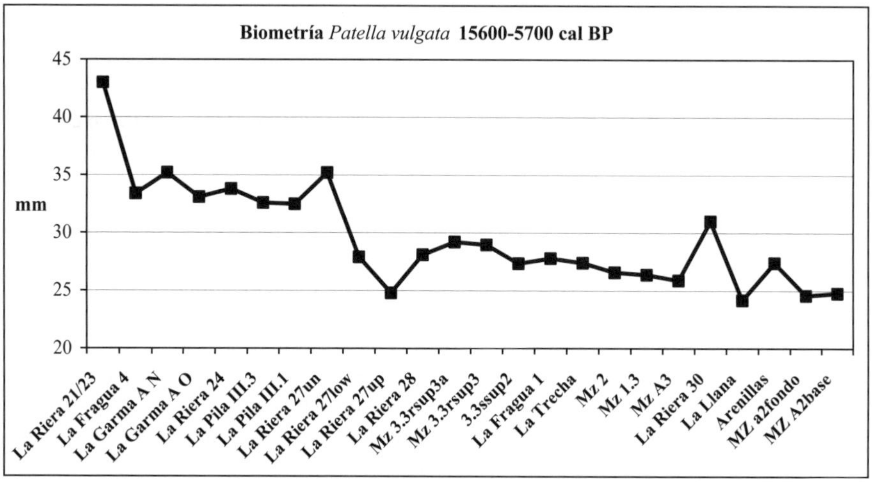


*Fig. 7.18: Evolución de los tamaños medios (longitud) de Patella vulgata entre el 15500 y el 5700 cal BP*

| **Muestras actuales** | **Langre (Cantabria) Selección Grandes** | **La Arena (Cantabria) Sin Selección** | **Gijón (sujeto a explotación humana)** | **Luanco (sin explotación humana)** | **Santander (Cantabria)** |
|---|---|---|---|---|---|
| *Patella vulgata* | 35 | 30,14 | 32,8 | 45,1 | 42,7 |
| *Patella intermedia* | 34,5 | 26,86 | 29,5 | 34,6 | 29,2 |
| *Patella ulyssiponensis* | 35,3 | 34,2 | | | |
| *Patella* sp. | | | 36,7 | 40,3 | |

*Tabla 7.3: Tamaños medios de la longitud del género Patella en muestras actuales recogidas en la región cantábrica*

En el caso de *Patella intermedia* (Fig. 7.19) sólo se cuenta con muestras adecuadas para la parte correspondiente al Mesolítico y al Neolítico, pero se aprecia claramente un descenso en los tamaños durante todo el Mesolítico, perceptible en la secuencia de Mazaculos II y los reducidos tamaños de La Trecha y La Llana. Sin embargo, los condicionantes climáticos del Holoceno no deberían afectar a los tamaños de esta especie, perfectamente adaptada a los climas templados, por lo que el descenso en los tamaños debe ser achacado a la presión humana sobre los recursos.

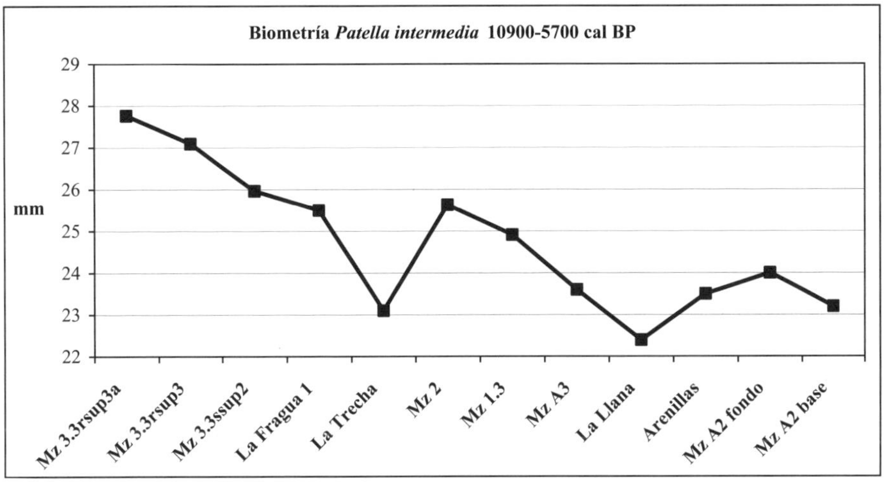


*Fig. 7.19: Evolución de los tamaños medios (longitud) de Patella intermedia entre el 10900 y el 5700 cal BP*

En los últimos años, el análisis de la estructura de edades se ha revelado como una herramienta que puede resultar útil en esta clase de estudios (Bailey & Craighead, 2003, 2004; Thomas & Mannino, 2002). Así, el método de análisis se basa en la "resistencia" de dichas estructuras a los cambios climáticos, es decir, que mientras los tamaños medios de una población de moluscos se pueden ver afectados por las variaciones en el clima, no ocurre lo mismo con las edades, que no dependen de dicho factor, salvo quizás en casos de mortalidad catastrófica. Por tanto, una población afectada por el clima en su biometría no exhibirá el mismo patrón de variación en su estructura de edades. En este sentido, se ha analizado la estructura de edades de *Patella vulgata* y *Patella intermedia* (n≈ 100 por nivel) en buena parte de los niveles implicados en el análisis biométrico (Fig. 7.20). En el caso de *Patella vulgata*, durante el MSF y el Aziliense se aprecian momentos de descenso en La Fragua (nivel 4) y La Riera (niveles 26 y 28). Al igual que ocurre con los tamaños, las edades comienzan a descender de forma generalizada a partir del nivel 27 de La Riera, es decir, durante el Aziliense. Este descenso se agudiza durante el Mesolítico y se mantiene ligeramente durante el Neolítico. Para *Patella intermedia* solo se cuenta con datos desde el Aziliense, pero la evolución es igual que la de *Patella vulgata*, con un descenso generalizado a partir del nivel 27 de La Riera (si bien es cierto que no existen datos más antiguos) que se mantiene a lo largo del Mesolítico y los inicios del Neolítico. Por tanto, el análisis de la evolución de los tamaños y las edades de ambas especies refleja un proceso de sobreexplotación de estos recursos, que comienza durante el MSF con un aumento en la presión, perceptible en algunos asentamientos, que se hace más acusado durante el Aziliense y se generaliza durante el Mesolítico, momento en que la presión sobre estas especies debió de ser extremadamente fuerte.

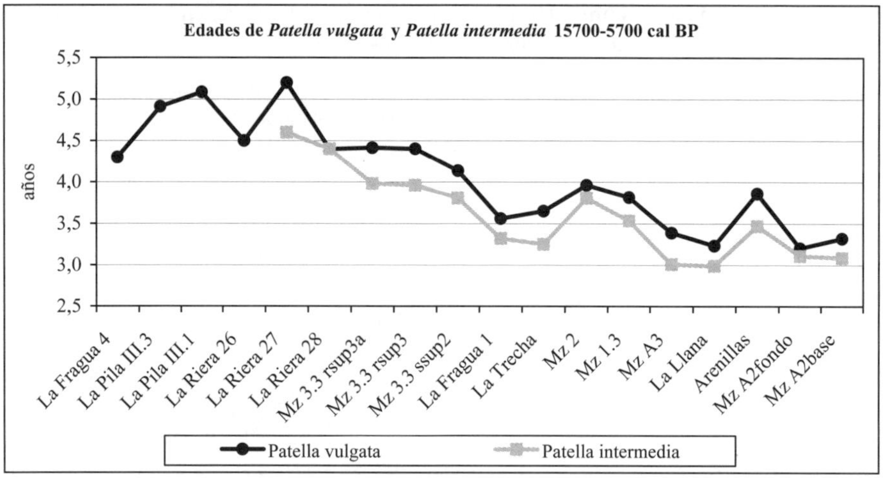


*Fig. 7.20: Evolución de las edades de Patella vulgata y Patella intermedia entre el 15700 y el 5700 cal BP*

El comportamiento de *Patella ulyssiponensis* (Fig. 7.21) es más difícil de valorar debido a la escasez de muestras adecuadas para el análisis. Al igual que en el caso anterior, sólo se cuenta con datos procedentes de niveles mesolíticos y neolíticos. Con los datos disponibles se aprecia una gran diferencia entre la media de Poza l´Egua y la del resto de yacimientos, quizás debido a una fuerte presión sobre este recurso en un momento concreto. Sin embargo, la evolución del resto de la secuencia es muy similar a la de *Patella intermedia*, con un descenso en los tamaños durante el Neolítico con respecto a los niveles mesolíticos de Mazaculos II y La Fragua.

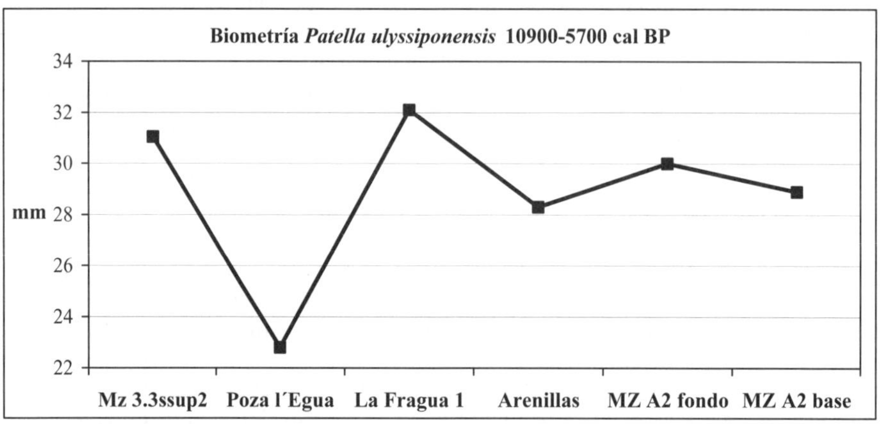


*Fig. 7.21: Evolución de los tamaños medios (longitud) de Patella ulyssiponensis entre el 10900 y el 5700 cal BP*

A pesar de que este descenso no es excesivo en términos absolutos (entre 2 y 4 mm), sí presenta grandes diferencias con las muestras actuales, por lo que no se descarta que se haya producido un proceso de sobreexplotación.

Otra de las especies que pueden aportar información a este respecto, especialmente para el Holoceno, es *Osilinus lineatus* (Fig. 7.22). La primera parte de la secuencia, correspondiente al Aziliense (La Pila III.1 y Ekain II), presenta los tamaños más grandes, que se mantienen relativamente estables durante la primera parte del Mesolítico (niveles 3 y 2 de Mazaculos II). Sin embargo, a partir del 9500 cal BP los tamaños descienden y no vuelven a recuperar las medias de momentos anteriores (excepto en La Trecha). Además, en Poza l'Egua y La Fragua estos tamaños son realmente pequeños, muy similares a los que se encuentran en la actualidad. Al contrario de lo que ocurre con el género *Patella*, que no se ve tan afectado por el marisqueo furtivo y sobre todo la depredación de los turistas, debido a la dificultad que entraña su recolección al fijarse fuertemente a la roca, *Osilinus lineatus* es una especie de fácil recolección que ha sido prácticamente esquilmada de las costas de la región debido a estas causas, algo que se refleja en los pequeños tamaños que muestra en la actualidad. Por otra parte, no se han producido eventos climáticos que puedan responder de estos cambios, ya que el evento 8.2k está muy localizado en el tiempo y además su influencia en el Cantábrico todavía no ha sido determinada con precisión. Por tanto, estos cambios deben ser atribuidos a la presión antrópica sobre esta especie durante el Mesolítico y el Neolítico.

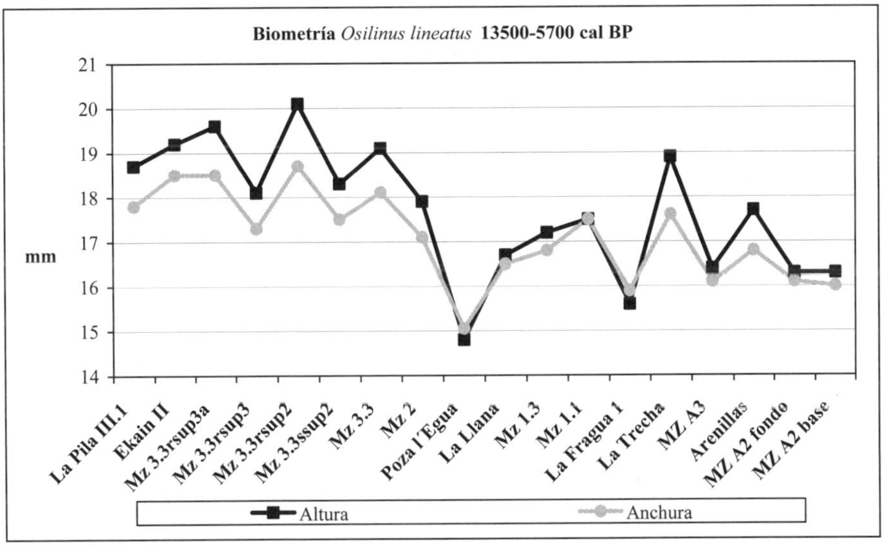


*Fig. 7.22: Evolución de los tamaños medios (altura y anchura) de Osilinus lineatus entre el 13500 y el 5700 cal BP*

La información biométrica relativa a *Ostrea edulis* (Fig. 7.23) ha sido obtenida a partir de las valvas y de las charnelas, por lo que se cuenta con dos distribuciones. En ambas figuras se han incluido muestras relativamente escasas correspondientes al Mesolítico, con el ánimo de trazar la evolución entre este período y el Neolítico, por lo que las interpretaciones extraídas deberán ser contrastadas en el futuro con muestras más adecuadas. En cuanto a las valvas, la muestra de las derechas es más fiable, ya que cuenta con tamaños de muestra mayores en todos los niveles. Así, ambas figuras indican un ligero descenso en los tamaños de esta especie entre el Mesolítico y el Neolítico. Si se observa la evolución de las charnelas, durante este último período, no parece que haya diferencias entre los niveles de Kobaederra, pero sí se aprecia un claro descenso en Santimamiñe. Este descenso podría guardar relación con la explotación intensiva de este recurso durante el Mesolítico y el Neolítico, como se desprende, no solo de los datos presentados en este trabajo, sino también de los procedentes de las excavaciones antiguas (Aranzadi & Barandiarán, 1931). Por tanto, con la información disponible es posible proponer un proceso de sobreexplotación en Santimamiñe, perceptible en los tamaños del Neolítico, pero no en Kobaederra, donde los tamaños no parecen cambiar a lo largo del tiempo (el ligero descenso en las valvas del Nivel II puede deberse al pequeño tamaño de la muestra empleada).

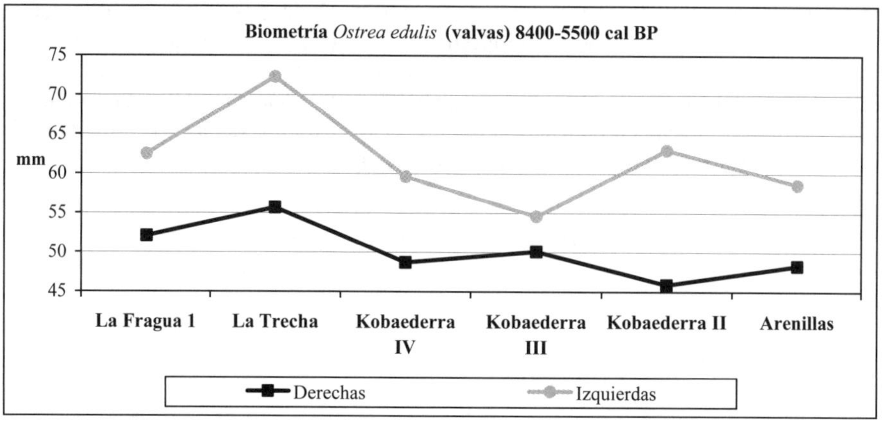


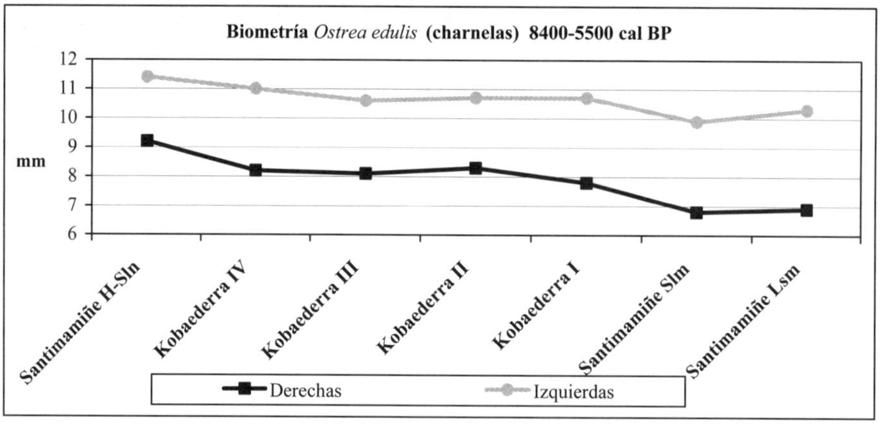


*Fig. 7.23: Evolución de los tamaños medios (altura valvas y longitud charnelas) de Ostrea edulis entre el 8400 y el 5500 cal BP*

Para *Scrobicularia plana* la única información disponible es la procedente de Santimamiñe, por lo que la interpretación es la misma que ya se comentó en el capítulo correspondiente a este yacimiento. En resumen, el análisis del Neolítico por semitallas refleja una tendencia al aumento en los tamaños, hasta la St. 4, a partir de la cual la tendencia es descendente. Por tanto, no parece que la presión antrópica o de otro tipo haya sido intensa sobre *Scrobicularia plana*, excepto quizás al final de la secuencia, aunque los tamaños que alcanza son similares a los del inicio del Neolítico. Esto contrasta con su importancia dentro del conjunto de especies explotadas, que sí está reflejando una cierta intensidad en la recolección de esta especie.

Por último, se cuenta con datos referidos a *Mytilus galloprovincialis*, que se reducen a muestras significativas procedentes de un nivel mesolítico (La Fragua) y otro neolítico (Arenillas). La evolución entre ambos niveles es ascendente por lo que no se han producido procesos de sobreexplotación, al menos entre estos dos períodos.

En conclusión, la mayor parte de las especies analizadas muestran un descenso en sus tamaños medios a lo largo del tiempo, independiente de los cambios climáticos. Es cierto que hay otros factores que podrían haber influido en este descenso, como la acción de los depredadores marinos o las diferencias en la morfología de la costa, sin embargo por el momento no hay evidencias que apoyen estas hipótesis, por lo que los cambios deben ser achacados a la presión antrópica sobre los recursos malacológicos.

### 7.2.5 *La importancia de la recolección de moluscos dentro de las estrategias de subsistencia de los grupos de cazadores-recolectores*

Una de las cuestiones de mayor calado interpretativo, pero de más difícil solución, es el establecimiento de la importancia de la explotación de moluscos dentro de las estrategias de subsistencia de los grupos humanos de cazadores-recolectores, especialmente en relación a su aportación dietética con respecto a otros recursos.

Esta cuestión ha sido ampliamente tratada en la historiografía, no solo de la región cantábrica sino también en otras zonas del planeta. Así, mientras unos autores han señalado la escasa importancia de este recurso en la dieta humana (Bailey, 1978; Cohen, 1977; Osborn, 1977; Parmalee & Klippel, 1974) otros han abogado por concederles una mayor valoración (Erlandson, 1988; Mannino & Thomas, 2002; Perlman, 1980; Yesner, 1980).

La visión mantenida durante los primeros momentos de la investigación en la región cantábrica está mediatizada por la gran visibilidad de las acumulaciones de conchas en relación a otros recursos, por lo que los moluscos son considerados como el elemento principal de la dieta. La postura más clara a este respecto es la de Carballo (1924:136) que a partir de esta idea construye su hipótesis de degeneración (ver Capítulo 1).

Esta visión es aún perceptible en los primeros trabajos de Clark, aunque su postura sobre esta cuestión no se clarificará hasta los años 80. Así, en algunos trabajos se refiere a los moluscos como recurso principal de la subsistencia humana (Clark, 1972:26; 1976:233), mientras en otros (Clark, 1975:376-377) los moluscos son vistos como un recurso importante, pero ya no dice que sea el principal, que pasa a ser la caza (ya que en este caso sigue la interpretación de Bailey (1973)).

Así, es a partir de los años 70-80 cuando los moluscos dejan de considerarse un recurso principal y pasan a ser vistos como un complemento, generalmente de carácter secundario. Sin embargo, se han detectado dos formas de tratar esta cuestión. Por una parte, una serie de autores se refieren a los moluscos como complemento desde un punto de vista "negativo", calificando este recurso como poco deseable, de bajo rendimiento y alto riesgo, únicamente utilizado en momentos en los que no era posible conseguir otros recursos de mejor calidad (Arias, 1991b:148, 1992a:171; Clark, 1995:58; Clark & Straus, 1983:147; González Morales *et al.*, 1999:71; Madariaga, 1976:441; Ortea, 1986:291 y 295; Straus, 1979:310-311, 1992:229; Straus y Clark, 1986:363), mientras otros se refieren a su carácter complementario desde una perspectiva más positiva (o al menos se abstienen de hacer valoraciones de carácter negativo), como un recurso más dentro de las estrategias de subsistencia (Barandiarán, 1953:258, 1979:116; Clark, 1995:58; Fano, 1998:98; Gassiot, 2000:454; González Sainz, 1995:181-182).

En la región cantábrica sólo dos ensayos para evaluar la importancia de los moluscos han sido llevados a cabo. Por una parte, Ortea (1986:297-298) utilizó las ratios del peso hueso/concha en La Riera, estableciendo que los moluscos cobraban importancia a partir del nivel 25 (MSF) y que en los niveles 27, 28 (Aziliense) y 29 (Asturiense) eran más importantes que los ungulados. Sin embargo, este cálculo solo tiene en cuenta el peso de los huesos y las conchas y no el peso que suponen en carne, por lo que los resultados deben tomarse solo como orientación. Por su parte, Craighead (1995:438 y ss.) realizó una comparación similar, tomando los datos del peso de los moluscos aportados por Ortea, convertidos a peso en carne a partir de la información al respecto aportada por Buchanan (1988:122) y los datos de los ungulados a partir del NMI, estableciendo el peso medio de carne que supone cada individuo, a partir de los datos proporcionados por otros autores (Bjarvall & Ulstrom, 1986; Clark, 1983; Clark & Yi, 1983). En este caso la importancia de los moluscos es apenas insignificante, sin llegar a sobrepasar el 0,3% del total de carne consumida. Sin embargo, los mamíferos aparecen claramente sobrerrepresentados, ya que los cálculos están realizados sobre individuos completos, sin tener en cuenta el posible transporte diferencial, y no a partir del peso real del material identificado en el yacimiento. Así, si se toma el peso de los huesos presentes en el yacimiento, convertido a peso en carne teniendo en cuenta la relación entre ambas variables utilizada por Craighead, el panorama es radicalmente distinto (ver Tabla 7.4, comparando los resultados de ambos métodos para los niveles 27, 28 y 29) y similar al propuesto por Ortea, con mayor importancia de los moluscos en los niveles 27 y 28 y ligeramente menor en el 29.

| **Aporte cárnico La Riera (en kg.)** | **Nivel 27** | **Nivel 28** | **Nivel 29** |
|---|---|---|---|
| Ungulados (según peso medioxindividuo) | 5851 | 2031 | 711 |
| Ungulados (según peso hueso) | 11 | 1,2 | 1 |
| Moluscos | 17,2 | 5,1 | 0,6 |

*Tabla 7.4: Aporte cárnico de ungulados y moluscos en los niveles 27, 28 y 29 de La Riera*

En La Fragua se ha llevado a cabo un cálculo similar, estableciendo el peso en carne del género *Patella* y de *Osilinus lineatus* a partir de los trabajos de Dupont (Dupont, 2003:131; Dupont & Gruet, 2002). Esta autora estima que para una concha de 2 gr. el contenido en carne sería de entre 1,08 y 2,18 gr. para el género *Patella* y de entre 0,74 y 1,18 gr. para *Osilinus lineatus*. Para simplificar el cálculo se ha tomado como peso de carne la media entre los dos valores propuestos por Dupont. En el caso de los ungulados se ha utilizado, por una parte el método empleado por Craighead, y por otra, el ya descrito para La Riera a partir del peso de los huesos presentes en el yacimiento. Según el método de Craighead (Tabla 7.5), los ungulados vuelven a presentar unas cantidades considerablemente mayores, representando casi el total de la dieta, mientras los moluscos solo alcanzarían el 0,7% del total de carne consumida durante el Mesolítico, período en el que son más abundantes. Sin embargo, si se tiene en cuenta el cálculo a partir del material presente en el yacimiento, la importancia de los moluscos es ligeramente menor que la de los ungulados durante el MSF, se iguala durante el Aziliense (no se han tenido en cuenta los datos de la principal especie representada, el caracol terrestre *Cepaea nemoralis*, por no contar con datos relativos a la relación concha/carne) y es claramente superior durante el Mesolítico (aún sin tener en cuenta la aportación de otros moluscos de relativa importancia como *Mytilus galloprovincialis* y *Ostrea edulis*).

| **Aporte cárnico La Fragua (en kg.)** | **Nivel 4** | **Nivel 3** | **Nivel 1** |
|---|---|---|---|
| Ungulados (según peso medio x individuo) | 2470 | 740 | 1697 |
| Ungulados (según peso hueso) | 1,4 | 0,3 | 0,6 |
| Moluscos | 0,6 | 0,3 | 11,7 |

*Tabla 7.5: Aporte cárnico de ungulados y moluscos en los niveles 4, 3 y 1 de La Fragua*

Por tanto, la utilización de ambos métodos produce resultados muy diferentes. A nuestro juicio, el empleo del peso de hueso presente en el yacimiento convertido a peso en carne parece más acorde con la realidad, sin embargo, este método también presenta algunos sesgos, ya que es probable que el despiece de los animales en el propio lugar de caza, haya permitido el transporte de partes cárnicas sin necesidad de transportar los huesos (Marín, comunicación personal). De igual forma, la conservación diferencial ha podido afectar de manera notable al material óseo, por lo que podría estar infrarrepresentado. Por tanto, la comparación entre estos dos tipos de recursos es una tarea más compleja de lo que pudiera parecer en un principio, ya que es necesario tener en cuenta más variables de las utilizadas hasta el momento. Aún con todo, parece más razonable atender a las cantidades de hueso efectivamente recuperadas en el yacimiento, ya que el otro método es ampliamente especulativo.

Así, teniendo en cuenta estos resultados, es posible destacar que la importancia de los moluscos en la dieta de los cazadores-recolectores de la región cantábrica es apreciable, no solo durante el Mesolítico como indican los resultados de La Fragua, sino también durante el Aziliense como se desprende de los datos de La Riera. Ahora bien, establecer cual es el grado de importancia en la dieta total es una cuestión de difícil respuesta. Por el momento, los datos con los que contamos corresponden únicamente a la comparación con los ungulados, sin tener en cuenta otras aportaciones supuestamente importantes, como la pesca o la recolección de vegetales, por lo que es necesario trabajar más sobre este aspecto. Al contrario, la información procedente de los análisis de paleodietas en la región cantábrica (Arias, 2006) concede escasa importancia a la ingesta de proteínas de origen marino, que solo tendrían cierta presencia durante el Mesolítico. En esta línea, a menudo se ha argumentado el escaso rendimiento energético de los moluscos en términos calóricos para sostener su carácter de recurso marginal y sin apenas valor alimenticio (Parmalee & Klippel, 1974:432). Otros autores (Noli & Avery, 1988:399) señalan simplemente su carácter complementario, ya que no creen que una dieta exclusiva de moluscos sea posible debido a la toxicidad propia de la alta ingestión de proteínas.

No obstante, los defensores de la importancia de los moluscos en la dieta inciden en sus apreciables características como recurso complementario, capaz de aportar proteínas e hidratos de carbono, así como vitaminas y minerales (Chenorkian, 1988a:37-39; Madariaga, 1967:397-398). Así, Perlman (1980:289) critica los datos aportados por Osborn (1977) sobre el rendimiento proteínico de algunos moluscos y mamíferos, demostrando que las diferencias no son tan apreciables. Erlandson (1988:105-106) revisando las argumentaciones de Parmalee & Klippel (1974:432) desde una perspectiva proteínica, defiende el potencial que los moluscos albergan en términos de rendimiento. Igualmente, Henshilwood *et al.* (1994:108) demuestran que determinados moluscos pueden aportar un rendimiento similar al de algunos mamíferos en términos de rentabilidad. Chenorkian (1988a:35) señala la importancia de los moluscos como fuente de hidratos de carbono, especialmente en dietas abundantes en carne, en las que es necesario un cierto aporte de este tipo de elementos para evitar la toxicidad de una dieta exclusiva de proteínas. Yesner (1980:733) por su parte, alude a los beneficios de los recursos costeros, entre ellos los moluscos, y en contraposición a su escaso valor calórico destaca otras cualidades, como la escasa tecnología necesaria para su recolección y la facilidad con que puede llevarse a cabo la misma. En este sentido, cabe destacar la rentabilidad de los moluscos como un recurso "seguro", que es posible conseguir a lo largo de todo el año (aunque es cierto que su aporte cárnico no es siempre el mismo y su disponibilidad está limitada por el efecto de las mareas) al contrario de lo que ocurre con otros recursos de carácter estacional. Igualmente, la facilidad de su recolección al ser recursos inmóviles contrasta con la dificultad que entraña la obtención de otro tipo de recursos, como los mamíferos, y exactamente lo mismo ocurre con el procesado, mucho más sencillo y rentable en los moluscos. Por tanto, es la conjunción de sus principales características, bajo riesgo, bajo gasto de energía y rendimiento energético aceptable (Perlman, 1980:290), la que proporciona una importancia significativa a los moluscos como recurso, más que el simple rendimiento bruto en término calóricos o proteínicos.

Así, basándonos en los datos procedentes de la comparación ungulados-moluscos en La Riera y La Fragua, en la rentabilidad cualitativa de la explotación de moluscos y en la información dietética proporcionada por otros investigadores respecto a otras zonas del mundo, pensamos que los moluscos jugaron un papel importante en las estrategias económicas de los grupos de cazadores-recolectores de la región cantábrica, especialmente durante el Aziliense y el Mesolítico, siempre teniendo en cuenta que el ascenso del nivel del mar puede estar enmascarando su importancia durante el MSF e incluso en etapas anteriores.

### 7.2.6 *La recolección de moluscos y los procesos de intensificación*

En el capítulo dedicado al marco histórico y teórico se han presentado las principales posiciones teóricas respecto a la existencia o no de un proceso de intensificación en la explotación de moluscos durante el Pleistoceno final y el Holoceno inicial. Este proceso se relaciona con el aumento en la diversificación de recursos que se observa a lo largo del Paleolítico superior y que culmina en el Mesolítico. Así, ya se ha visto cómo todos los autores sostienen que tiende a reducirse la especialización cinegética de momentos anteriores y crece la diversidad de los recursos aprovechados, especialmente los recursos complementarios. La cuestión del comienzo de este proceso de diversificación no será tratada aquí, ya que nuestro estudio no abarca todo el Paleolítico superior y algunos autores (Straus & Clark, 1986) sostienen que este proceso se inicia durante el Solutrense.

Así, la mayor parte de los autores implicados en este debate achacan este proceso de intensificación al incremento demográfico que se produce durante ese período, que obliga a los grupos humanos a diversificar su economía y centrar sus esfuerzos en la captación de recursos considerados de bajo rendimiento. Sin embargo, únicamente Straus y Clark (1986) han sostenido esta teoría a partir de datos concretos, obtenidos de sus investigaciones en La Riera. La base para mantener esta posición son los trabajos de Cohen (1975, 1977), en los que este autor identifica los procesos que reflejan cambios inducidos por el incremento demográfico. En este sentido, los principales argumentos sostenidos por Straus y Clark son el incremento en el número de yacimientos costeros, el aumento en el número de moluscos depositados en el registro arqueológico y el descenso en el tamaño del género *Patella* a lo largo de la secuencia de La Riera. Por el contrario, Craighead (1995:447 y ss.) a partir de sus estudios del género *Patella* en La Riera, sostiene que a pesar de que el número de yacimientos costeros durante el Mesolítico es claramente mayor que en momentos anteriores, el aumento del número de moluscos depositados en relación a otros recursos es muy leve, y el descenso en los tamaños de *Patella vulgata* a lo largo de la secuencia no es debido a sobreexplotación, sino a cambios en las condiciones ambientales provocados por la llegada del Holoceno. Por tanto, este autor, estima que los cambios en las estrategias de subsistencia durante el Aziliense y el Asturiense se producen debido a las nuevas condiciones climáticas del Holoceno.

A pesar de estas afirmaciones, que inciden en las causas de la intensificación, creemos necesario establecer previamente si ese proceso de intensificación, al menos en lo referente a la explotación de moluscos, se ha producido realmente. Así, para valorar si se ha producido dicha intensificación en la explotación de moluscos se tendrán en cuenta una serie de factores que caracterizan a este tipo de procesos y que pueden ser resumidos en:

- mayores acumulaciones de moluscos
- mayor diversidad de especies
- recolección en zonas de mayor gasto energético
- empleo de instrumentos en la recolección
- sobreexplotación de los recursos malacológicos
- evidencia de mayor consumo de recursos marinos
- concentración de yacimientos en zonas costeras

Para llevar a cabo este objetivo, se utilizarán los datos obtenidos en este trabajo junto a otros procedentes de yacimientos como La Riera. Sin embargo, los resultados que se obtengan de este análisis deben ser tomados más como una hipótesis que como una contrastación, ya que probablemente están sesgados por la falta de datos de los posibles yacimientos que hoy en día se encuentran sumergidos bajo el mar.

*El tamaño de las acumulaciones de moluscos*: si se observan los datos del NMI procedentes de los tres yacimientos que cuentan con niveles abarcando la secuencia MSF-Aziliense-Mesolítico (La Fragua, El Perro y La Pila), se detecta claramente un aumento fuerte entre el MSF y el Aziliense, y un aumento más sostenido entre el Aziliense y el Mesolítico. Algo similar ocurre en La Riera (Ortea, 1986:298), cuyos datos relativos al peso de los moluscos indican un aumento muy fuerte de las cantidades acumuladas durante el Aziliense, mientras se produce un descenso igual de fuerte en el paso al Asturiense, explicable por las diferencias en las superficies excavadas en cada nivel, mucho menores en los niveles asturienses. Por tanto, las acumulaciones de moluscos aumentan de manera notable durante el Aziliense y ese aumento continúa de forma más atenuada durante el Mesolítico. Sin embargo, en el apartado relativo a los patrones de asentamiento se ha visto cómo las cantidades de moluscos acumuladas guardaban relación con la posición de los asentamientos en relación a la línea de costa, por lo que es probable que durante el MSF y el Aziliense existieran más yacimientos con evidencias considerables de explotación de moluscos.

*Mayor diversidad de especies*: la evolución de la diversidad de especies que aparecen en La Fragua, El Perro y La Pila es muy similar a la de las acumulaciones, aunque en este caso los aumentos son más progresivos y no tan bruscos. Los sesgos identificados en las acumulaciones pueden ser aplicados también a la diversidad de especies. Sin embargo, mientras durante el MSF y el Aziliense la explotación es especializada (una o dos especies responden de más del 80% de los conjuntos malacológicos) el aumento en la diversidad de especies es más notable durante el Mesolítico y el Neolítico, ya que en algunos yacimientos son necesarias entre 3 y 5 especies para responder de más del 80% del conjunto. Esta diversificación podría estar indicando la existencia de un proceso de intensificación.

*Recolección en zonas de mayor gasto energético*: durante el MSF y el Aziliense las zonas de recolección son muy similares, primando la explotación de zonas altas y medias del intermareal en áreas rocosas abrigadas de la costa abierta y estuarios. Sin embargo, durante el Mesolítico, aunque se mantiene la explotación en las mismas zonas que durante los períodos anteriores, también se aprecia la introducción de nuevas áreas de recolección. Así, aumenta la explotación en zonas bajas del intermareal y se introduce la recolección en zonas de arena y/o fango, hecho que refleja la explotación de áreas en las que es necesario un mayor gasto energético y un mayor riesgo para la obtención de los recursos. Durante el Neolítico, esta tendencia se acentúa, con la aparición de yacimientos en los que los recursos de arena y/o fango cobran gran importancia. Ahora bien, la cuestión estriba en si estos cambios en las zonas de recolección son producto de una intensificación en la explotación o bien son el reflejo de la introducción, debido a la mejora climática, de nuevas especies que habitan en esas zonas. Sin embargo, a pesar de la influencia del clima en la introducción de nuevas zonas de recolección (arena y/o fango), siguen existiendo las zonas explotadas con anterioridad, por lo que es posible mantener que la explotación ha sido ampliada y diversificada, reflejando cierta intensificación.

*Empleo de instrumentos en la recolección*: hasta el momento no se han identificado en los yacimientos de la región cantábrica instrumentos relacionados con la explotación de moluscos durante el MSF y el Aziliense. Sin embargo, para llevar a cabo la recolección del género *Patella* es imprescindible la utilización de algún tipo de herramienta. Durante el Mesolítico, la aparición de los picos asturienses, utilizados en alguna labor relacionada con la explotación del litoral (probablemente para la recolección del género *Patella*), permite identificar el instrumento con el que se realizó la recogida. De la misma forma, la introducción de la recolección en zonas de arena y/o fango, a pesar de que pueden haberse utilizado las propias manos, probablemente también indica la utilización de algún instrumento, como un palo cavador o similar. De la misma forma, la explotación de *Mytilus galloprovincialis* y *Ostrea edulis*, habitual durante el Mesolítico y el Neolítico, implica probablemente la utilización de herramientas. La acentuación en la explotación de este tipo de zonas durante el Neolítico probablemente guarda relación con la utilización de instrumentos. Aún así, la falta de evidencias arqueológicas no permite pronunciarse con fiabilidad sobre esta cuestión.

*Sobreexplotación de recursos malacológicos*: la mayor parte de las especies analizadas muestran descensos en sus tamaños medios a lo largo del tiempo. Así, mientras este proceso durante el MSF y el Aziliense se reduce a la especie *Patella vulgata*, durante el Mesolítico y el Neolítico, son varias las especies que, o bien muestran descensos a lo largo del tiempo o bien presentan tamaños significativamente menores que los de los ejemplares actuales, como ocurre con *Osilinus lineatus*, *Patella intermedia*, *Patella ulyssiponensis* y *Ostrea edulis*. Durante el MSF y el Aziliense, se recogen tamaños similares a los actuales, indicando una recolección de intensidad media, mientras durante el Mesolítico y el Neolítico los tamaños medios son claramente inferiores a los actuales, reflejando que la recolección se ha llevado a cabo de forma intensa. Por otra parte, los análisis para determinar si ha existido selección de tamaños en la explotación de estas especies, indican que la recolección de los tamaños más grandes ha sido sistemática en el género *Patella* a lo largo de todos los períodos, por lo que probablemente la recolección estaba principalmente enfocada hacia este taxón, al ser considerado el más rentable por los grupos humanos. Esta estrategia se amplía durante el Mesolítico y el Neolítico a otras especies como *Osilinus lineatus* y en determinadas ocasiones también a *Ostrea edulis*. Esto indica una cierta elaboración de las estrategias de explotación del litoral y una mayor presión sobre los recursos al final del período de estudio. Por tanto, se han identificado procesos de sobreexplotación a lo largo de toda la secuencia de estudio, aunque estos afectan a un mayor número de especies y se aprecian más claramente a partir del Mesolítico.

*Evidencia de mayor consumo de recursos marinos*: la información a este respecto es aún muy escasa en la región cantábrica. Por una parte, las proporciones de concha y hueso en La Riera (Ortea, 1986:297) muestran un fuerte aumento de los recursos malacológicos durante el Aziliense, sin embargo, Craighead (1995:439) estima que este aumento no es significativo y no supone una mayor importancia de los recursos malacológicos en la dieta, ya que en ningún momento el porcentaje de los moluscos en la dieta supera el 0,3%. Por otra parte, los análisis de isótopos de oxígeno y nitrógeno sobre restos humanos se han convertido en los últimos años en una útil herramienta en la reconstrucción de paleodietas. Los datos para la región cantábrica, procedentes de los yacimientos mesolíticos de Colomba, Poza l'Egua, J3 y Los Canes (Arias, 2006), indican que en los tres primeros asentamientos la dieta estaba formada en similares proporciones de proteínas de origen terrestre y marino (aunque estas últimas podrían ser debidas al consumo de pescado y no de invertebrados marinos), mientras en el cuarto las proteínas de origen terrestre eran la base casi exclusiva de la dieta. Otra serie de muestras de restos humanos de las que solo se tiene la información relativa al δ13C permite trazar una evolución diacrónica de las dietas utilizadas. Así, durante el Magdaleniense en Los Canes y durante el Aziliense en Los Azules el aporte alimenticio ha sido exclusivamente a base de proteínas terrestres, mientras en el Mesolítico la situación es diferente con una mayor importancia de las proteínas de origen marino con respecto a los períodos anteriores. Durante el Neolítico se aprecia un nuevo cambio, ya que en este período la aportación de las proteínas de origen marino es prácticamente inexistente. Así, tanto los datos aportados por Craighead para La Riera, como los procedentes de los análisis de paleodietas, indican que la importancia de los recursos costeros, y en especial los moluscos, en relación al resto de recursos no es demasiado grande en ninguno de los períodos de estudio, excepto quizás el Mesolítico. Sin embargo, los datos aportados por Ortea, y nuestros cálculos comparando la cantidad de carne que suponen las conchas acumuladas y la que suponen los restos óseos, indican lo contrario, es decir, que la importancia de los moluscos en la dieta pudo ser mayor de lo que se pensaba hasta ahora.

*Concentración de yacimientos en zonas costeras*: Este ha sido a menudo el argumento utilizado para hablar de intensificación y de aumento demográfico en la región cantábrica. Así, el gran número de yacimientos mesolíticos (principalmente asturienses) identificados ha conducido a los diversos investigadores a manejar la hipótesis de un aumento en la concentración de yacimientos en zonas costeras (Clark & Yi, 1983). Sin embargo, esta hipótesis se encuentra claramente sesgada por la gran visibilidad de los concheros y también por el ascenso del nivel del mar, que no permite una comparación fiable entre el número de yacimientos costeros existentes en cada momento, ya que gran parte de los asentamientos del MSF y el Aziliense se encuentran sumergidos bajo el mar en la actualidad. Por tanto, este factor debe ser tomado con muchas reservas cuando se trata de utilizarlo para argumentar un aumento en la ocupación del litoral. Mucho más apropiado parece ser el análisis de las relaciones entre los asentamientos costeros y los de interior. Así, a pesar de no contar con los yacimientos costeros del MSF y el Aziliense, se cuenta con muchos asentamientos situados en zonas intermedias e interiores, algo que contrasta con la escasa ocupación del interior que parece producirse durante el Mesolítico. Por tanto, puede deducirse que esta escasa ocupación del interior y la poca entidad de los asentamientos identificados, está reflejando una mayor ocupación de la zona costera, como así lo confirma la gran cantidad de yacimientos localizados en esta zona.

Por tanto, los únicos argumentos claros a favor de la hipótesis de intensificación son la mayor diversidad de especies que se explotan durante el Mesolítico y el Neolítico, el aumento en la explotación de zonas que implican un mayor gasto energético, y la sobreexplotación de los recursos. En cuanto al aumento en las acumulaciones de moluscos durante el Aziliense y el Mesolítico, los sesgos producidos por el ascenso del nivel del mar, no permiten sostener este argumento con total fiabilidad. Por otra parte, el registro arqueológico no permite confirmar por el momento la utilización de instrumentos para la recolección, ya que incluso la funcionalidad del pico asturiense no ha sido demostrada hasta el momento. El caso de las evidencias de mayor consumo de moluscos presenta dos lecturas contrapuestas, por lo que son necesarios más datos para resolver esta cuestión. Por otra parte, la mayor concentración de asentamientos en zonas costeras durante el Mesolítico parece ser un proceso real, aunque esta información debe ser tomada con precaución a causa del sesgo que introduce el ascenso del nivel marino.

En conclusión, durante el MSF se aprecian ligeros signos de intensificación (recolección intensa de *Patella vulgata*), que se van a hacer más evidentes en el Aziliense y que parecen acentuarse durante el Mesolítico y el Neolítico, no solo en lo referente a la sobreexplotación de los recursos, sino con una mayor diversificación en las especies y zonas de recolección explotadas. Por tanto, se puede afirmar que se ha producido un proceso de intensificación en la explotación de moluscos a lo largo del tiempo, proceso que parece comenzar durante el MSF. Ahora bien, establecer cuál es la causa que provoca esta intensificación es una cuestión de más difícil respuesta. Si bien está claro que los cambios climáticos no son los responsables directos de los cambios en las estrategias de subsistencia, sí es cierto que ejercen una gran influencia en algunos de los cambios que se producen en la explotación de moluscos a lo largo del tiempo, como por ejemplo, en la desaparición de unas especies y en la aparición de otras en los inicios del Holoceno, lo que ha permitido que el proceso de diversificación sea posible. Ahora bien, la intensificación de la explotación de moluscos no es un proceso que comience durante el Holoceno, cuando se introducen las nuevas especies, y por tanto la disponibilidad de recursos es mayor, sino mucho antes, durante el MSF y especialmente durante el Aziliense. Por tanto, la elección de intensificar la economía no es una decisión influenciada por el clima, sino por otras causas, que se gestaron en momentos anteriores a la llegada del Holoceno y entre las que podría encontrarse la presión demográfica. Sin embargo, contrastar la hipótesis demográfica con los datos actuales no es recomendable, ya que el principal argumento utilizado, es decir, el aumento en la cantidad de yacimientos a lo largo del tiempo, está claramente sesgado por el ascenso del nivel del mar. Por otra parte, es probable que otro tipo de procesos sociales hayan podido ser la causa de unos cambios que no se reducen a la explotación de moluscos, sino que se pueden apreciar, tanto en los aspectos económicos en general como en las manifestaciones simbólicas. De la misma forma, la diversificación que se produce durante el Holoceno, aunque comienza a percibirse ligeramente durante el Mesolítico, no alcanza su mayor expresión hasta los inicios del Neolítico, y es muy probable que guarde relación con los cambios económicos y sociales que conducirán a la adopción de los sistemas de producción agrícola y ganadera. Por tanto, en todo caso la mejora climática del Holoceno permite que se den las condiciones para la diversificación, pero la decisión de diversificar, en este caso, también es independiente de los cambios climáticos, ya que no se produce de forma importante hasta el final del Mesolítico y los inicios del Neolítico.

## 7.3 El abastecimiento, utilización y consumo de moluscos

### 7.3.1 *Las técnicas de recolección*

Para llevar a cabo la explotación de moluscos con eficiencia, las poblaciones humanas debieron ejercer un control exhaustivo de las variables implicadas en el proceso de recolección. En primer lugar debieron ejercer un buen control de las mareas. Así, el tiempo óptimo en el que las mareas permiten la recolección es de aproximadamente dos horas, si bien cambia ligeramente dependiendo de si se trata de mareas vivas o muertas. El mejor momento para llevar a cabo esta labor es durante las mareas vivas, que se producen 3-4 días, dos veces al mes. En esos momentos el tiempo de emersión de la costa es mayor por lo que es posible acceder a las zonas más bajas del intermareal, ampliándose la variedad y cantidad de moluscos y otros recursos litorales que puede ser recolectada.

Por otra parte, una recolección eficiente necesita, en gran parte de los casos, de la utilización de herramientas, que son diferentes según el substrato que se pretenda explotar. Así, la recolección en zonas rocosas puede llevarse a cabo de dos formas: por una parte, sin la utilización de instrumentos, es decir, recogiendo los moluscos con las manos. Este tipo de recolección es sencilla y muy apropiada para gasterópodos espiralados como *Littorina littorea* y *Osilinus lineatus*, que no se pegan fuertemente a las rocas. Por otra parte, se deben utilizar instrumentos en los casos en los que los moluscos no pueden ser recogidos simplemente con las manos. Especies como *Mytilus galloprovincialis* y *Ostrea edulis* pueden, por norma general, ser recogidos con las manos, pero al unirse por el biso a las rocas, en ocasiones esta tarea puede no ser sencilla. Para facilitar la recolección normalmente se debe utilizar algún instrumento, que podría ser un simple canto. Algo similar ocurre con el género *Patella* que se adhiere fuertemente a las rocas, por lo que es necesario utilizar algún tipo de herramienta para su recolección. Generalmente se ha argumentado que el pico asturiense (Fig. 7.24) desempeñaría esta función (Carballo, 1926:42; González Morales, 1982:199, 1995:71; Ruiz Cobo, 2003:277; Vega del Sella, 1923:14). Sin embargo, algunos autores no creen que haya servido para realizar este tipo de actividad y abogan por el empleo de otros métodos para la recolección del género *Patella*. Así, Barandiarán (1953:260) cita la existencia en el Mesolítico de Santimamiñe de unas piezas líticas de sílex, que recuerdan a los picos asturienses. Sin embargo, no cree que los picos asturienses hayan sido utilizados en el País Vasco para la recolección de moluscos, ya que según sus observaciones de los mariscadores de la época, los cinceles de hueso y las láminas de colmillo de jabalí eran instrumentos más adecuados para esa labor. Madariaga, a partir de sus experimentaciones con picos (Madariaga, 1968) expone diversas razones a favor y en contra de su utilización, pero en general acepta su uso como útil marisquero, si bien cita otros posibles instrumentos para realizar esta labor, como cantos marinos, esquirlas de hueso, punzones de madera. Para Straus (1979:320; Straus & Clark, 1986:355) es improbable que los picos hayan servido para recolectar lapas y propone que son necesarios instrumentos finos y agudos. Propone que los picos debieron servir para desenterrar raíces y tubérculos.

*Fig. 7.24: Pico asturiense procedente de los niveles mesolíticos de Mazaculos II (izquierda) y ejemplo de utilización del pico (derecha) (Fotos: M. R. González Morales)*

Ortea (1986:292) propone que la recolección pudo haberse llevado a cabo de noche, porque es más fácil despegar las lapas sin romperlas. Según él las lapas de La Riera están en muy buen estado de conservación, por lo que debieron ser recolectadas con un objeto agudo como una lasca, hoja o astilla de hueso y no con un instrumento que las golpeara. Por último, Imaz (1990:274) propone que las lapas de Urtiaga y Ermittia fueron recogidas haciendo palanca en su base, ya que muchas tienen fracturas en esa zona. En esta línea, Pérez (1999) realizó un análisis funcional de los picos, estableciendo que su función era la recogida de raíces y tubérculos. Sin embargo, en la actualidad se está desarrollando un programa experimental, incluyendo análisis funcional, sobre picos actuales (utilizados para la recolección de *Patella*) y arqueológicos (procedentes de Mazaculos II), cuyos primeros resultados indican una gran similitud entre las huellas documentadas en ambos tipos de material (Clemente, comunicación personal). Por tanto, existe un animado debate sobre la función de este instrumento, que esperamos pueda ser establecida a partir de los estudios que se realizan en la actualidad.

A este respecto la documentación arqueológica y etnográfica de otras partes del mundo, aporta información en uno y otro sentido. Así, la recopilación de datos llevada a cabo por Waselkov (1987:96-97) indica que las mujeres Nguni del Sur (Transkei) recogen las lapas (*Patella*) y abalones (*Haliotis*) con la mano o con la ayuda de una barra plana de hierro y las ponen en un saco o cesta. Asimismo, palancas similares de hueso o madera son utilizadas por los pobladores de Maori y Tasmania, los Kwakiutl y los pueblos costeros de California Yuki, Sinkyone y Tolowa. En diversos yacimientos arqueológicos especialmente de Irlanda y Gran Bretaña, se han identificado utensilios biselados, realizados sobre cantos, que han sido puestos en relación con la recolección de *Patella* (Lacaille, 1954; Movius, 1969). Tradicionalmente estos *bevel-ended tools* (de hueso, asta o piedra) han sido identificados como útiles para la recolección de lapas (denominados *limpet hammers* o *limpet scoops*) ya que generalmente aparecen asociados a concheros, especialmente a partir de los estudios en Escocia (*Obanian sites*). Sin embargo, Finlayson (1995:261-263) señala que en ocasiones aparecen fuera de concheros. Su forma es similar en hueso o en piedra, con extremos biselados, lo cual indica una función común en la que lo importante es la forma del extremo y no la dureza del material en el que está hecho. A partir de paralelos etnográficos con grupos de la costa noroeste americana, este autor ha propuesto una nueva función para estos instrumentos, el tratamiento del cuero. Una experimentación fue llevada a cabo, concluyendo que la utilización de cantos para realizar esa función produce el biselado de los extremos, al estilo de lo que ocurre con los cantos arqueológicos. En los últimos años se han realizado diversos análisis funcionales de cantos biselados procedentes de yacimientos mesolíticos y neolíticos de la fachada atlántica francesa y se han comparado con los cantos procedentes de una experimentación actual (Pailler *et al*., 2007). El resultado, no solo del análisis sobre los cantos, sino también sobre las fracturas que presentan las *Patella*, indica que los cantos biselados pudieron ser utilizados para esta labor, aunque los propios autores indican que se deben realizar estudios más detallados para establecer su funcionalidad con mayor precisión.

La recolección en zonas de arena y/o fango también puede ser llevada a cabo con o sin instrumentos, como indica la información etnográfica (Meehan, 1977, 1982; Moss, 1993:633) (Fig. 7.25). Entre los instrumentos que se suelen utilizar destaca el palo cavador, del que existe incluso algún ejemplo arqueológico, como en Lachane (British Columbia) (Moss, 1993: 634). En la región cantábrica en la actualidad las técnicas de recolección son variadas. En el bajo Asón se ha documentado el empleo del azadillo, la cuchara o el rastro entre otros (Gómez Navedo & Romero Ródenas, 2003), mientras en la ría de Pasajes (Navaz, 1948:21) para la extracción de almejas, chirlas, berberechos... se utilizan los instrumentos más heterogéneos: azadillas de los trabajos agrícolas, rastrillos de tres uñas (llamados allí "iru-ortz"), llanas de albañilería y cucharas viejas de metal sujetas a un mango de madera por medio de un cordel. Para los mejillones se emplea una rasqueta corriente, y para las navajas recurren a echar un puñadito de sal en los agujeros que dejan en la arena los sifones, con lo que salen a la superficie, aunque generalmente emplean la azada. También se ha documentado el tamizado de la arena a paletadas a través de una criba de alambre clavada con cierta inclinación en el suelo.

*Fig. 7.25: Ejemplo de recolección manual de Tapes hiantina en zonas de arena, por mujeres de la tribu de los Anbarra (Australia) (Foto: Meehan, 1982:84-85)*

Por último, para llevar a cabo la recolección y especialmente el transporte, es necesaria la utilización de un recipiente en el que depositar y transportar los moluscos. Desafortunadamente no existen en el registro arqueológico estudiado ejemplos de este tipo de instrumental. No obstante, la información etnográfica aporta interesantes ejemplos de este tipo. Así, Meehan (1982:82) documentó entre los Gidjingali dos tipos de bolsa utilizada para transportar los ejemplares recolectados de *Tapes hiantina*, el *bulapurr*, realizado con fibras vegetales, y el *djerrk*, confeccionado con cuerdas de árbol.

Por tanto, el empleo de instrumentos es necesario para la recolección de algunas especies concretas. Sin embargo, a pesar de no ser imprescindible en gran parte de los casos, su utilización puede suponer un aumento en la eficiencia recolectora, permitiendo intensificar la producción. Algo así podría estar ocurriendo en la región cantábrica durante el Mesolítico y el Neolítico, ya que en estos períodos, aparece el pico asturiense y se explotan sistemáticamente zonas de arena y/o fango, respectivamente. De todas formas, lamentablemente con la información disponible hasta el momento, es complicado determinar qué instrumentos se utilizaron y cómo se emplearon.

### 7.3.2 *La utilización de los moluscos como herramientas*

Ya se han comentado las funciones habituales que desempeñan los moluscos en la región cantábrica, reducidas hasta el momento a la alimentación y la ornamentación. Sin embargo, una tercera utilización de las conchas de moluscos ha sido documentada recientemente en la región (Gutiérrez Zugasti *et al.*, en prensa). Se trata de su uso como herramientas para la realización de actividades propias de los procesos productivos de las comunidades humanas. Hasta el momento, en la región cantábrica esta perspectiva solo ha sido señalada de forma muy somera por algunos autores, que a partir del hallazgo de moluscos manchados de ocre, especialmente del género *Patella*, han propuesto la utilización de las conchas como recipientes para pintar o como instrumento incisivo para grabar madera (Madariaga, 1964:42). Igualmente, otros como Aranzadi & Barandiarán (1928:184) han señalado, basándose en la información etnográfica procedente de otras zonas del mundo, que los ejemplares de *Cypraea* presentes en Ermittia, habrían podido servir como moneda. Sin embargo, estos escasos comentarios son la única aproximación realizada hasta la fecha en la región, en cuanto a la utilización de moluscos en actividades diversas, diferentes a la meramente alimenticia u ornamental (un resumen de la utilización de moluscos para otras actividades en diversas parte del mundo puede ser consultado en Dupont, 2006).

En los últimos años, la visión simplista de los moluscos únicamente como elementos alimenticios u ornamentales ha sido ampliamente criticada. Así, la utilización de conchas de moluscos para la realización de tareas productivas ha sido documentada, tanto en contextos europeos (Courtin & Vigie, 1987; Cristiani *et al.*, 2005; Dupont, 2003, 2006; Gruet, 1993; Vigie, 1987, 1995), como en otras partes del mundo (Charpentier *et al.*, 2004; Izquierdo Díaz, 1991; O'day & Keegan, 2007; Mansur & Clemente, en prensa; Moss, 1993; Smith & Allen, 1999). Desde el punto de vista cronológico, se observa que el uso de instrumentos así como la elaboración de múltiples objetos a partir de conchas se ha registrado en diferentes contextos arqueológicos desde el Paleolítico antiguo hasta la actualidad (Choi & Driwantoro 2007; Velázquez 2007).

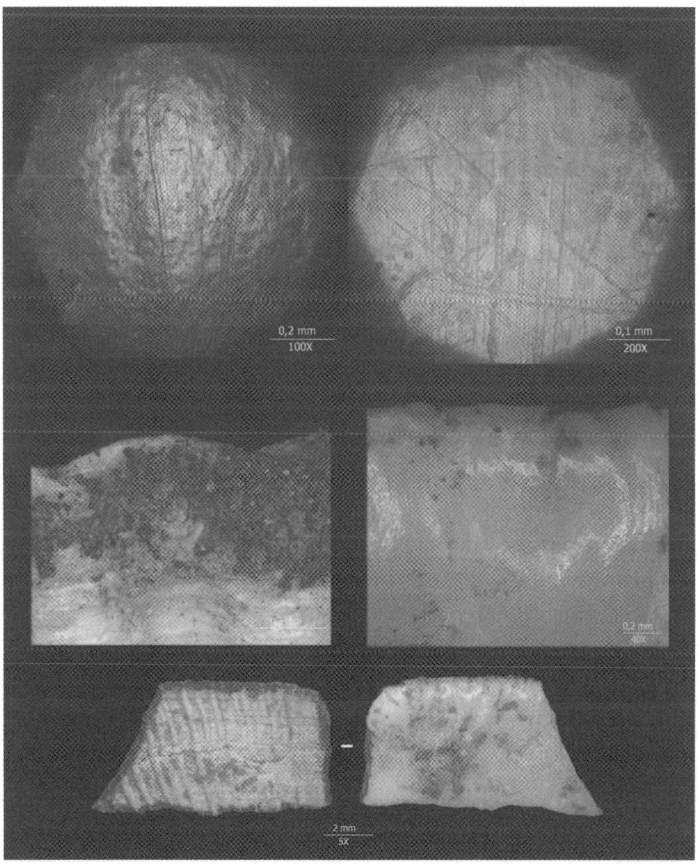


*Fig. 7.26: Huellas de uso sobre fragmento de Ruditapes decussatus del nivel neolítico de Santimamiñe*

Este tipo de evidencias no había sido documentado hasta el momento en el registro arqueológico de la región Cantábrica, sin embargo, durante el proceso de análisis del material malacológico procedente de los niveles neolíticos de Santimamiñe, se identificaron diversas modificaciones en algunos restos, que condujeron a un análisis más exhaustivo de los mismos (Gutiérrez Zugasti *et al.*, en prensa). Este análisis ha probado que dichos restos fueron, efectivamente, utilizados en diversas actividades. Las especies que han sido utilizadas como herramienta, a diferencia de lo que es habitual por ejemplo con los usos ornamentales, son prácticamente las mismas que forman el repertorio de especies alimenticias identificadas de forma abundante en los niveles neolíticos de este yacimiento: *Ostrea edulis*, *Ruditapes decussatus*, *Mytilus galloprovincialis* y *Patella* sp.

Así, todas ellas se han utilizado en acciones transversales de raspado y en algunas intercalando cinemáticas longitudinales de corte. Igualmente todas fueron probablemente utilizadas para procesar alguna materia de dureza blanda/media y de origen animal, excepto un fragmento de *Ruditapes decussatus* que pudo intervenir en el procesado de algún vegetal (Fig. 7.26). Por tanto, se constata por primera vez en la región cantábrica la utilización de conchas de moluscos como instrumento, que pudieron jugar un papel importante en las estrategias de subsistencia, especialmente durante el Mesolítico y el Neolítico, momentos en los que los repertorios líticos acusan un notable descenso en cuanto a cantidad y variedad con respecto a periodos anteriores. Así, a partir de estas evidencias se han desarrollado metodologías adecuadas para el análisis de estos restos, que están proporcionando información fundamental para entender los cambios en las estrategias de subsistencia de los cazadores recolectores durante el Holoceno (Cuenca, 2009).

### 7.3.3 *Formas de procesado y consumo*

Una de las cuestiones menos tratadas en la investigación de moluscos en la región cantábrica es la de las formas de procesado y consumo de este tipo de recursos. Hasta el momento la información con la que se cuenta sobre este aspecto se reduce al registro etnográfico, y en mucha menor medida, etnoarqueológico y arqueológico. En este apartado se discuten, a partir de las evidencias disponibles y del registro etnográfico, las diferentes formas de preparación y consumo de más probable utilización en la región cantábrica durante el período de estudio.

En cuanto a la preparación de los moluscos antes de su consumo, existen dos opciones, con preparación o sin preparación. En este caso, si ya de por sí es difícil identificar las evidencias de cocinado en los moluscos, mucho más lo es identificar las evidencias de su consumo en crudo o de su procesado en el lugar de recogida. Sin embargo, no se puede desechar este tipo de consumo. En la actualidad, en la región cantábrica el fenómeno del consumo del género *Patella* puede considerarse exclusivamente propio de algunas localidades. En ellas, el consumo de este género se realiza habitualmente cocinado en conjunción con otros alimentos, pero también existe una parte de consumo en crudo, directamente en las zonas de recogida. En el caso de los gasterópodos espiralados y de los bivalvos, el consumo en crudo es más complicado por la dificultad de extracción de la carne. Así, la información etnográfica (Waselkov, 1987:100) aporta dos métodos para salvar este escollo, por una parte, la fracturación o perforación de la concha, y por otra, su apertura con algún instrumento. El primer método sería válido para ambos tipos de moluscos. En La Riera, los ejemplares de *Littorina littorea* en los niveles 1-20 aparecen muy rotos, lo cual es interpretado por Ortea (1986:294) como una señal de que se rompían para extraer la carne (para consultar otros ejemplos en este sentido, ver Dupont, 2003:128). A partir del nivel 20, coincidiendo con la recolección mayoritaria de *Osilinus lineatus*, las conchas están intactas, debido al desarrollo de métodos de extracción como los actuales, es decir, cociendo la concha y sacando la carne con un palillo, que podría haber sido una espina de pez o un pequeño hueso de ave. Merece la pena destacar que la fracturación o perforación (generalmente en la zona apical) de las conchas, también puede realizarse una vez que el molusco ha sido cocinado, en lugar de utilizar algún objeto punzante para extraerlo por la boca de la concha, por lo que en el caso de identificar este proceso en el registro arqueológico es imposible determinar si las conchas fueron cocinadas o no, previamente a su fracturación. El segundo método solo sería válido para los bivalvos, que podrían ser abiertos utilizando algún instrumento similar a una espátula o lámina (Kayser, 1992:120). Por otra parte, las mismas dificultades implica la identificación de actividades de procesado realizadas en el lugar de recogida. Así, es posible que una parte (o incluso el total) de los moluscos recolectados, fueran procesados para eliminar las partes duras y solo transportar las partes comestibles, cambiando los costes de transporte por los costes de procesado, probablemente más rentables en términos coste-beneficio. En este caso, los métodos de procesado serían los mismos que para el consumo en crudo.

En el caso del cocinado de moluscos, varias son las opciones. Entre las mejor documentadas en el registro etnográfico (González Vázquez, 2000:82; Meehan, 1982:86-89; Moss, 1993:634; Waselkov, 1987:100-105) se encuentran el asado (en horno o al vapor) y la cocción, que han sido utilizadas en una gran variedad de formas por diferentes pueblos de todo el mundo, como los Kwakiutl, Tlingit, Seri, Maori, Anbarra, Yaghan o Yurok, entre otros. En el Cantábrico, la cocción ha sido mencionada como método de preparación desde los inicios de la investigación (Madariaga, 1964:42; Vega del Sella, 1923:31-32), citándose la posible utilización del kaiku como recipiente (Barandiarán, 1952:105; Vega del Sella, 1921:165). El kaiku es una especie de jarra de madera de cierto tamaño que aún se utilizaba en el siglo XX en algunas zonas del País Vasco para cocer la leche, introduciendo piedras calientes. Este método no produciría ninguna marca externa sobre las conchas por lo que es muy difícil su identificación en el material arqueológico. La habitual presencia de ejemplares con signos de carbonificación en casi todos los niveles analizados en este trabajo y en otros de la región cantábrica, está probablemente informando de una más probable utilización del asado para la preparación de los moluscos. Sin embargo, es cierto que la proporción de restos carbonificados es siempre significativamente menor que la de los restos sin quemar, lo que puede ser debido a dos causas. Por una parte, que se hayan utilizado tanto la cocción como el asado, y por otra parte, que se haya utilizado el asado pero con variantes que no implican la carbonificación de la mayor parte de los restos, como colocando un lecho vegetal o de cantos entre las brasas y los moluscos, o que la temperatura alcanzada por las brasas no fuera demasiado elevada. En estos casos el material no sufriría carbonificación excepto unos pocos ejemplares que caerían a las brasas, produciéndose así un patrón en consonancia con el observado, no solo en el registro arqueológico, sino también en el etnográfico (Waselkov, 1987:103-104). Sin embargo, otra posibilidad que debe ser tenida en cuenta es que la carbonificación puede ser fruto simplemente de la realización de hogares en zonas en las que se han desechado previamente los moluscos, como ocurre en el conchero KH-4 del yacimiento de Karoline, en Nicaragua, si bien en este caso la causa de este comportamiento guarda relación con las intensas lluvias que azotan la zona y la capacidad de filtración que ofrecen las conchas, manteniéndose así esas zonas más secas que las adyacentes (Clemente & Gassiot, 2004-2005:116). El tipo de

(Clemente & Gassiot, 2004-2005:116). El tipo de ocupación propio de la región cantábrica, en cavidades al abrigo de la intemperie, haría innecesario un comportamiento de esta clase, aunque esto no significa que se pueda rechazar esta hipótesis.

*Fig. 7.27: Ejemplo de hogar para el cocinado de los moluscos directamente sobre las brasas entre los Anbarra (Australia) (Foto: Meehan, 1982:88-89)*

*Fig. 7.28: Ejemplo de hogar experimental para el cocinado de moluscos utilizando cantos marinos para separarlos de las brasas*

También se han citado como formas de preparación, relacionadas con el almacenamiento de estos recursos, el secado y la salazón (Claassen, 1991:292; Dupont, 2003:129; Henshilwood *et al.*, 1994) a las que puede añadirse el ahumado (Clemente & Gassiot, 2004-2005:116; Moss, 1993:634; Swanton, 1979:377-378; Waselkov, 1987:105), sin embargo, la identificación de estos métodos en el registro arqueológico es también muy complicada, salvo que se conserven restos de estructuras especializadas asociadas a estas actividades. Ante estos problemas es necesario el desarrollo de programas experimentales que, en conjunción con la información etnográfica, ayuden a identificar las formas de preparación utilizadas en los yacimientos arqueológicos de la región.

Por último, es necesario destacar la diferente inversión de esfuerzo exigida por cada método. Así, mientras el asado o la cocción permiten una rápida, y relativamente cómoda, preparación de los moluscos, especialmente de los bivalvos y los gasterópodos no espiralados, la fracturación exige un lento tratamiento individual de cada molusco. Si bien más arriba se citaba la identificación de este proceso en diversos yacimientos y en el registro etnográfico, se debe remarcar la dificultad que entraña extrapolar un comportamiento relacionado con las estrategias de subsistencia a partir de la fragmentación del material, especialmente si no se tiene en cuenta la posible existencia de otros procesos tafonómicos que puedan ser responsables de dicha fragmentación, como ocurre con la afirmación de Ortea sobre el material de La Riera.

Por tanto, las evidencias arqueológicas y etnográficas y la rentabilidad del método, indican que el asado, o incluso la cocción, podrían haber constituido las formas principales de preparación de los moluscos en la región cantábrica. Sin embargo, con la información disponible hasta el momento, es imposible descartar el consumo sin preparación previa.

Otra cuestión para la que se cuenta con escasa información es la utilización de instrumentos para el consumo. Así, Vega del Sella (1923:31) cita la posible utilización de lasquitas para extraer la carne de las lapas, y de palillos y agujas para los caracolillos. Estas formas de extracción también han sido citadas posteriormente en la investigación del Cantábrico (Ortea, 1986:294) y en otras partes el mundo (Dupont, 2003:128; Waselkov, 1987:103). Sin embargo, existe otro método documentado para la extracción de la carne de los gasterópodos espiralados una vez cocinados, como es el golpeo de la zona bucal contra la misma mano o una piedra, que provoca la salida por gravedad del animal de la concha. Este método solo puede ser puesto en práctica cuando los moluscos están todavía calientes, siendo imposible su extracción una vez que adquieren la temperatura ambiente (González Sainz, comunicación personal). En el nivel 3 de La Fragua, en el que se ha documentado una abundante explotación del gasterópodo terrestre *Cepaea nemoralis* se han hallado dos fragmentos de hueso ligeramente aguzados en su extremidad, que podrían haber servido para extraer la carne de los caracoles una vez cocinados. No obstante, la falta de estudios funcionales sobre este material no permite asegurar esta utilización, que por el momento debe ser considerada una mera hipótesis a contrastar en el futuro.

Por otra parte, dos formas de consumo han sido propuestas en el caso de los moluscos (Fano, 1998:99): consumo inmediato y consumo diferido.

La forma más clara de consumo inmediato es la que tiene lugar en el mismo lugar de recolección. Así, cabe la posibilidad de que la importancia de la explotación del medio costero sea mayor de lo que parece si se atiende al posible consumo *in situ*, en la propia costa, de los recursos recolectados, sin que se produzca, por tanto, su transporte a los asentamientos. Sin embargo, la identificación de este tipo de comportamiento en el registro arqueológico es difícil, ya que derivaría en la creación de acumulaciones de moluscos, principalmente al aire libre, de muy difícil localización en la región cantábrica. Un ejemplo podría ser un pequeño estrato carbonoso asociado a una serie de moluscos situado a un par de metros sobre la base de una duna en la playa de Oyambre (Cantabria), pero la falta de asignación cronológica y estudios apropiados no permite afirmarlo con seguridad. Aún así, este tipo de comportamientos serían el mejor ejemplo de consumo inmediato.

La segunda opción de consumo inmediato supone el transporte de los moluscos al yacimiento para su procesado y consumo en el mismo día. Esta opción es, a primera vista, la más plausible ya que permite el consumo de los recursos en su estado más fresco y sin perder apenas propiedades, pero no es necesariamente la única.

En ocasiones se ha argumentado la escasez de rentabilidad que supone transportar al yacimiento un recurso, cuya parte desechable (la concha), supone la mayor parte del peso. Sin embargo, esta desventaja parece suplirse con la posibilidad de un consumo diferido de estos recursos a través de su almacenamiento en vivo. De esta forma, los diversos experimentos realizados (Madariaga, 1964:39, 1967:361, 1994:135; Ortea, 1986:291) indican que algunos moluscos presentan una gran capacidad de resistencia a la desecación, especialmente cuando son transportados y almacenados juntos, ya que esto ayuda a la retención de la humedad. Así, *Patella vulgata* puede sobrevivir de tres a cuatro semanas a temperaturas de 5-12 ºC, y en este caso perdería el 30% de su peso en veinte días. Por su parte, *Patella intermedia* generalmente muere después de 6-7 días y *Patella ulyssiponensis* a los 3-4 días (Ortea, 1986:291). En este sentido, Arias (1991a:319) realizó, en colaboración con C. Pérez, una pequeña prueba en relación con los tiempos de desecación y los patrones de asentamiento asturienses. Establecieron la hipótesis de que si los concheros de interior eran campamentos para la caza, y los moluscos contenidos en ellos eran una reserva para la manutención de los cazadores, la composición de los concheros mostraría una proporción elevada de las especies más resistentes a la desecación. Atendiendo al tiempo que aguantan diversas especies de moluscos con vida fuera del agua, revisaron los concheros de interior (en realidad solo revisaron los de Meré) para ver si contenían las especies que más resisten, como sería lo lógico. Así, comprobaron que efectivamente, la segunda especie en resistencia (por detrás de *Patella vulgata*), *Osilinus lineatus*, era la más abundante en estos concheros. Igualmente, Fano (1998:99) ha documentado en concheros cementados asturienses evidencias de lapas sin consumir, que se conservan en la misma posición que cuando están pegadas unas con otras para evitar la desecación. Este autor propone que esta es la evidencia de que el hombre valoró la resistencia de las lapas a la desecación y por tanto, el consumo no fue inmediato. Otros autores, como Madariaga (1964:38) han propuesto el almacenamiento de los moluscos recolectados en charcos de marea, con el objetivo de disponer del recurso fresco durante más tiempo. Así, en la línea sugerida por Arias, creemos que la aparición de escasas acumulaciones de moluscos en yacimientos de interior, principalmente del MSF y del Aziliense, en la región cantábrica se debe a un consumo diferido de estos recursos, que eran llevados a esos asentamientos, generalmente estacionales, para el sostenimiento de los grupos, especialmente en los primeros días de ocupación.

Otra forma de consumo diferido es la que implica el almacenamiento de moluscos procesados de alguna manera, para su conservación a más largo plazo. La identificación de esta cuestión en el registro arqueológico es muy complicada, y de hecho no existen por el momento evidencias en la región cantábrica durante el período estudiado, por lo que la mejor fuente de información hasta el momento es el registro etnográfico. Así, en numerosos pueblos de cazadores-recolectores se ha documentado la utilización de métodos de preparación, como el secado o el ahumado, encaminados a un consumo diferido (Moss, 1993:634; Waselkov, 1987:106), que puede ser llevado a cabo, bien por la propia población recolectora bien por otras poblaciones a través del comercio. Igualmente, en el registro arqueológico francés se han identificado fosas con posible función de almacenamiento de conchas destinadas a la alimentación, como ocurre durante el

Mesolítico en Beg-er-Vil, o destinadas a su utilización como en el caso del yacimiento neolítico de Diconche (Dupont, 2003:234 y 311). Así, este comportamiento bien podría haberse dado en la región cantábrica durante el MSF y el Aziliense, debido a la alta movilidad de los grupos humanos en esos períodos y a la necesidad de contar con alimentos durante sus desplazamientos.

Por tanto, en la región cantábrica el consumo diferido se ha producido a menudo, al menos entre las poblaciones asturienses y probablemente también entre las del MSF, el Aziliense y el Neolítico. Sin embargo, esto no quiere decir que no se haya producido un consumo inmediato en alguna de las dos formas mencionadas más arriba, por lo que estimamos como más probable la utilización de una parte de los recursos recolectados para el consumo inmediato y otra parte para el consumo diferido, más o menos extendido en el tiempo.

## 7.4. Aspectos sociales de la explotación de moluscos

### 7.4.1 *La división del trabajo*

A menudo se ha citado la existencia de una división del trabajo en función de la edad y el sexo, no solo en lo referente a la explotación de moluscos, sino de forma más general en lo relativo a la dicotomía de actividades caza-recolección. La escasez de datos sobre las cuestiones sociales procedentes del registro arqueológico, ha llevado en la mayor parte de los casos a buscar paralelos etnográficos que aporten al menos una visión general de los comportamientos sociales.

De esta forma, las fuentes etnográficas de los siglos XVI, XVII y XVIII relativas a la costa oeste norteamericana ya indican que la recolección de moluscos se llevaba a cabo por las mujeres (González Vázquez, 2000:87).

Igualmente, la información etnográfica más actualizada parece revelar que mujeres y niños son los que más frecuentemente se ocupan de la recolección, y cuando el hombre interviene es porque es necesario realizar algún esfuerzo físico considerable (Waselkov, 1987:97; Wing & Brown, 1979:12).

Una revisión de las poblaciones indígenas del noroeste norteamericano indica que las mujeres fueron las principales recolectoras de moluscos, pero que los hombres también llevaron a cabo esta actividad, aunque en menor medida, por lo que la división del trabajo no parece tan rígida en estas sociedades (Moss, 1993:632).

También entre los Anbarra la recolección de moluscos implica la participación de un amplio espectro de población: mujeres viejas, mujeres en avanzado estado de embarazo, niños y cazadoras (Meehan, 1977:524).

Entre los Meriam no sólo se ha documentado la existencia de recolección por parte de niños y adultos, sino que además se han analizado las diferencias que producen ambos tipos de explotación en el registro arqueológico (Bird & Bliege Bird, 2000:463-473). Así, los niños Meriam recolectan no solo de forma diferente que los adultos, sino también especies diferentes, aunque generalmente esto tiene que ver más con las diferencias fisiológicas que con los objetivos. Los niños encuentran recursos malacológicos de alto rendimiento en menor medida que los adultos, pero recogen un mayor número de recursos de bajo rendimiento, que al contrario que los adultos, no procesan en el lugar de recogida. Un dato de enorme interés es que esta recolección de recursos de bajo rendimiento tiene implicaciones en el registro arqueológico, ya que produce una imagen de intensificación.

En cuanto a la importancia social que los moluscos adquieren en este tipo de sociedades, las situaciones son más diversas. Así, para los Tlingit, los moluscos tienen un importante significado social y simbólico, en este caso negativo, ya que asocian los moluscos a pobreza. Así, la forma de conseguir salud y estatus entre los hombres Tlingit es a través de la pesca y la caza, por lo que se evita la recolección de moluscos, aunque bajo circunstancias especiales sí los pueden recoger y consumir, sin que esto afecte a su estatus social. Para las mujeres, en cambio, la "prohibición" social del consumo de moluscos únicamente es efectiva en determinados momentos de sus vidas, como durante la menstruación (Moss, 1993:641-642).

De forma similar, en Transkei solo las mujeres y los chicos muy jóvenes consumen moluscos (Voigt, 1975:94), por lo que parece existir algún tabú cultural que inhibe la recolección y consumo por parte de los hombres.

Sin embargo, entre los Anbarra, aunque los moluscos son solo una parte de su dieta, son una parte bien valorada y su valor no es solo alimenticio, sino que además es un recurso bien visto por esta población (Meehan, 1977: 528; 1982).

Por tanto, a pesar de la variedad de situaciones documentadas en el registro etnográfico, se puede extraer la conclusión de que la recolección, y en ocasiones también el consumo, se lleva a cabo por parte de mujeres y niños principalmente.

En la región cantábrica, a menudo se ha recurrido al modelo procedente de la información etnográfica, en el que la recolección de moluscos era una ocupación preferente de niños, adolescentes, ancianos y mujeres, mientras la caza era cosa del hombre (Madariaga, 1964:37; Ortea, 1986:295; Straus, 1979:319).

Sin embargo, en ocasiones se ha intentado ligar la información etnográfica con el registro arqueológico, y en esta línea Straus (1992:225) sugiere que quizás el enterramiento masculino y con arpón de Los Azules, y el femenino con picos de Molino de Gasparín, respondan a una división sexual del trabajo. Igualmente, Madariaga (1976:445) sugiere que el pequeño tamaño de los picos asturienses podría estar relacionado con la división del trabajo, y con su utilización por parte de mujeres y niños.

En Los Canes, los análisis de paleodietas no indican diferencias de sexo o edad en la alimentación (Arias, 2006:367), por tanto no hay indicios de diferencias en la dieta en función de factores sociales o culturales. Sin embargo, en otros yacimientos de regiones vecinas, sí parecen existir este tipo de diferencias, que han sido atribuidas como indicio de exogamia patrilocal (Schulting & Richards, 2001).

Por tanto, con la información arqueológica disponible hasta el momento no es posible proponer un modelo definitivo, si bien a partir de la información etnográfica, lo más probable es que la recolección de moluscos fuera una actividad llevada a cabo, por mujeres, niños y posiblemente ancianos. Más complicado es establecer el valor social de los moluscos. En este sentido, a continuación se muestran algunos ejemplos sobre esta cuestión.

### 7.4.2 *Los moluscos como ornamentos*

Una de las funciones más habituales que han desempeñado los moluscos en la región cantábrica es la de ornamento. Ya se ha visto como durante el MSF y el Aziliense algunos yacimientos presentan conjuntos exclusivamente ornamentales, por lo que su importancia durante estos períodos debía de ser considerable. Recientemente, Álvarez Fernández (2006) ha presentado su tesis doctoral en la que lleva a cabo una recopilación de las evidencias de este tipo presentes en la región cantábrica, durante el Paleolítico superior y el Mesolítico, y un análisis de las cuestiones relacionadas con su fabricación y uso, por lo que no vamos a entrar en esta cuestión y simplemente realizaremos algunas consideraciones sobre el valor social de estas evidencias.

Por una parte, los ornamentos realizados sobre conchas de moluscos han sido a menudo calificados como objetos de prestigio social. Así, Madariaga (1975a:93) cree que la recolección de conchas ornamentales es una función de lujo, ligada a un desarrollo cultural, estético o religioso. La aparición de moluscos ornamentales asociados al ritual funerario apoya una interpretación de este tipo, sin embargo, con la información disponible en la actualidad es difícil avanzar en el conocimiento del verdadero significado e importancia de este tipo de objetos en las sociedades de cazadores-recolectores.

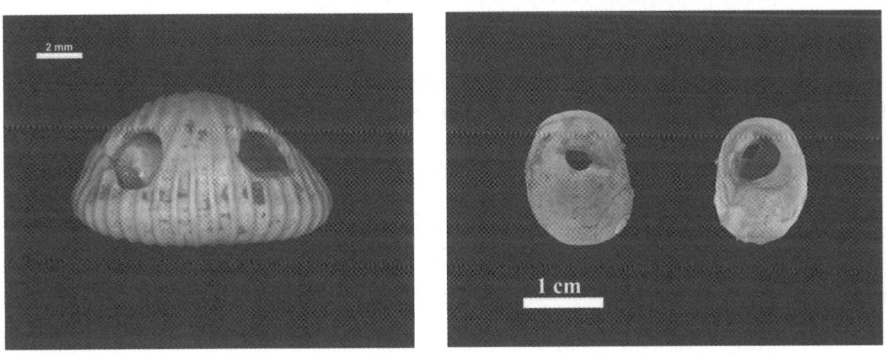


*Fig. 7.29: Ejemplo de conchas ornamentales: Trivia sp. del nivel 4 de La Fragua (izquierda) y Littorina obtusata del nivel Almp de Santimamiñe*

Por otra parte, la aparición de ornamentos sobre concha en zonas interiores, situadas a gran distancia de la costa (algunos incluso a 80 km.), ha servido para proponer relaciones de intercambio entre grupos humanos que habitan zonas geográficas alejadas entre sí. Los ejemplos de este tipo son muy numerosos en diversas partes del mundo (Braje *et al.*, 2007:741; Dupont, 2003:413; Reitz & Wing, 1999:137; Waselkov, 1987:108). En la región cantábrica se han documentado algunas especies mediterráneas (Álvarez Fernández, 2006; Madariaga, 1994:137) cuya aparición se ha relacionado con la existencia de intercambios entre las poblaciones de la Fachada Atlántica y el Mediterráneo.

El transporte a grandes distancias solo afecta a los moluscos ornamentales (y a algunos útiles), pero no a los alimenticios, lo que puede tener dos significados no excluyentes: por una parte, que su importancia es considerable dentro del marco social de los grupos humanos que los confeccionan, y por eso es un objeto que se conserva y transporta, y por otra, que son objetos valiosos que fomentan la cohesión social con otros grupos a través del intercambio. No obstante, en algunas zonas del mundo, se ha documentado la utilización de cuentas de conchas de *Olivella* para intercambiar por productos alimenticios de interior (Braje *et al.*, 2007:741), lo que no solo refuerza la cohesión social entre grupos, sino también la económica.

Por tanto, es necesario centrar los estudios en este campo para determinar cuáles son las características y la importancia real de estos objetos, confeccionados a partir de conchas de moluscos, dentro del marco social de los grupos de cazadores-recolectores.

### 7.4.3 *Los moluscos y el ritual funerario*

Otra cuestión, relacionada con los aspectos sociales de la explotación de moluscos, es la relación entre los moluscos y el mundo funerario. Si establecer el significado de los elementos ornamentales dentro de los comportamientos sociales de los grupos de cazadores recolectores es una tarea complicada, no lo es menos establecer el significado de los moluscos en el ritual funerario. Así, debido a la escasez de información al respecto, nos limitaremos a comentar la información arqueológica disponible en la región cantábrica, que por otra parte, es relativamente escasa.

Dos son los tipos de evidencias funerarias más habituales en la región cantábrica, por una parte enterramientos en cueva, en cuyos ajuares se incluyen moluscos, y por otra parte, restos humanos incluidos en concheros alimenticios.

La única evidencia de comportamiento funerario durante el Aziliense es el enterramiento de Los Azules (Fernández-Tresguerres, 1980, 1995, 2007), en el que junto a los restos óseos aparecen varios ejemplares de *Modiolus barbatus* encajados unos en otros. Este es el único yacimiento cantábrico en el que se ha documentado esta especie, por lo que es evidente su relación con el mundo funerario.

El número de contextos funerarios identificados para el Mesolítico es ligeramente superior, aunque sus características son diferentes dependiendo de su ubicación. Así, en Los Canes (Arias, 2002:226), situado en el interior de la región, se han hallado tres estructuras funerarias con restos humanos, dos de las cuales presentaban conchas entre su ajuar. En la estructura 6-III las conchas ornamentales se reducen a dos ejemplares de *Littorina obtusata* y *Nassarius reticulatus* que presentan dudas sobre su asociación con el enterramiento, mientras en la estructura 6-II son mucho más abundantes (66 en total) y casi todas pertenecientes al género *Trivia*, excepto tres ejemplares de *Littorina mariae*, uno de *Callista chione* y otro de *Natica* sp. Los ornamentos se situaban alrededor de la espalda y la cabeza y no existen dudas sobre su relación con el contexto funerario (Fig. 7.30). Este patrón, es por tanto, muy similar al documentado en el Aziliense de Los Azules.

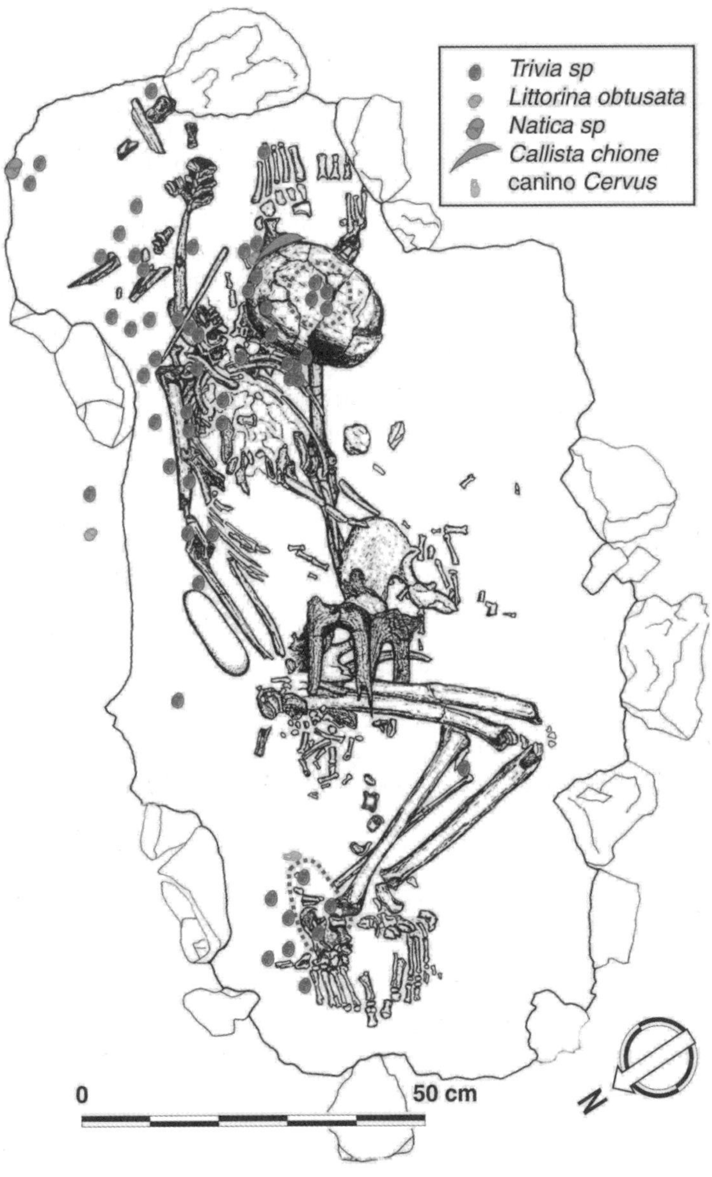


*Fig. 7.30: Distribución de los elementos malacológicos de carácter ornamental en la tumba II de la cueva de Los Canes (Imagen: Arias, 2002:289)*

Por otra parte, los yacimientos costeros presentan algunas diferencias con respecto al modelo de interior, ya que en este caso los enterramientos se llevan a cabo en concheros, incluyendo al muerto entre las conchas. En el límite Este de la región, en el abrigo de J3 (Iriarte *et al.*, 2005) se ha documentado un enterramiento individual dentro de un conchero mesolítico. No hay evidencias de excavación de una fosa, pero lo más probable es que se excavara en el propio conchero para depositar al difunto. Este tipo de enterramiento contrasta con el que hemos visto hasta el momento, y refleja cierto valor simbólico de las acumulaciones de conchas alimenticias, probablemente por la importancia que estos asentamientos tenían para los grupos humanos costeros. Otros ejemplos similares se encuentran en diversos yacimientos del Oeste de la región en fechas similares a las de J3. Así, la primera evidencia de este tipo fue documentada a comienzos del siglo XX en el Molino de Gasparín (Carballo, 1926). Se trata de un enterramiento femenino dentro de un conchero, en el que además aparecieron asociados a los restos tres picos asturienses, que reflejan la importancia simbólica de estos instrumentos, probablemente asociados con la explotación del medio costero. Igualmente, para el Asturiense se cuenta con otras evidencias más dispersas de restos humanos incluidas en los concheros de Mazaculos II (González Morales, 1995b:75), Balmori, Cuartamentero, Poza l'Egua, Colomba (Arias & Fano, 2003; Arias *et al.* 2007a, 2007b) y recientemente también en El Toral III. Por tanto, las evidencias funerarias sugieren un ritual similar y por tanto, algún tipo de relación entre las poblaciones de ambas zonas. Sin embargo, las diferencias con el patrón funerario de los yacimientos interiores como Los Canes (o Los Azules durante el Aziliense) podrían estar indicando la existencia de un fenómeno de territorialidad.

Un caso menos claro es el de Linatzeta (Tapia *et al.*, 2008), en este yacimiento se han hallado restos antropológicos en diferentes niveles que contienen moluscos, tanto marinos como terrestres. Sin embargo, no es posible asegurar que se trate de un enterramiento en conchero, ya que los moluscos no son muy abundantes, aunque gran parte del yacimiento presenta problemas de remoción debido a la circulación de agua, lo que podría estar indicando una fuerte erosión del conchero. Por otra parte, tampoco es posible afirmar que se trata de un enterramiento en fosa, al estilo de Los Canes o Los Azules, ya que no se han identificado restos de cubetas excavadas. Una vez más, la circulación de agua y la remoción podría haber borrado estas huellas. De igual forma, la localización de la cavidad, a unos 6 km. de la costa actual, aunque no es totalmente definitiva para considerar el yacimiento como interior, sí parece apoyar esta hipótesis y por tanto, la del enterramiento en fosa. Sin embargo, hasta que no se concluyan las intervenciones en curso en este yacimiento no será posible establecer una conclusión definitiva.

Por otra parte, durante el Neolítico no hay evidencias de enterramientos en concheros al estilo que acabamos de describir. Sin embargo, se han hallado diversos testimonios de inhumaciones que pueden ser divididos en dos tipos, por una parte, enterramientos en cueva, como el de Marizulo (Laborde *et al.*, 1966), y restos humanos dispersos en cavidades, como en Arenaza, Lumentxa, Atxeta y Santimamiñe (Arias & Fano, 2003), que en ocasiones presentan objetos ornamentales sobre concha o especies no habituales (como una concha de *Unio* en Santimamiñe); y por otra parte, inhumaciones en estructuras megalíticas, en las que suelen aparecer algunas conchas. Resulta curioso el caso de alguno de estos monumentos en la Sierra Plana de la Borbolla, a los que se asocia el hallazgo de picos asturienses, que podrían evidenciar algún tipo de conexión con las poblaciones mesolíticas.

Por tanto, durante el período de estudio las conchas están casi siempre presentes en el ritual funerario, bien debido a que el enterramiento se produce dentro del conchero, como ocurre durante el Mesolítico en las zonas costeras, bien en forma de objetos ornamentales o de especies "raras" en los enterramientos en fosas excavadas en el sedimento y en las estructuras megalíticas.

# CAPÍTULO 8. CONCLUSIONES GENERALES

Las conclusiones generales de este trabajo pueden dividirse en tres grupos. Por una parte, las conclusiones relacionadas con las muestras y con la aplicación de la metodología desarrollada; y por otra, las conclusiones relacionadas con los resultados obtenidos al aplicar dicha metodología a los conjuntos malacológicos de la región cantábrica, que pueden dividirse en económicas y sociales, si bien la escasa información sobre este último aspecto no ha permitido obtener grandes conclusiones.

## 8.1 Conclusiones metodológicas

*El tamaño y representatividad de las muestras* utilizadas en nuestros análisis ha resultado ser adecuado para la obtención de conclusiones fiables. Así, por una parte, la mayoría de los conjuntos han sido analizados a partir de muestras correspondientes a superficies de excavación similares, mientras por otra parte, la comparación estadística llevada a cabo en Kobaederra muestra que apenas existen diferencias entre los conjuntos procedentes de 1 $m^2$ y el total del conjunto excavado. De la misma forma, los tamaños de criba utilizados fueron muy parecidos en todos los yacimientos analizados, lo que ha permitido una comparación fiable. Por otra parte, a pesar de la heterogeneidad metodológica que muestran los análisis desarrollados en otros yacimientos, al haberse tenido en cuenta las características propias de cada análisis, ha sido posible utilizarlos para la comparación.

Se puede afirmar que la mayor parte de *los procesos tafonómicos* que afectan a las acumulaciones de conchas en cuevas de la región cantábrica son siempre los mismos, como cabe esperar en unos ambientes tan estables. Así, el proceso antrópico identificado más a menudo es la carbonificación y, cuando ha sido posible discriminar su carácter, también la fragmentación. Por otra parte, los índices de fragmentación han demostrado tener una utilidad apreciable, ya que aportan datos que, puestos en relación con el resto de evidencias del yacimiento, permiten obtener una valiosa información sobre procesos tafonómicos, y de forma más genérica, sobre comportamientos culturales.

La utilización de una metodología basada en *categorías de fragmentación* ha permitido un análisis más detallado, tanto de las faunas de moluscos, como de crustáceos y equinodermos, con un cálculo del NMI más preciso y la posibilidad de calcular índices de fragmentación.

La utilización de *las frecuencias relativas* como estimador de abundancias ha resultado adecuada, a pesar de las diferencias que produce con respecto a otros estimadores como el peso y la densidad.

El método desarrollado para analizar *las zonas de recolección*, desde tres puntos de vista (substrato, zonación vertical y exposición), ha permitido establecer la mayor o menor explotación de dichas zonas con apreciable precisión.

*Las ecuaciones desarrolladas por Craighead* a partir de la biometría de *Patella vulgata* presentan graves problemas para su aplicación en el Cantábrico, salvo en el caso de la exposición. Sin embargo, se ha demostrado que las ratios L/H y A/H son perfectamente aplicables para el establecimiento de la zonación vertical.

En cuanto a la obtención de información estacional, *el análisis de líneas de crecimiento* en las charnelas de *Ostrea edulis*, acompañado de un test ciego para eliminar la subjetividad propia del método, produce buenos resultados sobre la época de muerte.

Los moluscos pueden ser utilizados como *indicadores climáticos*, siempre y cuando las interpretaciones se realicen teniendo en cuenta la información proporcionada por otras fuentes, como los indicadores globales, regionales y locales.

A partir de la escasa información disponible al respecto, ha sido posible trazar una *evolución de la línea de costa* en la región cantábrica, con márgenes de error que no han supuesto un sesgo infranqueable para la interpretación.

## 8.2 Conclusiones económicas

*Los conjuntos malacológicos* han sufrido cambios a lo largo del tiempo. Así, durante el MSF y el Aziliense, todos los conjuntos muestran un alto grado de especialización y las especies principales son *Patella vulgata* y *Littorina littorea.* Junto a ellas, aparecen una serie de especies marginales, entre las que se encuentran escasos bivalvos, algunos gasterópodos marinos (habitualmente con función ornamental), gasterópodos terrestres (generalmente intrusivos), equinodermos y crustáceos. Sin embargo, durante el Aziliense también se introduce en la dieta de las poblaciones humanas el gasterópodo terrestres *Cepaea nemoralis*. De igual forma, durante estos períodos, se puede distinguir entre yacimientos con moluscos alimenticios y con moluscos ornamentales. Durante el Mesolítico el patrón de explotación comienza a diversificarse, fundamentalmente en los yacimientos de la zona oriental de la región, situados cerca de estuarios. En otros yacimientos, generalmente del occidente, se mantiene el patrón especializado, debido a la inexistencia de estuarios de cierta entidad. En este período las especies principales sufren algunos cambios. El género *Patella* sigue siendo el taxón más explotado, sin embargo, *Patella vulgata* ya no es por norma general la especie más abundante, al cobrar gran importancia otras especies como *Patella intermedia* y *Patella ulyssiponensis*, esta última en menor medida. Por otra parte, *Littorina littorea* ya no va a ser el gasterópodo espiralado más recolectado, que pasa a ser *Osilinus lineatus*. Igualmente, las especies de bivalvos (*Ostrea edulis* y *Mytilus galloprovincialis* principalmente) van a cobrar importancia en los patrones de explotación, especialmente en zonas cercanas a los estuarios, y son principalmente las que permiten que se produzca la diversificación. Al igual que en períodos anteriores, en los conjuntos malacológicos están presentes otros taxones marginales, entre los que se aprecia un ligero aumento de la presencia de equinodermos y crustáceos. Asimismo, se consolida la utilización del caracol terrestre *Cepaea nemoralis* como alimento. De igual forma, los conjuntos exclusivamente ornamentales desaparecen, salvo casos excepcionales de carácter funerario. No obstante, los elementos de adorno-colgante continúan apareciendo entre las acumulaciones de moluscos alimenticios. Por último, durante el Neolítico, continúa existiendo un patrón diversificado en la zona oriental, y especializado en la zona occidental. Las principales especies de gasterópodos son las mismas que durante el Mesolítico, sin embargo, entre los bivalvos, además de *Ostrea edulis* y *Mytilus galloprovincialis*, ahora adquieren gran importancia *Scrobicularia plana* y *Ruditapes decussatus*. Asimismo, aparecen taxones marginales y la abundancia de los equinodermos y crustáceos es ligeramente mayor en determinados yacimientos. Al igual que en el período anterior, *Cepaea nemoralis* continúa formando parte del repertorio alimenticio de los seres humanos. En lo referente a lo elementos ornamentales el patrón es el mismo que durante el Mesolítico.

En relación a *las zonas de recolección*, durante el MSF y el Aziliense la recolección se ha llevado a cabo en substratos rocosos de las zonas altas y medias del intermareal. En cuanto a la exposición, es complicado establecer si la recolección se llevó a cabo en costa abierta o en estuario, aunque la escasa información al respecto indica que ambas zonas debieron ser frecuentadas. Durante el Mesolítico se producen algunos cambios en este patrón, con una ligera introducción de recolección en fondos de arena y/o fango, aunque los substratos rocosos siguen siendo los más explotados. Igualmente, aunque las zonas altas y medias del intermareal siguen siendo las más explotadas, también se produce un aumento en la recolección en zonas más bajas. En cuanto a la exposición, también se producen algunos cambios, ya que a pesar de que la recolección se lleva a cabo, tanto en costas abiertas como en estuarios, se aprecia una mayor recogida en zonas más expuestas dentro de las costas abiertas. Por último, durante el Neolítico el patrón es muy similar al del Mesolítico, con recolección en substratos rocosos y de arena y/o fango, en zonas altas y medias principalmente, pero también bajas, del intermareal, y tanto en costas abiertas como en estuarios. Entre el Aziliense y el Mesolítico, las zonas terrestres también han sido frecuentadas, con el objetivo de recolectar moluscos terrestres.

Algunos de estos cambios en la composición de los conjuntos malacológicos y en las zonas de recolección guardan cierta relación con la influencia de la mejora en las condiciones climáticas. Así, hacia el 10800 cal BP comienzan a aparecer de forma abundante especies de clima templado como *Osilinus lineatus*, *Patella intermedia* y *Patella ulyssiponensis*, mientras otras de clima frío, como *Littorina littorea*, se reducen drásticamente. Sin embargo, *Patella vulgata*, también de climas frescos, continúa apareciendo de forma abundante durante el Mesolítico y el Neolítico. De la misma forma, debido a los cambios en el clima y en las condiciones morfológicas de la costa, durante el Mesolítico comienzan a aparecer en los conjuntos malacológicos, especies de estuario como *Ostrea edulis*, *Scrobicularia plana*, *Ruditapes decussatus* y *Solen marginatus*. Asimismo, la introducción de *Cepaea nemoralis* en las dietas de las poblaciones humanas, guarda probablemente relación con unas condiciones climáticas propicias para el desarrollo de esta especie. Sin embargo, esto no significa que las condiciones climáticas hayan determinado la elección de las estrategias de recolección, sino simplemente la aparición y desaparición de especies.

En cuanto a *las épocas de recolección*, los análisis de estacionalidad llevados a cabo a partir de moluscos indican que durante el MSF y el Aziliense, la recolección se ha llevado a cabo a lo largo de todo el año, pero con especial énfasis en verano, otoño e invierno. Durante el Mesolítico, los datos disponibles siguen la misma línea, aunque los períodos de mayor recolección se reducen al otoño y el invierno. Por otra parte, en el Neolítico, la recolección en zonas de estuario se ha llevado a cabo durante todo el año excepto en el otoño, si bien el grueso de la explotación se concentra en la primavera. Por tanto, entre el 15600 y el 5700 cal BP la recolección de moluscos es una actividad que se realiza generalmente a lo largo de todo el año, aunque es más importante en determinados momentos, que dependen del período. Así, teniendo en cuenta esta información y las características de algunos yacimientos, al menos durante el Mesolítico es posible considerar a los moluscos como un recurso que se recoge a lo largo del año desde asentamientos semi-permanentes con buenas condiciones de habitabilidad, pero que también se explota de forma más puntual desde asentamientos estacionales que no presentan tan buenas condiciones para el hábitat.

Si se tienen en cuenta las acumulaciones de moluscos y las distancias a la costa de los yacimientos en cada período, se aprecian dos aspectos destacables. Por una parte, que los asentamientos mesolíticos y neolíticos están mayoritariamente localizados a distancias de entre 0 y 5 km., los azilienses entre 5 y 10 km. y los del MSF entre 7,5 y 15 km. Sin embargo, este *patrón de asentamiento* está sesgado por el ascenso del nivel marino, que ha provocado que los asentamientos costeros de MSF y el Aziliense se encuentren hoy en día sumergidos bajo el mar. Por otra parte, se observa un aumento considerable de las cantidades de moluscos acumuladas durante el Aziliense, otro aumento más sostenido durante el Mesolítico y un ligero descenso durante el Neolítico inicial. Sin embargo, en este caso los datos también se encuentran sesgados por el ascenso marino, por lo que es necesario tomar esta información con precaución. Aún con todo, ha sido posible constatar que, especialmente durante el MSF, pero también durante el Aziliense, los moluscos se han transportado a distancias considerables (entre 7 y 15 km), mientras durante el Mesolítico y el Neolítico el transporte está muy restringido a los primeros 5 km de territorio.

Una de las cuestiones más debatidas en la literatura científica de la región es *el descenso de los tamaños* de algunas especies a lo largo del tiempo. Para explicar este descenso se han propuesto dos hipótesis: la presión antrópica y los cambios climáticos. A partir de las evidencias procedentes de los análisis presentados en este trabajo, se ha tratado de verificar cual de las dos hipótesis es correcta. Así, la mayor parte de las especies principales muestran un claro descenso en sus tamaños medios y en las edades durante el período estudiado. De la misma forma, los tamaños de las muestras actuales de algunas de estas especies, como las del género *Patella*, son bastante más grandes que los de las arqueológicas. La estrategia de recolección incluye selección de los tamaños más grandes en el género *Patella* a lo largo de todos los períodos y de *Osilinus lineatus* y *Ostrea edulis* durante el Holoceno. A pesar de que los cambios en las condiciones climáticas han sido argumentados para explicar estos descensos, se ha constatado que son independientes de los efectos de la mejora climática, y por tanto, pueden explicarse por la acción del ser humano.

En cuanto a *la importancia de los moluscos en las dietas humanas*, la escasa información disponible al respecto procedente de testimonios arqueológicos, presenta dos lecturas bien diferentes, ya que la comparación del aporte cárnico de ungulados y moluscos difiere significativamente dependiendo del método utilizado. Sin embargo, la imagen que se desprende de nuestras aportaciones es la de una importancia considerable de los moluscos dentro de las estrategias de subsistencia, siempre teniendo en cuenta que se trata de un recurso complementario. Esta importancia está avalada por la rentabilidad cualitativa de la explotación de moluscos, al ser recursos estables y seguros, de fácil obtención, y por la información dietética proporcionada por otros investigadores en diversas partes del mundo, que indican que las cualidades nutritivas de los moluscos no son tan despreciables como se ha venido sosteniendo, especialmente si se tiene en cuenta su carácter complementario.

La existencia de *procesos de intensificación* en la explotación de moluscos es uno de los debates principales de la investigación en la región cantábrica. A partir de la información previa se ha tratado de contrastar o refutar la existencia de dicho proceso de intensificación en la explotación de moluscos. Para ello se han establecido una serie de factores que indican la existencia de estos procesos y se ha determinado si esos factores se han producido en la región durante el período de estudio o no. Así, los únicos argumentos claros a favor de la hipótesis de intensificación son: la mayor diversificación en las especies explotadas durante el Mesolítico y el Neolítico, el aumento en la explotación de zonas que implican un mayor gasto energético, y la sobreexplotación de los recursos. En cuanto a los otros factores, como el aumento en las acumulaciones de moluscos, la utilización de instrumentos para la recolección, las evidencias de mayor consumo de moluscos y la mayor concentración de asentamientos en zonas costeras, presentan sesgos que no permiten determinar con seguridad si se han producido o no. Así, a partir de los factores identificados, se puede afirmar que durante el MSF se aprecian ligeros signos de intensificación (recolección intensa de *Patella vulgata*), que se van a hacer más evidentes en el Aziliense, y que parecen acentuarse durante el Mesolítico y el Neolítico, no solo en lo referente a la sobreexplotación de los recursos, sino también a la mayor diversificación en las especies y zonas de recolección explotadas. Por tanto, se puede concluir que se ha producido un proceso de intensificación en la explotación de moluscos, que se inicia durante el MSF y el Aziliense, y que continúa durante el Mesolítico y el Neolítico. Por otra parte, este proceso es independiente de los cambios climáticos, y podría ser debido a la presión demográfica, aunque lo único que parece seguro es que guarda relación con los cambios económicos y sociales que se producen al final del Tardiglaciar en las sociedades de cazadores-recolectores de la región. Mientras, la intensificación durante el Holoceno, reflejada en una mayor diversificación y la explotación de zonas menos favorables, tampoco guarda relación con el clima (si bien es cierto que su influencia es clave para el desarrollo de nuevas especies y zonas de recolección), sino más probablemente con los cambios que conducirán al establecimiento de las economías de producción agrícola y ganadera.

En cuanto a *las técnicas de recolección*, el control de las mareas parece haber sido similar a lo largo de todo el período de estudio, si bien es verdad que la recolección en zonas más bajas y expuestas durante el Mesolítico y el Neolítico, podría estar reflejando un mayor control de los momentos en que se producen las mareas vivas. Por otra parte, el registro arqueológico no ha proporcionado evidencias de instrumentos asociados a la explotación de moluscos, salvo posiblemente en el caso del pico asturiense. Las investigaciones funcionales que se llevan a cabo en la actualidad sobre este instrumento lítico, cuyos resultados preliminares confirman que se pudo utilizar para la recolección del género *Patella*, ayudarán en un futuro próximo a clarificar esta cuestión. En el caso de las zonas donde no aparece el pico asturiense, solo se pueden formular hipótesis sobre el empleo de herramientas en la recolección. Así, lo más probable es que se utilizaran cantos marinos desechados en el mismo lugar de recogida. Esta sería también la hipótesis más probable en lo referente a la recolección de *Ostrea edulis* y el género *Mytilus*. Por otra parte, una gran variedad de especies pudieron ser recogidas a mano, como es el caso de algunas consideradas principales en determinados momentos, como *Littorina littorea*, *Osilinus lineatus* y el caracol terrestre *Cepaea nemoralis*. Por último, en cuanto a las especies de fondos de arena y/o fango, éstas han podido ser recogidas, tanto a mano como con la ayuda de instrumentos. Si bien el registro arqueológico no ha permitido identificar estos posibles instrumentos, la información etnográfica presenta una gran cantidad de ejemplos. Sin embargo, la utilización de herramientas para la explotación de estas zonas, debe ser considerada por el momento como una hipótesis a contrastar en el futuro.

Durante la realización de los análisis del material presentado en este trabajo, se identificaron diversos fragmentos de *conchas con evidencias de haber sido utilizadas* en alguna actividad. Las conchas proceden de los niveles neolíticos de Santimamiñe y son las primeras piezas de este tipo documentadas en la región cantábrica.

A pesar de la escasez de información que el registro arqueológico ha proporcionado sobre *las formas de preparación y consumo*, la información etnográfica permite completar algunos vacíos. Así, los moluscos pudieron ser consumidos con o sin preparación previa. En caso de existir preparación, ésta se habría llevado a cabo por cocción o más probablemente por asado, aunque no se descartan otros métodos como el secado. La utilización de instrumentos para el consumo no ha sido identificada con total fiabilidad en el registro arqueológico. Por último, es muy probable que el consumo de los moluscos se haya producido, tanto de manera inmediata, como diferida.

## 8.3 Conclusiones sociales

En cuanto a los aspectos sociales de la explotación de moluscos, la información arqueológica disponible para la región cantábrica sobre esta cuestión es bastante escasa. En el caso de *la división del trabajo*, a partir de la información etnográfica se puede establecer que la recolección de moluscos fue llevada a cabo por mujeres y niños principalmente. Por otra parte, el hallazgo de moluscos con *función ornamental* ha sido explicado por su carácter simbólico, como objetos de culto o prestigio, que en ocasiones forman parte de las redes de intercambio con otras poblaciones, como lo confirma la aparición de este tipo de objetos en zonas muy alejadas de la costa o de las zonas en las que fue recogida. Por último, durante el período de estudio las conchas están casi siempre presentes en *el ritual funerario*, bien debido a que el enterramiento se produce dentro del conchero, como ocurre durante el Mesolítico en las zonas costeras, bien en forma de objetos ornamentales o de especies "raras" en los enterramientos en fosas excavadas en el sedimento de las cuevas (durante el Aziliense, el Mesolítico y el Neolítico) y en las estructuras megalíticas. Por tanto, es indudable el significado simbólico de las conchas para los cazadores-recolectores de la región.

## BIBLIOGRAFÍA

Aguirre, M.; López Quintana, J. C. y Sáenz De Buruaga, A. 2000. Medio Ambiente, industrias y poblamiento prehistórico en Urdaibai (Guernika, Bizkaia) del Würm reciente el Holoceno medio, *Illunzar*, 4 (1998-2000): 13-38.

Alcalde Del Rio, H.; Breuil, H. y Sierra, L. 1911. *Les cavernes de la Région Cantabrique*. Imp. V. A. Chêne, Mónaco.

Altonaga, K.; Gómez Moliner, B.; Martín, R.; Prieto, R.; Puente, A. I. y Rallo, A. M. 1994. *Estudio faunístico y biogeográfico de los moluscos terrestres del Norte de la Península Ibérica*. Parlamento Vasco, Vitoria-Gasteiz.

Altuna, J. 1972. Fauna de mamíferos de los yacimientos prehistóricos de Guipúzcoa, *Munibe*, 32, fasc. 1-2.

Altuna, J. 1985. Los moluscos marinos de Erralla, en Altuna, J.; Baldeón, A. y Mariezkurrena, K. (eds.), *Cazadores magdalenienses en la Cueva de Erralla (Cestona, País Vasco)*, Munibe (Antropología-Arkeologia), XXXVII, 119-121.

Altuna, J. y Merino, J. M. 1984. *El yacimiento prehistórico de la Cueva de Ekain (Deba, Guipúzcoa)*. Colección Barandiarán, 1, Sociedad de Estudio Vascos y Sociedad de Ciencias Aranzadi, San Sebastián.

Altuna, J.; Baldeón, A. y Mariezkurrena, K. (eds.). 1985 *Cazadores magdalenienses en la Cueva de Erralla (Cestona, País Vasco)*, Munibe (Antropología-Arkeologia), XXXVII.

Álvarez, J. y Madariaga de la Campa, B. 1981. Los moluscos del yacimiento de Rascaño, en González Echegaray, J. y Barandiarán, I. (eds.), *El Paleolítico superior de la cueva del Rascaño (Santander)*, Centro de Investigación y Museo de Altamira, Monografías Nº 3, Santander, 271-275.

Álvarez Fernández, E. 2005-2006. La explotación de los moluscos marinos durante el Paleolítico superior y el Mesolítico en la Región Cantábrica y en el Valle del Ebro: pasado y presente de la investigación, *Munibe (Antropologia-Arkeologia)*, 57: 359-368.

Álvarez Fernández, E., 2006. Los objetos de adorno-colgantes del Paleolítico Superior y del Mesolítico en la cornisa cantábrica y en el valle del Ebro: una visión europea, Universidad de Salamanca, Salamanca.

Álvarez Fernández, E. 2007. La explotación de los moluscos marinos en la Cornisa Cantábrica durante el Gravetiense: primeros datos de los niveles E y F de La Garma A (Omoño, Cantabria), *Zephyrus*, LX: 43-58.

Álvarez Fernández, A. 2009. Análisis arqueomalacológico de la cueva de Altamira (Santillana del Mar, Cantabria): Excavaciones de J. González Echegaray y L. G. Freeman, *Complutum*, 20 (1): 55-70.

Álvarez Fernández, E., en prensa. Investigaciones arqueomalacológicas en el Magdaleniense: Los moluscos marinos de los niveles N y O de La Garma A (Omoño, Cantabria), en Corchón, M. S.; Rodríguez Asensio, A. y Menéndez, M. O. (eds.), *1ª Mesa redonda sobre el Paleolítico superior Cantábrico: San Román de Candamo, Asturias. Gestión del Territorio y movilidad de los grupos de cazadores-recolectores durante el Tardiglaciar.*

Andersen, S. H. 1993. Bjornsholm. A stratified kokkenmodding on the central Limjford, North Jutland, *Journal of Danish Archaeology*, 10: 59-96.

André, J. 1979. Etude malacologique du gisement néolithique de l´abri Jean Cros, en Guilaine, J. (ed.), *L´abri de Jean Cros. Essay d´approche d´un groupe humain du Néolithique ancien dans son environnement*, Centre d´Anthropologie des Sociétés Rurales, Toulouse, 253-278.

André, J. 1990. Les mollusques terrestres, témoins de lénvironnement humanisé, en Guilaine, J. (ed.), *Pour une Archeologie Agraire*, Armaud Colin, Paris, 491-510.

Aparicio, M. T. 2001. Malacofauna terrestre del yacimiento de Cubío-Redondo (Matienzo, Cantabria), en Ruiz Cobo, J. y Smith, P. (eds.), *The archaeology of the Matienzo depresión, North Spain*. BAR Internacional Series Archaeopress, 975, Oxford, 68-73, 82-83.

Aparicio, M. T. 2003. Malacofauna del yacimiento de la Sima del Diente (Matienzo, Ruesga), *Sautuola*, IX: 89-96.

Aparicio, M. T. 2004. Los moluscos terrestres del yacimiento de Kanpanoste (Álava), en Cava, A. E. A. (ed.), *La ocupación prehistórica de Kanpanoste en el contexto de los cazadores-recolectores del Mesolítico*. Memorias de Yacimientos Alaveses Diputación Foral de Álava, Vitoria-Gasteiz, 153-157.

Apellániz, J. M. 1971. El Mesolítico de la Cueva de Tarrerón y su datación por el Carbono 14, *Munibe*, 23 (1): 91-104.

Apellániz, J. M. 1975. El campamento mesolítico de pescadores de Kobeaga II (Ispaster), *Noticiario Arqueológico Hispánico, Prehistoria*, Dirección General del Patrimonio Artístico y Cultural, 4, Madrid, 229-240.

Apéllaniz, J. M. y Altuna, J. 1975. Excavaciones en la cueva de Arenaza I (San Pedro de Galdames, Vizcaya), *Noticiario Arqueológico Hispánico (Prehistoria) 4*, 121-197.

Aranzadi, T. de y Barandiarán, J. M. de 1928. Exploraciones prehistóricas en la cueva de Ermitia (en Deva, Guipúzcoa), en de Barandiarán, J. M. (ed.), *Obras Com-*

*pletas de José Miguel de Barandiarán IV*, La Gran Enciclopedia Vasca, Bilbao, 163-194.

Aranzadi, T. de y Barandiarán, J. M. de 1935. Exploraciones en la caverna de Santimamiñe (Basondo: Cortézubi). 3ª Memoria-Yacimientos azilienses y paleolíticos, en de Barandiarán, J. M. (ed.), *Obras Completas de José Miguel de Barandiarán IX*, La Gran Enciclopedia Vasca, Bilbao, 245-344.

Aranzadi, T. de; Barandiarán, J. M. de y Eguren, E. 1931. Exploraciones en la caverna de Santimamiñe (Basondo: Cortézubi). 2ª Memoria – Los niveles con cerámica y el conchero, en de Barandiarán, J. M. (ed.), *Obras Completas de José Miguel de Barandiarán IX*, La Gran Enciclopedia Vasca, Bilbao, 91-243.

Arias, P. 1991a. *De cazadores a campesinos. La transición al neolítico en la región cantábrica*. Universidad de Cantabria-Asamblea Regional de Cantabria, Santander.

Arias, P. 1991b. La transición de los sistemas de caza y recolección a sociedades productoras de alimentos en la región cantábrica. Estado de la cuestión, *XX Congreso Nacional de Arqueología*, Zaragoza, 145-153.

Arias, P. 1992a. Estrategias económicas de las poblaciones del Epipaleolítico avanzado y el Neolítico en la región Cantábrica, en Moure, J. A. (ed.), *Elefantes, ciervos y ovicaprinos. Economía y aprovechamiento del medio en la Prehistoria de España y Portugal*, Universidad de Cantabria, Santander, 163-183.

Arias, P. 1992b. Adaptaciones al medio natural de las sociedades de la región cantábrica durante el Boreal y el Atlántico, en Cearreta, A. y Ugarte, F. M. (eds.), *The late quaternary in the western Pyrenean region*, Servicio de publicaciones de la Universidad del País Vasco, Bilbao, 269-283.

Arias, P. 1996. Los concheros con cerámica de la costa cantábrica y la neolitización del norte de la Península Ibérica, en Moure, A. (ed.), *El Hombre Fósil, 80 años después: volumen conmemorativo del 50 aniversario de la muerte de Hugo Obermaier*, Universidad de Cantabria, Fundación Marcelino Botín, Institute for Prehistoric Investigations, Santander, 391-415.

Arias, P. 1997a. ¿Nacimiento o consolidación? El papel del fenómeno megalítico en los procesos de neolitización de la región cantábrica, en Rodríguez Casal, A. (ed.), *O Neolítico Atlántico e as orixes do Megalitismo*, Consello da Cultura Galega, Universidad de Santiago de Compostela, Unión Internacional das Ciencias Prehistóricas e Protohistóricas, Santiago de Compostela, 371-389.

Arias, P. 1997b. *Marisqueros y agricultores. Los orígenes del Neolítico en la fachada atlántica europea*. Universidad de Cantabria, Santander.

Arias, P. 1999. La colonisation holocène des monts Cantabriques (Espagne): le cas de la région des Picos de Europa, en Thévenin, A. (ed.), *L'Europe des derniers chasseurs: Épipaléolithique et Mésolithique*, Editions du CTHS Paris, 93-100.

Arias, P. 2002. *La Cueva de Los Canes (Asturias): Los últimos cazadores de la Península Ibérica ante la muerte*. Trabajo de investigación presentado para el concurso de provisión de una plaza de Catedrático de Universidad Universidad de Cantabria, Santander. 382 pp.

Arias, P. 2006. Determinaciones de isótopos estables en restos humanos de la región Cantábrica: aportación al estudio de la dieta de las poblaciones del Mesolítico y el Neolítico, *Munibe*, 57 (3): 359-374.

Arias, P. y Pérez Suárez, C. 1992. Las excavaciones arqueológicas de la cueva de Los Canes (Arangas, Cabrales). Campañas de 1987 a 1990, *Excavaciones Arqueológicas en Asturias 1987-90*, Principado de Asturias, Oviedo, 95-101.

Arias, P. y Pérez Suárez, C. 1995. Excavaciones Arqueológicas en Arangas, Cabrales (1991-1994). Las Cuevas de Los Canes, El Tíu Llines y Arangas, *Excavaciones Arqueológicas en Asturias 1991-94*, Principado de Asturias, Oviedo, 79-92.

Arias, P. y Altuna, J. 1999. Nuevas dataciones absolutas para el Neolítico de la cueva de Arenaza (Bizkaia), *Munibe (Antropologia-Arkeologia)*, 51: 161-171.

Arias, P.; Altuna, J.; Armendariz, A.; González Urquijo, J. E.; Ibáñez, J. J.; Ontañón, R. y Zapata, L. 1999. Nuevas aportaciones al conocimiento de las primeras sociedades productoras en la Región Cantábrica, en Bernabeu, J. y Orozco, T. (eds.), *Actes del II Congrés del Neolític a la Península Ibèrica (Universitat de València, 7-9 d'Abril 1999)*, Universitat de València, extra 2, 549-557.

Arias, P., Altuna, J., Armendariz, A., González, J.E., Ibáñez, J.J., Ontañón, R.; Zapata, L. 2000a. La transición al Neolítico en la Región Cantábrica. Estado de la cuestión, en Oliveira Jorge, V. (ed.), *Actas do III Congresso de Arqueologia Peninsular (Vila Real, 21-27. Septiembre. 1999)*, Universidade de Trás-os-Montes e Alto Douro, III, Porto, 115-131.

Arias, P.; González Sainz, C.; Moure, J. A. y Ontañón, R. 2000b. Estudio integral del Complejo Arqueológico de La Garma (Omoño, Ribamontán al Mar), en Ontañón, R. (ed.), *Actuaciones Arqueológicas en Cantabria 1984-1999*, Gobierno de Cantabria, Santander, 271-277.

Arias, P. y Fano, M. A. 2003. Shell middens and megaliths. Mesolithic funerary contexts in Cantabrian Spain and their relation to the Neolithic, en Burenhult, G. W., S. (ed.), *Stones and Bones. Formal disposal of the dead in Atlantic Europe during the Mesolithic-Neolithic interface 6000-3000 BC*. BAR International Series Archaeopress, 1201, Oxford, 145-166.

Arias, P. y Fano Martínez, M. A. 2005. Le rôle des ressources marines dans le Mésolithique de la région Cantabrique (Espagne): l'apport des isotopes stables, en Marchand, G. y Tresset, A. (eds.), *Unité et diversité des processus de néolithisation sur la façade atlantique de l'Europe (6e-4e millénaires avant J.-C.). Table Ronde de Nantes 26-27 Avril 2002*, Mémoire XXXVI de la Société Préhistorique Française, 173-188.

Arias, P.; Armendariz, A. y Teira, L. C. 2005. El fenómeno megalítico en la región Cantábrica. Estado de la cuestión, en Arias, P.; Ontañón, R. y García-Moncó, C. (eds.), *III Congreso del Neolítico en la Península Ibérica*. Monografías del Instituto Internacional de Investigaciones Prehistóricas de Cantabria Servicio de Publicaciones de la Universidad de Cantabria, Santander, 751-759.

Arias, P.; Fano, M. A.; Armendariz, A.; Álvarez Fernández, A.; Cueto, M.; Fernández, R.; Garralda, M. D.; Mensua, C. y Teira, L. C. 2007a. Programa de sondeos en concheros holocenos del oriente de Asturias, *Excavaciones Arqueológicas en Asturias 1999-2002*, Consejería de Cultura, Comunicación Social y Turismo Principado de Asturias, 107-116.

Arias, P.; Fernández-Tresguerres, J. A.; Álvarez Fernández, E.; Armendariz, A.; Cueto Rapado, M.; Fano Martínez, M. A.; Fernández García, R.; Garralda, M. D.; Mensua, C. y Teira, L. C. 2007b. Excavación arqueológica de urgencia en la cueva de La Poza l'Egua (Lledías, Llanes), *Excavaciones Arqueológicas en Asturias 1999-2002*, Consejería de Cultura, Comunicación Social y Turismo del Principado de Asturias, 227-239.

Armendariz, A. 1997. Anton Koba: Cazadores azilienses en la Sierra de Aizkorri (Gipuzkoa), *Actas del II Congreso de Arqueología Peninsular (Zamora, 1996)*, Fundación Rei Afonso Henriques, Tomo I, Zamora, 297-310.

Arnedo, M. L. 1985. Morfología y ecología de los equinodermos de la Costa Vasca, *Sociedad. Cultural INSUB*, 3: 87-98.

Arnedo, M. L. e Ibañez, M. 1985. Variaciones en el tamaño relativo de la linterna de Aristoteles en el erizo de mar Paracentrotus lividus (Lamarck) (Echinodermata, Echinoidea): I, *Lurralde*, 8: 13-19.

Arnold, D. C. 1972. Salinity tolerances of some common prosobranch, *Journal of the Marine Biological Association of the United Kingdom*, 52 (2): 475-486.

Arrébola, J. R. y Álvarez Halcón, R. M. 2001. La explotación de los caracoles terrestres en España: aspectos ecológicos y socioculturales, *Temas de Antropología Aragonesa*, 11: 139-172.

Bahn, P. G. 1985. *Pyrenean prehistory. A palaeoeconomic survey of the French sites*. Aris and Phillips Ltd, Warminster.

Bailey, G. N. 1973. Concheros del norte de España: una hipótesis preliminar, *XII Congreso Nacional de Arqueología*: 73-84.

Bailey, G. N. 1978. Shell middens as indicators of postglacial economies: a territorial perspective, en Mellars, P. (ed.), *The early postglacial settlement of northern Europe*, Duckworth, London, 37-63.

Bailey, G. N. 1993. Shell Mounds in 1972 and 1992: Reflections on Recent Controversies at Ballina and Weipa, *Australian Archaeology*, 37: 2-18.

Bailey, G. N. y Craighead, A. S. 2003. Late Pleistocene and Holocene coastal paleoeconomies: a reconsideration of the molluscan evidence from Northern Spain, *Geoarchaeology: an international journal*, 18 (2): 175-204.

Bailey, G. N. y Craighead, A. S. 2004. Coastal paleoeconomies and paleoenvionmental trends: Asturian and Australian middens compared, en González Morales, M. R. y Clark, G. A. (eds.), *The Mesolithic of the Atlantic façade: proceedings of the Santander symposium*. Anthropological Research Papers 55 Arizona State University, 181-204.

Baker, J. M. y Crothes, J. H. 1987. Intertidal rock, en Baker, J. M. y Wolff, W. J. (eds.), *Biological surveys of estuaries and coasts*, Cambridge University Press 157-197.

Barandiarán, J. M. de 1947. De Prehistoria Vasca. Exploración de la cueva de Urtiaga (en Itziar-Guipúzcoa), en de Barandiarán, J. M. (ed.), *Obras Completas de José Miguel de Barandiarán XII*, La Gran Enciclopedia Vasca, Bilbao, 171-234.

Barandiarán, J. M. de 1950. Bolinkoba y otros yacimientos prehistóricos de la Sierra de Amboto, en de Barandiarán, J. M. (ed.), *Obras Completas de José Miguel de Barandiarán XII*, La Gran Enciclopedia Vasca, Bilbao, 393-453.

Barandiarán, J. M. de 1952. La Prehistoria del Pirineo Vasco. Estado Actual de su Estudio, en de Barandiarán, J. M. (ed.), *Obras Completas de José Miguel de Barandiarán XIII*, La Gran Enciclopedia Vasca, Bilbao.

Barandiarán, J. M. de 1953. El Hombre Prehistórico en el País Vasco, en de Barandiarán, J. M. (ed.), *Obras Completas de J. M. de Barandiarán, XIII*, La Gran Enciclopedia Vasca, Bilbao, 258-265.

Barandiarán, J. M. de 1960a. Exploración de la Cueva de Urtiaga (XIª y XIIª Campañas), en de Barandiarán, J. M. (ed.), *Obras Completas de José Miguel de Barandiarán XII*, La Gran Enciclopedia Vasca, Bilbao, 297-312.

Barandiarán, J. M. de 1960b. Arqueología de Vizcaya. Excavaciones en Atxeta (Forua). 1959, en de Barandiarán, J. M. (ed.), *Obras Completas de José Miguel de Barandiarán XIV*, La Gran Enciclopedia Vasca, Tomo XIV, Bilbao, 391-442.

Barandiarán, J. M. de 1960c. Arqueología de Vizcaya. Excavaciones en Atxeta (Forua). 1960, en de Barandiarán, J. M. (ed.), *Obras Completas de José Miguel de Barandiarán XIV*, La Gran Enciclopedia Vasca, Bilbao, 445-489.

Barandiarán, J. M. de 1961a. Excavaciones en Aitzbitarte IV (Trabajos de 1960), Munibe, Año XIII. Cuadernos 3º y 4º, en de Barandiarán, J. M., 1978 (ed.), *Obras Completas de José Miguel de Barandiarán XV*, La Gran Enciclopedia Vasca, Bilbao, 9-111.

Barandiarán, J. M. de 1961b. Exploraciones en la caverna de Santimamiñe (Basondo: Cortézubi): 4ª Memoria. Campaña de 1960, en de Barandiarán, J. M. (ed.), *Obras Completas de José Miguel de Barandiarán IX*, La Gran Enciclopedia Vasca, Bilbao, 345-368.

Barandiarán, J. M. de 1961c. Excavaciones Arqueológicas en Vizcaya: Silibranka, Atxurra y Goikolau, Vizcaya, Revista de la Excelentísima Diputación de Vizcaya, Nº 17, en de Barandiarán, J. M. (ed.), *Obras Completas de José Miguel de Barandiarán XV*, La Gran Enciclopedia Vasca, Bilbao, 199-219.

Barandiarán, J. M. de 1962a. Exploración de la caverna de Urtiaga, en Itziar-Deva (Segunda época), en de Barandiarán, J. M. (ed.), *Obras Completas de José Miguel de Barandiarán XII*, La Gran Enciclopedia Vasca, Bilbao, 315-324.

Barandiarán, J. M. de 1962b. Exploraciones en la caverna de Santimamiñe (Basondo: Cortézubi): 5ª Memoria. Campaña de 1961, en de Barandiarán, J. M. (ed.), *Obras Completas de Barandiarán IX*, La Gran Enciclopedia Vasca, Bilbao, 369-403.

Barandiarán, J. M. de 1962c. Excavaciones en Goikolau (Campaña de 1962), en de Barandiarán, J. M. (ed.), *Obras Completas de José Miguel de Barandiarán XV*, La Gran Enciclopedia Vasca, Bilbao, 405-415.

Barandiarán, J. M. de 1963a. Excavaciones en la caverna Aitzibitarte IV (Trabajos de 1961), Munibe, Nº 12, en de Barandiarán, J. M. (ed.), *Obras Completas de José Miguel de Barandiarán XV*, La Gran Enciclopedia Vasca, Bilbao, 115-138.

Barandiarán, J. M. de 1963b. Excavaciones en Aitzbitarte IV (Campaña de 1962), Munibe, Tomo 3-4, en de Barandiarán, J. M. (ed.), *Obras Completas de José Miguel de Barandiarán XV*, La Gran Enciclopedia Vasca, Bilbao, 141-158.

Barandiarán, J. M. de 1963c. Exploraciones en la caverna de Santimamiñe (Basondo: Cortézubi): 6ª Memoria. Campaña de 1962, en de Barandiarán, J. M. (ed.), *Obras Completas de Barandiarán IX*, La Gran Enciclopedia Vasca, Bilbao, 405-419.

Barandiarán, J. M. de 1964. Excavaciones en la caverna de Aitzbitarte IV (Campaña 1963), Munibe, 1-2, en de Barandiarán, J. M. (ed.), *Obras Completas de José Miguel de Barandiarán XV*, La Gran Enciclopedia Vasca, Bilbao, 161-172.

Barandiarán, J. M. de 1965a. Excavaciones en Aitzbitarte IV (Campaña de 1964), Munibe, 1-2, en de Barandiarán, J. M. (ed.), *Obras Completas de José Miguel de Barandiarán XV*, La Gran Enciclopedia Vasca, Bilbao, 175-195.

Barandiarán, J. M. de 1965b. Excavaciones en Lumentxa (Campaña de 1963), en de Barandiarán, J. M. (ed.), *Obras Completas de José Miguel de Barandiarán X*, La Gran Enciclopedia Vasca, Bilbao, 93-98.

Barandiarán, J. M. de 1966. Excavaciones en Lumentxa (Campaña de 1964), en de Barandiarán, J. M. (ed.), *Obras Completas de José Miguel de Barandiarán X*, La Gran Enciclopedia Vasca, Bilbao, 101-109.

Barandiarán, J. M. de 1969. Excavaciones en Abittaga (Amoroto-Vizcaya). (Campaña de 1965), en de Barandiarán, J. M. (ed.), *Obras Completas de José Miguel de Barandiarán XVI*, La Gran Enciclopedia Vasca, Bilbao, 279-287.

Barandiarán, J. M. de 1971. Excavaciones en Abittaga (Amoroto, Vizcaya). Campaña de 1966, en de Barandiarán, J. M. (ed.), *Obras Completas de José Miguel de Barandiarán XVI*, La Gran Enciclopedia Vasca, Bilbao, 289-306.

Barandiarán, J. M. de 1979. *El Hombre Prehistórico en el País Vasco*. Ediciones Vascas, San Sebastián. 267 pp.

Barandiarán, J. M. de y Elosegui, J. 1955. Exploración de la Cueva de Urtiaga, en de Barandiarán, J. M. (ed.), *Obras Completas de José Miguel de Barandiarán*, La Gran Enciclopedia Vasca, Bilbao, 285-307.

Barandiarán, I. 1979. Excavaciones en el covacho de Berroberría (Urdax). Campaña de 1977, *Trabajos de Arqueología Navarra*, 1: 11-60.

Barandiarán, I. 1990. Revisión estratigráfica de Berroberría. Datos en 1990, *Veleia*, 7: 7-33.

Barandiarán, I. 1993-1994. Cueva de Berroberría (Urdax): informe de las campañas de excavación V (1990), VI (1991), VII (1992) y VIII (1993), *Trabajos de Arqueología Navarra*, 11: 243-247.

Barandiarán, I. y Cava, A. (eds.). 1989. *Cazadores-recolectores en el Pirineo Navarro. El sitio de Aizpea entre 8000-6000 años antes de ahora*. Anejos de Veleia Serie mayor Universidad del País Vasco, 10, Vitoria.

Barandiarán, I. y Madariaga, B. 1989. Moluscos terrestres y acuáticos, en Barandiarán, I. y Cava, A. (eds.), *El yacimiento prehistórico de Zatoya (Navarra)*. Trabajos de Arqueología Navarra, 8, Pamplona, 275-281.

Barceló, J. A. 2007. *Arqueología y estadística (1). Introducción al estudio de la variabilidad de las evidencias arqueológicas*. Materials 187, Universitat Autònoma de Barcelona, Bellaterra. 135 pp.

Barceló, J. A. en preparación. *Arqueología y estadística (2). Inferencia estadística en Tafonomía, Arqueología Experimental y Etno-Arqueología.* Universitat Autònoma de Barcelona, Bellaterra.

Bar-Yosef, D. (ed.), 2005. Archaeomalacology: molluscs in former environments of human behaviour. Proceedings of the 9th ICAZ Conference, Durham, 2002. Oxbow Books, Oxford, 184 pp.

Bate, L. F. 1989. Notas sobre el materialismo histórico en el proceso de investigación arqueológica, *Boletín de Antropología Americana*, 19: 18-29.

Bate, L. F. 1992. Del registro estático al pasado dinámico": entre un salto mortal y un milagro dialéctico, *Boletín de Antropología Americana*, 26: 49-67.

Bech, M. 1990. *Fauna malacològica de Catalunya. Molluscs terrestres i d'aigua dolça.* 12 Institución Catalana d'Història Natural, Barcelona. 229 pp.

Bejega, V. 2008. Composición y metodología de análisis de concheros aplicada a los castros litorales gallegos, *Actas de las I Jornadas de jóvenes en investigación arqueológica: dialogando con la cultura material (JIA 2008),* Tomo 1, Ed. Cersa, 247-254.

Berganza, E. y Arribas, J. L. 1994. El asentamiento de Laminak II. Excavación, cronología, análisis de las industrias lítica y ósea, *Kobie*, 21: 7-83.

Berganza, E.; Arribas, J. L.; Cataños, P.; Elorza, M.; Urquijo, J. E. G.; Ibáñez, J. J.; Iriarte, M. J.; Morales, A.; Pemán, E.; Roselló, E.; Uriz, A.; Uzquiano, P.; Vásquez, V. y Zapata, L. en prensa. La transición tardiglaciar en la costa oriental de Bizkaia: el yacimiento de Santa Catalina., en Corchón, M. S.; Rodríguez Asensio, A. y Menéndez, M. O. (eds.), *1ª Mesa redonda sobre el Paleolítico superior Cantábrico: San Román de Candamo, Asturias. Gestión del Territorio y movilidad de los grupos de cazadores-recolectores durante el Tardiglaciar, 2007.*

Bernaldo de Quirós, F.; Gutiérrez Saez, C.; Heras, C.; Lagüera, M.; Pelayo, M.; Pumarejo, P. y Uzquizano, P. 1992. Nouvelles donnés sur la transition Magdalénien Supérieur-Azilien. La grotte de La Pila (Cantabria, Espagne), *Le peuplement magdalénien. Paléogéographie physique et humaine*, Ministere de l'Education Naionale et de la Culture, Paris, 259-269.

Bernaldo de Quirós, F.; Gutiérrez Saez, C.; Heras, C.; Lagüera, M.; Pelayo, M.; Pumarejo, P. y Uzquizano, P. 2000. Excavación arqueológica en la Cueva de La Pila (Cuchía, Miengo), en Ontañón, R. (ed.), *Actuaciones arqueológicas en Cantabria, 1984-1999*, Gobierno de Cantabria, Santander, 53-56.

Bird, D. W. y Bliege Bird, R. 2000. The Ethnoarchaeology of Juvenile Foragers: Shellfishing Strategies among Meriam Children, *Journal of Anthropological Archaeology*, 19 (4): 461-476.

Bjarvall, A. y Ullstrom, S. 1986. *The Mammals of Britain and Europe*. Crom Helm, Beckenham, Kent.

Björck, S.; Rundgren, M.; Ingólfsson, Ó. y Funder, S. 1997. The Preboreal oscillation around the Nordic Seas: terrestrial and lacustrine responses, *Journal of Quarternary Science*, 12 (6): 455-465.

Björck, S.; Walker, M. J. C.; Cwynar, L. C.; Johnsen, S.; Knudsen, K.-L.; Lowe, J. J.; Wohlfarth, B. y Members, I. 1998. An event stratigraphy for the Last Termination in the North Atlantic region based on the Greenland ice-core record: a proposal by the INTIMATE group, *Journal of Quaternary Science*, 13 (4): 283-292.

Blasco Sancho, M. F. 1992. *Tafonomía y Prehistoria. Métodos y procedimientos de investigación*. Universidad de Zaragoza, Zaragoza.

Bobrowsky, P. T. 1984. The History and Science of Gastropods in Archaeology, *American Antiquity*, 49 (1): 77-93.

Bohígas, R. y Muñoz Fernández, E. 2002. Excavaciones arqueológicas de urgencia en el Covacho de Arenillas (Islares, Castro Urdiales).1992, en Ontañón, R. (ed.), *Actuaciones Arqueológicas en Cantabria 1987-1999. Arqueología de Gestión*, Gobierno de Cantabria, Santander, 45-47.

Bohigas, R.; Muñoz Fernández, E.; López Jorde, F. J. y Molinero Arroyabe, J. T. en preparación Excavaciones arqueológicas de urgencia en el covacho de Arenillas (Islares, Castro Urdiales, Cantabria).

Borja, A. 1988. Estudio de los moluscos bivalvos de la Ría de Fuenterrabía (N. España) en Mayo de 1987, *Iberus*, 8 (2): 187-202.

Borja, A. 1990. La malacofauna de la Cueva de Amalda, en Altuna, J.; Baldeón, A. y Mariezkurrena, K. (eds.), *La Cueva de Amalda (Zestoa, País Vasco) ocupaciones paleolíticas y postpaleolíticas*. Colección Barandiarán, 4, 267-270.

Borja Barrera, F.; Barral Muñoz, M. A. y García Rincón, J. M. 1994. Los concheros arqueológicos de Cañada Honda y El Gritillo (Estuario del Odiel, Huelva), en Arnáez Vadillo, J. M.; García Ruiz, J. M. y Gómez Villar, A. (eds.), *Geomorfología en España*, Sociedad Española de Geomorfología, Universidad de La Rioja, Instituto Pirenáico de Ecología (CSIC), Instituto de Estudios Riojanos, I, Logroño, 339-353.

Bosch-Gimpera, P. 1922. *Ensayo de una reconstrucción de la Etnología de la Península Ibérica*. Boletín de la Biblioteca Menéndez Pelayo, Santander.

Bosch Gimpera, P. 1947. El Mesolítico Europeo, *Ciencia*, VII (11-12): 389-397.

Braje, T. J. y Erlandson, J. M. 2007. Measuring subsistence specialization: Comparing historic and prehistoric abalone middens on San Miguel Island, California, *Journal of Anthropological Archaeology*, 26 (3): 474-485.

Breuil, H. y Obermaier, H. 1912. Les premiers travaux de L'Institut de Paléontologie Humaine, *L'Anthropologie*, XXIII: 1-27.

Buchanan, W. F. 1988. *Shellfish in Prehistoric Diet. Elands Bay SW Cape Coast, South Africa*. BAR International Series, 455 Archaeopress, Oxford. 257 pp.

Cabral, J. y Natal Jorge, R. 2007. Compressibility and shell failure in the European Atlantic *Patella* limpets, *Marine Biology*, 150 (4): 585-597.

Cabral, J. P. y Da Silva, A. C. F. 2003. Morphometric analysis of limpets from an Iron-Age shell midden found in northwest Portugal, *Journal of Archaeological Science*, 30 (7): 817-829.

Calderón De Arana, S. 1877. Caverna de Oreña (Santander), *Boletín de la Institución Libre de Enseñanza*, vol. I, nº 2.

Campbell, G. 2007. Appendix G: The marine invertebrate remains, en Galliou, P. y Cunliffe, B. (eds.), *Les fouilles du Yaudet en Ploulec'h, Cotes d'Armor 3*, (exclusively online: http://www.arch.ox.ac.uk/research/research_projects/le_yaudet/ appendices).

Campbell, G. 2008. Wrong Phylum: A neophyte archaeomalacologist's experiencies in analyzing a European Atlantic sea urchin assemblage, *Archaeofauna*, Proceedings of the Inaugural Meeting of the ICAZ Archaeomalacology Working Group, University of Florida, Gainesville 2005. *Archaeofauna*, 17:77-90.

Campbell, C. R. y Schmidt, L. 2001. Molluscs and Echinoderms from the Emily Bay settlement site, Norfolk Island, *Records of the Australian Museum*, Supplement 27: 109-114.

Campo del Castillo, A. 1896. Oviedo Histórico, Artístico e Industrial, *España Fín de Siglo*, Madrid, 312-314.

Carballo, J., 1922. El Paleolítico en la costa cantábrica, Tesis inédita, Universidad de Madrid.

Carballo, J. 1924. *Prehistoria General y Especial de España*. Imp. de Vda. de L. de Horno, Santander.

Carballo, J. 1926. *El esqueleto humano más antiguo de España*. Edición del Autor, Santander.

Carballo, J. 1957. *Investigaciones Prehistóricas*. Diputación Provincial de Santander, Santander.

Caro Saiz, J., 2006. Los grupos cazadores recolectores del Paleolítico Superior cantábrico: una visión desde la Arqueología Social. Trabajo de Investigación de Tercer Ciclo, Universidad de Cantabria, Santader, 94 pp.

Choi, K. y Driwantoro, D. 2007. Shell tool use by early members of *Homo erectus* in Sangiran, central Java, Indonesia: cut mark evidence, *Journal of Archaeological Science*, 34 (1): 48-58.

Cearreta, A.; Edeso, J. M. y Ugarte, F. M. 1992. Cambios del nivel del mar durante el Cuaternario reciente en el Golfo de Bizkaia, en Cearreta, A. y Ugarte, F. M. (eds.), *The Late Quaternary in the western Pyrinean region*, Servicio de Publicaciones de la Universidad del País Vasco, Bilbao, 57-94.

Cearreta, A. y Murray, J. W. 1996. Holocene paleoenvironmental and relative sea-level changes in the Santoña estuary, Spain, *Journal of Foraminiferal Research*, 26 (4): 289-299.

Cearreta, A. y Murray, J. W. 2000. AMS 14C dating of Holocene estuarine deposits: consequences of high-energy and reworked foraminifera, *The Holocene*, 10 (1): 155-159.

Cearreta, A.; Monge-Ganuzas, M. y Iriarte, E. 2006. Análisis micropaleontológico (foraminíferos) y evolución ambiental holocena del estuario superior del Oka (área de Portuzarra, Gernika-Lumo), *Illunzar*, 6: 57-68.

Charpentier, V.; Méry, S. y Phillips, C. 2004. Des coquillages outillages des Ichtyophages ? Mise en évidence d'industries sur Veneridae, du Néolithique à l'âge du Fer (Yémen, Oman, E.A.U.), *Arabian Archaeology and Epigraphy*, 15 (1) 1-10.

Chenorkian, R. 1988a. Identification des dépôts coquilliers anthropiques, *Travaux du Laboratoire d'Anthropologie et de Préhistoire des Pays de la Méditerranée Occidentale*: 31-37.

Chenorkian, R. 1988b. Fouille des dépôts coquilliers anthropiques: strati, or not strati...?, *Travaux du Laboratoire d'Anthropologie et de Préhistoire des Pays de la Méditerranée Occidentale*: 39-55.

Chenorkian, R. 1990. Conservation en milieu coquillier et reconstitution des diètes préhistoriques, *Travaux du Laboratoire d'Anthropologie et de Préhistoire des Pays de la Méditerranée Occidentale*: 133-146.

Christiaens, J. 1973. Revisión du genre *Patella* (Mollusca, Gasteropoda), *Bulletin du Muséum National d'Histoire Naturelle*, 182 (zool. 121): 1305-1392.

Claassen, C. 1991a. Normative Thinking and Shell-Bearing Sites, en Schiffer, M. B. (ed.), *Archaeological Method and Theory*, University of Arizona Press, 3, Tucson, 249-298.

Claassen, C. 1991b. Gender, Shellfishing and the Shell Mound Archaic, en Gero, J. y Conkey, M. (eds.), *Engendering Archaeology: Women and Production in Prehistory*, Black-wells, Cambridge, 276-300.

Claassen, C. 1998. *Shells*. Cambridge University Press. 266 pp.

Claassen, C. 2000. Quantifying Shell: Comments on Mason, Peterson, and Tiffany, *American Antiquity*, 65 (2): 415-418.

Claassen, C. y Whyte, T. 1995. Biological Remains, en Claassen, C. (ed.), *Dogan Point: A Shell Matrix Site in the Lower Hudson Valley*. Occasional Papers in Northeastern Anthropology, 14 Archaeological Services, Bethelem, 65-78.

Clark, G. A. 1971. The Asturian of Cantabria: Subsistence base and the evidence for post-pleistocene climatic shifts, *American Anthropologist*, 73 (5): 1244-1257.

Clark, G. A. 1972. El Asturiense de Cantabria: Bases sustentadoras y evidencias de los cambios climatológicos post-pleistocenos, *Trabajos de Prehistoria* 29: 17-30.

Clark, G. A. 1975. El hombre y su ambiente a comienzos del Holoceno en la Región Cantábrica. Los cazadores-recolectores asturienses, *Boletín del Instituto de Estudios Asturianos*, 84-85: 362-387.

Clark, G. A. 1976. *El Asturiense Cantábrico*. Biblioteca Prehistórica Hispana, XIII CSIC, Madrid.

Clark, G. A. 1983. *The Asturian of Cantabria. Early Holocene Hunter-Gatherers in Northern Spain*. University of Arizona Press, Tucson.

Clark, G. A. 1989. Site functional complementary in the Mesolithic of Northern Spain, en Bonsall, C. (ed.), *The Mesolithic in Europe*, John Donald Publishers Ltd, Edinburgh, 589-603.

Clark, G. A. 1995. Complementariedad funcional en el Mesolítico del Norte de España, en Villaverde, V. (ed.), *Los últimos cazadores. Transformaciones culturales y económicas durante el Tardiglaciar y el inicio del Holoceno en el ámbito mediterráneo*, Instituto de Cultura Juan Gil-Albert, Alicante, 45-62.

Clark, G. A. 2000. Thirty Years of Mesolithic Research in Atlantic Coastal Iberia (1970-2000), *Journal of Anthropological Research*, 56 (1): 17-37.

Clark, G. A. 2004. The Iberian Mesolithic in the European Context, en González Morales, M. R. y Clark, G. A. (eds.), *The Mesolithic of the Atlantic façade: proceedings of the Santander symposium*. Anthropological Research Papers 55 Arizona State University, 205-223.

Clark, G. A. y Straus, L. G. 1977. La Riera Paleoecological Project: Preliminary Report, 1976 Excavations, *Current Anthropology*, 18 (2): 354-355.

Clark, G. A. y Straus, L. G. 1983. Late Pleistocene Hunter-Gatherers Adaptations in Cantabrian Spain, en Bailey, G. N. (ed.), *Hunter-Gatherer Economy in Prehistory: a European Perspective*, Cambridge University Press, Cambridge, 131-147.

Clark, G. A. y Yi, S. 1983. Niche Width Variation in Cantabrian Archaeofaunas: A Diachronic Study, en Clutton-Brock, J. y Grigson, C. (eds.), *Animals in Archaeology*. British Archeological Reports International Series 163 Archeopress, Oxford, 183-208.

Clemente, I. y Gassiot, E. 2004-2005. ¿En el camino de la desigualdad? El litoral de la costa Caribe de Nicaragua entre el 500 cal ANE y el 450 cal ANE, *Revista Atlántico-Mediterránea de Prehistoria y Arqueología Social*, 7: 109-130.

Cohen, M. 1975. Archeological evidence of populations pressure in preagricultural societies, *American Antiquity*, 40 (4): 471-474.

Cohen, M. 1977. *The Food Crisis in Prehistory*. Yale University Press, New Haven.

Corchón, M. S. 1990. La cueva de Las Caldas (Priorio, Oviedo). Investigaciones efectuadas entre 1980 y 1986, *Excavaciones Arqueológicas en Asturias 1983-86*, Principado de Asturias, Oviedo, 37-53.

Corchón, M. S. 2007. Investigaciones en la cueva de Las Caldas (Priorio, Oviedo). V. Los niveles del Magdaleniense superior, *Excavaciones Arqueológicas en Asturias 1999-2002*, Gobierno del Principado de Asturias, Oviedo, 47-59.

Courtin, J. y Vigié, B. 1987. Le problème des coquilles à bord dentelé dans la préhistoire du Midi de la France, *Mésogée*, 47: 93-98.

Coutts, P. J. F. y Jones, K. L. 1974. A proponed method for deriving seasonal data from the echinoid *Evechinus chloroticus* (Val.), in archaeological deposits, *American Antiquity*, 39 (1): 98-102.

Craighead, A. S., 1995. *Marine mollusca as palaeoenvironmental and palaeoeconomic indicators in Cantabrian Spain*, Tésis Doctoral inédita, University of Cambridge, 485 pp.

Cristiani, E. L., C.; Martini, F.; Sarti, L. 2005. Scrapers of *Callista chione* from Grotta del Cavallo (Middle Paleolithic cave in Apulia): evaluating use-wear potential, en Luik, H. C., A. M.; Batey, C. E.; Lougas, L. (ed.), *From Hooves to Horns, from Mollusc to Mammoth. Manufacture and use of bone artefacts from prehistoric times to the present*, Proceedings of the 4th meeting of the ICAZ worked bone research group at Tallin, 26-31 August 2003, Tallin, 319-324.

Crusafont, M. 1963. ¿Es la industria asturiense una evolucionada "pebble-culture"?, *Speleon*, XIV, 1-4: 77-89.

Cuenca Solana, D., 2009. *Las "tecnologías invisibles" en los grupos de cazadores recolectores del litoral durante los inicios del Holoceno (9500-5000 uncal BP) en la región Cantábrica. Utilización de las conchas de molusco en la realización de actividades productivas*, Trabajo de Investigación de Tercer Ciclo, inédito, Universidad de Cantabria, Santander.

Davies, D. J.; Staff, G. M.; Callender, W. R. y Powell, E. N. 1990. Description of a quantitative approach to taphonomy and taphofacies analysis: all dead things are not created equal, en Miller, W. (ed.), *Paleocommunity Temporal Dynamics: The Long-Term Development of Multispecies Assemblies*. The Paleontological Society Special Publication, vol. 5 The University of Tennesse, Knoxville, 328-350.

Debelius, H. 1999. *Guía de Crustáceos del Mundo*. M&G Difusión, S. L.,

Deith, M. R. 1983. Seasonality of shell collecting, determined by oxygen isotope analysis of marine shells from Asturian sites in Cantabria, en Grigson, C. y Clutton-Brock, J. (eds.), *Animals and Archaeology*, BAR International Series, 183 (2), Oxford, 67-76.

Deith, M. R. 1989. Shellfish gathering and the site function: a case study from Neolithic Apulia, *Archaeozoologia*, 3 (1-2): 163-176.

Deith, M. y Shackleton, N. 1986. Seasonal exploitation of marine molluscs: oxygen isotope analysis of shell from La Riera cave, en Straus, L. G. y Clark, G. A. (eds.), *La Riera Cave. Stone Age hunter-gatherer adaptations in northern Spain*, Arizona State University, Tempe, 299-313.

Driscoll, E. G. y Weltin, T. P. 1973. Sedimentary parameters as factors in abrasive shell reduction, *Palaeogeography, Palaeoclimatology, Palaeoecology*, 13: 275-288.

Dupont, C., 2003. *La malacofaune de sites mésolithiques et néolithiques de la façade atlantique de la France: contribution à l'économie et à l'identité culturelle des groupes concernés*, These, Université Paris I, Paris, 542 pp.

Dupont, C. 2006. *La malacofaune des sites mésolithiques et néolithiques de la façade atlantique de la France. Contribution à l'economie et à l'identité culturelle des groupes concernés*. B.A.R. International Series 1571 Archaeopress, Oxford.

Dupont, C.; Gruet, Y. 2002. Estimation de la ressource alimentaire en masse de chair d'après les restes de coquilles: applications aux berniques *Patella* sp. et au 'bigorneau' *Monodonta lineata* de sites mésolithiques et néolithiques, *Revue d'Archéométrie*, 26: 93-112.

Efremov, J. A. 1940. Taphonomy, a new branch of paleontology, *Akad. Nauk. SSSR Biul, Biol. Ser.*, 3.

Erlandson, J. M. 1988. The Role of Shellfish in Prehistoric Economies: A Protein Perspective, *American Antiquity*, 53 (1): 102-109.

Erlandson, J. M.; Rick, T. C.; Vellanoweth, R. L. y Kennett, D. J. 1999. Maritime Subsistence at a 9300 Year Old Shell Midden on Santa Rosa Island, California, *Journal of Field Archaeology*, 26 (3): 255-265.

Estévez, J. 1991. Cuestiones de fauna en arqueología, en Vila, A. (ed.), *Arqueología*, CSIC, Madrid, 57-81.

Estévez, J. y Vila, A. 1995. Encuentros en los conchales fueguinos, *Treballs d'Etnoarqueología*, 1.

Estévez, A. y Vila, A. 1999. *Piedra a piedra: historia de la construcción del Paleolítico en la Península Ibérica.* BAR International Series 805 Archaeopress, Oxford. 355 pp.

Estévez, J. y Vila, A. 2006. *Una historia de la investigación sobre el Paleolítico en la Península Ibérica.* Arqueología Prehistórica 6 Editorial Síntesis, Madrid. 411 pp.

Evans, J. G. 1972. *Land Snails in Archaeology*. Seminar Press, London.

Fairbridge, R. W. 1961. Eustatic changes in sea level, en Ahrens, L. H. (ed.), *Physics and chemistry of the Earth*, Pergamon Press, 4, 99-187.

Falciai, L. 1995. *Guía de los Crustáceos Decápodos de Europa*. Omega, Barcelona.

Fano Martínez, M. A. 1996. El Mesolítico en Asturias: delimitación cronológica y espacial, *Complutum*, 7: 51-62.

Fano Martínez, M. A. 1998. *El hábitat mesolítico en el Cantábrico Occidental. Transformaciones Ambientales y Medio Físico durante el Holoceno Antiguo.* BAR International Series 738, Archaeopress, Oxford. 145 pp.

Fano Martínez, M. A. 2000. Después del Asturiense: ocho décadas de incertidumbre acerca del inicio del Neolitico en el Cantábrico occidental, *Veleia*, 17: 9-30.

Fano Martínez, M. A. 2005. El final del Magdaleniense en la cuenca del río Asón. Nuevos datos procedentes de la Cueva de El Horno (Ramales de la Victoria, Cantabria), en Bicho, N. F. (ed.), *O Paleolítico. Actas do IV Congresso de Arqueología Peninsular, septiembre 2004*, Universidade do Algarve, Faro, 109-122.

Fano Martínez, M. A. 2006. Hugo Obermaier and the Research on the Mesolithic of Northern Spain, *Sonderdruck aus "QUARTÄR"*, Band 53/54: 169-179.

Fano Martínez, M. A. 2007. Un nuevo tiempo: el Mesolítico en la región cantábrica, en Fano Martínez, M. A. (ed.), *Las Sociedades del Paleolítico en la Región Cantábrica*, Kobie Anejo 8, Bilbao, 337-401.

Fano Martinez, M. A. y González Morales, M. R. 2004. Nine Decades of Research on the "Asturian" of Cantabria en González Morales, M. R. y Clark, G. A. (eds.), *The Mesolithic of the Atlantic façade: proceedings of the Santander symposium*. Anthropological Research Papers 55 Arizona State University.

Fernández López, S. 1999. Tafonomía y Fosilización, en Meléndez, B. (ed.), *Tratado de Paleontología*, CSIC, Tomo I, Madrid, 51-107, 438-441.

Fernández López, S. R. 2000. *Temas de Tafonomía*. Departamento de Paleontología, Universidad Complutense de Madrid. 167 pp.

Fernández-Tresguerres, J. A. 1980. *El Aziliense en las provincias de Asturias y Santander*. Monografía número 2 Centro de Investigación y Museo de Altamira, Santander. 214 pp.

Fernández-Tresguerres, J. A. 1995. El Aziliense de la región cantábrica, en Moure, A. y González Sainz, C. (eds.), *El Final del Paleolítico Cantábrico*, Universidad de Cantabria, Santander, 199-224.

Fernández Tresguerres, J. A. 2007. El final del Paleolítico en los espacios cantábricos: el Aziliense, en Fano Martínez, M. A. (ed.), *Las Sociedades del Paleolítico en la Región Cantábrica*, Kobie Anejo 8, Bilbao, 309-335.

Figuti, L. 1993. O homem préhistórico, o molusco e o sambaqui: consideraçoes sobre a subsistencia dos povos sambaquieiros, *Revista do Museu de Arqueologia e Etnologia*, 3: 67-80.

Finlayson, B. 1995. Complexity in the Mesolithic of the Western Scottish Seabord, en Fischer, A. (ed.), *Man and Sea in the Mesolithic*. Monographies 54 Oxbow, Oxford, 261-264.

Fischer, P. H. 1922. Mollusques quaternaires recoltés par M. l´Abbé Breuil dans divers stations préhistoriques d´Espagne, *Journal de Conchyliologie*, 76: 160-167.

Fischer, P. H. 1923-24. Mollusques quaternaires recoltés dans la grotte du Castillo (Espagne, province de Santander), *Journal de Conchyliologie*, 68: 320 y ss.

Fischer-Piette, E. 1948. Sur les éléments de prospérité des Patelles et sur leur spécificité, *Journal de Conchyliologie*, 88: 45-96.

Ford, P. J. 1992. Interpreting the grain size distribution of archaeological shell, en Stein, J. K. (ed.), *Deciphering a Shell Midden*, Academic Press Inc., San Diego, 283-325.

Figuti, L. 1993. O homem pré-histórico, o molusco e o sambaqui: consideraçoes sobre a subsistencia dos povos sambaquieiros, *Revista do Museu de Arqueologia e Etnologia*, 3: 67-80.

Fraga, E. 1958. Catálogo bibliográfico de la fauna cuaternaria asturiana, *Monografías geológicas VIII*, Instituto de Geología Aplicada, Oviedo, 1-75.

Fretter, V. y Graham, A. 1976. The Prosobranch Molluscs of Britain and Denmark. Part 1: Pleurotomariacea, Fissurellacea and Patellacea, *Journal of Molluscan Studies*, Supplement 1.

García Codrón, J. C. 2007. El marco del poblamiento paleolítico: unidad y diversidad de los espacios cantábricos, en Fano Martínez, M. A. (ed.), *Las Sociedades del Paleolítico en la Región Cantábrica*, Kobie, Anejo 8, 11-27.

García-Gelabert, M. P. y Talavera Costa, J. 2004. *La cueva del Valle, Rasines, Cantabria, España.* BAR International Series 1252, Archaeopress, Oxford.

García Flores, J. A. y Moreno Nuño, R. 1994. The echinoderms, en Roselló, E. y Morales, A. (eds.), *Castillo de Doña Blanca. Archaeoenvironmental investigations in the Bay of Cádiz, Spain (750-500 B.C.)*. BAR International Series 593, Archaeopress, Oxford, 183-184.

García Guinea, M. A. (ed.) 1975. *Primeros sondeos estratigráficos en la Cueva de Tito Bustillo (Ribadesella, Asturias). Campaña de 1976*, Patronato de las Cuevas Prehistóricas de la provincia de Santander, XII.

García Moreno, A. 2007. La evolución del paisaje en la transición al Holoceno. Desarrollo de un modelo predictivo de vegetación en el valle del Asón (Cantabria), *Trabajos de Prehistoria*, 64 (2): 55-71.

García Moreno, A. y Gutiérrez Zugasti, F. I. en prensa. Cambios climáticos al final del Tardiglaciar: una aproximación multidisciplinar a las evidencias paleoclimáticas del valle del Asón (Cantabria), en Corchón, M. S.; Rodríguez Asensio, A. y Menéndez, M. (eds.), *1ª Mesa redonda sobre el Paleolítico superior Cantábrico: San Román de Candamo, Asturias. Gestión del Territorio y movilidad de los grupos de cazadores-recolectores durante el Tardiglaciar.*

Gassiot, E., 2000. *Anàlisi arqueològica del canvi cap a l'explotació del litoral*, Tesis Doctoral inédita, Universidad Autónoma de Barcelona, Barcelona, 543 pp.

Gautier, A. 1987. Tafonomic groups: how and why?, *Archaeozoologia*, 1 (2): 47-52.

Germain, L. 1930. *Faune de France 21. Mollusques terrestres et fluviatiles.* I Fédération Française des Sociétés des Sciences Naturelles. Office Central de Faunistique, Paris. 477 pp.

Glassow, M. A. 2000. Weighing vs. Counting Shellfish Remains: A Comment on Mason, Peterson, and Tiffany, *American Antiquity*, 65 (2): 407-414.

Gofas, S. 2001. The systematics of Pyrenean and Cantabrian *Cochlostoma* (Gastropoda, Cyclophoroidea) revisited, *Journal of Natural History*, 35: 1277-1369.

Gómez Navedo, J. y Romero Ródenas, F. 2003. Caracterización del marisqueo en la zona intermareal del estuario del río Asón, *Monte Buciero*, 8: 141-160.

Gómez Tabanera, J. M. 1973. En torno a la ecología del Asturiense, *XII Congreso Nacional de Arqueología*, Zaragoza, 117-148.

González Echegaray, J. y Freeman, L. G. 1971. Cueva Morín: excavaciones de 1966-1968, *Publicación del Patronato de las Cuevas Prehistóricas de Santander*, 401-415.

González Echegaray, J. y Freeman, L. G. 1973. Cueva Morín: excavaciones de 1969, *Publicación del Patronato de las Cuevas Prehistóricas de Santander*, X, 295-298.

González Echegaray, J.; García Guinea, M. A. y Begines Ramírez, A. 1963. *Cueva de La Chora*. Excavaciones Arqueológicas en España 26, Dirección General de Bellas Artes, Madrid.

González Echegaray, J.; García Guinea, M. A. y Begines Ramírez, A. 1966. *Cueva del Otero*. Excavaciones Arqueológicas en España 53, Dirección General de Bellas Artes, Madrid.

González Echegaray, J. y Barandiarán, I. 1981. *El Paleolítico Superior de la Cueva del Rascaño (Santander)*. Monografía 3 Centro de Investigación y Museo de Altamira, Santander.

González Morales, M. R. 1982. *El Asturiense y otras culturas locales. La explotación de las áreas litorales de la región cantábrica en los tiempos epipaleolíticos*. Monografía 7 Centro de Investigación y Museo de Altamira, Santander.

González Morales, M. R. 1989. Asturian resource exploitation: Recent perspectives, en Bonsall, C. (ed.), *The Mesolithic in Europe*, John Donald Publishers Ltd, Edinburgh, 604-606.

González Morales, M. R. 1991. From hunter-gatherers to food producers in northern Spain: Smooth adaptative shifts or revolutionary change in the Mesolithic, en Clark, G. A. (ed.), *Perspectives on the past. Theoretical biasis in mediterranean hunter-gatherer research*, University of Pensylvania Press, Philadelphia, 204-216.

González Morales, M. R. 1992. Mesolíticos y megalíticos: la evidencia arqueológica de los cambios en las formas productivas en el paso al megalitismo en la costa

Cantábrica, en Moure, J. A. (ed.), *Elefantes, ciervos y ovicaprinos. Economía y aprovechamiento del medio en la Prehistoria de España y Portugal*, Universidad de Cantabria, Santander, 185-203.

González Morales, M. R. 1995a. La transición al Holoceno en la región Cantábrica: el contraste con el modelo del mediterráneo español, en Villaverde, V. (ed.), *Los últimos cazadores. Transformaciones culturales y económicas durante el Tardiglaciar y el inicio del Holoceno en el ámbito mediterráneo*, Instituto de Cultura Juan Gil-Albert y Diputación de Alicante, Alicante, 63-78.

González Morales, M. R. 1995b. Memoria de los trabajos de limpieza y toma de muestras en los yacimientos de las cuevas de Mazaculos y El Espinoso (La Franca, Rivadedeva) y La Llana (Andrín, Llanes) en 1993, *Excavaciones Arqueológicas en Asturias 1991-94*, 65-78.

González Morales, M. R. 1996. La transición al Neolítico en la Costa Cantábrica: la evidencia arqueológica, *I Congrés del Neolític a la Península Ibèrica*, Museo de Gavà, Gavà, 879-885.

González Morales, M. R. 1999a. La Prehistoria de Santoña, *Monte Buciero*, 2: 17-28.

González Morales, M. R. 1999b. Costa e interior: Algunas observaciones sobre el uso de las cuevas en el Mesolítico, *De Oriente a Occidente. Homenaje al Dr. Emilio Olávarri* Universidad Pontificia de Salamanca, 237-246.

González Morales, M. R. 1999c. El País del Agua: El uso de los recursos acuáticos en la Prehistoria de Cantabria, en García de Cortázar, J. A. (ed.), *I Encuentro de Historia de Cantabria (Santander, XII-1996)*, Universidad de Cantabria-Consejería de Cultura y Deporte del Gobierno de Cantabria, I, Santander, 191-208.

González Morales, M. R. 2000. La Prehistoria de las Marismas: Excavaciones en la Cueva de La Fragua (Santoña). Campañas de 1990, 1991, 1993, 1994 y 1996, en Ontañón, R. (ed.), *Actuaciones arqueológicas en Cantabria, 1984-1999*, Gobierno de Cantabria, Santander, 177-179.

González Morales, M. R.; Márquez Uría, M. C.; Díaz González, T. E.; Ortea, J. A. y Volman, K. C. 1980. *El conchero asturiense de la Cueva de Mazaculos II (La Franca, Asturias): Campañas de 1976 a 1978*. Noticiario Arqueológico Hispano, 9 Ministerio de Cultura.

González Morales, M. R. y Díaz Casado, Y. 1992. Excavaciones en los abrigos de la Peña del Perro (Santoña, Cantabria). Estratigrafía, cronología y comentario preliminar de sus industrias, *Veleia*, 8-9: 43-64.

González Morales, M. R.; Straus, L. G.; Díez Castillo, A. y Ruiz Cobo, J. 1999. Postglacial coast&inland: the Epipaleolithic-Mesolithic-Neolithic transitions in the vasco-cantabrian region, *Munibe (Antropología-Arkeología)*, 56: 61-78.

González Morales, M. R. y Díaz Casado, Y. 2000. La Prehistoria de las Marismas: excavaciones arqueológicas en los abrigos de la Peña del Perro (Santoña), en Ontañón, R. (ed.), *Actuaciones arqueológicas en Cantabria, 1984-1999*, Gobierno de Cantabria, Santander, 93-96.

González Morales, M. R.; Yudego, C. e Ituarte, C. 2000. La Prehistoria de las Marismas: Prospección arqueológica de la zona del bajo Asón y marismas de Santoña y toma de muestras en los yacimientos de las cuevas del Otero, La Chora y El Valle, en Ontañón, R. (ed.), *Actuaciones Arqueológicas en Cantabria 1984-1999*, Gobierno de Cantabria, Santander, 151-154.

González Morales, M. R.; Díaz Casado, Y. y Yudego Arce, C. 2002. Excavaciones en la Cueva de la Trecha de la Fuente La Corredora (Islares, Castro Urdiales), en Ontañón, R. (ed.), *Actuaciones Arqueológicas en Cantabria 1987-1999. Arqueología de Gestión*, Gobierno de Cantabria, Santander, 49-53.

González Morales, M. R. y Fano Martínez, M. A. 2005. The Mesolithic of Cantabrian Spain: a critical review, en Milner, N. y Woodman, P. (eds.), *Mesolithic studies at the beginning of the 21st Century*, Oxbow Books, Oxford, 14-29.

González Morales, M. R. y Estévez, J. 2007. De los pioneros a los albores del s. XXI. Más de un siglo de investigación sobre el Paleolítico cantábrico, en Fano Martínez, M. A. (ed.), *Las Sociedades del Paleolítico Cantábrico*, Kobie Anejo 8, Bilbao, 29-49.

González Sainz, C. 1989. *El Magdaleniense Superior-Final en la región cantábrica.* Tantín-Universidad de Cantabria, Santander.

González Sainz, C. 1995. 13000-11000 BP. El final de la época Magdaleniense en la región cantábrica, en Moure, J. A. y González Sainz, C. (eds.), *El final del Paleolítico cantábrico*, Universidad de Cantabria, Santander, 159-197.

González Sainz, C.; Montes, R. y Muñoz Fernández, E. 1994. La Cueva de Sovilla (San Felices de Buelna, Cantabria), *Zephyrus*, XLVI: 7-36.

González Sainz, C. y González Morales, M. R. 1986. *La prehistoria en Cantabria.* I, Tantín, Santander.

González Sainz, C. y González Urquijo, J. E. 2007. El Magdaleniense reciente en la región cantábrica, en Fano Martínez, M. A. (ed.), *Las Sociedades del Paleolítico Cantábrico*, Kobie Anejo 8, Bilbao, 275-308.

González Vazquez, A. 2000. Aprovechamiento de los recursos acuáticos en California y Alaska: cazadores recolectores en las fuentes escritas de los siglos XVI, XVII y XVIII, *Nivel Cero*, 8: 77-93.

Goodwin, B. J. y Fish, J. D. 1977. Inter and intraspecific variation in Littorina obtusata and L. mariae (Gastropoda, Prosobranchia), *Journal of Molluscan Studies*, 43: 241-254.

Gosling, E. M. 1984. The Systematics Status of *Mytilus galloprovincialis* in Western Europe: a Review, *Malacología*, 25 (2): 551-568.

Graham, A. 1971. *British Prosobranch and other operculate gastropod molluscs: keys and notes for the identification of the species*. Synopses of the British Fauna, New Series Nº 2 The Linnean Society of London. Academic Press, London. 110 pp.

Graham, A. 1988. *Molluscs: Prosobranch and Pyramidellid Gastropods: keys and notes for the identification of the species*. Synopses of the British Fauna, New Series, 2 The Linnean Society of London, London. 662 pp.

Grayson, D. K. 1984. *Quantitative Zooarchaeology. Topics in the analysis of archaeological faunas*. Academic Press Inc., Orlando.

Grootes, P. M.; Stuiver, M.; White, J. W. C.; Johnsen, S. y Jouzel, J. 1993. Comparison of oxygen isotope records from the GISP2 and GRIP Greenland ice cores, *Nature*, 366: 552-554.

Gruet, Y. 1993. Les coquillages marins: objets archeologiques a ne pas negliger. Quelques examples d'exploitation et d'utilisation dans l'Ouest de la France, *Revué d'archéologie du Ouest*, 10: 157-161.

Guilaine, J. 1979. Les couches a helix dans les Pyrénnés de l´Est, en Guilaine, J. (ed.), *L´abri de Jean Cros. Essay d´approche d´un groupe humain du Néolithique ancien dans son environnement*, Centre d´anthropologie des sociétés rurales, Toulouse, 281-288.

Gutiérrez Zugasti, F. I., 2005. *La explotación de moluscos en la cuenca baja del río Asón (Cantabria, España) a inicios del Holoceno (10000-5000 BP) y su importancia en las comunidades humanas del Aziliense y del Mesolítico*, Trabajo de Investigación de Tercer Ciclo inédito, Universidad de Cantabria, Santander, 362 pp.

Gutiérrez Zugasti, F. I. 2006a. Análisis Arqueomalacológico de la Cueva de La Fragua (Santoña, Cantabria, España), en Bicho, N. F. (ed.), *Animais na Pré-história e Arqueologia da Península Ibérica.* Promontoria Monográfica 03 Actas do IV Congresso de Arqueologia Peninsular Universidade do Algarve, 197-210.

Gutiérrez Zugasti, F. I., 2006b. La explotación de moluscos durante los inicios del Holoceno en la zona oriental de Cantabria: ejemplo de una metodología de identificación y cuantificación en Clemente, I. (ed.), *Explotación de recursos litorales y acuáticos en la Prehistoria.* Archaeology & Anthropology Working

Papers, 2. Institución Milà y Fontanals, CSIC, Workshop, Barcelona, 15-16 Abril 2005.

Gutiérrez Zugasti, F. I. 2009. An examination of Mesolithic shellfishing activities in the lower Asón river basin (Cantabria, Spain), en Mccartan, S.; Schulting, R. J.; Warren, G. y Woodman, P. (eds.), *Mesolithic Horizons. Proceedings of the VII International Conference on the Mesolithic in Europe*. Oxbow Books, Belfast, 161-166.

Gutiérrez Zugasti, F. I.; Cuenca Solana, D.; Clemente Conte, I.; González Sainz, C. y López Quintana, J. C. en prensa. Instrumentos de trabajo y elementos de adorno en conchas de molusco de la cueva de Santimamiñe (Kortezubi, Bizkaia), en López Quintana, J. C. (ed.), *Excavaciones en la cueva de Santimamiñe. Campañas 2004-2006*, Gobierno Vasco.

Hammer, O.; Harper, D. A. T. y Ryan, P. D. 2001. Paleontological Statistics Software Package for Education and Data Analysis, *Palaeontologia Electronica*, 4 (1): 9 pp. http://palaeo-electronica.org/2001_1/past/issue1_01.htm.

Harlé, E. 1908. Les Grottes d'Aitzbitarte ou Landarbaso à Rentería, près de Saint-Sebastien, *Boletín de la Real Academia de la Historia*, 52: 339-344.

Hayward, P. J. y Ryland, J. S. 1996. *Handbook of the Marine Fauna of North-West Europe*. Oxford University Press, Oxford. 800 pp.

Hayward, P.; Nelson-Smith, T. y Shields, C. 1998. *Flora y Fauna de las costas de España y de Europa*. Ediciones Omega, Barcelona. 368 pp.

Henshilwood, C.; Nilssen, P. y Parkington, J. 1994. Mussel Drying and Food Storage in the Late Holocene, SW Cape, South Africa, *Journal of Field Archaeology*, 21 (1): 103-109.

Hesse, A. y Prieur, A. 1999. Compter ou peser... ? Valeurs absolues ou relatives... ? (à propos d'amas coquilliers anthropiques sur la côte ouest de la péninsule d'Oman), *Revue d'Archéometrie*, 23: 47-57.

Hoyos, M. 1980. *La Cueva de La Paloma: Soto de las Regueras (Asturias)*. Excavaciones Arqueológicas en España, 116 Subdirección General de Arqueología, Madrid. 227 pp.

Hoyos, M. 1995. Paleoclimatología del Tardiglacial en la cornisa cantábrica basada en los resultados sedimentológicos de yacimientos arqueológicos kársticos, en Moure, J. A. G. S., C. (ed.), *El final del Paleolítico cantábrico*, Universidad de Cantabria, Santander, 15-75.

Hutchinson, S. y Hawkins, L. E. 1992. Quantification of the Physiological Responses of the European Flat Oyster *Ostrea edulis* L. to Temperature and Salinity, *Journal of Molluscan Studies*, 58 (2): 215-226.

Imaz, M. 1990. Estratigrafía de los moluscos marinos en los yacimientos prehistóricos vascos, *Munibe*, 42: 269-274.

Imaz, M. 1994. Los moluscos marinos de Laminak II, *Kobie (Serie Paleoantropología)*, Nº XXI: 221-224.

Ingle, R. W. 1996. *Shallow-water Crabs: keys and notes for the identification of the species*. Synopses of the British Fauna, New Series, Nº 25 (2nd Edition) The Linnean Society of London, The Estuarine and Coastal Sciences Association. 243 pp.

Ingle, R. W. 1997. *Crayfishes, lobsters and crabs of Europe. An illustrated guide to common and trade species*. Chapman&Hall, Cambridge.

Iriarte, M. J.; Arrizabalaga, A.; Etxebarría, F. y Herrasti, L. 2005a. La inhumación humana en conchero de J3 (Hondarribia, Guipuzkoa), en Arias, P.; Ontañón, R. y García-Moncó, C. (eds.), *III Congreso del Neolítico en la Península Ibérica.* Monografías del Instituto Internacional de Investigaciones Prehistóricas de Cantabria, Servicio de Publicaciones Universidad de Cantabria, Santander, 607-613.

Iriarte, M. J.; Mujika, J. y Tarriño, A. 2005b. Herriko Barra (Zarautz-Gipuzkoa): caractérisation industrielle et économique des premiers groupes de producteurs sur le littoral basque, en Marchand, G. y Tresset, A. (eds.), *Unité et diversité des processus de néolithisation sur la façade atlantique de l'Europe (6$^{e}$-4$^{e}$ millénaires avant J.-C.). Table Ronde de Nantes 26-27 Avril 2002*, Mémoire XXXVI de la Société Préhistorique Française, 27-36.

Izquierdo Díaz, G. 1991. La industria de la concha del sitio arqueológico El Paraiso, Santiago de Cuba, *Estudios Arqueológicos 1989*, Editorial Academia (La Habana): 141-189.

Jalut, G.; Esteban Amat, A.; Bonnet, L.; Gauquelin, T. y Fontugne, M. 2000. Holocene climatic changes in the Western Mediterranean, from south-east France to southeast Spain, *Palaeogeography, Palaeoclimatology, Palaeoecology*, 160 (3-4): 255-290.

Jenkins, R. A., 2006. *From Midden to Sieve: The Impact of Differential Recovery and Quantification Techniques on Interpretations of Shellfish Remains in Australian Coastal Archaeology*, PhD Thesis unpublished,University of Queensland, Queensland, 83 pp.

Jordá Cerdá, F. 1954. La Cueva de Bricia (Asturias), *Boletín del Instituto de Estudios Asturianos*, Año VIII, Nº XXII: 169-197.

Jordá Cerdá, F. 1958. *Avance al Estudio de la Cueva de La Lloseta (Ardines, Ribadesella, Asturias)*. Memorias del Servicio de Investigaciones Arqueológicas, 3 Diputación Provincial de Asturias, Oviedo, 99 pp.

Jordá Cerdá, F. 1959. Revisión de la cronología del Asturiense, *V Congreso Nacional de Arqueología*, Zaragoza, 63-66.

Jordá Cerdá, F. 1976. *Guía de las cuevas prehistóricas asturianas*. Colección Popular Asturiana Ayalga Ediciones, Gijón, 164 pp.

Jordá Pardo, J. F. 1986. La fauna malacológica de la Cueva de Nerja, en Jordá Pardo, J. F. (ed.), *La Prehistoria de la Cueva de Nerja (Málaga)*, Patronato de la Cueva de Nerja-Universidad de Málaga, 147-177.

Jöris, O. y Álvarez Fernández, A. 2002. Algunas precisiones sobre la terminología empleada en la segunda parte del Tardiglaciar en Europa Central y el problema de su aplicación en el SW de Europa, *Zephyrus*, 55: 313-322.

Kayser, O. 1992. Les industries lithiques de la fin du Mésolithique en Armorique, en Leroux, C. T. (ed.), *Paysans et bâtisseurs, l'émergence du Néolithique atlantique et les origines du mégalithisme, Actes du XVII$^{eme}$ colloque interrégional sur le Néolithique, Vannes, 1990*, Revue Archéologique de l'Ouest, Suppl. nº 5, 117-124.

Kent, B. 1988. *Making dead oysters talk. Techniques for analyzing oysters from archaeological sites*. Maryland Historical Trust, St. Mary´s City, Maryland.

Kerney, M. P. 1999. *Atlas of the Land and Freshwater Molluscs of Britain and Ireland.* Harley Books. 261 pp.

Kerney, M. P. y Cameron, R. A. D. 1979. *A Field Guide to the Land Snails of Britain and North-West Europe*. Collins, London, 288 pp.

Kerney, M. P. y Cameron, R. A. D. 1999. *Guide des Escargots et limaces d'Europe*. Delachaux et Niestlé S.A. Lausane, Paris, 370 pp.

Kidwell, S. M.; Rothfus, T. A. y Best, M. M. R. 2001. Sensitivity of taphonomic signatures to sample size, sieve size, damage scoring system, and target taxa, *PALAIOS*, 16: 26-52.

Klein, R. G.; Avery, G.; Cruz-Uribe, K.; Halkett, D.; Parkington, J. E.; Steele, T.; Volman, T. P. y Yates, R. 2004. The Ysterfontein 1 Middle Stone Age site, South Africa, and early human exploitation of coastal resources, *Proceedings of the National Academy of Sciences of the United States of America*, 101: 5708-5715.

Laborde, M.; Barandiarán, J. M. de; Atauri, T. de y Altuna, J. 1966. Excavaciones en Marizulo, *Munibe*, XVII (1-4): 33-36.

Lacaille, A. D. 1954. *The Stone Age in Scotland.* Publication of the wellcome historical medical museum, New Series, 6 Oxford University Press, London, 345 pp.

Leoz, I. y Labadia, C. 1984. Malacología marina de Ekain, en Altuna, J. y Merino, J. M. (eds.), *El yacimiento prehistórico de la Cueva de Ekain (Deba, Guipúzcoa)*. Colección Barandiarán 1, 287-296.

Lewis, J. R. 1964. *The Ecology of Rocky Shores*. Hodder and Stoughton, London. 323 pp.

Lewis, J. R. y Powell, H. T. 1961. The ocurrence of curved and ungulate forms of the mussel *Mytilus edulis* in the British Isles and their relationship to *Mytilus galloprovincialis* Lamarck, *Proceedings of the Zoological Society of London*, 137: 583-598.

Lindner, G. 1983. *Moluscos y caracoles de los mares del mundo*. Ediciones Omega, Barcelona.

Leorri, E. y Cearreta, A. 2004. Holocene environmental development of the Bilbao estuary, northern Spain: sequence stratigraphy and foraminiferal interpretation, *Marine Micro-paleontology*, 51: 75-94.

López Quintana, J. C. 2000. El yacimiento prehistórico de la cueva de Kobeaga II (Ispaster, Bizkaia): cazadores-recolectores en el País Vasco atlántico durante el VIII y VII milenio B. P., *Illunzar*, nº 4: 83-162.

López Quintana, J. C. y Guenaga, A. 2006-2007. Avance a la secuencia estratigráfica de la cueva de Santimamiñe (Kortezubi), tras la revisión de su depósito arqueológico en las campañas de 2004 a 2006, *KREI*, 9: 73-103.

Lubell, D.; Hassan, F. A.; Gautier, A. y Ballais, J. L. 1976. The Capsian escargotières, *Science*, 191: 910-920.

Lubell, D. 2004a. Prehistoric edible land-snails in the circum-mediterranean: the archaeological evidence, en Brugal, J. P. y Desse, J. (eds.), *Petits animaux et sociétés humaines. Du complément alimentaire aux ressources utilitaires*. XXIV rencontres internationales d´archéologie et d´historie d´Antibes Éditions APDCA, Antibes.

Lubell, D. 2004b. Are land snails a signature for the Mesolithic-Neolithic transition?, en Budja, M. (ed.), *Neolithic Studies 11*. Documenta Praehistorica XXXI.

Lyman, R. L. 1994a. Quantitative units and terminology in zooarchaeology, *American Antiquity*, 59 (1): 36-71.

Lyman, R. L. 1994b. *Vertebrate Taphonomy*. Cambridge University Press, Cambridge.

Llera, E. M. y Ortea, J. A. 1979. Paleoecología de la cueva de Mazaculos II. Malacología, *Informe inédito*.

Martinell, J. 1997. Tafonomía y paleoecología: reflexiones sobre un pacto necesario, *Cuadernos de Geología Ibérica*, 23: 137-152.

Mcmanamon, F. 1984. Chapters in the Archaeology of Cape Cod, *Division of Cultural Resources, North Atlantic REgional Office, NPS, U. S. Department of Interior, Cultural Resources Management Study 8.*

Madariaga de la Campa, B. 1963. Análisis Paleontológico de la fauna terrestre y marina de la Cueva de La Chora, en González Echegaray, J.; García Guinea, M. A. y Begines Ramírez, A. (eds.), *Cueva de La Chora*. Excavaciones Arqueológicas en España 26 Dirección General de Bellas Artes, Madrid.

Madariaga de la Campa, B. 1964. El mar y el hombre prehistórico, *Zephyrus*, 15: 37-45.

Madariaga de la Campa, B. 1966. Análisis Paleontológico de la fauna terrestre y marina de la Cueva del Otero, en González Echegaray, J.; García Guinea, M. A. y Begines Ramírez, A. (eds.), *Cueva del Otero*. Excavaciones Arqueológicas en España, 53 Dirección General de Bellas Artes, Madrid.

Madariaga de la Campa, B. 1967. El género *Patella* en la Bahía de Santander: características biológicas y bromatológicas, *Anales de la Facultad de Veterinaria de León*, 13: 355-422.

Madariaga de la Campa, B. 1968. Estudio experimental sobre la utilización de los picos asturienses, *Avigan*, 187: 19-22.

Madariaga de la Campa, B. 1971. La fauna marina de la Cueva de Morín, en González Echegaray, J. y Freeman, L. G. (eds.), *Cueva Morín: excavaciones 1966-1968*, Patronato de las Cuevas Prehistóricas de la provincia de Santander II, 394-415.

Madariaga de la Campa, B. 1975a. Estudio de la fauna marina de la Cueva de Tito Bustillo (Oviedo), en Moure, J. A. (ed.), *Excavaciones en la Cueva de Tito Bustillo (Asturias) (Campañas de 1972 y 1974)*, Boletín Instituto de Estudios Asturianos, Oviedo, 89-107.

Madariaga De La Campa, B. 1975b. Representación malacológica de la Cueva de Tito Bustillo o de "El Ramu" (Oviedo), en García Guinea, M. A. (ed.), *Primeros sondeos estratigráficos en la Cueva de Tito Bustillo (Ribadesella, Asturias). Campaña de 1976*, Patronato de las Cuevas Prehistóricas de la provincia de Santander, XII, 71-74.

Madariaga de la Campa, B. 1976. Consideraciones acerca de la utilización del pico marisquero del Asturiense, *XL Aniversario del Centro de Estudios Montañeses*, Institución Cultural de Cantabria, 3, Santander, 437-451.

Madariaga de la Campa, B. 1978. Los moluscos de Cueva Morín, en González Echegaray, J. y Freeman, L. G. (eds.), *Vida y Muerte en Cueva Morín*, 211-213.

Madariaga de la Campa, B. 1980. Estudio de las comunidades de moluscos de la Cueva de El Pendo, en González Echegaray, J.; Freeman, L. G.; Barandiarán, I.; Apellániz, J. M.; Butzer, K. W.; Fuentes Vidarte, C.; Madariaga, B.; González Morales, M. R. y Leroi-Gourham, A. (eds.), *El yacimiento de la Cueva de El Pendo (excavaciones 1953-57)*, Biblioteca Praehistorica Hispana, XVII, Madrid, 241-245.

Madariaga de la Campa, B. 1994. Consideraciones sobre la fauna malacológica en el Paleolítico cantábrico, *Homenaje al Dr. Joaquín González Echegaray*, Museo y Centro de Investigación de Altamira, Monografías Nº 17, Santander, 131-139.

Madariaga de la Campa, B. y Fernández Pato, C. A. 1985. Estudio malacológico de la Cueva de "El Juyo", en Barandiarán, I.; Freeman, L. G.; González Echegaray, J. y Klein, R. G. (eds.), *Excavaciones en la Cueva del Juyo*, Centro de Investigación y Museo de Altamira, 14, Santander, 77-95.

Manga González, M. Y. 1983. *Los Helicidae (Gastropoda, Pulmonata) de la Provincia de León*. Institución "Fray Bernardino de Sahagún", Excma. Diputación Provincial de León, Consejo Superior de Investigaciones Científicas (CECEL), León. 394 pp.

Mannino, M. A. y Thomas, K. D. 2002. Depletion of a Resource? The Impact of Prehistoric Human Foraging on Intertidal Mollusc Communities and Its Significance for Human Settlement, Mobility and Dispersal, *World Archaeology*, 33 (3): 452-474.

Mansur, M. E. y Clemente, I. en prensa. ¿Tecnologías invisibles? Confección, uso y conservación de instrumentos de valva en Tierra del Fuego, *Actas del XIV Congreso Nacional de Arqueología Argentina*, Rosario.

Mariezkurrena, C. 1990. Dataciones absolutas para la arqueología vasca, *Munibe*, 42: 287-304.

Marín Arroyo, A. B. 2004. *Análisis arqueozoológico, tafonómico y de distribución espacial de la Cueva de La Fragua (Santoña-Cantabria)*. TGD, Santander.

Martín Oval, M.; Meneses Fernández, M. D.; Estévez, A.; González Hernández, C. C.; Castillo, C. y Coello, J. J. 1996. Propuesta metodológica para el estudio tafonómico de los concheros en Canarias, en Meléndez Hevia, G.; Blasco, M. F. y Pérez Urresti, I. (eds.), *II Reunión de Tafonomía y Fosilización*, Institución Fernando El Católico (CSIC), Zaragoza.

Martinell, J. 1997. Tafonomía y paleoecología: reflexiones sobre un pacto necesario, *Cuadernos de Geología Ibérica*, 23: 137-152.

Mary, G. 1992. La evolución del litoral cantábrico durante el Holoceno, en Cearreta, A. y Ugarte, F. M. (eds.), *The Late Quaternary in the western Pyrinean region*, Servicio de Publicaciones de la Universidad del País Vasco, Bilbao, 161-170.

Mason, R. D.; Peterson, M. L. y Tiffany, J. A. 1998. Weighing vs. Counting: Measurement Reliability and the California School of Midden Analysis, *American Antiquity*, 63 (2): 303-324.

Mason, R. D.; Peterson, M. L. y Tiffany, J. A. 2000. Weighing and Counting Shell: A Response to Glassow and Claassen, *American Antiquity*, 65 (4): 757-761.

Mauro, A.; Arculeo, M. y Parrinello, N. 2003. Morphological and molecular tools in identifying the Mediterranean limpets *Patella caerulea*, *Patella aspera* and *Patella rustica*, *Journal of Experimental Marine Biology and Ecology*, 295 (2): 131-143.

Mayewski, P. A.; Buchland, P. C.; Edwards, K. J.; Lmeeker, L. D. y O'brien, S. 1996. Climate change events as seen in the Greenland Ice Core (GISP2). Implications for the Mesolithic od Scotland, en Pollard, T. y Morrison, A. (eds.), *The Early Prehistory of Scotland*, Edinburgh University Press, Edinburgh, 74-84.

Mayewski, P. A.; Rohling, E. E.; Stager, J. C.; Karlén, W.; Maasch, K. A.; Meeker, L. D.; Meyerson, E. A.; Gasse, F.; Van Kreveld, S.; Holmgren, K.; Lee-Thorp, J.; Rosqvist, G.; Rack, F.; Staubwasser, M.; Schneider, R. R. y Steig, E. J. 2004. Holocene climate variability, *Quaternary Research*, 62: 243-255.

Meehan, B. 1977. Man does not live by calories alone: the role of shellfish in coastal cuisine, en Allen, J.; Golson, J. y Jones, R. (eds.), *Sunda and Sahul*, Academic Press, New York, 494-531.

Meehan, B. 1982. *Shell bed to shell midden*. Australian Institute for Aboriginal Studies, Canberra.

Meighan, C. W. 1980. Los moluscos como restos de alimentos en los sitios arqueológicos, en Brothwell, D. y Higgs, E. (eds.), *Ciencia en arqueología*, Fondo de cultura económica, México, 427-434.

Menéndez, J. F. 1927. La necrópolis dolménica de la Sierra Plana en Vidiago. Primera estación neolítica descubierta en Asturias, *Ibérica*, XVIII (678): 312-317.

Mestres Torres, J. S. y Arias, P., 2006. Datación por radiocarbono y calibración de las fechas radiocarbónicas aplicadas a materiales de origen terrestre y marino procedentes de la región cantábrica. En Clemente, I. (ed.), *Explotación de recursos litorales y acuáticos en la Prehistoria*. Archaeology & Anthropology Working Papers, 2. Institució Milà y Fontanals, CSIC, Workshop, Barcelona 15-16 Abril 2005, pp. 7-10.

Miguez Rodríguez, L. J. y Catoira Gómez, J. L. 1990. Nuevas aportaciones sobre el rendimiento gonadal y las relaciones biométricas de *Paracentrotus lividus* (Lamarck) en la Ria de La Coruña, *Bentos 6. Actas del VI Simposio Ibérico de Estudio del Bentos Marino. Palma de Mallorca, 18-22 de Septiembre de 1988*: 275-281.

Milner, N. 2000. *Incremental growth of the european oyster Ostrea edulis. Seasonality information from danish kitchen midden*. BAR International Series 1057, Archaeopress, Oxford.

Milner, N. 2001. At the cutting edge: using thin sectioning to determine season of death of the european oyster *Ostrea edulis*, *Journal of Archaeological Science*, 28: 861-873.

Miracle, P. 2001. Feast or famine? Epipaleolithic subsistence in the northern Adriatic basin, *Documenta Praehistorica* XXVIII: 177-197.

Montero Aguera, I. 1971. *Moluscos Bivalvos Españoles*. Anales de la Universidad Hispalense, Serie Veterinaria 5. Publicaciones de la Universidad de Sevilla, Sevilla.

Moreno Nuño, R., 1986. *Análisis de la malacofauna de Tito Bustillo. Un análisis comparado de las malacofaunas de Asturias y Cantabria*, Tesis de Licenciatura inédita, Universidad Autónoma de Madrid, Madrid, 151 pp.

Moreno Nuño, R. 1990. Resistencia a la rotura de *Mytilus*: resultados preliminares, *Comunicaciones de la I Reunión de Tafonomía y Fosilización*: 245-251.

Moreno Nuño, R., 1994. *Análisis arqueomalacológicos en la Península Ibérica. Contribución metodológica y biocultural*, Tesis Doctoral inédita, Universidad Autónoma de Madrid, Madrid.

Moreno Nuño, R. 1995a. Catálogo de malacofaunas de la Península Ibérica, *Archaeofauna*, 4: 143-272.

Moreno Nuño, R. 1995b. Arqueomalacofaunas de la Península Ibérica: un ensayo de síntesis, *Complutum*, 6: 353-383.

Moreno Nuño, R. 1995c. El conchero de Pico Ramos (Muskiz, Bizkaia), *Informe inédito*: 7 pp.

Moreno Nuño, R. y Morales Muñiz, A. 1987. Análisis de la malacofauna recuperada en la Cueva de Tito Bustillo (Ribadesella, Asturias), *Boletín del Instituto de Estudios Asturianos*, 123: 662-688.

Moreno Nuño, R. y Aparicio, M. T. 2001. Malacofauna terrestre del yacimiento de Aizpea (Navarra), en Barandiarán, I. y Cava, A. (eds.), *Cazadores-recolectores en el Pirineo Navarro. El sitio de Aizpea entre 8000-6000 años antes de ahora*. Anejos de Veleia Serie mayor Universidad del País Vasco, 10, Vitoria, 301-314.

Moss, M. L. 1993. Shellfish, Gender, and Status on the Northwest Coast: Reconciling Archeological, Ethnographic, and Ethnohistorical Records of the Tlingit, *American Anthropologist*, 95 (3): 631-652.

Moure, J. A. y Gutiérrez Cuevas, V. 1971. Estratigrafía arqueológica de la cueva del Linar (La Busta, Santander), *Cuadernos de Espeleología*, 5-6: 89-106.

Moure, J. A. y Cano, M. 1979. Tito Bustillo Cave (Asturias, Spain) and the Magdalenian of Cantabria, *World Archaeology, Caves*, 10 (3): 280-289.

Movius, H. L. 1969. *The Irish Stone Age*. Greenwood Press, New York. 339 pp.

Mowat, F. 1994. Size really does matter: factors affecting shell fragmentation, en Sullivan, M.; Brockwell, S. y Webb, A. (eds.), *Archaeology in the North: Proceedings of the 1993 Australian Archaeological Association Conference*, North Australia Research Unit, Australian National University, Darwin, 201-210.

Muckle, R. J., 1985. *Archaeological Considerations of Bivalve Shell Taphonomy*, Unpublished MA Thesis, Simon Fraser University, Vancouver.

Muckle, R. J. 1994. Differential recovery of mollusk shell from archaeological sites, *Journal of Field Archaeology*, 21: 129-131.

Muller, A. H. 1979. Fossilization (Taphonomy), en Robinson, R. A. y Telchert, C. (eds.), *Treatise on invertebrate paleontology, Part A, Introduction*, Geological Society of America, University of Kansas Press, Boulder, Colorado, A2-A78.

Muñoz Fernández, E.; San Miguel, C. y C.A.E.A.P. 1987. *Carta Arqueológica de Cantabria*. Tantín, Santander, 300 pp.

Muñoz Fernández, E., 1997. *Los concheros holocénicos en Cantabria*, Trabajo de Investigación de Tercer Ciclo inédito, Universidad de Cantabria, Santander.

Muñoz Sobrino, C.; Ramil-Rego, P.; Gómez-Orellana, L. y Díaz Varela, R. A. 2005. Palynological data on major Holocene climatic events in NW Iberia, *Boreas*, 34 (3): 381-400.

Navaz y Sanz, J. M. 1942. Estudio de los yacimientos de moluscos comestibles de la Ría de Vigo, *Trabajos del Instituto Español de Oceanografía*, 16.

Navaz y Sanz, J. M. 1948. Estudio de la ria de Pasajes en relación con su producción de moluscos comestibles (con una carta bionómica), *Boletín del Instituto Español de Oceanografía*, 11: 31 p.

Noli, D. y Avery, G. 1988. Protein poisoning and coastal subsistence, *Journal of Archaeological Science*, 15 (4): 395-401.

Obermaier, H. 1925. *El Hombre Fósil*. Museo Nacional de Ciencias Naturales, Madrid, 473 pp.

O'day, S. J. y Keegan, W. F. 2001. Expedient Shell Tools from the Northern West Indies, *Latin American Antiquity*, 12 (3): 274-290.

Olson, E. C. 1980. Taphonomy: its history and role in community evolution, en Behrensmeyer, A. K. y Hill, A. P. (eds.), *Fossils in the Making. Vertebrate Taphonomy and Paleoecology*, The University of Chicago Press, Chicago.

Ontañón, R. 2005. La secuencia de la cueva de Los Gitanos (Castro Urdiales, Cantabria) y el Neolítico cantábrico, en Arias, P.; Ontañón, R. y García-Moncó, C. (eds.), *III Congreso del Neolítico en la Península Ibérica.* Monografías del Instituto Internacional de Investigaciones Prehistóricas de Cantabria, Servicio de Publicaciones de la Universidad de Cantabria, Santander, 1035-1043.

Ontañón, R. 2008. Investigaciones arqueológicas en Montealegre (Sámano, Castro). 5ª, 6ª y 7ª Campañas (2000-2002), *Actuaciones Arqueológicas en Cantabria 2000-2003*, Gobierno de Cantabria, Santander, 131-137.

Ortea, J. A. 1986. The malacology of La Riera cave, en Straus, L. G. y Clark, G. A. (eds.), *La Riera cave. Stone Age hunter-gatherer adaptations in northern Spain*, Arizona State University, Tempe, 289-313.

Ortíz, J. E.; Torres, T.; González Morales, M. R.; Abad, J.; Arribas, I.; Fortea, F. J.; García Belenguer, F. y Gutiérrez Zugasti, I. 2009. The aminochronology of man-induced shell midden in caves in northern Spain, *Archaeometry*, 51 (1): 123-139.

Orton, J. H. 1928. Observations on *Patella vulgata*. Part 2, Rate of Growth of Shell, *Journal of the Marine Biological Association UK*, 15: 863-874.

Osborn, A. J. 1977. Strandloopers, Mermaids and Other Fairy Tales: Ecological Determinants of Marine Resource Utilization – The Peruvian Case, en Binford, L. (ed.), *For Theory Building in Archaeology*, Academic Press, London, 157-205.

Pailler, Y.; Dupont, C.; Sparfel, Y. y Leroy, A. 2007. Analyse fonctionnelle des galets biseautés du Mésolithique à la fin du Néolithique dans l´Ouest de la France, la Grande-Bretagne et l´Irlande, *Bulletin de la Société préhistorique française*, 104 (1): 31-54.

Pascual, A. y Rodríguez Lázaro, J. 2006. Marsh development and sea level changes in the Gernika Estuary (S Bay of Biscay) : foraminifers as tidal indicators, *Scientia Marina*, 70 (Sup. 1): 101-117.

Palacios Eguren, N. y Vega De La Torre, J. J. 1997. *Guía de conchas de las playas y rías de Cantabria.* Serie Naturaleza 1 Gobierno de Cantabria, Santander, 239 pp.

Paredes, F. y Acuña, J. D. 1991. Consideraciones sobre los caracteres biométricos usados para la distinción de las especies del género *Patella* en Europa Occidental, *Bollettino Malacologico*, 27 (5-9): 77-94.

Parmalee, P. W. y Klippel, W. E. 1974. Freshwater Mussels as a Prehistoric Food Resource, *American Antiquity*, 39 (3): 421-434.

Peacock, E. 2000. Assessing Bias in Archaeological Shell Assemblages, *Journal of Field Archaeology*, 27 (2): 183-196.

Peña-Chocarro, L.; Zapata, L.; Iriarte, M. J.; González Morales, M. R. y Straus, L. G. 2005. The oldest agriculture in northern Atlantic Spain: new evidence from El Mirón Cave (Ramales de la Victoria, Cantabria), *Journal of Archaeological Science*, 32: 579-587.

Pérez Pérez, M. 1999. Aproximación a la traceología del pico asturiense, *Sautuola*, VI: 211-217.

Perlman, A. M. 1980. An optimum diet model, coastal variability and hunter-gatherer behaviour, en Schiffer, B. (ed.), *Advances in arqueological method and theory*, Academic Press, 3, New York, 257-310.

Pirazzoli, P. A. 1991. *World Atlas of Holocene sea-level changes*. Elsevier Science Publishers B. V., Amsterdam.

Poppe, G. T. y Goto, Y. 1993a. *European Seashells. Vol. I (Polyplacophora, Caudo-foveata, Solenogastra, Gastropoda)*. Verlag Christa Hemmen, Germany.

Poppe, G. T. y Goto, Y. 1993b. *European Seashells. Vol. II (Scaphopoda, Bivalvia, Cephalopoda)*. Verlag Christa Hemmen, Germany.

Poutiers, J. M. 1998. Bivalves (Acephala, Lamellibranchia, Pelecypoda), en Carpenter, K. E. y Niem, V. H. (eds.), *FAO species identification guide for fishery purposes. The living marine resources of the Western Central Pacific. Volume I. Seaweeds, corals, bivalves and gastropods*, FAO, I, Rome, 123-362.

Prieto, C. E. y Altonaga, K. 1988. Las áreas de distribución de los helicoideos (Gastrópoda, Pulmonata) del País Vasco y regiones adyacentes I. Familias Sphincterochilidae, Elonidae, Helicondontidae y Helicidae, *Iberus*, 8 (2): 1-8.

Prieto, C. E. y Martín, R. 1988. Las áreas de distribución de los helicoideos (Gastrópoda, Pulmonata) del País Vasco y regiones adyacentes III. Géneros Helicella, Trochoidea, Helicopsis, Candidula y Cernuella, *Iberus*, 8 (2): 15-21.

Puente, A. I., 1994. *Estudio taxonómico y biogeográfico de la Superfamilia Helicoidea Rafinesque, 1815 (Gastropoda: Pulmonata: Stylommatophora) de la Península Ibérica e Islas Baleares*, Tesis doctoral inédita, Universidad del País Vasco.

Puente, A. I. y Altonaga, K. 1995. Revisión de las especies ibéricas de la familia Xanthonychidae (Gastropoda: Pulmonata: Helicoidea), *Gea, Flora et Fauna. Butlletin del Instituto Catalán de Historia Natural*, 63: 85-101.

Quitmyer, I. R. 2004. What Kind of Data Are in the Back Dirt? An Experiment on the Influence of Screen Size on Optimal Data Recovery, *Archaeofauna*, 13: 109-129.

Ramil Rego, E. 1993. Evolución climática e historia de la vegetación durante el Pleistoceno superior y el Holoceno en las regiones montañosas del Noroeste Ibérico, en Pérez Alberti, L.; Guitián, L. y Ramil Rego, P. (eds.), *La evolución del paisaje en las montañas del entorno de los Caminos Jacobeos. Cambios ambientales y actividad humana*, Xunta de Galicia, A Coruña, 25-60.

Ramil Rego, P.; Iriarte Chiapusso, M. J.; Muñoz Sobrino, C. y Gómez Orellana, L. 2006. Cambio climático y dinámica temporal del paisaje y de los hábitats en las ecorregiones del NW de la Península Ibérica durante el Pleistoceno superior, *Munibe*, 57: 537-551.

Rapp, G. y Hill, C. L. 1998. *Geoarchaeology. The earthe science approach to archaeological interpretation.* Yale University Press.

Rasmussen, S. O.; Vinther, B. M.; Clausen, H. B. y Andersen, K. K. 2007. Early Holocene climate oscillations recorded in three Greenland ice cores, *Quaternary Science Reviews*, 26 (15-16): 1907-1914.

Reitz, E. J. y Wing, E. S. 1999. *Zooarchaeology.* Cambridge University Press, Cambridge.

Reparaz, G. D. 1902. Las cavernas de Aitz-bitarte en Landarbaso, *Euskal-Herria*, XLVII (802).

Rivera Arrizabalaga, A. 2004. Paleoclimatología y cronología del Würm reciente: un intento de síntesis, *Zephyrus*, 57: 27-53.

Rizner, M.; Vukosavljevic, N. y Miracle, P., in press. The Paleoecological and Paleodietary significance of edible land snails across the Pleistocene-Holocene transition on the eastern Adriatic coast, *The VII Conference on Mesolithic in Europe*, Oxbow Books, Belfast.

Robins, R. P. y Stock, E. C. 1990. The burning question: A study of molluscan remains from a midden on Moreton Island, en Solomon, S.; Davidson, I. y Watson, D. (eds.), *Problem solving in Taphonomy: Archaeological and Palaeontological Studies from Europe, Africa and Oceania.* Tempus 2 Anthropology Museum, University of Queensland, St. Lucia, 80-100.

Rolán Mosquera, E. 1984. *Moluscos de la Ría de Vigo I: Gasterópodos.* Thalassas, Santiago de Compostela.

Rolán Mosquera, E. 1993. *Guía ecolóxica das cunchas e moluscos de Galicia.* Edicións Xerais de Galicia, 196 pp.

Rolán Mosquera, E.; Otero-Schmitt, J. y Rolán Álvarez, E. 1990. *Moluscos de la Ría de Vigo II: Policlopóforos, bivalvos, escafópodos y cefalópodos.* Thalassas, Universidad de Santiago de Compostela.

Rozoy, J. G. 1978. *Les derniers chasseurs. L'epipaleolithique en France et en Belgique. Essay de synthése*. Bulletin de la société archéologique champenoise, II.

Ruiz Cobo, J. 2003. La ocupación mesolítica del arco de la Bahía de Santander, en Fernández Ibáñez, C. y Ruiz Cobo, J. (eds.), *La arqueología de la Bahía de Santander*, Fundación Marcelino Botín, Santander, 253-283.

Ruiz Cobo, J.; Muñoz Fernández, E. y Smith, P. 1999. Los concheros de caracoles (Cepaea) en el sector oriental de Cantabria, *Altamira*, LV: 7-27.

Ruiz Cobo, J. y Smith, P. 2001. *The archaeology of the Matienzo depression, North Spain*. British Archaeological Reports International Series 975, Archaeopress, Oxford.

Ruiz Cobo, J. y Smith, P. (eds.), 2003. La Cueva de Cofresnedo en el valle de Matienzo. Actuaciones arqueológicas 1996-2001. Gobierno de Cantabria, Santander, 196 pp.

Ruiz Cobo, J.; Muñoz Fernández, E.; García Gómez, P.; Crespo, V.; Moñino Saez, M. y Smith, P. 2007. *Paisaje y arqueología en el Alto Asón (Cantabria, España). Resultados del proyecto de prospección arqueológica del Alto Asón*. BAR International Series 1614, Archaeopress, Oxford, 217 pp.

Russell, N. J.; Bonsall, C. y Sutherland, D. G. 1995. The exploitation of marine molluscs in the Mesolithic of western Scotland evidence from Ulva Cave, Inner Hebrides, en Fischer, A. (ed.), *Man and Sea in Mesolithic*, Oxbow Books, Oxford, 273-288.

Sabelli, B. 1982. *Guía de moluscos*. Guías de la Naturaleza, Ed. Grijalbo, 512 pp.

Salas, L. 1995. Correlación entre el clima y la transgresión marina holocena en el Cantábrico, *Actas da 3ª Reuniao do Quaternário Ibérico*: 309-313.

Sanjuan, A.; Zapata, C. y Álvarez, G. 1994. *Mytilus galloprovincialis* and *M. edulis* on the coasts of the Iberian Peninsula, *Marine Ecology Progress Series*, 113: 131-146.

Sanz de Sautuola, M. 1880. Breves apuntes sobre algunos objetos prehistóricos de la Provincia de Santander, en Madariaga de la Campa, B. (ed.), *Escritos y Documentos*, Institución Cultural Cantabria, Santander, 69-104.

Schulting, R. J. y Richards, M. P. 2001. Dating women and becoming farmers: new palaeodietary and AMS dating evidence from the breton Mesolithic cemeteries of Tèviec and Hoëdic, *Journal of Anthropological Archaeology*, 20: 314-344.

Sease, C. 1988. *A Conservation Manual for the Field Archaeologist*. Archaeological Research Tools, Vol. 4, University of California, Institute of Archaeology, Los Ángeles.

Seed, R. 1972. Morphological variations in *Mytilus* from the French coasts in relation to the ocurrence and distribution of *M. galloprovincialis* Lmk., *Cahiers de Biologie Marine*, 13: 357-384.

Seed, R. 1992. Systematics Evolution and Distribution of Mussels Belonging to the Genus *Mytilus* – an Overview, *American Malacological Bulletin*, 9 (2): 123-138.

Shackleton, J. C. 1988. *Marine molluscan remains from Franchthi Cave*. Indiana University Press, Bloomington&Indianápolis.

Sierra, L. 1913. Montehano (Santander). Sus grutas, *Boletín de la Sociedad Aragonesa de Ciencias Naturales*, T. XII (1-2): 24, 25-45, 51-60.

Smith, A. B. 2005. *The Echinoid Directory*. World Wide Web electronic publication http:/www.nhm.ac.uk/research-curation/projects/echinoid-directory/index.accesed, 20-7-2007.

Smith, A. y Allen, J. 1999. Pleistocene shell technologies: evidence from island Melanesia, en Hall, J. y Mcniven, I. J. (eds.), *Australian Coastal Archaeology*. Research Papers in Archaeology and Natural History ANH Pub., Department of Archaeology and Natural History, RSPAS, The Australian National University, 31, Canberra, 291-297.

Soto Barreiros, M. J. 2003. *Cronología Radiométrica, Ecología y Clima del Paleolítico Cantábrico*. Monografías 19 Museo Nacional y Centro de Investigación de Altamira, 435 pp.

Sparks, B. W. 1980. Los moluscos no marinos en la arqueología, en Brothwell, D. y Higgs, E. (eds.), *Ciencia en arqueología*, Fondo de cultura económica, México, 406-417.

Stein, J. K. 1992. *Deciphering a Shell Midden*. Academic Press Inc., San Diego, 375 pp.

Straus, L. G. 1979. Mesolithic adaptations along the northern coast of Spain, *Quaternaria*, 21: 305-327.

Straus, L. G. 1992. The Pleistocene-Holocene transition: Epipaleolithic and Mesolithic, en *Iberia before the iberians. The Stone Age Prehistory of Cantabrian Spain*, University of New Mexico Press, Albuquerque.

Straus, L. G. 2008. The Mesolithic of Atlantic Iberia, en Bailey, G. N. y Spikins, P. (eds.), *Mesolithic Europe*, Cambridge University Press, Cambridge, 302-327.

Straus, L. G. y Clark, G. A. 1978. Prehistoric Investigations in Cantabrian Spain, *Journal of Field Archaeology*, 5 (3): 289-317.

Straus, L. G.; Altuna, J.; Clark, G. A.; Morales, M. G.; Laville, H.; Leroi-Gourhan, A.; De La Hoz, M. M.; Ortea, J. A.; Bahn, P. G.; Clottes, J.; Davidson, I.; Farrand,

W. R.; Guinea, M. A. G.; Gómez-Tabanera, J. M.; Echegaray, J. G.; Goodyear, A. C. y Rigaud, J. P. 1981. Paleoecology at La Riera (Asturias, Spain) [and Comments and Reply], *Current Anthropology*, 22 (6): 655-682.

Straus, L. G. y Clark, G. A. (eds.), 1986. La Riera Cave. Stone Age hunter-gatherer adaptations in northern Spain. Arizona State University, Tempe, 499 pp.

Straus, L. G.; González Morales, M. R.; Fano, M. A. y García-Gelabert, M. P. 2002a. Last Glacial human settlement in Eastern Cantabria (Northern Spain), *Journal of Archaeological Science*, 29: 1403-1414.

Straus, L. G.; González Morales, M. R.; García-Gelabert, M. P. y Fano, M. A. 2002b. The Late Quaternary Human Uses of a Natural Territory: the case of the Río Asón drainage (Eastern Cantabria province, Spain), *Journal of Iberian Archaeology*, 4: 21-61.

Straus, L. G. y González Morales, M. R. 2003a. The Mesolithic in the Cantabrian Interior: Facts or Fantasy?, en Larsson, L.; Kindgren, H.; Knutsson, K.; Loeffler, D. y Akerlund, A. (eds.), *Mesolithic on the move. Papers presented at the sixth International Conference on the Mesolithic in Europe ( Stockholm 2000 )* Oxbow Books, Oxford, 359-368.

Straus, L. G. y González Morales, M. R. 2003b. El Mirón Cave and the 14C chronology of Cantabrian Spain, *Radiocarbon*, 45 (1): 41-58.

Straus, L. G. y González Morales, M. R. 2005. El Magdaleniense de la Cueva del Mirón (Ramales de la Victoria, Cantabria, España): observaciones preliminares, en Bicho, N. F. (ed.), *Actas do IV Congresso de Arqueologia Peninsular*. Promontoria Monografica 02 Universidade do Algarve, Faro, 49-62.

Swanton, J. R. 1979. *The Indians of the Southeastern United States*. BAE Bulletin 137 Smithsonian Institution, Washington DC.

Tapia Sagarna, J.; Álvarez Fernández, E.; Cubas Morera, M.; Cueto Rapado, M.; Etxeberria Gabilondo, F.; Gutiérrez Zugasti, I.; Herrasti Erlogorri, L. y Ruiz Alonso, M. 2008. La cueva de Linatzeta (Lastur, Deba, Gipuzkoa). Un nuevo contexto para el estudio del Mesolítico en Gipuzkoa, *Munibe*, 59: 119-131.

Ters, M. 1973. Les variations du niveau marin depuis 10.000 ans, le long du litoral Atlantique Français" *Le Quaternaire: Geodinamique, Stratigraphie et Environnement*. Travaux recent, 9éme Congrès Internationale de l'INQUA, Christchurch, New Zealand, 114-135.

Thomas, K. 1985. Land Snail Analysis in Archaeology: Theroy and Practice en Fieller, N.; Gilbertson, D. y Ralph, N. (eds.), *Palaeobiological Investigations. Research Design, Methods and Data Analysis*. BAR International Series 266, Oxford, 131-155.

Thomas, M. L. H. 1986. A physically derived exposure index for marine shorelines, *Ophelia*, 25: 1-13.

Tonner, T. W. W. 2005. Later Stone Age shellfishing behaviour at Dunefield Midden (Western Cape, South Africa), *Journal of Archaeological Science*, 32 (9): 1390-1407.

Uriarte, A. 2003. *Historia del clima de la Tierra*. Gobierno Vasco, Vitoria.

Vega del Sella, R. E. Conde de la 1914. *La Cueva del Penicial*. La Cueva del Penicial y el Asturiense, Reimp. en Biblioteca de Autores Asturianos, vol. 15, introducción de Mª. C. Márquez Uría, Auseva, Gijón, 1991 Museo Nacional de Ciencias Naturales, Madrid.

Vega del Sella, R. E. Conde de la 1916. *Paleolítico de Cueto de la Mina (Asturias)*. Museo Nacional de Ciencias Naturales, Madrid, 94 pp.

Vega del Sella, R. E. Conde de la 1921. *El Paleolítico de Cueva Morín (Santander) y Notas para la climatología cuaternaria*. Serie Prehistórica, Núm. 25 Comisión de Investigaciones Paleontológicas y Prehistóricas, Madrid, 168 pp.

Vega del Sella, R. E. Conde de la 1923. *El Asturiense. Nueva industria preneolítica*. Serie Prehistórica 27, Vol. 32, Museo Nacional de Ciencias Naturales, Madrid.

Vega del Sella, R. E. Conde de la 1927. La industria asturiense y el ídolo prehistórico de Peña Tú, *Ibérica*, 683: 292-293.

Vega del Sella, R. E. Conde de la 1930. *Las Cuevas de La Riera y Balmori (Asturias)*. Memoria Nº 38, Serie Prehistórica, núm. 29 Museo Nacional de Ciencias Naturales, Madrid, 116 pp.

Vega de la Torre, J. J. 1985. Estudio malacológico de las cuevas de Piélago I y Piélago II, *Sautuola*, IV: 123-126.

Velázquez, A. 2007. El trabajo de la concha y los estilos tecnológicos del México prehispánico, *Revista Mexicana de Biodiversidad*, 78: 77-82.

Verdún i Castello, E., 2005. *Aproximació a l´estudi dels conquillers a través de la malaco-fauna*, Trabajo de Investigación de Tercer Ciclo inédito, Universidad Autónoma de Barcelona, Barcelona.

Vigié-Chevalier, B. 1987. Essai d´etude méthodologique d´outils sur coquillages de la Grotte de Camprafaud (Ferrières-Poussarou, Hérault), *L´Anthropologie*, 91 (1): 263-272.

Vigié-Chevalier, B., 1995. Du déchet alimentaire à l´object coquillier: le statut des coquillages en milieu archéologique, *L´Homme préhistorique et la mer*, 120e congrés CTHS, Aix-en-Provence, 23-26 Oct., 351-354.

Voigt, E. A. 1975. Studies of marine mollusca from archaeological sites: dietary preferences, environmental reconstructions and ethnological parallels, en Clason, A. T. (ed.), *Archaeozoological Studies*, Oxford, 87-98.

Volman, T. P. 1978. Early archaeological evidence for shellfish collecting, *Science, New Series*, 201 (4359): 911-913.

Von Grafenstein, U.; Erlenkeuser, H.; Müller, J.; Jouzel, J. y Johnsen, S. 1998. The cold event 8200 years ago documented in oxygen isotope records of precipitation in Europe and Greenland, *Climate Dynamics*, 14 (2): 73-81.

Waselkov, G. A. 1987. Shellfish gathering and shell midden archaeology, en Schiffer, M. B. (ed.), *Advances in Archaeological Method and Theory*, 10, San Diego, 93-210.

Weninger, B. y Jöris, O. 2007 en prensa. Towards an Absolute Chronology at the Middle to Upper Palaeolithic Transition in Western Eurasia: A New Greenland Hulu Time-Scale Based on U/Th Ages, *Journal of Human Evolution.*

Weninger, B.; Jöris, O. y Danzaglocke, U. 2008. CalPal-2007, *Cologne Radiocarbon Calibration & Paleoclimate Research Package*, http:/www.calpal.de/, 2008-8-8.

Widmer, R. 1989. Archaeological Research Strategies in the Investigation of Shell-Bearing Sites, a Florida Perspective, *Paper delivered at the Annual Meeting of the Society for American Archaeology, Atlanta.*

Villalba Currás, M. P.; Jordá Pardo, J. F. y Aura Tortosa, J. E. 2007. Los equínidos del Pleistoceno superior y Holoceno del registro arqueológico de la cueva de Nerja (Málaga, España), *Revista C&G*, 21 (3-4): 133-148.

Wing, E. S. y Brown, A. B. 1979. *Paleonutrition. Method and Theory in Prehistoric Food-ways*. Academic Press USA, 202 pp.

Yesner, D. R. 1980. Maritime Hunter-Gatherers: Ecology and Prehistory, *Current Anthropology*, 21 (6): 727-750.

Yudego Arce, C., 1995. *Estudio arqueológico de las ocupaciones post-magdalenienses de los yacimientos de la cuenca baja del Asón y valle de Aras (Cuevas de La Chora, El Otero, El Valle y Cobrante)*, Trabajo de Investigación de Tercer Ciclo inédito, Universidad de Cantabria, Santander.

Zapata, L.; Ibáñez, J. J. y González Urquijo, J. E. 1997. El yacimiento de la cueva de Kobaederra (Oma, Kortezubi, Vizcaya). Resultados preliminares de las campañas de excavación 1995-97, *Munibe (Antropologia-Arkeologia)*, 49: 51-63.

Zapata, L.; González Urquijo, J. E.; Ibáñez, J. J.; Altuna, J.; Mariezkurrena, K. y Rúa, C. de la 2000. Condiciones ambientales y aprovechamiento de recursos en el Neolítico. El yacimiento arqueológico de Kobaederra (Oma, Kortezubi),

*Investigación aplicada a la Reserva de la Biosfera de Urdaibai*, Unesco Etxea-Gobierno Vasco, Bilbao, 221-228.

Zapata, L.; Milner, N. y Roselló, E. 2007. Pico Ramos cave shell midden: the Mesolithic-Neolithic transition in the Bay of Biscay, en Milner, N.; Craig, O. E. y Bailey, G. N. (eds.), *Shell middens in Atlantic Europe*, Oxbow, Oxford, 150-157.

Zuschin, M. y Stanton Jr, R. J. 2001. Experimental measurement of shell strength and its taphonomic interpretation, *PALAIOS*, 16: 161-170.

Zuschin, M.; Stachowitsch, M. y Stanton, R. J. 2003. Patterns and processes of shell fragmentation in modern and ancient marine environments, *Earth-Science Reviews*, 63 (1-2): 33-82.

# APÉNDICE 1. LA FAUNA MALACOLÓGICA DE LA REGIÓN CANTÁBRICA

En este apéndice se presentan algunas generalidades sobre diversos conceptos relacionados con el medio en el que se lleva a cabo la explotación de moluscos. Por otra parte, se describen los taxones identificados en los análisis arqueomalacológicos incluidos en este trabajo y se detallan sus preferencias ecológicas y su distribución geográfica actual.

## A1.1 Aspectos generales sobre el hábitat: niveles de marea y substratos

El medio litoral es de gran importancia cuando nos referimos a la explotación de moluscos. Sin embargo, el medio continental proporciona también cantidades apreciables de moluscos, tanto terrestres como de agua dulce.

Dentro del litoral nos encontramos con diferentes zonas que presentan características propias y que aluden a la configuración vertical de la costa. Nos vamos a centrar únicamente en las zonas de hábitat de los moluscos. Para la descripción básica de estas zonas, denominadas pisos, hemos seguido a Sabelli (1982:44) y Moreno (1994:68):

– Piso Supramareal: corresponde a la zona situada por encima del nivel que alcanza el agua en la pleamar. Esta zona se sumerge únicamente en los mares sometidos a intensas mareas, durante las mareas equinocciales, mientras que en los mares con mareas débiles (como por ejemplo el Meditarráneo) esta zona sólo se baña con las salpicaduras producto del oleaje y del viento. Es por tanto, una zona de transición terrestre-marina, que se mantiene húmeda gracias, como hemos dicho, al efecto de las salpicaduras.

– Piso Intermareal: está comprendido entre el nivel máximo alcanzado por el oleaje durante la pleamar con las aguas sin especial agitación y el nivel más bajo alcanzable durante la bajamar. Su horizonte superior sólo es bañado por salpicaduras, pero nunca queda sumergida, mientras su horizonte inferior presenta inmersiones y emersiones alternantes, pero nunca sufre inmersiones prolongadas.

– Piso Inframareal: su límite superior está definido por especies que no soportan la emersión, y depende del grado de movimiento de las aguas. El límite inferior coincide con la profundidad máxima de penetración de la luz, y depende de la transparencia del agua.

Dentro del intermareal se realiza una subdivisión en zonas dependiendo de los diferentes niveles de marea. Existen diversas nomenclaturas pero por cuestiones de homogeneidad hemos preferido seguir la expuesta por Moreno (1994:68):

NPEMV: Nivel de la pleamar extrema en marea viva
NPIMV: Nivel de la pleamar inferior en marea viva
NPMN: Nivel de la pleamar en marea normal
NPSMN: Nivel de la pleamar superior en marea muerta
NPEMM: Nivel de la pleamar extrema en marea muerta
NM: Nivel de marea
NBEMM: Nivel de la bajamar extrema en marea muerta
NBIMM: Nivel de la bajamar inferior en marea muerta
NBMN: Nivel de la bajamar en marea normal

NBSMV: Nivel de la bajamar superior en marea viva
NBEMV: Nivel de la bajamar extrema en marea viva

Dentro del piso litoral en el que habita cada taxón, se pueden distinguir una serie de sustratos en los que se desarrolla cada tipo de organismo:

– Sustrato duro: sustrato de tipo rocoso, suelto o firme, aunque también pueden ser esqueletos, vegetales... Los organismos que habitan en este tipo de sustrato se denominan epibiontes, ya que viven encima del sustrato.

– Sustrato blando: sustrato arenoso o fangoso, habitado por organismos endobiontes, es decir, que viven en su interior.

La distribución geográfica actual es un aspecto a tener en cuenta, ya que proporciona una valiosa información sobre el rango de temperaturas que puede abarcar una especie. Aún así, la naturaleza física de la costa (sustrato, grado de exposición al aire, exposición al sol, salinidad...) también influye en el asentamiento de unas u otras especies.

### A1.2 Descripción de taxones

A continuación se describen brevemente los taxones identificados en los yacimientos cuyos análisis se presentan en este trabajo. Para llevar a cabo la sistemática de los moluscos marinos se ha utilizado la base de datos del CLEMAM (Museo de Historia Natural de París), para los terrestres se ha seguido a Kerney & Cameron (1999) y para los crustáceos a Ingle (1996).

### A1.2.1 PHYLLUM MOLLUSCA

#### A1.2.1.1 Bivalvia

Familia Mytilidae
***Mytilus galloprovincialis* Lamarck, 1819**

*Nombres vulgares*: Mejillón; Mejillón mediterráneo; Mejillón rubio; Mocejón; Mazajón; Mojojón

*Descripción*: la asignación taxonómica de esta especie ha sido problemática ya desde el siglo XIX. Generalmente se consideraba que la especie presente en las aguas de la Península Ibérica era *Mytilus edulis* Linné 1758, si bien recientes estudios han demostrado que la especie presente es *Mytilus galloprovincialis* Lamarck 1819 y no *edulis*, hecho aceptado hoy en día en el ámbito de la biología. La concha es más o menos sólida, subcuadrangular, equivalva, algo o muy convexa, de color azulado, violáceo o marronáceo.

*Hábitat y ecología*: generalmente localizado en zonas rocosas, desde el nivel intermareal medio hasta los primeros metros de la región infralitoral. También se encuentra entre los rizoides de *Laminaria* y de *Saccorhiza*, y en zonas arenosas y fangosas siempre que tenga un sustrato duro al que fijarse. Es bastante sensible a los cambios de salinidad y no se suele encontrar en zonas donde hay una elevada proporción de agua dulce en algún momento de la marea. Por tanto, solo está presente en zonas de estuario y lagunas en que se dan las adecuadas condiciones de salinidad. Su distribución abarca desde zonas moderadamente batidas a muy batidas. Forma masas de muchos ejemplares, que se encuentran unidos al sustrato por un biso filamentoso.

*Distribución geográfica actual*: aunque su distribución geográfica actual es básicamente mediterránea para algunos autores, los últimos estudios indican que esta especie tiene su límite norte en la ría del Bidasoa.

*Bibliografía*: Lindner, 1983:216; Rolán, 1990:69; Sabelli, 1982; Sanjuán, 1994.

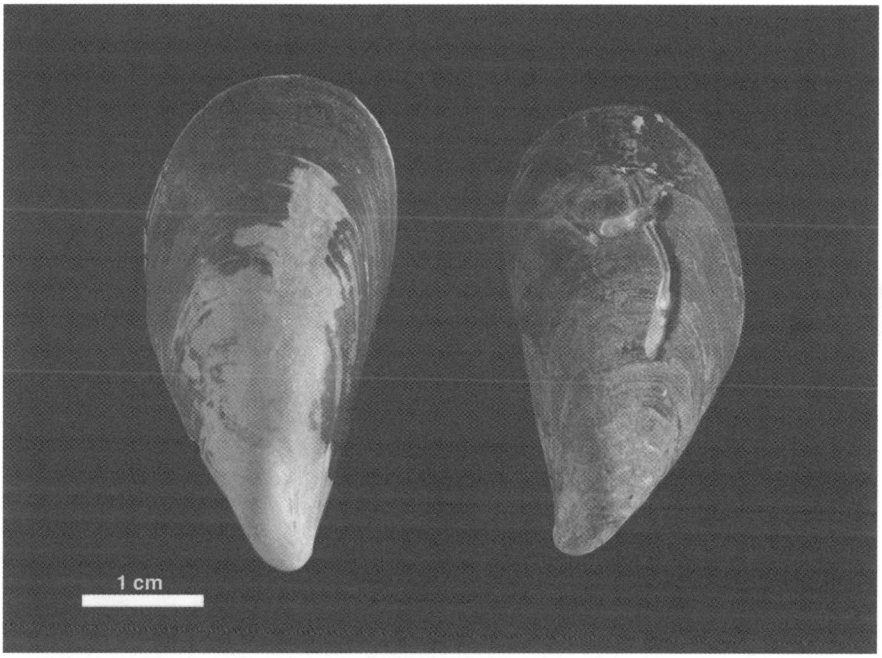


*Fig. A1.1: Mytilus galloprovincialis*

### ***Mytilaster minimus*** **(Poli, 1795: *Mytilus*)**

*Descripción*: concha de aspecto general mitiliforme, bastante ancha transversalmente. Frecuentemente encorvada y a veces deformada por su situación entre piedras. Superficie con finas estrías de crecimiento. Color violáceo negruzco, con irisaciones moradas en el interior.

*Hábitat y ecología*: se encuentra en la zona intermareal entre grietas de las rocas, preferentemente en rocas de estructura laminar, a las que se fija mediante los filamentos de su glándula del biso.

*Distribución geográfica actual*: Mediterráneo y zonas vecinas del Atlántico. Probablemente también en la costa francesa.

*Bibliografía*: Montero, 1971:204; Rolán, 1990:71; Poppe & Gotto, 1993b:52.

Familia Ostreidae

***Ostrea edulis* Linné, 1758**

*Nombres vulgares*: Ostra; Ostra gallega; Ostra plana.

*Descripción*: concha sólida de forma irregular, inequilateral e inequivalva, aunque relativamente redondeada. La valva derecha es aplanada, mientras que la izquierda es cóncava y estructura foliado-escamosa. Margen muy crenulado, la impresión del músculo aductor es blanca o sólo muy ligeramente coloreada. Periostraco muy delgado.

*Hábitat y ecología*: se encuentra preferentemente en fondos arenosos o fangosos en zonas en las que existe, al menos temporalmente, baja salinidad. También puede habitar fondos detríticos de grano más o menos grueso. Se fija por la valva izquierda a cualquier sustrato duro, rocas o pequeñas piedras de los fondos fangosos. Por tanto, su abundancia es mayor en zonas de aguas tranquilas, de fondos fangosos y con aportes ocasionales de agua dulce. También puede estar presente en ambientes rocosos de los pisos intermareal e inframareal.

La temperatura adecuada para su crecimiento se sitúa entre 15 y 20º, aunque puede soportar temperaturas de 0º, si bien a costa de anular su actividad. Su óptimo de salinidad oscila entre 28 y 34‰ aunque puede tolerar salinidades del 16‰ si la temperatura del agua no excede de 20º C, aunque el rango del índice de crecimiento se ve severamente afectado en salinidades por debajo de 22‰.

*Fig. A1.2: Ostrea edulis*

*Distribución geográfica actual*: habita actualmente en el Mar del Norte, el Atlántico y el Mediterráneo. También en el Mar Negro.

*Bibliografía*: Hayward *et al*., 1998:240; Hutchinson & Hawkins, 1992; Lindner, 1983:224; Navaz y Sanz, 1942; Poppe & Goto, 1993b; Rolán, 1990:105; Sabelli, 1982.

Familia Pholadidae
***Pholas dactylus* Linné, 1758**

*Nombres vulgares*: Barrena; Mangón.

*Descripción*: concha frágil, cilíndrica, equivalva e inequilateral. Escultura de costillas concéntricas y otras radiales que llevan prolongaciones escamosas. Exteriormente posee unas placas que la recubren alrededor de la charnela. Color blanquecino. Margen liso excepto en la parte anterior.

*Hábitat y ecología*: su hábitat es bastante variable, ya que son organismos que horadan sustratos semiduros, como fondos calcáreos, maderas, arcillas, turbas o fangos compactos, en los que posteriormente habitan. Se suelen encontrar en playas y zonas de ría y estuario, en la orilla inferior y sublitoral somero.

*Distribución geográfica actual*: actualmente se encuentra desde el Mar del Norte, por el Atlántico hasta el Mediterráneo y en el Noroeste de África.

*Bibliografía*: Hayward *et al*., 1998:258; Lindner, 1983:236; Poppe & Goto, 1993b; Rolán, 1990:214.

Familia Scrobiculariidae
***Scrobicularia plana* (Da Costa, 1778: *Trigonella*)**

*Nombres vulgares*: Almeja de perro; Coquina; Cadela; Chirla.

*Descripción*: concha bastante sólida, aplanada, equivalva, casi equilateral. Perfil oval-circular, algo truncada posteriormente. Escultura de numerosas líneas concéntricas. Color blanquecino. Periostraco delgado de color pardo claro. Carece de dientes laterales. Margen liso.

*Hábitat y ecología*: habita en estuarios de fondos blandos, fangosos o arenosos en la región intermareal y primeros metros de la inframareal. Se alimenta de detritus por lo que necesita un continuo aporte de materia orgánica particulada fina, de ahí que habite en suelos de granulometría fina, sustratos fértiles, con elevadas cantidades de materia orgánica, nitrógeno y fósforo. Es una especie muy bien adaptada a la vida en estuarios, ya que tiene la capacidad de permanecer con las valvas cerradas y aislada del exterior mientras responde a cambios que se producen en dicho ambiente externo, como por ejemplo de salinidad.

*Distribución geográfica actual*: se distribuye por Gran Bretaña y Noruega hasta el Mediterráneo, y Oeste de África.

*Bibliografía*: Borja, 1988; Hayward *et al.*, 1998:254; Poppe & Goto, 1993b; Rolán, 1990:182.

Familia Veneridae
***Ruditapes decussatus* (Linné, 1758: *Venus*)**

*Nombres vulgares*: Almeja fina; Amayuela; Almeja del ojo; Almeja negra; Almeja rayada.

*Descripción*: concha sólida, equivalva, inequilateral. Perfil ovalado, más ancho posteriormente. Escultura muy destacada, de costillas concéntricas y radiales que forman una retícula. Color blanquecino, con manchas oscuras en los bordes, a veces radiales. El seno paleal no alcanza la mitad de la concha. Margen liso.

*Hábitat y ecología*: su hábitat preferido se sitúa en zonas arenosas o fangosas de la parte baja del mesolitoral y en el infralitoral. Por tanto, está presente en zonas de ría y estuario fundamentalmente.

*Distribución geográfica actual*: en la actualidad su distribución geográfica abarca desde Gran Bretaña hasta el Mediterráneo y Oeste de África (Hayward, Nelson-Smith y Shields, 1998:248). Desde Noruega hasta el Mediterráneo (Lindner, 1983:232).

*Bibliografía*: Hayward *et al.*, 1998:248; Lindner, 1983:232; Poppe & Goto, 1993b; Rolán, 1990:202.

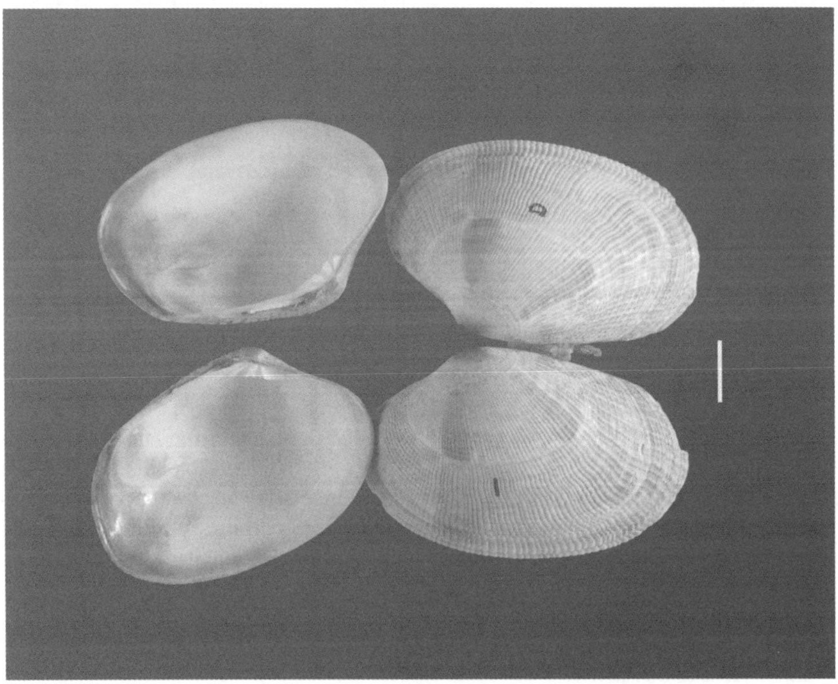

*Fig. A1.3: Ruditapes decussatus*

Familia Pectinidae
***Mimachlamys varia* (Linné, 1758: *Ostrea*)**

*Nombres vulgares*: Zamburiña.

*Descripción*: concha ovoidal, inequilateral e inequivalva. A ambos lados de los vértices presenta unas orejas apicales desiguales, siendo las anteriores dos o tres veces más grandes que las posteriores. Escultura con 20-35 costillas radiales, redondeadas, que ocasionalmente tienen escamas transversales. Margen crenulado.

*Hábitat y ecología*: generalmente esta especie es citada como habitante de zonas rocosas del mesolitoral e infralitoral, viviendo principalmente fijada a las rocas si bien algunos autores la citan como habitante de fondos arenosos del inframareal.

*Distribución geográfica actual*: actualmente su distribución geográfica se extiende desde Noruega y Gran Bretaña hasta el Mediterráneo y Oeste de África.

*Bibliografía*: Hayward *et al.*, 1998:238; Lindner, 1983:218; Poppe & Goto, 1993b; Rolán, 1990:86.

Familia Solenidae
***Solen marginatus* Pulteney, 1799**

*Nombres vulgares*: Navaja; Muergo; Morguera; Longueirón.

*Descripción*: concha equivalva, marcadamente inequilateral, con forma alargada, rectangular. Color amarillento con el periostraco pardo claro. Cada valva presenta un diente cardinal, sin diente lateral. Finas líneas concéntricas de escultura. La impresión del músculo aductor anterior es más corta que el ligamento.

*Hábitat y ecología*: habita enterrada en zonas arenosas, y a veces fangosas, de la zona inferior del mesolitoral y en el infralitoral.

*Distribución geográfica actual*: actualmente está presente desde Gran Bretaña, Oeste de Noruega y el Báltico hasta el Oeste de África, y en el Mediterráneo.

*Bibliografía*: Hayward *et al.*, 1998:256; Lindner, 1983:234; Poppe & Goto, 1993b; Rolán, 1990:162.

Familia Anomiidae
***Anomia ephippium* Linné, 1758**

*Nombres comunes*: Ostra de perro; Lucero.

*Descripción*: concha bastante sólida, irregular, inequivalva e inequilateral. Valva derecha con una abertura bisal ovoidal, con escultura concéntrica. Valva izquierda muy escamosa, a veces muy irregular, con tres impresiones musculares en su interior.

*Hábitat y ecología*: se encuentra tanto en el infralitoral como en el mesolitoral, adherida a superficies rocosas, piedras, algas o conchas, adaptándose a la forma del sustrato.

*Distribución geográfica actual*: su distribución geográfica actual abarca Noruega y Gran Bretaña, Atlántico Norte, hasta el Oeste de África por el Mediterráneo.

*Bibliografía*: Hayward *et al.*, 1998:232; Lindner, 1983:224; Poppe & Goto, 1993b; Rolán, 1990:96.

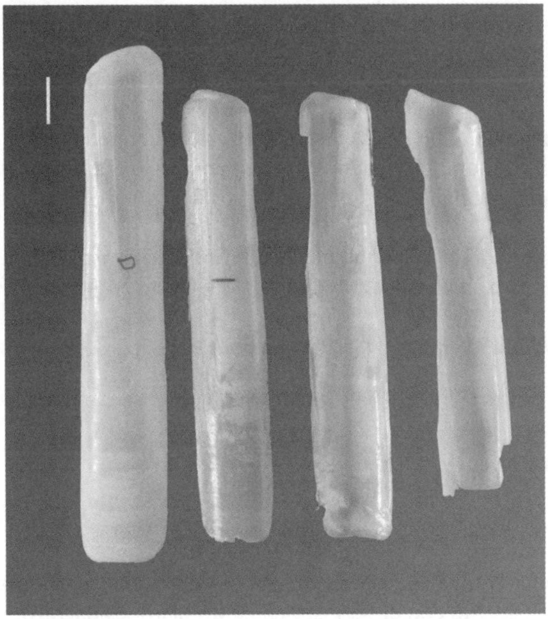

*Fig. A1.4: Solen marginatus*

Familia Cardiidae
***Acanthocardia* sp.**

*Nombres comunes*: Corruco; Berberecho verrugoso.

*Descripción*: concha equivalva, inequilateral y globosa. Presenta entre 15 y 20 costillas radiales con espinas más o menos notorias. Diferencias en el número de dientes cardinales dependiendo de las especies.

*Hábitat y ecología*: habita en fondos arenoso-fangosos del mesolitoral e infralitoral, donde viven enterrados.

*Distribución geográfica actual*: son varias las especies que se engloban bajo este género, si bien su distribución geográfica abarca fundamentalmente desde la costa occidental inglesa hasta el Noroeste de África, y el Mediterráneo.

*Bibliografía*: Hayward *et al.*, 1998:244; Rolán, 1990:139-142.

***Cerastoderma edule* (Linné, 1758: *Cardium*)**

*Nombres comunes*: Berberecho; Gurriaña; Verdigón; Morgueirolo; Croque; Caralleta.

*Descripción*: concha equivalva, inequilateral, globosa y de silueta algo ovalada. Presenta unas 25 costillas radiadas y líneas de crecimiento concéntricas. Periostraco fino, parduzco. Concha de color blanquecino. Presenta dos dientes laterales posteriores en la valva derecha.

*Hábitat y ecología*: al igual que *Acanthocardia* viven enterrados en el mesolitoral o infralitoral, en zonas arenosas o fangosas, es decir, que habitan zonas de playa y estuario. Soporta un gran abanico de salinidades (y también de temperaturas), y se la encuentra preferentemente en zonas de mezcla de agua dulce y agua salada.

*Distribución geográfica actual*: en la actualidad está presente desde Cabo Norte hasta el Oeste de África y por el Mediterráneo.

*Bibliografía*: Hayward *et al.*, 1998:244; Lindner, 1983:230; Poppe & Goto, 1993b; Rolán, 1990:151.

Familia Semelidae
***Abra alba* (Wood W., 1802: *Mactra*)**

*Descripción*: concha frágil, casi equivalva, inequilateral. Perfil oval, algo truncada posteriormente y con un margen ligeramente saliente. Escultura con finas líneas concéntricas. Valva derecha con dos dientes cardinales y dos laterales, uno anterior y otro posterior. Valva izquierda con un diente cardinal y dos laterales poco marcados. Color blanco brillante, con periostraco delgado pardo claro. Seno paleal profundo y margen liso.

*Hábitat y ecología*: habita en zonas de arena y fango de la región infralitoral.

*Distribución geográfica*: Desde Noruega hasta el Oeste de África, y en el Mediterráneo.

*Bibliografía*: Hayward *et al.*, 1998:254; Poppe & Goto, 1993b; Rolán, 1990:184.

Familia Kelliidae
***Bornia sebetia* (Costa O.G., 1829: *Cyclas*)**

*Descripción*: concha equilateral, delgada y blanca (a veces amarillenta) con forma triangular y extremos redondeados provistos por dentro de dientecillos.

*Hábitat y ecología*: habita en fondos de fango o en agujeros de rocas, a bastante profundidad.

*Distribución geográfica*: Mediterráneo y zonas vecinas del Atlántico

*Bibliografía*: Montero, 1971:155-156; Poppe & Gotto, 1993b:86.

***Pseudopythina macandrewi* (Fischer P., 1867: *Kellia*)**

*Descripción*: concha equivalva, inequilateral, bastante sólida y de perfil trapezoidal. Color blanquecino, periostraco parduzco. Escultura muy fina o casi ausente. Margen liso.

*Hábitat y ecología*: habita bajo piedras en fondos de arena ligeramente fangosa o entre laminariáceas, en la región infralitoral y en el intermareal bajo.

*Distribución geográfica*: desde Bretaña hasta Marruecos, y en el Mediterráneo.

*Bibliografía*: Montero, 1971:220; Poppe & Gotto, 1993b:86; Rolán, 1990:127.

<u>Familia Donacidae</u>
***Donax semistriatus* Poli, 1795**

*Nombre vulgar*: Tellerina

*Descripción*: concha sólida, equivalva e inequilateral. Perfil alargado, truncado en la parte posterior. Escultura con numerosas estrías concéntricas y radiales en retícula, que se localizan en los dos tercios posteriores de su superficie. Coloración externa parduzca mientras la interna es de color violeta intenso. Margen crenulado.

*Hábitat y ecología*: zonas de arena y fango en la parte baja del intermareal y en el infralitoral.

*Distribución geográfica*: desde el Norte de la Península Ibérica hasta el Mediterráneo

*Bibliografía*: Montero, 1971:175-176; Palacios & Vega de la Torre, 1997:184; Poppe & Gotto, 1993b:112; Rolán, 1990:175.

<u>Familia Lasaeidae</u>
***Lasaea adansoni* (Gmelin, 1791: *Tellina*)**

*Descripción*: concha equivalva, inequilateral, frágil y de perfil ovalado. Líneas concéntricas y radiales muy finas. Coloración blanquecina, con manchas o coloración rojiza, lila o violácea. Periostraco delgado y amarillento. Margen liso.

*Hábitat y ecología*: bajo rocas, entre grietas o entre colonias de *Mytilus*, frondes de *Corallina*, grupos de *Lichina* y entre cirrípedos, en la zona intermareal y en menor medida en el inframareal.

*Distribución geográfica actual*: desde Noruega hasta el Mediterráneo y Canarias.

*Bibliografía*: Hayward *et al.*, 1998:242; Montero, 1971:183; Poppe & Gotto, 1993b:85; Rolán, 1990:124.

Familia Petricolidae

***Petricola lithophaga* (Philippson, 1788: *Venus*)**

*Descripción*: concha oblonga, frágil, equivalva e inequilateral. Perfil ovalado. Escultura de finas líneas radiales. Color blanquecino, con periostraco pardo. Margen ondulado.

*Hábitat y ecología*: vive en el interior de las rocas u otros objetos que perfora. También se encuentra en el interior de colonias de *Sabellaria alveolata*.

*Distribución geográfica*: desde el Oeste de Francia hasta el Oeste de África. También en el Mediterráneo y en el Mar Negro.

*Bibliografía*: Hayward *et al*., 1998:248; Montero, 1971:211; Poppe & Goto, 1993b; Rolán, 1990:208.

Familia Mactridae

***Lutraria* sp.**

*Nombre vulgar*: Arola, orola, navallón y mixareal en Galicia, cabra y quirigalla en Santander.

*Descripción*: concha equivalva, inequilateral, de perfil ovalado y sólida. Color blanquecino y periostraco pardo.

*Hábitat y ecología*: habita en zonas de arena fangosa en la región infralitoral.

*Distribución geográfica actual*: desde Noruega hasta el Oeste de África, y también en el Mediterráneo.

*Bibliografía*: Hayward *et al*., 1998:250; Montero, 1971:191-192; Rolán, 1990:157-159.

***Eastonia rugosa* (Helbling, 1779: *Mactra*)**

*Descripción*: concha equivalva, inequilateral, sólida pero a veces no muy gruesa, de perfil oval con el borde posterior algo truncado. Color blanquecino o parduzco. Escultura con numerosas costillas radiales que se cruzan con las líneas de crecimiento.

*Hábitat y ecología*: vive enterrada en fondos infralitorales.

*Distribución geográfica*: desde el Sur de la Península Ibérica hasta el Oeste de África.

*Bibliografía*: Poppe & Goto, 1993b; Rolán, 1990:160.

***Spisula subtruncata* (da Costa, 1778: *Trigonella*)**

*Descripción*: concha sólida, equivalva, ligeramente inequilateral, perfil triangular. Escultura con numerosas estrías concéntricas, homogéneas y constantes. Color blanquecino y periostraco pardo. Margen liso.

*Hábitat y ecología*: habita en fondos de arena y fango de la zona infralitoral.

*Distribución geográfica*: desde Noruega hasta el Mediterráneo y las Canarias.

*Bibliografía*: Hayward *et al.*, 1998:250; Montero, 1971:227; Poppe & Goto, 1993b; Rolán, 1990:156.

Familia Noetiidae
***Striarca lactea* (Linné, 1758: *Arca*)**

*Descripción*: concha sólida, equivalva y casi equilateral, con silueta cuadrangular y ápices un poco salientes. Extremidad anterior redondeada y la posterior truncada oblicuamente. Superficie de las valvas formada por cordones radiales que se cruzan con surcos concéntricos. Aspecto reticulado. Color blanco, con periostraco de color castaño.

*Hábitat y ecología*: habita entre la zona intermareal y los 12 m. de profundidad, casi siempre bajo rocas y entre algas.

*Distribución geográfica*: desde el Sur de Gran Bretaña hasta el Sur de África, y por todo el Mediterráneo.

*Bibliografía*: Hayward *et al.*, 1998:232; Poppe & Goto, 1993b; Rolán, 1990:65.

### A1.2.1.2 Gastrópoda: Prosobranquia

Familia Cerithiidae
***Bittium reticulatum* (da Costa, 1778: *Strombiformis*)**

*Descripción*: concha pequeña, turriculada, con sutura poco marcada y vueltas de espira provistas de cordones espirales que se entrecruzan con costillas en sentido axial, ligeramente convexas y aumentando lentamente de tamaño. Boca ovalada, canal sifonal corto y poco curvado. Color castaño.

*Hábitat y ecología*: entre algas, piedras y mejillones en la zona baja del intermareal. Esporádicamente en el infralitoral.

*Distribución geográfica actual*: desde las Islas Británicas y Escandinavia hasta las Canarias. También en el Mediterráneo y el Mar Negro.

*Bibliografía*: Hayward *et al.*, 1998:194; Poppe & Goto, 1993a; Rolán, 1984:176.

***Bittium latreillii* (Payraudeau 1826: *Cerithium*)**

*Descripción*: concha turriculada con vueltas de espira casi planas, sutura visible, con costillas axiales que se cruzan con cordones espirales formando nudos regulares. La apertura estomática es oval y no tiene canal sifonal aparente. Color blanco de fondo y castaños los cordones espirales.

*Hábitat y ecología*: en la zona límite entre el intermareal y el inframareal.

*Distribución geográfica*: Norte de la Península Ibérica, Mediterráneo, Canarias y Azores.

*Bibliografía*: Poppe & Gotto, 1993a:111; Rolán, 1984a:175.

Familia Cymatiidae
***Charonia lampas* (Linné, 1758: *Murex*)**

*Descripción*: concha oblonga conoidea, sólida, con espira saliente y la última vuelta de gran tamaño y con cordones espirales. Sutura poco marcada. Boca oval con dientes rojizos en el labio externo sobre fondo blanco. Canal sifonal corto. Restos de engrosamiento labial.

*Hábitat y ecología*: amplia distribución, desde zonas rocosas en poco fondo hasta grandes profundidades sobre cascajo o fango.

*Distribución geográfica*: desde el Canal de Inglaterra hasta Canarias, y por el Mediterráneo.

*Bibliografía*: Poppe & Gotto, 1993a:129; Rolán, 1984:221.

Familia Hydrobiidae
***Hydrobia ulvae* (Pennant, 1777: *Turbo*)**

*Descripción*: concha pequeña, turriculada, lisa, con cuatro vueltas de espira, abertura uniforme, sin ombligo, sutura no muy marcada. Coloración amarilla verdosa.

*Hábitat y ecología*: habita en zonas llanas de arena fangosa con algas verdes o sobre rocas del intermareal, en zonas de aguas tranquilas y en la proximidad de agua dulce o agua salobre.

*Distribución geográfica actual*: de Noruega a Senegal y por todo el Mediterráneo.

*Bibliografía*: Hayward *et al.*, 1998:190; Poppe & Goto, 1993a; Rolán, 1984:119.

Familia Turritellidae
***Turritella* sp. Lamarck, 1799**

*Nombre vulgar*: Torrecilla

*Descripción*: concha turriculada y elevada, con varias vueltas de espira y diferencias específicas en cuanto a la profundidad de la sutura.

*Hábitat y ecología*: vive sobre fondos arenosos o fangosos de la zona inframareal.

*Distribución geográfica actual*: del Norte de Noruega al Norte de África, y por el Mediterráneo.

*Bibliografía*: Hayward *et al.*, 1998:192; Poppe & Goto, 1993a:108-109; Rolán, 1984:167-168.

Familia Trochidae

***Gibbula cineraria* (Linné, 1758: *Trochus*)**

*Nombres vulgares*: Peonza gris; Peoncilla; Caracolillo de nácar.

*Descripción*: concha cónica, de color ceniciento y dibujo de líneas radiales más o menos marcadas de color siena claro, cruzadas por líneas espirales. Ombligo bien marcado.

*Hábitat y ecología*: se encuentra en zonas del intermareal y el inframareal, sobre todo en pequeñas charcas sobre algas o en escasos fondos sobre piedras (prácticamente nunca queda en seco al bajar la marea). En zonas tranquilas, vive sobre laminarias o sobre pequeñas algas. También se encuentra en zonas de cascajo en fondos por debajo de los primeros metros y a veces hasta los 30 metros, sobre piedras con gorgonias y algas pequeñas. Otros autores proponen que puede llegar a los 130 m. de profundidad y que soporta salinidades de hasta 22-25‰.

*Distribución geográfica actual*: está presente desde aguas de Noruega e Islandia hasta Gibraltar.

Bibliografía: Hayward *et al*., 1998:184; Lindner, 1983:122; Moreno, 1994; Poppe & Goto, 1993a; Rolán, 1984:90.

*Fig. A1.5: Gibbula sp.*

***Gibbula umbilicalis* (Da Costa, 1778: *Trochus*)**

*Nombres vulgares*: Peonza plana; Botones; Caramuxos.

*Descripción*: concha cónica poco elevada, a veces casi lenticular, sutura visible con finas estrías espirales más o menos evidentes, color verdoso con líneas radiales ondulosas rojizas. Ombligo amplio.

*Hábitat y ecología*: habita en el intermareal y en el inframareal, generalmente se encuentra bajo piedras o entre las algas. Soporta bien la emersión y puede tolerar salinidades de hasta un 20‰.

*Distribución geográfica actual*: se localiza únicamente en las costas del Atlántico.

*Bibliografía*: Hayward *et al.*, 1998:184; Lindner, 1983:122; Llera *et al.*, 1983 en Moreno, 1994; Rolán, 1984:91.

***Osilinus lineatus* (Da Costa, 1778: *Trochus*)**

*Nombres vulgares*: Mincha; Caramuxa; Caramujo; Caricotes franciscanos; Burgaillos.

*Descripción*: concha conoidea, sin ombligo, espira algo elevada y sutura evidente. Coloración grisacea con multitud de líneas en forma de zig-zag, más o menos interrumpidas o adherentes entre sí.

*Hábitat y ecología*: vive sobre sustratos duros, generalmente piedras de gran tamaño difíciles de mover, pero también en playas de grandes cantos rodados. Suele habitar encima de las piedras, debajo de ellas, en grietas, en charcas, en algas... Se la encuentra en la zona media y superior del intermareal y suele convivir con *Gibbula umbilicalis* y *Littorina littorea*.

*Distribución geográfica actual*: abarca desde las Islas Británicas hasta Marruecos, también en Madeira, sin llegar hasta el Mediterráneo.

*Bibliografía*: Hayward *et al.*, 1998:184; Llera *et al.*, 1983 en Moreno, 1994; Rolán, 1984:83.

Familia Littorinidae
***Littorina littorea* (Linné, 1758: *Turbo*)**

*Nombre común*: Bígaro; Caramuxo negro; Caramemechas.

*Descripción*: concha redondeada, de espira poco saliente, con ápice puntiagudo y con estrías espirales bastante juntas, aunque bien marcadas. Sin ombligo y con una amplia boca semicircular.

*Hábitat y ecología*: ocupa un hábitat muy similar a *Osilinus lineatus* y *Gibbula umbilicalis*, como ya se ha comentado. Habita en la zona superior del mesolitoral, sobre sustratos duros, es decir, entre rocas o debajo de ellas, tanto en zonas rocosas de la costa como de estuario. Las temperaturas frescas (5-6 ºC) aumentan su supervivencia, mientras temperaturas mayores de 21 ºC la reducen. Cuando está expuesta a temperaturas sobre 32 ºC con marea baja, *Littorina littorea* entra en estado comatoso.

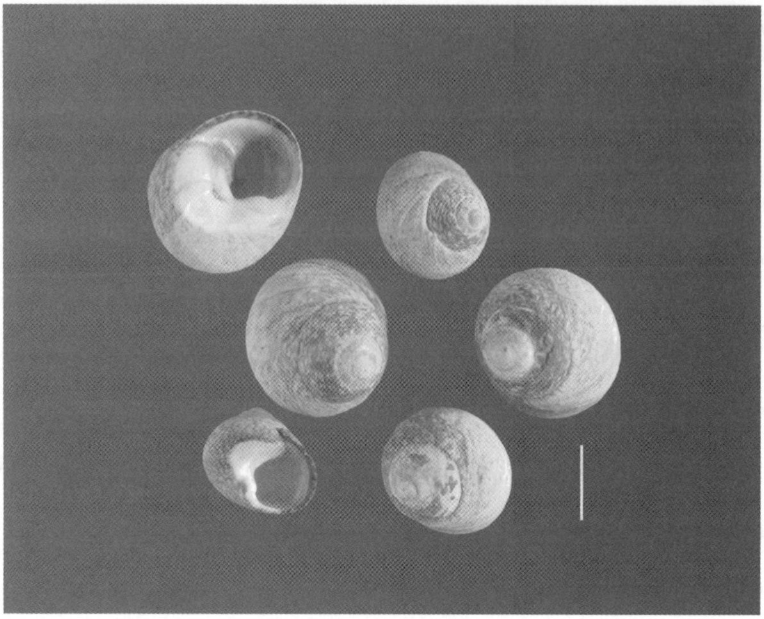

Fig. A1.6: *Osilinus lineatus*

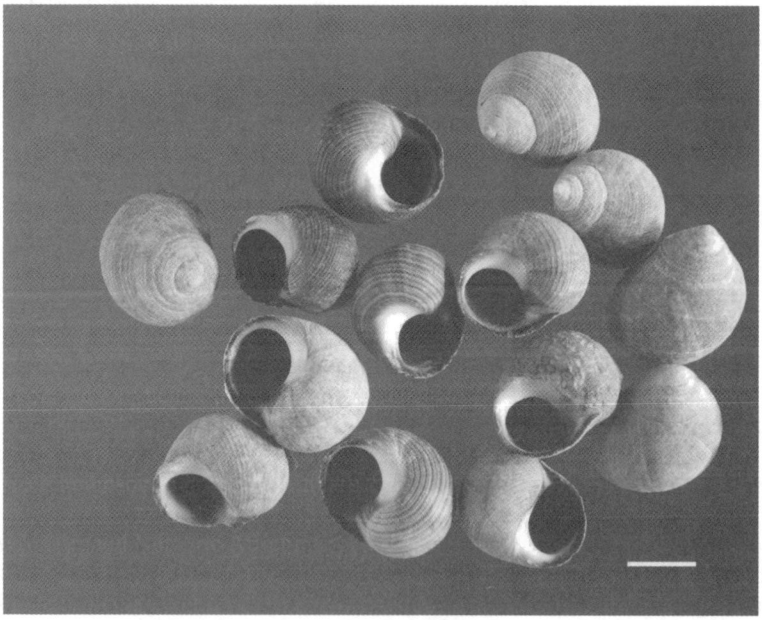

Fig. A1.7: *Littorina littorea*

*Distribución geográfica actual*: se la encuentra desde las costas británicas hasta el Cantábrico. Introducida en la costa oriental de América del Norte.

*Bibliografía*: Hayward *et al.*, 1998:184; Lewis, 1964; Lindner, 1983:130; Newell *et al.*, 1971 en Ortea 1986:294; Rolán, 1984:107.

***Littorina obtusata* (Linné, 1758: *Turbo*)**

*Nombre común*: Bígaro chato; Caracolillos.

*Descripción*: concha redondeada globuliforme, con boca grande y espira plana o apenas saliente. Superficie lisa o con estrías muy finas solo visibles con la lupa. Sin ombligo y con abertura piriforme. Su distinción de *Littorina mariae* (o *fabalis*) es en ocasiones difícil de llevar a cabo, por lo que en este trabajo se engloban bajo la denominación *Littorina obtusata* ejemplares de ambas especies.

*Hábitat y ecología*: habita en el intermareal, generalmente en la zona superior, aunque también puede aparecer en el infralitoral, según algunos autores. Se suele situar bajo las algas *Fucus spiralis*, *Fucus vesiculosus* y *Ascophyllum*, en los bordes de las charcas de marea, evitando las zonas más expuestas y tolerando ligeramente aguas salobres.

*Distribución geográfica actual*: abarca desde Gran Bretaña y el Norte de Noruega hasta las costas del Sur de España. También en América del Norte.

*Bibliografía*: Graham, 1988; Hayward *et al.*, 1998:184; Lindner, 1983:130; Rolán, 1984:110.

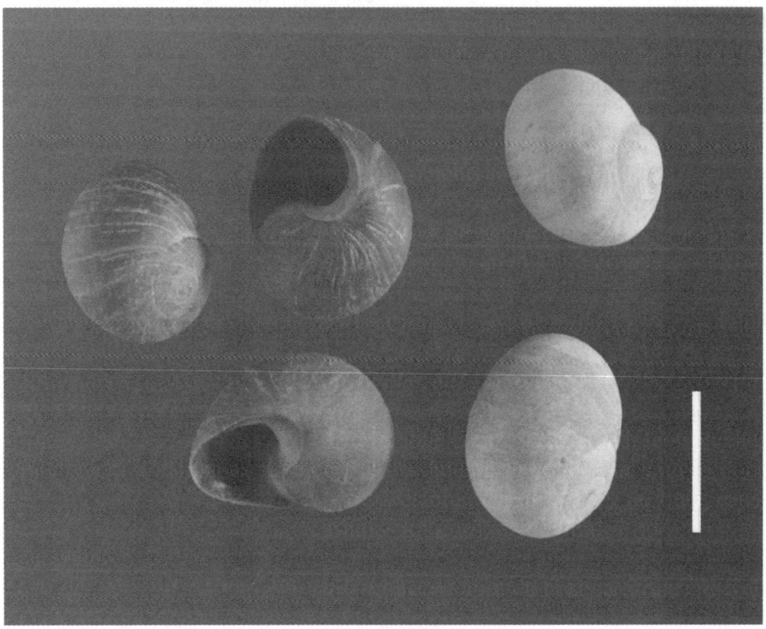

*Fig. A1.8: Littorina obtusata/fabalis*

***Littorina saxatilis* (Olivi, 1792: *Turbo*)**

*Nombre común*: Bígaro bravo.

*Descripción*: dentro de esta especie se engloba un complejo de taxones de complicada diferenciación. En general presentan una concha sólida, de forma redondeada y con espiras más o menos salientes y suturas más o menos marcadas. Abertura redondeada.

*Hábitat y ecología*: generalmente se encuentra sobre las rocas en zonas altas del intermareal, quizás un poco más abajo que *Littorina neritoides*. Habita entre *Pelvetia* y *Fucus spiralis*, pero también en llanuras fangosas y estuarios, tolerando salinidades tan bajas como del 8‰. Vive sobre las rocas del piso intermareal, pero puede desplazarse hasta el supramareal.

*Distribución geográfica actual*: se la encuentra desde Gran bretaña y el Norte de Noruega hasta las costas atlánticas de la Península Ibérica. También en el Mediterráneo, Noroeste de África y América del Norte.

*Bibliografía*: Hayward *et al.*, 1998:188; Lindner, 1983:130; Rolán, 1984:111-114; Sabelli, 1982.

***Melarhaphe neritoides* (Linné, 1758: *Turbo*)**

*Nombre vulgar*: Bígaro enano

*Descripción*: concha pequeña redondeada con ápice saliente pero erosionado frecuentemente, la última vuelta es muy grande y ocupa casi toda la concha, abertura ovalada algo piriforme.

*Hábitat y ecología*: generalmente habitan en los huecos de las rocas del supramareal.

*Distribución geográfica*: Oeste de Noruega, costas occidentales de Gran Bretaña, costas atlánticas de Europa hasta Marruecos. También en el Mediterráneo y el Mar Negro.

*Bibliografía*: Hayward *et al.*, 1998:188; Poppe & Goto, 1993a; Rolán, 1984:109.

Familia Nassariidae
***Nassarius reticulatus* (Linné, 1758: *Buccinum*)**

*Nombre común*: Margarita reticulada; Mugarida reticulada; Margaritiña; Corneta; Margarida.

*Descripción*: concha oblongo cónica, sólida con vueltas de espiras planas, siendo la última globosa. Presenta costillas axiales y cordones espirales que forman una retícula. Generalmente de color amarillento con una línea oscura cerca de la sutura y otra en la mitad del cuerpo, en cuyo final presenta coloración blanca.

*Hábitat y ecología*: se la encuentra enterrada en arena fina en zonas arenosas o rocosas. A veces también en arena fangosa que no sea muy dura. En algunas zonas en las que la cantidad de arena o cascajo es mínima, queda casi al descubierto. Se encuentra tanto en niveles altos de la zona intermareal (en charcas al bajar la marea), como en profundidades mayores (hasta 30 metros) en el inframareal.

*Distribución geográfica actual*: se localiza desde el Norte de Noruega hasta Marruecos, Canarias y Madeira, y por todo el Mediterráneo y el Mar Negro.

*Bibliografía*: Hayward *et al*., 1998:204; Lindner, 1983:182; Poppe & Goto, 1993a; Rolán, 1984:253.

***Nassarius incrassatus* (Ström, 1768: *Buccinum*)**

*Descripción*: concha oval cónica con vueltas de espira algo convexas y granulosas por entrecruzamiento de costillas axiales y cordones espirales. Sutura marcada y abertura ovoidea. Borde externo varicoso por fuera. Canal sifonal corto y curvado con una mancha negra en el fondo del mismo. Coloración variable.

*Hábitat y ecología*: generalmente habita entre rocas donde haya un poco de arena, aunque también bajo piedras, bajo masas de mejillones... en la zona intermareal e inframareal.

*Distribución geográfica actual*: desde el Norte de Noruega e Islandia hasta las Canarias. También en el Mediterráneo.

*Bibliografía*: Hayward *et al*., 1998:204; Poppe & Goto, 1993a; Rolán, 1984:251.

*Fig. A1.9: Nassarius reticulatus*

Familia Muricidae

***Nucella lapillus*** **(Linné, 1758: *Buccinum*)**

*Descripción*: concha sólida, con la última vuelta muy grande, grosor variable, ápice saliente y canal sifonal siempre abierto.

*Hábitat y ecología*: abunda en la zona media e inferior del intermareal rocoso, extendiéndose por el infralitoral hasta unos 30 m. Se suele encontrar sobre rocas, en zonas descubiertas durante la marea baja, a veces en las grietas o cavidades de las piedras y frecuentemente en zonas donde hay mucho *Mytilus* y *Balanus*, de los que se alimentan.

*Distribución geográfica actual*: se extiende por el Atlántico Norte, Gran Bretaña, Islandia y Groenlandia hasta Gibraltar por el Sur.

*Bibliografía*: Graham, 1988; Hayward *et al*., 1998:200; Lindner, 1983:170; Poppe & Goto, 1993a; Rolán, 1984:233.

*Fig. A1.10: Nucella lapillus*

Familia Patellidae

***Patella vulgata*** **Linné, 1758**

*Nombre común*: Lapa común.

*Descripción*: en general presenta una concha cónica, casi circular y muy variable de tamaño y forma. El centro del interior suele ser amarillo suave, blanquecino o verdoso.

Sin embargo, la variabilidad morfológica de esta especie es apreciable, por lo que se ha determinado la existencia de diferentes variedades.

*Hábitat y ecología*: si bien puede colonizar cualquier zona del intermareal, su ubicación habitual suele establecerse en sustratos duros de la parte alta, en zonas poco expuestas al batido de las olas y con mucho tiempo de emersión, concretamente entre la altura media de la pleamar de las mareas vivas y muertas, aumentando el límite de su distribución en zonas de sombra y húmedas, y decayendo en zonas abrigadas de la acción de las olas y expuestas a la luz del sol. Es una especie poco afectada por los inviernos duros y puede sobrevivir a una pérdida de agua del 60%, a temperaturas de 42 ºC y a salinidades tan bajas como el 3‰, aunque probablemente no existe de forma natural en hábitats con salinidades inferiores al 25‰. Por tanto, además de en la zona costera, puede habitar en zonas interiores de estuarios y desembocaduras. Generalmente entra en competición con *Patella intermedia* para establecerse en algunas zonas de su hábitat preferido.

*Distribución geográfica actual*: en la actualidad la encontramos desde el Norte de Noruega hasta el Mediterráneo.

*Bibliografía*: Arnold, 1972; Fretter y Graham, 1976:26; Hayward *et al.*, 1998:180; Lindner, 1983:116; Poppe & Goto, 1993a; Rolán, 1984.

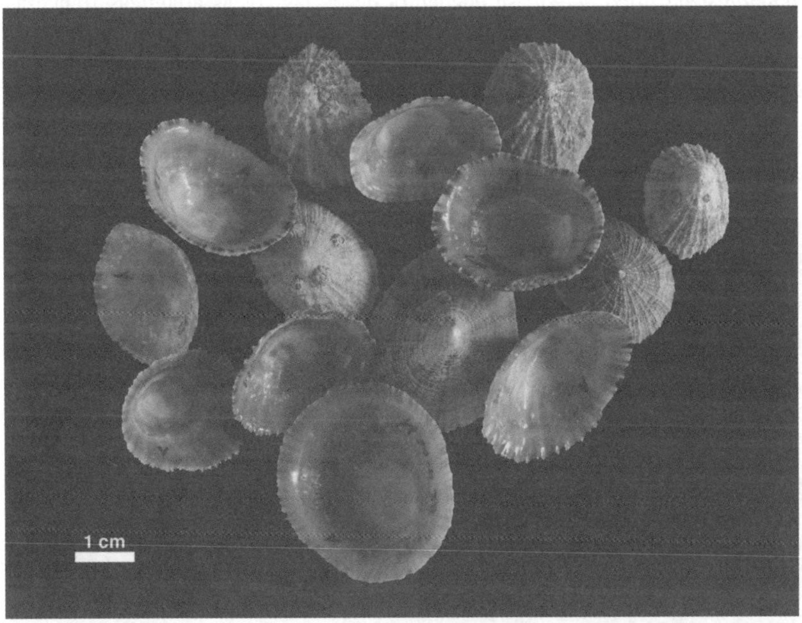


*Fig. A1.11: Patella vulgata*

## *Patella intermedia* Murray in Knapp, 1857

*Nombre vulgar*: Lapa rayada

*Descripción*: concha redondeada, cónica, ápice subcentral, con diferente grado de aplanamiento según la zona que habite en el intermareal. Costillas exteriores generalmente bien marcadas. El interior es amarillo pálido, naranja, a veces azulado o blanco, con radios negros o color chocolate.

*Hábitat y ecología*: habita en el intermareal, sobre sustratos duros en zonas expuestas o semi-expuestas al batido de las olas. Es difícil precisar cuál es su rango de habitabilidad dentro del intermareal ya que diferentes autores hablan de diversos rangos, sin embargo, nosotros la hemos encontrado en todas las zonas del intermareal. Aún así, podemos establecer que *Patella intermedia* habita generalmente entre el nivel medio de la pleamar en mareas muertas y el nivel medio de la bajamar en mareas muertas. En la zona superior del área habitada puede estar escasamente representada, ya que tiene que competir con *Patella vulgata*, mientras en la zona inferior, demasiado expuesta, también puede presentar menores cantidades poblacionales, sobre todo en ubicaciones cercanas a su límite Norte. Por tanto, predomina en la zona media del intermareal, sobre superficies abruptas o verticales.

*Distribución geográfica actual*: se encuentra desde las costas atlánticas francesas, extremo Oeste del Canal, Norte de Gales y Sur de Gran Bretaña hasta el Norte de África. Es una especie con una distribución geográfica más al Sur que *Patella vulgata*, es decir, *Patella intermedia* soporta peor los climas rigurosos.

*Bibliografía*: Fretter & Graham, 1976:29; Hayward *et al.*, 1998:180; Poppe & Goto, 1993a; Rolán, 1984:76.

*Fig. A1.12: Patella intermedia*

***Patella ulyssiponensis* Gmelin, 1791**

*Nombre común*: Lapa áspera

*Descripción*: concha generalmente cónica, algo alargada, algo deprimida con ápice subcentral. El interior puede ser blanco o amarillo en el centro y hacia la periferia a veces todo blanco y en otras ocasiones existen radios oscuros más o menos acusados. Aún así, es una especie de morfología variable.

*Hábitat y ecología*: su hábitat está bastante bien delimitado, ya que es la especie predominante en las zonas más bajas del intermareal, incluso llegando a estar presente en el piso superior del infralitoral. Se encuentra, por tanto, entre el nivel del agua en la bajamar de mareas muertas y el nivel de la bajamar extrema. Está menos adaptada a la desecación que el resto de especies del género *Patella*, por lo que siempre se sitúa en zonas muy batidas por las olas o en charcas (en ocasiones en zonas más altas que las habituales en ella), zonas que están exentas de la presencia de fucáceas. Su resistencia al calor es algo menor que la de *Patella vulgata*, si bien tampoco aguanta el frío extremo. Esta especie no sobrevive a una pérdida de agua del 40%.

*Distribución geográfica actual*: su distribución geográfica abarca desde Gran Bretaña hasta el Mediterráneo.

*Bibliografía*: Fretter & Graham, 1976:28; Hayward *et al.*, 1998:180; Lindner, 1983:116; Poppe & Goto, 1993a; Rolán, 1984:80.

*Fig. A1.13: Patella ulyssiponensis*

### A1.2.1.3 Gastropoda: Pulmonata (terrestres)

Familia Chondrinidae
***Abida bigerrensis* (Moquin-Tendon, 1856)**

*Descripción*: concha cilindríco-cónica, fusiforme con 8-9 espiras fuertemente convexas. La mayor anchura la presente generalmente un poco más debajo de la mitad y la última sutura es más estrecha. Abertura con nueve dientes o más. Color parduzco, a veces con estrías fuertes y regulares.

*Hábitat y ecología*: habita en terrenos calizos, bajo piedras y musgos, así como entre la tierra que se deposita en las grietas de las rocas, en lugares protegidos siempre del sol. Es la especie más hidrófila del género, apareciendo con frecuencia también en el interior de bosques. Alcanza 1400 m.

*Distribución geográfica*: especie pirenaico-cantábrica, que ocupa una estrecha franja desde Ariège por el Este hasta Picos de Europa por el Oeste. En Pirineos centrales se extiende casi exclusivamente por la vertiente norte. Parece restringirse a las zonas de pluviosidad media anual superior a 1000 mm.

*Bibliografía:* Altonaga *et al.*, 1994:81; Kerney & Cameron, 1999:111.

***Chondrina kobelti* (Westerlund, 1887)**

*Descripción*: concha cónica fusiforme, perforada. Espira formada de 7-8 vueltas bastante convexas, la última bien redondeada en la base. Suturas un poco oblicuas, bien marcadas. Abertura oval redondeada, obtusa en la base y con varios dientes. Color grisáceo o marrón rojizo, mate y liso. Estrías de crecimiento desdibujadas.

*Hábitat y ecología*: vive adherida a las paredes calizas, pudiendo alcanzar altitudes de hasta 1750 m en Picos de Europa. En algunos puntos de la zona costera de Cantabria aparece junto a *C. a. avenacea*; junto con *C. k. kobeltoides*, son los tres únicos taxones del género que habitan en las cercanías de la costa cantábrica.

*Distribución geográfica*: esta restringida a la vertiente norte de la Cordillera Cantábrica, desde Asturias por el Oeste hasta la sierra de Aralar por el Este.

*Bibliografía*: Altonaga *et al.*, 1994:90; Kerney & Cameron, 1999:115.

Familia Ferussaciidae
***Cecilioides* sp. Férussac, 1814**

*Descripción*: concha muy pequeña, esbelta, muy estrechamente lanceolada o cilíndrica y con el ápice obtuso y liso. Muy frágil y transparente, se presenta blanca y opaca en ejemplares subfósiles. Abertura piriforme, menos alta que la mitad de la altura total.

*Hábitat y ecología*: especie calcícola que parece ausente de regiones no calcáreas. Hábitat subterráneo entre las raíces de las plantas o en las fisuras de las rocas, generalmente en suelos calcáreos. Frecuentemente en los aluviones de cursos de agua y en hormigueros.

*Distribución* geográfica: por toda Europa, excepto en Escocia y el Norte de Irlanda. En Escandinavia solo en la zona Sur.

*Bibliografía:* Altonaga *et al.*, 1994:120; Bech, 1990:134; Kerney, 1999:168; Kerney & Cameron, 1999:183.

Familia Lauriidae
***Lauria cilindracea* (da Costa 1778)**

*Descripción*: concha cilíndrico-cónica, poco brillante, translúcida y de coloración marrón claro. Presenta 6-8 vueltas de espira poco convexas. Suturas bien marcadas aunque no muy profundas y ombligo estrecho. Abertura oval oblicua a veces triangular o cuadrangular y con un diente parietal angular soldado al peristoma y a veces con otro diente pequeño columelar. Es una especie variable en morfología.

*Hábitat y ecología*: vive debajo de piedras y en los huecos de los roquedos, así como entre la vegetación y la hojarasca, dentro y fuera de zonas boscosas, tanto en terrenos calcáreos como no calcáreos.

*Distribución geográfica:* habita por las regiones atlánticas y mediterráneas de Europa, así como por el norte de África, Asia Menor, Arabia y el Cáucaso. En la Península Ibérica, además de en todos los departamentos norpirenaicos se extiende por la región atlántica y mitad norte peninsular.

*Bibliografía:* Altonaga *et al.*, 1994:90; Bech, 1990:105; Kerney & Cameron, 1999:93.

Familia Cyclophoridae
***Cochlostoma sp.***

*Descripción*: categoría que engloba las especies del género *Cochlostoma*. En general presentan una concha cónica formada por entre 7 y 9 vueltas de espira con estrías finas. Peristoma redondeado cerrado por un opérculo profundamente retractil y a menudo formado por dos membranas. Coloración marrón-rojizo.

*Hábitat y ecología*: habitan en zonas rocosas, generalmente en piedras, laderas con cantos, muros... en áreas de suelos calcáreos, y tanto en zonas sombreadas como expuestas al sol.

*Distribución geográfica actual*: en Europa se encuentra en Centroeuropa, Francia, Pirineos, Mediterráneo y el Cantábrico.

*Bibliografía*: Gofas, 2001:1284; Kerney & Cameron, 1999:73-76.

Familia Pomatiasidae
***Pomatias elegans* (O.F. Müller, 1774)**

*Descripción*: concha cónica bastante sólida, de 4-5 vueltas de espira fuertemente redondeadas. Abertura casi circular y peristoma simple, a veces algo espeso interiormente. Estructura reticular formada por espiras finas y líneas transversales. Coloración de gris-violeta a amarillento. Opérculo consistente de naturaleza calcárea.

*Hábitat y ecología*: se encuentra bajo las piedras en bosques abiertos, laderas pedregosas, dunas, tierras de cultivo... siempre en suelos altamente calcáreos que presenten un sustrato suelto y fácilmente desmenuzable en el que puedan excavar. Prefiere ambientes húmedos y sombríos y temperaturas cálidas, soporta mal los inviernos fríos y está ausente de zonas de marisma.

*Distribución geográfica actual*: está presente en el Mediterráneo y Oeste de Europa.

*Bibliografía*: Altonaga *et al.*, 1994:68-69; Evans, 1972:133-135; Kerney, 1999:30; Kerney & Cameron, 1999:73-76.

Familia Hygromiidae: Hygromiinae
***Helicella itala* (Linné, 1758)**

*Descripción*: concha deprimida o subglobulosa, con estrías longitudinales, pero no muy marcadas; asimismo se puede apreciar una leve microestructura formada por líneas espirales. En algunos casos es unicolor, aunque en la mayoría presenta bandas marrones, variables en cuanto al número y a la amplitud de las mismas, sobre un tono blanco u ocre. El peristoma recto, porta generalmente un reborde interno blanquecino. La abertura oblicua, es más o menos redondeada, con los bordes bastante próximos. El ombligo es circular, siendo en algunos ejemplares muy ancho, mientras que en otros es más angosto.

*Hábitat y ecología*: caracol terrestre propio de campo abierto que habita zonas secas expuestas al sol, como dunas, laderas pedregosas o praderas calcáreas, pero también en matorrales. Alcanza los 2000 m. de altitud en los Alpes y 2500 en los Pirineos. Muy habitual en zonas de hierba baja, como pastos y laderas abruptas, además evita las zonas aradas, los pastos en tierras bajas, las marismas y los bosques, es decir, las zonas húmedas, cerradas y sombrías.

*Distribución geográfica actual*: presente en la actualidad en la costa Norte de Gran Bretaña, Francia, Países Bajos, Norte de Suiza, Dinamarca, Alemania y en la Península Ibérica al menos en el Cantábrico y Pirineos.

*Bibliografía*: Evans, 1972:80-182; Kerney & Cameron, 1999:280; Manga, 1983:211-212; Prieto y Martín, 1988:16.

***Hygromia limbata* (Draparnaud 1805)**

*Descripción*: concha globulosa más o menos subdeprimida y con la espira cónica tectiforme, bastante delgada pero sólida. Brillante, de color blanco amarillento a marrón claro, muy a menudo con una banda espiral blanca u oscura en la periferia. De 5 a 6 vueltas de espira bastante convexas de crecimiento regular, la última grande, obtusamente angulosa en la periferia. Abertura muy inclinada, oval transversal, con los márgenes poco separados y convergentes. Superficie estriada longitudinal oblicua con estrías bastante finas y subondulantes. Ombligo pequeño, a menudo recubierto por el borde columelar del peristoma. Peristoma elíptico.

*Hábitat y ecología*: viven en zonas húmedas, generalmente cerca del agua, en maderas, setos y praderías húmedas hasta 2500 m.

*Distribución geográfica actual*: Oeste de Europa, desde el Sur de Inglaterra y el Canal de la Mancha, hasta el Cantábrico al menos.

*Bibliografía*: Bech, 1990:167; Kerney & Cameron, 1999:284.

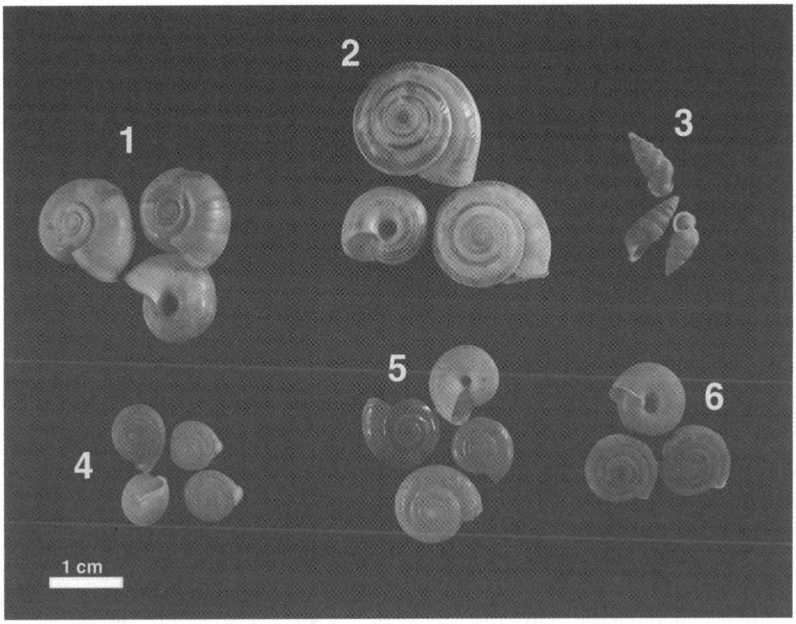


*Fig. A1.14: 1-Elona quimperiana; 2-Helicella itala; 3-Cochlostoma sp.; 4-Oestophorella buvinieri; 5-Oxychilus sp.; 6-Pyrenaearia cantabrica*

### *Pyrenaearia cantabrica* (Hidalgo, 1873)

*Descripción*: concha muy deprimida, con estrías longitudinales ligeramente inclinadas. Su color es blanquecino claro u ocre, generalmente salpicado de una especie de manchas alargadas un poco más oscuras, que están dispuestas de forma similar a las estrías longitudinales, siendo más visible la estrecha franja de color marrón contigua a la abertura, que existe en algunos ejemplares. El peristoma generalmente es recto, estando un poco reflejado a nivel del ombligo. En la parte interior del peristoma existe uno o más rebordes o engrosamientos internos de color blanquecino. La abertura es semilunar, transversa, ancha y está inclinada; los bordes se aproximan bastante. El ombligo es circular y ancho, permitiendo ver perfectamente el enrollamiento interno de la espira.

*Hábitat y ecología*: suele habitar en las grietas de roquedos y se la encuentra en localidades de altitud comprendida entre unos 350 y 2.600 m.

*Distribución geográfica actual*: se ha identificado en la Península Ibérica y es considerada una especie endémica del Oeste de la Cordillera Cantábrica, donde ocupa ambas vertientes, extendiéndose desde la Sierra de la Serrantina hasta los Picos de Europa.

*Bibliografía*: Manga, 1983:287; Puente, 1994.

Familia Hygromiidae: Ciliellinae
***Oestophorella buvinieri* (Michaud, 1841)**

*Descripción*: concha deprimida, con estrías longitudinales bien marcadas y un poco oblicuas; también se puede apreciar una microescultura ostensible en la parte inferior de la periferia. El color es ocre claro, o tirando a marrón oscuro, pero siempre unicolor. El peristoma está reflejado y es blanco. La abertura es angosta y un poco oblicua, y tiene un esbozo de un diente en la parte interna del borde externo. No presenta ombligo.

*Hábitat y ecología*: se la encuentra en prados, campiñas, riberas, roquedos, bosque y biotopos ruderales. Presenta una amplia distribución altitudinal, desde casi el nivel del mar hasta unos 1.400 m.

*Distribución geográfica actual*: se ha identificado en la Península Ibérica, si bien esta especie es un endemismo cantábrico, cuyos límites de distribución se encuentran en el valle del Nervión por el Este, el valle del Eo por el Oeste y el Norte de Burgos y zonas de la Cordillera Cantábrica leonesa por el Sur.

*Bibliografía*: Altonaga *et al.*, 1994:140; Manga, 1983:310; Puente, 1994.

Familia Helicidae
***Cepaea nemoralis* (Linné, 1758)**

*Descripción*: concha globulosa con estrías longitudinales un poco oblicuas. El color varía: en unos casos es unicolor, marrón claro, en otros tiene un tono amarillo-verdoso; en otros presenta bandas de color marrón, cuyo número y extensión varía de unos ejemplares a otros. El peristoma está reflejado, principalmente en el borde externo, y en la mayoría de los ejemplares es de color marrón, pero también se han hallado algunos especimenes con un peristoma blanco, en conchas de color amarillo-verdoso. La abertura es semilunar, transversa y ancha, dispuesta oblicuamente. No tiene ombligo. Es una especie muy variable, tanto en las dimensiones como en el color de la concha.

*Hábitat y ecología*: habita en zonas muy variadas, como bosques, setos, maleza, praderas y dunas, alcanzando los 1200 m. en los Alpes y los 2200 en los Pirineos. También puede estar presente en tierras bajas y marismas. Según Evans, esta especie ha sufrido cambios morfológicos influenciados por cambios climáticos, así, aspectos como el color de los labios, de la concha y la mayor o menor presencia de bandas están informando de cambios en las precipitaciones, en las temperaturas del verano o en el clima general de una zona.

*Distribución geográfica actual*: se distribuye por toda Europa, parte de Asia y América del Norte.

*Bibliografía*: Evans, 1972:173-175; Kerney & Cameron, 1999:300; Manga, 1983:315; Sabelli, 1982; Puente, 1994:717-726.

***Cryptomphalus aspersus* (O.F. Müller 1774)**

*Descripción*: concha globosa, con 4-5 vueltas de espira escasamente convexas y que se ensanchan rápidamente. Ombligo completamente obturado por el peristoma. Abertura grande, con un peristoma espeso y blanco. Coloración marrón claro habitualmente, ocasionalmente amarillenta con 0-5 bandas espirales, variables y a menudo con manchas blancas. Escultura con un aspecto arrugado característico.

*Hábitat y ecología*: presente en hábitats muy variados, a menudo asociada al ser humano en parques y jardines, especialmente cerca de los bordes de su área de distribución, pero también en dunas, bosques, rocas, setos y terrenos baldíos, aunque también puede encontrarse en lugares silvestres.

*Distribución geográfica actual*: está presente al menos en el Oeste de Europa y el Mediterráneo.

*Bibliografía*: Kerney, 1999:205; Kerney & Cameron, 1999:301.

*Fig. A1.15: Ejemplares de Cepaea nemoralis*

Familia Xanthonychidae

***Elona quimperiana* (Férussac, 1821)**

*Descripción*: concha delgada, translúcida, de color pardo uniforme, planórbica, con el ápice hundido. Ombligo amplio. Peristoma reflejado de color blanco. Protoconcha cubierta de papilas alargadas dispuestas espiralmente y escamas periostracales. Última vuelta bastante más ancha que la anteúltima, con microestructura longitudinal poco marcada.

*Hábitat y ecología*: habita en bosques y maleza húmedos, y en zonas de herbáceas húmedas y sombrías. Esta especie suele penetrar en las cuevas, donde desarrolla su ciclo vital completo, lo cual se ve favorecido por su régimen detritívoro y coprófago. En cuanto a su distribución altitudinal ha sido registrada desde el nivel del mar hasta unos 1000 m.

*Distribución geográfica actual*: es muy local, limitada a unos pocos lugares de la fachada atlántica europea como los Pirineos y el Cantábrico.

*Bibliografía*: Altonaga *et al.*, 1994:124-125; Germain, 1930; Kerney & Cameron, 1999:258; Puente & Altonaga, 1995:89; Prieto & Altonaga, 1988:3.

Familia Zonitidae
***Oxychilus sp.* Fitzinger, 1833**

*Descripción*: esta categoría incluye diversas especies del género *Oxychilus* (*cellarius*, *mortilleti*, *hydatinus*, *alliarus*, *helveticus*...) que hemos optado por englobar a nivel genérico debido a la dificultad de identificación. Concha de tamaño variable, entre 4 y 18 mm de diámetro mayor, deprimida, más o menos transparente, con las vueltas de espira de crecimiento regular o rápido. Superficie casi lisa. Ombligo que varía desde muy estrecho hasta muy amplio.

*Hábitat y ecología*: en cuanto a su hábitat, todas las especies tienen unas preferencias similares, zonas húmedas y sombrías, como bosques, maleza, praderas de hierba alta, restos de muros caídos, entre piedras en laderas calizas, y algunas especies como *Oxychilus cellarius*, también en cuevas, túmulos y tumbas con cámara, atraídos por los cuerpos en descomposición.

*Distribución geográfica actual*: hoy en día este género se encuentra por toda Europa.

*Bibliografía*: Bech, 1990:123; Evans, 1972:188; Kerney & Cameron, 1999:216.

***Retinella incerta* (Draparnaud 1805)**

*Descripción*: concha grande con alrededor de cinco vueltas convexas, la última no dilatada. Periferia redondeada. Abertura más larga que alta. Ombligo profundo y simétrico. Concha muy brillante, marrón claro, blanquecina sobre la cara inferior.

*Hábitat y ecología*: vive fundamentalmente en maderas, setos húmedos, praderas y baldíos.

*Distribución geográfica actual*: se extiende por los Pirineos, hasta el Garona hacia el norte, y por el Oeste hasta Cantabria.

*Bibliografía*: Altonaga *et al.*, 1994:112; Kerney & Cameron, 1999:216.

Familia Claussilidae
***Clausilia bidentata* (Ström 1765)**

*Descripción*: concha fusiforme alargada, de color castaño, grisáceo, rojizo o negruzco, formada por 12-13 vueltas de crecimiento regular, escasamente convexas, formando las tres primeras un corto cilindro. Suturas marcadas, ligeramente oblicuas. Abertura pequeña y redondeada con dos pliegues parietales oblicuos. Estrías finas y regulares.

*Hábitat y ecología*: vive en muros, bajo troncos caídos o en los propios troncos de los árboles vivos. También entre hojas muertas, en setos y maleza, generalmente en zonas sombrías.

*Distribución geográfica actual*: actualmente está presente de forma abundante en el Sureste de Europa, aunque puede ser encontrado por toda Europa y otras zonas del mundo.

*Bibliografía*: Bech, 1990:141; Evans, 1972:166; Kerney & Cameron, 1999:169.

Familia Neritidae
***Theodoxus fluviatilis* (Linné, 1758)**

*Descripción*: concha sin ombligo, semiglobosa, ovalada, sólida y opaca. De color variable, desde amarillenta a verdosa, terrosa o negruzca, con partes oscuras o reticulada de rayas oscuras. De dos a tres vueltas de espira poco convexas, la última muy grande, de manera que forma casi toda la concha. Abertura semilunar. Peristoma delgado.

*Hábitat y ecología*: vive en aguas corrientes o estancadas, e incluso en aguas salobres mientras la salinidad no sobrepase el 16‰. Se le encuentra pegado a las piedras, sobre las rocas o sobre el fondo.

*Distribución geográfica actual*: es una especie común a toda Europa y el norte de África.

*Bibliografía*: Bech, 1990:51.

### A1.2.2 PHYLLUM CRUSTACEA

#### A1.2.2.1 Infraorden Brachyura

Familia Cancridae
***Cancer pagurus* (Linné 1758)**

*Descripción*: caparazón con lóbulos medios y submedios desarrollados. Márgenes antero-laterales del caparazón con siete lóbulos ampliamente redondeados a truncados, márgenes postero-laterales con dos lóbulos anteriores. Quelípodos iguales, a veces ligeramente desiguales en machos grandes. Pereiópodos fuertes, especialmente del segundo al quinto. Color marrón rojizo, los pereiópodos más claros, las partes distales de dactilopodios y propodios son negros.

*Hábitat y ecología*: habita en las zonas bajas del intermareal y en el infralitoral.

*Distribución geográfica actual*: en el Noreste de Europa, de Escandinavia a Portugal.

*Bibliografía*: Ingle, 1996:96, 1997:136.

Familia Portunidae
***Carcinus maenas* (Linné 1758)**

*Descripción*: caparazón con la superficie dorsal detalladamente granular, región frontal ligeramente pronunciada, lóbulo mediano avanzado, lóbulos submedianos ampliamente ovales. Márgenes antero-laterales del caparazón con cinco dientes espinosos. Quelípodos usualmente un poco desiguales y fuertes, proceso carpal de agudo a subagudo, propodios con carenado longitudinal. Los pereiópodos del segundo al cuarto son moderadamente fuertes. Color variable, caparazón de verde oscuro a gris, a veces con manchas blancas. La parte de abajo y los pereiópodos pueden ser desde marrones a amarillo grisáceo o naranja.

*Hábitat y ecología*: vive en toda la zona intermareal y en el inframareal, tanto en costa abierta como en estuarios.

*Distribución geográfica actual*: Noreste Atlántico, desde Noruega a las costas del Oeste africano (Mauritania). Ha sido introducido en otras partes del mundo como USA, el Mar Rojo, Madagascar, Sri Lanka y Australia.

*Bibliografía*: Ingle, 1996:140, 1997:150.

***Necora puber* (Linné 1767)**

*Descripción*: superficie dorsal del caparazón cubierta con fino vello. Margen de la región frontal cortado en 7-10 dientes desiguales. Márgenes antero-laterales con cinco dientes agudos. Quelípodos iguales en tamaño y robustez, propodios con crestas tuberculosas longitudinales. El carpo y los propodios del segundo y quinto pereiópodo con crestas. Caparazón de marrón a negro. Partes de los pereiópodos azul brillante moteado con rojo.

*Hábitat y ecología*: desde la parte baja del intermareal hasta el inframareal, generalmente en substratos rocosos o con piedras.

*Distribución geográfica actual*: desde Noruega hasta el Noroeste de África. También en el Mediterráneo, aunque menos común. También en el Mar Negro.

*Bibliografía*: Ingle, 1996:122; 1997:146.

Familia Menippidae
***Eriphia verrucosa* (Forskål 1775)**

*Descripción*: superficie dorsal del caparazón con crestas granulares transversales. Márgenes antero-laterales con seis o siete espinas agudas descendiendo en tamaño posteriormente y muchas espinas distales. Región frontal con dos filas transversales de espinas. Quelípodos muy robustos, el derecho generalmente un poco más largo que el izquierdo, con tubérculos organizados en hileras longitudinales. Partes distales de los Quelípodos negras. Color general desde rojo marronáceo a verde marronáceo. Caparazón a veces con manchas amarillas.

*Hábitat y ecología*: en substratos rocosos y entre algas desde la parte baja del intermareal hasta el inframareal. A menudo en la zona en la que las olas baten.

*Distribución geográfica actual*: desde la Bretaña francesa hasta las Azores y en el Mediterráneo y el Mar Negro.

*Bibliografía*: Ingle, 1997:152.

Familia Xanthidae
***Xantho incisus* Leach 1814**

*Descripción*: superficie dorsal del caparazón con finos granos. Márgenes antero-laterales con cuatro lóbulos muy redondeados, el cuarto más pequeño. Quelípodos de igual tamaño y muy robustos. Del segundo al quinto pereiópodos fuertes y relativamente cortos. Caparazón marrón amarillento, algunas veces con manchas de un marrón más oscuro. Dactilopodios y la parte distal de los quelípodos negros.

*Hábitat y ecología*: del intermareal bajo al infralitoral, en zonas pedregosas.

*Distribución geográfica actual*: desde la costa Oeste de Escocia hasta el Golfo de Guinea (Oeste de África). Probablemente ausente del Mar del Norte y regiones adyacentes.

*Bibliografía*: Ingle, 1996:110, 1997:154.

Familia Grapsidae
***Pachygrapsus marmoratus* (Fabricius, 1787)**

*Descripción*: caparazón cuadrangular con muchas crestas prominentes transversales. Región frontal muy ancha. Márgenes antero-laterales con tres dientes agudos, el par posterior más pequeños, a veces muy pequeños. Quelípodos ligeramente desiguales en tamaño. Del segundo al quinto pereiópodos aplanados, anchos y fuertes, márgenes de los propodios y de los dactilopodios con espinas. La superficie dorsal del caparazón puede ser desde marrón-violeta a casi negro y a menudo con marcas marrón amarillento.

*Hábitat y ecología*: vive en las zonas altas y medias del intermareal, en las grietas de las rocas.

*Distribución geográfica actual*: desde el Noreste de Bretaña hasta las Islas Canarias. También en el Mediterráneo y el Mar Negro.

*Bibliografía*: Ingle, 1997:160.

**A1.2.2.2 Cirrípedia**

Familia Scalpellidae
***Pollicipes pollicipes* Leach, 1817**

*Descripción*: pedúnculo ancho y correoso, sin placas, constituyendo justo algo más de la mitad de la longitud total. Capitulum corto y ancho, con cinco grandes placas hacia su ápice (*Carina*, *Tergum*, *Scutum*), rodeado basalmente por anillos de placas triangulares sucesivamente más pequeñas (*Rostrum*), estando las menores a lo largo del borde del pedúnculo.

*Hábitat y ecología*: el conocido percebe, habita en las zonas bajas del intermareal y en el inframareal, sobre rocas o conchas, suele estar presente en zonas rocosas muy batidas por las olas.

*Distribución geográfica actual*: se encuentra en las costas Atlánticas del Oeste de Europa (Hayward, Nelson-Smith y Shields, 1998:120).

*Bibliografía*: Hayward *et al.*, 1998:120.

Familia Balanidae
***Balanus* sp.**

*Descripción*: cirrípedos simétricos con cuatro o seis placas. Placas rostrales anchas, solapándose los laterales a cada lado. Placas carino-laterales estrechas, a veces ausentes. Los repliegues que forran la abertura tienen un colorido característico en cada especie.

*Hábitat y ecología*: son organismos epibiontes, que suelen habitar sobre sustratos duros como rocas o conchas. Son muchas las especies incluidas en este género, que presentan distintas preferencias de hábitat, desde las zonas altas del intermareal expuesto hasta el inframareal, y también en zonas de estuario.

*Distribución geográfica actual*: tienen una distribución geográfica variada, incluyendo casi toda Europa.

*Bibliografía*: Hayward *et al.*, 1998:122.

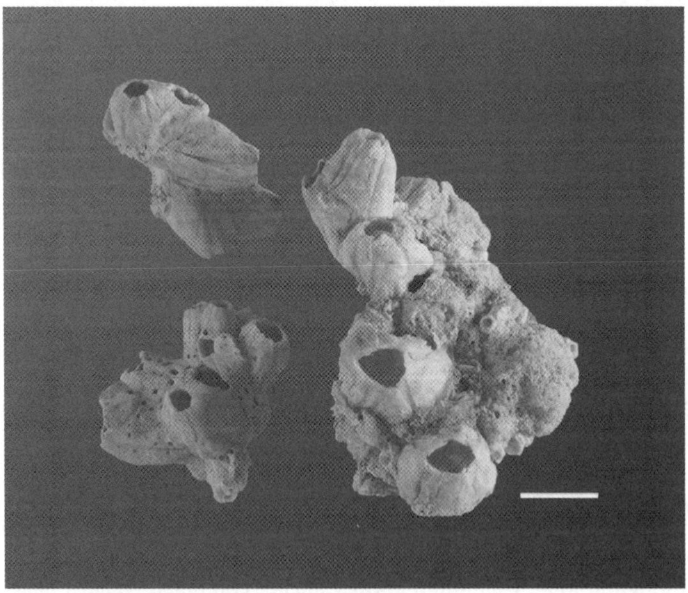

*Fig. A1.16: Balanus sp.*

## A1.2.3 PHYLLUM ECHINODERMATA

### A1.2.3.1 Echinoidea

Familia Echinidae
***Paracentrotus lividus* (Lamarck, 1816)**

*Descripción*: caparazón redondo y bastante aplanado, con espinas largas de color verde oscuro o púrpura. Linterna de Aristóteles bien desarrollada.

*Hábitat y ecología*: habita en cavidades profundas y redondas en la piedra caliza o en otras rocas blandas que agranda al crecer, en la zona mesolitoral y piso superior del infralitoral, hasta 30 m.

*Distribución geográfica actual*: se localiza actualmente desde Gran Bretaña, hasta el Noroeste de África y todo el Mediterráneo.

*Bibliografía*: Hayward *et al*., 1998:292.

## A1.3 Abundancia de los taxones identificados en yacimientos de la región cantábrica entre el Magdaleniense Superior Final y el Neolítico: información cualitativa y cuantitativa

A continuación se recoge en diversas tablas la información cuantitativa y cualitativa de las abundancias de moluscos en los yacimientos de la región cantábrica utilizados en este trabajo. Los yacimientos se han ordenado por su ubicación geográfica, de Oeste a Este. En el caso de la información cuantitativa se ha incluido el NMI y/o el %NMI, dependiendo de la información aportada en las publicaciones correspondientes.

En cuanto a la información cualitativa, en ocasiones ésta ha sido descrita por los investigadores correspondientes, pero en otros casos, acorde a los comentarios incluidos en las publicaciones, hemos tenido que describirla nosotros. Por otra parte, en algunos casos se incluye algún dato cuantitativo, acorde a las descripciones dadas por los autores. Para la descripción de las abundancias se han utilizados los siguientes estimadores:

MA: Muy abundante
A: Abundante
P: Presente
E: Escaso

| Datos Cuantitativos: abundancia de taxones durante el MSF en la región cantábrica | | | | | | | | |
|---|---|---|---|---|---|---|---|---|
| **Yacimiento y Nivel** | **Oscura de Ania IIIa** | **Las Caldas III** | **Las Caldas IIc** | **Las Caldas II** | **Las Caldas I** | **Las Caldas 0** | **Tito Bustillo 1b** | **Tito Bustillo 1a** |
| **Bivalvos marinos** | NMI | NMI | NMI | NMI | NMI | NMI | NMI | NMI |
| *Acanthocardia sp.* | | | | | | | | |
| *Callista chione* | | | | | | | | |
| Cardiidae sp. | | | | | | | | |
| *Cerastoderma* sp. | | | | | | | | |
| *Mimachlamys* sp. | | | | | | | | |
| *Glycymeris glycymeris* | | | | | | | 1 | 1 |
| *Glycymeris* sp. | | | | | | | | |
| *Lutraria* sp. | | | | | | | | |
| *Mytilaster minimus* | | | | | | | | |
| *Mytilus* sp. | | 1 | | | | | 9 | 8 |
| *Ostrea edulis* | | | | | | | | |
| *Pecten* sp. | | 1 | 1 | | | | 1 | |
| *Ruditapes decussatus* | | | | | | | | |
| *Scrobicularia plana* | | | | | | | | |
| Veneridae sp. | | | | | | | | |
| **Gasterópodos marinos** | NMI | NMI | NMI | NMI | NMI | NMI | NMI | NMI |
| *Aporrhais pespelicani* | | | | | | | 1 | |
| *Cyclope pellucida* | | | | | | | 2 | 1 |
| *Gibbula* sp. | | | | | | | | 1 |
| *Homalopoma sanguineum* | | | | | | | | 2 |
| *Littorina littorea* | | | | | | | 1166 | 773 |
| *Littorina obtusata* | | | | | | | 41 | 18 |
| *Littorina saxatilis* | | | | | | | | |
| *Nassarius incrassatus* | | | | | | | 1 | 2 |
| *Nassarius reticulatus* | 1 | | | | | | 6 | 1 |
| *Natica* sp. | | | | | | | | |
| *Nucella lapillus* | | | | | | | 4 | 3 |
| *Osilinus lineatus* | | | | | | | | |
| *Patella vulgata* | | | | | | | 1509 | 875 |
| *Patella intermedia* | | | | | | | | |
| *Patella ulyssiponensis* | | | | | | | | |
| *Patella* sp. | | | | | | | | |
| *Phalium saburon* | | | | | | | | 1 |
| *Trivia* sp. | 1 | | | | | | 12 | 10 |
| *Turritella* sp. | | | | | | | 1 | 1 |
| **Gasterópodos terrestres** | NMI | NMI | NMI | NMI | NMI | NMI | NMI | NMI |
| *Abida vasconia* | | | | | | | | |
| *Cepaea nemoralis* | | | | | | | | |
| Claussilidae sp. | | | | | | | | |
| *Cochlostoma* sp. | | | | | | | | |
| *Chondrina kobelti* | | | | | | | | |
| *Helicella itala* | | | | | | | 2 | 1 |
| Helicidae sp. | | | | | | | | |
| *Oestophorella buvinieri* | | | | | | | | |
| *Oxychilus* sp. | | | | | | | | |
| *Pomatias elegans* | | | | | | | | |
| *Pyrenaearia cantabrica* | | | | | | | | |
| Stylommatophora sp. | | | | | | | | |
| Zonitidae sp. | | | | | | | | |
| **Gasterópodos Agua dulce** | NMI | NMI | NMI | NMI | NMI | NMI | NMI | NMI |
| *Theodoxus fluviatilis* | | | | | | | | |
| **Escafópodos** | | | | | | | | |
| *Antalis* sp. | | | | | 1 | 1 | | |
| **Equinodermos** | NMI | NMI | NMI | NMI | NMI | NMI | NMI | NMI |
| *Paracentrotus lividus* | | | | | | | | |
| **No identificable** | | 1 | 1 | 2 | | | | |
| **TOTAL** | **2** | **3** | **2** | **2** | **1** | **1** | **2756** | **1695** |

| **Datos Cuantitativos: abundancia de taxones durante el MSF en la región cantábrica** | | | | | | | | | | |
|---|---|---|---|---|---|---|---|---|---|---|
| **Yacimiento y Nivel** | **Los Canes 2c/3** | **La Riera 21-23** | | **La Riera 24** | | **La Riera 26** | | **La Pila IV** | | **Morín 2** |
| **Bivalvos marinos** | **NMI** | **NMI** | **%NMI** | **NMI** | **%NMI** | **NMI** | **%NMI** | **NMI** | **%NMI** | **NMI** |
| *Acanthocardia* sp. | 1 | | | | | | | | | |
| *Callista chione* | | | | | | | | | | |
| Cardiidae sp. | | | | | | | | | | 1 |
| *Cerastoderma* sp. | | | | | | | | | | |
| *Mimachlamys* sp. | | | | | | | | | | |
| *Glycymeris glycymeris* | | | | | | | | | | 1 |
| *Glycymeris* sp. | | | | | | | | | | 1 |
| *Lutraria* sp. | | | | | | | | | | |
| *Mytilaster minimus* | | | | | | | | | | |
| *Mytilus* sp. | 1 | | | | | | | 1 | 0,33 | |
| *Ostrea edulis* | | | | | | | | | | |
| *Pecten sp.* | | | | | | | | | | |
| *Ruditapes decussatus* | | | | | | | | | | 1 |
| *Scrobicularia plana* | | | | | | | | | | 1 |
| Veneridae sp. | | | | | | | | | | |
| **Gasterópodos marinos** | **NMI** | **NMI** | **%NMI** | **NMI** | **%NMI** | **NMI** | **%NMI** | **NMI** | **%NMI** | **NMI** |
| *Aporrhais pespelicani* | | | | | | | | | | |
| *Cyclope pellucida* | | | | | | | | | | |
| *Gibbula* sp. | | | | | | | | 2 | 0,66 | |
| *Homalopoma sanguineum* | | | | | | | | | | |
| *Littorina littorea* | | | 5,55 | | 18,3 | | 11,74 | 135 | 44,85 | |
| *Littorina obtusata* | 5 | | | | | | | | | |
| *Littorina saxatilis* | | | | | | 1 | | | | |
| *Nassarius incrassatus* | | | | | | | | | | |
| *Nassarius reticulatus* | | | | | | | | | | |
| *Natica sp.* | | | | | | | | | | |
| *Nucella lapillus* | | | | | | | | | | |
| *Osilinus lineatus* | 1 | | 1,38 | | | | 0,55 | 8 | 2,66 | |
| *Patella vulgata* | 9 | | 86,11 | | 81,69 | | 86,97 | 72 | 23,92 | 3 |
| *Patella intermedia* | | | 6,94 | | | | 0,73 | 2 | 0,66 | |
| *Patella ulyssiponensis* | 1 | | | | | | | 1 | 0,33 | |
| *Patella* sp. | 6 | | | | | | | 76 | 25,25 | 1 |
| *Phalium saburon* | | | | | | | | | | |
| *Trivia* sp. | 6 | 1 | | 1 | | | | | | |
| *Turritella* sp. | | | | | | | | | | |
| **Gasterópodos terrestres** | **NMI** | **NMI** | **%NMI** | **NMI** | **%NMI** | **NMI** | **%NMI** | **NMI** | **%NMI** | **NMI** |
| *Abida vasconia* | 5 | | | | | | | | | |
| *Cepaea nemoralis* | 68 | | | 1 | | | | | | |
| Claussilidae sp. | 1 | | | | | | | | | |
| *Cochlostoma* sp. | 19 | | | | | 1 | | | | |
| *Chondrina kobelti* | 10 | | | | | | | | | |
| *Helicella itala* | 3 | | | | | | | 1 | 0,33 | |
| Helicidae sp. | | | | | | | | | | 1 |
| *Oestophorella buvinieri* | 6 | | | | | 1 | | | | |
| *Oxychilus* sp. | | | | | | | | | | |
| *Pomatias elegans* | 66 | | | 1 | | | | 2 | 0,66 | |
| *Pyrenaearia cantabrica* | 8 | | | | | | | | | |
| Stylommatophora | | | | | | | | | | |
| Zonitidae sp. | 6 | | | | | | | | | |
| **Gasterópodos Agua dulce** | **NMI** | **NMI** | **%NMI** | **NMI** | **%NMI** | **NMI** | **%NMI** | **NMI** | **%NMI** | **NMI** |
| *Theodoxus fluviatilis* | | | | | | | | | | |
| **Escafópodos** | | | | | | | | | | |
| *Antalis* sp. | | | | | | | | | | |
| **Equinodermos** | **NMI** | **NMI** | **%NMI** | **NMI** | **%NMI** | **NMI** | **%NMI** | **NMI** | **%NMI** | **NMI** |
| *Paracentrotus lividus* | | | | | | | | 1 | 0,33 | |
| **No identificable** | | | | | | | | | | |
| TOTAL | 222 | 95 | 100 | 73 | 100 | 545 | 100 | 301 | 100 | 9 |

| Datos Cuantitativos: abundancia de taxones durante el MSF en la región cantábrica | | | | | | | | | |
|---|---|---|---|---|---|---|---|---|---|
| **Yacimiento y Nivel** | **El Piélago I 5** | **El Piélago II 5** | **Rascaño 2b** | **La Garma A N** | | **La Garma A O** | | **La Fragua 4** | |
| **Bivalvos marinos** | NMI | NMI | NMI | NMI | %NMI | NMI | %NMI | NMI | %NMI |
| *Acanthocardia* sp. | | | | | | | | | |
| *Callista chione* | | | | 1 | 0,06 | 1 | 0,08 | | |
| Cardiidae sp. | | | | | | | | | |
| *Cerastoderma* sp. | | | | 1 | 0,06 | | | | |
| *Mimachlamys* sp. | | | 1 | | | | | | |
| *Glycymeris glycymeris* | | | | | | | | | |
| *Glycymeris* sp. | | | | | | | | | |
| *Lutraria* sp. | | | | | | | | 1 | 0,2 |
| *Mytilaster minimus* | | | | | | | | | |
| *Mytilus* sp. | | | 1 | 2 | 0,12 | 4 | 0,3 | 1 | 0,2 |
| *Ostrea edulis* | | | | 1 | 0,06 | | | | |
| *Pecten* sp. | | | | | | | | | |
| *Ruditapes decussatus* | | | | | | | | | |
| *Scrobicularia plana* | | | | | | | | | |
| Veneridae sp. | | | | | | | | 1 | 0,2 |
| **Gasterópodos marinos** | NMI | NMI | NMI | NMI | %NMI | NMI | %NMI | NMI | %NMI |
| *Aporrhais pespelicani* | | | | | | | | | |
| *Cyclope pellucida* | | | | | | | | | |
| *Gibbula* sp. | | | | | | | | | |
| *Homalopoma sanguineum* | | | | | | | | | |
| *Littorina littorea* | | | | 818 | 49,21 | 258 | 19,18 | 1 | 0,2 |
| *Littorina obtusata* | | | 3 | | | 3 | 0,22 | 8 | 1,9 |
| *Littorina saxatilis* | | | | | | | | 12 | 2,8 |
| *Nassarius incrassatus* | | | | 2 | 0,12 | | | | |
| *Nassarius reticulatus* | | | | 2 | 0,12 | 1 | 0,08 | | |
| *Natica* sp. | | | | 1 | 0,06 | | | | |
| *Nucella lapillus* | | | | 1 | 0,06 | | | | |
| *Osilinus lineatus* | | | | 130 | 7,83 | 202 | 15,02 | | |
| *Patella vulgata* | | 7 | | 140 | 8,43 | 124 | 9,21 | 269 | 62,7 |
| *Patella intermedia* | | | | 94 | 5,66 | 202 | 15,01 | 1 | 0,2 |
| *Patella ulyssiponensis* | | | | 29 | 1,74 | 38 | 2,83 | | |
| *Patella* sp. | | | | 437 | 26,29 | 510 | 37,91 | 59 | 13,8 |
| *Phalium saburon* | | | | | | | | | |
| *Trivia* sp. | | | | 2 | 0,12 | 1 | 0,08 | 1 | 0,2 |
| *Turritella* sp. | 1 | | | | | | | 1 | 0,2 |
| **Gasterópodos terrestres** | NMI | NMI | NMI | NMI | %NMI | NMI | %NMI | NMI | %NMI |
| *Abida vasconia* | | | | | | | | | |
| *Cepaea nemoralis* | | | | | | | | 24 | 5,6 |
| Claussilidae sp. | | | | | | | | | |
| *Cochlostoma* sp. | | | | | | | | | |
| *Chondrina kobelti* | | | | | | | | | |
| *Helicella itala* | | | | | | | | 29 | 6,8 |
| Helicidae sp. | | | | | | | | 1 | 0,2 |
| *Oestophorella buvinieri* | | | | | | | | | |
| *Oxychilus* sp. | | | | | | | | 4 | 0,9 |
| *Pomatias elegans* | | | | | | | | | |
| *Pyrenaearia cantabrica* | | | | | | | | 14 | 3,3 |
| Stylommatophora | | | | | | | | | |
| Zonitidae sp. | | | | | | | | 1 | 0,2 |
| **Gasterópodos Agua dulce** | NMI | NMI | NMI | NMI | %NMI | NMI | %NMI | NMI | %NMI |
| *Theodoxus fluviatilis* | | | | | | | | 1 | 0,2 |
| **Escafópodos** | | | | | | | | | |
| *Antalis* sp. | | | | | | | | | |
| **Equinodermos** | NMI | NMI | NMI | NMI | %NMI | NMI | %NMI | NMI | %NMI |
| *Paracentrotus lividus* | | | | | | | | | |
| **No identificable** | | | | 1 | 0,06 | 1 | 0,08 | | |
| TOTAL | 1 | 7 | 5 | 1662 | 100 | 1345 | 100 | 429 | 100 |

**Datos Cuantitativos: abundancia de taxones durante el MSF en la región cantábrica**

| Yacimiento y Nivel | El Perro 2c | | El Horno 3 | El Horno 2 | El Horno 1 | El Mirón 106-107 | Goikolau VI | Goikolau V |
|---|---|---|---|---|---|---|---|---|
| **Bivalvos marinos** | NMI | %NMI | NMI | NMI | NMI | NMI | NMI | NMI |
| *Acanthocardia* sp. | | | | | | | | |
| *Callista chione* | | | | | | | | |
| Cardiidae sp. | | | | | | | | |
| *Cerastoderma* sp. | 1 | 0,1 | | | | | | |
| *Mimachlamys* sp. | | | | | | | | |
| *Glycymeris glycymeris* | | | | | | | | |
| *Glycymeris* sp. | | | | | | | | |
| *Lutraria* sp. | | | | | | | | |
| *Mytilaster minimus* | | | | | | | | |
| *Mytilus* sp. | 45 | 4,53 | | 1 | 1 | | 5 | 1 |
| *Ostrea edulis* | 3 | 0,3 | | | | | | |
| *Pecten sp.* | | | | | | | | |
| *Ruditapes decussatus* | | | | | | | | |
| *Scrobicularia plana* | | | | | | | | |
| Veneridae sp. | 1 | 0,1 | | | | | | |
| **Gasterópodos marinos** | NMI | %NMI | NMI | NMI | NMI | NMI | NMI | NMI |
| *Aporrhais pespelicani* | | | | | | | | |
| *Cyclope pellucida* | | | | | | | | |
| *Gibbula* sp. | 22 | 2,21 | | | | | | |
| *Homalopoma sanguineum* | | | | | | | | |
| *Littorina littorea* | 261 | 26,26 | | | | | | |
| *Littorina obtusata* | 2 | 0,2 | | 1 | 2 | 2 | | |
| *Littorina saxatilis* | 9 | 0,91 | | | | | | |
| *Nassarius incrassatus* | | | | | | | | |
| *Nassarius reticulatus* | 3 | 0,3 | | 1 | | | | |
| *Natica sp.* | | | | | | | | |
| *Nucella lapillus* | 8 | 0,8 | | | 1 | | | |
| *Osilinus lineatus* | 28 | 2,82 | | | | | | |
| *Patella vulgata* | | | | | | | | |
| *Patella intermedia* | | | | | | | | |
| *Patella ulyssiponensis* | | | | | | | | |
| *Patella* sp. | 591 | 59,46 | | | | | 123 | 58 |
| *Phalium saburon* | | | | | | | | |
| *Trivia* sp. | 2 | 0,2 | | 3 | 3 | 1 | | |
| *Turritella* sp. | 1 | 0,1 | 2 | 3 | 5 | | | |
| **Gasterópodos terrestres** | NMI | %NMI | NMI | NMI | NMI | NMI | NMI | NMI |
| *Abida vasconia* | | | | | | | | |
| *Cepaea nemoralis* | | | | | | | | |
| Claussilidae sp. | | | | | | | | |
| *Cochlostoma* sp. | | | | | | | | |
| *Chondrina kobelti* | | | | | | | | |
| *Helicella itala* | | | | | | | | |
| Helicidae sp. | 17 | 1,71 | | | | | | |
| *Oestophorella buvinieri* | | | | | | | | |
| *Oxychilus* sp. | | | | | | | | |
| *Pomatias elegans* | | | | | | | | |
| *Pyrenaearia cantabrica* | | | | | | | | |
| Stylommatophora | | | | | | | | |
| Zonitidae sp. | | | | | | | | |
| **Gasterópodos Agua dulce** | NMI | %NMI | NMI | NMI | NMI | NMI | NMI | NMI |
| *Theodoxus fluviatilis* | | | | | | | | |
| **Escafópodos** | | | | | | | | |
| *Antalis* sp. | | | | | | | | |
| **Equinodermos** | NMI | %NMI | NMI | NMI | NMI | NMI | NMI | NMI |
| *Paracentrotus lividus* | | | | | | | | |
| **No identificable** | | | | 2 | 2 | | | |
| **TOTAL** | 994 | 100 | 2 | 11 | 14 | 3 | 128 | 59 |

| **Datos Cuantitativos: abundancia de taxones durante el MSF en la región cantábrica** | | | | | | |
|---|---|---|---|---|---|---|
| **Yacimiento y Nivel** | **Santimamiñe Almp+Slnc** | | **Antoliña Lanc** | **Erralla II** | **Laminak II Nivel II** | **Berroberría Dinferior** |
| **Bivalvos marinos** | **NMI** | **%NMI** | **NMI** | **NMI** | **NMI** | **NMI** |
| *Acanthocardia* sp. | | | | | | |
| *Callista chione* | | | | | | |
| Cardiidae sp. | | | | | | |
| *Cerastoderma* sp. | | | | | | |
| *Mimachlamys* sp. | | | | | | |
| *Glycymeris glycymeris* | | | | | | |
| *Glycymeris* sp. | | | | | | |
| *Lutraria* sp. | | | | | | |
| *Mytilaster minimus* | | | | | 4 | |
| *Mytilus* sp. | | | | | 1 | |
| *Ostrea edulis* | | | | | | |
| *Pecten* sp. | | | | | | |
| *Ruditapes decussatus* | | | | | | |
| *Scrobicularia plana* | 1 | 14,29 | | | | |
| Veneridae sp. | | | | | | |
| **Gasterópodos marinos** | **NMI** | **%NMI** | **NMI** | **NMI** | **NMI** | **NMI** |
| *Aporrhais pespelicani* | | | | | | |
| *Cyclope pellucida* | | | | | | |
| *Gibbula* sp. | | | | | | |
| *Homalopoma sanguineum* | | | | | | |
| *Littorina littorea* | | | | | 6 | |
| *Littorina obtusata* | 2 | | | | | |
| *Littorina saxatilis* | | | | | | |
| *Nassarius incrassatus* | | | | | | |
| *Nassarius reticulatus* | | | | | | |
| *Natica* sp. | | | | | | |
| *Nucella lapillus* | | | | | | |
| *Osilinus lineatus* | | | | 1 | 1 | |
| *Patella vulgata* | | | | | 45 | |
| *Patella intermedia* | | | | 1 | 38 | |
| *Patella ulyssiponensis* | | | | | 81 | |
| *Patella* sp. | | | | | 111 | |
| *Phalium saburon* | | | | | | |
| *Trivia* sp. | | | | | | |
| *Turritella* sp. | | | | | | |
| **Gasterópodos terrestres** | **NMI** | **%NMI** | **NMI** | **NMI** | **NMI** | **NMI** |
| *Abida vasconia* | | | | | | |
| *Cepaea nemoralis* | | | | | | 1 |
| Claussilidae sp. | 1 | 14,29 | | | | |
| *Cochlostoma* sp. | | | | | | |
| *Chondrina kobelti* | | | | | | |
| *Helicella itala* | | | | | | |
| Helicidae sp. | | | | | | |
| *Oestophorella buvinieri* | | | | | | |
| *Oxychilus* sp. | 1 | 14,29 | | | | |
| *Pomatias elegans* | | | | | | |
| *Pyrenaearia cantabrica* | | | | | | |
| Stylommatophora | 3 | 42,86 | | | | |
| Zonitidae sp. | | | | | | |
| **Gasterópodos Agua dulce** | **NMI** | **%NMI** | **NMI** | **NMI** | **NMI** | **NMI** |
| *Theodoxus fluviatilis* | | | | | | |
| **Escafópodos** | | | | | | |
| *Antalis* sp. | | | | | | |
| **Equinodermos** | **NMI** | **%NMI** | **NMI** | **NMI** | **NMI** | **NMI** |
| *Paracentrotus lividus* | 1 | 14,29 | | | | |
| **No identificable** | | | | | | 1 |
| **TOTAL** | **7** | **100** | **10** | **2** | **286** | **2** |

| **Datos Cuantitativos: abundancia de taxones durante el Aziliense en la región cantábrica** | | | | | | | | | |
|---|---|---|---|---|---|---|---|---|---|
| **Yacimiento y Nivel** | **La Paloma 2** | **Oscura de Ania 1 y 2** | **Los Azules 3 Ent** | **Los Canes 4** | **La Riera 27** | **La Riera 27Un** | | **La Riera 27Low** | |
| **Bivalvos marinos** | NMI | NMI | NMI | NMI | NMI | NMI | %NMI | NMI | %NMI |
| *Acanthocardia* sp. | | | | | | | | | |
| *Anomia ephippium* | | | | | | | | | |
| Cardiidae sp. | | | | | | | | | |
| *Cerastoderma* sp. | | | | | | | | | |
| *Cerastoderma edule* | | | | | 1 | | | | |
| *Mimachlamys varia* | | | | | | | | | |
| *Modiolus barbatus* | | | 12 | | | | | | |
| *Mytilaster minimus* | | | | | | | | | |
| *Mytilus edulis* | | | | | 2 | | | | |
| *Mytilus galloprovincialis* | | | | | | | | | |
| *Ostrea edulis* | | | | | | | | | |
| *Petricola lithophaga* | | | | | | | | | |
| *Ruditapes decussatus* | | | | | | | | | |
| *Scrobicularia plana* | | | | | | | | | |
| *Solen marginatus* | | | | | | | | | |
| Tellinidae sp. | | | | | | | | | |
| Veneridae sp. | | | | | | | | | |
| **Gasterópodos marinos** | NMI | NMI | NMI | NMI | NMI | NMI | %NMI | NMI | %NMI |
| *Calliostoma* sp. | | | | | | | | | |
| Capulidae sp. | | | | | | | | | |
| *Gibbula* sp. | | | | | | | | | |
| *Littorina littorea* | | | | | | | 13,6 | | 2,48 |
| *Littorina obtusata* | | 1 | | | 1 | | | | |
| *Littorina saxatilis* | | | | | 2 | | | | |
| *Nassarius reticulatus* | 2 | | | 1 | | | | | |
| Nassaridae sp. | | | | | | | | | |
| *Nucella lapillus* | | 1 | | | 3 | | | | |
| *Osilinus lineatus* | | | | | | | 2,13 | | 0,52 |
| *Patella vulgata* | | | | | | | 77,38 | | 96 |
| *Patella intermedia* | | | | | | | 6,89 | | 1 |
| *Patella ulyssiponensis* | | | | | | | | | |
| *Patella* sp. | | | | | | | | | |
| *Trivia* sp. | | 4 | | | | | | | |
| **Gasterópodos terrestres** | NMI | NMI | NMI | NMI | NMI | NMI | %NMI | NMI | %NMI |
| *Abida vasconica* | | | | 2 | | | | | |
| *Cepaea nemoralis* | | | | 40 | 8 | | | | |
| Claussiliidae sp. | | | | | | | | | |
| *Cochlostoma* sp. | | | | 7 | 46 | | | | |
| *Chondrina kobelti* | | | | 1 | | | | | |
| *Elona quimperiana* | | | | | | | | | |
| *Euomphalia brigantina* | | | | | 17 | | | | |
| *Helicella itala* | | | | 2 | | | | | |
| Helicidae sp. | | | | | | | | | |
| *Oestophorella buvinieri* | | | | 6 | 2 | | | | |
| *Oxychilus*sp. | | | | | 10 | | | | |
| *Pomatias elegans* | | | | 30 | | | | | |
| *Pyrenaearia cantabrica* | | | | 2 | | | | | |
| Stylommatophora sp. | | | | | | | | | |
| *Theodoxus* sp. | | | | | | | | | |
| *Zonites* sp. | | | | 5 | | | | | |
| **Escafópoda** | NMI | NMI | NMI | NMI | NMI | NMI | %NMI | NMI | %NMI |
| *Antalis* sp. | | | | | | | | | |
| **Crustáceos** | NMI | NMI | NMI | NMI | NMI | NMI | %NMI | NMI | %NMI |
| Brachyura sp. | | | | | | | | | |
| *Balanus* sp. | | | | | | | | | |
| *Pollicipes pollicipes* | | | | | | | | | |
| **Equinodermos** | NMI | NMI | NMI | NMI | NMI | NMI | %NMI | NMI | %NMI |
| *Paracentrotus lividus* | | | | | | | | | |
| **No identificable** | | | | | | | | | |
| **TOTAL** | **2** | **6** | **12** | **95** | **92** | **4076** | **100** | **3781** | **100** |

| Datos Cuantitativos: abundancia de taxones durante el Aziliense en la región cantábrica | | | | | | | | | | |
|---|---|---|---|---|---|---|---|---|---|---|
| **Yacimiento y Nivel** | **La Riera 27Up** | | **La Riera 28** | | **La Pila III.4** | | **La Pila III.3** | | **La Pila III.2** | |
| **Bivalvos marinos** | NMI | %NMI | NMI | %NMI | NMI | %NMI | NMI | %NMI | NMI | %NMI |
| *Acanthocardia* sp. | | | | | | | | | | |
| *Anomia ephippium* | | | | | | | | | | |
| Cardiidae sp. | | | | | | | | | | |
| *Cerastoderma* sp. | | | | | | | | | | |
| *Cerastoderma edule* | | | | | | | | | | |
| *Mimachlamys varia* | | | | | | | | | | |
| *Modiolus barbatus* | | | | | | | | | | |
| *Mytilaster minimus* | | | | | | | | | | |
| *Mytilus edulis* | | | | | | | | | | |
| *Mytilus galloprovincialis* | | | | | 1 | 0,42 | 2 | 0,05 | | |
| *Ostrea edulis* | | | | | | | | | | |
| *Petricola lithophaga* | | | | | | | | | | |
| *Ruditapes decussatus* | | | | | | | | | | |
| *Scrobicularia plana* | | | | | | | | | | |
| *Solen marginatus* | | | | | | | | | | |
| Tellinidae sp. | | | | | | | | | | |
| Veneridae sp. | | | | | | | | | | |
| **Gasterópodos marinos** | NMI | %NMI | NMI | %NMI | NMI | %NMI | NMI | %NMI | NMI | %NMI |
| *Calliostoma* sp. | | | | | | | | | | |
| Capulidae sp. | | | | | | | | | | |
| *Gibbula* sp. | | | | | 10 | 4,17 | 43 | 1,15 | 9 | 5,77 |
| *Littorina littorea* | | 3,04 | | 3,32 | 109 | 45,42 | 1232 | 32,93 | 47 | 30,13 |
| *Littorina obtusata* | | | | | | | 3 | 0,08 | | |
| *Littorina saxatilis* | | | | | | | | | | |
| *Nassarius reticulatus* | | | | | | | 1 | 0,03 | | |
| Nassaridae sp. | | | | | | | | | | |
| *Nucella lapillus* | | | | | 1 | 0,42 | 2 | 0,05 | 1 | 0,64 |
| *Osilinus lineatus* | | 0,38 | | 8,05 | 3 | 1,25 | 76 | 2,03 | 3 | 1,92 |
| *Patella vulgata* | | 95,44 | | 44,72 | 48 | 20,00 | 1228 | 32,83 | 45 | 28,85 |
| *Patella intermedia* | | 1,14 | | 43,91 | 1 | 0,42 | 1 | 0,03 | 1 | 0,64 |
| *Patella ulyssiponensis* | | | | | 4 | 1,67 | 21 | 0,56 | 5 | 3,21 |
| *Patella* sp. | | | | | 63 | 26,25 | 1126 | 30,10 | 42 | 26,92 |
| *Trivia* sp. | | | | | | | | | | |
| **Gasterópodos terrestres** | NMI | %NMI | NMI | %NMI | NMI | %NMI | NMI | %NMI | NMI | %NMI |
| *Abida vasconica* | | | | | | | | | | |
| *Cepaea nemoralis* | | | | | | | 1 | 0,03 | 1 | 0,64 |
| Claussiliidae sp. | | | | | | | | | | |
| *Cochlostoma* sp. | | | | | | | | | | |
| *Chondrina kobelti* | | | | | | | | | | |
| *Elona quimperiana* | | | | | | | | | | |
| *Euomphalia brigantina* | | | | | | | | | | |
| *Helicella itala* | | | | | | | 1 | 0,03 | | |
| Helicidae sp. | | | | | | | | | | |
| *Oestophorella buvinieri* | | | | | | | | | | |
| *Oxychilus*sp. | | | | | | | 1 | 0,03 | | |
| *Pomatias elegans* | | | | | | | 1 | 0,03 | | |
| *Pyrenaearia cantabrica* | | | | | | | | | | |
| Stylommatophora | | | | | | | | | | |
| *Theodoxus*sp. | | | | | | | | | | |
| *Zonites* sp. | | | | | | | | | | |
| **Escafópoda** | NMI | %NMI | NMI | %NMI | NMI | %NMI | NMI | %NMI | NMI | %NMI |
| *Antalis* sp. | | | | | | | | | | |
| **Crustáceos** | NMI | %NMI | NMI | %NMI | NMI | %NMI | NMI | %NMI | NMI | %NMI |
| Brachyura sp. | | | | | | | | | 1 | 0,64 |
| *Balanus* sp. | | | | | | | 1 | 0,03 | | |
| *Pollicipes pollicipes* | | | | | | | | | | |
| **Equinodermos** | NMI | %NMI | NMI | %NMI | NMI | %NMI | NMI | %NMI | NMI | %NMI |
| *Paracentrotus lividus* | | | | | | | 1 | 0,03 | 1 | 0,64 |
| **No identificable** | | | | | | | | | | |
| TOTAL | **526** | **100** | **3279** | **100** | **240** | **100** | **3741** | **100** | **156** | **100** |

| **Datos Cuantitativos: abundancia de taxones durante el Aziliense en la región cantábrica** | | | | | | | | | |
|---|---|---|---|---|---|---|---|---|---|
| **Yacimiento y Nivel** | **La Pila III.1** | | **La Fragua 3** | | **El Perro 2a/b** | | **Arenaza III** | **Santimamiñe Arcp** | |
| **Bivalvos marinos** | NMI | %NMI | NMI | %NMI | NMI | %NMI | NMI | NMI | %NMI |
| *Acanthocardia* sp. | | | 1 | 0,009 | | | | | |
| *Anomia ephippium* | 1 | 0,04 | | | 1 | 0,007 | | | |
| Cardiidae sp. | | | | | 7 | 0,048 | | | |
| *Cerastoderma* sp. | | | 1 | 0,009 | 5 | 0,034 | | | |
| *Cerastoderma edule* | | | | | | | | | |
| *Mimachlamys varia* | | | 1 | 0,009 | | | | | |
| *Modiolus barbatus* | | | | | | | | | |
| *Mytilaster minimus* | | | | | | | | | |
| *Mytilus edulis* | | | | | | | | | |
| *Mytilus galloprovincialis* | 16 | 0,61 | 29 | 0,262 | 573 | 3,941 | | | |
| *Ostrea edulis* | 1 | 0,04 | 1 | 0,009 | 73 | 0,502 | | 1 | 6,25 |
| *Petricola lithophaga* | | | 1 | 0,009 | 1 | 0,007 | | | |
| *Ruditapes decussatus* | | | 1 | 0,009 | | | | 1 | 6,25 |
| *Scrobicularia plana* | | | | | | | | 1 | 6,25 |
| *Solen marginatus* | | | 1 | 0,009 | | | | | |
| Tellinidae sp. | | | | | 1 | 0,007 | | | |
| Veneridae sp. | | | | | 14 | 0,096 | | | |
| **Gasterópodos marinos** | NMI | %NMI | NMI | %NMI | NMI | %NMI | NMI | NMI | %NMI |
| *Calliostoma* sp. | | | | | 1 | 0,007 | | | |
| Capulidae sp. | | | | | 1 | 0,007 | | | |
| *Gibbula* sp. | 71 | 2,70 | 1 | 0,009 | 57 | 0,392 | | | |
| *Littorina littorea* | 687 | 26,08 | 21 | 0,190 | 7683 | 52,837 | | | |
| *Littorina obtusata* | 3 | 0,11 | 52 | 0,470 | 148 | 1,018 | | | |
| *Littorina saxatilis* | 2 | 0,08 | 92 | 0,832 | 192 | 1,32 | | | |
| *Nassarius reticulatus* | | | | | | | 1 | | |
| Nassaridae sp. | | | | | 4 | 0,028 | | | |
| *Nucella lapillus* | 3 | 0,11 | | | 164 | 1,128 | | | |
| *Osilinus lineatus* | 174 | 6,61 | 1 | 0,009 | 114 | 0,784 | | | |
| *Patella vulgata* | 977 | 37,09 | 43 | 0,389 | | | | | |
| *Patella intermedia* | 61 | 2,32 | 22 | 0,199 | | | | | |
| *Patella ulyssiponensis* | 26 | 0,99 | 4 | 0,036 | | | | | |
| *Patella* sp. | 593 | 22,51 | 56 | 0,506 | 5186 | 35,665 | | 1 | 6,25 |
| *Trivia* sp. | | | | | 2 | 0,014 | | | |
| **Gasterópodos terrestres** | NMI | %NMI | NMI | %NMI | NMI | %NMI | NMI | NMI | %NMI |
| *Abida vasconica* | | | | | | | | | |
| *Cepaea nemoralis* | 7 | 0,27 | 10387 | 93,940 | | | | 4 | 25,00 |
| Claussiliidae sp. | | | 1 | 0,009 | | | | | |
| *Cochlostoma* sp. | | | 42 | 0,380 | 1 | 0,007 | | | |
| *Chondrina kobelti* | | | | | | | | | |
| *Elona quimperiana* | | | 4 | 0,036 | | | | | |
| *Euomphalia brigantina* | | | | | | | | | |
| *Helicella itala* | 6 | 0,23 | 213 | 1,926 | | | | 5 | 31,25 |
| Helicidae sp. | | | | | 309 | 2,125 | | | |
| *Oestophorella buvinieri* | | | 28 | 0,253 | | | | | |
| *Oxychilus* sp. | 3 | 0,11 | 37 | 0,335 | 1 | 0,007 | | | |
| *Pomatias elegans* | 1 | 0,04 | 1 | 0,009 | | | | | |
| *Pyrenaearia cantabrica* | | | 9 | 0,081 | | | | | |
| Stylommatophora | | | | | | | | 1 | 6,25 |
| *Theodoxus*sp. | | | | | 2 | 0,014 | | | |
| *Zonites* sp. | | | | | | | | | |
| **Escafópoda** | NMI | %NMI | NMI | %NMI | NMI | %NMI | NMI | NMI | %NMI |
| *Antalis* sp. | | | | | 1 | 0,007 | | | |
| **Crustáceos** | NMI | %NMI | NMI | %NMI | NMI | %NMI | NMI | NMI | %NMI |
| Brachyura sp. | 1 | 0,04 | 1 | 0,009 | | | | | |
| *Balanus* sp. | | | 1 | 0,009 | | | | | |
| *Pollicipes pollicipes* | | | 1 | 0,009 | | | | | |
| **Equinodermos** | NMI | %NMI | NMI | %NMI | NMI | %NMI | NMI | NMI | %NMI |
| *Paracentrotus lividus* | 1 | 0,04 | 4 | 0,036 | | | | 2 | 12,50 |
| **No identificable** | | | | | | | | | |
| TOTAL | 2634 | 100 | 11057 | 100 | 14541 | 100 | 1 | 16 | 100 |

| Datos Cuantitativos: abundancia de taxones durante el Aziliense en la región cantábrica | | | | | | | | |
|---|---|---|---|---|---|---|---|---|
| **Yacimiento y Nivel** | **Laminak II Nivel I** | **Abbitaga V-VI** | **Anton Koba VIII** | **Ekain V** | **Ekain IV** | **Ekain III** | **Ekain II** | **Berroberría D** |
| **Bivalvos marinos** | **NMI** | **NMI** | **NMI** | **NMI** | **NMI** | **NMI** | **NMI** | **NMI** |
| *Acanthocardia* sp. | | | | | | | | |
| *Anomia ephippium* | | | | | | | | |
| Cardiidae sp. | | | | | | | | |
| *Cerastoderma* sp. | | | | | | | | |
| *Cerastoderma edule* | | | | | | | | |
| *Mimachlamys varia* | | | | | | | | |
| *Modiolus barbatus* | | | | | | | | |
| *Mytilaster minimus* | 1 | | | | | | | |
| *Mytilus edulis* | | | | | | | | |
| *Mytilus galloprovincialis* | | | | | | | 1 | |
| *Ostrea edulis* | | | | | | | | |
| *Petricola lithophaga* | | | | | | | | |
| *Ruditapes decussatus* | | | | | | | | |
| *Scrobicularia plana* | | | | | | | | |
| *Solen marginatus* | | | | | | | | |
| Tellinidae sp. | | | | | | | | |
| Veneridae sp. | | | | | | | | |
| **Gasterópodos marinos** | **NMI** | **NMI** | **NMI** | **NMI** | **NMI** | **NMI** | **NMI** | **NMI** |
| *Calliostoma* sp. | | | | | | | | |
| Capulidae sp. | | | | | | | | |
| *Gibbula* sp. | | | | | | | | |
| *Littorina littorea* | 1 | | | | | | | |
| *Littorina obtusata* | | 21 | 1 | | | | | |
| *Littorina saxatilis* | | | 1 | | | | | |
| *Nassarius reticulatus* | | | | | | | | |
| Nassaridae sp. | | | | | | | | |
| *Nucella lapillus* | | | | | | | | |
| *Osilinus lineatus* | 3 | | | | | 27 | 113 | |
| *Patella vulgata* | 102 | | | 1 | 2 | 5 | 40 | |
| *Patella intermedia* | 66 | | | 1 | | 5 | 27 | |
| *Patella ulyssiponensis* | 100 | | | | | 5 | 63 | |
| *Patella* sp. | 66 | | | | | 4 | 18 | |
| *Trivia* sp. | | | | | | | | |
| **Gasterópodos terrestres** | **NMI** | **NMI** | **NMI** | **NMI** | **NMI** | **NMI** | **NMI** | **NMI** |
| *Abida vasconica* | | | | | | | | |
| *Cepaea nemoralis* | | | | | | | | 47 |
| Claussiliidae sp. | | | | | | | | |
| *Cochlostoma* sp. | | | | | | | | |
| *Chondrina kobelti* | | | | | | | | |
| *Elona quimperiana* | | | | | | | | |
| *Euomphalia brigantina* | | | | | | | | |
| *Helicella itala* | | | | | | | | |
| Helicidae sp. | | | | | | | | |
| *Oestophorella buvinieri* | | | | | | | | |
| *Oxychilus*sp. | | | | | | | | |
| *Pomatias elegans* | | | | | | | | |
| *Pyrenaearia cantabrica* | | | | | | | | |
| Stylommatophora | | | | | | | | |
| *Theodoxus*sp. | | | | | | | | |
| *Zonites* sp. | | | | | | | | |
| **Escafópoda** | **NMI** | **NMI** | **NMI** | **NMI** | **NMI** | **NMI** | **NMI** | **NMI** |
| *Antalis* sp. | | | | | | | | |
| **Crustáceos** | **NMI** | **NMI** | **NMI** | **NMI** | **NMI** | **NMI** | **NMI** | **NMI** |
| Brachyura sp. | | | | | | | | |
| *Balanus* sp. | | | | | | | | |
| *Pollicipes pollicipes* | | | | | | | | |
| **Equinodermos** | **NMI** | **NMI** | **NMI** | **NMI** | **NMI** | **NMI** | **NMI** | **NMI** |
| *Paracentrotus lividus* | | | | | | | | |
| **No identificable** | | | | | | | | 1 |
| **TOTAL** | **340** | **21** | **2** | **2** | **2** | **46** | **261** | **48** |

| Datos Cuantitativos: abundancia de taxones durante el Mesolítico en la región cantábrica | | | | | | | | | | | |
|---|---|---|---|---|---|---|---|---|---|---|---|
| **Yacimiento y Nivel** | **Mazaculos II 3** | | **Mazaculos II 2** | | **Mazaculos II 1** | | **Mazaculos II A3** | | **La Llana 1** | | **El Penicial** |
| **Bivalvos marinos** | **NMI** | **%NMI** | **NMI** | **%NMI** | **NMI** | **%NMI** | **NMI** | **%NMI** | **NMI** | **%NMI** | **NMI** |
| *Acanthocardia* sp. | | | | | | | | | | | |
| *Anomia ephippium* | | | | | | | | | | | |
| *Callista chione* | | | | | | | | | | | |
| *Cerastoderma edule* | | | | | | | | | | | |
| *Mimachlamys varia* | | | | | | | | | | | |
| *Hiatella rugosa* | | | | | | | | | | | |
| *Irus irus* | | | | | | | | | | | |
| *Mytilus galloprovincialis* | P | | P | | P | | 12 | 1,075 | 111 | 1,607 | 6 |
| *Mytilus* sp. | | | | | | | | | | | |
| *Ostrea edulis* | | | | | | | 3 | 0,268 | | | |
| *Pododesmus* sp. | | | | | | | | | | | |
| *Petricola lithophaga* | | | | | | | | | | | |
| *Pholas dactylus* | | | | | | | | | | | |
| *Ruditapes decussatus* | | | | | | | 1 | 0,089 | | | |
| *Solen marginatus* | | | | | | | | | | | |
| *Scrobicularia plana* | | | | | | | 1 | 0,089 | | | |
| *Striarca lactea* | | | | | | | | | 1 | 0,014 | |
| Veneridae sp. | | | | | | | | | | | |
| **Gasterópodos marinos** | **NMI** | **%NMI** | **NMI** | **%NMI** | **NMI** | **%NMI** | **NMI** | **%NMI** | **NMI** | **%NMI** | **NMI** |
| *Bittium reticulatum* | | | | | | | | | | | |
| *Cantharus pictus* | | | | | | | | | | | |
| *Charonia lampas* | | | | | | | | | | | |
| *Gibbula* sp. | | | | | | | 1 | 0,089 | 18 | 0,260 | |
| *Gibbula umbilicalis* | | | | | | | 1 | 0,089 | 1 | 0,014 | 2 |
| *Haliotis tuberculata* | | | | | | | | | 1 | 0,014 | |
| *Hexaples trunculus* | | | | | | | | | | | |
| *Littorina fabalis* | | | | | | | | | | | |
| *Littorina littorea* | P | | | | P | | 1 | 0,089 | | | |
| *Littorina obtusata* | | | | | | | 1 | 0,089 | | | |
| *Littorina saxatilis* | | | | | | | | | | | |
| Melampidae sp. | | | | | | | | | | | |
| *Melarhaphe neritoides* | | | | | | | | | | | |
| *Nassarius incrassatus* | | | | | | | | | | | |
| *Nassarius reticulatus* | | | | | | | | | 1 | 0,014 | 2 |
| Nassaridae sp. | | | | | | | | | | | |
| Naticidae sp. | | | | | | | | | | | |
| *Nucella lapillus* | | | | | | | | | 2 | 0,028 | |
| *Ocenebra erinaceus* | | | | | | | | | | | |
| *Osilinus lineatus* | 1269 | 33,92 | 346 | 36,46 | 718 | 28,52 | 128 | 11,469 | 3063 | 44,372 | 117 |
| *Patella vulgata* | 1130 | 35,87 | 411 | 43,31 | 1127 | 44,8 | 196 | 17,562 | 696 | 10,082 | 1494 |
| *Patella intermedia* | 1130 | 30,2 | 192 | 20,23 | 671 | 26,67 | 227 | 20,34 | 489 | 7,083 | |
| *Patella ulyssiponensis* | P | | P | | P | | 75 | 6,72 | 78 | 1,129 | |
| *Patella* sp. | | | | | | | 427 | 38,261 | 2243 | 32,493 | |
| *Tricolia pullus* | | | | | | | | | | | |
| *Trivia* sp. | | | | | | | | | | | |
| **Gasterópodos terrestres** | **NMI** | **%NMI** | **NMI** | **%NMI** | **NMI** | **%NMI** | **NMI** | **%NMI** | **NMI** | **%NMI** | **NMI** |
| *Abida vasconica* | | | | | | | | | | | |
| *Arianta arbustorum* | | | | | | | | | | | 5ftos |
| *Cepaea nemoralis* | | | | | | | 1 | 0,089 | 81 | 1,173 | 24ftos |
| Claussilidae sp. | | | | | | | 1 | 0,089 | 1 | 0,014 | |
| *Cochlostoma* sp. | | | | | | | 2 | 0,179 | 59 | 0,854 | |
| *Chondrina kobelti* | | | | | | | | | | | |
| *Elona quimperiana* | | | | | | | | | 1 | 0,014 | |
| *Euomphalia brigantina* | | | | | | | | | | | |
| *Helicella itala* | | | | | | | | | 6 | 0,086 | |
| Helicidae sp. | | | | | | | 1 | 0,089 | | | |
| *Cryptomphalus aspersus* | | | | | | | | | | | |
| *Oestophorella buvinieri* | | | | | | | | | 6 | 0,086 | |
| *Oxychilus* sp. | | | | | | | | | 7 | 0,101 | |
| *Pomatias elegans* | | | | | | | | | 11 | 0,159 | |
| *Pyrenaearia cantabrica* | | | | | | | | | 1 | 0,014 | |
| *Retinella incerta* | | | | | | | | | | | |
| Stylommatophora | | | | | | | | | | | |
| *Zonites* sp. | | | | | | | | | | | |
| **Crustáceos** | **NMI** | **%NMI** | **NMI** | **%NMI** | **NMI** | **%NMI** | **NMI** | **%NMI** | **NMI** | **%NMI** | **NMI** |
| Brachyura sp. | | | | | | | 1 | 0,089 | 6 | 0,086 | |
| *Balanus* sp. | | | | | | | | | 1 | 0,014 | |
| *Pollicipes pollicipes* | | | | | | | 35 | 3,136 | 10 | 0,144 | |
| Serpulidae sp. | | | | | | | | | | | |
| **Equinodermos** | **NMI** | **%NMI** | **NMI** | **%NMI** | **NMI** | **%NMI** | **NMI** | **%NMI** | **NMI** | **%NMI** | **NMI** |
| *Paracentrotus lividus* | | | | | | | 1 | 0,089 | 9 | 0,130 | 138ftos |
| **No identificable** | | | | | | | | | | | 42ftos |
| **NMI TOTAL** | **3741** | **100** | **949** | **100** | **2516** | **100** | **1116** | **100** | **6903** | **100** | **1621** |

| Datos Cuantitativos: abundancia de taxones durante el Mesolítico en la región cantábrica | | | | | | | | | | |
|---|---|---|---|---|---|---|---|---|---|---|
| **Yacimiento y Nivel** | **Balmori E1-C1** | **Coberizas B1** | **La Riera B** | **La Riera 29** | | **La Riera 30** | | **Arnero A** | **Bricia A** | **Fonfría** |
| **Bivalvos marinos** | NMI | NMI | NMI | NMI | %NMI | NMI | %NMI | NMI | NMI | NMI |
| *Acanthocardia* sp. | | | | | | | | | | |
| *Anomia ephippium* | | | | | | | | | | |
| *Callista chione* | | | | | | | | | | |
| *Cerastoderma edule* | | 12 | 4 | | | 4 | | | 6 | 5 |
| *Mimachlamys varia* | | | | | | | | | | |
| *Hiatella rugosa* | | | | | | | | | | |
| *Irus irus* | | | | | | | | | | |
| *Mytilus galloprovincialis* | | 69 | 1 | | | | | | | |
| *Mytilus* sp. | | | | | | | | | | 1 |
| *Ostrea edulis* | | 2 | | | | | | | | 1 |
| *Pododesmus* sp. | | | | | | | | | | |
| *Petricola lithophaga* | | | | | | | | | | |
| *Pholas dactylus* | | | | | | | | | | |
| *Ruditapes decussatus* | | | | | | | | | | |
| *Solen marginatus* | | | | | | | | | | |
| *Scrobicularia plana* | | | | | | | | | | |
| *Striarca lactea* | | | | | | | | | | |
| Veneridae sp. | | | | | | | | | | |
| **Gasterópodos marinos** | NMI | NMI | NMI | NMI | %NMI | NMI | %NMI | NMI | NMI | NMI |
| *Bittium reticulatum* | | | | | | | | | | |
| *Cantharus pictus* | | | | | | | | | | |
| *Charonia lampas* | | | | | | | | | | |
| *Gibbula* sp. | | | | | | | | | | |
| *Gibbula umbilicalis* | | | 1 | | | 2 | | | 2 | |
| *Haliotis tuberculata* | | 1 | | | | | | | | |
| *Hexaples trunculus* | | | | | | | | | | |
| *Littorina fabalis* | | | | | | | | | | |
| *Littorina littorea* | 10 | 3 | | | 0,12 | | | 1 | 3 | |
| *Littorina obtusata* | | | | | | | | | | |
| *Littorina saxatilis* | | | | | | | | | | |
| Melampidae sp. | | | | | | | | | | |
| *Melarhaphe neritoides* | | | | | | | | | | |
| *Nassarius incrassatus* | | | | | | | | | | |
| *Nassarius reticulatus* | | 1 | 8 | | | 1 | | | | |
| Nassaridae sp. | | | | | | | | | | |
| Naticidae sp. | | | | | | | | | | |
| *Nucella lapillus* | | | | | | | | | | |
| *Ocenebra erinaceus* | | | | | | | | | | |
| *Osilinus lineatus* | 1066 | 775 | 751 | | 21,00 | | 27,85 | 91 | 280 | 8 |
| *Patella vulgata* | 2132 | 2207 | 2299 | | 5,28 | | 13,82 | 163 | 1238 | 5 |
| *Patella intermedia* | | | | | 73,60 | | 58,33 | | | |
| *Patella ulyssiponensis* | | | | | | | | | | |
| *Patella* sp. | | | | | | | | | | |
| *Tricolia pullus* | | | | | | | | | | |
| *Trivia* sp. | | | | | | | | | | |
| **Gasterópodos terrestres** | NMI | NMI | NMI | NMI | %NMI | NMI | %NMI | NMI | NMI | NMI |
| *Abida vasconica* | | | | | | | | | | |
| *Arianta arbustorum* | 10ftos | 40ftos | 44ftos | | | | | 2ftos | 30ftos | |
| *Cepaea nemoralis* | 85ftos | 184ftos | 107ftos | | | 21 | | 6ftos | 57ftos | |
| Claussilidae sp. | | | | | | | | | | |
| *Cochlostoma* sp. | | | | | | 6 | | | | |
| *Chondrina kobelti* | | | | | | | | | | |
| *Elona quimperiana* | | | | | | | | | | |
| *Euomphalia brigantina* | | | | | | 2 | | | | |
| *Helicella itala* | | | | | | | | | | |
| Helicidae sp. | | | | | | | | | | |
| *Cryptomphalus aspersus* | | | | | | | | | | |
| *Oestophorella buvinieri* | | | | | | 3 | | | | |
| *Oxychilus* sp. | | | | | | 2 | | | | |
| *Pomatias elegans* | | | | | | 4 | | | | |
| *Pyrenaearia cantabrica* | | | | | | | | | | |
| *Retinella incerta* | | | | | | | | | | |
| Stylommatophora | | | | | | | | | | |
| *Zonites* sp. | | | | | | | | | | |
| **Crustáceos** | NMI | NMI | NMI | NMI | %NMI | NMI | %NMI | NMI | NMI | NMI |
| Brachyura sp. | 1 | 1 | 1 | | | | | | | |
| *Balanus* sp. | | | | | | | | | | |
| *Pollicipes pollicipes* | | | | | | | | | | |
| Serpulidae sp. | | | | | | | | | | |
| **Equinodermos** | NMI | NMI | NMI | NMI | %NMI | NMI | %NMI | NMI | NMI | NMI |
| *Paracentrotus lividus* | 39ftos | 70ftos | 90ftos | | | | | 144ftos | 33ftos | |
| **No identificable** | 129ftos | 127ftos | 80ftos | | | | | 40ftos | 237ftos | |
| NMI TOTAL | 3209 | 3071 | 3065 | 653 | 100 | 492 | 100 | 255 | 1529 | 20 |

| Datos Cuantitativos: abundancia de taxones durante el Mesolítico en la región cantábrica | | | | | | | | |
|---|---|---|---|---|---|---|---|---|
| **Yacimiento y Nivel** | **Cuartamentero** | **Vidiago** | **Lledías B** | **Los Canes 6-9-10** | **Poza l'Egua 2** | | **Poza l'Egua 1** | |
| **Bivalvos marinos** | **NMI** | **NMI** | **NMI** | **NMI** | **NMI** | **%NMI** | **NMI** | **%NMI** |
| *Acanthocardia* sp. | | | | 2 | | | | |
| *Anomia ephippium* | | | | | | | | |
| *Callista chione* | | | | 1 | | | | |
| *Cerastoderma edule* | | 1 | | | | | | |
| *Mimachlamys varia* | | | | | | | | |
| *Hiatella rugosa* | | | | | | | | |
| *Irus irus* | | | | | | | | |
| *Mytilus galloprovincialis* | | | | 55 | 1 | 0,30 | 6 | 0,50 |
| *Mytilus* sp. | | | | | | | | |
| *Ostrea edulis* | | | | | | | | |
| *Pododesmus* sp. | | | | | | | | |
| *Petricola lithophaga* | | | | | | | | |
| *Pholas dactylus* | | | | | | | | |
| *Ruditapes decussatus* | | | | | | | | |
| *Solen marginatus* | | | | | | | | |
| *Scrobicularia plana* | | | | | | | | |
| *Striarca lactea* | | | | | | | | |
| Veneridae sp. | | | | | | | | |
| **Gasterópodos marinos** | **NMI** | **NMI** | **NMI** | **NMI** | **NMI** | **%NMI** | **NMI** | **%NMI** |
| *Bittium reticulatum* | | | | | | | | |
| *Cantharus pictus* | | | | | | | | |
| *Charonia lampas* | | | | | | | | |
| *Gibbula* sp. | | | | | | | | |
| *Gibbula umbilicalis* | | | | | | | | |
| *Haliotis tuberculata* | | | | | | | | |
| *Hexaples trunculus* | | | | | | | | |
| *Littorina fabalis* | | | | 3 | | | | |
| *Littorina littorea* | | | | | | | | |
| *Littorina obtusata* | | | | 66 | | | 1 | |
| *Littorina saxatilis* | | | | | | | | |
| Melampidae sp. | | | | | | | | |
| *Melarhaphe neritoides* | | | | | | | | |
| *Nassarius incrassatus* | | | | 2 | | | | |
| *Nassarius reticulatus* | | | | | 1 | | | |
| Nassaridae sp. | | | | | | | | |
| Naticidae sp. | | | | 1 | | | | |
| *Nucella lapillus* | | | | | | | | |
| *Ocenebra erinaceus* | | | | | | | | |
| *Osilinus lineatus* | | 31 | 82 | 37 | 33 | 8,30 | 234 | 19,40 |
| *Patella vulgata* | | 92 | 420 | 23 | 32 | 8,10 | 112 | 9,30 |
| *Patella intermedia* | | | | | 19 | 5,30 | 129 | 11,30 |
| *Patella ulyssiponensis* | | | | 307 | 21 | 4,80 | 136 | 10,70 |
| *Patella* sp. | | | | 130 | 291 | 73,30 | 587 | 48,80 |
| *Tricolia pullus* | | | | | | | | |
| *Trivia* sp. | | | | | | | | |
| **Gasterópodos terrestres** | **NMI** | **NMI** | **NMI** | **NMI** | **NMI** | **%NMI** | **NMI** | **%NMI** |
| *Abida vasconica* | | | | 20 | | | | |
| *Arianta arbustorum* | | 2ftos | 6ftos | | | | | |
| *Cepaea nemoralis* | 5 | 15ftos | 37ftos | 2372 | 45 | | 35 | |
| Claussilidae sp. | | | | 5 | | | | |
| *Cochlostoma* sp. | | | | 82 | | | | |
| *Chondrina kobelti* | | | | 54 | | | | |
| *Elona quimperiana* | | | | | | | | |
| *Euomphalia brigantina* | | | | | | | | |
| *Helicella itala* | | | | 58 | | | | |
| Helicidae sp. | | | | | | | | |
| *Cryptomphalus aspersus* | | | | | | | | |
| *Oestophorella buvinieri* | | | | 75 | | | | |
| *Oxychilus* sp. | | | | | | | | |
| *Pomatias elegans* | | | | 2439 | | | | |
| *Pyrenaearia cantabrica* | | | | 24 | | | | |
| *Retinella incerta* | | | | | | | | |
| Stylommatophora | | | | | | | | |
| *Zonites* sp. | | | | 131 | | | | |
| **Crustáceos** | **NMI** | **NMI** | **NMI** | **NMI** | **NMI** | **%NMI** | **NMI** | **%NMI** |
| Drachyura sp. | | | | | 1 | | | |
| *Balanus* sp. | | | | | | | | |
| *Pollicipes pollicipes* | | | | | | | | |
| Serpulidae sp. | | | | | | | | |
| **Equinodermos** | **NMI** | **NMI** | **NMI** | **NMI** | **NMI** | **%NMI** | **NMI** | **%NMI** |
| *Paracentrotus lividus* | | | | | 163ftos | | 1852ftos | |
| **No identificable** | 26 | | 1ftos | | | | | |
| **NMI TOTAL** | **31** | **124** | **502** | **5818** | **397** | **100** | **1204** | **100** |

| **Datos Cuantitativos: abundancia de taxones durante el Mesolítico en la región cantábrica** | | | | | | | | | |
|---|---|---|---|---|---|---|---|---|---|
| **Yacimiento y Nivel** | **La Pila I-II** | | **Cofresnedo V0** | **El Perro 1** | | **La Fragua 1** | | **La Chora Muestreo 92** | |
| **Bivalvos marinos** | NMI | %NMI | | NMI | %NMI | NMI | %NMI | NMI | %NMI |
| *Acanthocardia* sp. | | | | | | | | | |
| *Anomia ephippium* | 1 | 0,01 | | | | 1 | 0,008 | | |
| *Callista chione* | | | | | | | | | |
| *Cerastoderma edule* | | | | 4 | 0,026 | | | | |
| *Mimachlamys varia* | | | | | | 1 | 0,008 | | |
| *Hiatella rugosa* | | | | 3 | 0,019 | | | 1 | 0,47 |
| *Irus irus* | | | | 2 | 0,013 | | | | |
| *Mytilus galloprovincialis* | 198 | 2,19 | 1 | 7274 | 46,978 | 1028 | 8,364 | 28 | 13,27 |
| *Mytilus* sp. | | | 2 + Ftos | | | | | | |
| *Ostrea edulis* | 12 | 0,13 | | 770 | 4,973 | 58 | 0,471 | 27 | 12,80 |
| *Pododesmus* sp. | | | | | | 6 | 0,048 | | |
| *Petricola lithophaga* | | | | 3 | 0,019 | 2 | 0,016 | 1 | 0,47 |
| *Pholas dactylus* | | | | 1 | 0,006 | 4 | 0,032 | | |
| *Ruditapes decussatus* | 5 | 0,06 | | | | 37 | 0,301 | 2 | 0,95 |
| *Solen marginatus* | 1 | 0,01 | | | | 47 | 0,382 | 6 | 2,84 |
| *Scrobicularia plana* | | | 1 | 1 | 0,006 | | | 72 | 34,12 |
| *Striarca lactea* | | | | 1 | 0,006 | | | | |
| Veneridae sp. | 1 | 0,01 | | 71 | 0,459 | 3 | 0,024 | | |
| **Gasterópodos marinos** | NMI | %NMI | | NMI | %NMI | NMI | %NMI | NMI | %NMI |
| *Bittium reticulatum* | | | | | | | | | |
| *Cantharus pictus* | | | | 4 | 0,026 | | | | |
| *Charonia lampas* | | | | 1 | 0,006 | | | | |
| *Gibbula* sp. | 52 | 0,57 | | 95 | 0,614 | 3 | 0,024 | | |
| *Gibbula umbilicalis* | 607 | 6,71 | | | | 6 | 0,048 | | |
| *Haliotis tuberculata* | | | | 2 | 0,013 | | | | |
| *Hexaples trunculus* | | | | 5 | 0,032 | | | | |
| *Littorina fabalis* | | | | | | | | | |
| *Littorina littorea* | 1 | 0,01 | | 55 | 0,355 | 1 | 0,008 | | |
| *Littorina obtusata* | | | | 28 | 0,181 | 4 | 0,032 | | |
| *Littorina saxatilis* | | | | 31 | 0,2 | | | | |
| Melampidae sp. | | | | 1 | 0,006 | | | | |
| *Melarhaphe neritoides* | 1 | 0,01 | | 1 | 0,006 | | | | |
| *Nassarius incrassatus* | | | | | | | | | |
| *Nassarius reticulatus* | 2 | 0,02 | | | | 1 | 0,008 | | |
| Nassaridae sp. | | | | 38 | 0,245 | | | | |
| Naticidae sp. | | | | 1 | 0,006 | | | | |
| *Nucella lapillus* | | | | 9 | 0,058 | 1 | 0,008 | | |
| *Ocenebra erinaceus* | | | | 1 | 0,006 | | | | |
| *Osilinus lineatus* | 2383 | 26,33 | | 1907 | 12,316 | 542 | 4,41 | | |
| *Patella vulgata* | 2706 | 29,90 | | | | 875 | 7,119 | | |
| *Patella intermedia* | 871 | 9,63 | | | | 5473 | 44,532 | 17 | 8,06 |
| *Patella ulyssiponensis* | 148 | 1,64 | | | | 1302 | 10,593 | 1 | 0,47 |
| *Patella* sp. | 1837 | 20,30 | | 4931 | 31,846 | 2505 | 20,382 | 4 | 1,90 |
| *Tricolia pullus* | | | | 1 | 0,006 | | | | |
| *Trivia* sp. | | | | 1 | 0,006 | | | | |
| **Gasterópodos terrestres** | NMI | %NMI | | NMI | %NMI | NMI | %NMI | NMI | %NMI |
| *Abida vasconica* | | | | | | | | | |
| *Arianta arbustorum* | | | | | | | | | |
| *Cepaea nemoralis* | 161 | 1,78 | 32 | | | 214 | 1,741 | 30 | 14,22 |
| Claussilidae sp. | | | | | | | | | |
| *Cochlostoma* sp. | 14 | 0,15 | | 3 | 0,019 | 5 | 0,04 | | |
| *Chondrina kobelti* | | | | | | | | | |
| *Elona quimperiana* | 1 | 0,01 | | | | 1 | 0,008 | | |
| *Euomphalia brigantina* | | | | | | | | | |
| *Helicella itala* | 21 | 0,23 | | | | 1 | 0,008 | | |
| Helicidae sp. | | | | 238 | 1,537 | | | 1 | 0,47 |
| *Cryptomphalus aspersus* | 1 | 0,01 | | | | | | | |
| *Oestophorella buvinieri* | | | | | | | | | |
| *Oxychilus* sp. | 4 | 0,04 | | | | 1 | 0,008 | 1 | 0,47 |
| *Pomatias elegans* | 13 | 0,14 | | 1 | 0,006 | 17 | 0,138 | 1 | 0,47 |
| *Pyrenaearia cantabrica* | 4 | 0,04 | | | | | | | |
| *Retinella incerta* | | | | | | | | | |
| Stylommatophora | | | | | | | | | |
| *Zonites* sp. | | | | | | | | | |
| **Crustáceos** | NMI | %NMI | | NMI | %NMI | NMI | %NMI | NMI | %NMI |
| Brachyura sp. | 1 | 0,01 | | | | 7 | 0,056 | 2 | 0,95 |
| *Balanus* sp. | | | | | | 128 | 1,041 | 15 | 7,11 |
| *Pollicipes pollicipes* | 1 | 0,01 | | | | 6 | 0,048 | 1 | 0,47 |
| Serpulidae sp. | | | | | | 9 | 0,073 | | |
| **Equinodermos** | NMI | %NMI | | NMI | %NMI | NMI | %NMI | NMI | %NMI |
| *Paracentrotus lividus* | 1 | 0,01 | | | | 1 | 0,008 | | |
| **No identificable** | | | | | | | | 1 | 0,47 |
| NMI TOTAL | **9049** | **100** | **36** | **15484** | **100** | **12290** | **100** | **211** | **100** |

**Datos Cuantitativos: abundancia de taxones durante el Mesolítico en la región cantábrica**

| Yacimiento y Nivel | La Trecha | | Kobeaga II Amck | Kobeaga II Amk | Santimamiñe H-Sln | | Marizulo IV-III | Berroberría C |
|---|---|---|---|---|---|---|---|---|
| **Bivalvos marinos** | NMI | %NMI | NMI | NMI | NMI | %NMI | NMI | NMI |
| *Acanthocardia* sp. | | | | | | | | |
| *Anomia ephippium* | | | | | | | | |
| *Callista chione* | | | | | | | | |
| *Cerastoderma edule* | | | | | | | | |
| *Mimachlamys varia* | | | | | | | | |
| *Hiatella rugosa* | | | | | | | | |
| *Irus irus* | | | | | | | | |
| *Mytilus galloprovincialis* | 186 | 10,91 | 14 | 9 | 1 | 2,50 | 78 | |
| *Mytilus* sp. | | | | | | | | |
| *Ostrea edulis* | 87 | 5,10 | 7 | 4 | 15 | 37,50 | 9 | |
| *Pododesmus* sp. | | | | | | | | |
| *Petricola lithophaga* | 1 | 0,06 | | | | | | |
| *Pholas dactylus* | | | | | | | | |
| *Ruditapes decussatus* | 14 | 0,82 | | | 1 | 2,50 | | |
| *Solen marginatus* | 3 | 0,18 | | | 1 | 2,50 | 1 | |
| *Scrobicularia plana* | 7 | 0,41 | | | 13 | 32,50 | 64 | |
| *Striarca lactea* | | | | | | | | |
| Veneridae sp. | 1 | 0,06 | | | | | | |
| **Gasterópodos marinos** | NMI | %NMI | NMI | NMI | NMI | %NMI | NMI | NMI |
| *Bittium reticulatum* | | | | | 2 | 5,00 | | |
| *Cantharus pictus* | | | | | | | | |
| *Charonia lampas* | | | | | | | | |
| *Gibbula* sp. | 2 | 0,12 | | | | | | |
| *Gibbula umbilicalis* | 2 | 0,12 | | | | | | |
| *Haliotis tuberculata* | | | | | | | | |
| *Hexaples trunculus* | | | | | | | | |
| *Littorina fabalis* | | | | | | | | |
| *Littorina littorea* | | | | | | | | |
| *Littorina obtusata* | | | | | | | | |
| *Littorina saxatilis* | | | | | | | | |
| Melampidae sp. | | | | | | | | |
| *Melarhaphe neritoides* | | | | | | | | |
| *Nassarius incrassatus* | | | | | | | | |
| *Nassarius reticulatus* | 1 | 0,06 | | | | | | |
| Nassaridae sp. | | | | | | | | |
| Naticidae sp. | | | | | | | | |
| *Nucella lapillus* | | | | | | | | |
| *Ocenebra erinaceus* | | | | | | | | |
| *Osilinus lineatus* | 245 | 14,37 | 31 | 21 | 1 | 2,50 | | |
| *Patella vulgata* | 176 | 10,32 | | | | | | |
| *Patella intermedia* | 388 | 22,76 | | | | | | |
| *Patella ulyssiponensis* | 85 | 4,99 | | | | | | |
| *Patella* sp. | 307 | 18,01 | 1686 | 1110 | 1 | 2,50 | 94 | |
| *Tricolia pullus* | | | | | | | | |
| *Trivia* sp. | | | | | | | | |
| **Gasterópodos terrestres** | NMI | %NMI | NMI | NMI | NMI | %NMI | NMI | NMI |
| *Abida vasconica* | | | | | | | | |
| *Arianta arbustorum* | | | | | | | | |
| *Cepaea nemoralis* | 24 | 1,41 | | | 1 | 2,50 | 663 | 204 |
| Claussilidae sp. | | | | | | | | |
| *Cochlostoma* sp. | 17 | 1,00 | | | | | | |
| *Chondrina kobelti* | | | | | | | | |
| *Elona quimperiana* | 1 | 0,06 | | | | | | |
| *Euomphalia brigantina* | | | | | | | | |
| *Helicella itala* | 1 | 0,06 | | | | | | |
| Helicidae sp. | | | | | | | | |
| *Cryptomphalus aspersus* | 1 | 0,06 | | | | | | |
| *Oestophorella buvinieri* | 2 | 0,12 | | | | | | |
| *Oxychilus* sp. | 3 | 0,18 | | | | | | |
| *Pomatias elegans* | 127 | 7,45 | | | | | | |
| *Pyrenaearia cantabrica* | | | | | | | | |
| *Retinella incerta* | 10 | 0,59 | | | | | | |
| Stylommatophora | | | 33 | 13 | 1 | 2,50 | | |
| *Zonites* sp. | | | | | | | | |
| **Crustáceos** | NMI | %NMI | NMI | NMI | NMI | %NMI | NMI | NMI |
| Brachyura sp. | 2 | 0,12 | | | 1 | 2,50 | | |
| *Balanus* sp. | 1 | 0,06 | | | 1 | 2,50 | | |
| *Pollicipes pollicipes* | 10 | 0,59 | 2 | 3 | | | | |
| Serpulidae sp. | | | | | | | | |
| **Equinodermos** | NMI | %NMI | NMI | NMI | NMI | %NMI | NMI | NMI |
| *Paracentrotus lividus* | 1 | 0,06 | | | | | | |
| **No identificable** | | | 85 | 30 | | | | 4 |
| NMI TOTAL | **1705** | **100** | **1858** | **1190** | **40** | **100** | **909** | **208** |

| **Datos Cuantitativos: abundancia de taxones durante el Neolítico en la región cantábrica** | | | | | | | | | | |
|---|---|---|---|---|---|---|---|---|---|---|
| **Yacimiento y Nivel** | **Les Pedroses** | | **La Lloseta C** | | **Mazaculos II A2fondo** | | **Mazaculos II A2base** | | **Mazaculos II A2+A2base** | |
| **Bivalvos marinos** | **NMI** | **%NMI** | **NMI** | **%NMI** | **NMI** | **%NMI** | **NMI** | **%NMI** | **NMI** | **%NMI** |
| *Abra alba* | | | | | | | | | | |
| *Acanthocardia* sp. | | | | | | | | | | |
| *Anomia ephippium* | | | | | | | | | | |
| *Bornia sebetia* | | | | | | | | | | |
| Cardiidae sp. | | | | | | | | | | |
| *Cerastoderma edule* | 1 | 0,20 | | | | | | | | |
| *Mimachlamys varia* | | | | | | | | | | |
| *Donax semistriatus* | | | | | | | | | | |
| *Eastonia rugosa* | | | | | | | | | | |
| *Lasaea rubra* | | | | | | | | | | |
| *Lutraria* sp. | | | | | | | | | | |
| *Mytilus galloprovincialis* | 43 | 8,70 | 122 | 31,40 | 41 | 1,24 | 37 | 1,13 | 6 | 1,28 |
| *Mytilaster minimus* | | | | | | | | | | |
| *Ostrea edulis* | 1 | 0,10 | | | 2 | 0,06 | 1 | 0,03 | | |
| *Pholas dactylus* | | | | | | | | | | |
| *Petricola lithophaga* | | | | | | | | | | |
| Pharidae sp. | | | | | | | | | | |
| *Pseudopythina macandrewi* | | | | | | | | | | |
| *Ruditapes decussatus* | 1 | 0,20 | | | 1 | 0,03 | | | | |
| *Scrobicularia plana* | | | | | 1 | 0,03 | 1 | 0,03 | | |
| *Solen marginatus* | | | | | | | | | | |
| *Spisula subtruncata* | | | | | | | | | | |
| *Striarca lactea* | | | | | 2 | 0,06 | | | | |
| Veneridae sp. | | | | | 1 | 0,03 | 1 | 0,03 | | |
| **Gasterópodos marinos** | **NMI** | **%NMI** | **NMI** | **%NMI** | **NMI** | **%NMI** | **NMI** | **%NMI** | **NMI** | **%NMI** |
| *Bittium latreillei* | | | | | | | | | | |
| *Bittium reticulatum* | | | | | | | | | | |
| *Charonia lampas* | | | | | 1 | 0,03 | | | | |
| *Gibbula pennati* | | | | | | | | | | |
| *Gibbula* sp. | | | | | 1 | 0,03 | 2 | 0,06 | | |
| *Gibbula umbilicalis* | 1 | 0,20 | | | 1 | 0,03 | | | | |
| *Hydrobia ulvae* | | | | | 1 | 0,03 | | | | |
| *Littorina littorea* | | | | | 3 | 0,09 | 2 | 0,06 | | |
| *Littorina obtusata* | | | | | 1 | 0,03 | 1 | 0,03 | | |
| *Littorina saxatilis* | | | | | | | 1 | 0,03 | 1 | 0,21 |
| *Melarhaphe neritoides* | | | | | | | 2 | 0,06 | | |
| *Nassarius incrassatus* | | | | | 1 | 0,03 | 1 | 0,03 | 1 | 0,21 |
| *Nassarius reticulatus* | | | | | 1 | 0,03 | | | | |
| *Nucella lapillus* | | | | | | | | | 1 | 0,21 |
| *Ocenebra erinaceus* | | | | | | | | | | |
| *Osilinus lineatus* | 98 | 19,80 | 12 | 3,10 | 453 | 13,70 | 443 | 13,58 | 64 | 13,70 |
| *Patella vulgata* | | | | | 555 | 16,78 | 466 | 14,29 | 54 | 11,56 |
| *Patella intermedia* | | | | | 524 | 15,85 | 472 | 14,47 | 63 | 13,49 |
| *Patella ulyssiponensis* | | | | | 215 | 6,50 | 162 | 4,97 | 20 | 4,28 |
| *Patella* sp. | 345 | 69,80 | 220 | 56,70 | 1319 | 39,89 | 1446 | 44,34 | 215 | 46,04 |
| Trochidae sp. | | | | | | | | | | |
| **Gasterópodos terrestres** | **NMI** | **%NMI** | **NMI** | **%NMI** | **NMI** | **%NMI** | **NMI** | **%NMI** | **NMI** | **%NMI** |
| *Abida bigerrensis* | | | | | | | | | | |
| *Arianta arbustorum* | 2 | 0,40 | | | | | | | | |
| *Cepaea nemoralis* | 3 | 0,60 | 11 | 2,80 | 1 | 0,03 | 3 | 0,09 | 2 | 0,43 |
| *Cecilioides* sp. | | | | | | | | | | |
| *Chondrina kobelti* | | | | | | | | | | |
| *Claussilia bidentata* | | | | | | | 1 | 0,03 | 2 | 0,43 |
| *Cochlostoma* sp. | | | | | 3 | 0,09 | | | 1 | 0,21 |
| *Elona quimperiana* | | | | | | | | | | |
| *Helicella itala* | | | | | | | | | | |
| Helicidae sp. | | | | | 1 | 0,03 | | | | |
| *Cryptomphalus aspersus* | | | | | | | 1 | 0,03 | 1 | 0,21 |
| *Hygromia limbata* | | | | | | | | | | |
| *Lauria cylindracea* | | | | | | | | | | |
| *Oestophorella buvinieri* | | | | | | | | | | |
| *Oxychilus* sp. | | | | | | | | | | |
| *Pomatias elegans* | | | | | 1 | 0,03 | 1 | 0,03 | | |
| *Retinella incerta* | | | | | | | | | | |
| *Pyrenaearia cantabrica* | | | | | | | | | | |
| Stylommatophora sp. | | | | | | | | | | |
| **Escafópodos** | **NMI** | **%NMI** | **NMI** | **%NMI** | **NMI** | **%NMI** | **NMI** | **%NMI** | **NMI** | **%NMI** |
| *Antalis* sp. | | | | | | | | | | |
| **Crustáceos** | **NMI** | **%NMI** | **NMI** | **%NMI** | **NMI** | **%NMI** | **NMI** | **%NMI** | **NMI** | **%NMI** |
| Brachyura sp. | 1 | 0,20 | | | 1 | 0,03 | 1 | 0,03 | | |
| *Balanus* sp. | | | | | | | 1 | 0,03 | | |
| *Pollicipes pollicipes* | | | | | 174 | 5,26 | 213 | 6,53 | 35 | 7,49 |
| Serpulidae sp. | | | | | 1 | 0,03 | 1 | 0,03 | | |
| **Equinodermos** | **NMI** | **%NMI** | **NMI** | **%NMI** | **NMI** | **%NMI** | **NMI** | **%NMI** | **NMI** | **%NMI** |
| *Paracentrotus lividus* | 1 | 0,20 | 1 | 0,30 | 1 | 0,03 | 1 | 0,03 | 1 | 0,21 |
| **No identificable** | | | 23 | 5,90 | | | | | | |
| **TOTAL** | **496** | **100** | **390** | **100** | **3307** | **100** | **3261** | **100** | **467** | **100** |

| Datos Cuantitativos: abundancia de taxones durante el Neolítico en la región cantábrica | | | | | | | | |
|---|---|---|---|---|---|---|---|---|
| **Yacimiento y Nivel** | **Arenillas** | | **Pico Ramos 4** | | **Santimamiñe Slm** | | **Santimamiñe Lsm** | |
| **Bivalvos marinos** | **NMI** | **%NMI** | **NMI** | **%NMI** | **NMI** | **%NMI** | **NMI** | **%NMI** |
| *Abra alba* | 1 | 0,01 | | | | | | |
| *Acanthocardia* sp. | | | | | | | | |
| *Anomia ephippium* | | | 1 | 0,005 | | | 1 | 0,11 |
| *Bornia sebetia* | 1 | 0,01 | | | | | | |
| Cardiidae sp. | | | 1 | 0,005 | 1 | 0,05 | 1 | 0,11 |
| *Cerastoderma edule* | 2 | 0,02 | | | | | | |
| *Mimachlamys varia* | 1 | 0,01 | | | 1 | 0,05 | 1 | 0,11 |
| *Donax semistriatus* | 2 | 0,02 | | | | | | |
| *Eastonia rugosa* | | | | | | | | |
| *Lasaea rubra* | 2 | 0,02 | | | | | | |
| *Lutraria* sp. | 1 | 0,01 | | | | | | |
| *Mytilus galloprovincialis* | 1627 | 15,28 | 152 | 6,910 | 2 | 0,10 | 1 | 0,11 |
| *Mytilaster minimus* | 4 | 0,04 | | | | | | |
| *Ostrea edulis* | 755 | 7,09 | 132 | 6,010 | 50 | 2,99 | 27 | 3,22 |
| *Pholas dactylus* | 24 | 0,23 | | | 1 | 0,05 | 1 | 0,11 |
| *Petricola lithophaga* | 18 | 0,17 | | | | | | |
| Pharidae sp. | | | 1 | 0,050 | | | | |
| *Pseudopythina macandrewi* | 1 | 0,01 | | | | | | |
| *Ruditapes decussatus* | 77 | 0,72 | 126 | 5,730 | 92 | 5,51 | 59 | 7,04 |
| *Scrobicularia plana* | 43 | 0,40 | | | 1435 | 85,97 | 683 | 81,6 |
| *Solen marginatus* | 89 | 0,84 | 23 | 1,085 | 23 | 1,37 | 6 | 0,71 |
| *Spisula subtruncata* | 1 | 0,01 | | | | | | |
| *Striarca lactea* | | | | | | | | |
| Veneridae sp. | 2 | 0,02 | 1 | 0,005 | 1 | 0,05 | | |
| **Gasterópodos marinos** | **NMI** | **%NMI** | **NMI** | **%NMI** | **NMI** | **%NMI** | **NMI** | **%NMI** |
| *Bittium latreillei* | 3 | 0,03 | | | | | | |
| *Bittium reticulatum* | 1 | 0,01 | 1 | 0,005 | | | | |
| *Charonia lampas* | | | | | | | | |
| *Gibbula pennati* | | | 1 | 0,005 | | | | |
| *Gibbula* sp. | 5 | 0,05 | | | | | | |
| *Gibbula umbilicalis* | 5 | 0,05 | 1 | 0,005 | | | | |
| *Hydrobia ulvae* | 4 | 0,04 | | | 32 | 1,91 | 19 | 2,27 |
| *Littorina littorea* | | | | | | | | |
| *Littorina obtusata* | 1 | 0,01 | | | | | | |
| *Littorina saxatilis* | 8 | 0,08 | | | | | | |
| *Melarhaphe neritoides* | 11 | 0,10 | 3 | 0,140 | | | | |
| *Nassarius incrassatus* | | | | | | | | |
| *Nassarius reticulatus* | | | | | | | | |
| *Nucella lapillus* | | | | | | | | |
| *Ocenebra erinaceus* | | | | | | | | |
| *Osilinus lineatus* | 712 | 6,69 | 500 | 22,740 | | | | |
| *Patella vulgata* | 1384 | 13,00 | 73 | 3,320 | | | | |
| *Patella intermedia* | 2802 | 26,31 | 248 | 11,280 | 1 | 0,05 | 2 | 0,23 |
| *Patella ulyssiponensis* | 611 | 5,74 | 269 | 12,230 | | | | |
| *Patella* sp. | 1042 | 9,78 | 658 | 29,920 | 2 | 0,10 | 3 | 0,35 |
| Trochidae sp. | | | 6 | 0,270 | | | 1 | 0,11 |
| **Gasterópodos terrestres** | **NMI** | **%NMI** | **NMI** | **%NMI** | **NMI** | **%NMI** | **NMI** | **%NMI** |
| *Abida bigerrensis* | 5 | 0,05 | | | | | | |
| *Arianta arbustorum* | | | | | | | | |
| *Cepaea nemoralis* | 302 | 2,84 | | | 13 | 0,77 | 20 | 2,38 |
| *Cecilioides* sp. | 52 | 0,49 | | | | | | |
| *Chondrina kobelti* | 1 | 0,01 | | | | | | |
| *Claussilia bidentata* | 18 | 0,17 | | | 1 | 0,05 | | |
| *Cochlostoma sp.* | 17 | 0,16 | | | 1 | 0,05 | | |
| *Elona quimperiana* | 3 | 0,03 | | | | | | |
| *Helicella itala* | 11 | 0,10 | | | | | 1 | 0,11 |
| Helicidae sp. | 1 | 0,01 | | | | | | |
| *Cryptomphalus aspersus* | 12 | 0,11 | | | | | | |
| *Hygromia limbata* | | | | | | | | |
| *Lauria cylindracea* | 1 | 0,01 | | | | | | |
| *Oestophorella buvinieri* | 8 | 0,08 | | | | | | |
| *Oxychilus* sp. | 144 | 1,35 | | | | | 1 | 0,11 |
| *Pomatias elegans* | 64 | 0,60 | | | 2 | 0,10 | 1 | 0,11 |
| *Retinella incerta* | 4 | 0,04 | | | | | | |
| *Pyrenaearia cantabrica* | | | | | | | 1 | 0,11 |
| Stylommatophora sp. | | | P | | 1 | 0,05 | 1 | 0,11 |
| **Escafópodos** | **NMI** | **%NMI** | **NMI** | **%NMI** | **NMI** | **%NMI** | **NMI** | **%NMI** |
| *Antalis* sp. | | | 1 | 0,005 | | | | |
| **Crustáceos** | **NMI** | **%NMI** | **NMI** | **%NMI** | **NMI** | **%NMI** | **NMI** | **%NMI** |
| Brachyura sp. | 369 | 3,47 | | | 4 | 0,23 | 3 | 0,35 |
| *Balanus* sp. | 127 | 1,19 | | | 5 | 0,29 | 3 | 0,35 |
| *Pollicipes pollicipes* | 12 | 0,11 | | | | | | |
| Serpulidae sp. | 14 | 0,13 | | | 1 | 0,05 | | |
| **Equinodermos** | **NMI** | **%NMI** | **NMI** | **%NMI** | **NMI** | **%NMI** | **NMI** | **%NMI** |
| *Paracentrotus lividus* | 51 | 2,28 | | | | | 1 | 0,11 |
| **No identificable** | 1 | 0,01 | | | | | | |
| **TOTAL** | **10457** | **100** | **2199** | **100** | **1669** | **100** | **837** | **100** |

| **Datos Cuantitativos: abundancia de taxones durante el Neolítico en la región cantábrica** | | | | | | | | | | |
|---|---|---|---|---|---|---|---|---|---|---|
| **Yacimiento y Nivel** | **Kobaederra IV** | | **Kobaederra III** | | **Kobaederra II** | | **Kobaederra I** | | **Berroberría B** |
| **Bivalvos marinos** | **NMI** | **%NMI** | **NMI** | **%NMI** | **NMI** | **%NMI** | **NMI** | **%NMI** | **NMI** |
| *Abra alba* | | | | | | | | | |
| *Acanthocardia* sp. | | | 1 | 0,10 | | | | | |
| *Anomia ephippium* | 1 | 0,15 | 2 | 0,21 | 1 | 0,34 | 1 | 0,18 | |
| *Bornia sebetia* | | | | | | | | | |
| Cardiidae sp. | | | | | | | | | |
| *Cerastoderma edule* | | | | | 1 | 0,34 | | | |
| *Mimachlamys varia* | | | 1 | 0,10 | | | 1 | 0,18 | |
| *Donax semistriatus* | | | | | | | | | |
| *Eastonia rugosa* | 1 | 0,15 | 1 | 0,10 | 1 | 0,34 | | | |
| *Lasaea rubra* | | | | | | | | | |
| *Lutraria* sp. | | | | | | | | | |
| *Mytilus galloprovincialis* | 13 | 1,98 | 11 | 1,15 | 4 | 1,37 | 2 | 0,37 | |
| *Mytilaster minimus* | | | | | | | | | |
| *Ostrea edulis* | 148 | 22,53 | 293 | 30,66 | 64 | 21,84 | 38 | 6,95 | |
| *Pholas dactylus* | 1 | 0,15 | 1 | 0,10 | | | 1 | 0,18 | |
| *Petricola lithophaga* | | | | | | | | | |
| Pharidae sp. | | | | | | | | | |
| *Pseudopythina macandrewi* | | | | | | | | | |
| *Ruditapes decussatus* | 162 | 24,66 | 215 | 22,49 | 42 | 14,33 | 41 | 7,50 | |
| *Scrobicularia plana* | 137 | 20,85 | 148 | 15,48 | 31 | 10,58 | 54 | 9,87 | |
| *Solen marginatus* | 14 | 2,13 | 11 | 1,15 | 7 | 2,39 | 4 | 0,73 | |
| *Spisula subtruncata* | | | | | | | | | |
| *Striarca lactea* | | | | | | | | | |
| Veneridae sp. | 1 | 0,15 | | | | | | | |
| **Gasterópodos marinos** | **NMI** | **%NMI** | **NMI** | **%NMI** | **NMI** | **%NMI** | **NMI** | **%NMI** | **NMI** |
| *Bittium latreillei* | | | | | | | | | |
| *Bittium reticulatum* | | | 3 | 0,31 | | | 2 | 0,37 | |
| *Charonia lampas* | | | | | | | | | |
| *Gibbula pennati* | | | | | | | | | |
| *Gibbula* sp. | | | | | | | | | |
| *Gibbula umbilicalis* | | | | | | | | | |
| *Hydrobia ulvae* | 2 | 0,30 | 4 | 0,42 | | | | | |
| *Littorina littorea* | | | | | | | | | |
| *Littorina obtusata* | | | 2 | 0,21 | | | | | |
| *Littorina saxatilis* | | | | | | | | | |
| *Melarhaphe neritoides* | | | | | | | | | |
| *Nassarius incrassatus* | | | 1 | 0,10 | | | | | |
| *Nassarius reticulatus* | 1 | 0,15 | | | | | | | |
| *Nucella lapillus* | | | | | | | | | |
| *Ocenebra erinaceus* | 1 | 0,15 | 1 | 0,10 | | | | | |
| *Osilinus lineatus* | 2 | 0,30 | 12 | 1,26 | 4 | 1,37 | 3 | 0,55 | |
| *Patella vulgata* | 5 | 0,76 | 8 | 0,84 | 6 | 2,05 | 4 | 0,73 | |
| *Patella intermedia* | 17 | 2,59 | 50 | 5,23 | 27 | 9,22 | 13 | 2,38 | |
| *Patella ulyssiponensis* | 6 | 0,91 | 15 | 1,57 | 2 | 0,68 | 4 | 0,73 | |
| *Patella* sp. | 9 | 1,37 | 23 | 2,41 | 1 | 0,34 | 5 | 0,91 | |
| Trochidae sp. | | | | | | | | | |
| **Gasterópodos terrestres** | **NMI** | **%NMI** | **NMI** | **%NMI** | **NMI** | **%NMI** | **NMI** | **%NMI** | **NMI** |
| *Abida bigerrensis* | | | | | | | | | |
| *Arianta arbustorum* | | | | | | | | | |
| *Cepaea nemoralis* | 66 | 10,05 | 84 | 8,79 | 22 | 7,51 | 66 | 12,07 | 245 |
| *Cecilioides* sp. | | | | | | | | | |
| *Chondrina kobelti* | | | | | | | | | |
| *Claussilia bidentata* | 1 | 0,15 | 1 | 0,10 | | | 8 | 1,46 | |
| *Cochlostoma* sp. | 11 | 1,67 | 6 | 0,63 | 11 | 3,75 | 49 | 8,96 | |
| *Elona quimperiana* | 7 | 1,07 | 2 | 0,21 | 18 | 6,14 | 70 | 12,80 | |
| *Helicella itala* | 1 | 0,15 | 5 | 0,52 | 1 | 0,34 | 10 | 1,83 | |
| Helicidae sp. | | | 1 | 0,10 | 1 | 0,34 | 26 | 4,75 | |
| *Cryptomphalus aspersus* | 1 | 0,15 | | | | | 1 | 0,18 | |
| *Hygromia limbata* | | | | | 1 | 0,34 | 4 | 0,73 | |
| *Lauria cylindracea* | | | | | | | | | |
| *Oestophorella buvinieri* | | | | | | | | | |
| *Oxychilus* sp. | 10 | 1,52 | 3 | 0,31 | 8 | 2,73 | 28 | 5,12 | |
| *Pomatias elegans* | 36 | 5,48 | 45 | 4,71 | 33 | 11,26 | 95 | 17,37 | |
| *Retinella incerta* | | | 2 | 0,21 | 1 | 0,34 | 10 | 1,83 | |
| *Pyrenaearia cantabrica* | 4 | 0,61 | | | 5 | 1,71 | 5 | 0,91 | |
| Stylommatophora sp. | 1 | 0,15 | 1 | 0,10 | 1 | 0,34 | 2 | 0,37 | |
| **Escafópodos** | **NMI** | **%NMI** | **NMI** | **%NMI** | **NMI** | **%NMI** | **NMI** | **%NMI** | **NMI** |
| *Antalis sp.* | | | | | | | | | |
| **Crustáceos** | **NMI** | **%NMI** | **NMI** | **%NMI** | **NMI** | **%NMI** | **NMI** | **%NMI** | **NMI** |
| Brachyura sp. | | | 1 | 0,10 | | | | | |
| *Balanus* sp. | | | 1 | 0,10 | | | | | |
| *Pollicipes pollicipes* | | | 1 | 0,10 | | | | | |
| Serpulidae sp. | | | | | | | | | |
| **Equinodermos** | **NMI** | **%NMI** | **NMI** | **%NMI** | **NMI** | **%NMI** | **NMI** | **%NMI** | **NMI** |
| *Paracentrotus lividus* | | | | | | | | | |
| **No identificable** | | | | | | | | | 3 |
| **TOTAL** | **657** | **100** | **956** | **100** | **293** | **100** | **547** | **100** | **248** |

| Datos Cualitativos: abundancia de taxones durante el MSF en la región cantábrica | | | | | | | | |
|---|---|---|---|---|---|---|---|---|
| **Yacimiento y Nivel** | **Bricia E** | **Bricia C** | **Cueto de la Mina B** | **El Linar II** | **El Linar Ib** | **Cualventi 4** | **El Castillo 7** | **El Castillo 6** |
| **Bivalvos** | | | | | | | | |
| *Acanthocardia tuberculata* | | | P | | | | | |
| *Arctica islandica* | | | P | | | | | P |
| *Cerastoderma* sp. | P | P | | | | | | |
| *Glycymeris* sp. | | | | | | | | P |
| *Dosinia/Venus* | | | | | | | | |
| *Mytilus* sp. | | | | | | | | P |
| *Ostrea edulis* | | | | | | | | P |
| *Pecten* sp. | | | | | | | | P |
| *Ruditapes decussatus* | | | | | | | | |
| *Scrobicularia plana* | | | | | | | | |
| *Solen marginatus* | | | | | | | | |
| **Gasterópodos marinos** | | | | | | | | |
| *Aporrhais pespelecani* | | | | | | | | |
| *Bolma rugosa* | | | | | | | | |
| *Charonia lampas* | | | | | | | | |
| *Littorina obtusata/mariae* | | | | | | | | |
| *Littorina littorea* | | | A | P | P | | P | A |
| *Murex* sp. | | | | | | | | |
| *Nassarius reticulatus* | | | | | | | | |
| *Nucella lapillus* | | | | | | | | |
| *Osilinus lineatus* | | | | | | | | |
| *Patella vulgata* | P | P | P | P | P | | P | MA |
| *Patella intermedia* | | | | | | | | |
| *Patella rustica* | | | | | P | | | |
| *Patella ulyssiponensis* | | | | P | | | | |
| *Patella* sp. | | | | | | | | |
| *Phalium saburon* | | | | | | | | P |
| *Rissoa parva* | | | | | | | | |
| *Stramonita haemastoma* | | | | | | | | |
| *Turritella* sp. | | | | | | | P | P |
| *Trivia* sp. | | | | | | | | |
| **Escafópodos** | | | | | | | | |
| *Antalis* sp. | | | | | | | | |
| **Gasterópodos terrestres** | | | | | | | | |
| *Cepaea nemoralis* | | | | | | | | P |
| *Helix asturica* | | | | | | | | |
| *Pomatias elegans* | | | | | | | | P |
| **Equinodermos** | | | | | | | | |
| *Paracentrotus lividus* | | | | | | | | |
| **Crustáceos** | | | | | | | | |
| Brachyura sp. | | | | | | | | |
| **No identificable** | | | | | | E | | |

| Datos Cualitativos: abundancia de taxones durante el MSF en la región cantábrica | | | | | | | | |
|---|---|---|---|---|---|---|---|---|
| **Yacimiento y Nivel** | **El Pendo IIc-g** | **El Pendo IIa-b** | **El Pendo II** | **El Otero 3** | **El Otero 2** | **El Valle Ms** | **Sta. Catalina 3** | **Sta. Catalina 2** |
| **Bivalvos** | | | | | | | | |
| *Acanthocardia tuberculata* | | P | | | | | | |
| *Arctica islandica* | | | P? | | | | | |
| *Cerastoderma* sp. | | | | | | | | |
| *Glycymeris sp.* | | | | | | | | |
| *Dosinia/Venus* | | | | P | | | | |
| *Mytilus* sp. | | | | P | P | | | |
| *Ostrea edulis* | | | | P | A | | | |
| *Pecten* sp. | | | | | | | | |
| *Ruditapes decussatus* | | | | P | | | | |
| *Scrobicularia plana* | | | | | P | | | |
| *Solen marginatus* | | | | P | | | | |
| **Gasterópodos marinos** | | | | | | | | |
| *Aporrhais pespelecani* | | | | | | | | |
| *Bolma rugosa* | | | | | | | | |
| *Charonia lampas* | | | | | P | | | |
| *Littorina obtusata/mariae* | | P | | | | | | |
| *Littorina littorea* | E | E | E | P | P | P | A | A |
| *Murex* sp. | | | | | | | | |
| *Nassarius reticulatus* | | | | | | | | |
| *Nucella lapillus* | | | | | | | | |
| *Osilinus lineatus* | | | | | P | | | |
| *Patella vulgata* | P | P | P | P | P | A | A | A |
| *Patella intermedia* | | P | | P | P | | | |
| *Patella rustica* | | | | | P | | | |
| *Patella ulyssiponensis* | | | | | P | | | |
| *Patella* sp. | P | E | E | | | | | |
| *Phalium saburon* | | | | | | | | |
| *Rissoa parva* | | | | | | | | P |
| *Stramonita haemastoma* | | | | | | | | |
| *Turritella* sp. | | | P | | | | | |
| *Trivia* sp. | | | | | | P | | |
| **Escafópodos** | | | | | | | | |
| *Antalis* sp. | | | | | | | | |
| **Gasterópodos terrestres** | | | | | | | | |
| *Cepaea nemoralis* | | | | | | P | | |
| *Helix asturica* | | | | | | P | | |
| *Pomatias elegans* | | | | | | | | |
| **Equinodermos** | | | | | | | | |
| *Paracentrotus lividus* | | | | | | | | |
| **Crustáceos** | | | | | | | | |
| Brachyura sp. | | | | | | | | |
| **No identificable** | | | | | | | | |

| Datos Cualitativos: abundancia de taxones durante el MSF en la región cantábrica | | | | | | | |
|---|---|---|---|---|---|---|---|
| **Yacimiento y Nivel** | **Abbitaga VII** | **Santimamiñe VI** | **Lumentxa V** | **Lumentxa IV** | **Ermittia MS** | **Urtiaga D** | **Aitzbitarte IV II** |
| **Bivalvos** | | | | | | | |
| *Acanthocardia tuberculata* | | | | | | | |
| *Arctica islandica* | | | | | | | |
| *Cerastoderma* sp. | | | | | | | |
| *Glycymeris* sp. | | | | | | | |
| *Dosinia/Venus* | | | | | | | |
| *Mytilus* sp. | | | | | | E | E |
| *Ostrea edulis* | | | E | E | | | |
| *Pecten* sp. | | | P | | | | |
| *Ruditapes decussatus* | | | | | | | |
| *Scrobicularia plana* | | | | | | | |
| *Solen marginatus* | | | | | | | |
| **Gasterópodos marinos** | | | | | | | |
| *Aporrhais pespelecani* | | | | | | | E |
| *Bolma rugosa* | | | | | 1 | | |
| *Charonia lampas* | | | | | | | E |
| *Littorina obtusata/mariae* | | 1 | P | P | | | E |
| *Littorina littorea* | | | P | E | | 2 | E |
| *Murex* sp. | | | | P | | | |
| *Nassarius reticulatus* | | | 1 | P | | | |
| *Nucella lapillus* | | | P | P | | | |
| *Osilinus lineatus* | | | | E? | | E | |
| *Patella vulgata* | | | | | P | | |
| *Patella intermedia* | | | | | | | |
| *Patella rustica* | | | | | | | |
| *Patella ulyssiponensis* | | | | | | | |
| *Patella* sp. | P | | A | A | | E | A |
| *Phalium saburon* | | | | | | | |
| *Rissoa parva* | | | | | | | |
| *Stramonita haemastoma* | | | | P | | | |
| *Turritella* sp. | | | | | P | 1 | |
| *Trivia* sp. | | | | P | | | |
| **Escafópodos** | | | | | | | |
| *Antalis* sp. | | | P | | | | |
| **Gasterópodos terrestres** | | | | | | | |
| *Cepaea nemoralis* | | | P | P | | | |
| *Helix asturica* | | | | | | | |
| *Pomatias elegans* | | | | | | | |
| **Equinodermos** | | | | | | | |
| *Paracentrotus lividus* | | P | | | P | | |
| **Crustáceos** | | | | | | | |
| Brachyura sp. | | | | 1 | | | |
| **No identificable** | | | | | | | |

| Datos Cualitativos: abundancia de taxones durante el Aziliense en la región cantábrica | | | | | | |
|---|---|---|---|---|---|---|
| **Yacimiento y Nivel** | **Los Azules 3e** | **Los Azules 3a-d** | **Los Azules 2** | **Cualventi 1** | **El Castillo 4** | **La Meaza** |
| **Bivalvos** | | | | | | |
| *Cerastoderma* sp. | | | | | | |
| *Modiolus barbatus* | | P | | | | |
| *Mytilus* sp. | E | E | 1 | P | | |
| *Ostrea edulis* | | | | | P | |
| *Ruditapes decussatus* | | | | | | |
| *Scrobicularia plana* | | | | | | |
| *Solen marginatus* | | | | | | |
| **Gasterópodos marinos** | | | | | | |
| *Ansates pellucida* | P | | | | | |
| *Bolma rugosa* | | | | | | |
| *Bittium reticulatum* | | | | | | |
| *Charonia lampas* | | | | | | |
| *Gibbula* sp. | | | | | | |
| *Gibbula umbilicalis* | | | | P | | |
| *Haliotis* sp. | | | | | | |
| *Littorina obtusata/fabalis* | 5 | | | | | |
| *Littorina littorea* | P | | | P | | |
| *Littorina* sp. | | | | | | |
| *Nassarius mutabilis* | | | | | 1 | |
| *Nassarius reticulatus* | P | | | | | |
| *Osilinus lineatus* | E | E | | P | | |
| *Patella vulgata* | P | P | P | P | | |
| *Patella intermedia* | P? | P | P | | | |
| *Patella rustica* | | P | | | | |
| *Patella ulyssiponensis* | | | P | | | |
| *Patella* sp. | E | | | | | |
| *Phalium saburon* | | | | | | |
| Pyramidellidae sp. | | | | | | |
| *Trivia* sp. | 56 | 4 | | | | |
| **Escafópodos** | | | | | | |
| *Antalis* sp. | | | | | | |
| **Gasterópodos terrestres** | | | | | | |
| *Cepaea nemoralis* | | | | | A | |
| *Clausilia* sp. | | | | | P | |
| *Discus rotundatus* | | | | | P | |
| *Elona quimperiana* | | | | | A | |
| *Helix asturica* | | | | | P | |
| *Hygromia limbata* | | | | | P | |
| *Oestophora lusitanica* | | | | | P | |
| *Pomatias elegans* | | | | | P | |
| *Unio* sp. | | | | | | |
| **Equinodermos** | | | | | | |
| *Paracentrotus lividus* | E | | | | | |
| **No identificable** | | | | | | |

| Datos Cualitativos: abundancia de taxones durante el Aziliense en la región cantábrica | | | | | | | |
|---|---|---|---|---|---|---|---|
| **Yacimiento y Nivel** | **El Pendo I** | **Piélago I 1-4** | **Piélago II 1-4** | **El Otero 1** | **El Valle Az** | **Sta. Catalina 1** | **Atxeta d** |
| **Bivalvos** | | | | | | | |
| *Cerastoderma* sp. | | | | | | | |
| *Modiolus barbatus* | | | | | | | |
| *Mytilus* sp. | | | 1 | P | P | | |
| *Ostrea edulis* | | | 1 | A | | | |
| *Ruditapes decussatus* | | | | E | | | |
| *Scrobicularia plana* | | | | E | | | |
| *Solen marginatus* | | | | E | | | |
| **Gasterópodos marinos** | | | | | | | |
| *Ansates pellucida* | | | | | | | |
| *Bolma rugosa* | | | | | | | |
| *Bittium reticulatum* | | | | | | P | |
| *Charonia lampas* | | | | | | | |
| *Gibbula* sp. | P | | | | | | |
| *Gibbula umbilicalis* | | | | | | | |
| *Haliotis* sp. | | | | | | | |
| *Littorina obtusata/fabalis* | | | 3 | | | | |
| *Littorina littorea* | E | | | | | A | |
| *Littorina* sp. | | 1 | | | | | |
| *Nassarius mutabilis* | | | | | | | |
| *Nassarius reticulatus* | | | | | | | |
| *Osilinus lineatus* | | | | P | | | |
| *Patella vulgata* | P | | 16 | P | P | A | |
| *Patella intermedia* | | | | P | | | |
| *Patella rustica* | | | | P | | | |
| *Patella ulyssiponensis* | | | | | | | |
| *Patella* sp. | E | P | | | | | |
| *Phalium saburon* | | | | | | | |
| Pyramidellidae sp. | | | | | | | |
| *Trivia* sp. | | | | | | | |
| **Escafópodos** | | | | | | | |
| *Antalis* sp. | | | 1 | | | | |
| **Gasterópodos terrestres** | | | | | | | |
| *Cepaea nemoralis* | | A | MA | | A | | |
| *Clausilia* sp. | | | | | | | |
| *Discus rotundatus* | | | | | | | |
| *Elona quimperiana* | | | | | | | |
| *Helix asturica* | | | | | | | |
| *Hygromia limbata* | | | | | | | |
| *Oestophora lusitanica* | | | | | | | |
| *Pomatias elegans* | | | | | | | |
| *Unio* sp. | | | | | P | | |
| **Equinodermos** | | | | | | | |
| *Paracentrotus lividus* | | | | | | | |
| **No identificable** | | | | | | | P |

| Datos Cualitativos: abundancia de taxones durante el Aziliense en la región cantábrica | | | | | | |
|---|---|---|---|---|---|---|
| **Yacimiento y Nivel** | **Santimamiñe V** | **Lumentxa III** | **Ermittia Az** | **Urtiaga C** | **Atxurra B** | **Aitzbitarte IV I** |
| **Bivalvos** | | | | | | |
| *Cerastoderma* sp. | | 1 | | | | |
| *Modiolus barbatus* | | | | | | |
| *Mytilus* sp. | | P | | P | | P |
| *Ostrea edulis* | | E | | | | P |
| *Ruditapes decussatus* | | | | | | |
| *Scrobicularia plana* | | | | | | |
| *Solen marginatus* | | | | | | |
| **Gasterópodos marinos** | | | | | | |
| *Ansates pellucida* | | | | | | |
| *Bolma rugosa* | | P | | E | | |
| *Bittium reticulatum* | | | | | | |
| *Charonia lampas* | | P | | | | |
| *Gibbula sp.* | | | | | | |
| *Gibbula umbilicalis* | | | | | | |
| *Haliotis* sp. | | P | | | | |
| *Littorina obtusata/fabalis* | P | 3 | | | | |
| *Littorina littorea* | | A | E | E | | P |
| *Littorina* sp. | | | | | | |
| *Nassarius mutabilis* | | | | | | |
| *Nassarius reticulatus* | P | P | | P | | |
| *Osilinus lineatus* | P | P | | P | | |
| *Patella vulgata* | | | A | | | |
| *Patella intermedia* | | | | | | |
| *Patella rustica* | | | | | | |
| *Patella ulyssiponensis* | | | | | | |
| *Patella* sp. | P | A | | P | P | P |
| *Phalium saburon* | P | | | | | |
| Pyramidellidae sp. | P | | | | | |
| *Trivia* sp. | | P | | | | |
| **Escafópodos** | | | | | | |
| *Antalis* sp. | | | | E | | |
| **Gasterópodos terrestres** | | | | | | |
| *Cepaea nemoralis* | | P | | | | |
| *Clausilia* sp. | P | | | | | |
| *Discus rotundatus* | | | | | | |
| *Elona quimperiana* | | | | | | |
| *Helix asturica* | | | | | | |
| *Hygromia limbata* | | | | | | |
| *Oestophora lusitanica* | | | | | | |
| *Pomatias elegans* | | | | | | |
| *Unio* sp. | | | | | | |
| **Equinodermos** | | | | | | |
| *Paracentrotus lividus* | | P | | | | |
| **No identificable** | | | | | | |

| Datos Cualitativos: abundancia de taxones durante el Mesolítico en la región cantábrica | | | | | | | | |
|---|---|---|---|---|---|---|---|---|
| **Yacimiento y Nivel** | **Arangas** | **Cueto de la Mina A** | **La Garma A** | **El Cráneo B** | **Cubío Redondo 3-6** | **Atxeta C** | **Santimamiñe IV** | **J3 Ent** |
| **Bivalvos** | | | | | | | | |
| *Callista chione* | | | | | | | P | |
| *Cerastoderma* edule | | | | | | | P | |
| *Mimachlamys varia* | | | | | | | P | |
| *Eastonia rugosa* | | | | | | | P | |
| *Ensis siliqua* | | | | | | | P | |
| *Mya arenaria* | | | | | | | P | |
| *Mytilus* sp. | | P | P | | | | 248 | |
| *Ostrea edulis* | | | P | | | | 18724 | |
| *Pecten* sp. | | | | | | | P | |
| *Pholas dactylus* | | | | | | | P | |
| *Pinna* sp. | | | | | | | P? | |
| *Ruditapes decussatus* | | | P | | | | 4219 | |
| *Scrobicularia plana* | | | | | | | 468 | |
| *Solen marginatus* | | | | | | | P | |
| **Gasterópodos marinos** | | | | | | | | |
| *Astralium rugosum* | | | | | | | P | |
| *Charonia lampas* | | | | | | | P | |
| *Haliotis* sp. | | | | | | | P | |
| *Littorina obtusata/fabalis* | | | | | | | P | |
| *Littorina littorea* | | | | | | | P | |
| *Nassarius reticulatus* | | | | | | | P | |
| *Ocenebra erinaceus* | | | | | | | P | |
| *Osilinus lineatus* | P | P | P | A | | | 183 | |
| *Patella* sp. | P | A | P | A | | | 858 | A |
| *Rissoa* sp. | | | | | | | P | |
| *Thais haemastoma* | | | | | | | P | |
| **Escafópodos** | | | | | | | | |
| *Antalis* sp. | | | | | | | P | |
| **Gasterópodos terrestres** | | | | | | | | |
| *Abida vasconica* | | | | | E | | | |
| *Azeca goodalli* | | | | | P | | | |
| *Cepaea nemoralis* | P | P | | | A | | 195 | |
| *Clausilia* sp. | | | | | E | | | |
| *Cochlicopa lubrica* | | | | | E | | | |
| *Cochlostoma* sp. | | | | | P | | | |
| *Chondrina kobelti* | | | | | P | | | |
| *Discus rotundatus* | | | | | P | | | |
| *Elona quimperiana* | | | | | P | | | |
| *Helicella itala* | | | | | P | | | |
| *Oestophorella buvinieri* | | | | | P | | | |
| *Pomatias elegans* | | | | | E | | P | |
| *Punctum pigmaeum* | | | | | E | | | |
| *Pupilla muscorum* | | | | | E | | | |
| *Pyramidula rupestris* | | | | | E | | | |
| *Pyrenaearia cantabrica* | | | | | P | | | |
| *Truncatellina cylindrica* | | | | | E | | | |
| *Unio* sp. | | | | | | | P | |
| *Vallonia costata* | | | | | E | | | |
| *Zonites* sp. | | | | | A | | | |
| **No identificable** | | | | | | P | | |

| **Datos Cualitativos: abundancia de taxones durante el Neolítico en la región cantábrica** | | | | | | | | |
|---|---|---|---|---|---|---|---|---|
| **Yacimiento y Nivel** | **San Antonio** | **El Tarrerón III** | **Los Gitanos A** | **Atxeta B** | **Atxurra A** | **Lumentxa II** | **Berroberria B** | **Marizulo II** |
| **Bivalvos** | | | | | | | | |
| *Cerastoderma edule* | E | | | P | | | | |
| *Mytilus* sp. | P | P | E | P | | P | | P |
| *Ostrea edulis* | E | P | | | | | | P |
| *Pholas* sp. | | | | | | | | 1 |
| *Ruditapes decussatus* | | | E | | | | | P |
| *Scrobicularia plana* | | | | P | | | | |
| *Solen marginatus* | | | | P | | | | 1 |
| *Venus pectunculus* | | | | P | | | | |
| **Gasterópodos marinos** | | | | | | | | |
| *Gibbula umbilicalis* | | | E | | | P | | |
| *Nucella lapillus* | | | | | | P | | |
| *Osilinus lineatus* | P | P | P | P | | | | P |
| *Patella vulgata* | P | P | | | | | | |
| *Patella ulyssiponensis* | P | | | | | P | | |
| *Patella* sp. | | | P | P | P | | | 32 |
| **Gasterópodos terrestres** | | | | | | | | |
| *Cepaea nemoralis* | | | | | | | A | A |
| **Equinodermos** | | | | | | | | |
| *Paracentrotus lividus* | | | E | | | | | |
| **Crustáceos** | | | | | | | | |
| Brachyura sp. | | | E | | | | | |
| *Pollicipes pollicipes* | | | E | | | | | |

# APÉNDICE 2. ESTADÍSTICA

## A2.2 Prueba de $\chi^2$: diferencias en los conjuntos malacológicos

### *Kobaederra (niveles I, II, III, IV)*

| | IV | III |
|---|---|---|
| *Ostrea edulis* | 3,757511799 | 2,437937294 |
| *Ruditapes decussatus* | 1,255733017 | 0,814740849 |
| *Scrobicularia plana* | **5,506814237** | 3,572914343 |
| *Otros bivalvos* | 2,609265501 | 1,692935649 |
| *Patella* | **4,493954161** | 2,915753572 |
| *Otros gasterópodos* | 2,566307441 | 1,665063732 |
| **Total $\chi^2$** | **33,28893159** | |
| | p=0,001 | |
| | 99,90% | |

| | IV | II |
|---|---|---|
| *Ostrea edulis* | 0,327634517 | 0,893704624 |
| *Ruditapes decussatus* | 1,08469718 | 2,958781312 |
| *Scrobicularia plana* | 1,609761859 | 4,391025803 |
| *Otros bivalvos* | 0,112930394 | 0,308045735 |
| *Patella* | **5,045615362** | **13,7631707** |
| *Otros gasterópodos* | 0,237185404 | 0,646982175 |
| **Total $\chi^2$** | **31,37953506** | |
| | p=0,001 | |
| | 99,90% | |

| | IV | I |
|---|---|---|
| *Ostrea edulis* | 0,501237927 | 1,509508439 |
| *Ruditapes decussatus* | 0,605211366 | 1,822630762 |
| *Scrobicularia plana* | 0,284554135 | 0,856952049 |
| *Otros bivalvos* | 0,031409615 | 0,094591961 |
| *Patella* | 2,241128317 | **6,749293949** |
| *Otros gasterópodos* | 0,617373685 | 1,859258323 |
| **Total $\chi^2$** | **17,17315053** | |
| | p=0,005 | |
| | 99,50% | |

| | III | II |
|---|---|---|
| *Ostrea edulis* | 0,073325038 | 0,30827228 |
| *Ruditapes decussatus* | 0,262566142 | 1,103877549 |
| *Scrobicularia plana* | 0,079724645 | 0,335177434 |
| *Otros bivalvos* | 1,036260736 | **4,35663545** |
| *Patella* | 1,060812059 | **4,45985384** |
| *Otros gasterópodos* | 0,064719343 | 0,272092317 |
| **Total $\chi^2$** | **13,41331683** | |
| | p=0,025 | |
| | 97,50% | |

| | III | I |
|---|---|---|
| *Ostrea edulis* | 1,569038969 | **7,2828803** |
| *Ruditapes decussatus* | 0,090961405 | 0,42220814 |
| *Scrobicularia plana* | 1,991917609 | **9,24572162** |
| *Otros bivalvos* | 0,1958308 | 0,908971863 |
| *Patella* | 0,190691158 | 0,885115607 |
| *Otros gasterópodos* | 5,90584E-05 | 0,000274127 |
| **Total $\chi^2$** | **22,7836707** | |
| | p=0,001 | |
| | 99,90% | |

| | II | I |
|---|---|---|
| *Ostrea edulis* | 2,051287128 | 2,264715846 |
| *Ruditapes decussatus* | 0,05532024 | 0,061076103 |
| *Scrobicularia plana* | **4,147937234** | **4,579514518** |
| *Otros bivalvos* | 0,309063745 | 0,341220667 |
| *Patella* | 0,369481135 | 0,407924259 |
| *Otros gasterópodos* | 0,110543761 | 0,122045424 |
| **Total $\chi^2$** | **14,82013006** | |
| | p=0,025 | |
| | 97,50% | |

## *Kobaederra: comparación entre 1 m² y el total excavado*

| **Nivel I** | **1 m²** | **Total exc.** |
|---|---|---|
| *Ostrea edulis* | 0,011323543 | 0,003365933 |
| *Ruditapes decussatus* | 0,930908255 | 0,276713279 |
| *Scrobicularia plana* | 0,013264701 | 0,003942944 |
| *Otros bivalvos* | **9,003560081** | 2,676315969 |
| *Patella* | 0,197515599 | 0,058711682 |
| *Otros gasterópodos* | 0,867772623 | 0,257946158 |
| **Total $\chi^2$** | **14,30134077** | |
| | p=0,025 | |
| | 97,50% | |

| **Nivel II** | **1 m²** | **Total exc.** |
|---|---|---|
| *Ostrea edulis* | 0,868823583 | 0,273386004 |
| *Ruditapes decussatus* | 2,1566892 | 0,678628727 |
| *Scrobicularia plana* | 2,829210986 | 0,890245961 |
| *Otros bivalvos* | **9,718828889** | 3,058148794 |
| *Patella* | 1,346146146 | 0,423581407 |
| *Otros gasterópodos* | 0,046770067 | 0,014716775 |
| **Total $\chi^2$** | **22,30517654** | |
| | p=0,0025 | |
| | 99,75% | |

| **Nivel III** | **1 m²** | **Total exc.** |
|---|---|---|
| *Ostrea edulis* | **28,2535934** | 6,058113618 |
| *Ruditapes decussatus* | **9,021510285** | 1,934385249 |
| *Scrobicularia plana* | **9,206948509** | 1,97414677 |
| *Otros bivalvos* | 6,613077499 | 1,417970956 |
| *Patella* | 0,444520943 | 0,095313836 |
| *Otros gasterópodos* | 5,290704451 | 1,134428751 |
| **Total $\chi^2$** | **71,44471427** | |
| | p=0,001 | |
| | 99,90% | |

| **Nivel IV** | **1 m²** | **Total exc.** |
|---|---|---|
| *Ostrea edulis* | 0,208352345 | 0,058644825 |
| *Ruditapes decussatus* | 2,080320189 | 0,585546634 |
| *Scrobicularia plana* | 0,224279519 | 0,063127839 |
| *Otros bivalvos* | **23,1233909** | **6,508528718** |
| *Patella* | 1,576646834 | 0,443777958 |
| *Otros gasterópodos* | 0,052715785 | 0,014837884 |
| **Total $\chi^2$** | **34,94016943** | |
| | p=0,001 | |
| | 99,90% | |

## *La Fragua (niveles 4, 3 y 1)*

| | Fragua 4 | Fragua 3 |
|---|---|---|
| *Mytilus galloprovincialis* | 0,01907851 | 0,00075912 |
| *Otros bivalvos* | 7,95886826 | 0,31667561 |
| *Littorina littorea* | 0,02970526 | 0,00118194 |
| *Osilinus lineatus* | 11,14281195 | 0,44336163 |
| *Patella* sp. | **5589,800773** | 222,412726 |
| *Otros gast. marinos* | 38,12796957 | 1,51707476 |
| *Cepaea nemoralis* | 342,57353955 | 13,6306673 |
| *Otros gast. terrestres* | 84,42451584 | 3,35916922 |
| **Total $\chi^2$** | **6315,758878** | |
| | p=0,001 | |
| | 99,90% | |

| | Fragua 3 | Fragua 1 |
|---|---|---|
| *Mytilus galloprovincialis* | 438,43664945 | 385,78144241 |
| *Otros bivalvos* | 64,32819214 | 56,60252805 |
| *Littorina littorea* | 11,12417242 | 9,78818556 |
| *Osilinus lineatus* | 252,15914582 | 221,87542741 |
| *Patella* sp. | **4564,87822613** | **4016,64712265** |
| *Otros gast. marinos* | 65,63730099 | 57,75441602 |
| *Cepaea nemoralis* | **5784,92854168** | **5090,17227419** |
| *Otros gast. terrestres* | 164,52169410 | 144,76302685 |
| *Brachyura* | 2,01152105 | 1,76994212 |
| *Pollicipes pollicipes* | 1,58161517 | 1,39166692 |
| *Otros Crustáceos* | 62,60741394 | 55,08841126 |
| *Equinodermos* | 1,17705455 | 1,03569308 |
| **Total $\chi^2$** | 21456,06166 | |
| | p=0,001 | |
| | 99,90% | |

| | Fragua 4 | Fragua 1 |
|---|---|---|
| *Mytilus galloprovincialis* | 33,2316843 | 1,17716651 |
| *Otros bivalvos* | 2,23421282 | 0,07914256 |
| *Littorina littorea* | 12,68353859 | 0,44928920 |
| *Osilinus lineatus* | 16,63048785 | 0,58910205 |
| *Patella* sp. | 2,45432928 | 0,08693975 |
| *Otros gast. marinos* | **339,628854** | 12,0306786 |
| *Cepaea nemoralis* | 30,88433019 | 1,09401614 |
| *Otros gast. terrestres* | **876,906921** | 31,062688 |
| **Total $\chi^2$** | 1361,223383 | |
| | p=0,001 | |
| | 99,90% | |

## *La Pila (niveles IV.2, IV.1, III.4, III.3, III.2, III.1)*

| | Pila IV.2 | Pila IV.1 |
|---|---|---|
| *Littorina littorea* | 0,194882883 | 0,40600600 |
| *Osilinus lineatus* | 1,070405405 | 2,23001126 |
| *Patella* sp. | 0,476563451 | 0,99284052 |
| *Otros gast. marinos* | 0,091351351 | 0,19031531 |
| **Total $\chi^2$** | **5,6524** | |
| | p=0,15 | |
| | 85% | |

| | Pila III.4 | Pila III.3 |
|---|---|---|
| *Littorina littorea* | 9,93288201 | 0,635938602 |
| *Osilinus lineatus* | 0,64685659 | 0,041414071 |
| *Patella* sp. | 7,68522420 | 0,492035517 |
| *Otros gast. marinos* | **15,1257530** | 0,968404764 |
| **Total $\chi^2$** | **35,5285** | |
| | p=0,001 | |
| | 99,90% | |

| | Pila III.4 | Pila III.1 |
|---|---|---|
| *Littorina littorea* | **26,19391402** | 2,410606643 |
| *Osilinus lineatus* | **9,519793058** | 0,876099554 |
| *Patella* sp. | 7,473741343 | 0,687802919 |
| *Otros gast. marinos* | 1,537950269 | 0,141536432 |
| **Total $\chi^2$** | 48,8414 | |
| | p=0,001 | |
| | 99,90% | |

| | Pila III.4 | Pila III.2 |
|---|---|---|
| *Littorina littorea* | 2,027811897 | 3,16762773 |
| *Osilinus lineatus* | 0,118414311 | 0,18497399 |
| *Patella* sp. | 1,024546964 | 1,60043610 |
| *Otros gast. marinos* | 0,254059574 | 0,39686430 |
| **Total $\chi^2$** | **8,7747** | |
| | p=0,05 | |
| | 95% | |

| | Pila III.3 | Pila III.2 |
|---|---|---|
| *Littorina littorea* | 0,009171848 | 0,223781095 |
| *Osilinus lineatus* | 0,000160593 | 0,00391826 |
| *Patella* sp. | 0,00747191 | 0,182304835 |
| *Otros gast. marinos* | 1,039874811 | **25,37158608** |
| **Total $\chi^2$** | **26,8383** | |
| | p=0,001 | |
| | 99,90% | |

| | Pila III.3 | Pila III.1 |
|---|---|---|
| *Littorina littorea* | 8,890355442 | 12,77924408 |
| *Osilinus lineatus* | **34,6100145** | **49,74939705** |
| *Patella* sp. | 0,002395419 | 0,003443242 |
| *Otros gast. marinos* | 9,293004973 | 13,35802371 |
| **Total $\chi^2$** | 128,6859 | |
| | p=0,001 | |
| | 99,90% | |

| | Pila III.2 | Pila III.1 |
|---|---|---|
| *Littorina littorea* | 0,930072334 | 0,054794404 |
| *Osilinus lineatus* | **4,761561256** | 0,280523247 |
| *Patella* sp. | 0,195569137 | 0,011521786 |
| *Otros gast. marinos* | **5,146980419** | 0,303229882 |
| **Total $\chi^2$** | 11,6843 | |
| | p=0,01 | |
| | 99% | |

| | Pila III.3 | Pila I-II |
|---|---|---|
| *Littorina littorea* | **820,8256062** | **355,9644503** |
| *Osilinus lineatus* | **599,5824634** | **260,0187425** |
| *Patella* sp. | 0,263360402 | 0,114210546 |
| *Otros gast. marinos* | 9,356577083 | 4,057632696 |
| **Total $\chi^2$** | **2050,1830** | |
| | p=0,001 | |
| | 99,90% | |

| | Pila IV.2 | Pila I-II |
|---|---|---|
| *Littorina littorea* | **322,0736176** | 7,483123085 |
| *Osilinus lineatus* | **48,34413901** | 1,123237431 |
| *Patella* sp. | 3,035080921 | 0,070517679 |
| *Otros gast. marinos* | 0,066909508 | 0,001554589 |
| **Total $\chi^2$** | **382,1982** | |
| | p=0,001 | |
| | 99,90% | |

| | Pila III.1 | Pila I-II |
|---|---|---|
| *Littorina littorea* | **499,6020849** | **150,7279989** |
| *Osilinus lineatus* | **295,7264837** | **89,21952579** |
| *Patella* sp. | 0,156053885 | 0,047080848 |
| *Otros gast. marinos* | 72,75122825 | 21,94876159 |
| **Total $\chi^2$** | 1130,1792 | |
| | p=0,001 | |
| | 99,90% | |

## *Mazaculos II (niveles A3, A2fondo, A2base y A2+A2base)*

| | **Mz A3** | **Mz A2fondo** |
|---|---|---|
| *Mytilus galloprovincialis* | 0,142703861 | 0,048201425 |
| *Otros bivalvos* | 3,273991181 | 1,105863849 |
| *Osilinus lineatus* | 2,38273628 | 0,804822545 |
| *Patella* sp. | 1,124559344 | 0,379845105 |
| *Otros gast. marinos* | 0,061211317 | 0,020675493 |
| *Cepaea nemoralis* | 0,485264114 | 0,163908823 |
| *Otros gast. terrestres* | 1,313417704 | 0,443636246 |
| *Crustáceos* | 0,077657222 | 0,026230466 |
| *Pollicipes pollicipes* | **5,984023349** | 2,021237911 |
| *Equinodermos* | 0,485264114 | 0,163908823 |
| **Total $\chi^2$** | **20,50915917** | |
| | p=0,025 | |
| | 97,50% | |

| | **Mz A3** | **Mz A2base** |
|---|---|---|
| *Mytilus galloprovincialis* | 0,019492641 | 0,0066709 |
| *Otros bivalvos* | 4,296137664 | 1,4702513 |
| *Osilinus lineatus* | 2,124608742 | 0,727097 |
| *Patella* sp. | 1,808099682 | 0,6187793 |
| *Otros gast. marinos* | 0,1417289 | 0,0485034 |
| *Cepaea nemoralis* | 0,530008632 | 1,4702513 |
| *Otros gast. terrestres* | 2,749453838 | 0,9409354 |
| *Crustáceos* | 0,000387381 | 0,0001326 |
| *Pollicipes pollicipes* | **12,60534564** | 4,3138809 |
| *Equinodermos* | 0,470959819 | 0,1611748 |
| **Total $\chi^2$** | **34,50389996** | |
| | p=0,001 | |
| | 99,90% | |

| | **Mz A3** | **Mz A2+A2base** |
|---|---|---|
| *Mytilus galloprovincialis* | 0,035824203 | 0,085244799 |
| *Otros bivalvos* | 0,142317745 | 0,338649475 |
| *Osilinus lineatus* | 0,382124834 | 0,909277856 |
| *Patella* sp. | 0,743935095 | 1,770216558 |
| *Otros gast. marinos* | 0,174994387 | 0,416404554 |
| *Cepaea nemoralis* | 3,810338933 | 0,056957887 |
| *Otros gast. terrestres* | 0,473309363 | 1,126254263 |
| *Crustáceos* | 0,118327341 | 0,281563566 |
| *Pollicipes pollicipes* | 4,141456927 | **9,854724799** |
| *Equinodermos* | 0,118327341 | 0,281563566 |
| **Total $\chi^2$** | **25,26181349** | |
| | p=0,005 | |
| | 99,50% | |

| | **Mz A2fondo** | **Mz A2base** |
|---|---|---|
| *Mytilus galloprovincialis* | 0,077529887 | 0,078552207 |
| *Otros bivalvos* | 0,064605679 | 0,065457579 |
| *Osilinus lineatus* | 0,009462386 | 0,009587158 |
| *Patella* sp. | 0,106190194 | 0,107590433 |
| *Otros gast. marinos* | 0,020042189 | 0,020306468 |
| *Cepaea nemoralis* | 0,50984614 | 0,516569042 |
| *Otros gast. terrestres* | 0,235529144 | 0,238634864 |
| *Crustáceos* | 0,105963092 | 0,107360336 |
| *Pollicipes pollicipes* | 2,214359367 | 2,243558218 |
| *Equinodermos* | 0,000042621 | 0,000043183 |
| **Total $\chi^2$** | **6,731230185** | |
| | p=0,7 | |
| | 30% | |

| | **Mz A2fondo** | **Mz A2+A2base** |
|---|---|---|
| *Mytilus galloprovincialis* | 0,00060424 | 0,004256733 |
| *Otros bivalvos* | 0,032715952 | 0,23047656 |
| *Osilinus lineatus* | 0,000155471 | 0,001095262 |
| *Patella* sp. | 0,10564662 | 0,744256787 |
| *Otros gast. marinos* | 0,168268777 | 1,185415863 |
| *Cepaea nemoralis* | 1,007736916 | **7,099280961** |
| *Otros gast. terrestres* | 1,053342575 | **7,420562617** |
| *Crustáceos* | 0,149686069 | 1,054504841 |
| *Pollicipes pollicipes* | 0,444583007 | 3,131987752 |
| *Equinodermos* | 0,322366042 | 2,270996594 |
| **Total $\chi^2$** | **26,42793964** | |
| | p=0,0025 | |
| | 99,75% | |

| | **Mz A2base** | **Mz A2+A2base** |
|---|---|---|
| *Mytilus galloprovincialis* | 0,009363425 | 0,065104753 |
| *Otros bivalvos* | 0,070647994 | 0,491221983 |
| *Osilinus lineatus* | 0,000142368 | 0,000989896 |
| *Patella* sp. | 0,060556887 | 0,421057586 |
| *Otros gast. marinos* | 0,211943983 | 1,473665948 |
| *Cepaea nemoralis* | 0,430191318 | 2,991159675 |
| *Otros gast. terrestres* | 1,590466031 | **11,05865614** |
| *Crustáceos* | 0,070647994 | 0,491221983 |
| *Pollicipes pollicipes* | 0,067202691 | 0,467266474 |
| *Equinodermos* | 0,320435926 | 2,228020373 |
| **Total $\chi^2$** | **22,51996343** | |
| | p=0,01 | |
| | 99% | |

## *Santimamiñe (niveles H-Sln, Slm y Lsm)*

| | **S-Slm** | **S-Lsm** |
|---|---|---|
| *Mytilus galloprovincialis* | 0,00000127 | 0,00000254 |
| *Ostrea edulis* | 0,03256331 | 0,06497099 |
| *Ruditapes decussatus* | 0,73295771 | 1,46241264 |
| *Scrobicularia plana* | 0,41257092 | 0,82317017 |
| *Solen marginatus* | 0,70182478 | 1,40029556 |
| *Otros bivalvos* | 0,33147379 | 0,66136347 |
| *Patella* sp. | 1,01792589 | 2,03098713 |
| *Otros gast. marinos* | 0,20105591 | 0,40115098 |
| *Cepaea nemoralis* | 3,67040051 | 7,32326028 |
| *Otros gast. terrestres* | 0,41434224 | 0,82670434 |
| *Brachyura* | 0,09425257 | 0,18805471 |
| *Otros Crustáceos* | 0,00000382 | 0,00000763 |
| *Equinodermos* | 0,08286845 | 0,16534087 |
| | **23,0400** | |
| | p=0,05 | |
| | 95% | |

| | **S-H-Sln** | **S-Slm** | **S-Lsm** |
|---|---|---|---|
| *Mytilus galloprovincialis* | 13,58880501 | 0,14761675 | 0,07479647 |
| *Ostrea edulis* | **123,35057466** | 1,76234070 | 0,34087222 |
| *Ruditapes decussatus* | 0,85629778 | 0,58606906 | 1,65536403 |
| *Scrobicularia plana* | 10,89955081 | 0,96521517 | 0,43168157 |
| *Otros bivalvos* | 0,24608664 | 0,17527700 | 0,49196601 |
| *Patella* sp. | 5,04466223 | 1,42530724 | 1,41481984 |
| *Otros gast. marinos* | 5,04712213 | 0,45596807 | 0,20846182 |
| *Cepaea nemoralis* | 0,37392438 | 3,87075052 | 6,99305611 |
| *Otros gast. terrestres* | 3,82237343 | 0,67788352 | 0,53342790 |
| *Brachyura* | 5,89102466 | 0,29523349 | 0,05300204 |
| *Otros Crustáceos* | 4,37079302 | 0,04705265 | 0,02449118 |
| | | | **196,1218681** |
| | | | p=0,001 |
| | | | 99,90% |

# APÉNDICE 3. SUMMARY

## A3.1 Introduction

The study of prehistoric coastal populations and their relationship with the exploitation and consumption of molluscs is a line of research with a long tradition in Cantabrian Spain, at least since the early 20th century. However, until now, research on the molluscs themselves has not been undertaken at a regional level, and has been relegated to second place after other research lines of greater "weight" in the region. This limited consideration of molluscs is probably related to the secondary character that molluscs have generally been assigned within the hunter-gatherers' diet. However, in the last twenty years, the discipline of Archaeomalacology has progressed greatly in Cantabrian Spain in comparison with the previous situation, although no overall studies have been carried out to gather together all the available information, with the aim of following the evolution of this activity within the subsistence strategies of human populations.

Therefore, with the objective of filling this gap, this thesis presents an analysis of mollusc exploitation in Cantabrian Spain during the late Pleistocene and the early Holocene, to be precise between 15,500 and 5700 cal BP. Although the exploitation of molluscs can actually be studied from three viewpoints (food, implements and ornaments), this study focuses on their function as food, with occasional references to the other two uses. The choice of study area has been conditioned by the geographical uniformity of Cantabrian Spain as a differentiated unit and, also, by the geographical distribution of the settlements where molluscs have been found within this area. Because of the latter factor, the western limit of the research has been fixed as the River Nalón (Asturias), as no deposits of this type are known further to the west. The eastern limit is set on the River Bidasoa (Basque Country), the natural boundary between Spain and France. The chronological framework includes several chrono-cultural periods (Late-Final Magdalenian, Azilian, Mesolithic and Neolithic), making it possible to analyse the evolution of mollusc exploitation during the transition between the economies of hunting-gathering and farming. With this aim, the malacological collections from various regional archaeological sites have been examined, and the bibliography with information about other sites with molluscs studied in the 20th century and first years of the 21st century has been reviewed. The organisation and contents of this doctoral thesis are summarised below.

Chapter 1 gives a review, in chronological order, of the history of research and the different theoretical frames in which this research was undertaken. Thus, the main theoretical characteristics of research in general are described, as well as stressing the development of archaeomalacological research in particular. This includes the contribution of the most important scholars who have worked in the region, mainly within the historical-cultural and processual theoretical backgrounds, although in recent years some research has been carried out from the viewpoint of Historical Materialism. Finally, certain debates have acquired greater importance over the years or are still being discussed at present, and these are given special attention at the end of the chronological development.

Based on the information contained in the previous chapter, Chapter 2 states briefly the general objectives of our research, the theoretical position of the author and some of the most important approaches and hypotheses.

Chapter 3 is dedicated to the context of the research, from both the spatial and the chronological points of view. It summarises the physical characteristics of Cantabrian Spain and other questions in relation with the chronology of the periods being studied.

Chapter 4 describes the climate and environmental conditions in which the groups of hunter-gatherers lived during the period of study. A description of the main characteristics of the climate at a world level is followed by a brief account of the climate in Cantabrian Spain, and both types of indicators (global and regional) are compared. The evolution of the vegetation cover and the coastline are also described. Lastly, a brief assessment is made of the value of molluscs as climate indicators.

In Chapter 5, details are given of the methodology used in the archaeomalacological studies carried out in the course of this research. In the first place, an assessment is made of the value of the samples used in this study. The following section refers to the aspect of taphonomy, describing the main taphonomic processes identified in shell-middens in Cantabrian Spain, as well as the taphonomic agents and taphonomic groups. Next, the analysis methodology is described, not only for molluscs but also for other littoral resources, such as echinoderms (sea urchins) and crustaceans (barnacles and crabs). These methodologies consist of the anatomical and taxonomic identification, a description of the fragmentation categories, abundance estimates (NR, MNI and weight), biometric aspects and fragmentation index. Finally, the methodology used to obtain further information is developed, through aspects such as absolute and relative frequencies (with the aim of determining which is more suitable for interpretation), the collection zones (obtained from the biometric information) and seasonality (analysis of growth lines).

The methodology described in the previous chapter is applied in Chapter 6 to the malacological collections from several sites in the region, including La Llana and Mazaculos II in Asturias; La Pila, La Fragua, La Chora, La Trecha and Arenillas in Cantabria; and Santimamiñe and Kobaederra in the Basque Country. In each case, different sections give the location and description of the site, the archaeomalacological analysis itself, and finally a discussion of the main aspects of the site and the conclusions that can be reached.

Chapter 7 contains a summary of the evidence and a discussion of this in relation with the hypotheses and approaches laid out in Chapters 1 and 2. In the first place, the information about mollusc exploitation in different periods is summarised, with the main conclusions about species representation, and the collection zones, techniques and times. Next, the main causes for changes in time of the exploitation of molluscs and other coastal resources are discussed. This section includes aspects about the evolution in gathering strategies, settlement patterns, variations in the coast-line, over-exploitation processes, the importance of molluscs in relation with other resources, and the existence or not of intensification in the exploitation. The following section deals with questions related with the provision, use and consumption of molluscs, attending mainly to the gathering techniques, the use of molluscs as implements and the forms of processing and consumption. The final section is dedicated to social aspects of mollusc exploitation, especially the division of labour, the role of molluscs as ornaments and the relationship between molluscs and funerary rituals.

Finally, Chapter 8 contains the general conclusions of the thesis and Chapter 9 the bibliography. In addition, two appendices have been added. The first gives information about mollusc fauna in Cantabrian Spain, in particular about the taxa that are found at the studied sites. The taxa are described, and the habitats they occupy and their present geographical distribution are given, together with bibliographic references. This appendix also includes tables summarising all the data about the abundance of molluscs at archaeological sites in the region. The second appendix gives the results of the statistical tests that have been carried out.

### A3.2 General conclusions

The general conclusions of this thesis can be divided into three groups. First, the conclusions related with the samples and the methodology that has been applied. Second, the conclusions reached about the results obtained through the application of this methodology to malacological assemblages in Cantabrian Spain, which can be divided into subsistence and social aspects. However, the little information that is available about the latter question does not allow significant conclusions to be drawn.

#### A3.2.1 Methodological Conclusions

The *size and representation of the samples* that have been used in our analysis has proved to be adequate in order to obtain reliable results. Thus, on one hand, most of the assemblages have been analysed through samples collected from excavations of similar surface areas, while on the other hand, the statistical comparison carried out for Kobaederra has shown that hardly any differences exist between the samples collected from 1 $m^2$ and the whole of the excavated area. Equally, the sieve mesh sizes used were very similar at all the studied sites, which has allowed reliable comparisons. Finally, despite the heterogeneity in the methodology applied at other sites, by taking into account the characteristics of each study, it has been possible to use them for comparison.

It may be said that most of the *taphonomic processes* affecting the accumulation of shells in caves in Cantabrian Spain are always the same, as might be expected for such stable environments. Thus, the most commonly identified anthropic process is carbonisation, and also fragmentation, where it has been possible to discriminate its character. Equally, the fragmentation indices have proved to be of great use, as they provide data that can be related with other evidence for the site in order to obtain valuable information about taphonomic processes and in a more generic form, about cultural behaviour.

The use of a methodology based on *fragmentation categories* has enabled more detailed analysis of the mollusc fauna, and also of crustaceans and echinoderms, with a more exact calculation of the MNI and the possibility of calculating fragmentation indices.

The use of *relative frequencies* as an abundance estimate has proved to be appropriate, despite the differences it involves in comparison with other estimates such as weight and density.

The method used to analyse the *collection zones*, from three points of view (substrate, vertical zonation and exposure) has succeeded in establishing the greater or lesser exploitation of these areas with certain precision.

The application of *Craighead's equations*, developed from the biometry of *Patella vulgata*, has been shown to have serious problems in Cantabrian Spain, except in the case of exposure. However, it has been shown that the L/H and W/H ratios are perfectly applicable to establish vertical zonation.

As regards the extraction of seasonal information, *growth line analysis* for the hinges of *Ostrea edulis*, accompanied by a blind test to eliminate the subjectivity of the method, produces good results for the time of death.

Molluscs can be used as *proxy climate indicators*, as long as the interpretation is made taking into account the information provided by other sources, which may be global, regional or local indicators.

Based on the little information that is available, it has been possible to outline the *evolution of the coast-line* in Cantabrian Spain. The error margins are not an insurmountable problem for interpretation.

### A3.2.2 Subsistence Conclusions

*Malacological assemblages* have undergone changes through time. This, in the Late-Final Magdalenian and Azilian all the sites display a high level of specialisation, with the main species being *Patella vulgata* and *Littorina littorea*. They are found together with a series of less common species, including a few bivalves, some marine gastropods (normally used for ornamentation), land gastropods (generally intrusive), echinoderms and crustaceans. However, during the Azilian the land gastropod *Cepaea nemoralis* was introduced into the diet of human populations. Equally, during these periods, it is possible to distinguish between sites with molluscs used for food and with molluscs used for ornamentation. The exploitation pattern begins to diversify in the Mesolithic, mainly at sites in the eastern part of the region, located near estuaries. At other sites, generally in the west, the specialised pattern is maintained, because of the inexistence of large estuaries. In this period the main species undergo certain changes. The *Patella* genus still forms the most commonly exploited taxa, although *Patella vulgata* is not usually the most abundant species, as others increase in importance, such as *Patella intermedia* and *Patella ulyssiponensis*, the latter to a lesser extent. In the same way, *Littorina littorea* is no longer the most frequently gathered spiral gastropod, which becomes *Osilinus lineatus*. Equally, bivalve species (mainly *Ostrea edulis* and *Mytilus galloprovincialis*) become important in exploitation patterns, especially in areas near estuaries, and these are normally the species enabling the effect of diversification. As in earlier periods, other less common taxa are found in the malacological assemblages, with a slight increase in the presence of echinoderms and crustaceans. Equally, the use of the land snail *Cepaea nemoralis* as food is consolidated. In addition, exclusively ornamental assemblages disappear, except for rare cases of a funerary nature. However, shells used as suspended elements of adornment continue to appear among the accumulations of food molluscs. Finally, during the Neolithic, the diversified pattern continues to exist in the eastern area with more specialised assemblages in the west. The main gastropod species are the same as in the Mesolithic, although among the bivalves

*Scrobicularia plana* and *Ruditapes decussatus* now acquire greater importance alongside *Ostrea edulis* and *Mytilus galloprovincialis*. Less frequent taxa are also found and the abundance of echinoderms and crustaceans is slightly higher at certain sites. As in the previous period, *Cepaea nemoralis* continues to form part of the food supply of human groups. As regards, objects of adornment, the pattern is the same as during the Mesolithic.

As regards the *collection zones*, during the Late-Final Magdalenian and the Azilian, the molluscs were gathered from rocky substrates in the high and intermediate parts of the inter-tidal zone. In terms of the exposure of the zones, it is difficult to determine whether the collection took place on the open coast or in estuaries, although the little available information suggests that both areas must have been used. During the Mesolithic, changes occurred in this pattern, with the introduction of gathering in sandy or muddy areas, although the most frequently exploited zones are still the rocky substrates. Equally, although the high and intermediate zones of the intertidal area are still exploited the most, an increase occurs in gathering in the low shore zone. Changes also take place in the exposure of the areas since, although the molluscs were collected both on the open coast and in estuaries, an increase can be noted in gathering in more exposed areas of the open shores. Finally, during the Neolithic, the pattern is very similar to in the Mesolithic, with gathering on rocky and sandy and/or muddy beds, mainly in high and intermediate areas, but also in low shore areas of the intertidal zone, both in open areas and in estuaries. In the Azilian, Mesolithic and Neolithic, inland areas were also used in order to gather terrestrial molluscs.

Some of the changes in the composition of the malacological assemblages and the collection zones are connected with the influence of improvements in the climate. Thus, around 10,800 cal BP, temperate species such as *Osilinus lineatus*, *Patella intermedia* and *Patella ulyssiponensis* begin to appear more abundantly, where as cold climate species like *Littorina littorea* are reduced drastically. In contrast, *Patella vulgata*, also a cold water species, continues to appear in abundance throughout the Mesolithic and Neolithic. In the same way, owing to changes in the climate and the morphological conditions of the coast, during the Mesolithic estuary species such as *Ostrea edulis*, *Scrobicularia plana*, *Ruditapes decussatus* and *Solen marginatus* start to appear. Similarly, the introduction of *Cepaea nemoralis* in the diet of human populations is probably related with suitable climate conditions for the development of this species. However, this does not mean that climate conditions have determined the choice of gathering strategies, but simply the appearance and disappearance of species.

Regarding the *collection time*, the seasonality studies carried out on molluscs suggest that during the Late-Final Magdalenian and Azilian, the gathering took place throughout the year, but particularly in summer, autumn and winter. In the Mesolithic, the available data follows the same line, although the periods of most intensive gathering were reduced to autumn and winter. Finally, in the Neolithic, gathering in estuaries took place throughout the year except in autumn, although most of the exploitation was concentrated in the spring. Therefore, between 15,600 and 5700 cal BP mollusc gathering was an activity that was generally practiced all year, although it was more important at certain times, depending on the chrono-cultural period. This, taking into account this information and the characteristics of some sites, at least for the Mesolithic it is possible to consider molluscs as a resource that was gathered all year from semi-permanent settlements with good living conditions, but which were also exploited more occasionally from seasonal settlements where the living conditions were not so good.

By studying the accumulations of molluscs and the distances from the shore of these sites in each period, two facts can be noted. First, that the Mesolithic and Neolithic sites are mostly located at distances of between 0 and 5 km, the Azilian sites between 5 and 10 km, and the Late-Final Magdalenian deposits between 7.5 and 15 km. However, this *settlement pattern* is biased because of the rise in sea level, which means that the coastal Magdalenian and Azilian sites are now submerged beneath the sea. Second, a considerable increase can be observed in the accumulation of molluscs during the Azilian, a further steady increase in the Mesolithic and a slight decrease during the Neolithic. However, in this case the data is also biased because of marine transgression, so this fact should be taken with caution. Nevertheless, it has been possible to show that during the Late-Final Magdalenian and also in the Azilian, molluscs were transported over considerable distances (between 7 and 15 km), while in the Mesolithic and Neolithic transport was restricted to the first 5 km strip of land.

One of the most frequently discussed questions in the regional scientific literature is the *reduction in size* of certain species over time. Two hypotheses have been proposed to explain this decrease: anthropic pressure and climate change. Using the evidence provided by the studies presented in this thesis, an attempt has been made to determine which of the two hypotheses is the correct one. Thus, most of the main species display a clear fall in their mean size and age during the periods being studied. In the same way, the size of modern samples of some of these species, such as the *Patella* genus, are significantly larger than the archaeological collections. Although climate change has been given as the reason for the reduction, it has been shown that it is independent of the effects of climate improvement, and therefore the decrease is very probably the result of human action.

Regarding the *importance of molluscs in the human diet*, the little information that is available about this topic coming from archaeological evidence can be interpreted in two different ways, as the comparison of the food value of ungulates and molluscs varies significantly according to the method used. However, the picture that emerges from our study is one of the considerable importance of molluscs within subsistence strategies, whilst remembering that it is a complementary resource. This importance is shown by the qualitative economic viability of mollusc exploitation, as they are stable and sure resources, easily obtained, and by the dietary information provided by researchers in different parts of the world which suggests that the nutritional qualities of molluscs are not so negligible as has been claimed, especially taking into account their complementary character.

The existence of *intensification processes* in mollusc exploitation is one of the main debates within research in Cantabrian Spain. It has been attempted to prove or disprove the existence of this intensification process in mollusc exploitation, by using the previous information. To do this a series of factors have been established that could indicate the existence of these processes and it has been considered whether or not the factors occurred in the region during the period of study. Thus, the only clear arguments in favour of the hypothesis of intensification are: the greater diversification in exploited species during the Mesolithic and Neolithic, the exploitation of wider areas that involve a greater expense of energy, and the over-exploitation of the resources. Other factors, such as increase in the size of the shell mounds, the use of implements for gathering, the evidence for greater consumption of molluscs and the greater concentration of settlements in coastal areas involve biases and consequently they cannot be proved for certain to have occurred or not. Therefore, using these identified factors, it can be shown that slight signs of intensification (over-exploitation of *Patella vulgata*) can be observed in the Late-Final Magdalenian, and these become clearer in the Azilian and more acute during the Mesolithic and Neolithic, not only in terms of the over-exploitation of resources but also a greater diversification of species and collection zones. In consequence, it can be concluded that an intensification process existed in the exploitation of molluscs, beginning in the Late-Final Magdalenian and the Azilian and continuing in the Mesolithic and Neolithic. Furthermore, this process is independent of climate change, and could be a result of demographic pressure or more probably to economic and social changes taking place in hunter-gatherer societies in the region at the end of the Late Glacial. Similarly, the intensification in the Holocene, reflected in the greater diversification and the exploitation of less favourable areas, is not related to the climate either (although its influence was determinant for the development of new species and collection zones). Instead it was more probably linked to the changes that would lead to the establishment of an economy of production.

Regarding the *collection techniques*, the use of the tides appears to have been similar throughout the period of study, although it is true that the collection from lower and more exposed zones in the Mesolithic and Neolithic might reflect a more perfect control of the times of the tides. The archaeological record has not provided evidence of the implements associated with the exploitation of molluscs, with the possible exception of the Asturian pick. The functional research currently being carried out about this implement, whose preliminary results confirm that it might have been used to gather the *Patella* genus, will help to clarify this point in the near future. In the case of areas where Asturian picks have not been found, we can only suggest hypotheses about the use of tools for gathering. Thus, it is most likely that marine pebbles were used and discarded in the collection zones. This would be the most probable hypothesis in the case of gathering *Ostrea edulis* and the *Mytilus* genus. In contrast, a large number of species could have been gathered by hand, as is the case of some that were important at certain times, like *Littorina littorea*, *Osilinus lineatus* and the land snail *Cepaea nemoralis*. Finally, the species from sandy and/or muddy beds could have been gathered either by hand or with implements. While it has not been possible to identify these possible implements in the archaeological record, ethnographic studies have provided a large number of examples. Nevertheless, at the moment, the use of tools to exploit these environments must be considered a hypothesis to be tested in the future.

In the course of the analysis of the assemblages presented in this thesis, several fragments of shells were identified with *evidence of having been used* for a certain activity. These shells came from the Neolithic levels at Santimamiñe and are the first objects of this type to be documented in Cantabrian Spain.

Despite the scarcity of information that the archaeological record has yielded about the forms of *preparation and consumption*, these gaps in our knowledge can be filled with ethnographic data. Thus, the molluscs could have been consumed with or without any previous preparation. If there were any preparation, this could have been by boiling or more likely, by roasting, although other methods such as drying cannot be ruled out. The use of implements for the consumption of the molluscs has not been identified with total reliability in the archaeological record. Lastly, it is very probable that the consumption of the molluscs took place either immediately or after some time.

### A3.2.3 Social Conclusions

The archaeological information that is available about the social aspects of mollusc exploitation in Cantabrian Spain is quite limited. In the case of the *division of labour*, based on ethnographic information it can be established that the molluscs were gathered mainly by women and children. The discovery of molluscs with an *ornamental function* has been explained by their symbolic character, as cult or prestigious objects which occasionally formed part of exchange networks with other populations. This has been proven by the appearance of this type of object in areas at great distance from the coast or the place where the shells were gathered. Finally, during the period of study, shells are nearly always present in the *funerary ritual*, either because the burial took place within the shell-midden, as happens in the Mesolithic in coastal areas, or in the form of adornments or "rare" species in the burials in graves dug in cave sediments and in megalithic structures. There is therefore no doubt that shells bore a symbolic significance for hunter-gatherers in the region.

## LISTA DE TABLAS

## LISTA DE FIGURAS

PUbliCan
Ediciones
Universidad de Cantabria

*diciembre, 2009*